Die schlichte Einwilligung im Urheberrecht

Schriften zum Handels- und Wirtschaftsrecht

Herausgegeben von Michael Kling, Herbert Leßmann
und Ralph Backhaus

Band 28

Zur Qualitätssicherung und Peer Review der vorliegenden Publikation

Die Qualität der in dieser Reihe erscheinenden Arbeiten wird vor der Publikation durch Herausgeber der Reihe geprüft.

Notes on the quality assurance and peer review of this publication

Prior to publication, the quality of the work published in this series is reviewed by editors of the series.

Marc Osken

Die schlichte Einwilligung im Urheberrecht

Eine Untersuchung unter Berücksichtigung der Vorschaubilder-Rechtsprechung des BGH

PL ACADEMIC RESEARCH

Bibliografische Information der Deutschen Nationalbibliothek
Die Deutsche Nationalbibliothek verzeichnet diese Publikation in der Deutschen Nationalbibliografie; detaillierte bibliografische Daten sind im Internet über http://dnb.d-nb.de abrufbar.

Zugl.: Marburg, Univ., Diss., 2014

D 4
ISSN 1439-4189
ISBN 978-3-631-65627-3 (Print)
E-ISBN 978-3-653-04872-8 (E-Book)
DOI 10.3726/ 978-3-653-04872-8

PL Academic Research ist ein Imprint der Peter Lang GmbH.

Peter Lang – Frankfurt am Main · Bern · Bruxelles · New York · Oxford · Warszawa · Wien

Diese Publikation wurde begutachtet.

www.peterlang.com

Vorwort

Die vorliegende Arbeit ist im Wintersemester 2013/2014 fertiggestellt und im Sommersemester 2014 vom Fachbereich Rechtswissenschaften der Philipps-Universität Marburg als Dissertation angenommen worden. Zur Drucklegung sind Gesetzesstand, Rechtsprechung und Literatur bis April 2014 zugrunde gelegt worden.

Mein besonderer Dank gilt meinem Doktorvater Herrn Prof. Dr. Ralph Backhaus, der mich während der gesamten Bearbeitungszeit mit seinem Fachwissen und seiner Erfahrung unterstützt und mit seiner konstruktiven Kritik zum Gelingen meiner Arbeit maßgeblich beigetragen hat.

Mein Dank gilt auch allen anderen, die mich bei der Anfertigung dieser Dissertation in vielfältiger Art und Weise unterstützt, begleitet und mir den nötigen Rückhalt gegeben haben.

Desweiteren möchte ich mich sehr herzlich bei Herrn Prof. Dr. Michael Kling für die zügige Erstellung des Zweitgutachtens bedanken sowie für dessen Empfehlungen zur Vorbereitung der Drucklegung meiner Arbeit.

Zudem bedanke ich mich sowohl bei den Herren Professoren Dres. Backhaus und Kling für die Aufnahme meiner Arbeit in die Marburger Schriftenreihe zum Handels- und Wirtschaftsrecht des Peter Lang Verlages.

Bedanken möchte ich mich ferner bei Herrn Dr. Elmar Mand LL.M. (Yale), der mir während meiner Tätigkeit als studentische Hilfskraft und späterer wissenschaftlicher Mitarbeiter an der Universität Marburg die ersten Einblicke in die wissenschaftliche Arbeitsweise ermöglicht hat. Außerdem danke ich allen Arbeitskollegen des Lehrstuhls Mand für die gegenseitige Motivation und Diskussion während meines Promotionsvorhabens.

Für die sorgfältige Unterstützung bei der Manuskriptfehlerkorrektur möchte ich mich weiterhin bei meinem Vater und meinem Bruder Lars bedanken. Ganz besonderer Dank gilt meinen Eltern Karin und Wolfgang, ohne deren Verständnis und motivierende Unterstützung diese Dissertation nicht zu realisieren gewesen wäre. Ihnen sei diese Arbeit gewidmet.

Kassel, Mai 2014 Marc Osken

Inhaltsverzeichnis

Einleitung

Ausgehend von der Maxime *„volenti non fit iniuria“*[1], zeichnet sich im Urheberrecht, abweichend von anderen Rechtsgebieten des Zivilrechts[2], ein deutlicher Trend zu einer einheitlichen Rechtsdogmatik i.S.e. Stufenleiterprinzips der Gestattungen ab.[3] Dabei erlangt v.a. die schlichte Einwilligung[4] als eine dogmatische Ausprägung dieses Prinzips im Kontext urheberrechtlicher Werknutzungen immer mehr praktische Bedeutung. Beschränkte sich der Diskussionsbedarf bezüglich der schlichten Einwilligung in der Vergangenheit fast ausschließlich auf die Frage nach deren Rechtsnatur[5], gehört sie heute zu einer im Urheberrecht nicht mehr wegzudenkenden und häufig angewandten Rechtsfigur. Durch den nicht zuletzt auf die rasante Entwicklung des Internets zurückzuführenden Anpassungsbedarf der urheberrechtlichen Rahmenbedingungen ist die schlichte Einwilligung ein v.a. in der Rechtsprechung willkommenes Instrument zur Koordinierung von Technik und Recht im digitalen Zeitalter der Wissens- und Informationsgesellschaft.[6]

Virulent wird sie insbesondere im Zusammenhang mit der ungesicherten Veröffentlichung urheberrechtlich geschützten Materials im Internet und damit

---

1 Übersetzung: „Dem, der es so haben will, geschieht kein Unrecht“. Missverständlich wäre es hier von einem allgemeinen Prinzip des „volenti non fit iniuria“ zu sprechen. Im römischen Recht, das diese Maxime ebenfalls kannte, stand der Begriff der „iniuria“ nämlich nicht für das Unrecht im Allgemeinen, sondern für eine bestimmte Art der Persönlichkeitsverletzung und damit eine spezielle Form des Delikts (*Ohly*, Einwilligung, S. 25).

2 Hiervon auszunehmen ist das Sachenrecht, vgl. zur Stufenleiter der Gestattungen im Sachenrecht: MüKo-BGB/*Medicus*, § 1004, Rn. 53ff.; *Baur/Stürner*, § 12, Rn. 9.

3 *Enneccerus/Nipperdey*, § 212 II 1 (S. 1314); *Forkel*, Gebundene Rechtsübertragungen, S. 243; Schricker/Loewenheim/*Schricker/Loewenheim*, Vor §§ 28ff. UrhG, Rn. 57; *Ohly*, Einwilligung, S. 143ff.

4 Um nicht bereits an dieser Stelle die Rechtsfolge dieser Rechtsfigur zu präjudizieren, wird hier lediglich von der *schlichten* Einwilligung gesprochen.

5 Stellvertretend für die Ursprünge der Diskussion *Linckelmann*, Schadensersatzpflicht, S. 1ff. und *Zitelmann*, AcP 99 (1906), 1ff.

6 Dazu *Heeschen*, S. 183.

zusammenhängenden Nutzungen durch Internetuser und Diensteanbieter[7], die das Medium Internet prägen und als wesenstypisch anzusehen sind. Wegen der globalen Strukturen und der weitgehenden Anonymität des Internets stehen Rechteinhaber und Benutzer zumeist in keiner vertraglichen Beziehung zueinander. Eine rechtmäßige Nutzung der geschützten Inhalte auf der Grundlage eines dinglichen bzw. eines vertraglichen Nutzungsrechts kommt daher nicht in Betracht. Die Rechtsprechung[8] greift hier auf die einseitige widerrufliche Einwilligung[9] zurück, um den Konflikt zwischen den weit gefassten Verbotsrechten der Urheber bzw. Verwerter einerseits und den Kommunikationserfordernissen der Internetgemeinde andererseits auszugleichen[10]. Damit scheint die schlichte Einwilligung ein ideales Instrument zur Legitimation verkehrstypischer Verwertungshandlungen zwecks Erhaltung der Praktikabilität des Rechts zu verkörpern.

Ein allzu pauschaler Einsatz der schlichten Einwilligung als „Allzweckwaffe" für verkehrstypische Nutzungshandlungen birgt allerdings weitreichende Gefährdungspotentiale für urheberrechtlich geschützte Positionen: Die pauschale und in ihrer Reichweite nicht hinreichend konkretisierte Annahme von Einwilligungserklärungen eröffnet Dritten im Bereich des Massenmediums Internet vielschichtige Nutzungsmöglichkeiten, die den Kontrollmöglichkeiten des Urhebers weitgehend entzogen sind.[11] Ursache dafür ist, dass die schutzfähigen Werke im digitalen Format deutlich leichter und schneller als im analogen Zusammenhang verändert, umgestaltet und damit manipuliert werden können. Hinzukommt, dass sich Rechtsverletzungen infolge der dauerhaften Verfügbarkeit und öffentlichen Abrufbarkeit mit Dominoeffekt vervielfachen.[12] Bedenken bestehen v.a. auch in pekuniärer Hinsicht: Während ein Rechteinhaber bei Abschluss eines Nutzungsvertrages regelmäßig eine Vergütung erhält, ist dies bei

---

7 Exemplarisch z. B. die Suchmaschinenanbieter Google, Yahoo, Altavista, Fireball.

8 BGH, GRUR 2010, 628 (631f.) – *Vorschaubilder I*; BGH, GRUR 2008, 245 (247) – *Drucker und Plotter I*; OLG Köln, ZUM 2010, 706 (707); LG Köln, ZUM-RD 2011, 626 (627f.); OLG Hamburg, GRUR 2001, 831 – *Roche Lexikon Medizin*, wobei die Einwilligung hier im Ergebnis jedoch abgelehnt wurde.

9 Synonym werden die Begriffe „schlichte Einwilligung" bzw. „Einwilligung i.e.S. verwendet.

10 BGH, GRUR 2010, 628 (631) – *Vorschaubilder* I verdeutlicht, dass dies insbesondere dann der Fall ist, wenn der abschließend normierte Schrankenkatalog zu eng gefasst ist.

11 *Heeschen*, S. 183; *Schaefer*, Bildersuchmaschinen, S. 149; Loewenheim/*Dietz/Peukert*, Handbuch UrhR, § 15, Rn. 21; *Nordemann/Goddar/Tönhardt/Czychowski*, CR 1996, 645 (649); *Gounalakis/Rhode*, Persönlichkeitsschutz, S. 55, Rn. 80.

12 *Schricker*, Informationsgesellschaft, S. 80, 96; *Zahrt*, Cyberbusiness, S. 5.

der Zurechnung eines Verhaltens als Einwilligung nicht der Fall.[13] Somit kann die vorschnelle Annahme einer schlichten Einwilligung die gemäß § 11 S. 2 UrhG zur Aufgabe des Urheberrechts deklarierte Beteiligung des Urhebers an der wirtschaftlichen Verwertung seiner schöpferischen Leistung umgehen.

Die schlichte Einwilligung findet zwar als Dispositionsform aufgrund der Aktualität und der in hohem Maße vorhandenen Praxisrelevanz der Frage, ob sich aus der Veröffentlichung urheberrechtlich geschützter Inhalte im Internet eine schlichte Einwilligung des Inhalteanbieters ableiten lässt, auch in der urheberrechtlichen Literatur vermehrt Aufmerksamkeit. Meistens erschöpfen sich die Ausführungen zur Einwilligung jedoch auf allgemeine Interessenabwägungen ohne dezidierte Auseinandersetzung mit den dogmatischen Grundlagen und Voraussetzungen der Rechtsfigur.[14] Sofern sich vereinzelt Formulierungsversuche spezifischer Einwilligungsvoraussetzungen finden, gehen ihre Verfasser dabei häufig von einem unzutreffenden Verständnis der (konkludenten) Einwilligung als Ausprägung eines „Opt-out"-Systems aus. Damit besteht hier ein Korrektur- bzw. Lückenschließungsbedarf. Vor diesem Hintergrund widmet sich die vorliegende Arbeit der Konkretisierung von Voraussetzungen, Grenzen und Folgen der schlichten Einwilligung. Dabei gilt dem Dreiklang der BGH-Entscheidungen „Paperboy", „Session-ID" und „Vorschaubilder"[15] ein besonderes Augenmerk.

A. Eingrenzung des Untersuchungsgegenstandes und Ziel der Bearbeitung

Freilich würde eine umfassende Darstellung der Einwilligungslehre in ihrer gesamten Komplexität den Umfang der vorliegenden Bearbeitung sprengen. Die Untersuchung beschränkt sich deshalb, wie die Einleitung bereits vermuten lässt, auf die schlichte Einwilligung als Legitimationsmittel urheberrechtlicher Nutzungen im Kontext digitaler Werknutzung. Aufbauend auf der grundsätzlich sinnvollen Systematisierung i.S.d. noch näher zu beleuchtenden Gestattungsstufenleiterprinzips, ist es Ziel meiner Untersuchung, den praktischen Anwendungsbereich der schlichten Einwilligung als urheberrechtlicher Gestattungsform durch Abgrenzung von verwandten Rechtsfiguren zu ermitteln. Gleichzeitig will die vorliegende Arbeit dem zu befürchtenden Trend entgegenwirken, dass die

---

13 Vgl. *Pfeifer*, GRUR 2011, 1017 (1018); *Ohly*, GRUR 2012, 983 (989).

14 *Schaefer*, Bildersuchmaschinen, S. 107ff.

15 BGH, GRUR 2003, 958ff. – *Paperboy;* BGH, GRUR 2011, 56ff. – *Session-ID*; BGH, GRUR 2010, 628ff. – *Vorschaubilder I*; BGH, GRUR 2012, 602ff. – *Vorschaubilder II.*

Einwilligung ohne eingehende Prüfung zu einer Allzweckwaffe für die extrem dynamischen Entwicklungen und Nutzungsprozesse des Internets mutiert und den in der Einleitung genannten Gefahrenpotentialen Tür und Tor geöffnet wird. Beabsichtigt ist deshalb dem von der Rechtsprechung verfolgten Pragmatismus durch eine tiefergehende Auseinandersetzung mit den dogmatischen Grundlagen Einhalt zu gebieten und dadurch der Gefahr eines Systemeinbruchs[16] vorzubeugen.

Um eine kontrollierte Rechtsfindung zu ermöglichen soll aufbauend auf der Einwilligungsdogmatik versucht werden, die Voraussetzungen, Grenzen und Folgen einer durch die ungesicherte Veröffentlichung urheberrechtlich geschützter Inhalte im Internet konkludent erklärten Einwilligung zu ermitteln. Infolge des Grundsatzcharakters und des – soviel sei vorweggenommen – systematischen Erkenntnisgewinns der vorliegend unter besonderer Berücksichtigung stehenden „Vorschaubilder I"-Entscheidung soll eine an deren Sachverhalt respektive der „Vorschaubilder"-Problematik orientierte Untersuchung der Einwilligungsvoraussetzungen erfolgen. Die so ermittelten Voraussetzungen sollen schließlich anhand einiger Beispiele aus dem Bereich internetspezifischer Werknutzung exemplifiziert werden, um dadurch den praktischen Anwendungsbereich der Einwilligung weiter zu präzisieren.

B. Methode der Untersuchung

Wie bereits angedeutet, soll die vorliegende Arbeit einen Beitrag dazu leisten, den teleologischen Gehalt sowie die kontrovers diskutierten rechtsdogmatischen Grundlagen[17] der schlichten Einwilligung zu erhellen, um gleichsam eine Tendenzaussage über Voraussetzungen und Folgen der Rechtsfigur im gesamten Privatrecht treffen zu können.[18]

Zu diesem Zweck wird auf allgemeine Rechtsprinzipien[19] zurückgegriffen. Diesen ist als „Bestandteilen eines teleologischen Systems eine wertungsmäßige

---

16 Vor einem solchen warnt *Spindler*, GRUR 2010, 785 (792).

17 Hierzu gehören beispielsweise der Streit um die Rechtsnatur, die Rechtsfolgen, die Übertragbarkeit der aus der Einwilligung folgenden Befugnis, das Verhältnis von schlichter Einwilligung und schuldvertraglicher Gestattung, die Grundlage(n) der Dispositionsbefugnis.

18 Vgl. zur Vorgehensweise auch *Canaris*, Systemdenken, S. 88, 157; *ders.*, JZ 1993, 377 (383).

19 Zum Begriff der „Rechtsprinzipien" *Bydlinski*, Rechtsgrundsätze, S. 121; *Canaris*, JZ 1993, 377 (383).

Ableitungseignung“[20] inhärent. Sie dienen vorliegend dazu, die im Hinblick auf die Rechtsfigur der schlichten Einwilligung bestehenden und nicht durch strikten Gesetzespositivismus zu schließenden Lücken systematisch-teleologisch auszufüllen. Zwar lassen sich aus „dem System“[21] bzw. den allgemeinen Rechtsprinzipien keineswegs alle mit der schlichten Einwilligung zusammenhängenden rechtlichen Wertungsfragen lösen.[22] Doch bedarf es zur rationalen Lückenschließung und der wertungsmäßigen Konsistenz und Folgerichtigkeit der in Bezug auf die Einwilligungsvoraussetzungen zu treffenden Rechtsfortbildung praeter legem[23] einer ergänzenden Heranziehung fundamentaler rechtsethischer Prinzipien.[24] Dabei hat die vorliegende Arbeit allerdings nicht den Anspruch, den Systembegriff zu kritisieren oder fortzubilden, mithin einen Beitrag zur Methodenlehre zu leisten. Vielmehr bedient sie sich seiner, um die schlichte Einwilligung in Ermangelung einer eigenständigen Normierung folgerichtig in das bestehende System zivilrechtlicher Normen einzupassen.

Die hier bevorzugte Herangehensweise steht in striktem Gegensatz zu einem außerhalb systematischer Strukturen durchgeführten, praktisch allein an Treu und Glauben orientierten und unter dem Deckmantel materialer Gerechtigkeit stehenden „Billigkeitsdezisionismus“ im Einzelfall.[25] Die Heranziehung von Rechtsprinzipien dient gerade dazu solche Einzelfallentscheidungen zu vermeiden, indem letztere rationalisiert und damit zumindest in ihren Umrissen vorhersehbar gemacht werden.[26] Der Entscheidung jedes einzelnen Rechtsfalls soll mithilfe der Rechtsprinzipien eine Struktur verliehen werden, die auf bestimmten systematisch-teleologischen Grundeinsichten beruht.[27] Diesem Paradigma folgend soll vorliegend zunächst versucht werden, die schlichte Einwilligung in das System urheberrechtlicher Gestattungsformen einzubetten und ihr dadurch erste Konturen zu verleihen. Später sollen in kritischer Auseinandersetzung mit den zumeist einzelfallbezogenen Aussagen der „Vorschaubilder“-Entscheidungen die für

---

20 *Canaris*, Systemdenken, S. 88, 157.

21 Zum Systembegriff *Canaris*, Systemdenken, S. 112f.; 156; *Riesenhuber*, System und Prinzipien, S. 5 m.w.N.; *Diederichsen*, FS Seiler, S. 65 (70); vgl. auch *Klöhn*, Abfindungsansprüche, S. 6ff.

22 Vgl. *Canaris*, Systemdenken, S. 110f.

23 Siehe *Kap. 1 G. I.*

24 Vgl. *Canaris*, Systemdenken, S. 95ff.

25 *Kling*, Sprachrisiken, S. 160; *Bydlinski*, Bedeutung der Rechtsethik, S. 11 (27); *ders.*, AcP 188 (1988), 447 (451).

26 *Kling*, Sprachrisiken, S. 163.

27 Ebd.

die Einwilligung relevanten Wertungen destilliert und auf ihre Validität überprüft werden.

Die durch die Rechtsprinzipien mögliche Erfassung des teleologischen Gehalts eines bestimmten Rechtsinstituts dient ferner dessen dogmatischer Absicherung.[28] Insofern haben die Rechtsprinzipien für die schlichte Einwilligung neben der angesprochenen systemkonformen Lückenergänzungsfunktion auch einen nicht zu unterschätzenden Wert für den fortwährenden Streit um ihre Rechtsnatur. Die durch die Rechtsprinzipien mögliche Tendenzaussage bezüglich der Voraussetzungen, unter denen, und der Grenzen, in denen die schlichte Einwilligung wirkt, kann durch exakte Erkenntnisse über ihre juristische Natur noch weiter konkretisiert werden. Wenn auch eine rein deduktive Vorgehensweise[29] mangels Kodifikation der schlichten Einwilligung unangemessen wäre[30], so muss jedoch selbst von den Gegnern eines deduktiven Vorgehens konzediert werden, dass aus der dogmatisch-teleologischen Einordnung der schlichten Einwilligung gewisse Rückschlüsse auf ihre Voraussetzungen gezogen werden können.[31]

Der damit verfolgte Ansatz der Entwicklung eines stimmigen rechtsdogmatischen Konzepts für die schlichte Einwilligung bei gleichzeitiger Verifizierung der Voraussetzungen anhand der „Vorschaubilder"-Problematiken entspricht einer induktiv-deduktiven Prüfungsmethode.[32] Diese liefert ein geeignetes methodisch-theoretisches Fundament[33] für eine kontrollierte Rechtsfindung.

---

28 *Canaris*, Systemdenken, S. 88ff., 157; *Kling*, Sprachrisiken, S. 163.

29 Damit ist eine generelle Festlegung der Rechtsnatur der schlichten Einwilligung zum Zwecke der schematischen Ableitung sämtlicher mit ihr zusammenhängenden Einzelfragen gemeint.

30 Vgl. *Kohte*, AcP 185 (1985), 105 (120); *Ohly*, Einwilligung, S. 5; MüKo-BGB/*Wagner*, § 823, Rn. 731.

31 *Zitelmann*, AcP 99 (1906), 1 (48).

32 So auch *Bydlinski*, Bedeutung der Rechtsethik, S. 11 (28).

33 *Kling*, Sprachrisiken, S. 163.

1. Kapitel: Systematische und dogmatische Einordnung der schlichten Einwilligung im Gefüge urheberrechtlicher Gestattungen

A. Das „Stufenleiterprinzip der Gestattungen" – Gang der Darstellung

Der Begriff „Einwilligung" wird im Zivilrecht terminologisch ungenau in einer verwirrenden Vielfalt von Bedeutungsvarianten verwendet[34] und daher häufig mit anderen Rechtsinstituten vermengt. Wie bereits in der Einleitung angedeutet findet sich allein im Urheberrecht eine differenziertere Auseinandersetzung mit den verschiedenartigen Formen der Nutzungsgestattung sowie deren rechtstechnischer Einordnung.[35] Im Einzelnen wird unterschieden zwischen der Übertragung des Urheberrechts als Ganzem oder in seinen Teilen[36] (translative Rechtsübertragung), der Einräumung gegenständlich wirkender Gestattungen in Form von Nutzungsrechten (konstitutive Rechtseinräumung bzw. gebundene Rechtsübertragung[37]), rein schuldrechtlichen Gestattungsverträgen sowie der einseitigen widerruflichen Einwilligung.[38] Allen Rechtsfiguren ist gemeinsam, dass durch das Treffen eines selbstbestimmten, privatautonomen Entschlusses die Vornahme spezifischer Handlungen legitimiert wird, die der Rechtsinhaber ohne entsprechende Legitimation verbieten könnte, weil sie einen verbotenen Eingriff in einen diesem zugewiesenen, schutzfähigen Rechtskreis darstellten. Sie sind sämtlich dem Gedanken des „volenti non fit iniuria" zuzuordnen.

---

34 Vgl. *Ohly*, Einwilligung, S. 3.

35 BGH, GRUR 2010, 628 (631) – *Vorschaubilder I*; Schricker/Loewenheim/*Schricker/Loewenheim*, Vor §§ 28ff. UrhG, Rn. 45ff.; Fromm/Nordemann/*Nordemann*, § 29 UrhG, Rn. 14ff.

36 Gemeint sind z. B. die urheberrechtlichen Verwertungsrechte, vgl. BT-Drs. IV/270, S. 55.

37 Begriff nach *Forkel*, Gebundene Rechtsübertragungen, S. 44ff.

38 Schricker/Loewenheim/*Schricker/Loewenheim*, Vor §§ 28ff. UrhG, Rn. 45ff.; *Ohly*, Einwilligung, S. 144; Wandtke/Bullinger/*Wandtke/Grunert*, § 31 UrhG, Rn. 27ff., 37.

Ohly folgend lässt sich zwischen den genannten Dispositionsformen infolge der unterschiedlichen Intensität der durch sie vermittelten Rechtsposition ein Stufenverhältnis ausmachen.[39] Um dieses Stufenverhältnis zu veranschaulichen führt er, mit Blick auf die zwischen den einzelnen Dispositionsformen (als „Sprossen") bestehenden Gemeinsamkeiten, das Modell einer „Stufenleiter der Gestattungen" ein.[40] Die von ihr umfassten Gestattungsformen sind dabei nach dem Grad des durch sie vermittelten Rechtsschutzes – auf oberster Sprosse beginnend mit der translativen Rechtsübertragung als der intensivsten Gestattung – angeordnet. Innerhalb der Gestattungsstufenleiter differenziert Ohly zwischen den Dispositionsformen, bei denen der Unrechtsausschluss lediglich auf dem Gedanken des „volenti non fit iniuria" beruht, und solchen Rechtsfiguren, bei denen der Wille des Rechtsinhabers allenfalls mitursächlich für einen – zumindest teilweisen – Unrechtsausschluss ist.[41] Zu letzteren zählt er beispielsweise die mutmaßliche Einwilligung, das „Handeln auf eigene Gefahr" sowie die Verwirkung bzw. die bloße Duldung.

Aufbauend auf dem von *Ohly* entwickelten Modell der „Stufenleiter der Gestattungen", soll für die hier im Fokus stehenden urheberrechtlichen Nutzungen eine möglichst präzise und systematische Differenzierung zwischen den dem Schutzrechtsinhaber zur Verfügung stehenden Gestattungsformen vorgenommen und es sollen deren Charakteristika ermittelt werden. Nachstehend werden deshalb die einzelnen Stufen schrittweise von oben nach unten dargestellt. Im Rahmen der Auseinandersetzung mit den die Stufenleiter konstituierenden Gestattungsformen gilt der „schlichten Einwilligung" besonderes Augenmerk. Ferner soll eine vertiefte Auseinandersetzung mit den rechtstheoretischen und -dogmatischen Grundlagen sowie speziell den Implikationen der „Vorschaubilder"-Entscheidungen auf die urheberrechtliche Einwilligungslehre stattfinden. Sodann gilt es anhand des durch die Auseinandersetzung mit den einzelnen Gestattungsformen erlangten Vorverständnisses die Stringenz der von Ohly aus dem Stufenleitermodell abgeleiteten Kernaussagen zu überprüfen. Daran wird sich eine Abgrenzung der schlichten Einwilligung von verwandten,

---

39 *Ohly*, Einwilligung, S. 143f.

40 Zum Stufenleiterprinzip allgemein *Ohly*, Einwilligung, S. 143ff.; zum Stufenleiterprinzip im Urheberrecht Schricker/Loewenheim/*Schricker/Loewenheim*, Vor §§ 28ff., Rn. 45ff.; Ernst/Vassilaki/Wiebe/*Ernst*, Hyperlinks, Rn. 166; zum Stufenleiterprinzip im Sachenrecht MüKo-BGB/*Baldus*, § 1004, Rn. 95ff.; zur Stufenleiter der Lizenzgewährung *Pahlow*, Lizenz, S. 247; *Haberstumpf*, FS Hubmann, S. 127 (129f.), der allerdings die schlichte Einwilligung nicht erwähnt.

41 *Ohly*, Einwilligung, S. 147.

aber nicht auf dem Gedanken „volenti non fit iniuria“ wurzelnden Rechtsfiguren anschließen, um dadurch den Anwendungsbereich der schlichten Einwilligung weiter zu präzisieren.

B. Die Einwilligung i.w.S. als Sammelbegriff der zum Stufenleiterprinzip gehörenden Gestattungsformen

Bevor nachstehend auf die einzelnen Gestattungsstufen eingegangen wird, gilt es nunmehr zwecks größerer Rechtsklarheit die im Zusammenhang mit der schlichten Einwilligung immer wieder auftretenden terminologischen Ungenauigkeiten auszugrenzen. Die „Einwilligung“ wird sowohl in der Rechtsprechung als auch in der Literatur teilweise als Bezeichnung für mit der schlichten Einwilligung verwandte Rechtsinstitute, insbesondere den schuldrechtlichen Gestattungsvertrag[42] oder die konstitutive Nutzungsrechtseinräumung[43], herangezogen.

Auch dem vorliegend unter besonderer Berücksichtigung stehenden Urheberrechtsgesetz liegt keine vollkommen einheitliche terminologische Konzeption zugrunde. Ein Beispiel dafür bildet die missverständliche Formulierung des § 23 S. 1, 2 UrhG. Von dieser Vorschrift, die den Begriff der „Einwilligung“ explizit erwähnt[44], möchte der Gesetzgeber sowohl die Einräumung von Nutzungsrechten, schuldrechtliche Gestattungen als auch einseitige widerrufliche Einwilligungen umfasst wissen.[45] Auch die §§ 37 I, 106 I UrhG sind in gleicher Weise auszulegen. Wegen der ambivalenten Verwendung des Begriffs „Einwilligung“, einerseits als Oberbegriff für sämtliche Formen der Gestattung und andererseits als spezifische – widerrufliche Eingriffserlaubnisse vermittelnde – Gestattungsform, besteht hier die Gefahr von Verwechslungen. Daran wird deutlich, dass der Terminus „Einwilligung“ das Risiko birgt, die Eigenarten und Voraussetzungen des jeweils in Rede stehenden Gestattungsvorgangs zu vermengen. Die Rechtsfigur Einwilligung droht dadurch immer mehr an Inhalt und Konturen zu verlieren.

---

42 So z.B. BGH, NJW 1990, 2815 (2817) – *Sportübertragungen.*

43 *Hüttner*, WRP 2010, 1008 (1012), die die Bezeichnung „konkludente Einwilligung“ synonym zur konkludenten Einräumung von Nutzungsrechten verwendet.

44 Weitere Vorschriften finden sich im UrhG mit §§ 8 II S. 1, 37 I sowie 113 S. 1, 2.

45 *V. Gamm*, § 23 UrhG, Rn. 3, 5; Schricker/*Loewenheim*, § 3 UrhG, Rn. 35 und § 23 UrhG, Rn. 19 m.w.N.; Wandtke/Bullinger/*Wandtke/Grunert*, § 23 UrhG, Rn. 8; *Dreier/Schulze*, § 23 UrhG, Rn. 10; wohl auch Dreyer/Kotthoff/Meckel/*Dreyer*, § 23 UrhG, Rn. 24. Vgl. auch Fromm/Nordemann/*Vinck*, § 23 UrhG, Rn. 3; Möhring/Nicolini/*Ahlberg*, § 23 UrhG, Rn. 10 bzw. nunmehr Ahlberg/Götting/*Ahlberg*, § 23 UrhG, Rn. 7, die die Einwilligung aber fälschlicherweise als Erklärung i.S.d. § 183 S. 1 BGB qualifizieren.

Ohly folgend[46] sollte daher der Terminus „Einwilligung", sofern es um sämtliche zum Unrechtsausschluss führenden Gestattungsformen geht, nach Möglichkeit gänzlich vermeiden werden; stattdessen ist hier von „Gestattungen" bzw. einer „Einwilligung im weiteren Sinne" zu sprechen.[47] Die Bezeichnung „schlichte Einwilligung" oder auch „Einwilligung im engeren Sinne"[48], die den Gegenstand der vorliegenden Arbeit bildet, ist hingegen der einseitigen und widerruflichen Einwilligung als der untersten Sprosse der o.g. Stufenleiter vorbehalten.[49] Die Auswirkungen einer Verwechslung zwischen den verschiedenen Rechtsfiguren erscheinen in Anbetracht von § 151 S. 1 BGB auf den ersten Blick zwar gering zu sein.[50] Tatsächlich ergeben sich aufgrund der bereits angesprochenen unterschiedlichen Intensität des dem Gestattungsempfänger vermittelten Rechtsschutzes aber durchaus ernst zu nehmende Unterschiede. Um die allgemeine dogmatische Verunsicherung über den Begriff der „Einwilligung" zu beenden, ist der Gesetzgeber der Rechtsklarheit wegen aufgerufen, die hier vorgeschlagene Terminologie zu übernehmen.

C. Translative Rechtsübertragung

Den Ausgangspunkt bzw. die oberste Sprosse des Gestattungsstufenleitermodells statuiert die translative[51] Rechtsübertragung (auch als unbeschränkte, freie oder auch privative[52] bezeichnet). Sie ist die intensivste Form und zugleich Grenzfall der Nutzungsgestattung.[53] Durch sie wird nämlich ein Recht, das die Berechtigung zur Nutzung und Verwertung eines Guts in sich trägt, durch Parteivereinbarung vollständig auf ein anderes Privatrechtssubjekt

46 *Ohly*, Einwilligung, S. 178.

47 Ein andere Terminologie bevorzugt *Ahrens*, Verwertung, S. 305ff., 330ff. Nach dessen Auffassung seien ausschließlich die beiden auf Rechtsfolgenebene relevanten Institute des antizipierten Verzichts sowie des Duldungsversprechens (pactum de non petendo) dem Begriff der „Gestattung" zuzurechnen. Letztere grenzt er von Rechtsübertragungen und der Einwilligung ab.

48 *Ohly*, Einwilligung, S. 174, 178.

49 So auch Ernst/Vassilaki/Wiebe/*Wiebe*, Hyperlinks, Rn. 48.

50 *Ohly*, Einwilligung, S. 174, 281.

51 *Forkel*, Gebundene Rechtsübertragungen, S. 46 kritisiert zu Recht, dass es sich bei dem Begriff um einen Pleonasmus handelt. Er bevorzugt deshalb die Verwendung des Begriffs „freie Übertragung".

52 *Hilty*, MMR 2003, 3 (7).

53 Schricker/Loewenheim/*Schricker/Loewenheim*, Vor §§ 28ff. UrhG, Rn. 45; *Ohly*, Einwilligung, S. 147.

übertragen.[54] Dadurch bedingt kommt es zu einer vollständigen Änderung der Rechtszuständigkeit.[55]

Eine solche unbeschränkte Entäußerung i.S.e. translativen Rechtsübertragung ist jedoch im hier interessierenden Urheberrecht, sowohl für das Urheberrecht als Ganzes als auch in seinen Teilen (einzelne Verwertungsrechte), gerade ausgeschlossen.[56] Dieser dem deutschen Urheberrecht immanente und in § 29 I UrhG normierte Grundsatz der Unübertragbarkeit des Urheberrechts inter vivos ist Folge der unaufhebbaren faktischen Verbindung von Urheber und Werk. Er ist ferner Ausdruck und notwendige Folge des herrschenden, monistischen Konzepts, welches in § 11 S. 1 UrhG eine entscheidende Ausprägung findet. Danach verschmelzen im Urheberrecht vermögensrechtliche und urheberpersönlichkeitsrechtliche Interessen an dem Werk zu einer Einheit.[57] Das Urheberpersönlichkeitsrecht als solches gehört zum Kern derjenigen Befugnisse, welche zu Lebzeiten den Verbleib beim Urheber erfordern und somit grundsätzlich unübertragbar sind.[58] Durch die dargelegte enge Verflechtung von verwertungsrechtlichen mit (urheber-)persönlichkeitsrechtlichen Elementen liegt es nahe, den Charakter der Unübertragbarkeit auch auf das Vermögensrecht übergreifen zu lassen. § 29 I UrhG lässt sich insofern als eine Regel des Urheberpersönlichkeitsrechts im weiteren Sinne auffassen.[59] Die Regel der Unübertragbarkeit des Schutzrechts gilt auch hinsichtlich solcher vom UrhG gewährten Leistungsschutzrechte, die die Vorschriften über den Rechtsverkehr im Urheberrecht (§§ 28ff. UrhG) für entsprechend anwendbar erklären und eine urheberpersönlichkeitsrechtliche Komponente enthalten.[60] Dies trifft auf den

---

54 *Larenz/Wolf*, BGB-AT, § 13, Rn. 41; *Ohly*, Einwilligung, S. 147.

55 Spindler/Schuster/*Wiebe*, Recht der elektronischen Medien, § 29 UrhG, Rn. 4.

56 BT-Drs. IV/270, S. 55.

57 BT-Drs. IV/270, S. 55; BGH, GRUR 1955, 201 (204); *Dreier/Schulze*, § 11 UrhG, Rn. 2ff.; *v. Gamm*, § 29 UrhG, Rn. 5; Loewenheim/*Dietz/Peukert*, Handbuch UrhR, § 15, Rn. 1; *Koos*, GRUR 2004, 808 (811); *Ohly*, Einwilligung, S. 267.

58 Begr. zum RegE, *Schulze*, Materialien zum UrhG, Band I, S. 456ff.; *Fechner*, MedienR, Rn. 299; Fromm/Nordemann/*Hertin*, Vor §§ 12ff. UrhG, Rn. 3, 7; *Schricker*, Informationsgesellschaft, S. 79; *Gounalakis/Rhode*, Persönlichkeitsschutz, Rn. 76.

59 *Dreier/Schulze*, Vor §§ 12ff. UrhG, Rn. 3; Loewenheim/*Dietz/Peukert*, Handbuch UrhR, § 15, Rn. 2; Schricker/Loewenheim/*Schricker/Loewenheim*, Vor §§ 12ff. UrhG, Rn. 9. Neben den besonders zentralen Teilaspekten des Persönlichkeitsschutzes in den §§ 12–14 UrhG finden sich weitere persönlichkeitsrechtlich relevante Regelungen in den §§ 39, 42, 62, 63, 113ff. UrhG, die ebenfalls zum Urheberpersönlichkeitsrecht i.w.S. zu zählen sind. Weitere Vorschriften urheberpersönlichkeitsrechtlichen Einschlags nennt Schricker/*Dietz*, Vor §§ 12ff. UrhG, Rn. 3.

60 Schricker/Loewenheim/*Schricker/Loewenheim*, Vor §§ 28ff. UrhG, Rn. 64.

Schutz wissenschaftlicher Ausgaben nach § 70 I UrhG und den Schutz von Lichtbildern nach § 72 I UrhG zu. § 29 I gilt hier jeweils entsprechend.

Abweichend von dieser Regel ermöglicht der urheberrechtliche Gesetzgeber aber in bestimmten Ausnahmefällen dennoch die translative Übertragung einzelner Verwertungsrechte. So ist es einem ausübenden Künstler i.S.d. § 73 UrhG seit der Einführung des Gesetzes zur Regelung des Urheberrechts in der Informationsgesellschaft vom 10.09.2003[61] nach § 79 I S. 1 UrhG erlaubt, seine in Form echter Ausschließlichkeitsrechte[62] ausgestalteten Befugnisse auf ein anderes Privatrechtssubjekt zu übertragen.[63] Einschränkend sei allerdings darauf hingewiesen, dass zu den gemäß § 79 I S. 1 UrhG abtretbaren Befugnissen nicht die dem Persönlichkeitsschutz des ausübenden Künstlers dienenden §§ 74, 75 UrhG gehören. Die sonstigen Leistungsschutzrechte, die keine persönlichkeitsrechtliche Komponente aufweisen, sind als Vermögensrechte ganz oder teilweise übertragbar.[64] Hierzu gehört u. a. das ebenfalls als Ausschließlichkeitsrecht konzipierte Leistungsschutzrecht des Tonträgerherstellers nach § 85 II S. 1 UrhG.[65]

Abgesehen von der translativen Übertragbarkeit einzelner leistungsschutzrechtlicher Verwertungsbefugnisse sind im UrhG noch weitere Ausnahmen betreffend die Übertragung des Urheberrechts im Ganzen oder in seinen Teilen anzutreffen. Dazu zählen die Vererbung des Urheberrechts gemäß § 28 I UrhG, die Übertragung desselben in Erfüllung einer Verfügung von Todes wegen und auch die Übertragung an Miterben im Wege der Erbauseinandersetzung gemäß § 29 I UrhG.

Im Gegensatz zu dem grundsätzlich an die Person des Urhebers gebundenen Urheberrecht kann der Inhaber eines Nutzungsrechts über die ihm gewährten Nutzungsbefugnisse in den Grenzen der „dinglichen" Aufspaltbarkeit im Wege translativer Rechtsübertragung verfügen. Jedoch bedarf die Übertragung des Nutzungsrechts der Zustimmung des Urhebers, § 34 I UrhG.

---

61 BGBl. I, S. 1774.

62 Zum Begriff des „Ausschließlichkeitsrechts" *Peukert*, Güterzuordnung, S. 56.

63 Nach der Rechtslage des UrhG von 1965 waren ausübende Künstler im Gegensatz zu Urhebern lediglich Inhaber sog. Einwilligungsrechte. Auf deren Grundlage konnten die Inhaber lediglich die Einräumung einer schuldrechtlichen Nutzungsberechtigung gewähren (*Dreier/Schulze*, § 79 UrhG, Rn. 1; Loewenheim/*Nordemann/Nordemann-Schiffel*, Handbuch UrhR, § 4, Rn. 32).

64 Schricker/Loewenheim/*Schricker/Loewenheim*, Vor §§ 28ff. UrhG, Rn. 66; vgl. auch Wandtke/Bullinger/*Block*, § 29 UrhG, Rn. 12.

65 Weitere verwandte Schutzrechte, deren Übertragbarkeit im UrhG ausdrücklich kodifiziert ist, finden sich in §§ 71 II, 87 II S. 1, 94 II S. 1 (i.V.m. 95).

Es bleibt damit festzuhalten, dass aufgrund der unauflösbaren Verbindung des Urhebers mit seinem Werk und der engen Verzahnung vermögens- und urheberpersönlichkeitsrechtlicher Schutzinteressen vom Grundsatz der translativen Nichtübertragbarkeit des Urheberrechts auszugehen ist. Dieser Grundsatz erfährt allerdings in Bezug auf Geschäfte über verwandte Schutzrechte i.S.d. §§ 70ff. UrhG sowie in den Vorschriften der §§ 28 I, 29 I UrhG zahlreiche Ausnahmen.

D. Konstitutive Rechtseinräumung

Die in der Stufenleiter eine Sprosse tiefer angesiedelte konstitutive Rechtseinräumung zeichnet sich dadurch aus, dass dem Erwerber durch Parteivereinbarung ein dingliches bzw. gegenständliches Teilrecht gewährt wird, welches absoluten Rechtscharakter aufweist[66] und damit gegenüber jedermann geschützt ist.

Das dem Erwerber einzuräumende Tochterrecht ist ein (Teil-)Recht, welches in isolierter Form zuvor nicht vorhanden war.[67] Dieser Umstand ist Charakteristikum der konstitutiven Rechtseinräumung, die häufig auch als „konstitutive Rechtsübertragung“[68] bezeichnet wird. Es ist jedoch insofern verfehlt, von einer konstitutiven Rechtsübertragung zu sprechen[69], als die Rechtseinräumung konstitutiv und nicht translatorisch wirkt. Genau genommen wird nämlich gar kein Recht übertragen, sondern ein bislang nicht existentes Recht kreiert.[70] Eine Übertragung setzt aber stets ein bereits bestehendes Recht voraus. Das Tochterrecht wird jedoch vorliegend erst durch die Rechtseinräumung originär zur Entstehung gebracht und ist vorher daher auch nicht übertragbar. In diesem Zusammenhang empfiehlt es sich, den allgemeineren Terminus Rechts*einräumung* zu verwenden, unter der die konstitutive Begründung eines Rechts zu verstehen ist.

Ein konstitutiv eingeräumtes, zuvor nicht eigenständig bestehendes Recht bildet einen begrenzten Ausschnitt der vom Mutterrecht abgeleiteten und insgesamt gewährleisteten Befugnisse, wobei sich der konkrete Umfang nach der

---

66 Teilweise wird das Wesen der Dinglichkeit bzw. Gegenständlichkeit eines Rechts auch allein in der Unmittelbarkeit der Gegenstandsbeziehung gesehen (vgl. die Ausführungen bei *Engels*, Markenlizenz, S. 28).

67 *Kraßer*, Schutz vertraglicher Rechte, S. 97; *Ohly*, Einwilligung, S. 148; *Haedicke*, Rechtskauf, S. 80f.; *Lochmann*, Fernsehübertragungsrechte, S. 37.

68 Begründet durch *v. Tuhr*, BGB-AT II/1, § 45 I, S. 59ff., 62ff.; ihm folgend *Larenz/Wolf*, BGB-AT, § 13 V, S. 239; *Kraßer*, GRUR Int 1973, 230 (232). Den Begriff der konstitutiven Rechtsübertragung ebenfalls kritisierend *Forkel*, Gebundene Rechtsübertragungen, S. 44.

69 So auch *Rehbinder*, UrhR, Rn. 554; *Götting*, PKR, S. 279.

70 So auch *Gottzmann*, Sukzessionsschutz, S. 9, Rn. 29, S. 13, Rn. 42.

Parteiabsprache bemisst.[71] Hierin besteht der wesentliche Unterschied zur translativen Rechtsübertragung, bei der es zu einer vollständigen und endgültigen Entäußerung und dadurch bedingt zur Beendigung der Rechtszuständigkeit des Verfügenden kommt.[72]

Charakteristisch für die konstitutive Rechtseinräumung ist weiterhin eine stets vorhandene Bindung zwischen Mutter- und Tochterrecht, die von *Forkel* zur Verdeutlichung dieses Umstandes als „gebundene Rechtsübertragung" umschrieben wird.[73] Diese Verbindung äußert sich v.a. darin, dass die Befugnisse aus dem „abgespaltenen" Tochterrecht im Falle seines Erlöschens automatisch, ohne dass es eines Rückübertragungsaktes bedürfte, dem Ursprungsrecht wieder zufallen.[74] Dieser Vorgang wird in der Literatur auch als „Konsolidation", „Heim-" oder „Rückfall" des Tochterrechts bezeichnet.[75]

Kennzeichnend für die konstitutive Rechtseinräumung ist bei Rechten mit persönlichkeitsrechtlichem Einschlag ferner die Verpflichtung des Erwerbers des abgeleiteten Rechts, auf die im Ursprungsrecht verbliebenen ideellen Schutzinteressen des Verfügenden Rücksicht zu nehmen.[76]

I. Festlegung des Maßstabs der Gegenständlichkeit

Durch die Verdinglichung bzw. Vergegenständlichung[77] der dem Begünstigten gewährten (Teil-)Befugnisse ist diese Form der Einräumung von Nutzungsbefugnissen von der in der Stufenleiter weiter unten angesiedelten bloß obligatorisch wirkenden schuldvertraglichen Gestattung abzugrenzen. Richtigerweise

---

71 *Forkel*, Gebundene Rechtsübertragungen, S. 23, 34; *ders.*, GRUR 1988, 491 (495); *v. Gamm*, § 31 UrhG, Rn. 10; *Weinmann*, Lizenz, S. 547; Mestmäcker/Schulze/*Backhaus*, § 97 UrhG, Rn. 10; *Dreier/Schulze*, § 31 UrhG, Rn. 11; *Rehbinder*, UrhR, Rn. 554.

72 *Haedicke*, Rechtskauf, S. 98.

73 Grundlegend *Forkel*, Gebundene Rechtsübertragungen, S. 44ff., 239f.; *Schack*, UrhR, Rn. 529ff.

74 *Forkel*, Gebundene Rechtsübertragungen, S. 37f., 44ff.; *ders.*, GRUR 1988, 491 (495); *Adolphsen/Tabrizi*, GRUR 2011, 384 (385); *Schindler*, Aufspaltbarkeit, S. 29.

75 BT-Drs. IV/270, S. 55; *Forkel*, Gebundene Rechtsübertragungen, S. 37f., 45, 239f.; *Herbst*, Lizenz, S. 120; *v. Gamm*, § 31 UrhG, Rn. 10; *Lochmann*, Fernsehübertragungsrechte, S. 38.

76 *Forkel*, Gebundene Rechtsübertragungen, S. 192.

77 Sofern es nachfolgend um die Zuordnung von Immaterialgüterrechten geht, wird für mehr Begriffsklarheit auf den Terminus „gegenständlich" zurückgegriffen. Dieser verdeutlicht, dass Bezugspunkt des absoluten Rechts auch ein unkörperlicher Gegenstand sein kann (so auch *Jänich*, Geistiges Eigentum, S. 198; *Schindler*, Aufspaltbarkeit, S. 30f.; *Lochmann*, Fernsehübertragungsrechte, S. 36, Rn. 3).

ist die Dinglichkeit bzw. Gegenständlichkeit ein Rechtsfolgenbegriff:[78] Es ist also keineswegs so, dass ein Recht gewisse Wirkungen hat, weil es ein dingliches oder gegenständliches Recht ist.[79] Vielmehr ergibt sich die Zuordnung eines Rechts als obligatorisch oder dinglich aus dessen relativen oder absoluten Wirkungen und damit aus Art und Umfang der dem Rechtsinhaber zugewiesenen oder eingeräumten Befugnisse.[80]

Ein von einem Vollrecht abgeleitetes Teilrecht entfaltet dann absolute Rechtswirkung, wenn es seinem Inhaber ein bestimmtes Gut im Verhältnis zu Dritten in der Weise zuordnet, dass jeder andere dazu verpflichtet ist, störende Eingriffe in den geschützten Freiheitsbereich zu unterlassen.[81] In dieser allwirksamen Abwehrmacht beeinträchtigender Eingriffe (Absolutheit des Klageschutzes) liegt zugleich der wesentliche Unterschied zur relativ wirkenden und damit bloß gegen eine bestimmte Person gerichteten Forderung. *Canaris* folgend verkörpern in Ergänzung zur angesprochenen Ausschluss- und Abwehrbefugnis grundsätzlich auch der Verfügungs-[82] und Sukzessionsschutz[83] sowie die Insolvenz- und Einzelzwangsvollstreckungsfestigkeit konstitutive Schutzelemente absolut wirkender Rechte.[84] Lässt sich mit Blick auf dingliche Vollrechte durchaus über die

---

78 *Walz*, KritV 1986, 131 (140); *Hauck*, AcP 211 (2011), 626 (627).

79 *Hauck*, AcP 211 (2011), 626 (627); *Kraßer*, GRUR Int. 1973, 230 (235); *Krebs/Becker*, JZ 2009, 932 (935); *Hilty*, LizenzvertragsR, S. 114.

80 *Hauck*, AcP 211 (2011), 626 (627).

81 *Larenz/Wolf*, BGB-AT, § 15 Rn. 2; *Wieling*, SachenR, § 1 II 1 (S. 5); *Kraßer*, GRUR Int 1983, 537 (538); *Medicus*, BGB-AT, Rn. 62; *Jänich*, Geistiges Eigentum, S. 198; *Westermann*, SachenR, § 2, Rn. 18 (S. 31).

82 Dieser ist dadurch gekennzeichnet, dass dem Mutterrechtsinhaber grundsätzlich die Möglichkeit genommen ist, als Nichtberechtigter über ein bereits eingeräumtes Teilrecht weiter zu verfügen.

83 Dieser zielt auf einen Schutz der Rechtsposition des Teilrechtsinhabers vor Beeinträchtigungen infolge einer Übertragung des „belasteten" Vollrechts auf einen Dritterwerber ab. Sowohl Verfügungs- als auch Sukzessionsschutz liegt der Gedanke zu Grunde, dass der Mutterrechtsinhaber nur die Rechte übertragen kann, die er selbst noch inne hat (vgl. mit Bezug auf § 33 UrhG BGH, GRUR 1986, 91 (93) – *Preisabstandsklausel*).

84 *Canaris*, FS Flume, S. 371 (373f., 425); *Wallner*, NZI 2002, 70 (77); *Hauck*, AcP 211 (2011), 626 (630); *Haedicke*, Rechtskauf, S. 86, Rn. 30; *Berger*, GRUR 2013, 321 (324); a.A. *Kraßer*, GRUR Int 1973, 230 (234); *ders.*, GRUR Int 1983, 537 (540), der zur Bejahung von „Gegenständlichkeit" in Bezug auf Immaterialgüterrechte einzig das Vorliegen einer drittschützenden Rechtsposition fordert. Davon abzugrenzen sei der Sukzessionsschutz, der lediglich zum Verbrauch von Verfügungsmacht führe, ohne jedoch Auswirkungen auf die Gegenständlichkeit des eingeräumten Rechts zu haben.

Redundanz des Verfügungs- und Sukzessionsschutzes streiten[85], ist dieser doch für die zweckmäßige und interessengerechte Dauerhaftigkeit der hier interessierenden beschränkten dinglichen Rechte von essentieller Bedeutung.[86] Die Bestandskraft der eingeräumten Einzelbefugnisse in der wirtschaftlichen Krise des Mutterrechtsinhabers (Insolvenz, Zwangsvollstreckung) ist dann nur noch die konsequente und logische Fortsetzung des gewährten Verfügungs- und Sukzessionsschutzes.

II. Beschränkte Rechtseinräumung im Sachenrecht

V.a. im Sachenrecht besteht die Möglichkeit anderen Privatrechtssubjekten einzelne aus dem umfassenden dinglichen Herrschaftsrecht „Eigentum" abgeleitete Befugnisse einzuräumen.[87] Diese aus dem Eigentum abgeleiteten Ausschnitte werden als sog. beschränkte dingliche Rechte oder auch sinnbildlich als „Eigentumssplitter"[88] bezeichnet. Als beschränkte dingliche Rechte sind im BGB beispielsweise die Grunddienstbarkeit (§§ 1018ff. BGB), der Nießbrauch an Sachen (§§ 1030ff. BGB), die beschränkte persönliche Dienstbarkeit (§ 1090 BGB) sowie das Wohnrecht (§ 1093 BGB) normiert.[89]

Wie man sich das Phänomen der Ausgliederung von Teilbefugnissen aus dem umfassenden Eigentumspotential zwecks Begründung beschränkter dinglicher Rechte im Detail vorzustellen hat, ist im Einzelnen umstritten.[90] So ließe sich einerseits vertreten, dass die aus dem Eigentum fließenden Befugnisse verselbständigt und isoliert als „Eigentumssplitter" übertragen werden.[91] Folgte man dieser von der Summentheorie[92] geprägten Auffassung, hätte dies die Entstehung eines in zwei komplementär ergänzende Sphären geteilten, funktional in Ober- und Nutzungseigentum zerfallenden Eigentums zur Folge. Dem wird von einer anderen

---

85 Vgl. *Canaris*, FS Flume, S. 371 (373); *Richter*, Vormerkungsschutz, S. 293; *Füller*, SachenR, S. 54.

86 *Richter*, Vormerkungsschutz, S. 293.

87 *Baur/Stürner*, § 3, Rn. 23; MüKo-BGB/*Säcker*, § 903, Rn. 6.

88 *Würthwein*, Schadensersatz, S. 86.

89 Weitere beschränkte dingliche Rechte, die zur Verwertung berechtigten, finden sich in §§ 1105, 1113, 1191, 1204 BGB. Beschränkte dingliche Erwerbsrechte statuieren die in §§ 1094ff. § 958 II, §§ 883ff. BGB aufgeführten Rechte sowie die im Gesetz nicht geregelten Anwartschaften (vgl. auch *Larenz/Wolf*, BGB-AT, § 15, Rn. 7; *Wieling*, SachenR, § 1 II 2 a (S. 6)).

90 *Windscheid/Kipp*, Pandektenrecht I, § 167 I (S. 857); *Dernburg*, Pandekten I, § 193 (S. 445).

91 *Puchta*, Pandekten, S. 212; *Rittstieg*, NJW 1982, 721 (722).

92 Der Gesetzgeber entschied sich bei der Kodifikation des BGB gegen die Summentheorie, vgl. Mot., Bd. III, S. 262.

Ansicht entgegengehalten, dass das umfassende Eigentumsrecht durch die Teilrechtseinräumung nicht berührt werde, das Eigentum mithin ungeteilt bleibe; vielmehr werde nur dessen Ausübung im Umfang der eingeräumten Befugnis vorübergehend übertragen.[93] Nach Erlöschen des beschränkten dinglichen Rechts erlange der Eigentümer seine vollständige Verfügungsfreiheit über die Sache zurück. Letztere Auffassung lässt sich v.a. auf das dem BGB zugrundegelegte Verständnis des Eigentums als exklusives, alle anderen Personen ausschließendes, Verfügungs- und Nutzungsrecht stützen. Auch dürfte nach dem Wortlaut des § 137 S. 1 BGB eine solch „dingliche" Aufteilung gerade ausgeschlossen sein.[94] Ferner bleibt der Eigentümer im Falle eines unrechtmäßigen Eingriffs in die Sache aktivlegitimiert.[95] Somit erfolgt die Einräumung beschränkter dinglicher Rechte im Wege der Ausübungsüberlassung konkreter, zumindest vorübergehend gewährter Einzelbefugnisse des umfassenden Herrschaftsrechts Eigentum. Durch diese Rechtseinräumung begibt sich der Eigentümer eines entsprechenden Teils seiner Eigentumsbefugnisse.

Die beschränkten dinglichen Rechte sind von jedermann, auch vom Eigentümer als Mutterrechtsinhaber, zu beachten. Sollte es zu Beeinträchtigungen durch Dritte oder den Eigentümer selbst kommen, hat der Inhaber eines beschränkten dinglichen Rechts eine eigene Klagebefugnis gegen Beeinträchtigungen Dritter.[96]

Ferner ist für die Einräumung von (Teil-)Befugnissen aus dem gesetzlich bestimmten sachenrechtlichen Typenkatalog einhellig anerkannt, dass sie Verfügungs- und Sukzessionsschutz vermitteln.[97] Infolge der Einräumung der Gebrauchs- bzw. Nutzungsbefugnisse kommt es zur Belastung des Eigentums, die wegen des auf Seiten des Eigentümers stattfindenden Verbrauchs von Verfügungsmacht Verfügungsqualität aufweist.[98] Insofern fehlt dem Eigentümer bei einer inhaltsgleichen nachfolgenden Verfügung die Verfügungsbefugnis (Prioritätsprinzip). Aus der Rechtsnatur der Verfügung, also aus der unmittelbaren Änderung des Rechts, folgt zudem, dass ein beschränktes dingliches Recht gegenüber dem Erwerber der belasteten Sache fortwirkt.[99] Daher sind die Inhaber beschränkter

---

93 *Wieacker*, Eigentumsverfassung, S. 51ff.; *Sontis, FS Larenz*, S. 981 (993); *Raiser*, FS Sontis, S. 167 (170); *Jänich*, Geistiges Eigentum, S. 213ff.; MüKo-BGB/*Säcker*, § 903, Rn. 6 m.w.N.

94 Vgl. auch *Peukert*, Güterzuordnung, S. 557.

95 Palandt/*Bassenge*, § 1065 BGB, Rn. 1; *Würthwein*, Schadensersatz, S. 87.

96 Vgl. z. B. die Ansprüche aus §§ 1027 (ggf. i.V.m. 1090 II), 1065, 1133, 1134, 1227 BGB.

97 *Pahlow*, ZUM 2005, 865 (870) m.w.N.

98 *Larenz/Wolf*, BGB-AT, § 23, Rn. 36.

99 *Füller*, SachenR, S. 54. Dies gilt auch im Falle eines durch den Tod des Eigentümers bedingten Eigentumsübergang auf dessen Erben.

dinglicher Teilhaberechte vorbehaltlich der Möglichkeit eines gutgläubigen (lastenfreien) Erwerbs gegen nachträgliche Verfügungen des Eigentümers oder dessen Rechtsnachfolgers geschützt. Somit gewähren beschränkte dingliche Rechte ihrem Inhaber neben dem Verfügungs- auch einen Sukzessionsschutz.

Diese Zuordnung der beschränkten dinglichen Rechte zum Vermögen ihres Inhabers findet auch in der Insolvenz ihre konsequente Fortsetzung in einem Aussonderungsanspruch nach § 47 InsO i.V.m. den aus dem Eigentum geltenden Vorschriften des Sachenrechts.[100] Zudem begründen die beschränkten dinglichen Rechte ein Widerspruchsrecht i.S.d. § 771 I ZPO, wenn sie durch unbefugte Vollstreckungsakte anderer Gläubiger beeinträchtigt werden.[101] Somit liegen mit dem Dritt-, dem Verfügungs- und Sukzessionsschutz sowie der Insolvenz- und Zwangsvollstreckungsfestigkeit[102] sämtliche die Absolutheit eines (Teil-)Rechts kennzeichnenden Wirkungen vor.

Das Attribut „beschränkt" bringt aber nicht nur zum Ausdruck, dass es sich um die gegenständlich wirkende Teilhabe an einem Vollrecht handelt. Es steht darüber hinaus für die unlösbare Verbindung (Akzessorietät) des beschränkten dinglichen Teilrechts zum Eigentum. Dies hat im Zeitpunkt des Erlöschens der begründeten Teilbefugnisse einen automatischen Rechterückfall an den Eigentümer zur Folge. Es wird mithin deutlich, dass sich auch die Gewährung beschränkter dinglicher Rechte durch Verfügung in Form einer konstitutiven Rechtseinräumung vollzieht. Allerdings ist die vertragliche Gestaltungsfreiheit der die Rechtseinräumung vollziehenden Parteien wegen der Absolutheit[103] beschränkter dinglicher Rechte durch den numerus clausus der Sachenrechte bzw. durch den gesetzlichen Typenzwang begrenzt: Das Sachenrecht reguliert die dinglichen Berechtigungen nach Inhalt und Umfang abschließend, sodass nur die konstitutive Rechtseinräumung der vom Gesetz gestatteten Rechtstypen möglich ist; diese Rechtstypen finden sich im Katalog der beschränkt dinglichen Rechte.[104] Es ist nicht möglich die vom Gesetz vorgesehenen Herrschaftsrechte

---

100 Uhlenbruck/*Brinkmann*, § 47 InsO, Rn. 66; Braun/*Bäuerle*, § 47 InsO, Rn. 39, 41. Ausgenommen sind davon die beschränkten dinglichen Pfandrechte. Für diese gilt § 50 InsO.

101 Thomas/Putzo/*Seiler*, § 771 ZPO, Rn. 17; MüKo-ZPO/*K. Schmidt*, § 771, Rn. 33, 36; Vorwerk/Wolf/*Preuß*, § 771 ZPO, Rn. 23; *Larenz/Wolf*, BGB-AT, § 15, Rn. 25.

102 Kriterien der Absolutheit nach *Canaris*, FS Flume, S. 371 (373f., 425).

103 Zur Absolutheit dinglicher Rechte im Sachenrecht MüKo-BGB/*Geier*, Einl. Sachenrecht, Rn. 10; Soergel/*Stadler*, Einl. Sachenrecht, Rn. 27.

104 *Baur/Stürner*, § 3, Rn. 23; Staudinger/*Seiler*, Einl. Sachenrecht, Rn. 38; *Lüke*, SachenR, § 1, Rn. 28; *Wolf/Wellenhofer*, SachenR, § 2, Rn. 2, 4; daneben noch eine besondere Typenfixierung fordernd *Baur/Stürner*, § 1, Rn. 7.

durch Parteiabsprache inhaltlich wesentlich zu modifizieren oder neuartige Rechte zu schaffen.[105]

III. Beschränkte Rechtseinräumung im Urheberrecht

Mit der Ablehnung der Ausgestaltung des Eigentums als Summe kumulierender Einzelbefugnisse (sog. Summentheorie) im BGB geht die Annahme eines ungeteilten, einheitlichen Urheberrechts einher. Diese wird bekräftigt durch die bereits erwähnte Unübertragbarkeit des Urheberrechts im Ganzen (§ 29 I UrhG) oder in seinen Teilen (Verwertungsrechte) inter vivos. Die gemäß § 29 II Var. 1 UrhG grundsätzlich einräumbaren Nutzungsrechte[106] bilden einen bestimmten Ausschnitt der aus dem Immaterialgüterrecht des Urhebers fließenden Verwertungsbefugnisse. Sie entstehen in Parallele zur sachenrechtlichen Einräumung beschränkter dinglicher Rechte originär in der Person des Erwerbers.[107] Dadurch kommt es nicht, wie in der Literatur teilweise vertreten wurde, zu einer Aufspaltung des Urheberrechts in ein „Ober- und Unterurheberrecht"[108] bzw. zu einem aus dem Hauptrecht selbst abgespaltenen und als selbstständiger Teil auf den Nutzungsrechtsinhaber übergehenden „Urheberrechtssplitter"[109]. Dafür spricht neben der offenen Formulierung des § 11 UrhG auch der Wortlaut des § 15 I, II UrhG („insbesondere").

1. Trennung zwischen Verpflichtungs- und Verfügungsgeschäft

Der Einräumung urheberrechtlicher Nutzungsrechte liegt stets ein rechtlich getrennt zu betrachtendes Verpflichtungsgeschäft zugrunde, mit welchem die

---

105 *Larenz/Wolf*, BGB-AT, § 15, Rn. 11; Staudinger/*Seiler*, Einl. Sachenrecht, Rn. 39; *Heck*, Sachenrecht, § 1, 10, S. 5; *Westermann*, SachenR, § 2, Rn. 15 (S. 29).

106 Terminologisch unterscheidet das UrhG zwischen Verwertungsrechten und Nutzungsrechten, auch wenn sie im Einzelfall inhaltlich übereinstimmen, d.h. sich auf dieselbe Art der Werkverwertung beziehen. In der Hand des Urheberrechtsinhabers liegt eine unübertragbare vermögensrechtliche Komponente des Urheberrechts in Form eines „Verwertungsrechts" (§ 15 UrhG) vor. Letzteres beschreibt das absolute Recht des Urhebers, über die Verwendung seines Werkes zu bestimmen. Es bildet die Grundlage für die Einräumung von Nutzungsrechten. Wird also die Verwertungsbefugnis einem anderen eingeräumt, so spricht man von Nutzungsrechten (Fromm/Nordemann/*Nordemann*, § 29 UrhG, Rn. 14).

107 *Schack*, UrhR, Rn. 530; Wandtke/Bullinger/*Wandtke/Grunert*, Vor §§ 31ff. UrhG, Rn. 22; *Rehbinder*, UrhR, Rn. 554.

108 *Pawlowski*, AcP 165 (1965), 395 (408); *Recht*, UFITA 57 (1970), 1 (12ff.).

109 *Lüdecke/Fischer*, Lizenzverträge, S. 368; *Götting/Schwipps*, PatentR, S. 145.

beteiligten Parteien den Umfang des Nutzungsrechts sowie die einzelnen Konditionen der Nutzungsrechtsüberlassung festlegen.[110] Neben den für die „Nutzungsrechtseinräumung" anwendbaren §§ 31ff. UrhG finden sich im UrhG für das Verpflichtungsgeschäft keine Regelungen.[111] Daher sind neben den besonderen Vorschriften der §§ 31ff. UrhG die allgemeinen Vorschriften des BGB (insbesondere die §§ 145, 311 BGB) anwendbar.[112] Wegen der Vielzahl möglicher Vertragsgestaltungen handelt es sich um einen schuldrechtlichen Vertrag eigener Art, der je nach Zweck des Vertrages Elemente des Kauf-, Miet-, Pachtvertrages oder anderer Vertragsarten beinhalten kann.[113] Die Hauptleistungspflicht des Nutzungsrechts- bzw. Lizenzgebers besteht regelmäßig in der Verschaffung einer Nutzungsmöglichkeit (ggf. auch der Verschaffung des dafür notwendigen Materials) bzw. der Duldung der Nutzung für die Vertragsdauer.[114] Die Hauptleistungspflicht des Lizenznehmers ist regelmäßig die Zahlung der vereinbarten Nutzungsentgelte.[115] Damit werden die der Nutzungsrechtseinräumung zugrunde liegenden Verträge unter der Prämisse ihres regelmäßig vorhandenen Dauerleistungscharakters weitgehend als rechtspachtähnliche Verträge einzuordnen sein.

2. *Gegenständlichkeit ausschließlicher Nutzungsrechte*

Die urheberrechtlichen Nutzungsrechte können mit unterschiedlichem Umfang entweder in ausschließlicher oder einfacher Form eingeräumt werden (§ 31 II, III UrhG). Damit stellt sich nunmehr die Frage, ob sich die von der schuldrechtlichen Verpflichtung zu trennende Einräumung ausschließlicher sowie einfacher urheberrechtlicher Nutzungsrechte[116] im Wege einer gegenständlichen Verfügung in Form der konstitutiven Rechtseinräumung vollzieht. Grundvoraussetzung dafür ist, dass sowohl ausschließliche als auch einfache Nutzungsrechte

---

110 Zur Anerkennung des Trennungsprinzips Schricker/Loewenheim/*Schricker/Loewenheim*, Vor §§ 28ff. UrhG, Rn. 52; *Schack*, UrhR, Rn. 527; Wandtke/Bullinger/*Wandtke/Grunert*, Vor §§ 31ff. UrhG, Rn. 6.

111 *Dreier/Schulze*, § 31 UrhG, Rn. 15.

112 Ebd.; *Berger*, GRUR 2013, 321 (323).

113 BGH, GRUR 1954, 412 (414) – *Platzzuschüsse;* BGH, GRUR 1989, 68 (70) – *Präsentbücher*; *Dreier/Schulze*, § 31 UrhG, Rn. 15; *Wiedemann*, Lizenzen, Rn. 1049; *Gottzmann*, Sukzessionsschutz, S. 16, Rn. 49; Loewenheim/*Kreuzer/Reber*, Handbuch UrhR, § 95, Rn. 71, 80.

114 *Hauck*, AcP 211 (2011), 626 (649).

115 *Hauck*, AcP 211 (2011), 626 (649f.).

116 Vgl. zum Trennungsprinzip auch *Fezer*, WRP 2004, 793 (794) und *Berger*, GRUR 2013, 321 (323).

gegenständliche Rechte mit absolutem Rechtscharakter[117] verkörpern. Dies wäre nach den obigen Maßstäben dann der Fall, wenn der Nutzungsrechtsinhaber kraft der ihm eingeräumten Rechtsposition Dritt- sowie Verfügungs- und Sukzessionsschutz genießt. Darüber hinaus müssten die Nutzungsrechte auch in der Insolvenz bzw. der Zwangsvollstreckung des Lizenzgebers bestandskräftig sein.

Allerdings gilt es hier zu beachten, dass sich das auf das Sacheigentum und dessen Abgrenzung von nur obligatorisch wirkenden Befugnissen prototypisch zugeschnittene Prinzip der Güterzuordnung[118] im Urheberrecht als problematisch erweist: Durch das im Sachenrecht geltende numerus clausus- und Publizitätsprinzip kann der Gesetzgeber Güter durch dingliche Rechte zuordnen und damit für jedermann offenkundig machen, welche Rechte an Sachen dinglich eingeräumt werden können bzw. welchen Inhalt sie haben.[119] Hierdurch wird der ständige Wechsel der dinglichen Zuordnung der Sache und damit ihre Verkehrsfähigkeit ermöglicht.[120] Zwar ist das Urheberrecht mit dem Sachenrecht strukturell vergleichbar.[121] Dem Interesse des Rechtsverkehrs an klar abgrenzbaren Rechtspositionen kommt im Recht des Geistigen Eigentums indes eine wesentlich geringere Bedeutung zu. Dies zeigt sich zum einen am Fehlen eines die immaterialgüterrechtliche Rechtsinhaberschaft nach außen dokumentierenden Publizitätsakts. Zum anderen mangelt es dem Urheberrecht an einem Katalog inhaltlich und zahlenmäßig abschließend vorgegebener Nutzungsrechte.[122] Es obliegt folglich der privatautonomen Entscheidung des Lizenzgebers dem Lizenznehmer eine Rechtsposition zu verleihen, die nur eine oder

---

117 Wegen seines Bezugs auf körperliche Gegenstände (Sachen) wird hier der Begriff des „dinglichen" bzw. „quasi-dinglichen" Rechts vermieden, sofern Immaterialgüterrechte in Rede stehen, vgl. auch *Ulmer*, UrhR, S. 118; *Forkel*, Gebundene Rechtsübertragungen, S. 75ff.; *Jänich*, Geistiges Eigentum, S. 198; *Schindler*, Aufspaltbarkeit, S. 31. Bei urheberrechtlichen Nutzungsrechten handelt es sich nicht um Nutzungsrechte an einer Sache, sondern um solche an einem Recht. Bevorzugt wird hier der Terminus „Gegenständlichkeit". Die Gegenständlichkeit umschreibt somit ein absolutes Herrschaftsrecht einer Person an einem Immaterialgut.

118 Vgl. auch *Larenz/Wolf*, BGB-AT, § 15, Rn. 5; *Krebs/Becker*, JZ 2009, 932 (934).

119 *Krebs/Becker*, JZ 2009, 932 (935).

120 *Larenz/Wolf*, BGB-AT, § 34, Rn. 54f.; *Krebs/Becker*, JZ 2009, 932 (935).

121 *Bydlinski*, System, S. 526; *Kraßer*, GRUR Int 1973, 230; *Krebs/Becker*, JZ 2009, 932 (935).

122 So die ganz überwiegende Auffassung: *Ulmer*, UrhR, S. 362; Schricker/*Schricker*, Vor §§ 28ff., Rn. 52; *Kraßer*, GRUR Int 1973, 230 (232); *ders.*, NJW 1983, 1764 (1767); *Götting*, FS Schricker, S. 53 (68f.); *Jänich*, Geistiges Eigentum, S. 240; *Rehbinder*, UrhR, Rn. 569; *Schack*, UrhR, Rn. 605.

einzelne die Gegenständlichkeit eines Rechts kennzeichnenden Schutzkomponenten aufweist. In Anbetracht dessen ist es hier gerechtfertigt, den Begriff der Gegenständlichkeit eines Rechts weiter zu fassen als den Dinglichkeitsbegriff des Sachenrechts. Konsequenterweise kann im Urheberrecht eine Rechtsposition deshalb bereits dann als gegenständlich qualifiziert werden, wenn sie nur eines der die Dinglichkeit eines Sachenrechts begründenden Schutzmerkmale (Klage- und Drittschutz (1), Verfügungs- und Sukzessionsschutz (2) oder Insolvenz- und Zwangsvollstreckungsfestigkeit (3)) erfüllt. Damit steht zugleich fest, dass sich aus der Qualifikation eines urheberrechtlichen Nutzungsrechts als gegenständlich keine Rückschlüsse in Bezug auf seine umfassenden Drittwirkungen in Gestalt des Klage- und Sukzessionsschutzes sowie der Insolvenzfestigkeit ziehen lassen.[123]

Die Gegenständlichkeit ausschließlicher Nutzungsrechte und deren Einräumung im Wege eines konstitutiven Verfügungsakts sind heute einhellig anerkannt.[124] Dennoch herrscht Uneinigkeit darüber, ob die ausschließlichen Nutzungsrechte bereits de lege lata insolvenzfest sind und damit sämtliche die Absolutheit eines Rechts typisierenden Schutzmerkmale aufweisen. Da die Rechtswirkungen ausschließlicher Nutzungsrechte somit noch nicht vollends geklärt sind, sollen diese im Folgenden untersucht werden. Die Darstellung dient ferner der Übersicht und Vergleichbarkeit zu den einfachen Nutzungsrechten sowie der später vorzunehmenden Abgrenzung zur schlichten Einwilligung.

a) Klage- bzw. Drittschutz

Das ausschließliche Nutzungsrecht eröffnet nach § 31 III S. 1 UrhG neben einer „positiven" Nutzungsbefugnis die Möglichkeit der Abwehr sämtlicher Nutzungen und Schutzrechtsverletzungen durch Dritte und – der gesetzlichen Vermutung nach § 31 III S. 2 UrhG entsprechend – sogar den Urheber selbst.[125] Die Reichweite der „positiven" Nutzungsbefugnis sowie der Befugnis zur Geltendmachung des negativen Verbotsrechts bemisst sich gem. § 31 V S. 2 Var. 3 UrhG nach dem von beiden Parteien des Nutzungsvertrages zugrunde gelegten Vertragszweck. Das negative Verbotsrecht kann sich jedoch über den Kreis der positiven Nutzungsbefugnisse hinaus erstrecken, wenn dies zum Schutz des positiven Benutzungsrechts

---

123 Vgl. auch *Berger*, GRUR 2013, 321 (326f.).

124 Statt vieler *Kirchhof*, FS Merz, S. 283 (288); Loewenheim/*Kreuzer*, UrhR, § 95, Rn. 5.

125 Sofern dem Urheber die Nutzung des Werks neben dem Inhaber eines ausschließlichen Nutzungsrechts weiterhin vorbehalten ist, spricht man von „eingeschränkter Ausschließlichkeit".

erforderlich ist.[126] Ist es dem Inhaber eines ausschließlichen Nutzungsrechts z. B. nicht erlaubt das betreffende Werk zu ändern oder zu bearbeiten, so kann er gegen Dritte, welche das Werk in geänderter oder bearbeiteter Form nutzen, vorgehen, wenn hierdurch die Auswertung beeinträchtigt wird.[127] Im Verlagsrecht besteht sogar ein genereller Überschuss des negativen Verbotsrechts über das positive Benutzungsrecht, vgl. § 9 II VerlG.[128] Infolge des dem Nutzungsberechtigten zustehenden Verbotsrechts ist er selbst zur Geltendmachung der sich aus den §§ 97ff. UrhG ergebenden Ansprüche aktivlegitimiert.[129] Demgegenüber kann sich der Nutzungsrechtsinhaber ebenso wie der Urheber nicht auf Ansprüche aus dem allgemeinen Deliktsrecht (z. B. §§ 823 BGB, 1004 BGB (analog)) berufen. Hier enthält § 97 UrhG nach überwiegender Meinung eine abschließende Regelung.[130]

b) Sukzessionsschutz

Fraglich ist, ob ausschließliche Nutzungsrechte zugunsten ihres Inhabers neben dem bejahten Dritt- auch Verfügungs- und Sukzessionsschutz gewährleisten. Da die Problematik des Sukzessionsschutzes bei einem wörtlichen Begriffsverständnis lediglich um die Frage kreist, inwieweit die Position des Nutzungsberechtigten durch spätere Rechtsnachfolgen in das Hauptrecht gefährdet wird[131], läge es hier zwar nahe an der Differenzierung zwischen dem Sukzessions- und dem Verfügungsschutz festzuhalten. Dennoch werden im Urheberrecht die Fälle der nachträglichen Nutzungsrechtseinräumung sowie des Verzichts des Urhebers bzw. Rechtsinhabers auf sein Urheber- bzw. ausschließliches Nutzungsrecht überwiegend unter dem Stichwort des Sukzessionsschutzes diskutiert und der Terminus „Verfügungsschutz" vollkommen vernachlässigt. Deshalb soll auch hier an dem konventionellen Begriffsverständnis festgehalten und keine allgemeine Verunsicherung durch Einführung einer neuen Begrifflichkeit erzeugt

126 Schricker/Loewenheim/*Schricker/Loewenheim*, Vor §§ 28ff. UrhG, Rn. 82, § 31 UrhG, Rn. 13; Mestmäcker/Schulze/*Backhaus*, § 97 UrhG, Rn. 23; *Dreier/Schulze*, § 31 UrhG, Rn. 56; Dreyer/Kotthoff/Meckel/*Kotthoff*, § 31 UrhG, Rn. 105.

127 BGH, GRUR 1957, 614 (616) – *Ferien vom Ich*; BGH, GRUR 1999, 984 (985) – *Laras Tochter*; *Ulmer*, UrhR, S. 368; *Dreier/Schulze*, § 31 UrhG, Rn. 56.

128 *Schricker*, VerlagsR, § 8 Rn. 5c, 9, 21ff.; *Ulmer*, UrhR, S. 446.

129 Mestmäcker/Schulze/*Backhaus*, § 97 UrhG, Rn. 13. Im Gegensatz dazu kann der Inhaber einer ausschließlichen Markenlizenz nur mit Zustimmung des Markeninhabers gegen Rechtsverletzungen durch Dritte vorgehen, vgl. § 30 III MarkenG.

130 Spindler/Schuster/*Wiebe*, Recht der elektronischen Medien, § 97 UrhG, Rn. 67.

131 *Gottzmann*, Sukzessionsschutz, S. 8, Rn. 26.

werden. Als Kompromiss soll im Anschluss an *Engels*[132] und *Gottzmann*[133] lediglich, um die grundsätzlich richtige Differenzierung der unterschiedlichen Fallgestaltungen kenntlich zu machen, im Fall der Schutzrechtsübertragung von einer „Sukzession im engeren Sinne“ und in den Fällen der Nutzungsrechtseinräumung sowie des Verzichts von einer „Sukzession im weiteren Sinne“ gesprochen werden. Davon zu trennen ist die Problematik des Fortbestandes des Nutzungsrechts in der wirtschaftlichen Krise des Schutzrechtsinhabers, mithin die Insolvenz- bzw. Zwangsvollstreckungsfestigkeit ausschließlicher Nutzungsrechte. Diese wird als selbstständiges Merkmal der Gegenständlichkeit später Gegenstand einer tiefergehenden Untersuchung sein.[134]

aa) nachträgliche Nutzungsrechtseinräumung

Bereits die Einräumung des ausschließlichen Nutzungsrechts durch den Urheber oder sonstig Berechtigten[135] an den prioritätsältesten Erwerber hat zur Folge, dass gewisse Verwertungsbefugnisse für die vereinbarte Vertragsdauer vom Urheberrecht „abgespalten“[136] und in Form eines Nutzungsrechts in die Rechtszuständigkeit des Erwerbers überführt werden.[137] Infolge des damit verbundenen Verbrauchs seiner Verfügungsmacht, kann der Rechtsinhaber über den Ausschnitt des Urheberrechts, über den er bereits verfügt hat, in Zukunft keine anderweitigen, kollidierenden Verfügungen mittels ausschließlicher sowie einfacher Nutzungsrechte mehr treffen.[138] Ihm verbleibt nur noch das formale

---

132 *Engels*, Markenlizenz, S. 75, Fn. 281.

133 *Gottzmann*, Sukzessionsschutz, S. 9, Rn. 29.

134 *Kap. 1 D. III. c) + d).*

135 Gemeint sind sowohl der Inhaber eines Leistungsschutzrechts als auch der ausschließlich Nutzungsberechtigte. Aus Vereinfachungsgründen wird im Folgenden nur noch vom Urheber bzw. vom (Schutz-)Rechtsinhaber gesprochen.

136 Genau genommen handelt es sich nicht um eine Abspaltung des Nutzungsrechts vom Mutterrecht, sondern um ein originär durch konstitutive Einräumung beim Nutzungsberechtigten entstehendes Recht (so auch *Gottzmann*, Sukzessionsschutz, S. 9, Rn. 29).

137 Fromm/Nordemann/*Nordemann*, § 29 UrhG, Rn. 14; Schricker/Loewenheim/*Schricker/Loewenheim*, Vor §§ 28ff. UrhG, Rn. 74; Spindler/Schuster/*Wiebe*, Recht der elektronischen Medien, § 31 UrhG, Rn. 3.

138 *Kraßer*, GRUR Int 1973, 230 (232); *ders.*, GRUR Int 1983, 537f.; *Ohly*, Einwilligung, S. 186; *v. Ungern-Sternberg*, GRUR 2009, 369 (370). Selbst wenn man für das Vorliegen einer Verfügung einen restriktiveren Maßstab ansetzen und die Erlangung eigener Abwehrrechte sowie die Befugnis zur unmittelbaren Einwirkung auf den Verfügungsgegenstand verlangen wollte, wäre die Verfügungsqualität der Einräumung ausschließlicher Nutzungsrechte zu bejahen.

„Mantelrecht".[139] Einen Gutglaubenserwerb, der die nachträgliche Einräumung eines inhaltsgleichen Nutzungsrechts dennoch ermöglichen würde, gibt es im Urheberrecht mangels Anknüpfungsgegenstandes für einen Vertrauenstatbestand nicht.[140] Somit steht jeder nachfolgenden Verfügung über gleichartige ausschließliche und einfache Nutzungsrechte der schon durch die Ersteinräumung stattfindende Verbrauch von Verfügungsmacht entgegen. Zugunsten des prioritätsälteren Nutzungsrechtsinhabers besteht daher insoweit Sukzessionsschutz i.w.S.

Selbst wenn man als weiteres Charakteristikum der Verfügung die Erlangung einer Befugnis zur unmittelbaren Einwirkung auf den Schutzgegenstand[141] oder gar die Erlangung eigener Abwehrrechte forderte[142], wäre der Einräumung ausschließlicher Nutzungsrechte Verfügungsqualität beizumessen: Wie bereits festgestellt, erhält der Nutzungsrechtsinhaber stets die Befugnis zur unmittelbaren Nutzung und damit zur Einwirkung auf den Gegenstand.[143] Auch stehen ihm eigene Abwehr- und Ausschlussbefugnisse zu (§§ 97 ff. UrhG). Dabei sind im Rahmen der (urheberrechtlichen) Verfügung grundsätzlich keine Publizitätserfordernisse zu beachten. Aus ihrem Fehlen kann sich mithin kein der Qualifikation als Verfügung entgegenstehendes Argument ergeben.

bb) Rechtsnachfolge auf Seiten des Lizenzgebers

Nach § 33 S. 2 Alt. 1 UrhG ist der (ausschließliche) Lizenznehmer zudem vor einem auf Seiten des Lizenzgebers stattfindenden Inhaberwechsel geschützt. Ein Wechsel der Rechtsinhaberschaft i.S.d. Vorschrift liegt zunächst dann vor, wenn das Urheberrecht gemäß § 29 I UrhG zulässigerweise übertragen wird. Darunter fällt neben dem Erwerb des ganzen Urheberrechts oder eines Teiles kraft Erbgangs auch die – ausnahmsweise zulässige – Übertragung unter Lebenden in Erfüllung einer in einem Testament oder einem Erbvertrag verankerten Vermächtnisanordnung bzw. Auflage.[144] Der Universalsukzessor[145] hat grundsätzlich

139 *Schwabe*, Filmlizenzen, S. 246.

140 Schricker/Loewenheim/*Schricker/Loewenheim*, Vor §§ 28ff. UrhG, Rn. 76; *Dreier/Schulze*, § 31 UrhG, Rn. 24 UrhG.

141 *Kraßer*, GRUR Int 1973, 230 (234).

142 Ebd.; *Hauck*, AcP 211 (2011), 626 (646).

143 *Gottzmann*, Sukzessionsschutz, S. 18, Rn. 57.

144 Schricker/Loewenheim/*Schricker/Loewenheim*, § 30 UrhG, Rn. 1.

145 Von diesem Terminus soll vorliegend neben dem Erben bzw. dem Miterben auch der Vermächtnisnehmer sowie der Auflagebegünstigte umfasst sein, obwohl diesen das Urheberrecht nicht direkt anfällt, sondern lediglich ein auf dessen Erwerb gerichtetes Forderungsrecht begründet wird.

die gleiche Rechtsstellung wie der Urheber.[146] Er erhält das Urheberrecht deshalb in der Lage, in der es sich beim ursprünglichen Lizenzgeber befand, d.h. belastet mit dem ausschließlichen Nutzungsrecht.[147]

Ein weiterer Anwendungsfall ist der der rechtsgeschäftlichen Einzelrechtsnachfolge, also der translativen Übertragung der dem Lizenznehmer eingeräumten Befugnisse auf einen Dritten gemäß § 34 I UrhG.[148] Auch der Singularsukzessor muss vor der Nutzungsrechtsübertragung bereits vergebene Unternutzungsrechte gegen sich gelten lassen. Ein gutgläubiger Wegerwerb bereits eingeräumter Nutzungsrechte (lastenfreier Erwerb) ist im Rahmen der Singularsukzession ausgeschlossen.[149]

cc) Verzicht des Lizenzgebers

Der Sukzessionsschutz wird schließlich durch die in § 33 S. 2 UrhG normierte Bestandskraft des Nutzungsrechts im Falle des Verzichts des Urhebers komplettiert. Ein Verzicht des Urhebers auf sein Urheberrecht bewirkt, dass das Werk im Umfang des Verzichts gemeinfrei wird und von jedermann genutzt werden kann.[150] In welchem Umfang der Urheber auf sein Urheberrecht verzichten kann ist äußerst umstritten:

Einig ist man sich jedenfalls darüber, dass aus der Unübertragbarkeit des Urheberrechts in toto auch die fehlende Möglichkeit eines Totalverzichts auf dasselbe abzuleiten ist.[151] Ebenso wenig kann auf die Verwertungsrechte im Ganzen oder das Urheberpersönlichkeitsrecht ein Verzicht geleistet werden.[152] Eine der Dereliktion des Sachenrechts vergleichbare Rechtsentäußerung[153] ist dem Urheberrecht nämlich unbekannt.[154] Anerkanntermaßen möglich sind dagegen

---

146 Schricker/Loewenheim/*Schricker/Loewenheim*, § 30 UrhG, Rn. 4, 7.

147 *Gottzmann*, Sukzessionsschutz, S. 18, Rn. 57; Wandtke/Bullinger/*Wandtke/Grunert*, § 33 UrhG, Rn. 7.

148 Vgl. *Hauck*, AcP 211 (2011), 626 (633f.).

149 Vgl. BGH, GRUR 1959, 200 (203) – *Der Heiligenhof.*

150 *Gottzmann*, Sukzessionsschutz, S. 29, Rn. 102 m.w.N.

151 Schricker/Loewenheim/*Schricker/Loewenheim*, § 29 UrhG, Rn. 22; Fromm/Nordemann/*Hertin*, Vor §§ 28ff. UrhG, Rn. 2; Möhring/Nicolini/*Spautz* § 29 UrhG, Rn. 7; *Dreier/Schulze*, § 29 UrhG, Rn. 10; Wandtke/Bullinger/*Block*, § 29 UrhG, Rn. 15; *Rehbinder*, UrhR, Rn. 546. Leistungsschutzrechte sind demgegenüber verzichtbar, soweit sie übertragbar sind und keine ausdrücklichen gesetzlichen Vorschriften entgegenstehen (Wandtke/Bullinger/*Block*, § 29 UrhG, Rn. 21).

152 *Heß*, Fernsehübertragung, S. 152.

153 Vgl. z.B. §§ 959, 875 I BGB.

154 BGH, GRUR 1995, 673 (674) – *Mauer-Bilder*.

der Verzicht des Urhebers auf entstandene Vergütungsansprüche sowie der Verzicht desselben auf die aus einer Verletzung des Urheberrechts entstandenen Ansprüche.[155] Nach Maßgabe von § 8 IV UrhG ist ferner der Verzicht eines Miturhebers auf seinen Anteil an den Verwertungsrechten zulässig. Da diese Formen des Verzichts jedoch keinerlei Auswirkungen auf den Bestand erteilter Nutzungsrechte haben[156], käme der Regelung des § 33 S. 2 Alt. 2 UrhG für den Urheberverzicht nur dann eine eigenständige Bedeutung zu, wenn man die Möglichkeit eines Verzichts auf einzelne Verwertungsrechte für zulässig erachtet:

Die Frage nach der Verzichtbarkeit einzelner Verwertungsrechte ist Gegenstand eines v.a. in der Literatur ausgetragenen Meinungsstreits. Zwar bejahte der BGH obiter die Möglichkeit eines solchen Verzichts in der „Mauer-Bilder"-Entscheidung.[157] Nach hier vertretener Auffassung leuchtet es jedoch nicht ein, weshalb eine Übertragung einzelner Verwertungsrechte vor dem Hintergrund des monistischen Konzepts des UrhG ausgeschlossen, ein Verzicht auf dieselben jedoch weiterhin möglich sein soll. Für einen Urheber macht es nämlich grundsätzlich keinen Unterschied, ob dessen Rechtszuständigkeit endet, weil er über ein Verwertungsrecht translativ zugunsten eines Dritten verfügt oder er auf sein Verwertungsrecht mit gegenständlicher Wirkung verzichtet. Eine unterschiedliche Behandlung beider Dispositionsformen wäre wertungsmäßig inkonsistent. Für die Unverzichtbarkeit einzelner Verwertungsrechte spricht auch, dass diese ein schlechthin konstituierender Bestandteil des Urheberrechts sind. Der Grundsatz der Unverzichtbarkeit des Urheberrechts lässt sich damit nur dann konsequent einhalten, wenn dem Schutzrechtsinhaber auch die Möglichkeit eines Verzichts auf die ihm im Einzelnen zugewiesenen Verwertungsrechte genommen ist. Erst die Nutzungsrechtseinräumung an einen Dritten führt zu einer ausreichenden Verselbständigung gegenüber dem Urheberrecht.[158] Die

---

155 Schricker/Loewenheim/*Schricker/Loewenheim*, § 29 UrhG, Rn. 24; Wandtke/Bullinger/*Block*, § 29 UrhG, Rn. 19; *Dreier/Schulze*, § 29 UrhG, Rn. 10; Loewenheim/*Nordemann*, Handbuch UrhR, § 23, Rn. 8.

156 Der Verzicht des Miturhebers hat eine automatische Anwachsung des Anteils bei den übrigen Miturhebern zur Folge (*Dreier/Schulze*, § 8 UrhG, Rn. 28; Möhring/Nicolini/*Ahlberg*, § 8 UrhG, Rn. 47).

157 BGH, GRUR 1995, 673 (675) – *Mauer-Bilder*. So auch Dreyer/Kotthoff/Meckel/*Kotthoff*, § 29 UrhG, Rn. 7; *Seetzen*, Verzicht, S. 46; *Ulmer*, UrhR, S. 391; Loewenheim/*Nordemann*, Handbuch UrhR, § 23, Rn. 11; a.A. Wandtke/Bullinger/*Wandtke/Grunert*, § 33 Rn. 7; Fromm/Nordemann/*Hertin*, Vor §§ 28ff. UrhG, Rn. 2; Möhring/Nicolini/*Spautz*, § 29 UrhG, Rn. 7; *v. Gamm*, § 29 UrhG, Rn. 6; *Schack*, UrhR, Rn. 311; *ders.*, ZUM 2001, 453 (456).

158 *V. Gamm*, § 29 UrhG, Rn. 6.

Nutzungsrechte sind nach den Maßstäben der §§ 29 II, 31ff. UrhG der verfügbare Teil der Verwertungsrechte.[159]

Wegen der damit zu bejahenden Unverzichtbarkeit der Verwertungsrechte hat § 33 S. 2 Alt. 2 mithin für Verzichtserklärungen des Urhebers keinen eigenständigen Anwendungsbereich. Trotz des insoweit missverständlichen Wortlauts ist § 33 S. 2 Alt. 2 UrhG nach der Intention des Gesetzgebers auf den Fall des Verzichts des Unterlizenzgebers in einer Nutzungsrechtskette nicht anwendbar.[160] Damit kommt der 2. Alternative des § 33 S. 2 UrhG nach hier vertretener Ansicht kein eigenständiger Anwendungsbereich zu, weshalb die Vorschrift insoweit obsolet ist.

c) Insolvenzfestigkeit

Es entspräche dem gegenständlichen Rechtscharakter ausschließlicher Nutzungsrechte, wenn diese nicht nur Bestandsschutz gegenüber nachfolgenden widersprechenden rechtsgeschäftlichen Verfügungen begründeten, sondern – quasi als logische Fortsetzung des gewährten Sukzessionsschutzes – auch in der Insolvenz des Urhebers bestandskräftig wären. In diesem Fall wäre der Nutzungsrechtsinhaber in der wirtschaftlichen Krise des Lizenzgebers weiterhin zur Nutzung berechtigt.

Indes bestehen in der Rechtpraxis derzeit erhebliche Unsicherheiten darüber, wie urheberrechtliche Nutzungsrechte in der Insolvenz des Urhebers zu behandeln sind. Die Frage der Insolvenzfestigkeit urheberrechtlicher Nutzungsrechte ist für Lizenznehmer von enormer ökonomischer Bedeutung. Dies gilt aufgrund des hohen wirtschaftlichen Verlustrisikos besonders für Lizenznehmer, deren unternehmerische Tätigkeit speziell auf der Nutzung eines bestimmten Immaterialguts beruht und die möglicherweise im Vertrauen auf eine lange Laufzeit des Nutzungsvertrages erhebliche Investitionen (z.B. für die Herstellung und den Vertrieb der Werkstücke) getätigt haben. Die Insolvenzfestigkeit ausschließlicher Nutzungsrechte ist dann zu bejahen, wenn deren Fortbestand im Falle der Eröffnung des Insolvenzverfahrens über das Vermögen des Lizenzgebers trotz der Erfüllungsablehnung durch den Insolvenzverwalter nach § 103 II S. 1 InsO gewährleistet ist.[161] Entscheidend ist also, ob der (Unter-)Lizenznehmer bei Insolvenz des Lizenzgebers zur weiteren Nutzung der lizenzierten Rechte in der Lage bleibt.[162]

---

159 *Dreier/Schulze*, § 31 UrhG, Rn. 28.

160 BT-Drs. 14/6433, S. 16; vgl. auch BGH, GRUR 2009, 946 – *Reifen Progressiv*.

161 Nach Aufgabe der „Erlöschenstheorie“ durch den BGH ist ein Fortfall des Nutzungsrechts nicht allein aufgrund der Eröffnung des Insolvenzverfahrens denkbar. Vgl. BGH, NJW 2002, 2783 (2785); BGH, GRUR 2006, 435 (437) – *Softwarenutzungsrecht*.

162 Vgl. *Hauck*, AcP 211 (2011), 626 (631, Fn. 32).

Insolvenzfest wäre die Rechtsposition des Nutzungsrechtsinhabers v.a. dann, wenn diesem ein Aussonderungsrecht zustünde, vermöge dessen er geltend machen könnte, dass sein Nutzungsrecht nicht zu Insolvenzmasse gehört (§ 47 InsO) und dieses unabhängig vom Wahlrecht des Insolvenzverwalters fortbestünde. In der Literatur werden überwiegend auch die zwar zur Insolvenzmasse gehörenden aber eine Berechtigung zur abgesonderten, d.h. vorzugsweisen Befriedigung vermittelnden Rechte als insolvenzfest eingeordnet. Daran soll auch vorliegend festgehalten werden. Somit bedarf es im Folgenden zunächst einer näheren Untersuchung, ob ausschließliche Nutzungsrechte Aus- oder wenigstens Absonderungsrechte begründen.

aa) Aussonderungsrecht nach § 47 InsO

Die Eröffnung des Insolvenzverfahrens über das Vermögen des Urhebers hat keine unmittelbaren Auswirkungen auf die Zuordnung des ausschließlichen Nutzungsrechts zum Vermögen des Nutzers.[163] Ausschließliche urheberrechtliche Nutzungsrechte sind mit den beschränkten dinglichen Rechten des Sachenrechts, insbesondere dem Nießbrauch an Rechten gemäß § 1068 BGB, weitgehend vergleichbar. Diese begründen anerkanntermaßen Aussonderungsrechte zugunsten ihrer Inhaber.[164] Hier wie dort findet eine Änderung in der Rechtszuständigkeit statt, wodurch der Nutzungsrechtinhaber ausschließlich zur Nutzung und wirtschaftlichen Verwertung des Rechtsguts berechtigt sein soll.[165] Ferner verliert der Lizenzgeber im Umfang der gewährten Nutzungsbefugnis regelmäßig sein eigenes Nutzungsrecht (§ 31 III S. 2 UrhG). Der Substanzwert des Nutzungsrechts wird in das Vermögen des Lizenznehmers überführt; dem Lizenzgeber verbleibt allein das formale „Mantelrecht“.[166] Infolge der umfassenden Rechtsmacht des Lizenznehmers ist es gerechtfertigt, das ausschließliche Nutzungsrecht auch in der Insolvenz des Lizenzgebers dem Vermögen des Lizenznehmers zuzuordnen. Damit kann der Inhaber eines ausschließlichen Nutzungsrechts nach § 47 S. 1 InsO geltend machen, dass sein Nutzungsrecht nicht zur Insolvenzmasse gehört, wenn der Insolvenzverwalter die Existenz des ausschließlichen Nutzungsrechts bestreitet.[167] Der Inhalt des

---

163 So auch Loewenheim/*Kreuzer/Reber*, UrhR, § 95, Rn. 69; *Koehler/Ludwig*, NZI 2007, 79 (83); *Fezer*, WRP 2004, 793 (808).

164 Uhlenbruck/*Brinkmann*, § 47 InsO, Rn. 66; MüKo-InsO/*Ganter*, § 47, Rn. 328.

165 *Schwabe*, Filmlizenzen, S. 246.

166 Ebd.; *Wimmer*, ZIP 2012, 545 (549); vgl. auch *Bausch*, NZI 2005, 289 (293).

167 *Wiedemann*, Lizenzen, Rn. 992, 997; *McGuire*, GRUR 2009, 13 (16); *Bausch*, NZI 2005, 289 (293); Loewenheim/*Kreuzer/Reber*, UrhR, § 95, Rn. 69; Uhlenbruck/*Brinkmann*,

Aussonderungsrechts bestimmt sich gemäß § 47 S. 2 InsO nach den Gesetzen, die außerhalb des Insolvenzverfahrens gelten. Ein aussonderungsfähiges Recht statuiert damit v.a. die dem exklusiv Nutzungsberechtigten nach § 31 I S. 1 UrhG zustehende positive Nutzungsbefugnis, deren konkreter Umfang sich aus dem jeweiligen Lizenzvertrag ergibt.[168] Damit scheint der Insolvenzfestigkeit ausschließlicher Nutzungsrechte auf den ersten Blick nichts im Wege zu stehen.

bb) Einfluss des zugrunde liegenden Nutzungsrechtsvertrages bei Erfüllungsablehnung des Insolvenzverwalters

Zu beachten ist jedoch, dass die der Einräumung ausschließlicher gegenständlicher Nutzungsrechte zugrunde liegenden urheberrechtlichen Nutzungsverträge weitgehend rechtspachtähnliche Dauerschuldverhältnisse[169] darstellen. Als solche unterfallen sie dem Anwendungsbereich des § 103 I InsO[170] und damit grundsätzlich auch dem Wahlrecht des Insolvenzverwalters.[171] Die von § 103 I InsO tatbestandlich vorausgesetzte noch nicht vollständige Erfüllung der beiderseitigen Vertragspflichten ist bei urheberrechtlichen Lizenzverträgen mit Dauercharakter regelmäßig zu bejahen: So erschöpfen sich die Pflichten des Lizenzgebers nicht allein in der Verschaffung der Nutzungsrechte und der Übergabe des für die Nutzung benötigten Materials, sondern auch in der Erhaltung des

---

§ 47 InsO, Rn. 67; MüKo-InsO/*Ganter*, § 47, Rn. 339; a.A. *Wallner*, Insolvenz, S. 90; *ders.*, NZI 2002, 70 (71), der ein Vorzugsrecht zur abgesonderten Befriedigung befürwortet. Der Unterschied besteht darin, dass die Absonderung keine haftungsrechtliche Trennung von der Insolvenzmasse, sondern lediglich die Zuerkennung eines Vorzugsrecht trotz haftungsrechtlicher Zuordnung zur Masse gewährleistet (MüKo-InsO/*Ganter*, § 47 InsO, Rn. 12).

168 Vgl. *Schwabe*, Filmlizenzen, S. 249; *Bausch*, NZI 2005, 289 (293).

169 BGH, GRUR 2009, 946 (948) – *Reifen Progressiv*; BGH, GRUR 2006, 435 (437) – *Softwarenutzungsrecht;* Möhring/Nicolini/*Lütje*, § 112 UrhG, Rn. 13; *Wiedemann*, Lizenzen, Rn. 1127; *Scholz*, GRUR 2009, 1107 (1110); *Malitz/Coumont*, InsVZ 2010, 83; *Schricker*, VerlagsR, § 36, Rn. 12 m.w.N. (zum Verlagsvertrag); *Pahlow*, Lizenz, S. 269; a.A. *Hub*, Filmlizenzen in der Insolvenz, S. 112ff. m.w.N.

170 BGH, GRUR 2006, 435 (437) – *Softwarenutzungsrecht*; Fromm/Nordemann/*Boddien*, Nach § 119 UrhG, Rn. 6; Wandtke/Bullinger/*Bullinger*, § 108 InsO, Rn. 6; *Weber/Hötzel*, NZI 2011, 432 (433); *Pahlow*, Lizenz, S. 353.

171 BGH, GRUR 2006, 435 (437) – *Softwarenutzungsrecht*; Pfaff/Osterrieth/*Osterrieth*, Lizenzverträge, B. I. Kap. 42, Rn. 251; *Sosnitza*, FS Schricker, S. 183 (188); *McGuire*, GRUR 2009, 13 (14); Wandtke/Bullinger/*Bullinger*, § 108 InsO, Rn. 4; *Wolff*, Lizenzen in der Insolvenz, S. 168f.; a.A. *Fezer*, WRP 2004, 793 (798); *Koehler/Ludwig*, NZI 2007, 79 (81).

eingeräumten Rechts während der gesamten Vertragslaufzeit (Bestandserhaltung des Nutzungsrechts, Duldung der Nutzung und Unterlassung von Störungen).[172] Daneben können den Lizenzgeber je nach Vertragsgestaltung Nebenpflichten (z. B. Geheimhaltungspflichten, Pflichten zur Verbesserung und Weiterentwicklung des Vertragsgegenstands) treffen, die, wenn sie zum funktionellen Synallagma der gegenseitigen Hauptleistungspflichten gehören, ebenfalls von § 103 I InsO umfasst sind.[173] Auf Seiten des Lizenznehmers besteht die Hauptpflicht in der periodischen Zahlung der Vergütung für die Nutzung des Immaterialguts. Der Lizenzvertrag ist durch ihn erst mit Zahlung der letzten Rate vollständig erfüllt. Festzuhalten bleibt also, dass, solange das Ende des Lizenzvertrages noch nicht erreicht ist, jedenfalls auf Lizenzgeberseite stets noch offene und gegen ihn gerichtete Forderungen des Lizenznehmers bestehen.

Stellt sich ein urheberrechtlicher Lizenzvertrag ausnahmsweise nicht als andauernder Leistungsaustausch, sondern als einmaliger Rechtskauf dar[174], liegt grundsätzlich mit der endgültigen und unwiderruflichen Einräumung des Nutzungsrechts gegen Zahlung des (einmaligen) Entgelts (sog. „flat fee") vollständige Erfüllung vor.[175] Mangels tatbestandlicher Einschlägigkeit des § 103 I InsO sind die auf dieser Grundlage eingeräumten ausschließlichen Nutzungsrechte insolvenzfest ausgestaltet.[176]

Bei der absolut überwiegenden Anzahl urheberrechtlicher Lizenzverträge handelt es sich indes um pachtähnliche Verträge, sodass es grundsätzlich beim Wahlrecht des Insolvenzverwalters nach § 103 I InsO verbleibt. Eine insolvenzfeste Ausgestaltung der betreffenden Verträge lässt sich auch

---

172 *Wiedemann*, Lizenzen, Rn. 1129f.; *v. Frentz/Marrder*, ZUM 2003, 94 (97); *Abel*, NZI 2003, 121 (124); *Oeter/Ruttig*, ZUM 2003, 611 (614); *Stickelbrook*, WM 2004, 549 (558); a.A. *Bausch*, NZI 2005, 289 (294).

173 *Koehler/Ludwig*, NZI 2007, 79 (83); *Abel*, NZI 2003, 121 (124); *Dieselhorst*, CR 2010, 69 (75); *Hauck*, AcP 211 (2011), 626 (650).

174 So etwa beim Erwerb von Lizenzen zur einmaligen Verfilmung, zur Nutzung von Standardsoftware bzw. sonstigen Massenlizenzierungsprodukten oder auch beim Abschluss sog. Buy-Out-Verträge, bei welchen gegen pauschale Vergütung sämtliche übertragbaren Rechte zeitlich unbegrenzt eingeräumt werden.

175 OLG München, GRUR 2013, 1125 (1132); LG München I, GRUR-RR 2012, 142 (143). Letzteres weist zu Recht darauf hin, dass es infolge der Vielfältigkeit der einzuräumenden Lizenzen sachgerecht ist, zur rechtlichen Einordnung des jeweils zugrunde liegenden Lizenzvertrages nach dessen Art und Ausgestaltung zu differenzieren.

176 OLG München, GRUR 2013, 1125 (1131); LG München I, GRUR-RR 2012, 142 (143); *Wiedemann*, Lizenzen, Rn. 1133; Wandtke/Bullinger/*Bullinger*, § 108 InsO, Rn. 7.

nicht in analoger Anwendung des § 108 InsO konstituieren.[177] Zwar waren ausschließliche urheberrechtliche Lizenzen noch nach der überwiegend im Konkursrecht vertretenen Auffassung analog § 21 KO dem Wahlrecht des Konkursverwalters (§ 17 KO) entzogen und damit konkursfest ausgestaltet. § 21 KO wurde jedoch mit Inkrafttreten der Insolvenzordnung durch § 108 InsO ersetzt, dessen Anwendungsbereich sich nunmehr in Abs. 1 S. 1 auf unbewegliche Sachen beschränkt. Diese eindeutige Einschränkung des Anwendungsbereichs durch den Gesetzgeber bietet mangels Vergleichbarkeit von Immaterialgüterrechten mit unbeweglichen Gegenständen keine ausreichende Analogiegrundlage mehr für die Anwendung auf schuldrechtliche Nutzungsverträge.[178] Im Übrigen ist § 108 InsO als Ausnahmevorschrift nach allgemeinen Grundsätzen eng auszulegen.[179]

(1) Automatischer Fortfall des Nutzungsrechts analog § 9 I VerlG?

Die Insolvenzfestigkeit ausschließlicher Nutzungsrechte wäre deshalb dann zu verneinen, wenn es infolge einer durch den Insolvenzverwalter ausgesprochenen Erfüllungsablehnung (§ 103 I, II InsO) zu einer „Beendigung" bzw. einem „Erlöschen" des schuldrechtlichen Nutzungsvertrages käme und man dessen insolvenzbedingter „Abwicklung" Auswirkungen auf den Bestand des davon zu trennenden Nutzungsrechts zubilligen würde. Letzteres wäre dann der Fall, sofern die Geltung des Abstraktionsprinzips analog § 9 VerlG im Rahmen der hier vorliegenden Konstellation der Einräumung von Nutzungsrechten durch den insolventen Urheber abzulehnen wäre. Dies wurde so in der Rechtsprechung vom LG Mannheim[180] vertreten. Das LG entschied, dass es mit der durch die Nichterfüllungswahl des Insolvenzverwalters initiierten „Beendigung" des schuldrechtlichen Nutzungsvertrages analog § 9 I VerlG zu einem automatischen Rückfall des Nutzungsrechts an den Urheber komme. Damit ende gleichzeitig auch die Aussonderungsberechtigung des Nutzungsrechtsinhabers.

---

177 So aber *Fezer*, WRP 2004, 793 (799f.).

178 *McGuire*, GRUR 2009, 13 (14); *Dahl/Schmitz*, NZI 2007, 626 (627); *Wiedemann*, Lizenzen, Rn. 1125; *Ganter*, NZI 2011, 833 (837); wohl auch *Berger*, GRUR 2013, 321 (326); a.A. *Fezer*, WRP 2004, 793 (799ff.). Vgl. auch die amtliche Begründung zum Regierungsentwurf der InsO, die Miet- und Pachtverhältnisse über bewegliche Sachen und *Rechte* explizit vom Anwendungsbereich des § 108 InsO ausschließt (BT-Drs. 12/2443, S. 146).

179 *Dahl/Schmitz*, NZI 2007, 626 (627).

180 LG Mannheim, CR 2004, 811 (814).

(11) Geltung des Kausalitätsprinzips bei Nutzungsrechtseinräumung auf erster Stufe

Im Urheberrecht gilt nach überwiegender Auffassung das Kausalitätsprinzip.[181] Danach wird eine Verfügung hinfällig, wenn das zugrunde liegende Verpflichtungsgeschäft unwirksam ist, endet oder aus einem sonstigen Grund keinen Bestand mehr hat.[182] Das eingeräumte Nutzungsrecht erlischt und fällt automatisch an den Urheber zurück (Heimfall). Einer im Falle der Geltung des Abstraktionsprinzips notwendigen bereicherungsrechtlichen Rückübertragung des Rechts bedarf es nicht. Für den Bereich des Verlagsrechts ist dies ausdrücklich in § 9 I VerlG kodifiziert. Dieser Norm sowie § 40 III UrhG will die herrschende Auffassung einen allgemeinen Rechtsgedanken entnehmen; danach sollen die eingeräumten Nutzungsrechte nur im Rahmen des ihnen zugrunde liegenden schuldrechtlichen Vertrages entstehen und ihr Fortbestand damit von dessen Fortdauer abhängig sein. Einschränkend wird jedoch von Teilen der das Kausalitätsprinzip befürwortenden Ansicht eine im jeweiligen Einzelfall mit dem Verlagsrecht vergleichbare Interessenlage gefordert.[183]

Nach hier vertretener Auffassung überzeugt die Geltung des Kausalitätsprinzips im Rahmen der Einräumung abgeleiteter Nutzungsrechte auf erster Stufe v.a. mit Blick auf den das Urheberrecht beherrschenden Übertragungszweckgedanken: Aufgrund der diesem immanenten Bindung der eingeräumten Nutzungsrechte an den im Verpflichtungsvertrag zugrunde gelegten Vertragszweck lässt sich eine kausale Verknüpfung ohne Weiteres herleiten.[184] Zudem ist die stärkere Bindung von Verfügungs- und Verpflichtungsgeschäft im Urheberrecht auch der Besonderheit geschuldet, dass der Inhalt eines Rechts, auf das sich die Verfügung bezieht, wegen des nicht gesetzlich festgelegten Kreises gegenständlicher Rechte erst durch den schuldrechtlichen Vertrag eine nähere Ausformung erfährt.[185]

---

181 OLG Hamburg, GRUR 2002, 335 (336f.) – *Kinderfernseh-Sendereihe*; OLG Brandenburg, NJW-RR 1999, 839 (840); LG Mannheim, CR 2004, 811 (813f.); Schricker/*Schricker*, Vor §§ 28ff. UrhG, Rn. 59f; *Kraßer*, GRUR Int 1973, 230 (235ff.); *Wente/Härle*, GRUR 1997, 96 (98f.). Anders wird die Situation jedoch im Falle der translativen Weiterübertragung von Nutzungsrechten i.S.d. § 34 UrhG beurteilt. Dort gilt nach h.M. das Abstraktionsprinzip (*Kraßer*, GRUR Int 1973, 230 (238); *Ulmer*, UrhR, S. 392; *Schwarzer/Klingner*, GRUR 1998, 103 (110ff.); *Wiedemann*, Lizenzen, Rn. 1400).

182 *Dreier/Schulze*, § 31 UrhG, Rn. 18; Schricker/*Schricker*, Vor §§ 28 ff. UrhG, Rn. 60f.

183 Vgl. BGH, GRUR 1958, 504 (506) – *Privatsekretärin.*

184 So auch BGH, GRUR 2012, 916 (918) – *M2Trade;* OLG Hamburg, GRUR 2002, 335 (336).

185 BGH, GRUR 2012, 916 (918) – *M2Trade*; *Ulmer*, UrhR, S. 391; *Kraßer*, GRUR Int 1973, 230 (231f., 237).

Nachstehend wird deshalb im Verhältnis zwischen Urheber und (Erst-)Lizenznehmer von der Anwendbarkeit des Kausalitätsprinzips ausgegangen.

(22) Berücksichtigung der insolvenzrechtlichen Dogmatik zu § 103 InsO; Ablehnung der analogen Anwendung des § 9 I VerlG in der Insolvenz des Lizenzgebers

Gleichwohl ist die analoge Anwendung des § 9 I VerlG bzw. ein infolge der Geltung des Kausalitätsprinzips automatisch eintretender Nutzungsrechtsverlust im Falle der Erfüllungsablehnung zu verneinen: Nach der Dogmatik der neuen BGH-Rechtsprechung zu § 103 InsO führen nämlich weder die Eröffnung des Insolvenzverfahrens noch die Erfüllungsablehnung des Insolvenzverwalters zu einer Beendigung des zwischen Urheber und Nutzer bestehenden Vertragsverhältnisses.[186] Vielmehr lassen beide Umstände die materiell-rechtlichen Vertragspflichten der am Nutzungsvertrag Beteiligten unberührt. Durch die Verfahrenseröffnung werden die Ansprüche lediglich in ihrer Durchsetzbarkeit gehemmt, weil dem jeweils anderen Vertragspartner die Einrede des nicht erfüllten Vertrages zusteht, § 320 BGB.[187] Auch die Erfüllungsablehnung ist grundsätzlich keine gestaltende rechtsgeschäftliche Erklärung.[188] Mit ihr wird deklaratorisch zum Ausdruck gebracht, es solle bei den mit der Eröffnung des Insolvenzverfahrens verbundenen Folgen bleiben.[189] Rechtsgestaltende Wirkung hat sie nur insoweit, als mit ihr die Erfüllungswahl des Verwalters nach § 103 I InsO erlischt.[190] Die Folge der Erfüllungsablehnung ist demnach, dass die fortbestehenden gegenseitigen Erfüllungsansprüche für die Dauer des Insolvenzverfahrens mangels Möglichkeit der Erfüllungswahl endgültig undurchsetzbar bleiben.[191]

---

186 BGH, GRUR 2006, 435 (437) – *Softwarenutzungsrecht*; *Frentz/Marrder*, ZUM 2003, 94 (102f.); *Hoffmann*, ZInsO 2003, 732 (741); *Bärenz*, NZI 2006, 72 (74). Zustimmend auch LG Mannheim, CR 2004, 813 (813f.), das gleichwohl von einer „Beendigung" des Nutzungsrechtsvertrages ausgeht. Nach der früher herrschenden „Erlöschenstheorie" zu § 17 KO (Vorgängerbestimmung von § 103 InsO) wandelte sich das Vertragsverhältnis bei Ablehnung der Erfüllung durch den Insolvenzverwalter in ein Abwicklungsverhältnis (RGZ 73, 58 (61); RGZ 135, 167 (172); BGH, NJW 1955, 259; BGH, GRUR 1995, 1966 (1967)) und führte damit nach herrschender Ansicht zum automatischen Erlöschen der eingeräumten Nutzungsrechte (*Schricker*, VerlagsR, § 36 Rn. 28).

187 *Oeter/Ruttig*, ZUM 2003, 611 (617).

188 Uhlenbruck/*Wegener*, § 103 InsO, Rn. 157; MüKo-InsO/*Kreft*, § 103, Rn. 20.

189 BGHZ 135, 25 (30); MüKo-InsO/*Kreft*, § 103, Rn. 20; Andres/Leithaus/*Andres*, § 103 InsO, Rn. 34.

190 Uhlenbruck/*Wegener*, § 103 InsO, Rn. 157.

191 BGH, NZI 2002, 375 (376); Uhlenbruck/*Wegener*, § 103 InsO, Rn. 157.

Will der Verwalter die lizenzvertraglichen Rechte und Pflichten aufheben, bedarf es einer echten Vertragsbeendigung durch Rücktritt, Kündigung (ggf. aus wichtigen Grund), Ablauf der vertraglich vereinbarten Nutzungszeit oder des Untergangs des Werks.[192] Ferner ist es dem Vertragspartner des insolventen Schuldners unbenommen, durch Anmeldung seines als Insolvenzforderung zu befriedigenden Schadensersatzanspruchs wegen Nichterfüllung zur Tabelle (§§ 103 II S. 1, 174 InsO) am Insolvenzverfahren teilzunehmen und hierdurch den der Lizenz zugrunde liegenden Vertrag zum Erlöschen zu bringen.[193] Hieran wird er indes aufgrund der ihm durch sein ausschließliches Nutzungsrechts vermittelten Aussonderungsberechtigung keinerlei Interesse haben. Daher fehlt mangels „Beendigung" des schuldrechtlichen Vertrages schon der gedankliche Anknüpfungspunkt für den vom LG Mannheim analog § 9 I VerlG befürworteten automatischen Rückfall des Nutzungsrechts.[194]

Selbst wenn man mit einer anderen Auffassung[195] über die dargestellten insolvenzrechtlichen Charakteristika mit dem Argument, die Wahl der Nichterfüllung gleiche faktisch einer Kündigung des Vertrages, hinwegsehen wollte, stünde die – von der herrschenden Meinung[196] im Urheberrecht grundsätzlich bejahte – analoge Anwendung des § 9 I VerlG in der vorliegenden Konstellation mit der Entstehungsgeschichte des § 8 VerlG in Widerspruch. In der Begründung zum Entwurf des VerlG heißt es nämlich, dass das Recht, welches dem Verleger nach § 8 VerlG (damals § 9 des Entwurfs zum VerlG) zukommt, insbesondere nicht dadurch tangiert wird, dass über das Vermögen des Verfassers (Urheber) der

---

192 *Wiedemann*, Lizenzen, Rn. 1401.

193 Vgl. BFH, ZIP 2007, 976 (977); MüKo-InsO/*Kreft*, § 103, Rn. 22; Jaeger/*Henckel*, § 17 InsO, Rn. 115, 149; *Berger*, GRUR 2013, 321 (325); *Wiedemann*, Lizenzen, Rn. 1388, 1467. Unterlässt er die Anmeldung zur Tabelle, kann er nach dem Ende des Insolvenzverfahrens den vollen Erfüllungsanspruch geltend machen, sofern der Schuldner noch existiert (z. B. §§ 60 I Nr. 4 GmbHG, 262 I Nr. 3 AktG), § 201 I InsO (Loewenheim/*Kreuzer/Reber*, Handbuch UrhR, § 95, Rn. 67).

194 So auch *Wiedemann*, Lizenzen, Rn. 1377f.

195 LG Mannheim, CR 2004, 811 (813f.); *Schmoll/Hölder*, GRUR 2004, 743 (747).

196 Dafür OLG Hamburg, ZUM 2001, 1005 (1007f.) – *Kinderfernseh-Sendereihe*; OLG Nürnberg, ZUM-RD 2003, 260 (263); *Kraßer*, GRUR Int 1973, 230 (237f.); Loewenheim/*Loewenheim/Nordemann*, Handbuch UrhR, § 26, Rn. 14; *Dreier/Schulze*, § 31 UrhG, Rn. 18f., 112 UrhG, Rn. 28; Fromm/Nordemann/*Boddien*, Nach § 119 UrhG Rn. 8; Spindler/Schuster/*Spindler*, Recht der elektronischen Medien, § 112 UrhG, Rn. 8; a.A. BGH, GRUR 1958, 504 (506) – *Privatsekretärin*; BGH, NJW 1990, 1989 (1991); *v. Gamm*, UrhG, Einführung, Rn. 70; *Hubmann/Rehbinder*, Urheber- und VerlagsR, § 43 I 3; zweifelnd *McGuire*, GRUR 2009, 13 (16).

Konkurs eröffnet wird.[197] Es handelt sich damit für den Fall der Eröffnung des Konkurs- bzw. Insolvenzverfahrens über das Vermögen des Verfassers um eine bewusste Entscheidung des Gesetzgebers „dingliche“ Verlagsrechte vom Anwendungsbereich des § 9 I VerlG auszunehmen und sie somit insgesamt konkurs- bzw. insolvenzfest auszugestalten. Zwar gilt diese Vorschrift nicht unmittelbar für die im Vergleich zu den Verlagsrechten allgemeineren Nutzungsrechte i.S.d. UrhG. Dennoch hat sie aufgrund der stark urheberrechtlichen Prägung des VerlG sowie der vergleichbaren Interessenlage[198] zumindest indiziellen Charakter für die Bejahung der Insolvenzfestigkeit ausschließlicher Nutzungsrechte, die durch die analoge Anwendung des § 9 I VerlG unterlaufen würde.

Desweiteren bietet die grundsätzlich schutzwürdige Beziehung des Schöpfers zu seinem Werk, die die analoge Anwendung des § 9 I VerlG an sich zu legitimieren imstande ist, in der Urheberinsolvenz gerade keine hinreichende Grundlage für einen automatischen Rechterückfall. Der Übertragungszweck und die Vertragsäquivalenz sind nämlich gerade nicht seitens des Lizenznehmers gestört.[199] Letzterer verhält sich in der vorliegenden Fallgestaltung vollkommen vertragstreu. Zudem würde ein automatischer Rechterückfall nicht – wie grundsätzlich intendiert – dem Urheber, sondern dessen Insolvenzgläubigern zugute kommen.[200] Auch gilt es zu berücksichtigen, dass ein sich im Insolvenzverfahren befindlicher Urheber im Falle der Erteilung der nach § 113 S. 1 UrhG notwendigen Einwilligung indirekt selbst die Grundlage für die „Beendigung“ des Nutzungsvertrages herbeiführt.[201] Eine analoge Anwendung des § 9 I VerlG ist somit im Grundsatz abzulehnen. Damit ist der Bestand der Lizenz vom zugrunde liegenden Schuldvertrag losgelöst. Das ausschließliche Nutzungsrecht kann selbst nach Erfüllungsablehnung des Lizenzvertrages nicht zurückgefordert werden.

Sach- und interessengerecht wäre die analoge Anwendung von § 9 I VerlG in der Urheberinsolvenz einzig im Fall des tatsächlichen Erlöschens des Lizenzvertrages durch Anmeldung eines Schadensersatzanspruchs wegen Nichterfüllung nach § 103 II S. 1 InsO durch den Lizenznehmer zur Insolvenztabelle. Hier gibt der hinsichtlich des Schadensersatzanspruchs als Insolvenzgläubiger zu qualifizierende Forderungsinhaber positiv zu erkennen, mit der Umwandlung seiner

---

197 Begr. zum VerlGE, Verhandlungen des Reichstags, 10. Legislaturperiode, II. Session, 1900/1901, Nr. 97, S. 419.

198 *Wente/Härle*, GRUR 1997, 96 (99).

199 *Wallner*, NZI 2002, 70 (75); Loewenheim/*Kreuzer/Reber*, UrhR, § 95, Rn. 107; *Schwabe*, Filmlizenzen, S. 240.

200 *Wallner*, NZI 2002, 70 (75).

201 Loewenheim/*Kreuzer/Reber*, UrhR, § 95, Rn. 107.

auf die Nutzungsüberlassung gerichteten Erfüllungsanspruchs in eine nach der Insolvenzquote zu bemessende Schadensersatzforderung einverstanden zu sein. Schützenswerte Interessen, die der Akzessorietät des Nutzungsrechts zum Lizenzvertrag entgegenstehen, existieren hier nicht. Ein solcher Fall wird im Rahmen der hier interessierenden Inhaberschaft ausschließlicher und zur Aussonderung berechtigender Nutzungsrechte indes praktisch nie relevant werden. Da der Inhaber das Erlöschen des Nutzungsrechts durch das Unterlassen der Anmeldung seiner Schadensersatzansprüche aber ohnehin in den Händen hält, steht auch diese Fallgestaltung der vorliegend interessierenden Insolvenzfestigkeit ausschließlicher Nutzungsrechte nicht entgegen.

Nach allem bleibt festzustellen, dass ausschließliche Nutzungsrechte Aussonderungsrechte begründen. Diese fallen durch die Nichterfüllungswahl des Insolvenzverwalters in der Urheberinsolvenz nicht – auch nicht analog § 9 VerlG – automatisch an den Urheber zurück. Der Nutzungsrechtsinhaber kann daher gegenüber dem Insolvenzverwalter einen auf die Weiternutzung für den vertraglich festgelegten Zeitraum gerichteten Anspruch auf Aussonderung geltend machen.[202] Macht er hiervon Gebrauch, bleibt er zur Lizenzzahlung verpflichtet.[203] Eine vergütungsfreie Nutzung des ausschließlichen Nutzungsrechts stünde in diametralem Widerspruch mit dem insolvenzrechtlichen Prinzip der Gläubigergleichbehandlung und führte auch sonst zu einem nicht gerechtfertigten Vermögensvorteil beim Lizenznehmer.[204] Bei Nichtzahlung steht dem Insolvenzverwalter – wie in der Praxis üblicherweise in Lizenzverträgen vereinbart – ein außerordentliches Kündigungsrecht zu.[205] Fehlt es an einer solchen Regelung, so ergibt jedenfalls eine ergänzende Vertragsauslegung, dass der Rechtsbestand des Nutzungsrechts im Wege einer auflösenden Bedingung an die Zahlung der Lizenzgebühr geknüpft ist.[206]

(2) Forderung nach Umsetzung von § 108a InsO-E

Nach dem Ergebnis der vorstehenden Untersuchung begründen ausschließliche Nutzungsrechte bereits de lege lata eine insolvenzfeste Rechtsposition. Die Richtigkeit dieses Ergebnisses bestätigt auch ein Vergleich mit den beschränkten dinglichen Rechten des Sachenrechts. Bei diesen ist unstreitig, dass sie nicht

---

202 A.A. *Oeter/Ruttig*, ZUM 2003, 611 (619).

203 *Bausch*, NZI 2005, 289 (294).

204 Vgl. *Wimmer*, ZIP 2012, 545 (552); *Berger*, GRUR 2013, 321 (335).

205 *Bausch*, NZI 2005, 289 (294).

206 Vgl. *Bausch*, NZI 2005, 289 (294). Vgl. auch zu den beschränkten dinglichen Rechten des Sachenrechts Bamberger/Roth/*Wegmann*, § 1018 BGB, Rn. 46; Palandt/*Bassenge*, § 1018 BGB, Rn. 12.

allein durch die Insolvenz bzw. die Erfüllungsablehnung des Insolvenzverwalters in ihrer Wirksamkeit berührt werden, sondern Aussonderungsrechte zugunsten ihres Inhabers begründen.[207] Aus Gründen der Rechtsklarheit und Rechtssicherheit sollte jedoch der im Entwurfsstadium verbliebene Regierungsentwurf zum § 108a InsO-E[208] aus dem Jahr 2007, der den „Fortbestand des abgeschlossenen Lizenzvertrages über ein Recht am geistigen Eigentum mit Wirkung für die Insolvenzmasse" anordnet, in geltendes Gesetzesrecht umgesetzt werden.[209]

d) Zwangsvollstreckungsfestigkeit

Neben der zu bejahenden Insolvenzfestigkeit ausschließlicher Nutzungsrechte gewähren diese dem Nutzungsrechtsinhaber auch ein Interventionsrecht bei unbefugter Beeinträchtigung des Nutzungsrechts in der Einzelzwangsvollstreckung (§ 771 ZPO).[210] Im Ergebnis liegen damit sämtliche die Absolutheit gegenständlicher Rechte kennzeichnenden Rechtswirkungen vor.[211]

3. *Gegenständlichkeit einfacher Nutzungsrechte*

Während ausschließliche Nutzungsrechte, wie festgestellt, gegenständliche Rechte mit sämtlichen die Absolutheit eines Rechts typisierenden Schutzmerkmalen

---

207 Braun/*Bäuerle*, § 47 InsO, Rn. 39; MüKo-InsO/*Ganter*, § 47, Rn. 328; *Oeter/Ruttig*, ZUM 2003, 611 (617ff.).

208 BT-Drs. 16/7416, S. 8.

209 Das betreffende Gesetzgebungsverfahren kam in der 16. Legislaturperiode nicht zum Abschluss. Der Regierungsentwurf fiel damit dem Grundsatz der sachlichen Diskontinuität der in den Bundestag eingebrachten Gesetzesvorlagen zum Ende der Wahlperiode zum Opfer. In der folgenden Legislaturperiode wurde die Frage der Insolvenzfestigkeit von Lizenzen erneut thematisiert und ein Referentenentwurf eines Gesetzes zur Verkürzung des Restschuldbefreiungsverfahrens, zur Stärkung der Gläubigerrechte und zur Insolvenzfestigkeit von Lizenzen erarbeitet. Dieser sah einen im Vergleich zum RegE aus dem Jahr 2007 überarbeiteten § 108a InsO vor (die unterschiedlichen Ansätze der beiden Entwürfe behandelnd *Berger*, GRUR 2013, 321). Er wurde indes im weiteren Verlauf des Gesetzgebungsverfahrens wieder aus dem Gesetzespaket entfernt (*Berger*, GRUR 2013, 321 vgl. auch den RegE eines Gesetzes zur Verkürzung des Restschuldbefreiungsverfahrens und zur Stärkung der Gläubigerrechte vom 10. 8. 2012, BR-Drs. 467/12).

210 Vgl. zur ausschließlichen Patentlizenz MüKo-ZPO/*K. Schmidt*, § 771, Rn. 36.

211 Die Gegenständlichkeit bejahend BGH, GRUR 1959, 200 (202) – *Der Heiligenhof*; *Dreier/Schulze*, § 31 UrhG, Rn. 7, 56; Dreyer/Kotthoff/Meckel/*Kotthoff*, § 31 UrhG, Rn. 105; *Forkel*, Gebundene Rechtsübertragungen, S. 219ff.; Möhring/Nicolini/*Spautz*, § 31 UrhG, Rn. 40; *Rehbinder*, UrhR, Rn. 560; *v. Gamm*, § 31 UrhG, Rn. 11; *Ohly*, Einwilligung, S. 275.

verkörpern, ist die Gegenständlichkeit einfacher Nutzungsrechte[212] Gegenstand einer bis heute anhaltenden Kontroverse.[213]

a) Fehlender Klage- bzw. Drittschutz

Quell des Streits um die Rechtsnatur einfacher Nutzungsrechte ist der Umstand, dass deren Inhaber nach § 31 II UrhG nur eine positive Nutzungserlaubnis neben dem Rechtsinhaber erhält, ohne dass ihm gleichzeitig ein negatives Abwehr- bzw. Verbotsrecht und damit eine eigene Klagebefugnis zustünde.[214] Er kann gegen Dritte nicht aus § 97 UrhG vorgehen und ist darauf angewiesen, seine Ansprüche durch den Urheber oder in Prozessstandschaft infolge dessen ausdrücklicher Ermächtigung durchzusetzen.[215] Die Vergabe positiver Einwirkungsbefugnisse ist aber nicht zwingend an eine gegenständliche Rechtseinräumung gebunden, sondern auch im Wege einer schuldvertraglichen Gestattung realisierbar. Daraus folgt zunächst, dass sich die positive Nutzungsbefugnis, die der Inhaber eines einfachen Nutzungsrechts innehat, einer eindeutigen Zuordnung als gegenständliches oder obligatorisches Recht entzieht.

b) Gesetzlich determinierter Sukzessionsschutz

Ein einfaches Nutzungsrecht (Altrecht) bleibt im Fall der nachfolgenden Gewährung eines inhaltsgleichen ausschließlichen Nutzungsrechts in seinem Bestand unberührt, § 33 S. 1 UrhG. Zwar ist der Lizenzgeber grundsätzlich nicht daran gehindert, neben der Einräumung einfacher Nutzungsrechte weitere ausschließliche Nutzungsrechte

---

212 Das Pendant der einfachen urheberrechtlichen Nutzungsrechte im gewerblichen Rechtschutz sind die „einfachen Lizenzen" (z.B. §§ 15 II PatG, 30 I MarkenG). Bei diesen handelt es sich nach h.M. um rein obligatorische Rechte.

213 Vgl. zum Streitstand BGH, GRUR 2009, 946 (948, Rn. 20) – *Reifen Progressiv*; BGH, GRUR 2010, 628 (630, Rn. 29) – *Vorschaubilder I*; LG München I, ZUM 2004, 861 (863); *Ulmer*, UrhR, S. 368f.; *Dreier/Schulze*, § 31 UrhG, Rn. 52; *Schack*, UrhR, Rn. 540; Mestmäcker/Schulze/*Scholz*, § 31 UrhG, Rn. 56; Schricker/Loewenheim/*Schricker/Loewenheim*, Vor §§ 28ff. UrhG, Rn. 83; Rehbinder, UrhR, Rn. 556; a.A.: nur schuldrechtliche Wirkung Fromm/Nordemann/*Hertin*, §§ 31, 32 UrhG, Rn. 2; *Götting*, FS Schricker, S. 53 (68); Möhring/Nicolini/*Spautz*, § 31 UrhG Rn. 39; *Cebulla*, Die Pacht nichtsächlicher Gegenstände, S. 104; *Kraßer*, GRUR Int 1973, 230 (234f.); *ders.*, GRUR Int 1983, 537 (540); *Pahlow*, ZUM 2005, 865 (874).

214 RGZ 83, 93; BGH, GRUR 1995, 338 (340) – *Kleiderbügel*; *Pahlow*, Lizenz, S. 289; *Dreier/Schulze*, § 31 UrhG, Rn. 51; Schricker/Loewenheim/*Schricker/Loewenheim*, Vor §§ 28ff. UrhG, Rn. 83.

215 BGH, GRUR 1959, 200 (201) – *Der Heiligenhof*; Ulmer, UrhR, S. 368f.; *Schindler*, Aufspaltbarkeit, S. 34.

zu vergeben. Insoweit muss der Inhaber eines einfachen Nutzungsrechts nämlich mit der gleichzeitigen Nutzung durch Dritte rechnen. Allerdings verliert der Lizenzgeber aufgrund des in § 33 S. 1 UrhG kodifizierten Sukzessionsschutzes i.w.S. die Möglichkeit zur Vornahme kollidierender Verfügungen über ausschließliche Nutzungsrechte insoweit, als er dem prioritätsjüngeren Inhaber keine Ausschließungs- und Abwehrbefugnisse gegenüber dem prioritätsälteren einfachen Nutzungsrechtsinhaber einräumen kann.[216] Daher ist ein zumindest teilweiser Verbrauch von Verfügungsmacht auf Seiten des Lizenzgebers festzustellen. Somit ist auch die einfache Nutzungsrechtsvergabe als Verfügung zu qualifizieren.[217] Dem steht nicht entgegen, dass der Begünstigte durch die Nutzungsrechtseinräumung keine Abwehrbefugnisse erlangt. *Kraßer* folgend ist für das Vorliegen einer Verfügung im Immaterialgüterrecht lediglich der Verbrauch von Verfügungsmacht erforderlich.[218] Es ist nämlich gerade letzteres Merkmal, das maßgeblich zur Trennung von Verpflichtungs- und Verfügungsgeschäft Anlass gibt.[219]

Gegen eine solch extensive Auslegung des Verfügungsbegriffs bestehen im Immaterialgüterrecht wegen des fehlenden Typenzwangs gerade keine Bedenken.[220] Im Gegenteil: Wollte man neben dem Verbrauch von Verfügungsmacht auch noch die Erlangung eigener Abwehrbefugnisse als konstitutives Verfügungsmerkmal ansehen, würde der Verfügungsbegriff mit dem der Gegenständlichkeit vermengt.[221] Dem einfach zur Nutzung Berechtigten steht mithin kraft des durch

---

216 Vgl. *Haedicke*, Rechtskauf, S. 86; *Götting*, FS Schricker, S. 53 (68). Gegenüber Dritten steht dem Erwerber eines ausschließlichen Nutzungsrechts jedoch selbst bei schon vorher bestehenden einfachen Nutzungsrechten (Altrechten) die bezweckte umfassende Rechts- und Verbotsposition am lizenzierten Gegenstand ungeschmälert zu (*Dreier/ Schulze*, § 33 UrhG, Rn. 9 mit Verweis auf OLG Hamburg, ZUM 2001, 330 (332)).

217 Vgl. auch *Haedicke*, Rechtskauf, S. 87.

218 *Kraßer*, GRUR Int 1973, 230 (232, 234). Die vorliegend ebenfalls gegebene Befugnis zur unmittelbaren Einwirkung auf den Rechtsgegenstand (das betreffende Schutzrecht) ist auch ohne Vornahme einer Verfügung möglich. Denn auch eine bloß schuldrechtliche Gestattung begründet eine Verpflichtung des Rechtsinhabers zur Duldung entsprechender Einwirkungen durch den Gestattungsempfänger. Die Befugnis zur Einwirkung auf ein geschütztes Recht ist damit kein zwingendes Kriterium für die Einordnung eines Rechtsgeschäfts als Verfügung (*Kraßer*, GRUR Int 1973, 230 (232)). In Ermangelung eines urheberrechtlichen Publizitätssystems kann das Vorliegen einer Verfügung auch nicht von der Einhaltung eines Publizitätsaktes abhängig gemacht werden (vgl. auch *Schanda*, GRUR Int 1994, 275 (287)).

219 *Kraßer*, GRUR Int 1973, 230 (234).

220 Ebd.

221 *Gottzmann*, Sukzessionsschutz, S. 19, Rn. 61.

§ 33 S. 1 UrhG statuierten Sukzessionsschutzes i.w.S. ein auf (Weiter-)Nutzung in der ihm eingeräumten Nutzungsart gerichteter Duldungsanspruch gegen den prioritätsjüngeren ausschließlichen Nutzungsrechtsinhaber zu.[222]

Der durch § 33 S. 1 UrhG gewährte Sukzessionsschutz i.w.S. schließt es jedoch nicht aus, dass ein Lizenzgeber wirksam sich mit der Einräumung des prioritätsälteren einfachen Nutzungsrechts überschneidende einfache Nutzungsrechte zugunsten Dritter gewährt. Die Wirksamkeit des zuerst eingeräumten einfachen Nutzungsrechts wird nämlich durch die nachträgliche Gewährung einfacher Nutzungsrechte nicht tangiert. Mangels Verbotsbefugnis des prioritätsjüngeren Nutzungsrechtsinhabers ist dem prioritätsälteren einfachen Nutzungsrechtsinhaber die ungehinderte Nutzung auf die ihm eingeräumte Nutzungsart garantiert.[223] Eines ergänzenden Sukzessionsschutzes i.w.S. bedarf es in dieser Konstellation daher nicht. Somit erfährt der Lizenzgeber durch § 33 S. 1 UrhG nur hinsichtlich kollidierender ausschließlicher Nutzungsrechte eine zumindest teilweise Einschränkung in seiner Verfügungsbefugnis.

Die obigen zu ausschließlichen Nutzungsrechten gemachten Ausführungen bezüglich Inhaberwechsel und Verzicht gelten für einfache Nutzungsrechte entsprechend. Unterschiede ergeben sich hier nur insofern, als die in § 33 S. 2 UrhG statuierte Bestandskraft einfacher Nutzungsrechte nicht bloß deklaratorischen Charakters ist, sondern im Rahmen von § 33 S. 2 UrhG konstitutiv bewirkt wird.

c) Keine Insolvenz- und Zwangsvollstreckungsfestigkeit

Nunmehr gilt es zu prüfen, ob auch einfache Nutzungsrechte eine insolvenzfeste Rechtsposition vermitteln. Einfache Nutzungsrechte sind übertragbar und pfändbar.[224] Sie werden daher in der Insolvenz des Lizenzgebers gemäß §§ 35 I, 36 I InsO Teil der Insolvenzmasse, es sei denn dem Nutzungsrechtsinhaber stünde ein Aussonderungsrecht nach § 47 S. 1 InsO. Um tatbestandlich einschlägig zu sein, setzt § 47 S. 1 InsO voraus, dass der Anspruchsteller aufgrund eines dinglichen oder persönlichen Rechts geltend machen kann, dass ein „Gegenstand" nicht zur Insolvenzmasse gehört. Ferner muss zu seinen Gunsten ein Herausgabeanspruch bestehen.[225] Das Tatbestandsmerkmal „Gegenstand" ist dabei untechnisch zu verstehen und erfasst neben beschränkten dinglichen Rechten z. B. auch gewerbliche Schutzrechte sowie Persönlichkeitsrechte, mithin

---

222 *Dreier/Schulze*, § 33 UrhG, Rn. 5; *Rehbinder*, UrhR, Rn. 560; Dreyer/Kotthoff/Meckel/*Kotthoff*, § 33 UrhG, Rn. 3.

223 Dreyer/Kotthoff/Meckel/*Kotthoff*, § 33 UrhG, Rn. 3; *Dreier/Schulze*, § 33 UrhG, Rn. 8.

224 Uhlenbruck/*Hirte*, § 35 InsO, Rn. 256.

225 Jaeger/*Henkel*, § 47 InsO, Rn. 5; Uhlenbruck/*Brinkmann*, § 47 InsO, Rn. 1.

Rechte jeder Art.[226] Für einfache Nutzungsrechte kommt es damit entscheidend darauf an, ob sie die von § 47 S. 1 InsO tatbestandlich geforderte „Dinglichkeit" aufweisen. Zwar erlaubt § 47 S. 1 InsO auch eine Aussonderung von Gegenständen aufgrund eines persönlichen, auch nur obligatorischen Rechts. Insofern wäre hier an einen gemäß § 581 I BGB bestehenden Anspruch des Nutzungsrechtsinhabers auf Verschaffung und Erhaltung seiner Nutzungsmöglichkeit aus dem Nutzungsvertrag zu denken.[227] Indes begründen bloß schuldrechtliche Verschaffungsansprüche im Gegensatz zu obligatorischen Herausgabeansprüchen nach ganz herrschender Auffassung kein Recht auf Aussonderung.[228]

Wäre also die von § 47 S. 1 InsO vorausgesetzte „Dinglichkeit" einfacher Nutzungsrechte zu bejahen, könnte der Nutzungsrechtsinhaber die ihm kraft des Nutzungsvertrages zustehenden Nutzungsbefugnisse aussondern. An der Aussonderungsberechtigung würde sich analog zu den Ausführungen bei den ausschließlichen Nutzungsrechten[229] auch durch die Erfüllungsablehnung des Insolvenzverwalters im Rahmen eines beiderseits noch nicht vollständig erfüllten Lizenzvertrages nichts ändern.[230] Ihre Insolvenzfestigkeit wäre damit zu bejahen.

Eine bloß obligatorisch wirkende Nutzungsbefugnis, die fortwährend in ihrem Bestand vermittelt werden muss, könnte hingegen im Falle der Erfüllungsablehnung während der gesamten Dauer des Insolvenzverfahrens nicht mehr in Anspruch genommen werden:[231] Da sie weder zur Aus- noch zur Absonderung berechtigt, wären die gegenseitigen Ansprüche aus dem Lizenzvertrag mit der Eröffnung des Insolvenzverfahrens suspendiert. Der einfach Nutzungsberechtigte dürfte das Immaterialgut mithin bis zur Entscheidung über die Erfüllungswahl nicht nutzen.[232] Die dem Lizenznehmer noch zustehenden Ansprüche auf Gebrauchsüberlassung könnte dieser lediglich als Schadensersatzanspruch statt der Leistung[233] zur Insolvenztabelle anmelden (§§ 103 II S. 1, 38, 45, 87

226 Vgl. dazu MüKo-InsO/*Ganter*, § 47, Rn. 30, 339; Uhlenbruck/*Brinkmann*, § 47 InsO, Rn. 66.

227 *Tabrizi*, Lizenzen, S. 95; vgl. auch MüKo-InsO/*Ganter*, § 47, Rn. 341.

228 Uhlenbruck/*Brinkmann*, § 47 InsO, Rn. 75; Nerlich/Römermann/*Andres*, § 47 InsO, Rn. 50; BerlKo/*Breutigam*, § 47 InsO, Rn. 28; Gottwald/*Gottwald*, InsR Hb., § 40, Rn. 25; *Häsemeyer*, InsR, Rn. 11.15a); a.A. MüKo-InsO/*Ganter*, § 47 InsO, Rn. 341.

229 *Kap. 1 D. III. 2. c) aa).*

230 Vgl. auch BGH, GRUR 2006, 435 (436, Rn. 22) – *Softwarenutzungsrecht.*

231 *Wiedemann*, Lizenzen, Rn. 1461. Davon betroffen wären auch die Enkelrechtsinhaber in einer Nutzungsrechtskette, da sie ihre Berechtigung unmittelbar vom Tochterrechtsinhaber ableiten und dieser kein Nutzungsrecht mehr vermitteln kann.

232 *Wiedemann*, Lizenzen, Rn. 1458.

233 *Pahlow*, WM 2008, 2041 (2044).

InsO). Macht er von dieser Option Gebrauch, erlöschen die beiderseitigen Erfüllungsansprüche aus dem Lizenzvertrag.[234] Nur für den Fall, dass der Insolvenzverwalter die Erfüllung des Lizenzvertrages wählt, wäre der einfach Nutzungsberechtigte in der Lage den Nutzungsanspruch als Primäranspruch gegen die Masse geltend zu machen.[235] Als obligatorische Rechte begründeten einfache Nutzungsrechte daher keine insolvenzfeste Rechtsposition.

Zu beachten ist jedoch, dass es aufgrund des im Rahmen dieser Untersuchung zugrunde gelegten Verständnisses der „Dinglichkeit" bzw. „Gegenständlichkeit" als Rechtsfolgenbegriff, zirkelschlüssig wäre, allein auf Basis des vorstehend bejahten Sukzessionsschutzes einfacher Nutzungsrechte umfassend auf deren absolute Rechtswirkungen zu schließen. Ob einfache Nutzungsrechte tatsächlich als insolvenzfest zu qualifizieren sind, ist gerade die Ausgangsfrage. Die Insolvenzfestigkeit statuiert ein Kriterium für die Einordnung eines Rechts als gegenständliches Recht und ist nicht bloße Folgeerscheinung der Einordnung eines Rechts als gegenständlich.[236]

Den Vorwurf jenes Zirkelschlusses müssen sich auch diejenigen Autoren im Schrifttum gefallen lassen, die der Einräumung einfacher Nutzungsrechte Verfügungsqualität beimessen und diese zum entscheidenden Anknüpfungspunkt für die Zuordnung zum Vermögen des Lizenznehmers erklären.[237] Eine Aussonderungsberechtigung bzw. die Insolvenzfestigkeit einfacher Nutzungsrechte lässt sich so nicht begründen.[238] Die Zuordnung des Nutzungsrechts zum Vermögen des Lizenznehmers ist gerade Bedingung für die Einordnung des Rechts als gegenständlich. De facto verbleibt dem Lizenzgeber aber nach der Einräumung einfacher Nutzungsrechte nicht lediglich ein „formales Mantelrecht" bzw. eine „leere Hülle" des lizenzierten Rechts. Der Lizenznehmer erhält gerade keine exklusive Stellung. Vielmehr ist der Lizenzgeber auch nach Einräumung eines einfachen Nutzungsrechts selbst zur Nutzung des Werks und zur Einräumung weiterer inhaltsgleicher Nutzungsrechte befugt.[239] Umgekehrt

---

234 BFH, ZIP 2007, 976 (977); MüKo-InsO/*Kreft*, § 103, Rn. 22; Jaeger/*Henckel*, § 17 InsO, Rn. 115, 149; *Berger*, GRUR 2013, 321 (325); *Wiedemann*, Lizenzen, Rn. 1388, 1467.

235 *Wiedemann*, Lizenzen, Rn. 1001.

236 *Marotzke*, ZGE/IPJ 2 (2010), 233 (237f.); *Hauck*, AcP 211 (2011), 626 (630f.); *Berger*, GRUR 2013, 321 (324).

237 So aber *Haedicke*, GRUR-RR 2012, 145 (146).

238 OLG München, GRUR 2013, 1125 (1131) unter Berufung auf *Berger*, GRUR 2013, 321 (326).

239 Nur die Befugnis zur Abwehr von Nutzungen durch den Inhaber des einfachen Nutzungsrechts kann er ausschließlichen Lizenznehmern wegen des durch § 33 S. 1 UrhG statuierten Sukzessionsschutzes nicht einräumen.

ist der Lizenznehmer zur Geltendmachung von Schutzrechtsverletzungen auf ein Tätigwerden des Lizenzgebers bzw. dessen Zustimmung angewiesen. Allein letzterer ist durch die Schutzrechtsverletzung in seiner absoluten Rechtsposition beeinträchtigt.[240] Letztlich ist es also keineswegs zwingend, das Nutzungsrecht vermögensmäßig dem einfach Nutzungsberechtigten zuzuordnen.[241]

§ 47 S. 1 InsO selbst verleiht keine dingliche aussonderungsfähige Rechtsposition.[242] Vielmehr setzt die Vorschrift eine Aussonderungsberechtigung des betreffenden Gläubigers voraus, wie in ihrem Satz 2 durch den Verweis auf die außerhalb des Insolvenzverfahrens geltenden Vorschriften klargestellt ist. Materiell-rechtlich gewährt das einfache Nutzungsrecht mangels Körperlichkeit keinen zur Aussonderung berechtigenden Herausgabeanspruch nach § 985 BGB. Darüber hinaus besteht auch kein Anspruch auf Verschaffung oder Erhaltung des eingeräumten Nutzungsrechts, der in der Urheberinsolvenz rechtsfortwirkend als Aussonderungsanspruch geltend gemacht werden könnte. Gegen die Anwendbarkeit des § 47 S. 1 InsO auf einfache Nutzungsrechte spricht zudem dessen Gesetzeshistorie: So hat es der Gesetzgeber in Kenntnis des bereits zum Zeitpunkt der Kodifikation der Insolvenzordnung kursierenden Streits um die Rechtsnatur einfacher Nutzungsrechte unterlassen, diese ausdrücklich in den Anwendungsbereich der Norm aufzunehmen.[243] Tatsächlich hat er mit der Dinglichkeit eine spezifisch sachenrechtliche Formulierung gewählt, weshalb auf die dem Sachenrecht immanenten Prinzipien, insbesondere das numerus clausus-Prinzip, Rücksicht zu nehmen ist.[244] Somit fehlt es für eine rechtsfortbildende Einbeziehung einfacher Nutzungsrechte in den Anwendungsbereich des § 47 S. 1 InsO bereits an der Planwidrigkeit der vermeintlichen Regelungslücke. Letztlich widerspräche eine ohne nähere Begründung im Wege richterlicher Rechtsfortbildung auf § 47 S. 1 InsO gestützte Aussonderungsfähigkeit einfacher Nutzungsrechte auch den insolvenzrechtlichen Prinzipien des Gläubigerschutzes und der Gläubigergleichbehandlung, die nach Maßgabe von § 1 S. 1 InsO im Zweifel Vorrang vor Einzelinteressen genießen.[245] Einfache Nutzungsrechte sind daher nicht aussonderungsfähig. Da Nutzungsrechte an Immaterialgütern typischerweise

---

240 *McGuire*, Die Lizenz, S. 702f.

241 OLG München, GRUR 2013, 1125 (1131).

242 *Hauck*, AcP 211 (2011), 626 (654).

243 *Scherenberg*, Lizenzverträge, S. 76f.; *Hauck*, AcP 211 (2011), 626 (655).

244 *Scherenberg*, Lizenzverträge, S. 75; *Dahl/Schmitz*, NZI 2007, 626 (627); *Hauck*, AcP 211 (2011), 626 (655f.).

245 *Hauck*, AcP 211 (2011), 626 (658).

nicht zur Sicherung von Forderungen vereinbart werden, kann auch eine analog §§ 50ff. InsO zur Insolvenzfestigkeit führende Absonderungsberechtigung nicht angenommen werden.

Damit bleibt zu konstatieren: Die Frage, ob einfache Nutzungsrechte insolvenzfest sind, kann de lege lata im Gegensatz zu den ausschließlichen Nutzungsrechten nicht pauschal beantwortet werden. Die Insolvenzfestigkeit einfacher Nutzungsrechte ist nämlich von der Erfüllung der Pflichten des ihnen zugrunde liegenden Lizenzvertrages abhängig. Einfache Nutzungsrechte sind, da sie dem Erfüllungswahlrecht des Insolvenzverwalters nach § 103 I InsO unterstehen, dann nicht insolvenzfest, wenn die lizenzvertraglichen Pflichten noch nicht vollständig erfüllt sind. Letzteres ist nach den obigen Ausführungen bei Lizenzverträgen mit Dauerleistungscharakter während der Vertragslaufzeit stets der Fall. Hier fällt das betreffende Nutzungsrecht der Undurchsetzbarkeit der gegenseitigen lizenzvertraglichen Pflichten anheim. Handelt es sich dagegen nicht um einen dauernden Leistungsaustausch, sondern um einen einmaligen unwiderruflichen Akt der Rechteeinräumung, so sind die beiderseitigen Vertragspflichten mit Vollzug der Rechteeinräumung und vorheriger Zahlung der Lizenzgebühr vollständig erfüllt.[246] Nur in dieser in der Praxis eher seltenen Konstellation (rechts-)kaufähnlicher Lizenzverträge sind einfache Nutzungsrechte insolvenzfest.

Analog der Ausführungen zur Aussonderungsberechtigung des einfach Nutzungsberechtigten kann auch ein Interventionsrecht desselben gemäß § 771 I ZPO in der Zwangsvollstreckung in das Vermögen des Lizenzgebers nicht begründet werden, ohne bei der Anwendung der Norm zugrunde zu legen, dass das dem Nutzungsrechtsinhaber eingeräumte Recht „dinglich" bzw. gegenständlich ist.[247] Somit kann auch von einer Einzelzwangsvollstreckungsfestigkeit einfacher Nutzungsrechte nicht ausgegangen werden.

d) (Praxis-)Relevanz der Ermittlung der Rechtsnatur

Die Frage nach der Rechtsnatur einfacher Nutzungsrechte ist – entgegen häufig vertretener Auffassung[248] – keineswegs rein akademisch-dogmatischer Natur.[249] Zwar führt selbst die Zuordnung der einfachen Nutzungsrechte zu den

---

246 LG München I, GRUR-RR 2012, 142 (143); vgl. auch OLG München, GRUR 2013, 1125 (1132).

247 So auch *Kirchhof*, FS Merz, S. 283 (292ff.).

248 Dreyer/Kotthoff/Meckel/*Kotthoff*, § 33 UrhG, Rn. 2; Schricker/Loewenheim/*Schricker/Loewenheim*, Vor §§ 28ff. UrhG, Rn. 83; *Kraßer*, GRUR Int 1973, 230 (235).

249 BT-Drs. 14/7564, S. 6.

gegenständlichen Rechten nicht zur Anerkennung selbständiger Abwehrbefugnisse oder einer insolvenz- bzw. zwangsvollstreckungsfesten Rechtsposition.[250]

aa) Aufspaltbarkeit von Nutzungsrechten, konstitutive Rechtseinräumung

Doch hat die Rechtsnatur einfacher Nutzungsrechte nicht zu leugnende Implikationen für die später noch näher zu vertiefende Grenze der Aufspaltbarkeit gegenständlicher Nutzungsrechte.[251] Im Rahmen der vorliegenden Untersuchung ist die Feststellung der Rechtsnatur einfacher Nutzungsrechte bereits zur Beantwortung der Frage, ob sich die Begründung einfacher Nutzungsrechte im Wege der konstitutiven (gegenständlichen) Rechtseinräumung vollzieht, klärungsbedürftig. Eine Entscheidung über die Rechtsnatur ist hier ferner mit Blick auf den angestrebten systematischen und rechtsdogmatischen Vergleich der Einwilligung mit den ebenfalls auf den Gedanken des „volenti non fit iniuria“ zurückzuführenden und zur Gestattungsstufenleiter gehörenden Dispositionsformen geboten.

bb) Fortbestand abgeleiteter Nutzungsrechte bei Erlöschen des Tochterrechts

Darüber hinaus ist die Rechtsnatur einfacher Nutzungsrechte der entscheidende Gesichtspunkt zur Lösung der umstrittenen Frage, ob beim Erlöschen eines vom Urheberrecht („Mutterrecht”) abgespaltenen Nutzungsrechts („Tochterrechts”) hiervon wiederum abgeleitete Nutzungsrechte („Enkelrechte”) ebenfalls automatisch erlöschen.[252]

(1) Gegenständlichkeit einfacher Nutzungsrechte als Prämisse für die Verfügungswirkung der Enkelrechtseinräumung

Sollten neben den ausschließlichen auch die einfachen Nutzungsrechte gegenständliche Rechte begründen, so hätte dies zur Konsequenz, dass der (Unter) Lizenzgeber dem (Unter)Lizenznehmer das Nutzungsrecht nicht während der Dauer des gesamten Nutzungsverhältnisses, sondern nur einmal bei Vertragsbeginn im Wege eines einmaligen Verfügungsakts vermitteln muss. Mit dieser punktuellen Verfügung fände bei Vorliegen der nach § 35 I UrhG erforderlichen Zustimmung des Urhebers eine gegenständliche „Abspaltung“ des Enkelrechts statt, die das Urheberrecht im Umfang der eingeräumten Nutzungsbefugnis

---

250 Vgl. *Kraßer*, GRUR Int 1973, 230 (235); Möhring/Nicolini/*Spautz*, § 31 UrhG, Rn. 39.

251 Hierzu *Kap. 1 D. III. 5.*

252 In Betracht kommen z. B. die Erlöschensgründe des Rückrufs i.S.d. §§ 41 I, V, 42 I, V UrhG, der Kündigung und des bloßen Zeitablaufs des Nutzungsrechts.

belastete.[253] Ein nachträglicher Wegfall der Verfügungsbefugnis des Unterlizenzgebers ließe die Wirksamkeit der früheren Nutzungsrechtsverfügung unberührt.[254] Maßgeblich ist allein die Verfügungsbefugnis im Zeitpunkt der rechtsgeschäftlichen Einräumung des Enkelrechts. Ein nachträglicher Fortfall der Verfügungsbefugnis lässt sich in Parallele zum Sachenrecht nicht ohne Systembruch begründen. Vielmehr sind die wirksam eingeräumten Enkelrechte rechtlich selbstständig und vom Fortbestehen des Tochterrechts unabhängig.[255]

Auch ändert sich am Fortbestand gegenständlicher Enkelrechte im Falle des Erlöschens des Tochterrechts nichts, sofern man sich im Urheberrecht der Geltung des Kausalitätsprinzips anschließen mag.[256] Das Kausalitätsprinzip wie auch dessen Antagonist, das Abstraktionsprinzip, betreffen jeweils nur das Verhältnis einer Verfügung zu dem ihr konkret zugrunde liegenden Verpflichtungsgeschäft. Das Verhältnis sukzessiver Verfügungen liegt indes systematisch auf anderer Ebene, sodass jede Diskussion um die fehlende oder vorhandene Bindung von Verpflichtung und Verfügung hier fehlgeht.[257]

Auch der von der einst herrschenden Meinung[258] als Argument für den automatischen Fortfall der aus dem erloschenen Tochterrecht abgeleiteten Enkelrechte vorgebrachte Übertragungszweckgedanke kann die Akzessorietät letzterer jedenfalls nicht per se begründen. Richtig ist zwar, dass Nutzungsrechtseinräumungen vorstellbar sind, in denen aus dem Zweck der Hauptlizenz gefolgert werden kann, dass ein Hauptlizenznehmer lediglich zur Einräumung abgeleiteter Lizenzen berechtigt sein soll, deren Bestand von der Wirksamkeit der Hauptlizenz abhängt.[259] Stets bedarf dies jedoch einer den Besonderheiten des Einzelfalls Rechnung tragenden Rücksichtnahme auf die der Nutzungsrechtseinräumung zugrunde liegende Interessenlage.

---

253 BGH, GRUR 2009, 946 (948) – *Reifen Progressiv*. Vgl. zur „dinglichen" Abspaltung auch BGH, GRUR 2006, 435 (436, Rn. 15) – *Softwarenutzungsrecht*.

254 BGH, GRUR 2009, 946 (948, Rn. 19) – *Reifen Progressiv*; OLG München, GRUR-RR 2011, 303 (304) – *Blu-ray disc*; OLG München, BeckRS 2012, 05500 – *Take Five II*; Mestmäcker/Schulze/*Scholz*, § 31 UrhG, Rn. 63; Staudinger/*Gursky*, § 185 BGB, Rn. 21; *Larenz/Wolf*, BGB-AT, § 51, Rn. 25; *Bork*, BGB-AT, Rn. 1717.

255 *Mestmäcker/Schulze/Scholz*, § 31 UrhG, Rn. 63; *Malitz/Coumont*, InsVZ 2010, 83 (86).

256 A.A. OLG Hamburg, GRUR 2002, 335 (336f.) – *Kinderfernseh-Sendereihe*.

257 So zu Recht *Scholz*, GRUR 2009, 1007 (1111). Vgl. auch *Szalai*, ZUM 2012, 790 (792).

258 Statt aller *OLG Hamburg*, GRUR 2002, 335 (336f.) – *Kinderfernseh-Sendereihe*; OLG Hamburg, GRUR Int 1998, 431 (435) – *Feliksas Bajoras*; Möhring/Nicolini/*Spautz*, § 35 UrhG, Rn. 6; *Dreier/Schulze*, § 33 UrhG, Rn. 10; Wandtke/Bullinger/*Wandtke/Grunert*, § 35 UrhG, Rn. 7ff.

259 *Scholz*, GRUR 2009, 1007 (1111).

(2) Fortfall von Enkelrechten bei bloß obligatorisch wirkender Gestattung

Dagegen bedürfte es wegen der Relativität bloß obligatorisch wirkender Gestattungen nach dem in § 986 I S. 1 Hs. 2 BGB zum Ausdruck kommenden Rechtsgedanken stets einer zumindest schuldvertraglichen Nutzungsberechtigung im Verhältnis zwischen Urheber und Ersterwerber.[260] Der Inhaber eines bloß schuldrechtlichen Enkelrechts leitet seine Nutzungsberechtigung für die Dauer des Nutzungsverhältnisses unmittelbar vom Unterlizenzgeber ab. Letzterer könnte dem Enkelrechtsinhaber mit Erlöschen des Tochterrechts analog § 986 I S. 1 Hs. 2 BGB keine Nutzungsbefugnisse mehr vermitteln. Demnach würde das Enkelrecht mit der Beendigung des Tochterrechts ebenfalls erlöschen.[261] Der in § 33 UrhG normierte Verfügungs- und Sukzessionsschutz greift in der vorliegenden Fallgestaltung gerade nicht ein.[262] Die Streitfrage, ob Nutzungsrechte späterer Stufe bestehen bleiben, wenn das Nutzungsrecht früherer Stufe erlischt, sollte, wie sich aus der Gesetzeshistorie ergibt, gerade nicht durch die Vorschrift präjudiziert werden.[263] Damit kann der Einräumung einfacher Nutzungsrechts dann keine Verfügungswirkung zukommen, wenn man sie als rein obligatorisch wirkende Rechte einordnet. Die Qualifikation einfacher Nutzungsrechte als obligatorische Rechte hätte somit mangels „Verdinglichung" durch den hier nicht anwendbaren § 33 UrhG eine Akzessorietät des Enkelrechts vom Fortbestand des Tochterrechts zur Folge.

Demnach bleibt festzuhalten, dass der gegenständliche Rechtscharakter eines einfachen Nutzungsrechts notwendige Bedingung für den Fortbestand des von einem Tochterrecht abgeleiteten einfachen Nutzungsrechtes (Enkelrecht) ist.

(3) Rechtliche Einordnung der BGH-Urteile „Reifen Progressiv", „Take Five" und „M2Trade"

Der BGH bejahte den „dinglichen" Charakter einfacher Nutzungsrechte in der „Reifen Progressiv"-Entscheidung und nahm nicht zuletzt aufgrund dieser Feststellung den Fortbestand einfacher Enkelrechte im Falle des Heimfalls des Tochterrechts an.[264] Dabei überrascht jedoch, wie knapp er die umstrittene

260 *Scholz*, GRUR 2009, 1107 (1109). Vgl. hierzu auch Staudinger/*Gursky*, § 1004 BGB, Rn. 200.

261 *Wiedemann*, Lizenzen, Rn. 1454.

262 BT-Drs. 14/6433, S. 16.

263 BT-Drs. 14/6433, S. 16. So auch BGH, GRUR 2012, 914 (915) – *Take Five*; BGH, GRUR 2012, 916 (918) – *M2Trade*.

264 Diese Einordnung hat der BGH in der „Vorschaubilder I"-Entscheidung bekräftigt (BGH, GRUR 2010, 628 (631, Rn. 29)).

Grundsatzfrage bezüglich der Rechtsnatur einfacher Nutzungsrechte abhandelt.[265]

Die Entscheidung betraf mit dem Rückruf der Hauptlizenz nach § 41 UrhG zwar einen Sonderfall, auf den auch die Begründung des BGH weitgehend zugeschnitten ist. Allerdings ist es gemäß der vom BGH vertretenen Einordnung der Enkelrechtseinräumung als vom Fortbestand des Tochterrechts grundsätzlich unabhängige, gegenständliche Verfügung[266] nur folgerichtig und interessengerecht, auch in anderen Fällen des Heimfalls von Tochterrechten vom Fortbestand daraus abgeleiteter Enkelrechte auszugehen.[267] Es ist einem Sublizenznehmer angesichts der mittlerweile üblichen langen Lizenzketten nicht zumutbar, dass er das Risiko für die Beständigkeit aller Verpflichtungsgeschäfte auf sämtlichen Lizenzstufen trägt.[268] Dem Urheber ist es dagegen ohne Weiteres möglich, sich die Akzessorietät der vom Tochterrechtsinhaber abgeleiteten Enkelrechte im Wege vertraglicher Regelungen durch Vereinbarung einer auflösenden Bedingung zusichern zu lassen.[269] Verzichtet er auf eine solche Absicherungsmöglichkeit, muss er es auch in Kauf nehmen, dass das Tochterrecht im Falle einer Konsolidierung mit dem Mutterrecht mit abgeleiteten Nutzungsrechten (Enkelrechten) belastet ist.[270]

Die mit „Reifen Progressiv“ beschrittene Linie des Fortbestehens der Unterlizenz bei Fortfall der Hauptlizenz hat der BGH nunmehr in den jüngst ergangenen Entscheidungen „Take Five“[271] sowie „M2Trade“[272] für die Fälle der einvernehmlichen Aufhebung des Hauptlizenzvertrages sowie der Kündigung desselben wegen Zahlungsverzuges des Hauptlizenznehmers weiter verfestigt. Im Unterschied zur „Reifen Progressiv“-Entscheidung rekurriert der BGH in „Take Five“ und „M2Trade“ zur Begründung seines Ergebnisses erstaunlicherweise

---

265 So auch *Scholz*, GRUR 2009, 1107 (1109).

266 BGH, GRUR 2009, 946 (948) – *Reifen Progressiv*.

267 Schricker/Loewenheim/*Schricker/Peukert*, § 41 UrhG Rn. 24; *Scholz*, GRUR 2009, 1007 (1111); *Reber*, ZUM 2009, 855 (856f.); *Musiol*, FD-GewRS 2009, 290122; *Malitz/Coumont*, InsVZ 2010, 83 (86); *Dieselhorst*, CR 2010, 69 (71, 74); *Marotzke*, ZGE/IPJ 2 (2010), 233 (264f.); *Haedicke*, ZGE 3 (2011), 377 (395f.).

268 *Reber*, ZUM 2009, 855 (857). Etwas anderes gilt nur in dem Ausnahmefall, dass der Unterlizenznehmer in seinem Vertrauen auf den Bestand seines Enkelrechts nicht schutzbedürftig ist, weil er die Umstände, die zum Erlöschen des Tochterrechts führen, kennt oder sogar beeinflussen kann (*Meyer-van Raay*, NJW 2012, 3691 (3692)).

269 *Musiol*, FD-GewRS 2009, 290122; *Malitz/Coumont*, InsVZ 2010, 83 (86).

270 *Malitz/Coumont*, InsVZ 2010, 83 (86).

271 BGH, GRUR 2012, 914 – *Take Five*.

272 BGH, GRUR 2012, 916 – *M2Trade*.

nicht explizit auf die dingliche Rechtsnatur einfacher (Sub)Lizenzen. Im Folgenden wird sich erweisen, dass dem vom BGH in den Entscheidungen „Reifen Progressiv“ und „Vorschaubilder I“ fast beiläufig erwähnten „dinglichen“ bzw. gegenständlichen Rechtscharakter einfacher Nutzungsrechte zuzustimmen ist. Da beide Urteile eine tiefergehende dogmatische Fundierung vermissen lassen, gilt es diese nachstehend vorzunehmen.

e) Stellungnahme zur Rechtsnatur

Ausgehend vom Wortlaut und einer Gegenüberstellung der in unmittelbarem systematischem Zusammenhang stehenden Vorschriften der §§ 29 II, 31 UrhG liegt zunächst der Schluss auf eine vom Gesetzgeber in dogmatischer Hinsicht bejahte Gleichstellung von gegenständlichen ausschließlichen sowie einfachen Nutzungsrechten nahe. Jedoch lässt sich den Gesetzesmaterialien entnehmen, dass der Gesetzgeber die Grundsatzfrage nach der Gegenständlichkeit einfacher Nutzungsrechte durch die Formulierung in § 29 II UrhG nicht präjudizieren, sondern Rechtsprechung und Literatur zur Klärung vorbehalten wollte.[273] Auch die formale Gleichsetzung einfacher und ausschließlicher Nutzungsrechte in der Neufassung des § 33 UrhG lässt keine zwingenden Schlüsse auf die Gegenständlichkeit einfacher Nutzungsrechte zu.

Die Klassifizierung einfacher Nutzungsrechte als gegenständliche Rechte wird häufig mit dem in § 33 UrhG normierten Sukzessionsschutz i.w.S. und der dieser Vorschrift zugrunde liegenden Interessenlage begründet. Sinn und Zweck der Regelung ist, dem Nutzungsrechtsinhaber einen Ausgleich für dessen Schutzbedürftigkeit mangels eigener Verbotsbefugnis gegen nachfolgende Verfügungen des Lizenzgebers und damit letztlich Vertrauens- und Investitionsschutz zu gewähren. Gewährt der Urheber nämlich nach der Einräumung eines einfachen Nutzungsrechts einem Dritten ein ausschließliches Nutzungsrecht hinsichtlich derselben Nutzungsart, so würde der Inhaber des einfachen Nutzungsrechts mangels Exklusivität stets das Nachsehen haben. Dieses Ergebnis ist für den einfach Nutzungsberechtigten, der häufig erhebliche Beträge aufwendet, um die Verwertung des entsprechenden Werks zu ermöglichen, unbillig und nicht hinnehmbar.[274] Um dies zu verhindern und die Rechtsposition des einfach Nutzungsberechtigten gegenüber prioritätsjüngeren ausschließlichen Nutzungsrechtsinhabern zu stärken, wurde die Einführung des § 33 S. 1 UrhG notwendig.

---

273 Vgl. die Gegenäußerung der Bundesregierung zur Stellungnahme des Bundesrats, BT-Drs. 14/7564, S. 11.

274 Spindler/Schuster/*Wiebe*, Recht der elektronischen Medien, § 33 UrhG, Rn. 1.

Der darin normierte Sukzessionsschutz i.w.S. ermöglicht es dem einfachen Nutzungsrechtserwerber den ihm kraft seines Rechts gewährten Duldungsanspruch auf Werknutzung auch gegenüber nachfolgenden ausschließlichen Nutzungsrechtsinhabern durchzusetzen. Das Urheberrecht ist insoweit mit dem einfachen Nutzugsrecht belastet und die Verfügungsmacht des Inhabers geschmälert.

Dagegen ließe sich jedoch anführen, dass es zu jener Kollisionslage nie hätte kommen können, wenn man die Gegenständlichkeit einfacher Nutzungsrechte bejahte. In diesem Fall entstünde nämlich bereits mit der Einräumung des Nutzungsrechts der zugunsten des Inhabers bestehende Verfügungs- und Sukzessionsschutz, weil der Urheber im Umfang des eingeräumten Rechts seine Verfügungsmacht verlöre.[275] Daher könnte es vorzugswürdig sein, § 33 UrhG als Schutz- und Ausnahmetatbestand zum lediglich obligatorischen Rechtscharakter einfacher Nutzungsrechte zu qualifizieren.[276] Indes liegt in dieser Begründung eine unzulässige petitio principii: Ob einfache Nutzungsrechte tatsächlich als gegenständliche Rechte zu qualifizieren sind, ist gerade die Ausgangsfrage. Der Sukzessionsschutz i.w.S. ist Voraussetzung und nicht Wirkung des gegenständlichen Charakters eines Rechts.[277] Auch ließe jene Argumentation unbeachtet, dass der Verlust der Verfügungsmacht durch den Urheber im Umfang der eingeräumten Nutzungsbefugnis erst Folge des durch § 33 UrhG konstitutiv bewirkten Verfügungs- und Sukzessionsschutzes ist. Die im Rahmen der einfachen Nutzungsrechtseinräumung erfolgende Begründung positiver Nutzungsbefugnisse führt lediglich zu einer Verdoppelung, nicht jedoch zum korrespondierenden Verbrauch bzw. zu einer Schmälerung der Befugnis zur Nutzung des Immaterialguts auf Urheberseite. Erst durch den ergänzend in § 33 S. 1, 2 UrhG kodifizierten Sukzessionsschutz verliert der Urheber die Möglichkeit zur Vornahme von Verfügungen, die der einfachen Nutzungsrechtseinräumung widersprechen.[278] Somit erfährt der Lizenzgeber hier eine zumindest teilweise Beschränkung in seiner Verfügungsbefugnis.

Letztlich lassen sich auch die im Rahmen von § 31 I S. 2 UrhG angedeuteten und von der Rechtsprechung konkretisierten Grenzen der Aufspaltbarkeit einfacher Nutzungsrechte sinnvoll nur dann erklären, wenn letztere gegenständliche Rechte verkörpern. Obligatorisch wirkende Gestattungen können nämlich unstreitig ohne Rücksicht auf eigenständig abgrenzbare Nutzungsarten vereinbart

---

275 *Schindler*, Aufspaltbarkeit, S. 35; *Adolphsen/Tabrizi*, GRUR 2011, 384 (388).

276 In diesem Sinne Möhring/Nicolini/*Spautz*, § 31 UrhG Rn. 39; *Pahlow*, ZUM 2005, 865 (870).

277 Vgl. auch *Hauck*, AcP 211 (2011), 626 (630f.).

278 *Haedicke*, Rechtskauf, S. 86; *Götting*, FS Schricker, S. 53 (68).

werden.[279] Zwar können die Parteien klar abgrenzbare, wirtschaftlich-technisch als einheitlich und selbstständig erscheinende Nutzungsarten auch auf schuldrechtlicher Grundlage vereinbaren[280]; zwingend ist dies jedoch im Vergleich zu den gegenständlichen Rechten nicht.

Entscheidend für die Gegenständlichkeit einfacher Nutzungsrechte spricht jedoch ein Erst-Recht-Schluss: Wenn der Urheber bereits berechtigt ist, einem anderen Privatrechtssubjekt durch Einräumung eines exklusiven Nutzungsrechts eine vor Eingriffen Dritter umfassend gesicherte Rechtsposition zu verleihen, sollte er erst recht dazu in der Lage sein, eine weniger stark geschützte Rechtsposition konstitutiv einzuräumen, der mit dem Verfügungs- und Sukzessionsschutz nur ein Teil der die Absolutheit eines Rechts typisierenden Schutzwirkungen innewohnt.[281] Diese Erkenntnis lässt sich im Urheberrecht auch auf den angesichts der Vielfalt möglicher Nutzungsarten nicht anwendbaren numerus clausus stützen. Mangels inhaltlich und zahlenmäßig im UrhG abschließend vorgegebener Nutzungsrechte[282] ist es hier durchaus möglich, den lediglich Sukzessionsschutz begründenden Rechtsgeschäften Gegenständlichkeitscharakter zuzusprechen. Konträr dazu muss das bürgerliche Recht die verwandten Fälle der §§ 566 (i.V.m. 581 I, II), 986 II BGB mit Rücksicht auf den sachenrechtlichen Typenzwang schuldrechtlich verkleiden.[283]

Das Fehlen eines gesetzlichen Typenzwangs im Urheberrecht ist im Übrigen auch der Grund für die Abdingbarkeit des gemäß § 33 UrhG gesetzlich vorgesehenen Sukzessionsschutzes.[284] Auch hieraus kann – entgegen *Pahlow*[285] – deshalb kein zwingendes Argument gegen die Einordnung einfacher Nutzungsrechte als gegenständliche Rechte hergeleitet werden. Somit obliegt es also der privatautonomen Entscheidung des Urhebers, einer an der Nutzung des Werks interessierten Person eine Rechtsposition zu verleihen, die nur einzelne Gegenständlichkeitsmerkmale verkörpert. Daher steht es ihm auch frei festzulegen, ob

279 So auch *Scholz*, GRUR 2009, 1107 (1109). Hierzu auch *Kap. 1 D. III. 5.*

280 *Pahlow* ZUM 2005, 865 (871).

281 Vgl. *Lochmann*, Fernsehübertragungsrechte, S. 47.

282 So die ganz überwiegende Auffassung: *Ulmer*, UrhR, S. 362; Schricker/*Schricker*, Vor §§ 28ff. UrhG, Rn. 52; *Kraßer*, GRUR Int 1973, 230 (232); *ders.*, NJW 1983, 1764 (1767); *Rehbinder*, UrhR, Rn. 569; *Lochmann*, Fernsehübertragungsrechte, S. 47.

283 Eine ähnliche Argumentation zur Herleitung des Verfügungscharakters einfacher Nutzungsrechte vertretend *Kraßer*, GRUR Int 1973, 230 (234).

284 Anders als die Altfassung bringt § 33 UrhG n.F. die Abdingbarkeit des Sukzessionsschutzes zwar nicht mehr gesondert zum Ausdruck. Sie ist gleichwohl anerkannt (statt vieler Schricker/Loewenheim/*Schricker*, § 33 UrhG, Rn. 5; *v. Gamm*, § 33 UrhG, Rn. 5).

285 *Pahlow*, ZUM 2005, 865 (870).

er dem Nutzer seines Werks eine mit Sukzessionsschutz ausgestattete, gegenständliche Rechtsposition verleiht oder diesem die Nutzung rein schuldrechtlich gestattet (vgl. auch § 29 II Var. 1, 2 UrhG). Letzterenfalls würde dem Werknutzer eine Rechtsstellung eingeräumt, die lediglich Wirkung inter partes entfaltet und die durch die Unanwendbarkeit des § 33 UrhG auch keine „Verstärkung" im Hinblick auf spätere Verfügungen des Mutterrechtsinhabers erfährt. Im Anschluss an *Wallner* ergibt sich hier ferner aus dem auch im Urheberrecht geltenden und Verkehrsschutz bezweckenden Bestimmtheitsgrundsatz nichts anderes.[286]

Somit stehen der Einstufung eines einfachen Nutzungsrechts als gegenständliches Recht keine zwingenden dogmatischen Gründe entgegen. Dieses Ergebnis wird durch einen Vergleich der einfachen Nutzungsrechte mit den oben[287] behandelten beschränkten dinglichen Rechten des Sachenrechts bekräftigt: Nicht alle Arten beschränkter dinglicher Rechte (z. B. Reallast gemäß § 1105 BGB) gewähren ihrem Inhaber neben der positiven Benutzungsbefugnis ein damit korrespondierendes negatives Verbotsrecht, ohne dass dies der Dinglichkeit bzw. Gegenständlichkeit des betreffenden Rechts entgegenstünde. Damit kann der Umstand der fehlenden Verbotsbefugnis auch der Einordnung einfacher Nutzungsrechte als gegenständliche Rechte nicht entgegenstehen.

Im Ergebnis sind also einfache Nutzungsrechte als gegenständliche Rechte zu qualifizieren.[288] Damit steht zugleich fest: Die Einräumung einfacher sowie ausschließlicher Nutzungsrechte erfolgt durch eine gegenständlich wirkende Verfügung, welche verknüpft mit dem jeweils zugrunde liegenden Verpflichtungsvertrag die Entstehung „zweckgebundener Tochterrechte" zur Folge hat. In Ergänzung der obigen Ausführungen bleibt an dieser Stelle noch festzuhalten, dass das Erlöschen einer urheberrechtlichen Hauptlizenz in einer Lizenzkette nicht zugleich das Erlöschen eines einfachen Nutzungsrechts auf zweiter oder späterer Stufe zur Folge hat.

f) Insolvenzfestigkeit einfacher Sublizenzen in einer Lizenzkette

Nach dem Ergebnis der bisherigen Untersuchung lässt sich die Insolvenzfestigkeit einfacher Hauptlizenzen, denen ein noch nicht vollständig erfüllter Lizenzvertrag zugrunde liegt, selbst dann nicht begründen, wenn man sie mit der hier vertretenen Ansicht als Rechte mit gegenständlichem Rechtscharakter

---

286 *Wallner*, NZI 2002, 70 (77).

287 *Kap. 1 D. II.*

288 So auch BGH, GRUR 2010, 628 (631) – *Vorschaubilder I*; BGH, GRUR 2009, 946 (948) – *Reifen Progressiv*; a.A. *Dreier/Schulze*, § 31 UrhG, Rn. 52; *Mestmäcker/Schulze/Scholz*, § 31 UrhG, Rn. 54.

qualifiziert. Trotz ihrer Einräumung im Wege eines konstitutiven Verfügungsakts sind einfache Nutzungsrechte – anders als die ausschließlichen – dem Vermögen des Lizenznehmers nicht dergestalt zugeordnet, dass sie nach Eröffnung des Insolvenzverfahrens des (Haupt-)Lizenzgebers eine Aus- oder Absonderungsberechtigung generierten.

Ausgehend von der fehlenden Insolvenzfestigkeit einfacher Nutzungsrechte auf erster Stufe in einer Lizenzkette, gilt es nunmehr zu beleuchten, welche Folgen dieser Befund in Ansehung der oben ermittelten gegenständlichen Rechtsnatur einfacher Nutzungsrechte auf die von einem Hauptlizenznehmer erteilten Unterlizenzen hat.

Insolvenzrechtlich ist im Rahmen einer Lizenzkette zwischen der Insolvenz des Hauptlizenzgebers (Urheber) und derjenigen des Hauptlizenznehmers/Sublizenzgebers (Tochterrechtsinhaber) zu unterscheiden: In der Insolvenz des Hauptlizenzgebers sind die einfachen Nutzungsrechte in einer Lizenzkette auf zweiter (Enkelrechte) oder späterer Stufe (Urenkelrechte etc.) insolvenzfest: Die Erfüllungsablehnung des Insolvenzverwalters des Hauptlizenzgebers hat keine unmittelbaren Auswirkungen auf das Vertragsverhältnis von Hauptlizenznehmer (Sublizenzgeber) und Sublizenznehmer. Sie bezieht sich einzig und allein auf den Hauptlizenzvertrag und bewirkt dort die Undurchsetzbarkeit der aus ihm erwachsenden Forderungen. Der Verfügungs- bzw. Sukzessionsschutz einfacher Nutzungsrechte spielt hier zur Begründung des Fortbestandes einfacher Enkelrechte keine Rolle. Die Belastung des Tochterrechts mit einem einfachen Enkelrecht wird erst dann für den Fortbestand des Enkelrechts relevant, wenn der Hauptlizenznehmer (Sublizenzgeber) den ihm nach § 103 II S. 1 InsO zustehenden Schadensersatzanspruch wegen Nichterfüllung als Insolvenzforderung zur Tabelle anmeldet. Erst die Anmeldung dieser Schadensersatzforderung führt zum Erlöschen des Lizenzvertrages.[289] Dies hat aufgrund des hier analog anwendbaren § 9 I VerlG[290] den ipso iure-Heimfall des Tochterrechts an den Hauptlizenzgeber zur Folge. An dieser Stelle gelten die oben zum Fortbestand abgeleiteter Nutzungsrechte bei Erlöschen des Tochterrechts gemachten Ausführungen entsprechend: Der spätere Wegfall der Berechtigung kann nach Vollzug der als Verfügung zu qualifizierenden Lizenzeinräumung keinen Einfluss auf den Fortbestand des Enkelrechts haben. Er lässt die Wirksamkeit der früheren Verfügung vielmehr unberührt. Die Enkelrechte sind demnach auch im Rahmen

---

289 Fn. 234.

290 Zur Begründung der Analogie vgl. die obigen Ausführungen zu ausschließlichen Nutzungsrechten in *Kap. 1 D. III. 2. c) bb) (1) (22).*

der Urheberinsolvenz rechtlich selbständig und vom insolvenzbedingten Erlöschen des Tochterrechts unabhängig.

In der Insolvenz des Unterlizenzgebers (Hauptlizenznehmer) bietet sich ein vergleichbares Bild: Lehnt der Insolvenzverwalter die Erfüllung des Sublizenzvertrages kraft seines ihm regelmäßig auch hier nach § 103 I InsO zustehenden Wahlrechts ab, können die eingeräumten einfachen Enkelrechte in Ermangelung einer Aus- oder Absonderungsberechtigung für die Dauer des Insolvenzverfahrens nicht mehr in Anspruch genommen werden. Ein Erlöschen des Sublizenzvertrages mit der Folge des Heimfalls des (nicht insolvenzfesten) Enkelrechts tritt analog obiger Ausführungen nur im Falle der Anmeldung des Schadensersatzanspruchs wegen Nichterfüllung gemäß § 103 II S. 1 InsO durch den Enkelrechtsinhaber (Sublizenznehmer) zur Insolvenztabelle ein. Ein konträres Ergebnis ergibt sich in dieser Fallgestaltung wiederum für eingeräumte Urenkelrechte sowie Nutzungsrechte auf späterer Stufe. Hier ist es erneut die Verfügungswirkung der Nutzungsrechtseinräumung, die die Insolvenzfestigkeit der einfachen Sublizenz (Urenkelrecht) bewirkt.

Wählt der Insolvenzverwalter des Hauptlizenznehmers/Sublizenzgebers dagegen die Nichterfüllung des Hauptlizenz- und die Erfüllung des Sublizenzvertrages, sind die Enkelrechte und die darauf folgenden Nutzungsrechte in einer Lizenzkette insolvenzfest, wenn der Hauptlizenzgeber den ihm nach § 103 II S. 1 InsO zustehenden Schadensersatzanspruch zur Tabelle anmeldet.[291] Auch hier kommt den Inhabern der Nutzungsrechte auf zweiter oder späterer Stufe der – unabhängig vom Rechtsgrund des Erlöschens des Nutzungsrechts bestehende – Sukzessionsschutz zugute.[292]

4. *Beschränkbarkeit der konstitutiven Nutzungsrechtseinräumung und deren Grenzen*

Anders als im Sachenrecht stehen im Urheberrecht Inhalt und Umfang der gegenständlichen Nutzungsrechte zur Disposition der Vertragsparteien. Ein numerus clausus abschließend kodifizierter Dispositionsformen ist hier nicht vorgesehen. Nachstehend wird sich jedoch erweisen, dass auch der konstitutiven Begründung von Nutzungsrechten aus Gründen des – wenn auch im Vergleich zum Sachenrecht schwächer ausgeprägten – Verkehrsschutzes Grenzen zu setzen sind. Jene Limitierung der Aufspaltbarkeit gegenständlicher Nutzungsrechte unterscheidet letztere von der schuldvertraglichen Gestattung sowie der schlichten Einwilligung.

---

291 Vgl. auch BGH, GRUR 2012, 916 (918, Rn. 26f.) – *M2Trade*.

292 So auch *Raeschke-Kessler/Christopeit*, ZIP 2013, 345 (349).

Es ist daher bereits an dieser Stelle geboten die Hintergründe der Restriktionsmöglichkeiten konstitutiver Nutzungsrechtseinräumungen näher zu beleuchten.

Urheber sind naturgemäß an einer möglichst intensiven und differenzierten Verwertung ihrer Werke interessiert, um umfassend an sämtlichen wirtschaftlichen Nutzungen partizipieren zu können. Sie werden deshalb Nutzungsrechte regelmäßig nur räumlich, zeitlich und bzw. oder inhaltlich beschränkt (§ 31 I S. 1, 2 UrhG) und nur insoweit einräumen, wie es der Zweck des Vertrages mit dem Nutzer unbedingt erfordert.[293] Durch die Festlegung einer räumlichen, zeitlichen oder inhaltlichen Beschränkung wird ein Teilausschnitt des Nutzungsrechts konkretisiert, über den sodann im Wege der Rechtseinräumung verfügt werden kann.[294] Dabei gilt der Grundsatz: Je größer die Zahl der verschiedenen Nutzungsarten, desto größer ist das Bündel der verfügbaren Nutzungsrechte, deren Einräumung an Dritte die Urheber wiederum pekuniär an der Werkverwertung partizipieren lässt.

Die einzuräumenden Nutzungsbefugnisse können Urheber einerseits mithilfe bloß obligatorisch wirkender und die Modalitäten der Ausübung betreffender Beschränkungen limitieren. Zu solchen Nutzungsmodalitäten ist beispielsweise die einem Taschenbuch-Lizenzvertrag immanente Pflicht eines Lizenzgebers, einen gewissen Preisabstand zu wahren, zu zählen.[295] Ein weiteres Beispiel ist die Reversbindung, Notenmaterial nur mit Zustimmung des Rechtsinhabers für Konzertaufführungen zu verwenden.[296] Auch die auf ein spezifisches Lizenzgebiet und dort ansässige Sender limitierte Übertragbarkeit der aus einem ausschließlichen Recht zur fernsehmäßigen Verwertung folgenden Ausstrahlungsbefugnisse ist als lediglich inter partes wirkende Beschränkung gegenüber dem Erstlizenznehmer einzuordnen.[297] Obligatorisch kann nahezu jede beliebige Beschränkung vereinbart werden. Grenzen ergeben sich hier lediglich aus der Sittenwidrigkeit gemäß § 138 BGB, aus wettbewerbsrechtlichen Schutzvorschriften (§§ 1, 20 GWB, Art. 36, 101, 102 AEUV) sowie den AGB-Vorschriften der §§ 307ff. BGB[298].

---

293 Dies entspricht gleichzeitig dem Grundgedanken der zum Schutze des Urhebers entwickelten Übertragungszwecklehre, die ihren gesetzlichen Niederschlag in § 31 V UrhG gefunden hat (BGH, GRUR 1984, 119 (121) – *Synchronisationssprecher*; BGH, GRUR 1996, 121 (122) – *Pauschale Rechtseinräumung*; BGH, GRUR 2003, 234 (236) – *EROC III*; *Ulmer*, UrhR, S. 364; *Riesenhuber*, GRUR 2005, 712 (714) m.w.N.).

294 *V. Gamm*, § 32 UrhG, Rn. 3, 11; *Dreier/Schulze*, § 31 UrhG, Rn. 28.

295 BGH, GRUR 1992, 310 (311f.) – *Taschenbuch-Lizenz.*

296 LG Hamburg, GRUR 1967, 150 (151) – *Appolon musagéte*; *Dreier/Schulze*, § 31 UrhG, Rn. 29.

297 OLG München, GRUR 1996, 972 (973) – *Accatone.*

298 Vgl. hierzu BGH, GRUR 2003, 416 (418) – *CPU Klausel.*

Andererseits kann ein Urheber den Inhalt des einzuräumenden Nutzungsrechts auch mittels gegenständlicher und damit absolute Wirkung entfaltender Beschränkungen festlegen. Nur solche und nicht schuldrechtliche Beschränkungen können ein „selbstständiges Nutzungsrecht" i.S.d. § 31 I S. 2 UrhG zur Entstehung bringen. Auch in beschränkter Form müssen Nutzungsrechte nämlich gegenständlich wirken. Eine Beschränkung von Nutzungsrechten ist aber nach allgemeiner Ansicht nur insoweit zulässig, als sie eine *Nutzungsart* repräsentieren, die nach der Verkehrsauffassung hinreichend klar abgrenzbar sowie wirtschaftlich-technisch als einheitlich und selbstständig anzusehen ist.[299] Diese Limitierung der gegenständlichen Aufspaltbarkeit urheberrechtlicher Verwertungsbefugnisse soll helfen, einer willkürlichen Aufspaltung bzw. „Atomisierung"[300] urheberrechtlicher Nutzungsrechte vorzubeugen. Urheberrechtlichen Werknutzern muss es nämlich aus Gründen der Rechtssicherheit und Rechtsklarheit möglich sein, erkennen und hinreichend abgrenzen zu können, welche verschiedenen Nutzungsarten urheberrechtlich-gegenständlichen Schutz genießen.[301] Dies gilt v.a. deshalb, weil sich Werknutzer im Falle der Nichtbeachtung ausschließlicher Nutzungsbefugnisse mit urheberrechtlichen Ansprüchen, wie z.B. dem Schadensersatzanspruch aus § 97 UrhG, konfrontiert sehen können. Sogar die Möglichkeit einer strafrechtlichen Sanktionierung nach den §§ 106ff. UrhG ist denkbar. Insofern ergeben sich im Zusammenhang mit der Werknutzung mitunter erhebliche Haftungsrisiken, die für den einzelnen Werknutzer vorhersehbar und kontrollierbar bleiben müssen. Daher muss die Entscheidung darüber, ob eine Aufspaltung des Nutzungsrechts mit „dinglicher" Wirkung zuzulassen ist, stets unter Würdigung der widerstreitenden Interessen des Urhebers auf der einen und der Allgemeinheit auf der anderen Seite getroffen. Stets ist eine Lösung im Sinne einer praktischen Konkordanz anzustreben. Dabei ist v.a. die fortschreitende technische und wirtschaftliche Entwicklung in die Interessenabwägung miteinzubeziehen.[302]

Die aus der absoluten Wirkung resultierenden Haftungsrisiken bestehen dagegen im Falle einer bloß schuldrechtlichen (Ausübungs-)Beschränkung der

---

299 BGH, GRUR 1992, 310 (311) – *Taschenbuch-Lizenz*; BGH, GRUR 1997, 215 (217) – *Klimbim*; BGH, GRUR 2001, 153 (154) – *OEM-Version*; BGH, GRUR 2003, 416 (418) – *CPU Klausel*; BGH, GRUR 2005, 48 (49) – *man spricht deutsh*; BGH, GRUR 2005, 937 (939) – *Der Zauberberg*; Ulmer, UrhR, S. 362. Zum Verhältnis von Nutzungsrecht und Nutzungsart, vgl. *Schindler*, Aufspaltbarkeit, S. 28.

300 Der Begriff wurde geprägt von *Reimer*, GRUR 1962, 619 (620) und *Dünnwald*, GRUR 1974, 788 (789).

301 *Dreier/Schulze*, § 31 UrhG, Rn. 29.

302 *Dreier/Schulze*, a.a.O.

gegenständlichen Nutzungsbefugnisse nicht. Letztere kann aufgrund ihrer lediglich obligatorischen Wirkung Dritten gegenüber nicht geltend gemacht werden. Dies veranschaulicht der bereits in seinen Grundzügen dargestellte und vom OLG München ausgeurteilte Fall „*Accatone*" sehr einprägsam: Die Verpflichtung, das Ausstrahlungs- bzw. Senderecht nur ausgewählten anderen Sendern mit Sitz im Sendegebiet weiterübertragen zu dürfen, wirkt nur schuldrechtlich gegenüber dem ersten Sender (Lizenznehmer). Sie hat mithin keinerlei Auswirkungen gegenüber einem am „Lizenzvertrag" unbeteiligten zweiten Sender (Sublizenznehmer), der den Film zwar im Lizenzgebiet auswertet, aber seinen Sitz außerhalb des Sendegebiets hat.[303]

Mangels Haftungsrisiken stehen den Interessen des Urhebers im Rahmen der schuldrechtlich wirkenden Ausübungsbeschränkung daher keine gleichermaßen schützenswerten Verkehrsinteressen der Allgemeinheit gegenüber. Damit ist eine sehr weitgehende, bis zur Grenze des § 138 BGB mögliche Beschränkbarkeit der aus einem eingeräumten Nutzungsrecht fließenden exklusiven Befugnisse legitim.

E. Schuldrechtlicher Gestattungsvertrag

Abgesehen von der gegenständlichen Nutzungsrechtseinräumung existieren noch weitere Formen der Einräumung von Nutzungsbefugnissen an materiellen und immateriellen Gütern. Neben der Möglichkeit einer einseitigen schlichten Einwilligung kann der Urheber die Werknutzung nach § 29 II Var. 2 UrhG auch ohne Gewährung eines gegenständlichen (Nutzungs-)Rechts rein schuldrechtlich erlauben.[304] Diese schuldrechtliche Gestattung enthält ein in eine vertragliche Vereinbarung gekleidetes Einwilligungselement, welches durch seine schuldvertragliche Begründung von der bloß einseitig erteilten Einwilligung zu unterscheiden ist. Sie wird terminologisch als schuldrechtliche Gestattung, schuldrechtlicher Gestattungsvertrag bzw. in Anlehnung an die Terminologie des urheberrechtlichen Gesetzgebers (§ 29 II Var. 2 UrhG) als „schuldrechtliche Einwilligung" bezeichnet.

Dogmatisch verfehlt ist es aber die Einwilligung selbst als schuldrechtliche Gestattung bzw. Gestattungsvertrag zu charakterisieren.[305] Dagegen spricht

303 OLG München, GRUR 1996, 972 (973) – *Accatone; Dreier/Schulze*, § 31 UrhG, Rn. 60.

304 § 29 II Var. 2 UrhG spricht von der „schuldrechtlichen Einwilligung". Nach hier bevorzugter Terminologie wird die Bezeichnung „schuldvertragliche Gestattung" verwendet. Diese ist von der Einwilligung i.e.S. zu unterscheiden. Sie lässt sich jedoch zugleich als eine verschiedenartiger Gestattungsformen des Urheberrechts der Einwilligung i.w.S. unterordnen, siehe *Kap. 1 B.*

305 So aber *v. Gamm*, Einf., Rn. 109.

bereits die grammatikalische Auslegung des Terminus Einwilligung, der impliziert, eine bloß einseitige Willensbetätigung genügen zu lassen.[306] Umgekehrt sollte auch die schuldvertragliche Gestattung nicht als „Einwilligung" tituliert werden. Vielmehr stellt sie eine eigenständige Gestattungsform dar und ist als solche auch entsprechend zu bezeichnen. Nur so ist gewährleistet, dass die Eigenarten beider Gestattungsvorgänge nicht miteinander vermengt werden.

I. Relativität der schuldrechtlichen Befugnis

Die schuldvertragliche Gestattung verleiht dem Gestattungsempfänger im Verhältnis zum Gestattenden einen Anspruch auf Vornahme eines tatsächlichen Verhaltens, welches letzterer ohne die Gestattung verbieten könnte.[307] Diese Eingriffserlaubnis ist wegen der Bindungswirkung vertraglicher Versprechen (pacta sunt servanda) in ihrem Bestand vom Willen des Gestattenden unabhängig. Sie statuiert vermittels des dem Gestattungsempfänger zustehenden Forderungsrechts ein subjektives Recht. Die Vertragsbindung des Gestattenden ist dabei nicht allein die Folge der Anerkennung des von diesem privatautonom geäußerten Willens.[308] Sie liegt zusätzlich in dem allgemeinen Vertrauen auf die Wirksamkeit rechtsgeschäftlicher Willenserklärungen begründet. Letztlich sind also neben dem privatautonom geäußerten Willen des Erklärenden Vertrauensschutzgesichtspunkte und allgemeine Verkehrsschutzerwägungen die ausschlaggebenden Verpflichtungsgründe vertraglicher Versprechen.[309] Hieran zeigt sich der jedem Vertrag immanente Antagonismus der Verwirklichung von Selbstbestimmung auf der einen und deren Beschränkung durch Selbstbindung bzw. Selbstverantwortung auf der anderen Seite.[310]

Die schuldvertragliche Gestattung hat mit der konstitutiven Rechtseinräumung gemein, dass die Begründung der Nutzungsrechte des Gestattungsempfängers vertraglich erfolgt. Unterschiede ergeben sich jedoch insofern, als die nur mit inter partes-Wirkung ausgestattete schuldrechtliche Abrede keine vor Beeinträchtigungen Dritter schützende (gegenständliche) Rechtsposition zur Entstehung bringt. Relative Rechte vermitteln nämlich keine unmittelbare Herrschaft über ein Gut, sondern generieren lediglich persönliche Verhaltenspflichten des

---

306 *Dasch*, Einwilligung, S. 29; *Götting*, PKR, S. 145 (Fn. 17).
307 *Ohly*, Einwilligung, S. 165.
308 A.A. *Flume*, BGB-AT II, S. 6.
309 *Bydlinski*, Privatautonomie, S. 69; *Kling*, Sprachrisiken, S. 182.
310 *Canaris*, AcP 200 (2000), 273 (279).

Schuldners zu einem Tun oder Unterlassen.[311] Die vermittelte Rechtsposition ist also eine bloß obligatorische, zwischen den Vertragspartnern wirkende.

Bezogen die hier interessierende Nutzungsgestattung im Urheberrecht steht dem Gestattungsempfänger mithin ein durchsetzbarer Anspruch auf Duldung der Nutzung für die vereinbarte Vertragsdauer zu, der aber nur im Innenverhältnis zum jeweiligen Vertragspartner wirkt.[312]

1. Verkehrsfähigkeit

Fraglich ist, ob der aus einer urheberrechtlichen schuldvertraglichen Gestattung erwachsende Duldungsanspruch des Gestattungsempfängers auf einen nicht am Gestattungsvertrag beteiligten Dritten übertragen werden kann. Vor dem Hintergrund des wirtschaftlichen Selbstbestimmungsrechts des Rechtsinhabers sind zunächst keine zwingenden Gründe ersichtlich, weshalb der Gestattungsempfänger nicht in die Lage versetzt werden können soll, die ihm eingeräumten Nutzungsbefugnisse an Dritte im Wege der Abtretung weiter zu übertragen.[313] Für die Übertragbarkeit bzw. Verkehrsfähigkeit der aus der Gestattung folgenden immaterialgüterrechtlichen Befugnisse spricht auch ein Vergleich mit dem sachenrechtlichen Nießbrauch an Rechten, § 1068 BGB. Hier ist nämlich weitgehend anerkannt[314], dass die von einem Nießbraucher an einen ausübungsberechtigten Dritten im Wege der Ausübungsüberlassung vermittelten Befugnisse (§§ 1068 II i.V.m. 1059 S. 2 BGB) nach Maßgabe der §§ 413, 398 BGB grundsätzlich übertragbar sind. Auch der Ausübungsberechtigte ist Inhaber eines bloß schuldrechtlichen Anspruchs auf Duldung der Nießbrauchsausübung, die gleichzeitig auch zum Fruchterwerb berechtigt, § 956 II BGB.[315] Insoweit ist die vom Nießbraucher gewährte Überlassung der Ausübung der aus dem Nießbrauch fließenden Befugnisse durchaus mit der Situation einer vom ausschließlichen Nutzungsrechtsinhaber i.S.d. § 31 I, III UrhG erteilten schuldvertraglichen Gestattung vergleichbar.

Allerdings kann bei Fehlen ausdrücklicher Vereinbarungen nicht jede auf immaterialgüterrechtliche Nutzung gerichtete schuldvertragliche Gestattung per se dahingehend gedeutet werden, dass sie zugleich eine Erlaubnis zur Abtretung des

---

311 RGZ 103, 419 (420); Larenz/Wolf, BGB-AT, § 15, Rn. 38; *Peukert*, Güterzuordnung, S. 50.

312 Loewenheim/*Loewenheim/Nordemann*, Handbuch UrhR, § 25 UrhG, Rn. 15.

313 So in Bezug auf Persönlichkeitsrechte *Götting*, PKR, S. 163. Vgl. auch BGH, WM 1994, 557 (558). A.A. Loewenheim/*Loewenheim/Nordemann*, Handbuch UrhR, § 25 UrhG, Rn. 15.

314 MüKo-BGB/*Pohlmann*, § 1059 Rn. 18; Bamberger/Roth/*Wegmann*, § 1059 BGB, Rn. 11.

315 Staudinger/*Frank*, § 1059 BGB, Rn. 18; Bamberger/Roth/*Wegmann*, § 1059 BGB, Rn. 11.

Duldungsanspruchs an Dritte umfasst. Ausgehend vom Regelfall einer auf Dauer angelegten Pflicht des Gestattenden zur Verschaffung und Erhaltung der Nutzungsmöglichkeit des Werknutzers, ist die schuldrechtliche Gestattung im Urheberrecht nämlich als ein der Rechtspacht zumindest angenäherter Vertrag einzuordnen. Auf diesen ist über § 581 II BGB die Vorschrift des § 540 I BGB mit Ausnahme des darin normierten Kündigungsrechts (§ 584a BGB) entsprechend anzuwenden. Danach ist im Falle der Gebrauchsüberlassung des obligatorisch Berechtigten an Dritte stets die Zustimmung[316] des Verpächters erforderlich. Eine solche – auch konkludent erklärbare – Zustimmung des Urhebers als Gestattenden wird aber dann nicht anzunehmen sein, wenn eindeutige Indizien dafür vorhanden sind, dass es dem Gestattenden für die Einräumung der Nutzungsbefugnisse auf persönliche Eigenschaften des Nutzers, z.B. seinen Beruf, seine Lebensweise, usw. ankommt. Auch wenn Grundlage der Gestattung ein besonders ausgeprägtes Vertrauensverhältnis der Vertragsparteien ist, ist von einer höchstpersönlichen Übernahme der Vertragspflichten durch den Gestattungsempfänger auszugehen.[317]

Die hier vertretene Lösung einer grundsätzlich[318] unter Wahrung des urheberrechtlichen Zustimmungsvorbehalts möglichen Übertragung der Nutzungsbefugnisse steht ferner im Einklang mit dem Telos des sich auf obligatorisch wirkende Gestattungen erstreckenden § 34 I UrhG.[319] Sie lässt sich zudem ohne weiteres mit dem in § 399 Alt. 1 BGB hineinzulesenden urheberrechtlichen Zweckbindungsgedanken, der dem Urheber so weit als möglich die Kontrolle über sein Werk erhalten will, vereinbaren.[320] Insgesamt führt sie damit aufgrund der Konformität mit den urheberrechtlichen Wertungen zu systemgerechten Ergebnissen.

2. *Fehlender Klage- bzw. Drittschutz*

Der Inhaber einer schuldrechtlichen Nutzungsbefugnis kann im Falle einer Beeinträchtigung derselben nicht selber gegen den Verletzer vorgehen.[321] Im Urheberrecht kann somit die Verletzung bloß schuldrechtlicher Berechtigungen

---

316 Der Begriff Zustimmung ist entsprechend § 182 BGB zu verstehen.

317 Vgl. *Mugdan*, Bd. II, S. 844.

318 Nach § 34 IV UrhG besteht die Möglichkeit zur Abbedingung des dem Urheber nach § 34 I S. 1 UrhG zustehenden Zustimmungsvorbehalts.

319 Vgl. zum Telos des § 34 UrhG Wandtke/Bullinger/*Wandtke/Grunert*, § 34 UrhG, Rn. 1; Möhring/Nicolini/*Spautz*, § 34 UrhG, Rn. 1; *Götting*, PKR, S. 163.

320 *Dasch*, Einwilligung, S. 96.

321 Er kann dies nur im Falle einer durch den Berechtigten erteilten Ermächtigung in gewillkürter Prozessstandschaft (Mestmäcker/Schulze/*Backhaus*, § 97 UrhG, Rn. 26).

die Rechtsfolgen des § 97 UrhG nicht auslösen.[322] Aktivlegitimiert in Bezug auf die Verletzung von Schutz- bzw. Nutzungsrechten sind insoweit nur der Urheber oder der Inhaber eines ausschließlichen Nutzungsrechts.[323] Ausgeschlossen ist dadurch ferner die in § 97 II S. 1, 2 UrhG normierte Möglichkeit des Rechtsinhabers zur dreifachen Schadensberechnung.[324] Dem bloß obligatorisch Nutzungsberechtigten steht somit weder ein eigener Anspruch noch ein eigenes Klagerecht zu.[325] Werden jedoch eigene berechtigte Interessen des Gestattungsempfängers berührt, kann dieser die fremden Schutz- bzw. Nutzungsrechte mit Zustimmung des Urhebers respektive des ausschließlich Nutzungsberechtigten im eigenen Namen im Wege der gewillkürten Prozessstandschaft geltend machen.[326]

3. *Kein Sukzessionsschutz analog § 33 UrhG, §§ 566, 986 II BGB*

Darüber hinaus erfährt der Zuweisungsgehalt der dem Gestattenden zustehenden Rechtsposition durch die schuldvertragliche Gestattung keinerlei Veränderung. Die Einräumung lediglich schuldrechtlich wirkender Nutzungsbefugnisse führt anders als bei der einfachen (konstitutiven) Nutzungsrechtseinräumung nicht zu einer „Belastung" des Urheberrechts. Der Urheber ist nach erteilter Gestattung mangels Verbrauchs eines Teils seiner Verfügungsmacht nicht daran gehindert selbst umfassend von seinem Immaterialgut Gebrauch zu machen oder weitere Nutzungsrechte zu vergeben. Dem Gestattungsempfänger bleibt im Falle der Vereitelung der eigenen Nutzung durch nachträgliche Nutzungsrechtsverfügungen (mangels eigenen Klageschutzes) lediglich die Möglichkeit sich beim Urheber im Wege des Schadensersatzes schadlos zu halten. Ein gesetzlich gewährter Duldungsanspruch zu Gunsten der Gestattungsempfänger gegenüber nachfolgenden Erwerbern inhaltsgleicher Nutzungsbefugnisse besteht anders als bei einfachen Nutzungsrechten nicht.

Neben dem fehlenden Verfügungsschutz mangelt es der schuldvertraglichen Gestattung, aufgrund der ihr wesensimmanenten Relativität, auch am Schutz

---

322 So auch BT-Drs. IV/270, S. 103; Mestmäcker/Schulze/*Backhaus*, § 97 UrhG, Rn. 11.

323 Mestmäcker/Schulze/*Backhaus*, § 97 UrhG, Rn. 21f.; Schricker/Loewenheim/*Schricker*, § 33 UrhG, Rn. 22; *Dreier/Schulze*, § 97 UrhG, Rn. 3.

324 Der Inhaber eines ausschließlichen Nutzungsrechts kann zwischen der Liquidation des konkret eingetretenen Schadens, der Abschöpfung des Verletzergewinns und der Zahlung einer fiktiven Lizenzgebühr im Wege der Lizenzanalogie wählen.

325 Mestmäcker/Schulze/*Backhaus*, § 97 UrhG, Rn. 21.

326 BGH, GRUR 1959, 200 (201) – *Der Heiligenhof*; BGH, GRUR 1961, 635 (636) – *Stahlrohrstuhl I*.

vor einem durch den Inhaber bewirkten Wechsel in der rechtlichen Zuordnung (Singularsukzession).[327] Das Bestehenbleiben der Vertragspflichten gegenüber einem Dritten wäre somit allenfalls im Wege einer gesetzlichen Vertragsübernahme, also des Eintritts des Dritten in die gesamte Vertragsposition des Gestattenden konstruierbar. Eine solche Sukzessionsschutz i.e.S. generierende Vorschrift könnte zunächst in § 33 S. 2 Alt. 1 UrhG zu sehen sein. Jedoch ist § 33 S. 2 Alt. 1 UrhG auf den schulrechtlichen Gestattungsvertrag nicht – auch nicht analog – anwendbar. § 33 UrhG ist seiner gesetzgeberischen Zielsetzung nach auf das besondere Investitionsschutzbedürfnis von Nutzungsrechtsinhabern zugeschnitten.[328] Es handelt sich hier um eine abschließende und damit nicht analogiefähige Entscheidung des Gesetzgebers den Interessen des Inhabers eines gegenständlichen Nutzungsrechts i.S.d. § 31 I UrhG stärkeren Schutz zukommen zu lassen. Es steht dem Nutzer frei sich durch Rückgriff auf jene Gestattungsform deren gesetzliche Schutzwirkungen zu Eigen zu machen.

Möglicherweise könnte aber die Sukzessionsschutz generierende Vorschrift des § 566 I BGB auf die rein obligatorisch wirkende urheberrechtliche Nutzungsgestattung anwendbar sein. Zwar wird, wie bereits oben angedeutet, auch die bloß schuldrechtliche Gestattung im Rahmen urheberrechtlicher Nutzungsvorgänge regelmäßig als Pacht- oder pachtähnlicher Vertrag zu qualifizieren sein. Somit sind über § 581 II BGB auch die mietvertraglichen Vorschriften des BGB grundsätzlich anwendbar. Eine Anwendung von § 566 I BGB kommt gleichwohl nicht in Betracht. Die § 566 I BGB zugrunde liegende Interessenlage ist mit einem die Gestattung zur Nutzung von Immaterialgütern betreffenden Pacht- oder pachtähnlichen Vertrag nicht vergleichbar.[329] Dem Mieter wird der Vertragsgegenstand besitzmäßig überlassen, was bei der immaterialgüterrechtlichen Nutzungsgestattung mangels Körperlichkeit unmöglich ist.[330] Die Besitzlage ist für den Erwerber einer Wohnung erkenn- und überprüfbar. Dieser Umstand rechtfertigt die ausnahmsweise Durchbrechung des Grundsatzes der Relativität einer mietvertraglichen Gestattung. Da es dem Urheberrecht an einem vergleichbaren Publizitätsmoment fehlt, ist hier am Grundsatz der Relativität festzuhalten.

Auch eine analoge Anwendung des § 986 II BGB kommt nicht in Betracht. Zwar liegt insoweit eine Vergleichbarkeit der Interessenlagen vor, als § 986 II BGB den bloß obligatorisch Berechtigten (Besitzer) vor einer ohne seine

---

327 *McGuire*, GRUR 2009, 13 (16).

328 BT-Drs. IV/270, S. 56.

329 BGH, GRUR 1982, 411 (413) – *Verankerungsteil*; Wiedemann, Lizenzen, Rn. 1012f.; *Lochmann*, Fernsehübertragungsrechte, S. 98.

330 *Wiedemann*, Lizenzen, Rn. 1013.

Mitwirkung möglichen translativen Übertragung der Eigentümerbefugnisse schützten möchte. Jedoch will § 986 II BGB seinem Sinn und Zweck nach der Besonderheit Rechnung tragen, dass der Eigentumsherausgabeanspruch aus § 985 BGB nach einem Wechsel der Rechtsinhaberschaft in der Person des Erwerbers neu entsteht. Die Sukzessionsschutz generierende Vorschrift des § 404 BGB würde dem Besitzer hier nicht weiterhelfen.[331] § 986 II BGB ist ferner die konsequente Ergänzung des in § 936 III BGB bewirkten Schutzes desjenigen Dritten, welcher der veräußerten Sache besitzmäßig näher steht als der Erwerber.[332] Beide Umstände sind im Rahmen urheberrechtlicher Singularsukzessionen ohne jede Relevanz. Damit bleibt es bei der Grundsatzentscheidung des Gesetzgebers, dass der Inhaber einer auf die Nutzung von Immaterialgütern gerichteten Forderung keine Ansprüche gegen den Dritterwerber des Immaterialguts erlangt.

Dagegen bindet die von einem Rechtsvorgänger eingegangene schuldrechtliche Gestattung dessen Gesamtrechtsnachfolger (Erbe, Miterbe) insoweit, als er für die Nachlassverbindlichkeiten des Rechtsvorgängers gemäß den §§ 1922 I, 1967 I BGB haftet.[333] Der Rechtsnachfolger tritt also kraft Erbgangs in die aus der schuldrechtlichen Gestattung resultierenden Rechte und Pflichten ein. Somit ist der Sukzessionsschutz im engeren Sinne zumindest teilweise zu bejahen.

Die unter den Sukzessionsschutz i.w.S. zu fassende Bestandskraft im Falle eines Verzichts des Gestattenden[334] auf die ihm vom Urheber eingeräumten gegenständlichen Nutzungsbefugnisse ist wiederum zu verneinen: Der Verzicht des Gestattenden hat den Heimfall, d.h. das automatische Erlöschen des Nutzungsrechts zur Konsequenz. Dadurch wird dem Gestattenden die Nutzungsüberlassung im Verhältnis zum Gestattungsempfänger nachträglich unmöglich (§ 275 I BGB). Eine analoge Anwendung des § 33 S. 2 Alt. 2 UrhG kommt ebenfalls nicht in Betracht.[335] Der schuldrechtlich Berechtigte ist wiederum auf Ersatzansprüche gegen den Gestattenden angewiesen.

4. *Fehlende Insolvenz- und Zwangsvollstreckungsfestigkeit*

In Ermangelung der Anwendbarkeit des § 108 InsO wird die aus der schuldvertraglichen Gestattung folgende Nutzungsbefugnis mit der Eröffnung des

---

331 Bamberger/Roth/*Fritzsche*, § 986 BGB, Rn. 23; Staudinger/*Gursky*, § 986 BGB, Rn. 49.

332 MüKo-BGB/*Baldus*, § 986 BGB, Rn. 25; Bamberger/Roth/*Fritzsche*, § 986 BGB, Rn. 23.

333 Bamberger/Roth/*Fritzsche*, § 1004 BGB, Rn. 105; Staudinger/*Gursky*, § 1004 BGB, Rn. 198.

334 *V. Gamm*, § 29 UrhG, Rn. 7.

335 Vgl. *Kap. 1 D. III. 3. d) bb) (2)*. A.A. *Nolden*, Abstraktionsprinzip, S. 118f.

Insolvenzverfahrens temporär bis zur Erfüllungswahl des Insolvenzverwalters in ihrer Durchsetzbarkeit gehemmt. Im Falle der Erfüllungsablehnung nach § 103 II S. 1 InsO tritt eine dauerhafte Hemmung des aus dem Gestattungsvertrag folgenden Anspruchs auf Verschaffung und Erhaltung der Nutzungsmöglichkeit ein. Im Falle der Urheberinsolvenz kann der Gestattungsempfänger damit einzig seinen Schadensersatzanspruch wegen Nichterfüllung als Insolvenzforderung zur Tabelle anmelden. Ein bloß schuldrechtlicher Anspruch auf Nutzungsüberlassung berechtigt nämlich weder zur Aussonderung der Nutzungsbefugnis noch steht dem Gestattungsempfänger eine vorrangige pekuniäre Befriedigungsmöglichkeit im Wege der Absonderung zu. Die oben zu einfachen Nutzungsrechten gemachten Ausführungen gelten hier entsprechend.[336] Die schuldvertragliche Gestattung vermittelt folglich keine insolvenzfeste Rechtsposition. Auch kann ein bloß obligatorisch Nutzungsberechtigter nicht gegen die Zwangsvollstreckung in das Vermögen des Gestattenden intervenieren.[337] Schuldrechtliche Ansprüche begründen kein „die Veräußerung hinderndes Recht", soweit sie wie hier, bloß auf die Verschaffung bzw. Erhaltung der Nutzungsmöglichkeit an einem Immaterialgut gerichtet sind.[338]

Die schuldvertragliche Gestattung gewährleistet somit insgesamt weder Klage- oder Sukzessionsschutz noch befähigt sie ihren Inhaber zur Geltendmachung von Vorzugsrechten in der wirtschaftlichen Krise des Gestattenden. Ihr wohnt somit insgesamt kein Element der Gegenständlichkeit inne.

II. Geltung des Trennungs- und Abstraktionsprinzips

Nunmehr soll untersucht werden, wie sich schuldrechtlicher Gestattungsvertrag und Einwilligung zueinander verhalten. Hierfür bedarf es zunächst der Beantwortung der Frage, ob für die schuldrechtliche Gestattung eine auf dem Gedanken des Trennungsprinzips aufbauende Differenzierung zwischen der schuldrechtlichen Verpflichtung und der „eigentlichen Gestattung" bzw. deren Erfüllung durch Erteilung einer Einwilligung angezeigt ist.[339] Die Möglichkeit einer solchen Differenzierung ist z. B. für die gegenständlichen Nutzungsrechte anerkannt. Hier wird zwischen „dinglicher" Nutzungsrechtsverfügung und der

336 Vgl. *Kap. 1 D. III. 3. c).*

337 Vorwerk/Wolf/*Preuß*, § 771 ZPO, Rn. 30.

338 MüKo-ZPO/*K. Schmidt/Brinkmann*, § 771, Rn. 39f.

339 *Ohly*, Einwilligung, S. 169. Die gedankliche Trennung zwischen der Verpflichtung zur Gestattung und der Gestattung selbst ist nur dann nicht möglich, wenn man die Einwilligung als pactum de non petendo ansieht (*Ohly*, Einwilligung, S. 168).

dieser zugrunde liegenden schuldrechtlichen Gestattung unterschieden. Ob die die das deutsche Privatrecht prägenden Strukturprinzipien des Trennungs- und Abstraktionsprinzips auf die schuldrechtliche Gestattung – zumindest entsprechend[340] – anwendbar sind oder deren Geltung aufgrund urheberrechtlicher Besonderheiten zu verneinen ist, ist Gegenstand eines in der Literatur ausgetragenen Meinungsstreits.

Nach den Befürwortern der Trennungslösung[341] folgt die konkrete Erlaubnis bzw. die unrechtsausschließende Wirkung der im Verpflichtungsvertrag spezifizierten Nutzungshandlungen aus einem diesem innewohnenden, aber logisch trennbaren Gestattungselement. Obwohl beide Elemente wirtschaftlich miteinander verknüpft seien, handele es sich rechtlich dennoch um zwei wenigstens gedanklich voneinander unterscheidbare Akte. Zwar stelle die vertraglich eingekleidete Einwilligung mangels Verbrauch von Verfügungsmacht auf Seiten des Rechtsinhabers keine Verfügung dar. Sie habe jedoch als Vollzugsakt, der dem Empfänger rechtliche Befugnisse einräume, zumindest verfügungsähnlichen Charakter.[342] Die Trennbarkeit der Verpflichtungsabrede von diesem verfügungsähnlichen Element zeige sich nicht zuletzt auch in der Möglichkeit einer isoliert erteilbaren Einwilligung.[343] Schließlich sei die Trennung zwischen Einwilligung und schuldrechtlichem Gestattungsvertrag auch deshalb plausibel, da es zu einem zeitlichen Auseinanderfall beider Elemente kommen könne. Dies sei immer dann der Fall, wenn sich der Rechtsinhaber zunächst zur Erteilung der Einwilligung verpflichte, die Erfüllung dieser Verpflichtung aber erst nachträglich erkläre.[344]

Nach der Gegenansicht[345] sind Gestattungsvertrag und Einwilligung nicht – auch nicht gedanklich – unterscheidbar. Dies ist insbesondere dann plausibel, wenn man die Einwilligung im Hinblick auf ihre Rechtsfolgen als obligatorische Verpflichtung einordnet, aus einer vermeintlichen Rechts- oder

---

340 Eine direkte Anwendung des Trennungsprinzips kommt schon deshalb nicht in Betracht, da weder die schuldrechtliche Gestattung noch die Einwilligung Verfügungscharakter aufweisen.

341 *Zitelmann*, AcP 99 (1906), 1 (43ff.); *Fischer*, Rechtswidrigkeit, S. 279; *Dietz*, Anspruchskonkurrenz, S. 221ff.; *Kohte*, AcP 185 (1985), 105 (136); *Dasch*, Einwilligung, S. 61; *Götting*, PKR, S. 159, 167ff.; *Ohly*, Einwilligung, S. 168f.

342 *Götting*, PKR, S. 158f.

343 *Götting*, PKR, S. 159.

344 Ebd.

345 *Helle*, AfP 1985, 93 (99); *Frömming/Peters*, NJW 1996, 958; MüKo-BGB^4/*Schwerdtner*, § 12, Rn. 134.

Rechtsgutsverletzung keinerlei Ansprüche geltend zu machen.[346] Eine etwas abgeschwächte Position wird im allgemeinen Schrifttum von *Larenz* vertreten. Letzterer sieht die Gestattung zwar als eigenständigen Vertragsbestandteil an. Dieser sei jedoch untrennbar mit dem einheitlichen Gestattungsvertrag verbunden.[347] Die beiden letztgenannten Ansichten sind *Dasch* folgend[348] gemeinschaftlich dem Oberbegriff „Einheitslösung" zuzuordnen. Fraglich ist damit, welcher der Auffassungen unter Berücksichtigung urheberrechtlicher Besonderheiten der Vorzug zu geben ist:

Die Anwendung des Trennungsprinzips erklärt sich im Sachenrecht insbesondere aus der Publizitätsfunktion des Besitzes.[349] Letzterer scheidet jedoch als tauglicher Publizitätsträger bei Nutzungsrechten an Immaterialgütern begriffslogisch aus.[350] Auch sonst bedarf die Einräumung oder Übertragung urheberrechtlicher Nutzungsrechte keines der Besitzüberlassung bzw. der Registereintragung vergleichbaren publizitätswahrenden Merkmals.[351] Somit ist, angesichts der bloß obligatorischen Rechtsstellung, erst recht keine Publizität in Bezug auf die schuldrechtliche Gestattung erforderlich.[352] Der Erwerber erlangt das Recht zur Vornahme der erlaubten Nutzung unmittelbar mit dem Abschluss des Gestattungsvertrages. Gegen die Trennungslösung spricht weiterhin, dass das Ziehen einer exakten Trennlinie zwischen dem Vertrag und einer diesem zugrunde liegenden Einwilligung faktisch unmöglich ist. Die Reichweite der eingeräumten Eingriffsbefugnis bemisst sich nämlich notwendigerweise nach dem schuldrechtlichen Gestattungsvertrag.[353] Dieser ist nicht nur bloße Begleiterscheinung der von der eigentlichen Gestattung ausgehenden Legitimationswirkung, sondern repräsentiert selbst den Grund für Art und Umfang der zu duldenden Nutzungen. Zwar ist den Vertretern der Trennungslösung darin beizupflichten, dass die Einwilligung durchaus isoliert und ohne in eine vertragliche

346 Diese Konstruktion ist entweder im Wege eines antizipierten Erlassvertrages oder durch ein pactum de non petendo realisierbar. Hierzu *Kap. 1 G. IX. 1.*

347 *Larenz*, SchuldR II, § 71 I 1 (S. 594).

348 *Dasch*, Einwilligung, S. 60.

349 MüKo-BGB/*Oechsler*, § 929, Rn. 2.

350 *Schindler*, Aufspaltbarkeit, S. 102.

351 Schricker/Loewenheim/*Schricker/Loewenheim*, Vor §§ 28ff. UrhG, Rn. 78.

352 So auch *Lochmann*, Fernsehübertragungsrechte, S. 75f.

353 Dies konzedieren auch die Vertreter der Trennungslösung, die allerdings basierend auf dieser Feststellung die Anwendung des aus dem Trennungsprinzip folgenden Abstraktionsprinzips ablehnen, vgl. *Kohte*, AcP 185 (1985), 105 (136); *Götting*, PKR, S. 159, 160; *Dasch*, Einwilligung, S. 61ff.

Form „eingekleidet“ zu sein erteilt werden kann. Doch handelt es sich bei der Möglichkeit einer einseitigen Einwilligungserteilung um die eigenständige Rechtsfigur der schlichten Einwilligung. Diese folgt aber eigenen Voraussetzungen und Regeln, die jedenfalls nicht ungeprüft auf die schuldvertragliche Gestattung übertragen werden dürfen. Auch kann das Argument des hypothetischen zeitlichen Auseinanderfallens nicht überzeugen. Aus dieser ergebnisorientierten Betrachtungsweise einen Rückschluss auf die entsprechende Anwendbarkeit des Trennungsprinzips zu ziehen, würde bedeuten auf eine dogmatische Fundierung vollends zu verzichten und stattdessen im Wege einer gewissen Beliebigkeit vorzugehen.

Insgesamt bleibt festzuhalten, dass sich die (gedankliche) Trennung zwischen obligatorischer Verpflichtung und deren Erfüllung durch Erteilung der Einwilligung als zu kompliziert erweist und damit im Ergebnis auch ohne ersichtlichen praktischen Nutzen bleibt. Somit folgt die unrechtsausschließende Wirkung bereits aus dem schuldrechtlichen Gestattungsvertrag als solchem und nicht erst aus einer von diesem trennbaren Gestattung.

Auf das aus dem Trennungsprinzip abgeleitete Abstraktionsprinzip muss damit nicht weiter eingegangen werden. Selbst wenn man, entgegen der hier vertretenen Ansicht, das Trennungsprinzip auf schuldvertragliche Gestattungen für anwendbar hält, ist jedenfalls die Anwendbarkeit des Abstraktionsprinzips zu verneinen. Aufgrund des dem Urheberrecht immanenten Übertragungszweckgrundsatzes[354] ist nämlich eine besondere Zweckbindung der eigentlichen Gestattung an den ihr zugrunde liegenden Nutzungsvertrages zu bejahen.

III. Anwendungsbereich, Abgrenzung zur gegenständlichen Nutzungsrechtseinräumung

Welche Rechtsposition dem Gestattungsempfänger im Hinblick auf die zur Verfügung stehenden Formen urheberrechtlicher Rechtsbindung im konkreten Fall vermittelt wird, ist durch Auslegung des Parteiwillens zu ermitteln. Von einer schuldvertraglichen Gestattung ist v.a. bei Geschäften mit ephemerem Charakter, geringer wirtschaftlicher Tragweite sowie überschaubaren Aufwendungen

354 Eine Anwendung der Übertragungszweckregel des § 31 V UrhG auf die schuldvertragliche Nutzungsgestattung scheidet bereits deshalb aus, weil ihr Anwendungsbereich ausdrücklich auf den Verfügungsakt der Nutzungsrechtseinräumung nach § 31 I UrhG beschränkt ist.

und Risiken auszugehen.[355] Eine lediglich schulrechtliche Gestattung liegt häufig auch dann vor, wenn der Rechtsinhaber dem Nutzer die Werknutzung nachträglich gestattet und somit auf die aus Urheberrechtsverletzung folgenden Ansprüche verzichtet bzw. sie i.S.v. § 397 BGB *erlässt*. So hat der Rechtsinhaber etwa die Option dem Nutzer zu gestatten, ein ohne seine vorherige Erlaubnis hergestelltes Vervielfältigungsstück noch für einen begrenzten Zeitraum innerhalb einer sog. Aufbrauchfrist weiter verbreiten zu dürfen.[356]

Auch besteht ein Bedürfnis für schuldrechtliche Absprachen, sofern das Gesetz, wegen der Grenzen der Aufspaltbarkeit keine gegenständliche Wirkung von Nutzungsrechten mehr zulässt. Die schuldrechtliche Abrede kann insoweit einen kleineren Zuschnitt haben als ein gegenständliches Nutzungsrecht und muss sich nicht auf selbständig abspaltbare Nutzungsarten beschränken.[357] Sie ermöglicht durch die exakte Regulierung der Nutzungsmodalitäten eine vertragliche „Feinabstimmung der Interessen der Vertragspartner". So ist es etwa im Verlagsbereich möglich, genaue Festlegungen über die Ausstattung der Werkexemplare, Regelungen über den Verkauf (z. B. Vertriebswege) etc. zu treffen.[358] Da sich der schuldrechtliche Gestattungsvertrag im Vergleich zur gegenständlichen Nutzungsrechtseinräumung auch auf kleiner dimensionierte Ausschnitte aus dem Bereich der Verwertungsrechte beziehen kann, ist auch ein Nebeneinander der beiden Rechtsfiguren im Rahmen eines einheitlichen Gestattungsvorgangs denkbar.[359]

In der Literatur[360] wird betont, dass ein Werknutzer, dem spezifische Nutzungsbefugnisse eingeräumt werden sollen, wegen der im Verhältnis zu Dritten gewährleisteten gegenständlichen Rechtsposition, kurzum des stärkeren Rechtsschutzes, primär auf die Einräumung von Nutzungsrechten und nur sekundär auf die schuldvertragliche Nutzungsgestattung zurückgreifen wollen wird. In der Tat besteht im Wirtschaftsverkehr ein praktisches Bedürfnis, dem Vertragspartner

355 *V. Gamm*, § 33 UrhG, Rn. 5; Dreyer/Kotthoff/Meckel/*Kotthoff*, § 31 UrhG, Rn. 17; Fromm/Nordemann/*Nordemann*, § 29 UrhG, Rn. 24; Schricker/Loewenheim/*Schricker/Loewenheim*, Vor §§ 28ff. UrhG, Rn. 56.

356 *Dreier/Schulze*, § 31 UrhG, Rn. 8.

357 Dreyer/Kotthoff/Meckel/*Kotthoff*, § 31 UrhG, Rn. 17; Schricker/Loewenheim/*Schricker/Loewenheim*, § 31 UrhG, Rn. 18. Dies trifft auch auf die schlichte Einwilligung zu.

358 Ein Beispiel ist die an einen Verlag gerichtete Erlaubnis, ein Buch nur für Bayern zu übersetzen (Schricker/*Loewenheim*, § 23 Rdnr. 19; *Dreier/Schulze*, § 23 UrhG, Rn. 14).

359 Vgl. auch *Kap. 1 D. III. 5.*

360 Vgl. etwa *Lochmann*, Fernsehübertragungsrechte, S. 60.

eine über das Zwei-Personen-Verhältnis hinausgehende Rechtsstellung zu verschaffen. Auch aus Sicht der Lizenzgeber verspricht die Einräumung eines Mehr an Rechtsschutz neben einem höheren Entgelt für die Nutzung auch die Möglichkeit der vollständigen Delegierung der mit Eingriffen in die eingeräumte Rechtsposition verbundenen Rechtsverfolgung auf den Erwerber. Aus diesen Erwägungen ein generelles Vorrangverhältnis der gegenständlichen Nutzungsrechtseinräumung abzuleiten, begründete gleichwohl einen Widerspruch mit dem urheberrechtlichen Übertragungszweckgrundsatz. Dieser besagt, dass im Zweifel zugunsten des Gestattungsempfängers immer nur so viele Rechte eingeräumt werden, wie es der Zweck des mit dem Gestattenden geschlossenen Nutzungsvertrages unbedingt erfordert.[361] Jene teleologische Auslegungsregel ist konsequenterweise auch zur Abgrenzung des Anwendungsbereichs der beiden Dispositionsformen „konstitutive Nutzungsrechtseinräumung“ und „schuldvertragliche Gestattung“ heranzuziehen: Sofern also im konkreten Fall fraglich ist, ob zwischen den Parteien eine konstitutive Nutzungsrechtseinräumung oder eine schuldrechtliche Gestattung vereinbart wurde, ist hiernach im Zweifel von einer schuldvertraglichen Gestattung auszugehen, wenn der dem Nutzungsvertrag zugrunde liegende Vertragszweck auch durch diese Gestattungsform realisierbar bleibt. Die schuldvertragliche Gestattung ist aus Sicht des Urhebers aufgrund des vollständigen Verbleibs der ihm zugewiesenen (Verfügungs-)Befugnisse am Immaterialgut die weniger intensive Gestattungsform. Sofern den Umständen mithin nichts anderes zu entnehmen ist, gilt sie daher als vereinbart. Die Annahme, die schuldrechtliche Gestattung sei gegenüber der auf der Gestattungsstufenleiter weiter oben angesiedelten gegenständlichen Nutzungsrechtseinräumung stets subsidiär, ist mithin abzulehnen.[362]

Festzuhalten bleibt, dass die Abgrenzung, ob die Konsentierung von Nutzungen als gegenständliche Nutzungsrechtseinräumung oder lediglich als schuldvertragliche Gestattung zu qualifizieren ist, keineswegs immer eindeutig ist. Die einschlägige Gestattungsform ist durch Auslegung des in der Parteiabsprache zum Ausdruck kommenden Parteiwillens zu ermitteln. Dabei ist maßgeblich auf den von beiden Parteien verfolgten Vertragszweck Rücksicht zu nehmen. Bleibt nach gebotener Auslegung unklar, ob die Nutzungsgestattung mittels konstitutiver Nutzungsrechtseinräumung oder schuldvertraglicher Gestattung erfolgen soll, so spricht für letztere eine gesetzliche Vermutung, sofern sie ebenso zwecktauglich ist.

---

361 *Ulmer*, UrhR, S. 364; *Schack*, UrhR, Rn. 547.

362 So aber *Ohly*, Einwilligung, S. 414, 475.

IV. Formbedürftigkeit von Verträgen über unbekannte Nutzungsarten

Auch die schuldvertragliche Nutzungsgestattung kann ebenso wie die Einräumung gegenständlicher Nutzungsrechte grundsätzlich formlos vollzogen werden. Einschränkungen dieses Grundsatzes könnten sich jedoch dann ergeben, wenn Gegenstand der vertraglichen Absprache eine bei Vertragsschluss noch unbekannte Nutzungsart ist. Der Gesetzgeber unterstellt nämlich mit der Vorschrift des § 31a I S. 1 UrhG die Wirksamkeit von Verträgen, durch die der Urheber Rechte für unbekannte Nutzungsarten einräumt oder sich hierzu verpflichtet, dem Schriftformerfordernis (§ 126 BGB). Ob die auf die Nutzungsrechtseinräumung i.S.d. § 31 UrhG zugeschnittene Norm auch auf die schuldvertragliche Nutzungsgestattung anwendbar ist, ist eine bislang in Rechtsprechung und Literatur – soweit ersichtlich – nicht behandelte Fragestellung.[363] Dass der Gesetzgeber in § 31a UrhG von der „Nutzungsart" als Synonym für die Grenze der Beschränkbarkeit urheberrechtlicher Nutzungsrechte spricht, lässt jedenfalls keinen zwingenden Schluss auf den durch die Nutzungsrechtseinräumung begrenzten Anwendungsbereich der Vorschrift zu.

Mit Blick auf den Schutzzweck der Norm erscheint es sachgerecht, auch schuldvertragliche Gestattungen in ihren Anwendungsbereich miteinzubeziehen. Dieser besteht maßgeblich darin, den Urheber aufgrund der wirtschaftlich stärkeren Stellung der Verwerter davor zu bewahren, sich vorschnell seiner Rechte hinsichtlich solcher Nutzungsarten zu begeben, deren technische Möglichkeiten und wirtschaftliche Bedeutung zum Zeitpunkt der Rechtseinräumung nicht erkennbar waren.[364] Neben der gegenständlichen Rechtseinräumung entfaltet aber auch die schuldvertragliche Gestattung im Innenverhältnis zwischen Urheber und Gestattungsempfänger Bindungswirkung. Die teleologische Auslegung gebietet es daher, § 31a I S. 1 UrhG auch auf die schuldvertragliche Nutzungsgestattung zu erstrecken.[365] Eine vertragliche Gestattung, die sich auf

363 Einzig Nordemann will der schuldvertraglichen Gestattung durch § 31a I S. 1 UrhG Grenzen setzen, ohne jedoch näher zu problematisieren, ob dieser auf schuldvertragliche Gestattungen überhaupt anwendbar ist (Loewenheim/*Nordemann*, Handbuch UrhR, § 60, Rn. 49).

364 Wandtke/Bullinger/*Wandtke/Grunert*, § 31a UrhG, Rn. 79; *Dreier/Schulze*, § 31a UrhG, Rn. 1.

365 Im Gegensatz zur schuldvertraglichen Gestattung ist eine direkte Anwendung des § 31a I S. 1 UrhG auf die schlichte Einwilligung mangels vertraglicher Begründung nicht möglich. Aufgrund ihrer freien Widerruflichkeit und der damit vor Vornahme der Nutzungshandlung fehlenden Bindung des Urhebers kommt auch eine analoge Anwendung der Vorschrift nicht in Betracht. Selbst wenn man eine solche Analogie

bei Vertragsschluss noch unbekannte Nutzungsarten bezieht und nicht unentgeltlich gewährt wird (§ 31a I S. 2 UrhG), bedarf also zu ihrer Wirksamkeit der schriftlichen Form.

Eine wenigstens analoge Anwendung des § 31a I S. 1 UrhG scheidet aber dann aus, wenn unentgeltliche und jederzeit kündbare schuldvertragliche Gestattungen in Rede stehen. Aufgrund des jederzeitigen Kündigungsrechts ist hier nicht zu befürchten, dass einem Urheber angesichts neuer technischer Entwicklungen Mehrerträgnisse aus der Verwertung seines Werks vorenthalten werden. Zur Vermeidung von Wiederholungen sei bereits an dieser Stelle darauf hingewiesen, dass Gleiches auch auf Einwilligungen zutrifft. Auch hier kann der Urheber, sofern er mit der neuartigen Nutzung nicht einverstanden ist, von seiner jederzeitigen Widerrufsmöglichkeit Gebrauch machen. Nachhaltige folgenschwere Vermögensverluste sind somit ausgeschlossen. Eines zusätzlichen Schutzes durch das Schriftformerfordernis des § 31a UrhG bedarf es deshalb nicht. Selbst wenn man § 31a I S. 1 UrhG analog auf unentgeltliche schuldvertragliche Gestattungen respektive schlichte Einwilligungen anwenden wollte, ist jedenfalls im Falle der Abgabe des Angebots zum Abschluss des Gestattungsvertrages ad incertam personam vom Schriftformerfordernis des § 31 a I S. 1 UrhG abzusehen (§ 31a I S. 2 UrhG, sog. „Open Content-Klausel“). Gleiches gilt auch für die später noch eingehender zu untersuchende schlichte Einwilligung inter omnes. Auch hier können unbekannte Nutzungsarten formlos und damit auch konkludent legitimiert werden.

F. Einseitige unwiderrufliche Einwilligung

Wie bereits dargestellt ist die unterste Sprosse der „Gestattungsleiter“ aufgrund der geringsten Intensität der durch sie gewährten Rechtsposition für die einseitige widerrufliche Einwilligung bzw. die Einwilligung i.e.S. reserviert. Bevor auf die widerrufliche Einwilligung zurückzukommen sein wird, ist jedoch nunmehr der Frage nachzugehen, ob, wie in der Literatur vielfach vertreten wird[366], als selbstständige Gestattungsform zwischen schuldrechtlicher Gestattung und der Einwilligung i.e.S. noch die unwiderrufliche Einwilligung anzuerkennen ist. Hierbei handelt es sich rechtstechnisch um eine isolierte Einwilligung (ohne causa), bei deren Erteilung der Einwilligende auf dessen Widerrufsmöglichkeit verzichtet.

---

für möglich halten wollte, dürfte in den allermeisten Einwilligungsfällen ohnehin analog § 31 I S. 2 UrhG das Schriftformerfordernis entfallen.

366 *Götting*, PKR, S. 149ff.; *Helle*, AfP 1985, 93 (99, 117); *Dasch*, Einwilligung, S. 85ff.; *Schricker*, FS Hubmann, S. 409 (419).

Diese kann allein auf schuldrechtlicher Ebene Wirkung entfalten. Eine gegenständlich wirkende unwiderrufliche Einwilligung entspräche in ihrer Wirkung einem gegenständlichen (Teil)Verzicht auf Verwertungsrechte. Ein solcher ist nach dem Ergebnis der obigen Bearbeitung im Urheberrecht aber gerade nicht wirksam erteilbar (§ 134 BGB).

I. Rechtswirkungen

Diese unwiderrufliche Einwilligung statuierte – im Falle ihrer Anerkennung – eine hinreichende Vertrauensgrundlage für solche wirtschaftlichen Dispositionen, die ohne die Einwilligung in die Rechte des Einwilligenden eingreifen würden. Zugunsten des Einwilligungsempfängers wird nämlich ein ohne oder gegen den Willen des Einwilligenden durchsetzbares, subjektives Recht[367] auf Vornahme bzw. Duldung der gestatteten Handlung geschaffen.[368] Das Rechtskonstrukt der unwiderruflichen Einwilligung wurde im Schrifttum[369] v.a. zur Ermöglichung von Dispositionen über vermarktungsfähige, vermögenswerte Bestandteile von Persönlichkeitsrechten entwickelt. Dadurch sollte dem Bedürfnis des Rechtsverkehrs nach einer rechtssicheren Verwertungsposition Rechnung getragen werden, ohne die Rechte des Rechtsinhabers übermäßig zu beschränken.

Im Gegensatz zur unwiderruflichen vermittelt die widerrufliche Einwilligung keine hinreichende Vertrauensgrundlage: Bei dieser ist insofern eine viel weitgehendere Abhängigkeit vom Willen des Gestattenden gegeben, als der Einwilligungsempfänger nur vorbehaltlich eines Widerrufs auf seine Eingriffsbefugnis vertrauen kann.[370] Damit ist der Einwilligende im Rahmen der Erteilung einer einseitigen unwiderruflichen Einwilligung im Vergleich zur widerruflichen einem höheren Maß an Fremdbestimmung ausgesetzt.[371] Die dadurch erhöhte Intensität der rechtlichen Bindung des Gestattenden rechtfertigt, sofern die unwiderrufliche Einwilligung als Dispositionsform anzuerkennen ist, ihre Stellung in der Stufenleiter oberhalb der schlichten Einwilligung.

II. Rechtsdogmatischer Vergleich mit der unwiderruflichen Vollmacht

Nunmehr gilt es der Frage nachzugehen, ob eine „unwiderrufliche Einwilligung" in isolierter Form überhaupt anzuerkennen ist. Erkenntnisgewinn verspricht

---

367 Hierzu *Larenz/Wolf*, BGB-AT, § 13, Rn. 24; § 14, Rn. 1.

368 *Schenke*, Einwilligung, S. 106.

369 *Helle*, AfP 1985, 93 (99, 117); *Dasch*, Einwilligung, S. 85ff.; *Götting*, PKR, S. 149ff.

370 *Ohly*, Einwilligung, S. 186.

371 *Ohly*, Einwilligung, S. 172.

hier ein rechtsdogmatischer Vergleich der unwiderruflichen Einwilligung mit der unwiderruflichen Vollmacht.[372] Beiden Rechtsfiguren sind u. a. ihre einseitige Erteilungsmöglichkeit sowie die Befugnis Handlungen vorzunehmen, die den Rechtskreis einer anderen Person tangieren, gemeinsam.[373] Zudem erlangen sowohl der Bevollmächtigte als auch der Gestattungsempfänger eine eigenständige, ohne oder gegen den Willen des Geschäftsherren durchsetzbare Rechtsposition. Dies bewirkt für den Vollmachtgeber und den Gestattenden eine weitgehende Fremdbestimmung. Von einer Vergleichbarkeit beider Rechtsfiguren ist mithin auszugehen.

Über die Möglichkeit der einseitigen Erteilung einer Vollmacht in unwiderruflicher Form herrscht heutzutage Konsens.[374] Sie ergibt sich nicht zuletzt aus § 168 S. 2 BGB. Bei unbefangener Betrachtung scheint damit auch der Anerkennung der unwiderruflichen Einwilligung als Dispositionsmittel nichts im Wege zu stehen. Zu beachten ist jedoch, dass die einseitig vom Vollmachtgeber bestimmbare Unwiderruflichkeit der Vollmacht nach herrschender Ansicht[375] nur dann zugelassen wird, wenn die Vollmacht im Interesse des Bevollmächtigten erteilt wurde und die Unwiderruflichkeit eine Rechtfertigung in dem der Vollmacht zugrunde liegenden Rechtsverhältnis findet. Dieses wird regelmäßig auf einer sich zumindest aus den Umständen ergebenden Vereinbarung von Vollmachtgeber und Bevollmächtigten beruhen.[376]

Damit werden von Rechtsprechung und Literatur wegen der sehr weitgehenden Fremdbestimmung des Vollmachtgebers und dem daraus resultierenden Gefahrenpotential hohe Anforderungen an die Wirksamkeit der unwiderruflichen Vollmachtserteilung gestellt. Ob eine solche tatsächlich vorliegt, ergibt sich neben den Erklärungen von Bevollmächtigenden und Bevollmächtigtem, v.a. aus der Interessenlage. Diese lässt sich der Vollmachtserteilung allein jedoch nicht entnehmen. Erst wenn in dem zugrunde liegenden Rechtsverhältnis ein

---

372 Diesen Vergleich ebenfalls vornehmend *Ohly*, Einwilligung, S. 172.

373 Vgl. *Ohly*, Einwilligung, S. 173.

374 *Flume*, BGB-AT II, S. 876f.; *Müller-Freienfels*, Vertretung, S. 109ff.; Staudinger/*Schilken*, § 168 BGB, Rn. 8; Soergel/*Leptien*, § 168 BGB, Rn. 22.

375 In diesem Sinne BayObLG, NJW-RR 1996, 848f.; Palandt/*Ellenberger*, § 168 BGB, Rn. 6; RGRK/*Steffen*, § 168 BGB, Rn. 3; Bamberger/Roth/*Valenthin*, § 168 BGB, Rn. 23; *Larenz/Wolf*, BGB-AT, § 47, Rn. 51; a.A. Erman/*Palm*, § 168 BGB, Rn. 16; MüKo-BGB/*Schramm*, § 168, Rn. 20; Staudinger/*Schilken*, § 168 BGB, Rn. 11; Soergel/*Leptien*, § 168 BGB, Rn. 23; *Enneccerus/Nipperdey*, § 186 IV 2 b; *Flume*, BGB-AT II, S. 882; *Fuchs*, AcP 196 (1996), 313 (363).

376 Vgl. Palandt/*Ellenberger*, § 168 BGB, Rn. 6.

privatautonomer Interessenausgleich mittels vertraglicher Vereinbarung stattgefunden hat, ist der Ausschluss der Widerrufbarkeit der Vollmacht gerechtfertigt. Fehlt es an einem solchen die Interessenlage der Vertragsparteien indizierenden Grundgeschäft, kann auch die Vollmacht nicht wirksam in unwiderruflicher Form erteilt werden. Die Erteilung einer isolierten unwiderruflichen Vollmacht ist folglich nicht möglich.[377]

III. Rechtliche Anerkennung und Rechtsnatur

Die Ablehnung der Anerkennung einer isolierten unwiderruflichen Vollmachtserteilung lässt in Anbetracht der vergleichbaren Interessenlage erhebliche Zweifel im Hinblick auf die Möglichkeit der Erteilung einer isolierten unwiderruflichen Einwilligung aufkommen. Durch die unwiderrufliche Einwilligung erlangt der Einwilligungsempfänger nämlich eine noch stärkere, weil auf unmittelbare Begünstigung desselben gerichtete Rechtsposition, als der Inhaber einer unwiderruflichen Vollmacht.[378] Erstere ist als ein subjektives Recht i.S.d. Privatrechts zu qualifizieren.[379] Letztere ermöglicht lediglich die Vornahme eines weiteren Rechtsgeschäfts, das sich mittelbar auf die Rechtsstellung des Bevollmächtigten auswirken kann.[380] An dieser Stelle müssen daher die für die unwiderrufliche Vollmacht aufgestellten Einschränkungen[381] in Bezug auf die unwiderrufliche Einwilligung erst recht zur Anwendung kommen: So wie die unwiderrufliche Vollmacht ein von ihr abgrenzbares, im Interesse des Bevollmächtigten oder eines Dritten liegendes Rechtsverhältnis als Grundlage erfordert, ist auch für die unwiderrufliche Einwilligung stets die Einkleidung in einen zugrunde liegenden Vertrag notwendig. Nur dessen Abschluss kann die Unwiderruflichkeit der Einwilligung rechtfertigen. Im Gegensatz zur unwiderruflichen Bevollmächtigung, die aufgrund der Geltung des Trennungs- und Abstraktionsprinzips ein Auseinanderhalten der Vollmacht von dem zwischen Vertreter und Vertretenem bestehenden Vertragsverhältnis erfordert[382], ist im Rahmen der unwiderruflichen Einwilligung keine vergleichbare Differenzierung vorzunehmen. Vielmehr ist bezüglich der schuldrechtlichen Duldungspflicht und dem in diese eingekleideten Einwilligungselement davon

377 BGH, NJW 1988, 2603f.; BGH, NJW 1990, 1721 (1723); BGH, NJW-RR 1991, 439 (441); BayObLG, NJW-RR 1996, 848 (849); Staudinger/*Schilken*, § 168 BGB, Rn. 17; *Mock*, JuS 2008, 391 (393); MüKo-BGB/*Schramm*, § 168, Rn. 21.

378 Vgl. auch *Dasch*, Einwilligung, S. 85, Fn. 363.

379 *Ohly*, Einwilligung, S. 173.

380 Ebd.

381 *Kap. 1 F. II.*

382 Palandt/*Ellenberger*, Einf. v. § 164 BGB, Rn. 2.

auszugehen, dass sie untrennbar miteinander verbunden sind. Die Reichweite der eingeräumten Eingriffsbefugnis bemisst sich nämlich ausschließlich nach dem schuldrechtlichen Gestattungsvertrag.

Nach allem bleibt zu konstatieren, dass die bindende Erlaubnis der unwiderruflichen Einwilligung de facto dem mit einem schuldrechtlichen Gestattungsvertrag untrennbar verbundenen Einwilligungselement entspricht. Terminologisch gehört die schuldrechtliche Gestattung aber, wie oben festgestellt, zur Einwilligung im weiteren Sinne und sollte von der isoliert bzw. einseitig erteilbaren (widerruflichen) Einwilligung abgegrenzt werden.

Dieses Ergebnis lässt sich auch der Systematik des BGB, insbesondere dem aus §§ 311 I i.V.m. 241 I, 397 I, 516 I BGB abzuleitenden Rechtsgedanken entnehmen; danach gelangen subjektive Rechte – von atypischen Ausnahmen[383] abgesehen – nicht durch einseitige Erklärung, sondern durch Zustimmung des Begünstigten, also mittels vertraglicher Vereinbarung zur Entstehung.[384] In den genannten Vorschriften kommt ferner der Wille des Gesetzgebers zum Ausdruck, dass sich niemand eine Verbesserung seiner Rechtsposition aufzudrängen lassen braucht.[385] Auch die Einräumung einer Eingriffs- bzw. Nutzungsbefugnis mit Bindungswirkung zugunsten einer bestimmten Person bedarf stets der Annahme durch den Gestattungsempfänger. Ohne eine solche das Vertragsverhältnis konstituierende Annahme gibt es keinen rechtfertigenden Grund, den Einwilligenden an den einseitig erklärten Ausschluss des Widerrufsrechts zu binden. Auch § 956 I 2 BGB belegt, dass die Unwiderruflichkeit der (Aneignungs)Gestattung notwendigerweise mit einer vertraglichen Verpflichtung des Rechtsinhabers (hier: Eigentümer) korreliert. Somit ist eine bindende, unwiderrufliche Einwilligung gegenüber einer bestimmten Person in einseitiger, isolierter Form nicht erteilbar und kann deshalb auch nicht als eigenständige Rechtsfigur anerkannt werden.[386]

Der unwiderruflichen Einwilligung vermag auch dann kein eigenständiger Anwendungsbereich zuzukommen, wenn sich die Erlaubnis nicht an eine konkrete Person, sondern an einen unbestimmten Personenkreis richtet und damit inter omnes erklärt wird. Zwar könnte überlegt werden aus § 657 BGB, der die Entstehung eines subjektiven Forderungsrechts in Form eines Anspruchs auf

---

383 Zur Ausnahme des einseitig erteilten Auslobungsversprechens (§ 657 BGB) siehe die nachfolgenden Ausführungen im Text.

384 Vgl. Staudinger/*Bergmann*, § 657 BGB, Rn. 13; *Ohly*, Einwilligung, S. 161, 173.

385 Mot. Bd. II, S. 288; *Larenz*, SchuldR I, § 19 I 1a (S. 276); MüKo-BGB^4/*Kollhosser*, § 519, Rn. 9; *Ohly*, Einwilligung, S. 173.

386 So auch *Ohly*, Einwilligung, S. 175; a.A. *Dasch*, Einwilligung, S. 87; *Kohte*, AcP 185 (1985), 105 (137).

den ausgelobten Betrag auch durch einseitige Erklärung zulässt, wenn es sich um ein an die Öffentlichkeit gerichtetes Versprechen handelt, einen allgemeinen Rechtsgedanken abzuleiten. Doch handelt es sich dabei um einen gesetzlichen Ausnahmetatbestand von der sonst üblichen Einkleidung subjektiver Rechte in ein vertragliches Geflecht[387]. Dieser ist somit nicht ohne Weiteres auf andere Rechtsfiguren verallgemeinerbar. Da in den Fällen, in welchen unwiderrufliche Einwilligungen virulent werden, aufgrund von § 151 S. 1 BGB praktisch immer auch vertragliche Duldungspflichten anzunehmen sind, besteht hierfür auch keinerlei Bedürfnis.

Exemplarisch für eine an einen nicht näher bestimmten Personenkreis gerichtete unwiderrufliche Erlaubnis lassen sich etwa der in einem Buch enthaltene Vermerk „Nachdruck erlaubt"[388], die unentgeltliche Bereitstellung von Public Domain Software[389] oder die Offline-Nutzung digitaler, auf einer DVD oder CD-Rom ohne Kopierschutz hinterlegter Inhalte zum privaten Gebrauch anführen.[390] Eine eindeutige Abgrenzung einer unwiderruflichen an die Allgemeinheit gerichteten Einwilligung vom (Teil)Verzicht[391] bzw. sonstigen vertraglichen Gestattungsformen (schuldvertragliche Gestattung, Einräumung einfacher Nutzungsrechte an jedermann) ist im Rahmen der genannten Beispiele nur sehr schwer möglich. Durch die Anerkennung der Rechtsfigur „unwiderrufliche

---

387 MüKo-BGB/*Seiler*, § 657 BGB, Rn. 4; Staudinger/*Bergmann*, § 657 BGB, Rn. 11.

388 *Ulmer*, UrhR, S. 366; *Seetzen*, Verzicht, S. 46ff.; Schricker/Loewenheim/*Schricker/Loewenheim*, § 29 UrhG, Rn. 26 ordnen dies als Verzicht zugunsten der Allgemeinheit ein. A.A. Möhring/Nicolini/*Spautz*, § 29 UrhG, Rn. 7; Fromm/Nordemann/*Hertin*, Vor §§ 28ff. UrhG, Rn. 2; *Nordemann*, GRUR 1969, 127 (128); wohl auch *Dreier/Schulze*, § 31 UrhG, Rn. 10. Diese sehen in dem Vermerk die unentgeltliche Einräumung einfacher Nutzungsrechte an jedermann. Vertretbar wäre hier aber auch die Annahme einer schlichten Einwilligung (Schricker/Loewenheim/*Schricker/Loewenheim*, § 29 UrhG, Rn. 26; vgl. dazu auch *Ohly*, Einwilligung, S. 175).

389 Vgl. hierzu Wandtke/Bullinger/*Grützmacher*, § 69c UrhG, Rn. 69 m.w.N.

390 Für das Vorliegen einer Einwilligung im letzteren Beispiel BGH, GRUR 2008, 245 (247, Rn. 26) – *Drucker und Plotter I*; BGH, GRUR 2009, 53 (55) – *PC*. Diskutabel wären hier jedoch vorbehaltlich seiner Anerkennung auch die Annahme eines Verzichts mit gegenständlicher Wirkung und die Einräumung eines einfachen Nutzungsrechts für jedermann. Streng genommen kommt es hier auf das Vorliegen einer Gestattung aufgrund des Eingreifens der vorrangig zu prüfenden Schrankenregelung des § 53 UrhG gar nicht mehr an, vgl. *Kap. 2 B.*

391 Mangels Erteilbarkeit eines auf gegenständlicher Ebene wirkenden urheberrechtlichen Verzichts sind hiermit alleine die Vorausverfügung über die aus der Urheberrechtsverletzung entstehenden Ansprüche (antizipierter Erlass i.S.v. § 397 BGB) sowie die Vereinbarung eines pactum de non petendo gemeint.

Einwilligung" würden daher gerade im Bereich der urheberrechtlichen Nutzungsgestattung aufgrund dogmatischer Abgrenzungsschwierigkeiten zu anderen Dispositionsformen weitere Rechtsunsicherheiten ohne ernsthaften ersichtlichen Erkenntnisgewinn geschürt. Daran wird deutlich, dass es sich neben der systematischen Folgerichtigkeit auch zum Zwecke größerer Rechtsklarheit empfiehlt, am Vertragsprinzip festzuhalten, sofern nach dem Willen der Parteien bindende Eingriffsbefugnisse eingeräumt werden sollen. Der unwiderruflichen Einwilligung ist daher auch dann die Anerkennung zu versagen, wenn sie gegenüber einem unbestimmten Adressatenkreis erteilt wird. Sofern also im weiteren Verlauf der Bearbeitung von der „Einwilligung", der „schlichten Einwilligung" oder der „Einwilligung i.e.S." die Rede ist, so ist damit die einseitig erteilte und stets *widerrufbare* Einwilligung gemeint.

G. Schlichte, widerrufliche Einwilligung

Neben den für die urheberrechtliche Nutzungsgestattung bereits vorgestellten Dispositionsmöglichkeiten der konstitutiven Rechtseinräumung und dem schuldrechtlichen Gestattungsvertrag können Eingriffe in Verwertungsrechte des Urhebers auch im Wege der schlichten Einwilligung erlaubt werden. Die schlichte Einwilligung steht nach der oben vorgeschlagenen Terminologie nur dann in Rede, wenn es um die einseitige, isolierte Erteilung von Eingriffserlaubnissen zugunsten Dritter geht. Sie statuiert im Verhältnis zwischen Einwilligendem und Einwilligungsempfänger eine spezifische Befugnis zur Vornahme eines tatsächlichen Verhaltens, das der Einwilligende ohne die Gestattung verbieten könnte.[392] Übertragen auf das Urheberrecht bedeutet dies: Das abstrakt-generelle Verbot, die dem Urheber oder Leistungsschutzberechtigten absolut zugewiesenen Verwertungsrechte zu beeinträchtigen[393], wird in eine konkret-individuelle Erlaubnis zur Vornahme spezifischer Nutzungen umgemünzt.[394]

Charakteristisch für das Vorliegen einer schlichten Einwilligung ist ferner, dass es sich bei der durch sie erteilten Erlaubnis um eine grundsätzlich[395] widerrufliche handelt. Sie macht damit die Befugnis des Gestattungsempfängers, anders als es bei einer unwiderruflichen Einwilligung der Fall wäre, in weitgehendem

---

392 BGH, NJW 1959, 811; *Larenz*, SchuldR II, § 71 I 1 (S. 594); *Kohte*, AcP 185 (1985), 105 (116); *Leistner*, Richtiger Vertrag, S. 543; *Ohly*, Einwilligung, S. 181.

393 *Jänich*, Geistiges Eigentum, S. 198, 201.

394 *Ohly*, Einwilligung, S. 207.

395 Zu den Ausnahmen von der freien Widerrufbarkeit siehe *Kap. 2 E. III. 4. b)*.

Maße vom Willen des Rechtsinhabers abhängig.[396] Der Einwilligungsempfänger kann auf die Einwilligung nur vorbehaltlich der Geltendmachung des Widerrufs durch den Einwilligenden vertrauen.[397] Insofern vermittelt die schlichte Einwilligung kein subjektives, gegen den Willen des Einwilligenden durchsetzbares Recht. Zudem weist sie als obligatorisch wirkendes Gestattungsinstrument nicht die die Absolutheit gegenständlicher Rechte kennzeichnenden Schutzwirkungen auf.[398] Als die am wenigsten intensive Form der wirtschaftlichen Verwertung ist sie am unteren Ende der Gestattungsstufenleiter anzusiedeln.

I. Richterliche Rechtfortbildung praeter legem

Eine Normierung „der" Einwilligung als Instrument zur Legitimierung spezifischer Gebrauchs-, Nutzungs- und sonstiger Handlungen fand weder im Urheberrecht noch im sonstigen Zivilrecht oder in anderen Rechtsgebieten statt. Dennoch ist und war die Möglichkeit ihrer Erteilung stets allgemein anerkannt und wird bis heute in diversen Vorschriften des Privatrechts, wie z. B. in den §§ 22 KunstUrhG, 23 UrhG, 22 HGB, 4, 4a BDSG, 88 AktG, als bestehend vorausgesetzt.[399] Zwar war im ersten Entwurf des BGB in § 706-E[400] eine ausdrückliche, aber sehr allgemein gehaltene Regelung zur Einwilligung vorgesehen. Diese stieß allerdings schnell auf Ablehnung und wurde im weiteren Verlauf des Gesetzgebungsverfahrens von der Zweiten Kommission als zu undifferenziert und selbstevident verworfen.[401] Von nun an waren Rechtsprechung und Wissenschaft damit betraut der – zumindest in ihrer Funktion als Unrechtsausschließungsgrund anzuerkennenden[402] – Rechtsfigur Einwilligung nach Maßgabe „allgemeiner Grundsätze" Konturen zu verleihen.[403] Methodologisch handelt es sich bei dieser Form der Lückenfüllung um eine Rechtsfortbildung praeter legem.[404]

---

396 *Ohly*, Einwilligung, S. 172, 176.

397 *Ohly*, Einwilligung, S. 172.

398 Siehe hierzu auch die zu schuldvertraglichen Gestattungen gemachten Ausführungen in *Kap. 1 E. I. 2.-4.* Diese gelten für die schlichte Einwilligung entsprechend.

399 *Kohte*, AcP 185 (1985), 105 (108).

400 *Mugdan*, Bd. 2, S. 407f.

401 Mot., Bd. II, S. 730; *Mugdan*, Bd. 2, S. 1080, 1116; *Zitelmann*, AcP 99 (1906), 1; *Kohte*, AcP 185 (1985), 105 (108, 110).

402 *Kohte*, AcP 185 (1985), 105 (108).

403 *Götting*, PKR, S. 143.

404 Zur Anerkennung der Rechtsfortbildung praeter legem *Canaris*, Feststellung von Lücken im Gesetz, S. 17f.

V.a. die Rechtsprechung prägte die Figur der schlichten Einwilligung im Kontext medizinischer Heileingriffe in rechtsdogmatischer Hinsicht.[405] Hier erfuhr sie nicht zuletzt deshalb besondere Aufmerksamkeit, weil sich die Rechtsprechung ihrer zur Rechtfertigung einer durch einen indizierten medizinischen Heileingriff verwirklichten tatbestandlichen Körperverletzung bediente. Auch wird sie von einigen[406] nach dem Vorbild des ärztlichen Heileingriffs nach wie vor als das vermeintlich adäquate, weil einzig valide Hilfsmittel zur (begrenzten) Disposition über Persönlichkeitsrechte gesehen.[407] In jüngster Zeit wird in der Rechtsprechung[408] vermehrt auf (schlichte) Einwilligungen als Legitimationsmittel für urheberrechtliche Nutzungsvorgänge zurückgriffen. Äußerst praxisrelevant ist sie v.a. im Zusammenhang mit der Veröffentlichung urheberrechtlich geschützten Materials, das ohne technische Zugangsbeschränkungen für jedermann frei zugänglich im Internet kursiert.[409] Die Annahme einer Einwilligung bewirkt hier eine unentgeltliche Nutzungserlaubnis zugunsten der auf die Inhalte zugreifenden Werknutzer.

II. Anwendungsbereiche

Die oben aufgeführten Beispiele verdeutlichen, dass die schlichte Einwilligung in durchaus unterschiedlichen Bereichen adäquates Instrument für

---

405 Stellvertretend etwa BGH, NJW 1959, 811.

406 *Baston-Vogt*, APR, S. 253; *Pfeifer*, Individualität, S. 326. Diese lehnen die Befriedigung des ubiquitären Interesses an der kommerziellen Verwertung verschiedenster Persönlichkeitsmerkmale im Wege bindender Gestattungen (Nutzungsrechtseinräumung, schuldvertragliche Nutzungsgestattung) wegen der Unübertragbarkeit persönlichkeitsrechtlicher Elemente strikt ab.

407 Vgl. *Götting*, PKR, S. 38, 143, 166f.; *Dasch*, Einwilligung, S. 29, 85ff., 94f.; *Helle*, AfP 1985, 93 (94, 99, 100) die allerdings zwecks Verstärkung des durch die schlichte Einwilligung vermittelten Rechtsschutzes eine Anreicherung derselben um Elemente der Lizenz (Möglichkeit einer einseitigen, unwiderruflichen Einwilligungserteilung, Übertragbarkeit der durch die Einwilligung erlangten Rechtsposition analog §§ 413, 398 sowie Klagebefugnis im Wege gewillkürter Prozessstandschaft) für möglich halten. Vgl. auch *Heß*, Fernsehübertragung, S. 154.

408 BGH, GRUR 2008, 245 (247) – *Drucker und Plotter I*; BGH, GRUR 2009, 53 (55) – *PC*; BGH, GRUR 2010, 628 (631f.) – *Vorschaubilder I*; BGH, GRUR 2012, 602 (605) – *Vorschaubilder II*; OLG Köln, ZUM 2010, 706 (707); LG Hamburg, ZUM-RD 2011, 503 (504f.); LG Köln, ZUM-RD 2011, 626 (627f.); OLG Hamburg, GRUR 2001, 831 – *Roche Lexikon Medizin;* LG Hamburg, MMR 2004, 558 (561f.), wobei die Einwilligung in letzteren beiden Urteilen i.E. abgelehnt wurde.

409 Siehe dazu *Kap. 2*.

Dispositionen ist, in denen die Begründung eines verbindlichen, durchsetzbaren Eingriffsrechts wegen der Wertigkeit des geschützten Rechtsguts bzw. der Schwere des Eingriffs[410] ausgeschlossen werden muss.[411] Darüber hinaus ist sie das klassische Mittel, um über an sich unveräußerliche - weil höchstpersönliche - Rechte[412] in begrenztem Rahmen zu disponieren.[413] Hieran zeigt sich, dass die Einwilligung aufgrund ihres Auffangcharakters eine insbesondere dann gern verwandte Rechtsfigur darstellt, wenn zwar die Übertragbarkeit einer spezifischen Rechtsposition ausgeschlossen, zugunsten ihres Rechtsinhabers aber dennoch eine abwehrfähige Schutzsphäre auszumachen ist, über die disponiert werden können soll.[414] *Ahrens* konstatiert in Bezug auf die (Auffang)Funktion der Einwilligung etwas despektierlich, „man müsse fast schon den Eindruck gewinnen, sie sei willkommenes Instrument, einerseits Dispositionen über eine rechtliche Position zu ermöglichen, andererseits sich aber der lästig erscheinenden Frage des „Wie“ eben dieser Disposition auf elegante Weise zu entledigen.“[415] Diese Aussage bringt sehr deutlich auf den Punkt, was die Einwilligungslehre schon seit Jahrzehnten prägt; eine große dogmatische Unsicherheit über eine Vielzahl

---

410 Dazu gehört v.a. die Erlaubnis zum Eingriff in die körperliche Integrität beim medizinischen Heileingriff. *Forkel*, JZ 1974, 593 (595) weist zutreffend darauf hin, dass sich die Widerruflichkeit der schlichten Einwilligung bei Eingriffen in die körperliche Unversehrtheit aus dem Selbstbestimmungsrecht ergebe, da der Patient andernfalls in eine Objektrolle gedrängt werde. Vgl. auch *Ohly*, Einwilligung, S. 350 (Fn. 142), der die unwiderrufliche Einwilligung im Bereich eingeschränkt disponibler Rechte als Form der (begrenzten) Selbstentmündigung tituliert. Einen ähnlichen Ansatz vertritt Canaris, der aus den Wertungen der Art. 1 und 2 II GG ableiten will, dass Verträge über die Einschränkung des Rechts auf körperliche Unversehrtheit ein freies Widerrufsrecht enthalten (*Canaris*, AcP 184 (1984), 201 (233f.)). Darüber hinaus wäre eine bindende Gestattung gemessen an der Wertigkeit des Eingriffsguts körperliche Unversehrtheit wohl auch sittenwidrig (*Kohte*, AcP 185 (1985), 105 (137)).

411 Vgl. *Lochmann*, Fernsehübertragungsrechte, S. 80.

412 Das Pendant der Persönlichkeitsrechte bilden die verkehrsfähigen und in ihrer Rechtszuständigkeit grds. (mit Ausnahme des nicht translativ übertragbaren Urheberrechts) austauschbaren Immaterialgüterrechte (*Hubmann*, FS Lehmann, S. 813 (817); *Götting*, PKR, S. 39).

413 *Götting*, PKR, S. 38, 142; *Heß*, Fernsehübertragung, S. 154. Dies trifft allerdings nicht auf den allgemeinen Lebensschutz des § 216 StGB zu.

414 *Götting*, PKR, S. 38, 142; *Lochmann*, Fernsehübertragungsrechte, S. 52.

415 *Ahrens*, Verwertung, S. 310; *Lochmann*, Fernsehübertragungsrechte, S. 51.

von Einzelproblemen[416], die den Blick auf die wirklich wesentliche Frage, was „die“ Einwilligung eigentlich ist, verdecken.

Schließlich ist die schlichte Einwilligung auch ein vermeintlich ideales Mittel zur Koordinierung von neuartigen, aber etablierten Informationsmedien mit dem Urheberrecht. Sie dient damit der Erhaltung der Praktikabilität des Rechts im digitalen Zeitalter der Informationsgesellschaft. So stellt die Einwilligung ein mit großer Vorliebe verwandtes Instrument der urheberrechtlichen Rechtsprechung[417] dar, um den Konflikt zwischen den weit gefassten Verbotsrechten der Urheber auf der einen und den Werknutzerinteressen sowie den Kommunikationsbedürfnissen der Internetgemeinde auf der anderen Seite aufzulösen. Wegen der globalen Strukturen des Internets stehen Rechteinhaber und Werknutzer regelmäßig in keiner vertraglichen Beziehung zueinander. Eine rechtmäßige Nutzung ist demnach nur unter dem Gesichtspunkt einer zum Unrechtsausschluss führenden Einwilligung denkbar. Auch hier offenbart sich wiederum der Auffangcharakter der schlichten Einwilligung.

Abschließend sei festgehalten, dass sich die schlichte Einwilligung mangels einer der schuldvertraglichen Gestattung vergleichbaren Bindungswirkung im Vorfeld der gestatteten Eingriffshandlung praktisch nicht als Grundlage für bedeutsame wirtschaftliche Dispositionen eignet. Der für erstere notwendige Vertrauensschutz des Gestattungsempfängers ließe sich allenfalls durch die Anerkennung einer unwiderruflichen Einwilligung erreichen. Vorstehend[418] wurde jedoch bereits festgestellt, dass die Einräumung einer bindenden Eingriffs- bzw. Nutzungsbefugnis zugunsten einer bestimmten Person nicht durch einseitige Erklärung erteilbar ist. Die unwiderrufliche Einwilligung ist durch das Rechtsinstitut der schuldvertraglichen Gestattung ersetzbar. Die schlichte Einwilligung ist jedoch statthaftes Instrument für solche Dispositionen, die lediglich

---

416 Hierzu gehören beispielsweise der Streit um die Rechtsnatur, die Rechtsfolgen, den Widerruf, die Übertragbarkeit der Einwilligung, die Anforderungen an die Geschäftsfähigkeit, das Verhältnis der Einwilligung zur schuldrechtlichen Gestattung sowie die Grundlage der Einwilligungsbefugnis, etc.

417 BGH, GRUR 2010, 628 (631f.) – *Vorschaubilder I*; BGH, GRUR 2012, 602 (605) – *Vorschaubilder II*; BGH, GRUR 2008, 245 (247) – *Drucker und Plotter I;* BGH, GRUR 2009, 53 (55) – *PC*; LG Hamburg, ZUM-RD 2010, 623 (625); OLG Köln, ZUM 2010, 706 (707); OLG Hamburg, GRUR 2001, 831 – *Roche Lexikon Medizin;* LG Hamburg, GRUR-RR 2004, 313 (316f.) – *Thumbnails*, wobei die Einwilligung in letzteren beiden Urteilen i.E. abgelehnt wurde.

418 *Kap. 1 F. III.*

gefälligkeitshalber und daher nach dem Willen des Rechtsinhabers nicht bindend erteilt werden sollen.[419]

III. Dogmatische Verunsicherung über den Terminus „Einwilligung"; Begriffsbildung

Die „Einwilligung" wird sowohl in der Rechtsprechung als auch in der Literatur immer wieder als Bezeichnung für mit der schlichten Einwilligung verwandte Rechtsinstitute, insbesondere den schuldrechtlichen Gestattungsvertrag[420] oder die konstitutive Nutzungsrechtseinräumung[421], herangezogen. Diese ambivalente Verwendung des Terminus „Einwilligung", einerseits i.S.e. untechnischen Oberbegriffs für sämtliche Formen möglicher Rechtsbindung und andererseits als spezifische Gestattungsform i.S.e. schlichten Einwilligung birgt die Gefahr, die Eigenarten, Voraussetzungen und Folgen des betreffenden Gestattungsvorgangs zu verkennen. Um eine zu weitgehende Abstraktion des Einwilligungsbegriffs zu verhindern, empfiehlt es sich einmal mehr, die hier vorgeschlagene, maßgeblich auf *Ohly* zurückgehende Begriffsbildung ernst zu nehmen. Der Terminus „Einwilligung" sollte, sofern es um sämtliche zum Unrechtsausschluss führenden Gestattungsformen geht, nach Möglichkeit gänzlich vermieden werden. Stattdessen müsste hier von „Gestattungen" bzw. der „Einwilligung i.w.S." gesprochen werden. Die Bezeichnung „schlichte Einwilligung" oder auch „Einwilligung i.e.S." sollte hingegen der untersten Sprosse der Stufenleiter vorbehalten bleiben.

IV. Daseinsberechtigung bzw. Anerkennung als eigenständige privatrechtliche Rechtsfigur

Charakteristisch für die schlichte Einwilligung sind vor allem ihre einseitige Erteilung und die bis zur Vornahme der erlaubten Handlung bestehende jederzeitige Widerrufsmöglichkeit. Der Einwilligende unterliegt also bis zu diesem Zeitpunkt grundsätzlich keinerlei Rechtsbindung. Damit wohnen der schlichten Einwilligung zwei Attribute inne, die sie von den in der Gestattungsstufenleiter weiter oben positionierten Gestattungsformen unterscheidet: Sowohl die Einräumung von Nutzungsrechten als auch die schuldvertragliche Nutzungsgestattung entfalten Bindungswirkung zulasten des Gestattenden. Die auf Grundlage dieser beiden Gestattungsformen legitimierten Nutzungen sind notfalls gegen

---

419 So auch *Ohly*, Einwilligung, S. 174, 177.

420 So z.B. BGH, NJW 1990, 2815 (2817) – *Sportübertragungen*.

421 *Hüttner*, WRP 2010, 1008 (1012), die die Bezeichnung „konkludente Einwilligung" synonym zur konkludenten Einräumung von Nutzungsrechten verwendet.

den Willen des Gestattenden durchsetzbar. Beide Dispositionsformen begründen daher – im Gegensatz zur Einwilligung – subjektive Rechte auf Duldung der konsentierten Nutzung.

Dieser Unterschied wird zunächst nicht dadurch relativiert, dass nach der Vorstellung des Gesetzgebers gemäß § 604 III BGB auch im Rahmen unentgeltlicher Gestattungsverträge von einer jederzeitigen Kündigungsmöglichkeit auszugehen sein kann. Denn auch leihvertragliche Abreden vermitteln im Grundsatz Bindungswirkung. Ein Leihvertrag ist nur dann jederzeit kündbar, wenn die Dauer der Leihe von den Parteien weder ausdrücklich bestimmt worden noch diese aus dem Zweck des Leihvertrages zu entnehmen ist. Die Zweckvereinbarung muss dabei nicht ausdrücklich erfolgen, sondern kann sich auch (stillschweigend) aus den Umständen des begründeten Leihverhältnisses ergeben.[422] Ist die Vertragsdauer nicht eindeutig bestimmt und kann sie auch nicht aus den Umständen entnommen werden, ist die Abgrenzung zum unverbindlichen Gefälligkeitsverhältnis besonders schwierig.[423] Lässt sich mangels objektiver Indizien das Vorhandensein eines Rechtsbindungswillen auf Seiten des Gestattenden nicht feststellen, ist – wie oben festgestellt – zwingend auf die schlichte Einwilligung zurückzugreifen. Leihvertragliche Pflichten entstehen im bloßen Gefälligkeitsbereich gerade nicht.

Die im Grundsatz bestehende Bindungswirkung unentgeltlicher Verträge spiegelt sich auch in § 671 II S. 2 BGB wieder. Zwar kann auch der Auftrag sowohl vom Auftraggeber als auch vom Beauftragten gemäß § 671 I BGB jederzeit widerrufen werden. Indes knüpft § 671 II 2 BGB an eine vom Beauftragten zur Unzeit ohne wichtigen Grund erklärte Kündigung für den Fall, dass der Auftraggeber für die Besorgung des Geschäfts nicht anderweit Fürsorge treffen konnte, eine Schadensersatzverpflichtung.

Zu beachten ist jedoch, dass neben der Einwilligung auch einfache Nutzungsrechte vom Urheber kraft der ihm zustehenden privatautonomen Gestaltungsbefugnis unter dem Vorbehalt eines jederzeit möglichen Widerrufs eingeräumt werden können. Damit ist die der schlichten Einwilligung als Rechtsfigur inhärente Widerrufsmöglichkeit kein Spezifikum, welches nicht auch durch eine schuldrechtliche Gestattung oder ein einfaches Nutzungsrecht substituierbar wäre. Dadurch entstehende Zweifel hinsichtlich der Anerkennung der schlichten Einwilligung als eigenständiger Rechtsfigur erhärten sich mit Blick auf die Bestimmung des § 151 S. 1 BGB: Der Gestattende wird im Rahmen der für den Gestattungsempfänger vorteilhaften Nutzungsgestattung in der Regel konkludent

422 Bamberger/Roth/C. *Wagner*, § 604 BGB, Rn. 3.

423 Den fließenden Übergang ebenfalls ansprechend MüKo-BGB/*Häublein*, § 604, Rn. 4.

auf die Empfangsbedürftigkeit der Annahme seines auf den Abschluss des Gestattungsvertrags bzw. die Nutzungsrechtseinräumung gerichteten Antrags verzichten (§ 151 S. 1 Alt. 2 BGB). Jedenfalls wird ein Zugang der Annahmeerklärung beim Antragenden aber nach der Verkehrssitte nicht zu erwarten und damit entbehrlich sein (§ 151 S. 1 Alt. 1 BGB). Insofern ließe sich gegen die Anerkennung der schlichten Einwilligung als eigenständige Rechtsfigur einwenden, dass sich hinter einer nur scheinbar einseitigen Erlaubnis oftmals die Begründung einer vertraglichen Duldungspflicht bzw. eines einfachen Nutzungsrechts verbergen wird. Für die Einwilligung verbliebe mithin kein eigener Anwendungsspielraum. Sie wäre damit im Interesse zunehmender Rechtsklarheit als Rechtsfigur obsolet.

Gegen diese Argumentation spricht jedoch, dass die Annahme eines Vertragsschlusses zwischen Nutzern und Rechteinhabern häufig reine Fiktion wäre: Insbesondere im Bereich sozialtypischer unentgeltlicher urheberrechtlicher Nutzungen dürfte es hieran sehr häufig fehlen. Hier wird es dem sozialen Sinn des Geschehens und der Interessenlage der Parteien nach primär um die bloße Erlaubnis, mithin um eine Einwilligung gehen. Demgegenüber kommt die vertragliche Begründung eines subjektiven Rechts des Gestattungsempfängers auf Duldung der konsentierten Nutzung regelmäßig nicht in Betracht. Exemplarisch lassen sich etwa die dem Surfen im Internet wesensimmanenten urheberrechtlichen Nutzungen anführen: So dürfte es aus der laienhaften Bewertung eines durchschnittlich erfahrenen Internetnutzers lebensfremd sein anzunehmen, die mit dem Aufrufen einer Webseite verbundenen Vervielfältigung im Arbeitsspeicher des Nutzerrechners (§ 16 UrhG) erforderten den Abschluss eines Gestattungsvertrages.[424] Dieser geht vielmehr schlicht von einer seitens des Inhalteanbieters erteilten Zugriffserlaubnis aus. Damit fehlt es aus der maßgeblichen Sicht des Nutzers bereits an einem auf den Abschluss eines Gestattungsvertrages gerichteten Angebot. In dieser Fallgestaltung wäre mithin – unterfiele sie nach heutiger Rechtslage nicht dem Anwendungsbereich des § 44a UrhG – von einer konkludenten Einwilligung des Schutzrechtsinhabers auszugehen.

Selbst wenn sich im Einzelfall in einer ähnlichen Fallgestaltung der Wille des Rechtsinhabers zum Abschluss eines entsprechenden Gestattungsvertrages bejahen ließe, ergäbe sich vor dem Hintergrund des § 151 S. 1 BGB nichts anderes. § 151 BGB verzichtet nicht auf die Annahmeerklärung als solche, sondern lediglich auf deren Zugang beim Antragenden.[425] Mit der Rechtsprechung ist deshalb im Rahmen konkludenter Annahmeerklärungen i.S.d. § 151 BGB eine

424 Ähnlich auch *Ott*, Linking, S. 373.
425 Palandt/*Ellenberger*, § 151 BGB, Rn. 1.

in beliebiger Form nach außen hervortretende objektive Betätigung des Annahmewillens zu fordern.[426] Zur Bejahung desselben ist zumindest ein subjektives Annahmebewusstsein erforderlich.[427] Insbesondere im hier gewählten Beispiel des einfachen Aufrufens einer Webseite misst der die URL Eingebende oder den Link Betätigende seinem Verhalten aus Sicht eines unbeteiligten objektiven Dritten keine über ein bloßes Realhandeln hinausgehende Bedeutung bei. Dementsprechend kann auch nicht auf einen Annahmewillen und damit auf das Zustandekommen eines Nutzungsrechtsvertrages geschlossen werden.

Der Fiktionsvorwurf ließe sich nur dann vermeiden, wenn man im Rahmen sozialtypischer Nutzungen die Möglichkeit eines unter Verzicht auf das Vorliegen aufeinander bezogener Willenserklärungen faktisch begründeten Gestattungsvertrages zulassen wollte. So könnte man dafür eintreten, ein am Massenverkehr des Internets partizipierender Inhalteanbieter erkläre durch Upload der Inhalte ein an die Öffentlichkeit gerichtetes Angebot auf Abschluss eines schuldrechtlichen Gestattungsvertrages.[428] Dieses könnte durch die tatsächliche Nutzung der Inhalte seitens der Nutzer angenommen werden. Jedoch setzt sich die Lehre vom faktischen Vertragsschluss nach inzwischen einhellig vertretener Auffassung in diametralen Widerspruch zum privatrechtlichen System privatautonomer Rechtsgestaltung. Danach kann die Begründung bindender schuldrechtlicher Verpflichtungen ausschließlich im Wege rechtsgeschäftlichen Handelns, mithin durch einen wenigstens konkludent zum Ausdruck gebrachten Rechtsfolgewillen bewirkt werden.[429] Die Lehre vom faktischen Vertrag gilt daher heute als überwunden und wird an dieser Stelle nicht weiter vertieft.[430]

Die schlichte Einwilligung sollte auch deshalb von den beiden Rechtsfiguren „gegenständliche Nutzungsrechtseinräumung“ und „schuldvertragliche Gestattung“

---

426 BGH, NJW 1990, 1655 (1656); BGH, NJW 2000, 276 (277); Schulze/*Dörner*, § 151 BGB, Rn. 2; Palandt/*Ellenberger*, § 151 BGB, Rn. 2. Würde man auf die Erklärung verzichten, verstieße man gegen das dem Vertragsrecht immanente Prinzip, wonach Verträge durch übereinstimmende, privatautonome Willenserklärungen zustande kommen.

427 Schulze/*Dörner*, § 151 BGB, Rn. 3; Staudinger/*Singer*, Vor §§ 116ff. BGB, Rn. 47.

428 Vgl. auch *Conrad*, ZUM 2010, 585 (586), der auf die Lehre vom faktischen Vertrag allerdings zur Begründung einer ohne Erklärungserfordernis auskommenden konkludenten Einwilligungen in sozialtypische Internetnutzungen (Bildersuche) rekurriert. Dies ebenfalls diskutierend im Ergebnis aber zu Recht ablehnend *Tinnefeld*, Einwilligung, S. 68.

429 Statt vieler *Köhler*, JZ 1981, 464 (467).

430 *Simitis*, AcP 172 (1972), 131 (137f.); *Lambrecht*, Faktischer Vertrag, S. 125ff.; MüKo-BGB/*Busche*, Vor §§ 145ff., Rn. 44; Staudinger/*Bork*, Vor §§ 145ff. BGB, Rn. 39, jeweils mit weiteren Argumenten.

abgegrenzt werden, weil letztere im Gegensatz zur Einwilligung subjektive, gegen den Willen des Gestattenden durchsetzbare Rechte vermitteln. Selbst wenn ein Urheber ein einfaches Nutzungsrecht entgegen der absolut gängigen Praxis nur unter der Bedingung eines jederzeit möglichen Widerrufs einräumt oder mit einem Werknutzer eine frei kündbare schuldvertragliche Gestattung vereinbart, ändert dies nichts daran, dass der Gestattungsempfänger hier kraft § 241 I S. 1 BGB bis zum Widerruf bzw. bis zur Kündigung Erfüllung der sich aus dem (zugrunde liegenden) Gestattungsvertrag ergebenden Pflichten verlangen kann. Somit steht ihm vorbehaltlich der Nichtausübung des Widerrufs-/Kündigungsrechts durch den Gestattenden bereits vor Durchführung der gestatteten Handlung ein Duldungsanspruch gegen den Gestattenden zu. Demgegenüber vermittelt die Einwilligung eine bloße Erlaubnis, ohne aber einen gegen den Willen des Gestattenden durchsetzbaren Anspruch auf die konsentierte Nutzung zu gewähren.[431]

Für die Anerkennung der schlichten Einwilligung lässt sich ferner anführen, dass die Ergänzung des Systems urheberrechtlicher Gestattungsformen um jene Rechtsfigur zu einem insgesamt ausgewogenen Nebeneinander gegenständlicher (ausschließliche und einfache Nutzungsrechte) und schuldrechtlicher Rechtspositionen (schuldvertragliche Gestattung, schlichte Einwilligung) führt. Die Einwilligung erweitert die rechtlichen Handlungsoptionen des Urhebers, was nicht zuletzt ihre Eignung als Konversionsgeschäft i.S.v. § 140 BGB belegt.[432] Differenzierungsbedarf zwischen den vertraglichen urheberrechtlichen Gestattungen und der Einwilligung besteht auch deshalb, weil der Urheber für eine vertragliche Nutzungsgestattung regelmäßig eine Vergütung erhält, während dies bei der Einwilligung ohne entsprechenden Vergütungsvorbehalt nicht der Fall ist.[433]

Darüber hinaus stehen die Einwilligung und die schuldvertragliche Gestattung bzw. die Nutzungsrechtseinräumung nicht denknotwendig in einem Alternativverhältnis. Vielmehr können die Gestattungsformen auch kumulativ vorliegen: Eine solche Koinzidenz ist dann möglich, wenn die durch den Vertragszweck begrenzten Nutzungsbefugnisse des Gestattungsempfängers durch Erteilung einer schlichten Erlaubnis erweitert werden sollen, ohne dass es zum zusätzlichen Abschluss eines den Vertragszweck modifizierenden Änderungsvertrages kommt.

Zudem stellt sie ein flexibles und handhabbares Instrument dar, um Eingriffe in höchstpersönliche Rechte in begrenztem Rahmen zu legitimieren.[434] Infolge

431 *Linckelmann*, Schadensersatzpflicht, S. 70f.

432 *Kap. 1 G. VII. 3.*

433 Vgl. auch *Ohly*, GRUR 2012, 983 (989).

434 *Leistner/Stang*, CR 2008, 499 (507).

der Unabtretbarkeit höchstpersönlicher Befugnisse[435] kann die gegenständliche Nutzungsrechtseinräumung hier gerade nicht als alternatives und möglicherweise vorzugswürdiges Dispositionsmittel neben der Einwilligung angeführt werden. Auch die die starre Anwendbarkeit der §§ 104ff. BGB gebietende schuldvertragliche Gestattung ist im Bereich höchstpersönlicher Entscheidungen wenig sachgerecht.[436] Dies verdeutlicht nicht zuletzt die fehlende alleinige Legitimations- oder wenigstens Mitentscheidungsbefugnis einsichtsfähiger Minderjähriger neben dem gesetzlichen Vertreter für Handlungen, die deren höchstpersönliche Interessen tangieren. Hier ließe also die uneingeschränkte Anwendung der rechtsgeschäftlichen Vorschriften unberücksichtigt, dass dem Selbstbestimmungsrecht des Minderjährigen eine mindestens ebenso große Bedeutung beizumessen sein kann, wie dem durch die starre Festlegung von Altersgrenzen geschützten Verkehrsinteresse. Sofern man mit der ganz herrschenden Auffassung dafür eintritt, dass für die schlichte Einwilligung modifizierte Maßstäbe in Bezug auf die Anwendbarkeit der rechtsgeschäftlichen Vorschriften gelten können, eröffnet sie hier die Möglichkeit jene Fälle differenzierter zu betrachten. Wie sich nachstehend erweisen wird, sind die Wertungen der Rechtsgeschäfte betreffenden Vorschriften infolge der Atypik der schlichten Einwilligung stets auf ihre Konsistenz mit dem von der Einwilligung betroffenen Recht- oder Rechtsguts zu überprüfen. Die schlichte Einwilligung gewährt somit als einziges Dispositionsmittel die notwendige Flexibilität zur Berücksichtigung der Besonderheiten des von ihr betroffenen Schutzgutes.[437]

V. Rechtstheoretische Grundlegung

Bevor sogleich die aktuellen Entwicklungen der urheberrechtlichen Einwilligungslehre dargestellt und analysiert werden und die schlichte Einwilligung anschließend von verwandten Rechtsinstituten abgegrenzt wird, gilt es nunmehr die Wurzeln des „Einwilligungsrechts", sprich die rechtstheoretischen Grundlagen der Einwilligungsbefugnis, näher zu beleuchten.

---

435 Vgl. BGH, GRUR 1993, 151 (152) – *Universitätsemblem*; OLG München, ZUM 1997, 388 (390); *Brandl*, AfP 1981, 349 (351); *Hubmann*, Urheber- und VerlagsR^5, S. 285; *Wenzel*, Wort- und Bildberichterstattung^3, S. 298; a.A. *v. Gamm*, Einf., Rn. 109; *Helle*, AfP 1985, 93 (99); MüKo^2/*Schwerdtner*, § 12 Rdn. 174; *Götting*, PKR, S. 167. Das Problem der Abtretbarkeit ausdrücklich offen lassend BGH, GRUR 1987, 128 – *Nena*.

436 *Rosener*, Einwilligung, S. 113ff.

437 Siehe hierzu *Kap. 2 E. III. 2. b) + Kap. 2 E. III. 5. a) bb).*

1. *Die finale, auf dem Gerechtigkeitsprinzip „volenti non fit iniuria" beruhende Einwilligung als Instrument der Privatautonomie*

Grundlegend wurde die schlichte Einwilligung aus dem den Digesten entstammenden Gerechtigkeitsprinzip[438] „volenti non fit iniuria" abgeleitet.[439] Dieses Rechtssprichwort besagt, dass derjenige, der mit der Zufügung eines Nachteils einverstanden ist, keine Ansprüche aus dem Eintritt desselben herleiten kann.[440] Ausgangspunkt für die Legitimation der betreffenden Handlung ist nach jenem Rechtssatz die Willensentscheidung des Betroffenen, die, losgelöst von objektiven Vernünftigkeitserwägungen, hinreichende Bedingung der Rechtmäßigkeit ist.[441] Durch die alleinige Legitimationskraft des Willens (*stat pro ratione voluntas*[442]) setzt das Prinzip zugleich einen Bereich autonomer Entscheidungsbefugnis, mithin ein Selbstbestimmungsrecht des Rechtsinhabers voraus.[443] Letzteres ermöglicht es dem Einzelnen, über die ihn betreffenden Rechtsgüter und die Verboten- bzw. Erlaubtheit eines bestimmten Verhaltens zu disponieren.

Elementares Mittel des Privatrechts zur Disposition über die eigenen Angelegenheiten ist die Privatautonomie, der wiederum die privatautonome Selbstbestimmung bzw. -verantwortung des Rechtsinhabers immanent ist.[444] Privatautonom ist die Entscheidungsbefugnis des Einzelnen dann, wenn er im Rahmen der Rechtsordnung eigenständig rechtsverbindliche Regelungen zu treffen im Stande ist, mithin seine rechtlichen Verhältnisse nach seinem eigenen Willen gestalten kann.[445] Die Gewährleistung von Privatautonomie als Teil der Anerkennung der Selbstbestimmung des Menschen gebietet es, dass ein mündiger und selbstbestimmt handelnder Rechtsinhaber, solange er über ein entsprechendes Recht oder Rechtsgut dispositionsbefugt ist, nicht durch den Staat bevormundet wird.[446] Er muss sich vielmehr des vom Gesetzgeber intendierten Schutzes seiner Individualinteressen im Wege einer selbstständigen Entscheidung

---

438 *Joerden*, ARSP 74 (1988), 307 (314).

439 *Keßler*, Einwilligung, S. 52; *Fischer*, Rechtswidrigkeit, S. 271; *Rosener*, Einwilligung, S. 16; *Libertus*, ZUM 2007, 621 (628).

440 *Ulpian*, Digesten, 47, 10, 1, 5 a.E.

441 *Ohly*, Einwilligung, S. 64f.

442 „Der Wille gilt anstelle der Vernunft". Hierzu *Flume*, BGB-AT II, S. 6.

443 *Bydlinski*, System, S. 147.

444 *Hönn*, Jura 1984, 57 (59).

445 BVerfG, NJW 1997, 36 (38); *Flume*, BGB-AT II, S. 1, 15; *Bydlinski*, Privatautonomie, S. 173; *Canaris*, Vertrauenshaftung, S. 413; *Singer*, Selbstbestimmung, S. 6, 247; *Hönn*, Jura 1984, 57; Larenz, Methodenlehre, S. 476.

446 *Larenz/Wolf*, BGB-AT, § 1, Rn. 2; *Köhler*, BTB-AT, § 5, Rn. 1.

durch die Erteilung einer Einwilligung entledigen können dürfen. Der Rechtsinhaber soll also in Umsetzung seiner privatautonomen Entscheidung nicht weiter geschützt werden, als er es verlangt.[447] Damit hat die schlichte Einwilligung letztlich die Funktion die rechtlichen Beziehungen des Schutzrechtsinhabers zu Dritten in Bezug auf das von der Einwilligung betroffene Recht bzw. Rechtsgut zu gestalten. Sie ist somit Instrument zur Wahrnehmung und Konkretisierung privatautonomer Befugnisse und daher wirksames Mittel zur freien Entfaltung der Persönlichkeit.[448] Gleiches gilt im Übrigen auch für den Widerruf der Einwilligungserklärung. Dem Selbstbestimmungsrecht des Einwilligenden ist dadurch in besonderer Weise Rechnung zu tragen, dass er die Möglichkeit erhält von seiner ursprünglichen Einwilligungserklärung nachträglich wieder abzurücken.[449] Auch der Entzug der ursprünglich erteilten Eingriffserlaubnis mittels Widerruf geschieht mithin in Ausübung privatautonomer Befugnisse des Rechtsinhabers.

2. *Ergänzende Ableitung der Einwilligungsbefugnis aus dem Zuweisungsgehalt subjektiver Rechte*

Richtet man den Blick auf die Definition der schlichten Einwilligung als spezifische Erlaubnis eines an sich verbotenen Verhaltens[450], so entpuppt sich die alleinige dogmatische Verankerung der Einwilligungsbefugnis in der Privatautonomie als nicht hinreichend. Ausgehend von der genannten „Einwilligungsformel" ließe sich nämlich weder das von dieser als bestehend vorausgesetzte allgemeine Abwehrrecht des Berechtigten noch das Erfordernis einer spezifischen Dispositionsbefugnis zur Einwilligungserteilung erklären.[451] Letzeres setzt eine spezielle Zuordnung des von der Einwilligung betroffenen Rechts- oder Rechtsguts zum

447 So für das Strafrecht bereits RGSt 25, 375 (380), 61, 242 (256); BGHSt 11, 111 (112); 12, 379 (382); für das Zivilrecht: *Zitelmann*, AcP 99 (1906), 1 (48); *Kohte*, AcP 185 (1985), 105 (110, 118, 137): Einwilligung als Aktualisierung und Konkretisierung des Selbstbestimmungsrechts; *Resch*, Einwilligung, S. 46ff.

448 Neben der hier befürworteten privatautonomen Herleitung und der damit mittelbaren Rückführung der Einwilligungsbefugnis auf Art. 2 I GG (ggf. i.V.m. Art. 1 I GG) wird die dogmatische Verankerung der Einwilligungsbefugnis von Teilen der Literatur auch unmittelbar und ausschließlich in der allgemeinen Handlungsfreiheit i.S.d. Art. 2 I GG oder als lex specialis im jeweiligen Grundrecht, das den Schutz des preisgegebenen Gutes zum Inhalt hat, gesehen (*Fischer*, FS Deutsch, S. 545 (548); *Amelung*, Einwilligung, S. 26ff.; *Sternberg-Lieben*, Einwilligung, S. 17f.).

449 *Kohte*, AcP 185 (1985), 105 (140).

450 Siehe *Kap. 1 G.*

451 *Ohly*, Einwilligung, S. 181.

Einwilligenden voraus. Innerhalb der so abgesteckten Freiheitssphäre kann der Rechtsträger seine Rechtsverhältnisse zu Dritten eigenverantwortlich gestalten.

Es ist deshalb geboten, die Einwilligungsbefugnis in Ergänzung zur rein privatautonomen Herleitung zusätzlich auf den durch subjektive Rechte bzw. einer diesen strukturell vergleichbaren Rechtsposition[452] garantierten Freiheitsgehalt zurückzuführen.[453] Die subjektiven Rechte schützen bestimmte, durch ihren Rechtsinhalt festgelegte Interessen und enthalten eine von der Rechtsordnung verliehene Rechtsmacht zur selbstbestimmten Wahrnehmung der geschützten Interessen durch den Berechtigten selbst.[454] Im Gegensatz zu dem durch objektive Normen verbürgten Interessenschutz, dem kein subjektives Abwehr- und Entscheidungsrecht korrespondiert[455], sind die subjektiven Rechte sog. „bewehrte Rechte“[456], d.h. ihre Verletzung begründet regelmäßig Abwehr- und Schadensersatzansprüche.[457] Neben der Möglichkeit sich gegen Eingriffe Dritter zur Wehr zu setzen, eröffnen sie ihrem Rechtsträger einen von Dritten zu achtenden, tatsächlichen Handlungsspielraum und sind Grundlage der Verfügungsbefugnis (Rechtsbündel aus Abwehr-, Handlungs- und Dispositionsbefugnissen).[458] Gleiches gilt auch für diejenigen Verhaltenspflichten, hinter denen kein ausdrücklich von der Rechtsordnung zugewiesenes absolutes Recht steht, die jedoch ein bestimmtes Individualinteresse rechtlich schützen und insoweit einen Freiheitsraum verbürgen, der mit dem eines relativen subjektiven Rechts zumindest vergleichbar ist.[459] Da es sich bei

---

452 *Ohly*, Einwilligung, S. 193f.

453 Auch diese sind wie die Privatautonomie Ausfluss von Art. 2 I GG (vgl. zur Privatautonomie, *Canaris*, JZ 1987, 993 (994)). Je nach dem betroffenen Rechtsgut kann aber die Herleitung aus einem speziellen Grundrecht in Betracht kommen. Art. 2 I GG tritt dann als subsidiär zurück.

454 So die herrschende „Kombinationstheorie“: Stellvertretend *Larenz/Wolf*, BGB-AT, § 13, Rn. 24, § 14, Rn. 10. Anders hingegen die „Imperativentheorie“: *Thon*, Subjektives Recht, S. 327ff.; *Engisch*, Einführung, S. 22ff.; *Bucher*, Subjektives Recht, S. 55f. Letztere stützen die Subjektivität eines Rechts maßgeblich auf die dem Inhaber zustehende Abwehrbefugnis gegenüber Dritten.

455 *Ohly*, Einwilligung, S. 195.

456 *Alexy*, Grundrechte, S. 208.

457 *Larenz/Wolf*, BGB-AT, § 13, Rn. 24, § 14, Rn. 8.

458 Ebd. Die Übertragbarkeit eines Rechts bildet dagegen keine konstitutive Voraussetzung für die Annahme eines subjektiven Rechts (*Larenz/Wolf*, BGB-AT, § 13, Rn. 24, § 14, Rn. 16).

459 *Ohly*, Einwilligung, S. 193, 394. Vgl. hierzu auch *Lochmann*, Fernsehübertragungsrechte, S. 68ff.; 85f.

den hier interessierenden urheber- bzw. leistungsschutzrechtlichen Schutzpositionen des UrhG fast ausschließlich um absolute subjektive Rechte handelt, sollen diese dem Schutz subjektiver Rechte strukturell vergleichbaren Rechtspositionen vorliegend ausgeblendet werden.

Infolge der Qualifikation eines subjektiven Rechts als Ausschlussrecht muss der Zuweisungsgehalt des Rechts, der Inhalt und Schutzgegenstand desselben festlegt[460], stets gegenständlich bestimmt und abgegrenzt sein.[461] Hierin liegt ein weiterer wesentlicher Unterschied zu den privatautonomen Handlungsbefugnissen, die als allgemeine rechtliche Fähigkeit grundsätzlich jeder Privatperson zukommen.[462] Subjektive Rechte und Privatautonomie stehen sich aber keineswegs beziehungslos gegenüber. Beide korrelieren insofern miteinander, als sich Art und Umfang des Zuweisungsgehalts nicht nur aus dem Gesetz, sondern – soweit die Privatautonomie reicht – auch aus der Parteivereinbarung ergibt. Umgekehrt wird die durch ein subjektives Recht vermittelte Dispositionsbefugnis in der Regel durch privatautonome Rechtssetzung ausgeübt.[463] Somit trägt das subjektive Recht im Ergebnis zur Gewährleistung privatautonomer Handlungsfreiheit bei.[464]

Der Rechtsinhaber hat nunmehr im Rahmen der ihm durch ein absolutes subjektives Recht zugewiesenen Handlungs- und Dispositionsbefugnisse nicht nur die Möglichkeit, über das betreffende Recht zu verfügen, d.h. den Zuweisungsgehalt aller oder einzelner Befugnisse mit Wirkung gegenüber Dritten zu verändern.[465] A maiore ad minus kann er auch einzelne grundsätzlich verbotene Handlungen einseitig gestatten, ohne dass es zu einer (translativen) Übertragung oder (konstitutiven) Einräumung eines Rechts und damit zu einer Veränderung des Zuweisungsgehalts kommt.[466]

---

460 Aus dem typenspezifischen Zuweisungsgehalt subjektiver Rechte resultiert eine große Vielzahl unterschiedlicher Arten von subjektiven Rechten. Zu nennen sind etwa Persönlichkeitsrechte, Herrschaftsrechte an dinglichen Sachen und Immaterialgütern, Forderungs-, Gestaltungs- sowie Aneignungsrechte.

461 *Larenz/Wolf*, BGB-AT, § 14, Rn. 17.

462 Eine Ausnahme statuieren die §§ 104ff. BGB.

463 *Ohly*, Einwilligung, S. 180.

464 *Larenz/Wolf*, BGB-AT, § 14, Rn. 8.

465 So auch *Lochmann*, Fernsehübertragungsrechte, S. 64. Diese Befugnis besteht jedoch nicht im Hinblick auf höchstpersönliche Bestandteile von Persönlichkeitsrechten sowie Familienrechte, da diese untrennbar mit der Person des Rechtsinhabers verbunden sind (*Götting*, PKR, S. 37f.).

466 So auch *Lochmann*, Fernsehübertragungsrechte, S. 64. Vgl. die ähnliche Argumentation im Rahmen der Herleitung der Befugnis zur Einwilligungsermächtigung bei *Peukert*, Güterzuordnung, S. 555f.

Die Herleitung der Einwilligungsbefugnis als Ausfluss der durch ein absolutes, subjektives Recht vermittelten Freiheitssphäre lässt sich am Beispiel der vermögensrechtlichen Verwertungsgestattung im Urheberrecht[467] mustergültig verifizieren: Ein absolutes, subjektives Recht verkörpern hier insbesondere die dem Urheber (§§ 15–22 UrhG) qua Gesetz zum Zwecke der wirtschaftlichen Auswertung seines Werks zugewiesenen Verwertungsrechte.[468] Diese beinhalten einerseits die alleinige Befugnis des Urhebers das Werk zu verwerten oder durch Dritte verwerten zu lassen. Anderseits verleihen sie ihm das Recht die Nutzung des Werks zu verbieten, sofern sie nicht im Einzelfall unabhängig von der Zustimmung des Urhebers von einer Schrankenbestimmung gedeckt ist.[469] Jene Dispositions- und Verfügungsbefugnisse über die vermögenswerten Bestandteile des Urheberrechts (Verwertungsrechte) sind wiederum Ausfluss der Eigentumsgarantie des Art. 14 I GG.[470] Letztere schützt nicht nur den Bestand des Eigentums als Ausschlussrecht, sondern auch die Befugnis des Urhebers das Immaterialgut zu nutzen und darüber zu verfügen.[471] Insofern ist es im Bereich der von Art. 14 GG geschützten Vermögensrechte nicht erforderlich zur Herleitung der Einwilligungsbefugnis zusätzlich auf die durch Art. 2 I GG gewährleistete Privatautonomie zu rekurrieren.

Die Verwertungsrechte sollen dem Urheber einen umfassenden Schutz (§ 11 UrhG) bieten, der sich sowohl auf die Verwertung des Werkes in körperlicher (§ 15 I UrhG) als auch in unkörperlicher Form (§ 15 II UrhG) sowie auf bekannte oder auch neue Arten der Werknutzung erstreckt.[472] Sie sind deshalb als absolute subjektive Ausschließlichkeitsrechte ausgestaltet.[473] Durch die unauflösbare

---

467 Zur Herleitung der Einwilligungsbefugnis des Urhebers bei urheberpersönlichkeitsrechtlichen Eingriffen siehe *Kap. 2 E. 6.*

468 Dies gilt gleichermaßen für die dem Leistungsschutzberechtigten gemäß §§ 72 I, 77 I, II S. 1, 78 I (ggf. i.V.m. 81 S. 1); 85 I S. 1; 94 I S. 1 UrhG zustehenden Verwertungsrechte.

469 Schricker/*Schricker*, Einl. UrhG, Rn. 19; *Dreier/Schulze*, § 15 UrhG, Rn. 5.

470 BVerfG, GRUR 1972, 481 (483); 1980, 44 (46); *Rehbinder*, Rn. 139.

471 BVerfG, NJW 2010, 220.

472 *Dreier/Schulze*, § 15 UrhG, Rn. 9.

473 *Jänich*, Geistiges Eigentums, S. 201; Möhring/Nicolini/*Lütje*, § 97 UrhG, Rn. 47. Auch bei den verwandten Schutzrechten handelt es sich um absolute Ausschließlichkeitsrechte. Vgl. hierzu Mestmäcker/Schulze/*Backhaus*, § 97 UrhG, Rn. 9. Die aus dem UrhG folgenden Befugnisse des Urhebers oder Leistungsschutzberechtigten sind fast ausnahmslos absoluten Rechtscharakters. Beispiele für nicht absolute Ansprüche, die sich jeweils nur gegen den einzelnen Werknutzer richten, sind etwa vertragliche oder gesetzliche (§§ 27 I, 46 IV, 53a II UrhG) Vergütungsansprüche,

Verbindung von Urheber und Werk sowie der engen Verzahnung vermögens- und urheberpersönlichkeitsrechtlicher Schutzinteressen können die Verwertungsrechte zwar nicht auf andere Personen übertragen werden; zulässig ist aber die konstitutive Einräumung von Nutzungsrechten (§§ 29 II i.V.m. 31 I UrhG), die den einzelnen in §§ 15ff. UrhG aufgeführten Verwertungsrechten inhaltlich entsprechen können. Die Nutzungsrechtseinräumung hat, wie bereits oben festgestellt, einen (zumindest teilweisen) Verbrauch von Verfügungsmacht und damit eine Veränderung des Zuweisungsgehalts auf Seiten des Verfügenden zur Folge. Da sich der Schutzrechtsinhaber durch die Einwilligungserteilung nicht des von dieser betroffenen subjektiven Rechts begibt, stellt die schlichte Einwilligung im Rahmen der Legalisierung urheberrechtlicher Nutzungen im Vergleich zur Nutzungsrechtseinräumung ein „milderes Mittel" bzw. „Minus" dar. Damit aber muss die Befugnis des Urhebers zur Einwilligungserteilung erst Recht aus dem Zuweisungsgehalt des betreffenden Verwertungsrechts abzuleiten sein.

Insgesamt bleibt also festzuhalten, dass sich die Befugnis zur Einwilligungserteilung aus dem gesetzlich oder im Wege richterlicher Rechtsfortbildung (so z. B. beim allgemeinen Persönlichkeitsrecht) konkretisierten Zuschnitt des vom Gestattungsvorgang betroffenen subjektiven Rechts herleiten lässt.

3. *Selbstbestimmung vs. Selbstverantwortung und Vertrauensschutz*

Die Einwilligungserteilung ist nach dem Ergebnis der obigen Untersuchung Instrument zur Wahrnehmung und Aktualisierung privatautonomer Befugnisse. Mit einer selbstbestimmten Entscheidung des Rechtsinhabers korreliert jedoch stets dessen Verantwortung für dieselbe.[474] Zur Anerkennung des Menschen als sich selbst bestimmendes Wesen gehört es nämlich, dass er für seine selbstbestimmten Entscheidungen einsteht.[475] Ohne den automatischen Antagonismus von Selbstbestimmung und Selbstverantwortung würde erstere entwertet, da entsprechende Entscheidungen des Rechtsinhabers keine hinreichende Vertrauensgrundlage für Dritte böten und schlichtweg nicht ernst genommen würden.[476] Dies führte im Ergebnis zur Entmündigung des

---

die Auskunftsansprüche nach den §§ 26 IV, 54f UrhG sowie die in §§ 41, 42 UrhG normierten Rückrufsrechte (vgl. Möhring/Nicolini/*Lütje*, § 97 UrhG, Rn. 52ff.).

474 *Bydlinski*, System, S. 154, 164; *ders.*, Privatautonomie, S. 54f.; *Canaris*, Vertrauenshaftung, S. 440, 442; *ders.*, AcP 200 (2000), 273 (279); *Ohly*, Einwilligung, S. 64f.; 79. Vgl. auch *Hillgruber*, S. 77.

475 *Larenz/Wolf*, BGB-AT, § 2 Rn. 23.

476 *Ohly*, Einwilligung, S. 77.

Erklärenden.[477] Damit ist also demjenigen, der anderen frei und bewusst seinen auf den Eintritt von Rechtsfolgen gerichteten Willen erklärt, der Erklärungseffekt seines gewollten Verhaltens als bindend zuzurechnen.[478] Zwar zielt diese Aussage *Bydlinskis* unmittelbar auf die Bindungswirkung rechtsgeschäftlicher Willenserklärungen, deren Verhältnis zur schlichten Einwilligung nach wie vor kontrovers diskutiert wird. Allerdings äußert sich das darin implizit zum Ausdruck kommende Selbstverantwortungsprinzip auch im Rahmen der schlichten Einwilligung: So muss sich nämlich auch der Einwilligende ab der Vornahme der gestatteten Handlung an der von ihm erteilten und nicht (rechtzeitig) widerrufenen Erlaubnis festhalten lassen. Eine nachträgliche Berufung auf die Normwidrigkeit des betreffenden Verhaltens ist fortan ausgeschlossen. Der Einwilligende verliert also durch die Einwilligungserklärung sämtliche auf Unterlassung, Beseitigung und Schadensersatz gerichteten Ansprüche (§§ 97f. UrhG) sowie solche aus ungerechtfertigter Bereicherung (§ 812 I 1 Alt. 2 BGB) oder Geschäftsführung ohne Auftrag (§ 687 II BGB). Somit lässt sich – bedingt durch das Prinzip der Selbstverantwortung – eine nach Vornahme der gestatteten Handlung vom geänderten Willen des Erklärenden unabhängige Legitimationswirkung der schlichten Einwilligung konstatieren.

Bereits vor der eigentlichen Eingriffshandlung begründet eine einmal erteilte Einwilligung beim Empfänger die normative Erwartung und das Vertrauen, dass auf ihrer Grundlage vorgenommene Handlungen zukünftig vorbehaltlich eines Widerrufs rechtmäßig sind.[479] Dem Einwilligungsempfänger obliegt keinerlei Erkundigungspflicht, ob die gestattete Eingriffs- bzw. Nutzungshandlung tatsächlich und immer noch von der eigenverantwortlich geäußerten Entscheidung des Rechtsinhabers getragen wird. Ist die Einwilligung also einmal erklärt, so ist die Mentalreservation des Einwilligenden gemäß § 116 BGB unbeachtlich.[480] Damit geht nach erklärter Einwilligung die Aktionslast auf den Rechtsinhaber über, sofern sich dieser auf die Unwirksamkeit der von ihm erteilten Erlaubnis berufen und den vormals gestatteten Eingriff in seine Rechte verhindern möchte. Insofern kann im Zusammenhang mit einer erteilten Einwilligung durchaus von einer – wenn auch sehr schwach ausgestalteten – Bindungswirkung gesprochen werden.[481]

---

477 *Ohly*, Einwilligung, S. 76.
478 *Bydlinski*, System, S. 164.
479 *Ohly*, Einwilligung, S. 172.
480 *Ohly*, Einwilligung, S. 337.
481 So auch *Ohly*, Einwilligung, S. 79.

VI. Einfluss der „Vorschaubilder"-Entscheidungen auf die urheberrechtliche Einwilligungslehre

Im Folgenden sollen nunmehr die jüngst ergangenen Vorschaubilder-Entscheidungen[482] genauer in den Blick genommen und deren Einfluss auf die urheberrechtliche Einwilligungslehre aufgezeigt werden. Sie sind für die urheberrechtliche Einwilligungslehre v.a. deshalb richtungsweisend, weil der BGH erstmals eindeutig zur Rechtsfigur der schlichten Einwilligung Stellung bezieht. Da im Laufe der vorliegenden Bearbeitung immer wieder auf die Entscheidungen zurückzukommen sein wird, sollen zunächst ihr Tatbestand und anschließend die wesentlichen Aussagen in den Entscheidungsgründen dargestellt werden:

1. Das „Vorschaubilder I"-Urteil

Die Klägerin, eine bildende Künstlerin, hatte auf der ihr gehörenden Internetpräsenz digitale Abbildungen ihrer Kunstwerke (schutzfähige Werke der bildenden Kunst i.S.v. § 2 I Nr. 4 UrhG) mit einem Copyright-Hinweis veröffentlicht, ohne von technischen Schutzmaßnamen gegen die Nutzung der online gestellten Bilder durch Dritte Gebrauch zu machen. Sie optimierte ihre Website durch Aufnahme und regelmäßige Aktualisierung von Metatags[483] im „Head"-Bereich des

482 BGH, GRUR 2010, 628ff. – *Vorschaubilder I*; BGH, GRUR 2012, 602ff. – *Vorschaubilder II.*

483 Die Metaelemente (Metatags) befinden sich im Kopfteil des HTML-Quellcodes. Sie dienen der Angabe von Metadaten, d. h. von Daten, die Informationen über andere Daten enthalten. Sie zielen v.a. auf die Crawler (Suchroboter) von Suchmaschinen ab und sollen diesen zusätzliche Informationen zu einer Webseite übermitteln (*Ott*, MMR 2008, 222 (223); Hoeren/Sieber/*Ernst*, MultimediaR, Kap. 7.1, Rn. 75). Diese Informationen können vom Webseitenbetreiber individuell z. B. in Form von Schlüsselwörtern (Keyword Metatag) oder einer kurzen inhaltlichen Beschreibung (Description Metatag) der Webseite determiniert werden. Die Implementierung von Metatags im Quelltext von Internetseiten wird häufig vorgenommen, um eine möglichst gute Platzierung (Ranking) innerhalb der Trefferliste textgestützter Suchmaschinen zu erreichen. Die Metatags sind aber regelmäßig nur einer von vielen Parametern des vom Suchmaschinenanbieter festgelegten Algorithmus, der ausschlaggebend für die Relevanz der Daten in Relation zum eingegebenen Suchbegriff ist. Manche Suchmaschinen, wie z. B. Google, verzichten aus Manipulationsgründen auf einzelne Metaelemente auch vollends (beispielsweise den Metatag „keywords", dazu *Ott*, ZUM 2009, 345 (348)). Weitere für die Validitätsgewichtung relevante Parameter beschreibend *Holtkotte*, Suchmaschinen, S. 8 m.w.N. Durch Metadaten lassen sich ferner spezielle Anweisungen zur Steuerung der Suchroboter (Crawler) textgestützter Suchmaschinen festlegen. So kann den Suchrobotern etwa

Quellcodes[484] zum Zwecke des schnelleren Auffindens und Indexierens durch Suchmaschinen. Die Beklagte, Google, betreibt im Internet eine textgestützte Suchmaschine mit eigener Bildsuchfunktion (Google Bildersuche). Die für den Suchvorgang benötigten Bildinformationen erhält die Suchmaschine durch den Einsatz automatisiert arbeitender Suchroboter („Crawler" bzw. „Robots"), die das Internet intervallartig durchsuchen. Nach Auswertung der im Internet aufgefundenen Bildinformationen kommt es zur Erstellung sog. Thumbnails[485], die anschließend in der Suchmaschinendatenbank auf Servern von Google in den USA als inkorporierte Suchindexinhalte hinterlegt und abgespeichert werden.[486] Auf entsprechende Suchanfrage durch Eingabe des Namens der Klägerin zeigte die Google-Bildersuche die von der Klägerin veröffentlichten Bilder in ihrer Trefferliste in verkleinerter und komprimierter Form als Thumbnails an. Die Thumbnails fungieren dabei gleichzeitig als „Linkanker" für einen Verweis mittels Deep-Link[487] auf diejenige Webseite, auf der sich die Originalbilder befinden. Die Klägerin verlangte nunmehr Unterlassung der Vervielfältigung und der

---

durch Eingabe der Befehlszeile <meta name="robots" content="noindex" /> die Indexierung einer Webseite verboten werden, damit diese nicht durch die Nutzung von Suchmaschinen auffindbar ist.

484 Dieser enthält in der Programmiersprache HTML erteilte Anweisungen über den Aufbau und die Darstellung der dem den Nutzer in dessen Webbrowser präsentierten Website.

485 Dabei handelt es sich um „daumennagelgroße" Miniaturansichten, die im Vergleich zum indexierten Originalbild über eine geringere Auflösung (ca. 100 x 150 Bildpunkte) verfügen und mit einer Dateigröße von lediglich 4 bis 5 KB einen deutlich geringeren Speicherbedarf haben. Dies beschleunigt ihre Ladezeit bzw. Anzeige beim Abruf der Suchmaschinentrefferliste im Webbrowser des Nutzers. Ansonsten geben die Thumbnails das Originalbild ohne wesentliche Veränderungen mit identischen schöpferischen Zügen wieder. Dies entspricht auch dem eigentlichen Sinn der Thumbnails, dem Nutzer einen ersten, möglichst genauen Eindruck von der betreffenden Bildinformation zu vermitteln.

486 Bezüglich der Einzelheiten des Auswertungs- und Verarbeitungsvorgangs innerhalb der Bildersuchmaschinendatenbank sei auf die einschlägige Spezialliteratur verwiesen: *Fahl*, Bildersuche, S. 21ff.; *Schaefer*, Bildersuchmaschinen, S. 11ff.; *Rath*, Internetsuchmaschinen, S. 63ff.

487 Durch Anklicken dieser Art des Hyperlinks wird der Internetnutzer unter Umgehung der Homepage (Startseite des Webangebots) des betreffenden Anbieters direkt auf eine tiefer liegende Website geführt. Hierdurch eröffnet sich für den Nutzer die Möglichkeit komfortabel und ohne zusätzliche Zwischenschritte auf die im Internet zu dem Suchwort verfügbaren Inhalte zuzugreifen. Vgl. *Rath*, Internetsuchmaschinen, S. 56f.; vgl. auch *Ott*, Linking, S. 48.

öffentlichen Zugänglichmachung über das Internet sowie der Bearbeitung bzw. Umgestaltung ihrer Bilder in Thumbnails.

In der Ausgestaltung des Links als Thumbnail besteht der wesentliche Unterschied zu der vom BGH im Fall *Paperboy*[488] entschiedenen Sachverhaltskonstellation.[489] Die in der „Paperboy"-Entscheidung streitgegenständliche vorschauartige Darstellung des Suchergebnisses mittels Snippets[490] weist nämlich im Gegensatz zu den Thumbnails in der Regel nicht die für den Werkschutz erforderliche Gestaltungshöhe auf.[491] Trotz dieses Unterschieds lässt sich der „Paperboy"-Entscheidung für die vorliegend interessierende „Vorschaubilder I"-Fallgestaltung eine zentrale Erkenntnis entnehmen: Die im Zusammenhang mit der vorschauartigen Wiedergabe von Thumbnails ebenfalls praktizierte Deep-Verlinkung auf die Internetseite der Künstlerin ist in Ermangelung eines Eingriffs in die ihr zugewiesenen Verwertungsrechte[492] urheberrechtlich zulässig.[493]

Der BGH stellte in den Entscheidungsgründen der „Vorschaubilder I"-Entscheidung fest, dass die Anzeige von Thumbnails der Werkschutz aufweisenden Werkabbildungen im Rahmen der Trefferliste der Suchmaschine Google dazu führe, dass sowohl das Vervielfältigungsrecht der Urheberin als auch das Recht der öffentlichen Zugänglichmachung gemäß §§ 16, 19a UrhG tangiert seien. Auch wären diverse urheberrechtliche Schrankenregelungen (§§ 44a, 49, 51, 58 UrhG), die die Verwertungsbefugnisse des Rechtsinhabers begrenzten, nicht einschlägig.[494] Eine analoge Anwendung einzelner Schranken wird vom BGH abgelehnt.[495] Die gesetzlichen Schrankenregelungen seien das Ergebnis einer vom Gesetzgeber vorgenommenen, grundsätzlich abschließenden Güterabwägung.[496]

488 BGH, GRUR 2003, 958ff. – *Paperboy*.

489 LG Hamburg, GRUR-RR 2004, 313.

490 Dabei handelt es sich um eine hinweisartige Zusammenfassung von „Textschnipseln" des referenzierten Artikels.

491 BGH, GRUR 2003, 958 (961) – *Paperboy*; LG Düsseldorf, ZUM-RD 2007, 367 (368); Hoeren/Sieber/*Ernst*, MultimediaR, Kap. 7.1, Rn. 62.

492 BGH, GRUR 2003, 958 (Ls. 2, 5 und 6) – *Paperboy*.

493 Hinsichtlich der urheberrechtlichen Bewertung ebenfalls auf die Notwendigkeit einer Differenzierung zwischen der Verlinkung und der vorschauartigen Wiedergabe des Suchergebnisses mittels Thumbnails hinweisend LG Hamburg, GRUR-RR 2004, 313 – *Thumbnails*; *Sieber/Liesching*, MMR-Beilage 2007, 1 (11); Ott, ZUM 2007, 119 (126).

494 BGH, GRUR 2010, 628 (639) – *Vorschaubilder I* im Anschluss an die Vorinstanz OLG Jena, ZUM 2008, 522 (525); vgl. auch *Spindler*, GRUR 2010, 785 (786ff.).

495 BGH, GRUR 2010, 628 (630) – *Vorschaubilder I*.

496 BGH, GRUR 2010, 628 (630) – *Vorschaubilder I* mit Verweis auf BGH, GRUR 2002, 605 (606) – *Verhüllter Reichstag*.

Ein rechtswidriger Eingriff liege aber dennoch nicht vor, da das ungesicherte Onlinestellen der klägerischen Werkabbildungen und die von der Klägerin praktizierte Suchmaschinenoptimierung als schlichte, rechtfertigende Einwilligung in die relevanten Nutzungen zu verstehen sei.[497] Aus Sicht der Suchmaschinenanbieterin Google könne das Verhalten der Klägerin objektiv als Einverständnis verstanden werden, dass Abbildungen der Werke in dem bei der Bildersuche üblichen Umfang genutzt werden dürfen. Die von der Beklagten „Google" vorgenommenen Nutzungshandlungen überschritten den so vom BGH festgelegten Rahmen nicht. Wolle die Klägerin ein Auffinden und Anzeigen der ins Internet eingestellten Bilder durch Bildersuchmaschinen verhindern, sei es ihr zumutbar von technischen Zugriffsverhinderungsmöglichkeiten Gebrauch zu machen.[498]

Damit weicht der BGH nicht im Ergebnis, wohl aber in seiner Begründung vom durch die Vorinstanz (OLG Jena)[499] getroffenen Urteil ab. Zwar gehen beide Gerichte übereinstimmend davon aus, dass weder eine konkludente Nutzungsrechtseinräumung (§§ 29 II Var. 1 i.V.m. 31 UrhG) noch eine schuldrechtliche Gestattung zur Werknutzung (§ 29 II Var. 2 UrhG) zugunsten des Suchmaschinenbetreibers vorliege. Anders als der BGH lehnte das OLG Jena jedoch die Annahme einer die Rechtswidrigkeit ausschließenden Einwilligung aufgrund fehlender „subjektiver Mindestvoraussetzungen" ab. Das Gericht hielt die Geltendmachung des Unterlassungsbegehrens nach vorgenommener Suchmaschinenoptimierung für rechtsmissbräuchlich und versagte die Geltendmachung des Anspruchs aufgrund treuwidrig widersprüchlichen Verhaltens nach § 242 BGB. Der BGH hingegen macht sich die vom OLG Jena zur Begründung des widersprüchlichen Verhaltens der Klägerin getätigten Ausführungen zur Bekräftigung der von ihm angenommenen schlichten, rechtfertigenden Einwilligung zu Nutze. Er ist der Annahme, unter Zugrundelegung der von der Klägerin praktizierten Suchmaschinenoptimierung, verbunden mit dem Onlinestellen der Bilder ohne von technischen Zugangsbeschränkungen Gebrauch zu machen, „ohne Weiteres" von einem Einverständnis für den Zugriff durch Suchmaschinen ausgehen zu können.[500]

Den grundsätzlich möglichen Widerruf der von der Klägerin stillschweigend erteilten Einwilligung lehnte der BGH im Ergebnis ab.[501] Ein solcher kam hier deshalb in Betracht, da die Klägerin gegenüber Google ausdrücklich klarstellte mit der Nutzung der Bilder zumindest für die Zukunft nicht einverstanden zu

497 BGH, GRUR 2010, 628 (632) – *Vorschaubilder I.*
498 Siehe hierzu *Kap. 2 E. II. 4. a) cc).*
499 OLG Jena, ZUM 2008, 522ff.
500 BGH, GRUR 2010, 628 (632) – *Vorschaubilder I.*
501 BGH, GRUR 2010, 628 (632, Rn. 37) – *Vorschaubilder I.*

sein. Diese Klarstellung gegenüber Google sei nach Auffassung des BGH jedoch unbeachtlich, weil eine durch das ungesicherte Onlinestellen der digitalen Werkabbildungen erklärte Einwilligung nur durch „gegenläufiges Verhalten"[502] widerrufen werden könne.[503] Ein Widerruf der an die Allgemeinheit gerichteten Einwilligung gegenüber einzelnen Beteiligten sei nicht ausreichend. Dieser sei als ein dem ungesicherten Veröffentlichen der Werkabbildungen widerstrebendes Verhalten rechtlich bedeutungslos (protestatio facto contraria non valet).[504]

2. *Das „Vorschaubilder II"-Urteil*

In der vom gleichen Senat gefällten „Vorschaubilder II"-Entscheidung ging es um die Klage eines Fotografen, dessen urheberrechtlich geschützte Fotografie zwar mit seiner Zustimmung von Dritten ins Internet gestellt wurde; gleichzeitig enthielt die Bildervorschau der Suchmaschine „Google" aber auch ein Thumbnail einer identischen von Dritten illegal im Internet veröffentlichten Fotografie. Der BGH stellte erneut einen Eingriff des Suchmaschinenbetreibers in das Recht der öffentlichen Zugänglichmachung i.S.d. § 19a UrhG fest. Der BGH konstatierte einmal mehr, dass sich keine Schrankenregelungen zur Legitimation des Verwertungsrechtseingriffs fruchtbar machen ließen. Allerdings sei auch in der vorliegenden Fallgestaltung von einer die Rechtswidrigkeit ausschließenden schlichten Einwilligung auszugehen: Eine wirksame (abgeleitete) Einwilligung zur Anzeige von Vorschaubildern der Fotografien in den Ergebnislisten folge bereits daraus, dass die betreffenden Fotografien mit Zustimmung des Urhebers von anderen Personen ohne die Ergreifung technischer Schutzmaßnahmen öffentlich zugänglich gemacht worden seien. Dadurch hätten letztere konkludent ihre Einwilligung erklärt.[505] Da allgemein bekannt sei, dass Suchmaschinen im Rahmen ihres automatisierten Crawling- bzw. Indexierungsverfahrens nicht zwischen berechtigt und unberechtigt ins Internet gelangten Bildinformationen unterscheiden könnten, erstrecke sich die Einwilligung auch auf die Wiedergabe von Werkabbildungen, die weder vom Rechtsinhaber selbst noch mit dessen Zustimmung von Dritten ins Internet eingestellt worden sind. Von der Einwilligung umfasst seien mithin sämtliche im Internet auffindbaren Vervielfältigungen des

502 Hiermit meint der BGH neben der Entfernung der Abbildungen von der eigenen Website auch die Vornahme technischer Schutzmaßnahmen gegen den Zugriff von Bildersuchmaschinen.

503 BGH, GRUR 2010, 628 (632, Rn. 37) – *Vorschaubilder I.*

504 BGH, GRUR 2010, 628 (632, Rn. 37) – *Vorschaubilder I.*

505 BGH, GRUR 2012, 602 (604, Rn. 18) – *Vorschaubilder II.*

Werks.[506] Eine gegen diesen objektiven Erklärungswert gerichtete Verwahrung des Urhebers müsse unter dem Gesichtspunkt der protestatio facto contraria rechtlich bedeutungslos bleiben.[507]

3. *Veröffentlichen digitaler Werkabbildungen vs. Suchmaschinenoptimierung als taugliche Anknüpfungspunkte für die schlichte Einwilligung*

Entgegen einer in der Literatur vertretenen Auffassung[508] bleibt der Anknüpfungspunkt für die vom BGH in der „Vorschaubilder I"-Entscheidung angenommene schlichte Einwilligung in Nutzungen von Bildersuchmaschinen keinesfalls im Dunkeln. Zwar waren mit dem Onlinestellen der Abbildungen ohne von technischen Zugriffsbeschränkungen Gebrauch zu machen und der durch die Bearbeitung der Metaelemente vorgenommenen Suchmaschinenoptimierung zwei taugliche Anknüpfungspunkte für eine Einwilligung gegeben. Der BGH entschied sich jedoch, wie er im Rahmen der Ausführungen über den Widerruf der Einwilligung (Rz. 37) verdeutlicht, für die von der Klägerin initiierte ungesicherte Veröffentlichung ihrer digitalen Werkabbildungen. Er erwähnt in diesem Zusammenhang mit keinem Wort, dass er für das Vorliegen einer Einwilligung kumulativ auch das Vorliegen einer Suchmaschinenoptimierung voraussetzt.[509] Letzte bei den Kritikern dieser Einordnung verbleibende Zweifel räumte der BGH schließlich mit der „Vorschaubilder II"-Entscheidung aus: Hier kam mangels Suchmaschinenoptimierung allein das ungesicherte Onlinestellen der Lichtbilder als tauglicher Erklärungsakt in Frage. Festzuhalten bleibt also, dass nach Auffassung des BGH bereits das Onlinestellen von Bildern ohne Zugriffssicherungsmaßnahmen eine schlichte Einwilligung des Rechtsinhabers zu begründen vermag.

4. *Abgrenzung der schlichten Einwilligung von intensiveren Gestattungsformen*

Der BGH stellt in der „Vorschaubilder I"-Entscheidung die von ihm bejahte schlichte Einwilligung der vom Berufungsgericht angenommenen

---

506 BGH, GRUR 2012, 602 (605, Rn. 28) – *Vorschaubilder II.*

507 Ebd.

508 *Fahl*, Bildersuche, S. 91f.

509 In diesem Sinne auch OLG Hamburg, BeckRS 2012, 00521; *Omsels*, jurisPR-WettbR 7/2010 Anm. 1 C.; *Ott*, WRP 2011, 655 (668); *Bullinger/Garbers-von Boehm*, GRUR-Prax 2010, 257; *Conrad* ZUM 2010, 585 (586); *Hüttner*, WRP 2010, 1008 (1012); a.A. *Rössel*, MMR 2010, 480 (481); *Roggenkamp*, jurisPR-ITR 14/2010 Anm. 2.

„konkludenten Einwilligung" gegenüber. Letztere kann nach Auffassung des OLG Jena[510] grundsätzlich nur im Zusammenhang mit der Einräumung entsprechender Nutzungsrechte erfolgen. Sie unterliege daher den allgemeinen Grundsätzen der Rechtsgeschäftslehre unter Berücksichtigung der urheberrechtlichen Übertragungszwecklehre.[511] Dieser Annahme erteilt der BGH eine klare Absage. Er akzentuiert sehr deutlich, dass die schlichte Einwilligung nicht mit den in der Stufenleiter weiter oben angesiedelten Gestattungsformen der gegenständlichen Nutzungsrechtseinräumung sowie dem schuldrechtlichen Gestattungsvertrag verwechselt werden dürfe.[512] Letztere statuierten nämlich gegen den Willen des Rechtsinhabers durchsetzbare subjektive Rechte. Ihre konkludente Begründung setze daher auch einen hierauf bezogenen Rechtsbindungswillen voraus.[513] Die Einwilligung hingegen führe als Erlaubnis lediglich zur Rechtmäßigkeit der Handlung.[514] Eine Anspruchsbegründung finde gerade nicht statt. Im Umkehrschluss geht der BGH in der „Vorschaubilder I"-Entscheidung von im Vergleich zur gegenständlichen Nutzungsrechtseinräumung und der schuldvertraglichen Nutzungsgestattung abgeschwächten Anforderungen an den für die Annahme einer schlichten Einwilligung erforderlichen Rechtsfolgewillens aus. Auf dieser Grundlage nimmt er trotz Verneinung des Willens zur Einräumung gegenständlicher bzw. schuldvertraglicher Nutzungsrechte eine schlichte Einwilligung der Künstlerin an.[515]

Letzteres ist in der Literatur bei *Hüsch* mit dem Argument, eine gedankliche Trennung zwischen dem Willen zur Einräumung gegenständlicher bzw. schuldvertraglicher Nutzungsrechte und zur Einwilligungserteilung sei nicht möglich, auf Kritik gestoßen.[516] Danach müssen für die Bejahung des Rechtsfolgewillens jedenfalls dann dieselben Maßstäbe gelten, wenn die aus dem Verhalten des Rechtsinhabers abgeleitete Erklärung für die Beteiligten *nahezu* dieselben Konsequenzen hat.[517]

Dieser Einwand vermag allerdings nicht zu überzeugen: Zwar ist Hüsch darin zuzustimmen, dass die genannten Gestattungsformen letztlich allesamt

---

510 OLG Jena, ZUM 2008, 522 (525); vgl. auch *Roggenkamp*, K&R 2007, 328 (329).

511 OLG Jena, ZUM 2008, 522 (525).

512 BGH, GRUR 2010, 628 (631, Rn. 33) – *Vorschaubilder I.*

513 BGH, GRUR 2010, 628 (631, Rn. 29, 32, 34) – *Vorschaubilder I.*

514 BGH, GRUR 2010, 628 (631, Rn. 34) – *Vorschaubilder I*; *Ohly*, Einwilligung, S. 144.

515 BGH, GRUR 2010, 628 (Ls. 3, 631, Rn. 34f.) – *Vorschaubilder I.*

516 *Fahl*, Bildersuche, S. 92; *Hüsch*, CR 2010, 452 (455); vgl. auch *Ohly*, GRUR 2012, 983 (986).

517 *Hüsch*, CR 2010, 452 (455). Diesem folgend *Ohly*, GRUR 2012, 983 (986).

zur Erlaubtheit des vom Nutzer ausgehenden Eingriffs führen. Sie schließen mithin allesamt ohne die Gestattung drohende Beseitigungs-, Unterlassungs- sowie Schadensersatzansprüche aus. Hüsch geht jedoch pauschalisierend über den Umstand hinweg, dass es für einen Empfänger einer konkludenten Erklärung sehr wohl von Interesse sein kann, ob sein Verhalten – wenn intensivere, vertragliche Gestattungen nicht zu seinen Gunsten eingreifen – wenigstens im Wege einer schlichten Einwilligung gerechtfertigt ist. Der BGH scheint in der „Vorschaubilder I"-Entscheidung zu Recht andeuten zu wollen, dass es auch in der Praxis Fälle geben kann, in denen der Wille zur bloßen Erlaubniserteilung vorhanden ist, wohingegen die Verschaffung einer durchsetzbaren Rechtsposition an reine Fiktion grenzt.[518] Letztlich erscheint es auch vor dem Hintergrund des Gestattungsstufenleitermodells konsequent, den für die Differenzierung innerhalb des Modells ausschlaggebenden Gedanken der unterschiedlichen Intensität der eingeräumten Nutzungsberechtigung zu Ende zu denken: Es ist nämlich nur folgerichtig diesen Umstand auch graduell auf die Anforderungen zur Bejahung des für die jeweilige Gestattungsform erforderlichen Rechtsbindungswillens zu übertragen. Damit ist mit dem BGH bei der Einwilligung von einem im Vergleich zu vertraglichen Gestattungsformen abgeschwächten Rechtsbindungswillen auszugehen.[519]

5. *Normative Zurechnung des Einstellens von Werkabbildungen ins Internet als schlichte Einwilligung*

Bislang wurde die schlichte Einwilligung unter Rekurs auf den Gerechtigkeitsgedanken „volenti non fit iniuria" stets als ein der freien Entfaltung des Individuums dienendes Dispositionsmittel dargestellt. Indes ist gerade das „Vorschaubilder I"-Urteil ein Beispiel dafür, dass die Auslegung eines Verhaltens als Einwilligung gerade nicht dem subjektiven (inneren) Willen des Rechtsinhabers entspricht. Hat der BGH damit den Aussagegehalt des Begriffs „Einwilligung" grundlegend fehlinterpretiert und ein mangels Erklärungsbewusstseins nicht vorhandenes Einverständnis in eine schlichte Einwilligung umgemünzt? Die Frage stellen heißt, sie zu verneinen. Wie sich nachstehend erweisen wird, sind von der Rechtsfigur „schlichte" Einwilligung nicht nur finale, d.h. dem wirklichen Willen des Erklärenden entsprechende, sondern auch normative, vom objektiven Empfängerhorizont her zuzurechnende

518 Vgl. auch *Ohly*, AfP 2011, 428 (433).

519 Im Hinblick auf die Konkretisierung des für die Einwilligung notwendigen Rechtsfolgewillens sei auf die Ausführungen in *Kap. 2 E. I. 2. b) aa)* verwiesen.

Einwilligungserklärungen, die dem tatsächlichen, inneren Willen des Rechtsinhabers unter Umständen zuwider laufen können, umfasst.[520]

a) Wertungsmäßige Einordnung – Die Prinzipien der Selbstverantwortung, der Veranlassung (Zurechnung) und des Vertrauensschutzes

Dieses weite (Einwilligungs-)Verständnis ist Konsequenz der mit der Selbstverantwortung des Rechtsinhabers korrespondierenden Prinzipien der Veranlassung (Zurechnung)[521] und des Vertrauensschutzes im Rechtsverkehr[522]. Wie im Folgenden zu zeigen sein wird, liegen diese auch den vom BGH in den „Vorschaubilder"-Urteilen angenommenen Einwilligungen als implizit enthaltene Wertungen zugrunde.[523]

Die Herleitung der schlichten Einwilligung aus der Privatautonomie und ihre damit zumindest mittelbare Rückführung auf Art. 2 I GG[524] als verfassungsrechtliche Grundlage der Privatautonomie[525] impliziert zweierlei: *Erstens* erlangt die wirksame Ausübung privatautonomer Befugnisse im Rechtsverkehr nur dann Relevanz, wenn sie durch eine nach außen gerichtete (Willens)Erklärung objektiviert wird.[526] Der im Strafrecht teilweise als hinreichend erachteten inneren Billigung der Rechtsverletzung durch den Rechtsgutsinhaber[527] ist als bloßer Mentalreservation privatrechtlich keinerlei Bedeutung beizumessen.[528] *Zweitens* können die durch die Einwilligungserklärung ausgelösten Rechtsfolgen keineswegs schranken- und grenzenlos der Willkür des Rechtsinhabers obliegen.

---

520 Zur Anfechtung normativ zugerechneter Einwilligungserklärungen siehe *Kap. 2 E. III. 5. cc)*.

521 Vgl. *Bork*, BGB-AT, Rn. 586; *Kling*, Sprachrisiken, S. 251. Zum Veranlassungsprinzip *Hubmann*, AcP 155 (1956), 85 (121ff.); *Stoll*, AcP 135 (1932), 89 (107f.); ablehnend *Canaris*, Vertrauenshaftung, S. 473ff.

522 Vgl. *Bydlinski*, JZ 1975, 1 (4f.); *Larenz/Wolf*, BGB-AT, § 35 Rn. 1. Grundlegend zum Prinzip des Vertrauensschutzes *Canaris*, Vertrauenshaftung, S. 411ff.; *Larenz*, FS Ballerstedt, S. 397 (414f).

523 Vgl. auch *Götting*, LMK 2010, 309481; *Leistner/Stang*, CR 2008, 499 (504f.).

524 Je nach betroffenem subjektiven Recht können aber auch speziellere Grundrechte einschlägig sein und Art. 2 I GG damit verdrängen.

525 Maunz/Dürig/*Di Fabio*, Art. 2 GG, Rn. 101ff.; *Canaris*, JZ 1987, 993 (994).

526 BGH, NJW 1976, 1790 (1791); *Ohly*, Einwilligung, S. 337; *ders.*, FS Jakobs, S. 451 (461); *v. Ungern-Sternberg*, GRUR 2009, 369 (370). Zum Erfordernis eines aktiven Erklärungsverhaltens des Rechtsinhabers *Kap. 1 G. 5. c) aa)*.

527 *Jakobs*, StrafR-AT, Abschn. 7, Rn. 15; *Göbel*, Einwilligung, S. 134ff.; *Schmidhäuser*, StrafR-AT, Abschn. 8, Rn. 145; MüKo-StGB/*Schlehofer*, Vor §§ 32ff., Rn. 146.

528 A.A. *Schenke*, Einwilligung, S. 52.

Vielmehr steht die privatautonome Ausübung von Einwilligungsbefugnissen stets unter dem Vorbehalt der Wahrung der Rechte anderer.[529] Als erklärungs- und empfangsbedürftiger Akt sozialer Kommunikation bewirkt die Einwilligung im Interesse der Rechtssicherheit eine Verantwortung für berechtigtes Vertrauen des Erklärungsempfängers.[530] Materiellrechtlich folgt die Schutzwürdigkeit des Vertrauens aus der Notwendigkeit, die Redlichkeit des Geschäftsverkehrs im Sinne von Treu und Glauben zu gewährleisten und diesen von Störungen frei zu halten. Solche entstünden dann, wenn der Erklärende die Bedeutung seines Verhaltens willkürlich festlegen könnte.[531] Damit ist also auf die durch die herrschenden Verkehrsgewohnheiten geprägten Erwartungen des mit dem autonomen Verhalten des Rechtsinhabers und dessen rechtserheblichen Wirkungen konfrontierten Rechtsverkehrs in bestimmten Umfang Rücksicht zu nehmen.[532] Den legitimen Vertrauensschutzinteressen des Erklärungsempfängers kann allein dadurch Rechnung getragen werden, dass der subjektive, mit empirischen Mitteln nicht nachweisbare Wille des Erklärenden einem objektiv-normativierten, nach Maßgabe der herrschenden Verkehrssitte unter Berücksichtigung von Treu und Glauben zu ermittelnden Verständnis des gesetzten Erklärungszeichens weichen muss.

Dabei steht es der normativen, am Empfängerhorizont ausgerichteten Deutung eines Verhaltens nicht entgegen, dass der Erklärende keine Kenntnis von der Verkehrssitte hatte oder ihre Geltung fahrlässig verkannt hat.[533] Die bestehende Freiheit in der Wahl der Erklärungshandlung (insbesondere des Mediums sowie des dadurch angesprochenen Verkehrskreises) begründet für den Erklärenden Verantwortung, die es rechtfertigt ihn den Sitten des angesprochenen Verkehrskreises zu unterwerfen. Es ist daher nur folgerichtig, ihm und nicht dem Erklärungsempfänger das Risiko der Zurechnung von Verhaltensfolgen aufzuerlegen, die in ihrer objektiven Erklärungsbedeutung vom wirklichen Willen abweichen.[534]

---

529 So auch *Kohte*, AcP 185 (1985), 105 (140).

530 Vgl. *Kohte*, AcP 185 (1985), 105 (125, 141).

531 *Singer*, NZA 1998, 1309 (1310).

532 *Kohte*, AcP 185 (1985), 105 (140). Vgl. auch *Bydlinski*, System, S. 154.

533 *Flume*, BGB-AT II, S. 313; Staudinger/*Singer*, § 133 BGB, Rn. 68; MüKo-BGB/*Busche*, § 157, Rn. 18.

534 Palandt/*Ellenberger*, Vor §§ 116ff. BGB, Rn. 17; vgl. auch Staudinger/*Singer*, Vor §§ 116ff. BGB, Rn. 19f.; *Kling*, Sprachrisiken, S. 251.

b) Ablehnung der Qualifikation der Einwilligung als Ausprägung einer allgemeinen Vertrauenshaftung

Vor dem Hintergrund der Ableitung der Einwilligung u. a. aus dem Privatautonomieprinzip ist eine von der Entstehung rechtsgeschäftlicher Willenserklärungen losgelöste, unlängst von *Wiebe* vertretene[535] Interpretation der Einwilligung als Ausprägung einer allgemeinen Vertrauenshaftung abzulehnen. Jene Ansicht, die unter Verzicht auf subjektive Zurechnungsvoraussetzungen allein an rein objektiv verwirklichte Willenserklärungstatbestände Rechtsfolgen anknüpft, verkennt, dass die Einwilligung sich – selbst wenn man ihre Rechtsgeschäftsnatur nicht anerkennen wollte – wertungsmäßig konsistent in das System der §§ 116ff. BGB einfügen lässt.[536] Zwar ist auch bei der Auslegung eines Verhaltens als Einwilligung bzw. nach einer einmal erklärten und nicht widerrufenen Einwilligung auf das schutzwürdige Vertrauen des Erklärungsempfängers Rücksicht zu nehmen. Allerdings ist die Berücksichtigung von Vertrauensschutzinteressen bereits selbst im Bewertungssystem der §§ 116ff. BGB, welches Privatautonomie- und Vertrauensschutzelemente vereint, angelegt.[537] Selbst gesetzlich nicht vorbedachte Sondersituationen, wie z. B. die hier interessierende *konkludent*, an einen *unbestimmten Personenkreis* erklärte *Einwilligung im Internet*, können durch eine Anpassung der Anforderungen des äußeren Willenserklärungstatbestandes an ein geändertes „Mischungsverhältnis" der sich gegenüberstehenden Willens- und Vertrauensschutzmomente systemgerechten Lösungen zugeführt werden.[538] Insoweit bedarf es also eines im Wege praktischer Konkordanz zu realisierenden Interessenausgleichs im Einzelfall. Im Vergleich zu dieser den Besonderheiten des Einzelfalls Rechnung tragenden Betrachtung stellt die Entwicklung einer dogmatisch eigenständigen, bislang noch völlig konturenlosen Vertrauenshaftung im Willenserklärungsbereich kein gleichwertiges Pendant dar. Sie ist damit zu verwerfen.[539]

c) Maßstabbildung zur Ermittlung von Vorliegen, Inhalt und Grenzen normativ zugerechneter Einwilligungen

Die wertungsmäßige Herleitung der Einwilligung aus den Prinzipien der Privatautonomie auf der einen und dem Vertrauens- und Verkehrsschutz

---

535 *Wiebe*, GRUR 2011, 888 (890).

536 So auch *Tinnefeld*, Einwilligung, S. 69.

537 BGH, NJW 1984, 2279 (2280); MüKo-BGB/*Säcker*, Bd. 1, Einl., Rn. 177; *Bork*, BGB-AT, Rn. 568f.

538 Vgl. MüKo-BGB/*Säcker*, Bd. 1, Einl., Rn. 177f.

539 So auch MüKo-BGB/*Säcker*, Bd. 1, Einl., Rn. 177; *Flume*, BGB-AT II, S. 132, *ders.*, AcP 161 (1962), 52; *Picker*, AcP 183 (1983), 369 (427).

sowie der Selbstverantwortung auf der anderen Seite verdeutlicht: Unabhängig davon, ob man der Einwilligung nun rechtsgeschäftsähnlichen oder gar rechtsgeschäftlichen Charakter beimessen möchte, ist die Ermittlung ihres Vorliegens letztlich an den allgemeinen Grundsätzen rechtsgeschäftlich relevanten Handelns auszurichten.[540]

Nach diesen Grundsätzen lassen sich Willenserklärungen bei wertender Betrachtung in einen objektiven (äußeren) und einen subjektiven (inneren) Tatbestand untergliedern.[541] Voraussetzung für das Vorliegen des objektiven Tatbestandes ist *erstens* die tatsächliche Feststellung einer aktiven (Erklärungs)Handlung, die *zweitens* kraft ihres Erklärungsgehalts Rückschlüsse auf einen bestimmten Rechtsfolgewillen des Erklärenden zulässt. Letzterer muss für das Vorliegen einer Einwilligung auf die Legitimation spezifischer urheberrechtlicher Nutzungen gerichtet sein. Der subjektive Tatbestand einer Willenserklärung enthält neben einem Handlungswillen ein Erklärungsbewusstsein und einen Geschäftswillen. Wie bei Willenserklärungen im Allgemeinen ist auch bei der schlichten Einwilligung im Speziellen umstritten, welche Merkmale zur Bejahung des subjektiven Einwilligungstatbestandes erfüllt sein müssen. Hierauf wird nach Darstellung des objektiven Einwilligungstatbestandes zurückzukommen sein.

aa) Eigenverantwortlich durch aktives Verhalten begründeter Erklärungstatbestand

Um Einwilligungsfiktionen zu vermeiden und aktive Rechtfertigung durch konkludentes Verhalten vom rein passiven Schweigen abzugrenzen, muss für die objektiv-normative Zurechnung einer schlichten Einwilligung in tatsächlicher Hinsicht eine aktive Erklärungshandlung vorliegen.[542] Nur eine aktive den Willensbildungsprozess zum Abschluss bringende Willensäußerung begründet seitens des Rechtsinhabers Verantwortung gegenüber dem Handelnden und

---

540 BGH, GRUR 1956, 427 (428) – *Paul Dahlke*; BGH, NJW 1980, 1903f.; GRUR 2010, 628 (631f.) – *Vorschaubilder I*; OLG München, AfP 1995, 658 (659); OLG Karlsruhe, VersR 1979, 58; Bamberger/Roth/*Spindler*, § 823 BGB, Rn. 15; Palandt/*Sprau*, § 823 BGB, Rn. 38; *Münzberg*, S. 410, Fn 833; *Kohte*, AcP 185 (1985), 105 (125); *Frömming/Peters*, NJW 1996, 958; *Leistner/Stang*, CR 2008, 499 (504); *Ohly*, Einwilligung, S. 341; *v. Ungern-Sternberg*, GRUR 2009, 369 (370); a.A. *Berger*, JZ 2000, 797 (801, Fn. 46); *Wiebe*, GRUR 2011, 888 (890). Zur „Konstruktionskontroverse“ um die direkte oder analoge Anwendbarkeit der rechtsgeschäftlichen Vorschriften siehe *Kap. 1 G. VIII. 3.*

541 Statt vieler *Boecken*, BGB-AT, Rn. 200f.

542 So auch *Schack*, MMR 2008, 414 (415); *v. Ungern-Sternberg*, GRUR 2009, 369 (372); *Ohly*, GRUR 2012, 983 (987). Vgl. auch *Leistner/Stang*, CR 2008, 499 (505), die zu Recht lediglich ein „aktives Gesamtverhalten“ fordern.

versetzt letzteren gleichzeitig in die Lage auf den Bestand und die Bedeutung der Erklärung zu vertrauen.[543] Bloßem Schweigen oder sonst passiver Untätigkeit ist mangels entsprechender Pflicht des Rechtsinhabers zur Erklärung kein Erklärungswert beizumessen.[544] Somit kann in der bloßen Nichtvornahme der auf technischem Wege gegen die Thumbnailnutzung zur Verfügung stehenden Schutzmaßnahmen[545] kein hinreichendes Erklärungsverhalten gesehen werden.[546]

Blendet man im Rahmen der „Vorschaubilder I"-Konstellation die Suchmaschinenoptimierung als tauglichen Anknüpfungspunkt für die Einwilligung aus, kann zur Begründung der klägerischen Einwilligung allein auf das aktive Moment des Onlinestellens der Bilder abgestellt werden. In diesem Zusammenhang ist dann auch zu berücksichtigen, dass es die Rechteinhaberin unterlassen hat, sich gegen den Zugriff durch Drittnutzer mittels einfach möglicher technischer Schutzmaßnahmen abzusichern.[547] Das ungesichert vorgenommene Einstellen von Inhalten im Internet ist als ein insgesamt aktives Gesamtverhalten zu werten. Dieses verkörpert somit ein taugliches Erklärungszeichen und lässt daher den Schluss auf das Vorliegen einer rechtserheblichen Erklärung zu.[548] Umgekehrt ist in Rechtsprechung und Literatur allgemein anerkannt, dass sich der aktiven Implementierung geeigneter technischer Zugriffsbeschränkungen der Wille des Urhebers entnehmen lässt, mit einer Nutzung der von ihm veröffentlichten Inhalte gerade nicht bzw. – im Falle nutzerseitig zu erfüllender Bedingungen[549] – nur unter einschränkenden Voraussetzungen einverstanden zu sein.[550] Insofern ist für die Frage, ob die Veröffentlichung

543 *Ohly*, Einwilligung, S. 337; *ders.*, FS Jakobs, S. 451 (461f.).

544 Palandt/*Ellenberger*, Einf. v. § 116 BGB, Rn. 7. Etwas anderes gilt abgesehen von den Fällen normierten Schweigens nur dann, wenn die Beteiligten das Schweigen in einer bestimmten Situation als besonderes Erklärungszeichen individuell vereinbart haben oder der Schweigende ausnahmsweise nach Treu und Glauben und unter Berücksichtigung der Verkehrssitte (§ 157 BGB) verpflichtet gewesen wäre, seinen abweichenden Willen zu äußern (Palandt/*Ellenberger*, Einf. v. § 116 BGB, Rn. 7f.).

545 Hierzu *Kap. 2 E. II. 4 a) cc).*

546 Vgl. *Ott*, Linking, S. 376f.; *ders.*, ZUM 2004, 357 (367, Rn. 86); *Spindler*, GRUR 2010, 785 (791); Ernst/Vassilaki/Wiebe/*Wiebe*, Hyperlinks, Rn. 60, 178.

547 *Leistner/Stang*, CR 2008, 499 (505).

548 Ebd.

549 Zu nennen ist etwa die nach Registrierung auf der Startseite eines Anbieters zu erlangende Inhaberschaft einer sog. Session-ID, vgl. dazu BGH, GRUR 2011, 55ff. – *Session-ID*.

550 BGH, GRUR 2008, 245 (247, Rn. 27) – *Drucker und Plotter I*; BGH, GRUR 2010, 628 (632, Rn. 37) – *Vorschaubilder I*; BGH, GRUR 2012, 602 (605, Rn. 27) – *Vorschaubilder II*; vgl. auch *Ott*, Linking, S. 123ff.; *Rath*, Internetsuchmaschinen, S. 129f.

von Inhalten im Internet als Einwilligung interpretiert werden darf, stets zu berücksichtigen, ob Zugriffssicherungsmaßnahmen getroffen wurden. Letztere können sowohl die Auslegung eines Verhaltens als Einwilligung ausschließen als auch den persönlichen, inhaltlichen, zeitlichen sowie räumlichen Anwendungsbereich einer Einwilligung einschränken. Methodisch gesehen ist die Vornahme bzw. Nichtvornahme von Schutzmaßnahmen damit im Rahmen der Auslegung des Einstellens von Werkinhalten zwingend als zum Gesamtverhalten des Erklärenden gehörender Begleitumstand zu berücksichtigen.[551] De facto ermöglicht erst eine derartige Gesamtbetrachtung des Geschehens zuverlässige Aussagen über die vom Urheber mit dem Einstellen von Werkinhalten verfolgten Zwecke.

Später wird noch genauer darauf einzugehen sein, welche Anforderungen an technische Schutzmaßnahmen zu stellen sind bzw. welche konkreten Schutzmaßnahmen der Urheber vornehmen muss, damit aus dem Onlinestellen urheberrechtlich geschützter Bilder keine Einwilligung in urheberrechtliche Nutzungen abgeleitet werden darf.[552]

Aufgrund der großen Relevanz für die nachfolgende Bearbeitung sei an dieser Stelle nochmals festgehalten: *Allein* aus der Nichtvornahme technischer Eigenschutzmaßnahmen kann als bloßem Unterlassen kein für die Einwilligung relevanter Erklärungsgehalt abgeleitet werden. Gleichwohl ist die Nichtvornahme technischer Schutzmaßnahmen als Teil des Gesamtverhaltens des Rechtsinhabers im Rahmen der Interpretation des aktiven Erklärungszeichens „Veröffentlichung von Werkinhalten im Internet“ zu berücksichtigen. Trifft ein Urheber zugriffsbeschränkende Maßnahmen kann dies einerseits Auswirkungen auf das Vorliegen einer schlichten Einwilligung haben. Andererseits können sich daraus auch Einschränkung in Bezug auf Inhalt und Reichweite der durch das Onlinestellen erklärten Einwilligung ergeben.

bb) Objektiv-normative Auslegung des Erklärungsverhaltens

Wurde das Vorliegen eines auslegungsfähigen Erklärungsakts festgestellt, gilt es zu ermitteln, ob dieser objektiv einen auf die Einwilligungserteilung gerichteten Rechtsfolgewillen zum Ausdruck bringt. Die Ermittlung des Vorhandenseins eines Rechtsfolgewillens auf Seiten des Erklärenden erfolgt im Rahmen empfangsbedürftiger Willenserklärung durch Auslegung nach Maßgabe der §§ 133, 157 BGB. § 157 BGB ist nicht lediglich auf Verträge beschränkt, sondern findet auch auf einseitige Willens- und rechtsgeschäftsähnliche Erklärungen Anwendung. Dies

---

551 Ähnlich *Leistner/Stang*, CR 2008, 499 (505); vgl. auch *Tinnefeld*, Einwilligung, S. 93f.

552 *Kap. 2 E. II. 4. a).*

gilt auch dann, wenn sich letztere an einen nicht näher bestimmten Personenkreis richten.[553] Zwar setzen die §§ 133, 157 BGB das Bestehen einer Willenserklärung bzw. eines Vertrages voraus. Anerkannt ist jedoch, dass die Grundsätze objektiv-normativer Auslegung auch dann gelten, wenn festzustellen ist, ob überhaupt eine Willenserklärung abgegeben wurde.[554] Auch hier ist den mit dem Selbstbestimmungsrecht des Rechtsinhabers konfligierenden Vertrauensschutzinteressen folgerichtig durch den Vorrang einer objektiv-normativen vor einer rein empirischen, am subjektiven Willen des Erklärenden orientierten Auslegung Rechnung zu tragen. Entscheidend für das Vorliegen einer Willenserklärung ist demnach, wie ein objektiver Dritter in der Person des Erklärungsempfängers die Erklärung nach Treu und Glauben unter Berücksichtigung der Verkehrssitte verstehen durfte.[555] Innerhalb dieses normativen Rahmens kommt es darauf an, was der Erklärende gewollt und inwieweit er seinen Willen für den Erklärungsempfänger erkennbar zum Ausdruck gebracht hat (§ 133 BGB).[556]

Mangels Möglichkeit zur Interpretation anhand des Wortlauts einer Erklärung[557] kann im Rahmen konkludenter Willenserklärungen allein auf die äußeren Gesamtumstände abgestellt werden, um Rückschlüsse auf den Rechtsfolgewillen des Erklärenden zu ziehen. Der Empfänger darf der Erklärung also nicht einfach den für ihn günstigsten Sinn beilegen (Treu und Glauben), sondern muss unter Berücksichtigung aller ihm bekannten oder erkennbaren Umstände mit gehöriger Aufmerksamkeit prüfen, was der Erklärende gemeint hat.[558] Im Zuge der Erforschung des Willens des Erklärenden ist neben dem Gesamtverhalten des Erklärenden maßgeblich auf dessen Interessen[559] sowie die mit dessen Handeln verfolgten

---

553 *Kohte*, AcP 185 (1985), 105 (125); Staudinger/*Singer*, § 133 BGB, Rn. 17.

554 BGH, NJW 1996, 2574 (2575); BGH, NJW 2006, 3777 (3778); BGH, NJW 2008, 2702 (2704); *Larenz/Wolf*, BGB-AT, § 28, Rn. 1ff.; Staudinger/*Singer*, § 133 BGB, Rn. 8, 25; Palandt/*Ellenberger*, § 133 BGB, Rn. 9; *Brox/Walker*, BGB-AT, Rn. 137.

555 BGH, NJW 1961, 2251 (2253); BGH, NJW 1967, 673; BGH, NJW 1988, 1378 (1379); Staudinger/*Singer*, § 133 BGB, Rn. 18; Soergel/*Hefermehl*, § 133 BGB, Rn. 14; Palandt/*Ellenberger*, § 133 BGB, Rn. 9.

556 BGH, NJW 2008, 2702 (2704).

557 Doch sind auch ausdrückliche Willenserklärungen aufgrund des Verbots einer reinen Buchstabeninterpretation (§ 133 BGB) im Lichte der sie begleitenden Gesamtumstände auszulegen (Staudinger/*Singer*, § 133 BGB, Rn. 48).

558 BGH, NJW 1981, 2295f.; BGH, NJW 2008, 2702 (2704); Palandt/*Ellenberger*, § 133 BGB, Rn. 9.

559 BGH, NJW 1981, 2295; BGH, NJW 1994, 1537 (1538); BGH, NJW 2010, 1592 (1594); Staudinger/*Singer*, § 133 BGB, Rn. 52, 54.

Zwecke Rücksicht zu nehmen.[560] Dabei ist im Zweifel davon auszugehen, dass der Handelnde eine vernünftige und interessenkonforme Regelung treffen wollte.[561] Die Auslegung eines bestimmten Erklärungsakts darf wesentliche Interessen des Erklärenden nicht einfach übergehen.[562] Sofern also aus den die Erklärungshandlung begleitenden Gesamtumständen kein entgegenstehender Wille hervortritt, muss der Interpret davon ausgehen, dass die im Rahmen der Auslegung von (einseitigen) Willenserklärungen relevanten Motive einem objektiv vernünftigen und interessengerechten Handeln des Erklärenden gleichkommen. Insofern sind Handlungsanlass, Zweck sowie Interessen des Erklärenden maßgebliche Anhaltspunkte für die Bildung der allgemeinen Verkehrsanschauung und damit auch für die Frage des Vorliegens einer konkludenten Einwilligung zu berücksichtigen.[563]

Jedoch gilt es im jeweiligen Einzelfall zu beachten, dass dem Handelnden nicht einfach ein „vernünftiger" und „interessengemäßer Wille" im Sinne einer „mutmaßlichen Einwilligung" unterstellt werden darf. Daher ist vorrangig auf den aus Sicht eines objektiven Erklärungsempfängers in erkennbarer Weise zum Ausdruck gekommenen (tatsächlichen) Willen des Erklärenden abzustellen. Die auf allgemein anerkannte Auslegungsregeln und Erfahrungssätze gestützte objektive Erklärungsbedeutung findet dort eine Grenze, wo der Erklärungsempfänger den wahren Willen des Erklärenden erkennt. Er kann hier nicht unter Berufung auf das übliche Verständnis einer Erklärung weitergehende Rechte für sich in Anspruch nehmen. Vielmehr muss er sich in einem solchen Fall an seinem individuellen Verständnis festhalten lassen.[564]

Etwas anderes gilt nur im Rahmen der Interpretation von an die Allgemeinheit gerichteten Regelungen mit korporativem Charakter gegenüber Rechtsnachfolgern und Gläubigern.[565] Hier ist den Verkehrsschutzinteressen letzterer zwingend durch eine einheitliche Auslegung, in welche nur allgemein erkennbare

560 Palandt/*Ellenberger*, § 133 BGB, Rn. 18; Staudinger/*Singer*, § 133 BGB, Rn. 52.

561 Vgl. auch BGH, NJW 2000, 3287 (3289); BGH, NJW 2009, 751; Palandt/*Ellenberger*, § 133 BGB, Rn. 18; Staudinger/*Singer*, § 133 BGB, Rn. 52.

562 Staudinger/*Singer*, § 133 BGB, Rn. 54.

563 Vgl. ohne Bezug zur Einwilligung BGH, NJW 1959, 31. Die Maxime interessengerechter Auslegung für konkludente Einwilligungen ebenfalls bejahend *Tinnefeld*, Einwilligung, S. 73.

564 *Flume*, BGB-AT II, S. 304; Staudinger/*Singer*, § 133 BGB, Rn. 72.

565 Staudinger/*Singer*, § 133 BGB, Rn. 73f. Neben den hiervon erfassten Gesellschaftsverträgen (BGH, NJW 1992, 892 (894); BGH, NJW 1994, 51 (52)) und Vereinssatzungen (BGH, NJW 1994, 51 (52)) gilt das Gebot einheitlicher Auslegung auch für Inhaberschuldverschreibungen (BGH, NJW 1959, 31) sowie Verträge von Publikumspersonengesellschaften (BGH, NJW-RR 1996, 1436 (1437)).

Umstände mit einzubeziehen sind, Rechnung zu tragen; bloß einzelnen Beteiligten bekannte oder erkennbare Umstände haben dagegen außer Betracht zu bleiben.[566] Die schlichte Einwilligung hat, selbst wenn sie inter omnes erklärt wird, lediglich Auswirkungen im Zwei-Personen-Verhältnis zwischen Einwilligendem und dem einzelnen Einwilligungsempfänger.[567] Mit dem rechtserheblichen Handeln von Einwilligendem und Einwilligungsempfänger sind folglich keinerlei Drittinteressen tangiert. Eine einheitliche Auslegung gegenüber den am konkreten Rechtsverhältnis nicht beteiligten Empfängern ist damit nicht angezeigt.[568] Auch für die mit inter omnes erklärten Einwilligungen vergleichbare Auslobung i.S.d. § 657 BGB ist anerkannt, dass ein der Allgemeinheit angehörender Erklärungsempfänger, der den wahren Willen des Auslobenden kennt, sich an seiner individuellen Kenntnis festhalten lassen muss.[569]

Sind allerdings für den Erklärungsempfänger keinerlei Anhaltspunkte im Hinblick auf den tatsächlichen Willen des Erklärenden vorhanden, muss letztlich aus Gründen des Vertrauensschutzes im Rechtsverkehr eine Orientierung an den Interessen und Zwecken desselben, so wie sie sich aus objektiver Empfängersicht darstellen, erfolgen. Zwar besteht durch diese weitgehende Objektivierung und Standardisierung[570] die Gefahr der Zurechnung nur scheinbar selbstbestimmt konsentierter Eingriffe. Jedoch ist jene objektiv-typisierende Einordnung des Erklärungsverhaltens und der für dessen Ermittlung relevanten Motive und Interessen ein für den Rückschluss auf den Rechtsfolgewillen des Erklärenden unerlässliches Charakteristikum konkludenter Willenserklärungen. Im Übrigen begründete es auch einen diametralen Widerspruch mit dem anerkannten Grundsatz der Gleichwertigkeit ausdrücklicher und konkludenter Willenserklärungen[571], wenn man dem Erklärungsempfänger bei letzteren zur

---

566 BGH, NJW 1959, 31; BGH, GRUR 1970, 482 (483); BGH, NJW 1992, 892 (894); BGH, NJW 1994, 51 (52); Palandt/*Ellenberger*, § 133 BGB, Rn. 12; *Omsels*, jurisPR-WettbR 7/2010 Anm. 1; *Conrad*, ZUM 2010, 585 (586).

567 Vgl. *Ohly*, GRUR 2012, 983 (990).

568 *Tinnefeld*, Einwilligung, S. 75f., 156; *Ohly*, GRUR 2012, 983 (990).

569 Staudinger/*Singer*, § 133 BGB, Rn. 17, 72. Den Vergleich mit der Auslobung ebenfalls bemühend *Tinnefeld*, Einwilligung, S. 76.

570 *V. Ungern-Sternberg*, GRUR 2008, 247 (249); *Leistner/Stang*, CR 2008, 499 (505). Zur Typisierung bzw. Standardisierung rechtsgeschäftlich relevanten Verhaltens durch die Verkehrssitte vgl. auch MüKo-BGB[5]/*Kramer*, Vor §§ 116ff., Rn. 29.

571 Vgl. dazu BGH, NJW 1953, 58; BGH, NJW 1980, 2245 (2246); Palandt/*Ellenberger*, Vor §§ 116ff. BGB, Rn. 6; MüKo-BGB/*Armbrüster*, Vor §§ 116ff., Rn. 7; Staudinger/*Singer*, Vor §§ 116ff. BGB, Rn. 58; Soergel/*Hefermehl*, Vor §§ 116ff. BGB, Rn. 31; *Medicus*, BGB-AT, Rn. 333ff.

Vermeidung von Diskrepanzen des subjektiven Willens vom objektiv Erklärten eine Erkundigungspflicht beim Erklärenden auferlegte. Eine Einwilligung, die durch schlüssiges Verhalten erklärt wird, hat genau die gleiche rechtliche Bindungs- und Aussagekraft wie eine ausdrücklich erteilte Einwilligung. Auch sie führt, wie *Tinnefeld* zutreffend feststellt, zu einer Akzeptanzpflicht gegenüber diesem vom Rechtsinhaber vorgenommenen Akt privatautonomer Rechtsgestaltung.[572]

Damit bleibt festzuhalten: Sofern ein Erklärungsempfänger nach normativer Auslegung der Erklärungsumstände davon überzeugt sein darf, dass das Verhalten des Erklärenden als Einwilligung zu verstehen ist, so ist das Vertrauen auf diese Auslegung schutzwürdig. Jene Auslegungsmaxime gilt ungeachtet dessen, ob es sich um ausdrückliche oder konkludent erklärte Einwilligungen handelt.[573] Ein Werknutzer ist demnach zur Einholung einer ausdrücklichen Einwilligung nur dann verpflichtet, wenn er nach Würdigung der Gesamtumstände nicht auf eine konkludente Einwilligung des Rechtsinhabers schließen darf.

cc) Anwendung des Grundsatzes objektiv-normativer Auslegung auf Einwilligungen im Internet

Eine Abweichung von den dargestellten objektiv-normativen Auslegungsgrundsätzen ergibt sich auch dann nicht, wenn das als Auslegungsgegenstand in Betracht kommende Erklärungsverhalten, wie in den „Vorschaubilder"-Entscheidungen, Bezüge zum Internet aufweist. Im Gegenteil: Das Kommunikationsmedium „Internet" ist durch die wechselseitige Nutzung eingebrachter Inhalte geprägt und benötigt v.a. aufgrund seiner dezentralen Strukturen sowie den weitgehend anonymen Nutzungsmöglichkeiten verlässliche und für die einzelnen Werknutzer praktikable Maßstäbe.[574] Ein Funktionieren des Geschäftsverkehrs im Kommunikationsmedium „Internet" wäre dann nicht gewährleistet, wenn der Erklärende den Erklärungsgehalt seines Verhaltens selbst determinieren könnte. Um den Internetrechtsverkehr von Störungen frei zu halten, muss auch hier am Grundsatz normativer Auslegung festgehalten werden. Neben dem Gedanken des Vertrauensschutzes im Rechtsverkehr spricht auch hier das Prinzip der Veranlassung für eine normative Auslegung nach Maßgabe von Treu und Glauben mit Rücksicht auf die Verkehrssitte: Ein am Internetrechtsverkehr durch die Veröffentlichung von Werken auf der

---

572 *Tinnefeld*, Einwilligung, S. 63.

573 Vgl. MüKo-BGB/*Armbrüster*, Vor §§ 116ff., Rn. 7.

574 *V. Ungern-Sternberg*, GRUR 2008, 247 (249).

eigenen Internetseite partizipierender Rechtsinhaber zeigt, dass er sich nach den dort herrschenden Gewohnheiten behandelt wissen will. Selbst wenn er einen derartigen Willen nicht aufweist und sich der geltenden Verkehrssitte möglicherweise gar nicht bewusst ist, muss er aufgrund ihrer per se Geltung in Kauf nehmen, dass sein Verhalten in deren Lichte ausgelegt wird.[575] Der Erklärende muss daher auch im Kommunikationsmedium „Internet" mit einer Standardisierung bzw. Objektivierung seines Erklärungsverhaltens rechnen.[576]

Damit bleibt festzuhalten: Für die durch Auslegung zu beantwortende Frage, ob das Onlinestellen von Inhalten als Einwilligung in urheberrechtliche Nutzungen zu qualifizieren ist, kommt es auf die Verständnismöglichkeiten eines durchschnittlichen Internetnutzers an, der mit den Verkehrsgepflogenheiten des Internets vertraut ist.[577] Für die Bildung der allgemeinen Verkehrsanschauung im Internet stellen der Anlass und Zweck der Veröffentlichung sowie die dieser zugrunde liegende Interessenlage auf Seiten des Inhalteanbieters maßgebliche Anhaltspunkte dar.

dd) Beachtung der Implikationen des urheberrechtlichen Übertragungszweckgrundsatzes

Die für die Ermittlung des Vorliegens von Einwilligungserklärungen relevante „Zweckrichtung" des Erklärungsverhaltens erfährt im Urheberrecht aufgrund des dort allgemein gültigen Überragungszweckgrundsatzes eine besondere Hervorhebung. Letzterer zieht sich wie ein roter Faden durch das gesamte Urheberrecht und ergänzt die lediglich auf die konstitutive Einräumung von Nutzungsrechten zugeschnittene und in § 31 V UrhG normierte Übertragungszweckregel.[578] Der Übertragungszweckgrundsatz, der Ausfluss des in dubio pro auctore-Prinzips ist[579], besagt, dass der Urheber im Zweifel keine weitergehenden Rechte einräumt, als es der von den Parteien vereinbarte Zweck der „Verfügung" erfordert.[580] Leitgedanke und Ziel dieser Auslegungsregel ist es v.a. den Urheber

---

575 Vgl. BGH, LM Nr. 1 zu § 157 [B]; *Flume*, AT II, S. 313; Staudinger/*Singer*, § 133 BGB, Rn. 68; vgl. auch MüKo-BGB/*Busche*, § 157, Rn. 18, der die von der Kenntnis des Erklärenden unabhängige Geltung aus dem Charakter der Verkehrssitte als „Sozialnorm" ableiten will.

576 *Heymann/Nolte*, K&R 2009, 759 (762).

577 BGH, NJW 2008, 1384 (1387); OLG Frankfurt a.M., MMR 2009, 341; Hoeren/Sieber/*Kitz*, MultimediaR, Kap. 13.1, Rn. 9.

578 Statt vieler Loewenheim/*Loewenheim/Nordemann*, Handbuch UrhR, § 60, Rn. 16.

579 Kreile/Becker/Riesenhuber/*Riesenhuber*, Kap. 9, Rn. 7.

580 Ulmer, UrhR, S. 364; BGH, GRUR 1984, 119 (121) – *Synchronisationssprecher;* BGH, GRUR 1996, 121 (122) – *Pauschale Rechtseinräumung*; BGH, GRUR 2003, 234 (236) – *EROC III;* BGH, GRUR 2004, 938 (939) – *Comic-Übersetzungen III.*

vor einer pauschalen Rechtevergabe in Unkenntnis oder einer Notsituation zu bewahren. Er soll im Grundsatz möglichst weitgehend an den wirtschaftlichen Früchten seines Werks partizipieren können.[581]

Diese Schutzzwecke lassen sich auch auf die konkludente Konsentierung urheberrechtlicher Nutzungen mittels Einwilligung übertragen: Die objektiv-normative Deutung eines Verhaltens als Einwilligung hat nämlich eine *unentgeltliche* Nutzungsmöglichkeit des Werknutzers zur Konsequenz. Desweiteren bewirkt die Legitimationswirkung der Einwilligung den Fortfall sämtlicher zugunsten des Urhebers bestehender Beseitigungs- und Ersatzansprüche. Letztere verkörpern eine vermögenswerte Rechtsposition, deren Wegfall zu wirtschaftlichen Einbußen beim Urheber führt. Selbst wenn man dem Urheber im Falle einer irrtumsbehafteten Einwilligung die Möglichkeit zur Anfechtung mit Wirkung ex tunc gewähren wollte[582], bliebe es dennoch bei der wirtschaftlichen Nachteilhaftigkeit für den Urheber. Der auf die Gültigkeit der Einwilligung vertrauende Einwilligungsempfänger kann sich nämlich beim Anfechtenden schadlos halten: Letzterer hat die Möglichkeit die aus der Aufhebung der Rechtmäßigkeit vergangener Nutzungen resultierenden pekuniären Folgen der Anfechtung nach § 122 I BGB auf den Urheber abzuwälzen.[583]

Für die Anwendung des Übertragungszweckgrundsatzes auf die Einwilligung spricht ferner, dass es – insbesondere bei Einwilligungen mit Dauercharakter – durchaus möglich ist, dass der Urheber die wirtschaftliche Bedeutung und Tragweite seiner Nutzungsgestattung nicht hinreichend zu überblicken vermag. Selbstverständlich steht ihm hier die eine Möglichkeit zu, die Legitimationswirkung der schlichten Einwilligung ex nunc mittels Widerrufs zu beseitigen. Doch scheint keineswegs ausgeschlossen, dass ein wirtschaftlich unterlegener, vom konkreten Werknutzer weitgehend abhängiger Urheber von seiner Widerrufsmöglichkeit mit Blick auf ein zukünftiges Geschäftsverhältnis keinen Gebrauch machen wird. Jene Verhandlungsdisparität zwischen Urheber und Werknutzer steht kennzeichnend für das natürliche Schutzbedürfnis des Urhebers im Urhebervertragsrecht.[584] Sie wird dort v.a. durch urheberschützende Auslegungsregeln wie den Übertragungszweckgrundsatz zu nivellieren versucht.

---

581 BGH, NJW 1996, 121 (122) – *Pauschale Rechtseinräumung*; *Riesenhuber*, GRUR 2005, 712 (714); Wandtke/Bullinger/*Wandtke/Grunert*, § 31 UrhG, Rn. 39; Schricker/Loewenheim/*Schricker/Loewenheim*, § 31 UrhG, Rn. 65.

582 Zu den Anfechtungsfolgen der schlichten Einwilligung siehe *Kap. 2 E. III. 5. a) dd)*.

583 *Tinnefeld*, Einwilligung, S. 133.

584 *Dreier/Schulze*, Vor §§ 31 UrhG, Rn. 2; Spindler/Schuster/*Wiebe*, Recht der elektronischen Medien, Vor §§ 31ff. UrhG, Rn. 2.

Die vorstehende Untersuchung hat gezeigt, dass auch bei konkludent erklärten Einwilligungen in urheberrechtlich relevante Nutzungen ein natürliches Schutzbedürfnis des Urhebers besteht. Diesem ist durch die Erstreckung des Übertragungszweckgrundsatzes nicht nur auf die Frage des Inhalts und Umfangs bereits festgestellter Einwilligungen, sondern auch auf die vorgelagerte Frage des grundsätzlichen Vorliegens einer Einwilligung Rechnung zu tragen.[585] Somit gilt es bei der Ermittlung des Vorliegens und der Reichweite konkludenter Einwilligungen in besonderem Maße auf die Zweckgerichtetheit des Urheberhandelns Rücksicht zu nehmen. Im Unterschied zu Lizenzen mangelt es der Einwilligung an einem zugrundeliegenden Kausalgeschäft, welches in Verbindung mit den Begleitumständen Rückschlüsse auf den Zweck der Nutzungsrechtseinräumung zulässt.[586] Bei der Einwilligung besteht deshalb nur die Möglichkeit die Motivation des Urhebers und den eigentlichen Handlungsanlass des in Rede stehenden Urheberverhaltens, so wie sie sich aus objektiver Empfängersicht darstellen, zu bewerten.[587]

ee) Kritik an der vom BGH geforderten „Üblichkeit der Nutzungshandlung"

Den oben erörterten, für die Annahme einer konkludenten Einwilligung relevanten Auslegungsmaximen und Erfahrungssätzen wird der BGH in der „Vorschaubilder I"-Entscheidung nicht gerecht: Der BGH entnimmt in der Vorschaubilder I"-Entscheidung der von der Urheberin initiierten Einstellung von Werkabbildungen ins Internet eine Einwilligung in die nach den Umständen üblichen Nutzungen. Darunter fasst er auch die mit dem Betrieb einer Bildersuchmaschine verbundenen Nutzungen. Die vom BGH gewählte Anknüpfung an die mediumbezogene Sozialadäquanz einer urheberrechtlichen Nutzung führt zwar, wie sich im 2. Kapitel der vorliegenden Untersuchung erweisen wird, in den „Vorschaubilder"-Entscheidungen zu einer interessengerechten Beurteilung. Es wäre allerdings nicht sachgerecht, in anderen, ähnlich gelagerten Nutzungssachverhalten allein aufgrund der notorischen Bekanntheit einer Nutzungshandlung die Konformität mit den Urheberinteressen und damit letztlich mit dem Urheberwillen zu unterstellen. Ob letzteres tatsächlich zutrifft, muss

---

585 Vgl. *Dasch*, Einwilligung, S. 88; Loewenheim/*Nordemann*, Handbuch UrhR, § 60, Rn. 16; *Heß*, Fernsehübertragung, S. 164; *Leistner/Stang*, CR 2008, 499 (504); *v. Ungern-Sternberg*, GRUR 2009, 369 (371); *Hüsch*, CR 2010, 452 (455); *Ohly*, GRUR 2012, 983 (987f.).

586 *Tinnefeld*, Einwilligung, S. 78.

587 Vgl. auch *Tinnefeld,* der aber hier fälschlicherweise von einer „Verschiebung vom objektivierten Empfängerhorizont in Richtung der subjektiven Motivlage des Erklärenden" ausgeht.

gerade erst im Rahmen der Auslegung des Gesamtverhaltens des Erklärenden unter Berücksichtigung der Interessenlage ermittelt werden (§ 133, 157 BGB). Sofern sich im Einzelfall herausstellt, dass wesentliche Interessen der Annahme einer schlichten Einwilligung entgegenstehen, dürfen diese nicht einfach übergangen werden.[588] Vielmehr ist in einem solchen Fall nur die Ablehnung des Vorliegens einer Einwilligung interessengerecht. Die Übereinstimmung mit den Urheberinteressen ist ein konstitutiver Gesichtspunkt zur Ermittlung der Verkehrssitte, nach der sich letztlich die Auslegung des Erklärungsverhaltens bemisst. Eine den Urheberinteressen klar zuwiderlaufende Unsitte kann nicht maßstabgebend für die Auslegung eines Erklärungsverhaltens sein.[589] Zwar lässt sich regelmäßig auch aus der Üblichkeit einer Nutzung ein Indiz für das Vorliegen einer bestimmten Verkehrssitte entnehmen. Jedoch kann diese nicht, wie nach der Vorgehensweise des BGH, isoliert als Kriterium für einen Rückschluss auf den Willen des Inhalteanbieters herangezogen werden.

Neben den Urheberinteressen bedarf es im Urheberrecht im Rahmen der Ermittlung des Vorliegens und Inhalts konkludenter Einwilligungen der besonderen Rücksichtnahme auf die Zweckrichtung des Urheberhandelns. Auch dieser Auslegungsmaxime wird unter Zugrundelegung der vom BGH zum Maßstab deklarierten Üblichkeit einer Nutzungshandlung[590] nicht ausreichend Rechnung getragen. Im Gegenteil: Das Abstellen auf die Üblichkeit öffnet gewissermaßen einer richterlichen Beliebigkeit Tür und Tor (Wer kann schon zuverlässig sagen, was heute im Internet alles üblich ist?). Sie leistet damit einer Entwicklung der Einwilligung als Allzweckwaffe zur Legitimation von Onlinenutzungen Vorschub. Angesichts der rasanten (technischen) Fortschritte in der Informationsgesellschaft und der nicht zeitnah möglichen Anpassung des urheberrechtlichen Schrankenkatalogs droht unter Zugrundelegung dieses zu extensiven Maßstabs eine einseitige Verschiebung des vom Gesetzgeber in den Verwertungsrechten und den Schrankenregelungen intendierten Interessenausgleichs zwischen Urhebern und Werkverwertern zulasten von ersteren.[591] Auch ein Verstoß gegen das verfassungsrechtlich verankerte Bestimmtheitsgebot erscheint angesichts des grundrechtsrelevanten Eingriffs in Art. 14 I S. 1 GG bzw. die hiervon umfassten Verwertungsrechte[592] nicht ausgeschlossen.

588 Vgl. auch Staudinger/*Singer*, § 133 BGB, Rn. 54.

589 Vgl. *Flume*, BGB-AT II, S. 313f.

590 BGH, GRUR 2010, 628 (632, Rn. 36) – *Vorschaubilder I* mit Verweis auf BGH, GRUR 2008, 245 (247, Rn. 27) – *Drucker und Plotter I.*

591 *Ott*, ZUM 2009, 119 (126).

592 Maunz/Dürig/*Papier*, Art. 14 GG, Rn. 197a; Epping/Hillgruber/*Axer*, Art. 14 GG, Rn. 50.

ff) Keine gesteigerten subjektiven Mindestanforderungen

Nachdem vorstehend die Anforderungen und Maßstäbe des objektiven, äußeren Tatbestandes der Konsentierung urheberrechtlicher Nutzungen im Internet benannt wurden, gilt es nunmehr zu ermitteln, welche Voraussetzungen an das Vorliegen des subjektiven Einwilligungstatbestandes zu stellen sind.

Der subjektive Tatbestand einer Willenserklärung wird üblicherweise in die subjektiven Elemente „Handlungswille", „Erklärungsbewusstsein" und „Geschäftswille" untergliedert.[593] Sowohl bei rechtsgeschäftlichen Willenserklärungen im Allgemeinen als auch bei der Einwilligung im Speziellen ist nahezu[594] unstreitig, dass der Handlungswille eine konstitutive Voraussetzung im subjektiven Erklärungstatbestand bildet. In den hier interessierenden Fällen der Veröffentlichung von Werkinhalten im Internet kann kein Zweifel an einer finalen Setzung eines Erklärungszeichens durch den Einstellenden bestehen.

Im Gegensatz zum Handlungswillen gehört das Erklärungsbewusstsein, also das Bewusstsein des Handelnden, dass sein vom Handlungswillen umfasstes äußeres Verhalten irgendeine rechtserhebliche Erklärung verkörpert[595], nach Ansicht der Rechtsprechung und eines Großteils der Literatur nicht zu den konstitutiven inneren Tatbestandsvoraussetzungen einer Willenserklärung.[596] Die Vertreter dieser nach mehrfacher höchstrichtlicher Entscheidung[597] heute als gefestigt anzuerkennenden Auffassung gehen davon aus, dass das Recht der Willenserklärung nicht allein auf dem Gedanken der Selbstbestimmung des Rechtsträgers aufbaue; es schütze darüber hinaus in den §§ 119ff., 157 BGB auch

593 *BGH*, NJW 1984, 2279 (2280); BGH, NJW 1990, 454 (456); BGH, NJW 1995, 953; Staudinger/*Singer*, Vor §§ 116ff. BGB, Rn. 26.

594 Den Handlungswillen als Voraussetzung von Willenserklärungen ablehnend und stattdessen auf die Handlungsfähigkeit zum Zeitpunkt der Herbeiführung des objektiven Erklärungstatbestandes abstellend *Neuner*, JuS 2007, 881 (884).

595 BGH, NJW 1993, 2100; *Larenz/Wolf*, BGB-AT, § 24, Rn. 6; Bamberger/Roth/*Wendtland*, § 133 BGB, Rn. 6; *Brox/Walker*, BGB-AT, Rn. 85.

596 BGH, NJW 1984, 2279 (2280); BGH, NJW 1990, 454 (456); *Bydlinski*, JZ 1975, 1 (5); *Larenz/Wolf*, BGB-AT, § 24, Rn. 1; *Medicus*, BGB-AT, Rn. 607; *Brox/Walker*, BGB-AT, Rn. 137; *Kling*, Sprachrisiken, S. 251; Soergel/*Hefermehl*, Vor §§ 116ff. BGB, Rn. 13; MüKo-BGB/*Armbrüster*, § 119, Rn. 100; a.A. OLG Düsseldorf, OLGZ 1982, 240; *Canaris*, Vertrauenshaftung, S. 427ff.; 548ff.; *ders.*, NJW 1984, 2281; Staudinger[11]/*Coing*, Vor §§ 104ff. BGB, Rn. 21ff.; *Wieacker*, JZ 1967, 385 (389); *Singer*, JZ 1989, 1030 (1034f.); *ders.*, Selbstbestimmung, S. 169ff.

597 BGH, NJW 1990, 454 (456); BGH, NJW 2002, 363 (365); BGH, NJW 2002, 2325 (2327); BGH, NJW 2006, 3777 (3778).

das Vertrauen des Erklärungsempfängers und die Verkehrssicherheit. Die Befürworter der genannten Ansicht wollen den Erklärenden deshalb vorbehaltlich einer Anfechtung nicht nur an nicht vorgestellte, sondern auch an nicht bewusst in Geltung gesetzte Rechtsfolgen binden.[598]

Die herrschende Meinung überzeugt sowohl im Ergebnis als auch in der Begründung: Das Vertrauen des Empfängers darauf, dass überhaupt eine Willenserklärung vorliegt, ist ebenso schutzwürdig, wie wenn der Empfänger darauf vertraut, dass rechtsgeschäftlicher Wille und Erklärung übereinstimmen.[599] In beiden Fällen hat die Erklärung für einen redlichen Erklärungsempfänger den vertrauensbegründenden Anschein eines vollgültigen Erklärungsakts.[600] In Anbetracht der mit der Selbstbestimmung des Rechtsinhabers stets korrelierenden Selbstverantwortung und des hiermit wiederum korrespondierenden Vertrauensschutzprinzips im Rechtsgeschäftsverkehr ist konsequenterweise auch hier Vertrauensschutz zu gewähren.[601] Damit sind zugleich die in der Literatur von *Canaris*[602] vorgetragenen prinzipiellen Bedenken, dass ohne Erklärungsbewusstsein keine privatautonome Gestaltung in Selbstbestimmung möglich sei, ausgeräumt.[603] Freilich kann bei unbewusstem Erklärungsverhalten nur dann eine Willenserklärung vorliegen, wenn sie dem Erklärenden objektiv zurechenbar ist.[604] Dies ist nach den vom BGH entwickelten Maßstäben dann der Fall, wenn der sich Äußernde hätte erkennen und vermeiden können, dass sein Verhalten nach Treu und Glauben und der Verkehrssitte als Willenserklärung aufgefasst werden durfte und der Empfänger dies auch tatsächlich so verstanden hat.[605]

Aufgrund der Gleichwertigkeit ausdrücklicher und konkludenter Willenserklärungen[606] gelten diese zum Erklärungsbewusstsein aufgestellten Grundsätze

---

598 OLG Celle, WM 1988, 1436 (1437); *Bydlinski*, JZ 1975, 1 (3); MüKo-BGB[5]/*Kramer*, Vor §§ 116ff., Rn. 18a; *Kling*, Sprachrisiken, S. 251.

599 *Brox/Walker*, BGB-AT, Rn. 137.

600 *Flume*, BGB-AT II, S. 450; *Kling*, Sprachrisiken, S. 251; *Brox/Walker*, BGB-AT, Rn. 137.

601 *Bork*, BGB-AT, Rn. 586; *Kling*, Sprachrisiken, S. 251.

602 *Canaris*, Vertrauenshaftung, S. 427; *ders.*, NJW 1984, 2281 (2282). Sich anschließend *Singer*, Selbstbestimmung, S. 169ff.

603 Vgl. *Bydlinski*, JZ 1975, 1 (4ff.); *Kramer*, Grundfragen, S. 170; *Schmidt-Salzer*, JR 1969, 288; MüKo-BGB/*Armbrüster*, § 119, Rn. 97.

604 Staudinger/*Singer*, Vor §§ 116ff. BGB, Rn. 35; MüKo-BGB/*Armbrüster*, § 119, Rn. 97; *Bork*, BGB-AT, Rn. 587.

605 BGH, NJW 1990, 454 (456); BGH, NJW 2006, 3777 (3778); *Bydlinski*, JZ 1975, 1 (5); Larenz/Wolf, BGB-AT, § 36, Rn. 25.

606 *Kap. 2 D.*

für beide Erklärungsformen gleichermaßen.[607] Auch schlüssiges Verhalten ohne Erklärungsbewusstsein kann demnach dann als Willenserklärung behandelt werden, wenn der sich Äußernde beim Erklärungsempfänger fahrlässig das Vertrauen auf einen bestimmten Erklärungsinhalt geweckt hat, mithin ein Zurechnungsgrund besteht. Andererseits darf jedoch nicht außer Acht gelassen werden, dass die Rechtsprechung bei bestimmten konkludenten Willenserklärungen wie Genehmigungen[608], Bestätigungen[609], den sog. Willensbetätigungen der Dereliktion (einseitigen Verzichtserklärungen)[610] sowie bei konkludenten Annahmeerklärungen gemäß § 151 BGB[611] auf dem Standpunkt steht, dass sie „das Bewusstsein voraussetzen, eine rechtsgeschäftliche Erklärung sei wenigstens möglicherweise erforderlich" bzw. der Annahme- bzw. Verzichtswille müsse zumindest objektiv erkennbar betätigt worden sein. Offenbar in Anlehnung an diese Rechtsprechung ging zuletzt das OLG Jena als Berufungsinstanz der „Vorschaubilder I"-Urteils des BGH auch für die schlichte Einwilligung von „subjektiven Mindestanforderungen" aus. Diese bestünden darin, dass der Erklärende mit der seinem Handeln beigelegten Bedeutung wenigstens rechnen müsse.[612] Der BGH ist dieser Auffassung im „Vorschaubilder I"-Urteil[613] zu Recht nicht gefolgt:

Mit der erwähnten Rechtsprechung des BGH bezüglich Bestätigungen, Genehmigungen etc. ist gerade keine Abkehr von den Grundsätzen des Genügens eines potentiellen Erklärungsbewusstseins auch im Rahmen konkludenter Willenserklärungen verbunden.[614] Im Übrigen kann ihr, soweit Genehmigungserklärungen betroffen sind, auch nicht gefolgt werden. Es leuchtet nicht ein, weshalb die konkludente Genehmigung eines Rechtsgeschäfts anders behandelt werden soll als andere Willenserklärungen. Die Genehmigung ist ein die Wirksamkeit schwebend unwirksamer Verträge bewirkendes einseitiges empfangsbedürftiges

---

607 BGH, NJW 1990, 454 (456); BGH, NJW 1995, 953; *Bydlinski*, Privatautonomie, S. 56; Staudinger/*Singer*, Vor §§ 116ff. BGB, Rn. 43; MüKo-BGB/*Armbrüster*, § 119, Rn. 100; a.A. *Flume*, BGB-AT II, S. 74.

608 BGH, NJW 1951, 791; BGH, NJW 1970, 752 (753); BGH, NJW 1982, 1099 (1100); BGH, WM 1988, 216 (217).

609 RGZ 68, 398 (400); BGH, NJW 1971, 1795 (1800); BGH, NJW 1990, 1106; BGH, WM 1977, 387 (389).

610 RGZ 68, 398 (400).

611 BGH, NJW 1990, 1655 (1656); BGH, NJW 1990, 1656 (1658); BGH, NJW 2000, 276 (277); BGH, WM 1986, 324.

612 OLG Jena, ZUM 2008, 522 (526).

613 BGH, GRUR 2010, 628 (632, Rn. 36) – *Vorschaubilder I.*

614 So zutreffend *Singer*, Selbstbestimmung, S. 134; Staudinger/*Singer*, Vor §§ 116ff. BGB, Rn. 45; *Frotz*, Verkehrsschutz, S. 495ff.

Rechtsgeschäft.[615] Wie jede andere empfangsbedürftige Willenserklärung ist auch sie der Auslegung nach den §§ 133, 157 BGB zugänglich. Anders als in der Literatur vereinzelt zur Rechtfertigung ihrer Sonderbehandlung angeführt wird, stößt auch die Auslegung konkludenter Genehmigungserklärungen nicht auf unüberwindliche Schwierigkeiten.[616] Richtigerweise genügt es daher, dass der Erklärungsempfänger vom Erklärungsbewusstsein beim Genehmigenden ausgehen kann und der sich Äußernde fahrlässig beim Erklärungsempfänger das Vertrauen auf den Erklärungsinhalt erweckt hat. Inzwischen geht auch der BGH selbst abweichend von der dargestellten älteren Rechtsprechung von der Verzichtbarkeit des Genehmigungsbewusstseins aus.[617]

Aufgrund der Ähnlichkeit von bürgerlich-rechtlicher Zustimmung i.S.d. § 182 I BGB und schlichter Einwilligung erscheint es nur folgerichtig, die Grundsätze zum fehlenden Erklärungsbewusstsein auf letztere zu übertragen.[618] Auch die Einwilligung ist nicht allein Ausdruck privatautonomer Selbstbestimmung. Sie stellt nämlich zugleich einen erklärungs- und empfangsbedürftigen Akt sozialer Kommunikation dar. Dieser bewirkt im Interesse der Rechtssicherheit eine Verantwortung für das auf die Wirksamkeit der Einwilligung gestützte Vertrauen des Erklärungsempfängers. Hierdurch unterscheidet sich die Einwilligung von der Dereliktion gemäß § 959 BGB, der Bestätigung gemäß § 144 BGB sowie der Annahmeerklärung nach § 151 S. 1 BGB. Bei letzteren handelt es sich um Handlungen, die zwar in Parallele zur Einwilligung Ausdruck eines auf eine bestimmte Rechtsfolge gerichteten Willens sind. Ihnen kommt allerdings keinerlei Kundgabezweck zu und sind als nicht empfangsbedürftige Willenserklärungen bzw. -betätigungen zu qualifizieren.[619] Mangels einer besonderen

---

615 *Boecken*, BGB-AT, Rn. 596.

616 Staudinger/*Singer*, Vor §§ 116ff. BGB, Rn. 45; *ders.*, Selbstbestimmung, S. 148ff.; *Frotz*, Verkehrsschutz, S. 497; *Medicus*, BGB-AT, Rn. 531.

617 BGH, NJW 1990, 454 (Ls. 2); BGH, WM 2004, 21 (24); BGH, WM 2011, 743 (745); BGH, BKR 2005, 501 (503); ebenso Palandt/*Ellenberger*, § 133 BGB, Rn. 11. Vgl. auch zum Widerruf einer Vollmachtserklärung BGH, NJW 1995, 953.

618 Im Ergebnis ebenso *Leistner/Stang*, CR 2008, 499 (505); *v. Ungern-Sternberg*, GRUR 2009, 369 (370); *Fahl*, Bildersuche, S. 80f.

619 Staudinger/*Singer*, Vor §§ 116ff. BGB, Rn. 4; *Bydlinski*, BGB-AT, 4/9 (S. 96). Der Streit, ob die Annahmeerklärung nach § 151 BGB bzw. die Dereliktion gemäß § 959 BGB als bloße Willensbetätigungen oder trotz fehlenden Kundgabezwecks als echte Willenserklärungen in Form einer (konkludenten) „Willensbetätigung" einzuordnen sind, ist rein theoretischer Natur (Jauernig/*Jauernig*, § 151 BGB, Rn. 1; Bamberger/Roth/*Eckert*, § 151 BGB, Rn. 4) und soll hier nicht weiter vertieft werden. Vgl. zum Streitstand, MüKo-BGB^5/*Kramer*, § 151, Rn. 49.

Vertrauensposition des Offerenten i.S.v. § 151 S. 1 BGB[620] oder eines zufällig von der Dereliktion bzw. der Bestätigung erfahrenden Dritten ist das Vorhandensein eines Annahme-, Verzichts oder Bestätigungswillens unabdingbare subjektive Voraussetzung. Das Prinzip der Selbstbestimmung kann nämlich nur insoweit von den Prinzipien des Verkehrs- und Vertrauensschutzes verdrängt werden, als dies der Schutz des Erklärungsempfängers erfordert.[621]

Damit bleibt für die schlichte Einwilligung zu konstatieren, dass das Erklärungsbewusstsein nicht zu den konstitutiven Voraussetzungen des subjektiven Einwilligungstatbestandes gehört. Sofern der Auslegung eines vom Rechtsinhaber zwar unbewussten, diesem gleichwohl objektiv zurechenbaren Erklärungsverhaltens eine schlichte Einwilligung entnommen werden kann, muss sich der Rechtsinhaber hieran zumindest vorläufig bis zum Widerruf bzw. bis zur Anfechtung der Einwilligungserklärung festhalten lassen. Die objektive Zurechenbarkeit ist nach den allgemeinen Grundsätzen dann zu bejahen, wenn der sich Äußernde bei gebührender Sorgfalt nach Treu und Glauben und unter Berücksichtigung der Verkehrssitte die Auslegung seines Verhaltens als Willenserklärung hätte erkennen und verhindern können. Da sich die Erkennbarkeit der Deutung eines Verhaltens als rechtserheblich somit nach den Verkehrsgepflogenheiten bemisst, sind Fälle, in denen einem Verhalten ein auf die Einwilligungserteilung gerichteter Rechtsfolgewille entnommen werden kann und gleichzeitig das Fehlen von Erklärungsfahrlässigkeit auf subjektiver Tatbestandsebene zu bejahen ist, praktisch undenkbar. Die von den Erwartungen des Rechtsverkehrs geprägte Erkennbarkeit der Deutung eines Verhaltens als rechtserheblich ist nämlich auch im Rahmen der Interpretation des Erklärungsverhaltens als Einwilligung ein notwendiger – wenigstens gedanklich zu vollziehender – Zwischenschritt.[622] Somit ist der (subjektive) Mindesttatbestand einer konkludent erklärten Einwilligung regelmäßig bereits dann erfüllt, wenn aufgrund des äußeren Verhaltens und der dieses begleitenden Gesamtumstände nach Treu und Glauben und der Verkehrssitte auf das Vorliegen einer schlichten Einwilligung zu schließen ist.

Nach dem vorstehend Gesagten ist der Feststellung des BGH in der „Vorschaubilder I"-Entscheidung, wonach es für das Vorliegen einer konkludenten Einwilligung auf den aus Sicht des Erklärungsempfängers zu ermittelnden

620 *Bydlinski*, BGB-AT, 6/18 (S. 122); *ders.*, JBl. 1983, 169; Palandt/*Ellenberger*, § 151 BGB, Rn. 2b.

621 Vgl. BGH, NJW 1995, 953; BGH, NJW-RR 2012, 478 (481) – *Geldtransport III.*

622 Vgl. *Tinnefeld*, Einwilligung, S. 107f.

objektiven Erklärungsinhalt ankomme[623], zuzustimmen. Unterstellt man, dass im Kommunikationsmedium Internet eine Verkehrsanschauung besteht, wonach ein Urheber durch das Onlinestellen von Werkinhalten eine konkludente Einwilligung in Nutzungen durch Bildersuchmaschinen zum Ausdruck bringt, muss er sich diese Deutung seines Verhaltens auch dann zurechnen lassen, wenn er mit den Folgen der Veröffentlichung sowie der Arbeits- und Funktionsweise von Bildersuchmaschinen nicht vertraut ist und daher kein Erklärungsbewusstsein hatte.[624] Schließlich hat sich ein aktiv am Internet partizipierender Rechtsinhaber mit den dort geltenden Sitten und Verkehrsgepflogenheiten vertraut zu machen.[625] Sofern er dies unterlässt und deshalb in Unkenntnis der per se geltenden Verkehrssitte handelt, lässt er die gebotene Sorgfalt außer Acht. Er handelt also m.a.W. „erklärungsfahrlässig“ und liefert damit den Grund für die normative Zurechnung seines Verhaltens als Einwilligung.

Freilich stellt neben der Entbehrlichkeit des Erklärungsbewusstseins im Falle der Zurechenbarkeit des äußeren Erklärungstatbestandes auch der Geschäftswille keine essentielle Voraussetzung für das Vorliegen einer schlichten Einwilligung dar. Hier bringt bereits § 119 I BGB für Willenserklärungen im Allgemeinen zum Ausdruck, dass dies ihrer Wirksamkeit nicht entgegensteht. Für die konkludente Einwilligung gelten insoweit keine Besonderheiten. Unerheblich ist daher, ob die Einwilligung, objektiv ausgelegt, nach Inhalt und Reichweite mit dem tatsächlichen Willen des Erklärenden übereinstimmt. Im Falle des Auseinanderfallens von subjektiv Gewolltem und objektiv Erklärtem ist der Erklärende auf die ihm zustehende Anfechtungsmöglichkeit nach § 119 I BGB zu verweisen.

gg) Fazit

Für die Ermittlung des Vorliegens und Inhalts schlichter Einwilligung ist auf die allgemeinen Grundsätze rechtsgeschäftlicher Willenserklärungen zu rekurrieren. Einer Auslegung als Einwilligung zugänglich sind nur solche Verhaltensweisen, die nach außen ein aktives Handeln verkörpern. Liegt ein taugliches Erklärungsverhalten vor, ist durch Auslegung nach Treu und Glauben unter Berücksichtigung der Verkehrssitte zu ermitteln, ob diese als Einwilligung interpretiert werden kann. Im Rahmen urheberrechtlicher Konsentierungen gilt der Ermittlung der Interessen und Motive des Urhebers besondere Aufmerksamkeit. Dabei ist in Ermangelung anderer Anhaltspunkte am Gebot der vernünftigen

---

623 BGH, GRUR 2010, 628 (632, Rn. 36) – *Vorschaubilder I*.

624 Vgl. auch *Fahl*, Bildersuche, S. 81.

625 *Fahl*, Bildersuche, S. 80f.; dies ebenfalls voraussetzend *Leistner/Stang*, CR 2008, 499 (505f.).

und interessengerechten Auslegung festzuhalten. In den hier interessierenden Fällen des Anbietens von Inhalten im Internet gilt es also aus objektiver Empfängersicht zu ermitteln, welche Nutzungen ein rational denkender und interessengerechte Regelungen anstrebender Urheber als Inhalteanbieter erlauben würde. Zur Bejahung des inneren Tatbestandes sind bei schlichten Einwilligungen keine über gewöhnliche Willenserklärungen hinausgehenden Mindestanforderungen zu stellen: Zwingend erforderlich ist der Handlungswille des Einwilligenden. Das Vorhandensein des Erklärungsbewusstseins beim Einwilligenden ist dann verzichtbar, wenn ihm der gesetzte Erklärungstatbestand zurechenbar ist. Der Geschäftswille ist keine konstitutive Einwilligungsvoraussetzung.

6. *Keine Abkehr von der urheberrechtlichen Grundsystematik des „Opt in“ durch die „Vorschaubilder“-Urteile*

Eine Abkehr von der Grundsystematik des Urheberrechts ist mit den „Vorschaubilder“-Entscheidungen des BGH nicht verbunden:[626] Das UrhG beruht traditionell auf einem sog. „Opt-in“-System.[627] Grundlage dessen sind die in §§ 15ff. UrhG fixierten aber nicht abschließend aufgezählten Verwertungsrechte. Diese räumen dem Urheber vorbehaltlich des Eingreifens einer Schrankenbestimmung die ausschließliche Befugnis ein, selbstbestimmt über die wirtschaftliche Auswertung seines Werks zu entscheiden (positive Nutzungs-, negative Verbotsrechte). Aufgrund der damit zugunsten des Urhebers bestehenden Ausschließlichkeitsbefugnis muss sich derjenige, der fremde Werke nutzen möchte, um ein Eingriffsbefugnisse verleihendes Recht bemühen.[628] Zur Wahrung der Rechte des Urhebers ist also dessen vorherige Zustimmung mit dem betreffenden Nutzungsvorgang erforderlich (Opt in).[629] Der urheberrechtliche Gesetzgeber hat sich damit im Hinblick auf den Schutz der verwertungsrechtlichen Befugnisse des Urhebers für die schutzintensive Variante eines generellen Eingriffsverbotes mit einzelfallbezogenem Schranken- und Einwilligungsvorbehalt entschieden. Ein Paradigmenwechsel in Richtung eines „Opt out“ ist jedenfalls in naher Zukunft nicht zu erwarten. Dies bekräftigt nicht zuletzt die im urheberrechtlichen Schrifttum im Zusammenhang mit der Google-Buchsuche überwiegend vertretene Ablehnung eines „Opt-out“-Systems. Nach Maßgabe eines solchen Systems wäre der Urheber

626 *Ott*, WRP 2011, 655 (670); a.A. *Höppner*, WRP 2012, 625 (634).

627 *Wandtke*, UrhR, Rn. 38 (S. 18); *Katzenberger*, GRUR Int 2010, 563 (572); *Hüttner*, WRP 2010, 1008 (1013).

628 *Hüttner*, a.a.O.; *Dreier/Schulze*, § 31 UrhG, Rn. 103.

629 *Wandtke*, a.a.O.; *Hüttner*, a.a.O.

(Autor, Schriftsteller) verpflichtet zu widersprechen, wenn das Schriftwerk von Google nicht in digitalisierter Form öffentlich zugänglich gemacht werden soll.[630] Hieran zeigt sich die klare Tendenz die Aktionslast aufgrund der häufig schwächeren ökonomischen Position des Urhebers[631] beim Werknutzer zu belassen und damit insgesamt am „Opt-in"-System des UrhG festzuhalten. Somit bleibt es bei dem Grundsatz, dass ein Eingriff in urheberrechtliche Verwertungsrechte, der nicht von einer Schranke gedeckt ist, per se unzulässig ist, sofern nicht ausnahmsweise eine zumindest einseitig erteilte Legitimation gegeben ist.

Durch die Anknüpfung an einen in tatsächlicher Hinsicht gegebenen und mittels aktiven Handelns vom Rechtsinhaber gesetzten Erklärungstatbestand unterscheidet sich die normativ zugerechnete Einwilligung von der das „Opt out"-System kennzeichnenden Erlaubnis mit Widerspruchsvorbehalt. Letztere bürdet die Aktionslast von vornherein dem Rechtsinhaber auf. Dieser muss sich also – anders als bei der Erlaubnis mit Widerspruchsvorbehalt – nicht aktiv gegen Eingriffe zur Wehr setzen. Die Aktionslast geht erst dann auf den Rechtsinhaber über, wenn er Anlass zur Annahme gegeben hat, er erkläre sich mit einer Aufhebung des abstrakt-generell bestehenden Eingriffsverbots in die urheberrechtlichen Verwertungsrechte einverstanden. Sofern einem bestimmten Verhalten wie dem Einstellen von Inhalten im Internet aufgrund der Verkehrsgepflogenheiten ein auf die Einwilligungserteilung gerichteter Erklärungsgehalt entnommen werden kann[632], sind die für die Annahme von „Opt in" notwendigen Voraussetzungen erfüllt.

7. Stellungnahme zur „Vorschaubilder I"-Entscheidung und Folgerungen für die weitere Bearbeitung

Die „Vorschaubilder I"-Entscheidung setzt die durch die „Paperboy"- sowie die „Drucker und-Plotter I"-Entscheidung vorgezeichnete Linie des BGH konsequent fort: In der „Paperboy"-Entscheidung betonte der BGH erstmalig, dass derjenige, der eigene Inhalte im Internet für jedermann frei zugänglich bereit stellt, mit den für die Funktionalität des Internets erforderlichen Nutzungen, zu denen auch die Verlinkung mittels Deep-Link gehöre, rechnen muss.[633] In der „Drucker und

630 *Wandtke*, a.a.O.; *Katzenberger*, GRUR Int 2010, 563 (572); *Ott*, WRP 2010, 435 (448); *Bohne/Elmers*, WRP 2009, 586 (589); a.A. *Hüttner*, WRP 2009, 422 (428).

631 *Wandtke*, a.a.O.

632 Siehe hierzu *Kap. 2 E. II. 1. + 2.*

633 Zwar bezog sich diese Feststellung des BGH unmittelbar auf die lauterkeitsrechtliche Vorschrift des § 1 UWG und somit auf das Wettbewerbsrecht. Die dahinter stehenden Wertungen lassen sich aber auf das Urheberrecht übertragen, vgl. *Kap. 2 E. II. 1.*

Plotter I"-Entscheidung wies der BGH obiter darauf hin, dass eine konkludente Einwilligung in die Vervielfältigung digitaler Vorlagen zum eigenen Gebrauch unter Umständen dann anzunehmen sein könne, sofern Texte oder Bilder im Internet frei zugänglich gemacht werden.[634] Hieran knüpft der BGH in der „Vorschaubilder I"-Entscheidung an und bezieht nunmehr ausdrücklich Stellung: Er führt aus, dass die Künstlerin, welche die digitalen Werkabbildungen ohne Einschränkungen im Internet öffentlich verfügbar gemacht habe, sich mit den nach den Umständen üblichen Nutzungen einverstanden erkläre.[635] Die Wiedergabe der Werkabbildungen in den Suchmaschinentrefferlisten bewege sich in den Grenzen jenes Maßstabs. Bereits oben wurde verdeutlicht, dass es nicht immer interessengerecht sein muss, die Üblichkeit einer Nutzung zum Anknüpfungspunkt für das Vorliegen einer Einwilligung zu machen. Auch entsteht durch diese Interpretation ein Widerspruch des sich auf Einwilligung erstreckenden Übertragungszweckgedankens. Insofern besteht hier Anlass zur tiefergehenden Auseinandersetzung zwecks Erarbeitung sach- und interessengerechter Maßstäbe. Dieser Aufgabe wird sich die Arbeit im 2. Kapitel unter *Gliederungspunkt E. II.* widmen.

Die „Vorschaubilder I"-Entscheidung ist für die Einwilligungslehre von großer Bedeutung und Tragweite. Zwar ist auch nach der Entscheidung ein Großteil der zahlreichen Einwilligungskontroversen als nicht vollends geklärt anzusehen. Doch leistet sie einen wichtigen Beitrag zur grundsätzlich sinnvollen Systematisierung der einzelnen Gestattungsformen im Urheberrecht. Sie hilft dadurch den Anwendungsbereich der schlichten Einwilligung weiter zu präzisieren. Sehr zu begrüßen ist in diesem Zusammenhang insbesondere die Gegenüberstellung von konkludenter Nutzungsrechtseinräumung und schlichter Einwilligung. Diese voneinander abzugrenzenden Rechtsfiguren wurden von Rechtsprechung und Literatur in der Vergangenheit aufgrund ambivalenter Verwendung des Begriffs „konkludente Einwilligung"[636] immer wieder miteinander verwechselt. Jene Verwechslungen hatten beispielsweise beim Berufungsgericht der

634 BGH, GRUR 2008, 245 (247, Rn. 27) – *Drucker und Plotter I.*

635 BGH, GRUR 2010, 628 (632, Rn. 36) – *Vorschaubilder I.*

636 Sowohl im Rahmen der gegenständlichen Nutzungsrechtseinräumung als auch der schlichten Einwilligung kann, aufgrund eines nicht unmittelbar in der Erklärung zum Ausdruck gekommenen Willens, durch Heranziehung und Würdigung der äußeren Umständen mittelbar auf einen entsprechenden Willen des Erklärenden zu schließen sein. Von einer konkludenten *Einwilligung* sollte aber wiederum nur im Zusammenhang mit der Rechtsfigur Einwilligung i.e.S. gesprochen werden. Hiervon zu unterscheiden ist die konkludente Einräumung von Nutzungsrechten bzw. der konkludente Abschluss eines schuldrechtlichen Gestattungsvertrages.

„Vorschaubilder I"-Entscheidung[637] zur Konsequenz, dass falsche Auslegungsmaßstäbe für das Vorliegen einer schlichten Einwilligung angesetzt wurden.

Die Notwendigkeit einer Differenzierung der Einwilligung von der konstitutiven Nutzungsrechtseinräumung und auch der schuldvertraglichen Gestattung folgt zunächst aus der Möglichkeit von einer erklärten Einwilligung jederzeit mittels Widerruf abzurücken. Konträr dazu ist derjenige, der gegenständliche Nutzungsrechte bzw. schuldvertragliche Nutzungsbefugnisse einräumt, an die von ihm ausgesprochene Konsentierung gebunden. Zudem bestehen, wie die obige Untersuchung der einzelnen „Gestattungsstufen" gezeigt hat, erhebliche Unterschiede in Bezug auf die Intensität des der betreffenden Gestattung immanenten Rechtsschutzes. Es ist deshalb nur konsequent, die schlichte Einwilligung mit dem BGH auch als solche zu bezeichnen und sie von den beiden intensiveren Gestattungsformen abzugrenzen.

Eine Beantwortung der oben aufgeworfenen Frage, was „die" Einwilligung eigentlich ist, kann die „Vorschaubilder I"-Entscheidung nicht leisten. Ihre Klärung wäre mit letzter Gewissheit auch grundsätzlich nur durch den Gesetzgeber denkbar. Doch ist eine prinzipielle gesetzliche Festlegung „der" Einwilligung und „ihrer" Voraussetzungen de facto nicht realisierbar. Es gilt nämlich zu beachten, dass die Einwilligungsvoraussetzungen von der Natur des subjektiven Rechts, auf das sich die Einwilligung bezieht, beeinflusst werden. So macht es, worauf später noch genauer einzugehen sein wird[638], durchaus einen Unterschied, ob Gegenstand der Einwilligung ein Vermögens- oder ein Persönlichkeitsrecht ist. Insbesondere die für das Vorliegen einer Einwilligung essentielle Dispositions- bzw. Einwilligungsbefugnis ist vom Zuschnitt des subjektiven Rechts abhängig. Die Dispositionsbefugnis ist nach dem oben Gesagten Bestandteil des Zuweisungsgehalts des betreffenden subjektiven Rechts.[639] Daher bedarf die Ermittlung der konkreten Einwilligungsvoraussetzungen jeweils einer am Schutzumfang des subjektiven Rechts orientierten Betrachtungsweise.

Inhaltlich ist im Hinblick auf die „Vorschaubilder I"-Entscheidung bemerkenswert, dass der BGH die Wirksamkeit des Widerrufs der durch das ungesicherte Onlinestellen der Inhalte erteilten Einwilligung an die Vornahme eines gegenläufigen Verhaltens knüpft. Er intendiert damit der Eigenschaft des Widerrufs, actus contrarius der Einwilligung zu sein, Rechnung zu tragen. Doch ist es weder aus rechtlichen noch aus ökonomischen Gründen zwingend, die

637 OLG Jena, ZUM 2008, 522 (525).

638 *Kap. 2 E. III. 2. b).*

639 *Ohly*, Einwilligung, S. 185f.; *Lochmann*, Fernsehübertragungsrechte, S. 84.

Wirksamkeit des an die Suchmaschine gerichteten und dieser tatsächlich zugegangenen Widerrufs durch das Erfordernis eines „actus contrarius" an die Form der Einwilligungserteilung zu knüpfen. Der sich hier andeutende Widerspruch soll den Gegenstand der Untersuchung in *Kapitel 2 E. III. 4. c)* bilden, auf den an dieser Stelle verwiesen sei.

Zu überzeugen vermag die vom BGH getroffene Zuweisung der Verantwortung für technische Schutzmaßnahmen[640] aber im Hinblick auf die Auslegung eines Verhaltens als Einwilligung. Entgegen teilweise geäußerter Befürchtungen ist die Verpflichtung zur Vornahme technischer Schutzmaßnahmen im Rahmen des Onlinestellens urheberrechtlich geschützter Inhalte keineswegs mit einem Paradigmenwechsel oder sogar der Gefahr eines Systembruchs[641] im Urheberrecht verbunden: Was auf den ersten Blick wirkt wie ein diametraler Widerspruch mit der urheberrechtlichen Grundsystematik des „Opt in", stellt sich bei näherer Betrachtung als konsequente Berücksichtigung der für die Annahme einer normativ zugerechneten Einwilligung elementaren Prinzipien der Selbstverantwortung, der Veranlassung sowie des Vertrauensschutzes im Rechtsverkehr dar. Sofern nämlich das Einstellen urheberrechtlich geschützter Inhalte einen für die Annahme einer Einwilligung hinreichenden Erklärungstatbestand begründet, liegt das entscheidende Unterscheidungskriterium zu der für das „Opt out"-System charakteristischen willensunabhängigen Erlaubnis mit Widerspruchsvorbehalt vor. Will der Rechtsinhaber hier verhindern, dass sein rechtserhebliches Verhalten in typisiert-verkehrsüblicher Weise interpretiert wird, trifft ihn im Rahmen des Kommunikationsmediums Internet die Last den Zugriff auf onlinegestellte Inhalte zu beschränken. Eine mediumspezifische Verlagerung der Regeln der Kommunikation zwischen Rechteinhabern und Werknutzern ist hier von Ersterem in Erfahrung zu bringen, der sich des Internets zwanglos und in Verfolgung eigener Zwecke bedient.[642] Somit ist ein das Internet durch die Präsentation seiner Inhalte nutzender Schutzrechtsinhaber gezwungen hinzunehmen, dass die von Suchmaschinen eingesetzten und funktionsbedingt automatisiert arbeitenden Crawler nur auf einer rein technischen Ebene kommunizieren. Er kann einer Verwertung seiner Inhalte durch Suchmaschinenroboter folglich nicht allein mit Worten widersprechen.

Es bleibt also zu konstatieren, dass die Zuweisung der Verantwortung für technische Schutzmaßnahmen auf den Rechtsinhaber in der „Vorschaubilder

---

640 Formulierung nach *Spindler*, GRUR 2010, 785 (791).

641 *Spindler*, GRUR 2010, 785 (792); vgl. auch *Hüttner*, WRP 2010, 1008 (1012f.).

642 Vgl. auch Ott, WRP 2011, 655 (670).

I"-Fallgestaltung die Folge einer Anpassung des „Opt-in"-Systems an die Fortentwicklung der Kommunikationsprozesse im Internet ist. Aufbauend auf dieser Feststellung ist es ein weiteres Ziel der Bearbeitung dem unbestimmten Rechtsbegriff „technische Schutzmaßnahme" in Auseinandersetzung mit der „Session-ID"-Entscheidung durch die Festlegung konkreter Voraussetzungen mehr Konturen und Transparenz zu verleihen. Ferner sollen im Zusammenhang mit der Veröffentlichung schutzfähiger Inhalte im Internet einige relevante Praxisbeispiele genauer in den Blick genommen und unter die so ermittelten Voraussetzungen technischer Schutzmaßnahmen subsumiert werden.

Die schlichte Einwilligung wird nach den vom BGH in der „Vorschaubilder I"-Entscheidung aufgestellten Direktiven in der Rechtsprechung zur Legitimation neuartiger, als sinnvoll empfundener Geschäftsmodelle weiter von enormer Virulenz sein. Die Ursache hierfür liegt nicht zuletzt darin, dass das deutsche Urheberrecht im Gegensatz zum US-amerikanischen Copyright Law keine generalklauselartige Schranke des „fair use" (17 U.S.C. § 107) kennt. Aufgrund der schlicht unmöglichen zeitnahen Anpassung des nach überwiegender Auffassung ohnehin restriktiv auszulegenden[643] und grundsätzlich nicht analogiefähigen urheberrechtlichen Schrankenkataloges[644] dürften die Gerichte in Zukunft immer wieder dazu verleitet werden, die Einwilligung zur Legitimation jener Geschäftsmodelle heranzuziehen. Ferner ist nicht zu erwarten, dass eine Schrankengeneralklausel nach dem Konzept des angloamerikanischen Rechtssystems Eingang im deutschen Urheberrecht finden wird. Eine allgemeine Generalklausel im Urheberrechtsgesetz zu implementieren wäre weder mit dem diesem immanenten Schrankensystem noch mit der europäischen InfoSoc-Richtlinie[645] vereinbar.[646] Beide sehen nämlich lediglich

643 *BGH*, GRUR 1983, 28 (29) – *Presseberichterstattung und Kunstwiedergabe II*; *BGH*, GRUR 1985, 874 (875) – *Schulfunksendung*; *BGH, GRUR 1997, 459 (463) – CB-Infobank I*; BGH, GRUR 1999, 325 (327) – *Elektronische Pressearchive*; BGH, GRUR 2001, 51 (52) – *Parfumflakon*; *Schack*, UrhR, Rn. 86; Schricker/*Melichar*, Vor §§ 44 a ff. UrhG, Rn. 15 a.; a.A. BGH, GRUR 1987, 362 (363) – *Filmzitat*; BGH, GRUR 1999, 707 (703) – *Kopienversanddienst*; *Kröger* MMR 2002, 18 (19ff.); *Kaue*, FS Nordemann, S. 327 (329).

644 Schricker/*Melchiar*, Vor §§ 44a ff. UrhG, Rn. 16; *Schack*, UrhR, Rn. 533; Fromm/Nordemann/*Nordemann*, Vor §§ 44a ff. UrhG, Rn. 3; a.A. *Geiger*, GRUR Int 2004, 815 (819); *Schack*, FS Schricker, S. 511 (514); *Poeppel*, Schranken, S. 43.

645 Richtlinie 2001/29/EG.

646 Zum Konflikt mit der Schrankensystematik im Urheberrecht *Schrader/Rautenstrauch*, UFITA 2007/III, 761 (779); *Dreier/Schulze*, Vor §§ 44a ff. UrhG, Rn. 7; *Schaefer*, Bildersuchmaschinen, S. 161f. Vgl. hierzu auch *Götting*, LMK 2008, 209481;

ausnahmsweise, punktuelle und damit einzelfallbezogene Beschränkungen der Ausschließlichkeitsrechte vor. Auch eine generelle, außerhalb der gesetzlichen Schrankenbestimmungen angesiedelte und der urheberrechtlichen Prüfung nachgeschaltete Güter- und Interessenabwägung ist dem deutschen Urheberrecht fremd. Sie würde die vom Gesetzgeber bereits selbst getroffene Interessenabwägung zwischen dem Zweck der Nutzung einerseits und der Beeinträchtigung der Verwertungsmöglichkeiten auf Urheberseite andererseits außer Acht lassen.[647] Aus demselben Grund muss die Einführung einer in richterlicher Rechtsfortbildung auf Basis der „Paperboy"-Entscheidung[648] entwikkelten neuartigen Schrankenregelung betreffend die Legitimation von „Nutzungen im Interesse der Internetgemeinde" ausscheiden.[649]

Allenfalls denkbar ist eine zeitgemäße und damit großzügigere Interpretation des bestehenden Schrankenkatalogs. Eine solche kommt etwa dann in Frage, wenn Nutzungen von gesteigertem öffentlichem Interesse sind.[650] Hierfür bedarf es im jeweiligen Einzelfall der Feststellung, ob der mit einer spezifischen Schrankenregelung verfolgte Zweck nur durch eine zeitgemäße Deutung der vom Gesetzgeber verwendeten und infolge des technischen Fortschritts veralteten tatbestandlichen Begriffswahl erreichbar ist. Auch für die Nutzungen von Bildersuchmaschinen wurde verschiedentlich erwogen, deren verfassungsrechtlich durch die Informationsfreiheit i.S.v. Art. 5 I S. 1 GG der einzelnen Internetnutzer verstärkte Schutzposition durch eine Anpassung der bestehenden Schrankenregelungen Rechnung zu tragen. Im Ergebnis besteht jedoch sowohl in der Literatur als auch in der Rechtsprechung Einigkeit, dass Verwertungsrechtseingriffe von Bildersuchmaschinen nicht von den §§ 44a ff. UrhG umfasst sind.

Lassen sich wie in der „Vorschaubilder I"-Fallgestaltung keine Schrankenregelungen zur Privilegierung von Nutzungen fruchtbar machen, verkörpert die schlichte Einwilligung aus der Perspektive der Gerichte oftmals das einzige Mittel, um zeitnah und flexibel auf neue urheberrechtsrelevante Nutzungsformen zu reagieren. Anders als vom BGH judiziert, kann die Einwilligung eines Rechtsinhabers in neuartige Nutzungen jedoch nicht allein auf objektive

---

Ott, ZUM 2009, 345 (353). Den Konflikt mit der InfoSoc-RL behandelnd *Poeppel*, Schranken, S. 505; *Wiebe*, GRUR 2011, 888 (893f.).

647 BGH, GRUR 2003, 956 (957) – *Gies Adler*; *Dreier/Schulze*, Vor §§ 44a ff. UrhG, Rn. 7.

648 BGH, GRUR 2003, 958 (963) – *Paperboy*.

649 LG Hamburg, GRUR-RR 2004, 313 (317) – *thumbnails*; *Dreier/Schulze*, Vor §§ 44a ff. UrhG, Rn. 7.

650 BVerfG, GRUR 2001, 149 (151f.) – *Germania III*; BGH, GRUR 2002, 605 (606) – *Verhüllter Reichstag*.

Zumutbarkeits- und Effizienzerwägungen gestützt werden. Andernfalls muss sich der Rechtsanwender den Vorwurf gefallen lassen, die schlichte Einwilligung zu einem Billigkeitsinstrument zu degenerieren. Die Lösung von Interessenkonflikten durch Zumutbarkeitserwägungen ist richtigerweise im Rahmen objektiver Schranken vorzunehmen, hat jedoch im Rahmen subjektiver Gestattungen wie der Einwilligung keinen Raum.[651] Die Einwilligung verkörpert gerade kein Korrekturinstrument für fehlende urheberrechtliche Schrankenregelungen. Sie hat als eigenständige, aus den privatautonomen Rechtssetzungsbefugnissen des Rechtsgutsträgers abgeleitete Gestattungsform einen maßgeblich auf dessen Willkür zurückgehenden und von objektiven Vernünftigkeitserwägungen losgelösten Anwendungsbereich.[652] Sie kommt als Dispositionsform lediglich dort in Betracht, wo Eingriffsbefugnisse nach dem Willen des Rechtsinhabers in widerruflicher Form erteilt werden sollen. Allein letzterer ist ganz im Sinne der Rechtsparömie „volenti non fit iniuria" die entscheidende Bedingung für die Legitimationswirkung der Einwilligung. Besonders deutlich wird dies im Rahmen final und ausdrücklich erklärter Einwilligungen, in denen sich der Wille zur Konsentierung unmittelbar nach außen manifestiert. Doch auch für die Beantwortung der in letzter Zeit häufig gerichtsnotorisch gewordenen und später eingehend zu untersuchenden Frage, wann ein bestimmtes Verhalten zur Annahme einer schlichten Einwilligung in urheberrechtliche Nutzungen berechtigt, kann im Grundsatz nichts anderes gelten. Allerdings erfährt der hier ins Zentrum der Betrachtung gerückte Wille des Rechtsinhabers im Rahmen konkludenter Einwilligungserklärungen eine weitgehende Objektivierung und Standardisierung. Verantwortlich dafür sind die den Prinzipien des Verkehrs- und Vertrauensschutzes Rechnung tragenden §§ 133, 157 BGB in Verbindung mit den von der Rechtsprechung entwickelten Auslegungshilfen.[653]

Um eine Surrogation der im Einzelfall zu prüfenden Einwilligungsvoraussetzungen durch Effizienzerwägungen im Interessengefüge zwischen Urhebern und Werknutzern zu vermeiden, bedarf es der Festlegung möglichst präziser Voraussetzungen und Grenzen für die Annahme konkludent erklärter Einwilligungen in internetspezifische Nutzungen. Nur dadurch kann dem zu befürchtenden Trend entgegengewirkt werden, dass die Einwilligung ohne eingehende Prüfung zu einer Allzweckwaffe der Gerichte für die extrem dynamischen Entwicklungen und Nutzungsprozesse des Internets mutiert. Die Determinierung

---

651 *Leistner/Stang*, CR 2008, 499 (507); *Ohly*, GRUR 2012, 983 (991).

652 So auch *Klass*, ZUM 2013, 1 (5).

653 Vgl. hierzu *Kap. 1 G. VI. 5. a) + c) bb).*

der Einwilligungsvoraussetzungen ist zudem notwendig, um die rechtsstaatlich gebotene Bestimmtheit und Vorhersehbarkeit des Eingriffs in die von der Eigentumsgarantie des Art. 14 GG umfassten urheberrechtlichen Verwertungsbefugnisse zu wahren. Die Voraussetzungen und Grenzen der schlichten Einwilligung sollen im *2. Kapitel* dieser Untersuchung behandelt und sodann im *3. Kapitel* anhand internettypischer Nutzungsvorgänge exemplifiziert werden.

8. Stellungnahme zur „VorschaubilderII" -Entscheidung

Ein gutes Bespiel dafür, wie weit eine vom objektiven Empfängerhorizont her zugerechnete Einwilligung des Rechtsinhabers nicht gehen darf, ist die „Vorschaubilder II"-Entscheidung. Nachstehend wird sich zeigen, dass das soeben geäußerte Postulat, einzelne Einwilligungsvoraussetzungen nicht durch eine rein effizienzorientierte ökonomische Betrachtungsweise und die pauschale Auslegung eines Verhaltens als Einwilligung auszuhebeln, in der „Vorschaubilder II"-Entscheidung vom BGH nicht ernst genommen wurde.

In der besagten Entscheidung verkennt der BGH den Erklärungsgehalt der mit Zustimmung des Rechtsinhabers im Internet veröffentlichten Bilder.[654] Zwar ist zutreffend, dass die Nutzungsberechtigten durch das Einstellen der Lichtbilder ihr Einverständnis mit den für den Betrieb einer Bildersuchmaschine notwendigen Nutzungen erklären. Dazu gehören aufgrund prohibitiver Transaktionskosten für eine individuelle Lizenzierung[655], auch die automatische Erfassung und Indexierung der Bildinformationen. Auch ist die von den Nutzungsberechtigten konkludent an die Suchmaschinenbetreiber erklärte Einwilligung mangels Einschränkung ihrer Dispositionsmacht[656] wirksam und dem Rechtsinhaber somit zuzurechnen.[657] Die von den Nutzungsberechtigten konkludent erklärte Einwilligung in die Bildersuche erstreckt sich aber aus der maßgeblichen Sicht eines objektiven Empfängers in Person des Suchmaschinenbetreibers nicht auf die Wiedergabe von Werkabbildungen in den Suchmaschinentrefferlisten, die weder vom Schutzrechtsinhaber noch mit dessen Zustimmung von einem Dritten

---

654 So auch *Höppner*, WRP 2012, 625 (633).

655 Dazu gehören alle im Hinblick auf die Anbahnung, den Abschluss sowie die Durchführung des Lizenzvertrages anfallenden Kosten.

656 Eine Einschränkung ergäbe sich z. B. durch die Koppelung der den Dritten verliehenen Nutzungsberechtigung an die Ergreifung technischer Sicherungsmaßnahmen im Wege einer auflösenden Bedingung i.S.d. § 158 II BGB.

657 Zu den konstruktiven Möglichkeiten der Delegation der Einwilligungserteilung siehe *Kap. 2 E. III. 1. a).*

ins Internet gestellt worden sind:[658] Mit der inkriminierten Veröffentlichung der Werkabbildungen mussten die Nutzungsberechtigten nach der Verkehrsanschauung und unter Beobachtung der im Verkehr erforderlichen Sorgfalt nicht rechnen. Dieser Umstand liegt außerhalb ihrer Verantwortungs-, Kontroll- und Zugriffssphäre und durchbricht den Zurechnungszusammenhang. Bei Lichte betrachtet ist davon auszugehen, dass sich die vom Schutzrechtsinhaber zur Veröffentlichung Ermächtigten über das deliktische Handeln Dritter überhaupt keine Gedanken machten und solche auch nicht anstellen mussten. Der Umstand, dass ein Dritter überhaupt jemals unberechtigt dasselbe urheber- bzw. leistungsschutzrechtlich geschützte Werk ungesichert ins Netz stellt, war für sie rein zufällig. Insofern ist ihnen nicht einmal Erklärungsfahrlässigkeit vorwerfbar, die jedoch Mindestanforderung für die Zurechnung eines Verhaltens als konkludente Einwilligungserklärung wäre. Bei objektiver Betrachtung willigt ein Nutzungsberechtigter nicht in die Indexierung im Netz veröffentlichter Raubkopien sowie deren Wiedergabe als Thumbnails in Suchergebnistrefferlisten von Bildersuchmaschinen ein.

Die vom BGH vorgenommene Auslegung ist auch schon deshalb unzulässig, weil sie zur Umgehung des faktisch nicht vorliegenden Erfordernisses der Einwilligungserteilung durch den dispositionsbefugten Rechtsinhaber selbst oder dem vom diesem Ermächtigten führt: Die vom Schutzrechtsinhaber durch die Einräumung von Nutzungsrechten zur Veröffentlichung der Lichtbilder im Internet konkludent erklärte Einwilligungsermächtigung ist in ihrer Reichweite keinesfalls unbeschränkt. Sie umfasst unter Berücksichtigung des der Einräumung der Veröffentlichungsrechte zugrunde liegenden Vertragszwecks nur die Befugnis zur Einwilligungserteilung in solche Anschlussnutzungen, die mit der Veröffentlichung auf der eigenen Webseite in Zusammenhang stehen. Eine „Generalermächtigung" auch zur Konsentierung von illegal ins Internet gestellten Raubkopien war mithin von der Einwilligungsermächtigung des Schutzrechtsinhabers nicht umfasst.

Eine andere Bewertung ist auch nicht deshalb angezeigt, weil die vom Suchmaschinenbetreiber eingesetzten Computerprogramme im Rahmen des voll automatisiert und softwaregesteuert ablaufenden Crawling-Verfahrens nicht zwischen berechtigt und unberechtigt ins Netz gestellten Bildern zu differenzieren imstande sind. Die Grenzen der Leistungsfähigkeit der von Teilnehmern des Rechtsverkehrs eingesetzten Automaten rechtfertigen allein keine

---

658 So aber der BGH, GRUR 2012, 602 (605) – *Vorschaubilder II*; a.A. *Conrad*, MMR 2012, 480 (481); *Fahl*, K&R 2012, 419; *Spindler*, MMR 2012, 386; *Ohly*, GRUR 2012, 983 (988).

Abweichung von den allgemeinen Auslegungsmaßstäben der §§ 133, 157 BGB.[659] Die Richtigkeit dieser Auffassung wird besonders deutlich, wenn man sich vor Augen führt, dass die Arbeitsweise und das Verfahren der Automaten letztlich wiederum auf den Willen des Programmierers zurückzuführen ist. Hinzukommt, dass die Entscheidung, ob Bildinformationen vollautomatisiert mittels softwaregesteuerten Crawlern der Suchmaschine erfasst oder aber erst nach individueller Prüfung der am betreffenden Bildnis bestehenden Nutzungsbefugnisse in die Suchmaschinendatenbank übernommen werden sollen, letztlich allein in den Händen des Suchmaschinenanbieters liegt. Auf die Option eines individualisierten Verfahrens, bei welchem die Möglichkeit zur Wahrung der Rechte des Urhebers sehr wohl gegeben ist, kommt der BGH in der „Vorschaubilder II“-Entscheidung gar nicht zu sprechen. Indem er die fehlende Möglichkeit zur Überprüfung der Rechtsinhaberschaft zum Maßstab für das Vorliegen einer Einwilligung determiniert, erklärt er ein solches Verfahren im Rahmen der Bildersuche jedoch implizit für unzumutbar. Damit löst der BGH fälschlicherweise erneut ein sich objektiv stellendes Effizienzproblem im Rahmen der lediglich auf dem subjektiven Willen des Rechtsinhabers gründenden Einwilligung.

Insgesamt bleibt zu konstatieren, dass das Verhalten der Lizenznehmer dem Schutzrechtsinhaber in der „Vorschaubilder II“-Fallgestaltung nicht als Einwilligung hätte zugerechnet werden dürfen.

VII. Die schlichte Einwilligung im „Stufenleitermodell der Gestattungen“

Im Folgenden gilt es nunmehr die Rolle der schlichten Einwilligung im „Stufenleitermodell der Gestattungen“ näher zu beleuchten.

1. Erscheinungsformen der Gestattungsstufenleiter im Privatrecht

Zu diesem Zweck soll zunächst ein Blick auf diejenigen mit dem Urheberrecht verwandten Rechtsbereiche geworfen werden, in denen die schlichte Einwilligung als unterste Sprosse der von einer „Stufenleiter“ umfassten Gestattungsformen in Erscheinung tritt. Nach Darstellung der Erscheinungsformen des Gestattungsstufenleitermodells im Privatrecht werden dessen Kernaussagen und ihre Bedeutung für die schlichte Einwilligung (kritisch) gewürdigt. Sodann gilt es den Anwendungsbereich der schlichten Einwilligung dadurch zu präzisieren, dass sie von verwandten Rechtsfiguren, die nicht ausschließlich auf einem

659 *Medicus*, BGB-AT, Rn. 332.

selbstbestimmten Entschluss des Geschädigten bzw. auf dem Prinzip „volenti non fit iniuria" beruhen, abgegrenzt wird.

a) Die Stufenleiter der Lizenzgewährung

Auch im Bereich des gewerblichen Rechtsschutzes bietet es sich an die verschiedenen Möglichkeiten der Lizenzgewährung nach dem Modell einer Stufenleiter in eine systematische Ordnung zu bringen.[660] Im Lizenzrecht lassen sich insgesamt fünf Möglichkeiten der Lizenzgewährung unterscheiden. Diese entsprechen größtenteils der bereits kennengelernten Einordnung urheberrechtlicher Gestattungsformen in das Stufenleitermodell: Auf oberster Stufe steht die translative Rechtsübertragung als der intensivsten Form immaterialgüterrechtlicher Nutzungsgestattung. Gewerbliche Schutzrechte sind im Gegensatz zum Urheberrecht aufgrund ihrer wirtschaftlichen Prägung frei übertragbar (§§ 15 I PatG, 29 I DesignG, 22 I GebrMG, 27 I MarkenG). Insofern bestehen hier keinerlei Bedenken gegen das vollständige Erlöschen der Rechtszuständigkeit des Lizenzgebers infolge umfassender, translativer Übertragung der betreffenden Nutzungsbefugnisse.

Die nächste unter der translativen Rechtsübertragung befindliche Stufe verkörpert die ausschließliche Lizenz. Diese wird – vergleichbar mit der Einräumung ausschließlicher Nutzungsrechte im Urheberrecht – im Wege konstitutiver Rechtseinräumung gewährt. Darunter wiederum ist die einfache Lizenz anzusiedeln. Diese verleiht dem Lizenznehmer zwar eine Berechtigung zur Nutzung des Immaterialguts. Ein eigenes Verbotsrecht und damit eine eigene Klagebefugnis gegenüber rechtswidrigen Eingriffen Dritter steht ihm jedoch grundsätzlich nicht zu.[661] Die im Vergleich zur ausschließlichen Lizenz geringere Intensität des durch sie vermittelten Rechtsschutzes kann aber noch dadurch verstärkt werden, dass sich der Lizenzgeber dazu verpflichtet, die eigene Benutzung bzw. die Vergabe weiterer Lizenzen zu unterlassen (alleinige Lizenz).[662] Im Hinblick auf die einfache Lizenz ist analog der Diskussion um die Qualifikation einfacher Nutzungsrechte im Urheberrecht umstritten, ob diese gegenständlichen Rechtscharakters ist und damit im Wege konstitutiver Rechtseinräumung gewährt wird oder es sich um die Einräumung einer lediglich schuldrechtlich wirkenden Rechtsposition handelt. Aufgrund der bereits oben bejahten Gegenständlichkeit einfacher urheberrechtlicher

---

660 *Pahlow*, Lizenz, S. 247; *Seitz*, Softwarelizenzen, S. 212.

661 Vgl. in Ausnahme hiervon aber § 30 III MarkenG, wonach der Inhaber einer einfachen Lizenz unter der Prämisse der Zustimmung des Lizenzgebers eine Klage wegen Verletzung einer Marke erheben kann.

662 *Pahlow*, Lizenz, S. 247f.; *Seitz*, Softwarelizenzen, S. 212f.

Nutzungsrechte, ist es nur konsequent diese auch für die einfache Lizenz, welche mit dem zumindest gewährleisteten Sukzessionsschutz (z.B. § 15 III PatG, 30 V MarkenG) ebenfalls ein Element der Gegenständlichkeit aufweist, anzunehmen.[663] Wertungsmäßige Unterschiede, die eine Ungleichbehandlung beider Rechtsfiguren rechtfertigen könnte, sind nicht ersichtlich. Im Gegenteil: Die übergreifenden Strukturen des Urheberrechts sowie des gewerblichen Rechtsschutzes lassen eine solche Auslegung sogar geboten erscheinen.

Auch wenn die Rechtsfiguren der schuldvertraglichen Gestattung und der Einwilligung i.e.S. im gewerblichen Rechtsschutz sehr viel weniger gebräuchlich sind als im Urheberrecht, spricht dennoch nichts dagegen sie in Parallele zum Urheberrecht ins Stufenleitermodell der Lizenzgewährung zu implementieren und dieses insoweit zu vervollständigen. Die geringe Bedeutung der widerruflichen Einwilligung im gewerblichen Rechtsschutz dürfte nicht zuletzt darauf zurückzuführen sein, dass sie aufgrund ihrer äußerst geringen Bindungswirkung nur sehr eingeschränkt für bedeutsame Gestattungen im Wirtschaftsverkehr geeignet ist. Ferner weist das Urheberrecht im Gegensatz zum gewerblichen Rechtsschutz starke persönlichkeitsrechtliche Züge auf. Oftmals wird die Einwilligung als einzig valides Mittel gesehen um über grundsätzlich unveräußerliche persönlichkeitsrechtliche Schutzpositionen zu disponieren.[664]

b) Das Stufenleiterprinzip im Sachenrecht

Darüber hinaus ist das Stufenleiterprinzip auch im Sachenrecht im Rahmen rechtsgeschäftlicher Duldungspflichten i.S.d. § 1004 II BGB anzutreffen. Diese beschränken das Recht des Eigentümers gegen Beeinträchtigungen vorzugehen, die nicht in einer Besitzentziehung liegen. Hierbei wird unterschieden zwischen den rechtsgeschäftlich begründeten Duldungspflichten aus dinglichen Rechten an der beeinträchtigten Sache (z.B. durch Vereinbarung einer Grunddienstbarkeit nach § 1018 BGB oder eines Nießbrauchs nach § 1030 BGB) bzw. aus schuldrechtlichem Gestattungsvertrag (etwa aus Miete, Pacht, Leihe oder ähnlichen Schuldverhältnissen) und solchen aus untypischen, meist gefälligkeitshalber erteilten Erlaubnissen[665]. Letzeres trifft z.B. auf die Gestattung eines Nachbarn, vorübergehend

663 Zur einfachen Patentlizenz *Kraßer*, GRUR Int 1983, 537ff.; a.A. *Mes*, § 15 PatG, Rn. 42; zur einfachen Markenlizenz *Fezer*, § 30 MarkenG, Rn. 6ff.

664 *Helle* AfP 1985, 93 (100); *Dasch*, Einwilligung, S. 85ff.; *Götting*, PKR, S. 149ff.

665 *Baur/Stürner*, § 12, Rn. 9; MüKo-BGB/*Baldus*, § 1004, Rn. 95ff.; Palandt/*Bassenge*, § 1004 BGB, Rn. 36f.; *Larenz/Canaris*, SchuldR II/2, § 86 IV 2 b (S. 694). Die schlichte Einwilligung als Grundlage einer Duldungspflicht i.S.d. § 1004 II BGB ablehnend *Brehm/Berger*, SachenR, § 7, Rn. 15; *Westermann*, SachenR, § 35, Rn. 17.

Baumaterial auf seinem Grundstück zu lagern oder sein Grundstück passieren zu dürfen, zu.[666] Wegen des fehlenden Willens des Rechtsinhabers sich rechtlich zu binden, ist diese in Form einseitiger Einwilligung erteilte Gestattung grundsätzlich widerrufbar.[667] Diese Variante der Duldungsgestattung ist mit der hier behandelten schlichten Einwilligung identisch. Dem lässt sich die Erkenntnis entnehmen, dass die Einwilligung neben den bereits oben dargelegten Anwendungsspielräumen[668] adäquates Instrument für Dispositionen über einen individuellen Schutzbereich ist, die infolge des unverbindlichen Charakters der gestatteten Handlung (bloße Gefälligkeit) nicht bindend erteilt werden sollen.[669]

Freilich wäre die frei widerrufbare Einwilligung als Grundlage einer Duldungs*pflicht* i.S.d. § 1004 II BGB müßig[670], sofern man mit Gursky entscheidend darauf abstellt, ob gegenwärtig die notwendige schuldrechtliche oder dingliche Unterlage für die Eigentumsbeeinträchtigung gegeben ist.[671] *Münzberg* folgend ist der Rechtsinhaber zur Duldung eines störenden Dauerzustandes aber jedenfalls dann verpflichtet, wenn sich die Erlaubnis auf eine einmalige, punktuelle Handlung bezieht und die vom Einwilligungsempfänger herbeigeführte Beeinträchtigung notwendige und vorhersehbare Folge des gestatteten Verhaltens ist.[672] Unter dieser Prämisse ist der Einwilligung im Rahmen des § 1004 I, II BGB – unabhängig davon, ob man das Fehlen einer Duldungspflicht des Eigentümers mit der Rechtswidrigkeit der Beeinträchtigung gleichsetzen[673] oder allein auf die Unrechtmäßigkeit des (gegenwärtigen) Beeinträchtigungszustandes abstellen möchte[674] – Bindungswirkung beizumessen.

Auch im Sachenrecht steht nicht die gesamte Bandbreite der das Stufenleitermodell repräsentierenden Gestattungsformen zur Legalisierung jedes erdenklichen Nutzungsvorgangs zur Verfügung. So ist es beispielsweise dem Nießbrauchsberechtigten nicht möglich, seine Rechtsposition vollständig auf eine andere Person zu übertragen, § 1059 S. 1 BGB. Ausgeschlossen ist weiterhin

666 Vgl. MüKo-BGB/*Baldus*, § 1004, Rn. 97.
667 *Baur/Stürner*, § 12, Rn. 9; Palandt/*Bassenge*, § 1004 BGB, Rn. 37.
668 *Kap. 1 G. II.*
669 So auch *Ohly*, Einwilligung, S. 348.
670 Vgl. *Brehm/Berger*, SachenR, § 7, Rn. 15; vgl. auch OLGR Koblenz, 1999, 507 (508).
671 *Picker*, S. 130; Staudinger/*Gursky*, § 1004 BGB, Rn. 194.
672 *Münzberg*, S. 405f.
673 *Baur/Stürner*, § 12, Rn. 8; *Wieling*, SachenR, § 23 IV 1 a dd (S. 370); MüKo-BGB/*Baldus*, § 1004 BGB, Rn. 92.
674 BGH, NJW-RR 2003, 953 (955); *Münzberg*, S. 377, 392ff.; Bamberger/Roth/*Fritzsche*, § 1004 BGB, Rn. 53; Palandt/*Bassenge*, § 1004 BGB, Rn. 12, 34.

jede Form der konstitutiven Nutzungsrechtseinräumung. Nach § 1059 S. 2 BGB verbleibt dem Nießbrauchsberechtigten aber die Möglichkeit einer Ausübungsüberlassung der ihm eingeräumten Befugnisse im Wege einer schuldvertraglichen Gestattung.

2. *Manifestierung des Stufenleiterprinzips im Urheberrecht durch die „Vorschaubilder"-Entscheidungen*

Wie bereits oben angedeutet, stehen die „Vorschaubilder"-Entscheidungen in rechtsdogmatischer Hinsicht im Einklang mit der grundsätzlich sinnvollen Differenzierung i.S.d. Stufenleiterprinzips der Gestattungen im Urheberrecht. Dies bringt v.a. der Leitsatz der „Vorschaubilder I"-Entscheidung sehr prägnant zum Ausdruck, in dem der BGH betont: „Ein rechtswidriger Eingriff in urheberrechtliche Befugnisse ist nicht nur dann zu verneinen, wenn der Berechtigte rechtsgeschäftlich entweder durch Einräumung entsprechender Nutzungsrechte über sein Recht verfügt oder dem Nutzer die entsprechende Werknutzung schuldrechtlich gestattet hat. Vielmehr ist die Rechtswidrigkeit eines Eingriffs in ein urheberrechtliches Verwertungsrecht auch dann ausgeschlossen, wenn der Berechtigte in die rechtsverletzende Handlung eingewilligt hat."[675] Dem schließt sich der BGH in der „Vorschaubilder II"-Entscheidung an.[676]

Die Urteile lassen eine systematische Herangehensweise und Typisierung der einzelnen Gestattungsformen im Urheberrecht geordnet nach der Intensität des durch sie vermittelten Rechtsschutzes erkennen.[677] Auf das Vorliegen einer unwiderruflichen Einwilligung geht der BGH richtigerweise nicht ein. Zwar handelt es sich vorliegend durch die Anknüpfung an das Einstellen der Abbildungen ohne technische Sicherungsmaßnahmen bzw. die vorgenommene Suchmaschinenoptimierung um eine an einen unbestimmten Personenkreis gerichtete Einwilligungserklärung.[678] Vorstehend wurde jedoch bereits festgestellt, dass auch bei an die Allgemeinheit zur Begründung subjektiver Rechte gerichteten Erklärungen am Vertragsprinzip festzuhalten ist.[679] Selbst wenn man – entgegen der hier vertretenen Ansicht – die Möglichkeit der unwiderruflichen Einwilligungserteilung anerkennen wollte, wäre diese im Ergebnis abzulehnen gewesen. Für den Suchmaschinenbetreiber als Erklärungsadressaten war der Umstand auch

675 BGH, GRUR 2010, 628 – *Vorschaubilder I.*
676 BGH, GRUR 2012, 602 (604, Rn. 17) – *Vorschaubilder II.*
677 BGH, GRUR 2010, 628 (631, Rn. 34) – *Vorschaubilder I.*
678 Vgl. BGH, GRUR 2010, 628 (632, Rn. 37) – *Vorschaubilder I.*
679 *Kap. 1 F. III.*

keineswegs unvorhersehbar, dass die Websitebetreiber ein Interesse daran haben können, dass die digitalen Abbildungen, nachdem sie von der eigenen Website entfernt wurden auch nicht mehr im Rahmen der Suchmaschinentrefferlisten öffentlich zugänglich sein sollen. Er musste daher von einer Eingriffsbefugnis ausgehen, die unter dem Vorbehalt eines jederzeit möglichen Widerrufs steht. Der BGH hat damit in den „Vorschaubilder"-Entscheidungen folgerichtig auf die schlichte Einwilligung als statthafte Dispositionsform abgestellt.

3. *Die Kernaussagen des Stufenleitermodells und deren Modifikation im Rahmen der urheberrechtlichen Nutzungsgestattung*

Ohly leitet aus der durch die hierarchische Struktur des Gestattungsstufenleitermodells gewonnenen Systematisierung im Wesentlichen drei zentrale Schlussfolgerungen ab: *Erstens* ergebe sich aus der graduellen Abstufung der verschiedenen Gestattungsformen nach der Intensität des durch sie vermittelten Rechtsschutzes die Notwendigkeit einer in Bezug auf jede einzelne Stufe getrennt zu vollziehenden Prüfung ihrer Rechtsnatur.[680] *Zweitens* sei die Gestattungsstufenleiter nicht in der Lage einen Hinweis darauf zu geben, welche Stufen dem Begriff „Einwilligung" zuzuordnen sind.[681] Ohly schlägt deshalb i.S.d. auch hier gewählten Terminologie vor, die Bezeichnung „Einwilligung", sofern es um sämtliche auf den Gedanken des „volenti non fit iniuria" zurückzuführenden Gestattungsformen geht, gänzlich zu vermeiden und stattdessen von „Gestattungen" bzw. einer „Einwilligung i.w.S." zu sprechen.[682] Der Terminus „schlichte Einwilligung" oder auch „Einwilligung i.e.S."[683] soll hingegen der einseitigen widerruflichen Einwilligung als der untersten Sprosse der symbolischen Stufenleiter vorbehalten sein. *Drittens* besteht die Möglichkeit der Umdeutung einer fehlgeschlagenen intensiveren Gestattungsform in eine solche auf niedrigerer Sprosse stehende nach § 140 BGB.[684]

Die von Ohly aus dem Stufenleitermodell abgeleiteten Kernaussagen sind unmittelbar plausibel. Im Hinblick auf die Umdeutungsmöglichkeit einer intensiveren in eine schwächere Gestattungsform sei aber ergänzend auf den denklogischen Vorrang der Auslegung (§§ 133, 157 BGB) hingewiesen. Häufig lässt sich erst im Wege der Auslegung ermitteln, ob das umzudeutende Rechtsgeschäft nichtig ist und welchen wirtschaftlichen Erfolg die Parteien mit ihm erzielen

---

680 Vgl. *Ohly*, Einwilligung, S. 145; a.A. *Kohte*, AcP 185 (1985), 105 (137).
681 *Ohly*, Einwilligung, S. 145.
682 Vgl. *Ohly*, Einwilligung, S. 146, 174.
683 *Ohly*, Einwilligung, S. 174, 178.
684 *Ohly*, Einwilligung, S. 146; MüKo-BGB/*Baldus*, § 1004, Rn. 97.

wollten.[685] Freilich besteht zwischen Auslegung und Umdeutung keine trennscharfe Grenze.[686] Dennoch sollte die Subsidiarität der Umdeutung nicht zuletzt aufgrund der divergierenden Voraussetzungen beider Rechtsfiguren beachtet werden: Während im Rahmen der Auslegung der tatsächliche Wille der Parteien zu ermitteln ist, wird im Rahmen der Umdeutung auf den hypothetischen Willen des von der Umdeutung benachteiligten Vertragsteils abgestellt.[687]

Die Auslegung ist beispielsweise schon dann zielführend, wenn durch Parteivereinbarung die „Übertragung des Urheberrechts“ an einem nach dem UrhG geschützten Werk vereinbart wird. In einem solchen Fall dürfte die Nichtigkeit des zwischen den Parteien abgeschlossenen Vertrages nach § 134 BGB i.V.m. § 29 I UrhG relativ selten und nur für den Fall anzunehmen sein, dass alle Umstände des Vertragsabschlusses tatsächlich auf eine gewollte Übertragung des Urheberrechts hindeuten.[688] Die Vereinbarung wird vielmehr, da die Einräumung von Nutzungsrechten in der Vertragspraxis häufig irrtümlicherweise als „Übertragung der Urheberrechte“ bezeichnet wird, regelmäßig dahingehend auszulegen sein, dass anstelle der unmöglichen translativen Übertragung des Urheberrechts die Einräumung eines konstitutiv eingeräumten ausschließlichen Nutzungsrechts verabredet wurde (falsa demonstratio non nocet).[689]

Sofern die Umdeutung einer nichtigen, intensiveren Gestattungsform in eine Schwächere im Urheberecht relevant wird, gilt es die diesem immanenten Wertungen und deren Ausstrahlungswirkung auf die Umdeutungsvoraussetzungen zu berücksichtigen. Wie bereits im Rahmen der vorstehenden Ausführungen erwähnt, erfährt das Urheberrecht eine besondere Prägung durch den Übertragungszweckgrundsatz.[690] Er besagt, dass der Urheber im Zweifel keine weitergehenden Rechte einräumt, als es der von den Parteien vereinbarte Zweck der „Verfügung“ erfordert.[691] Dem liegt der Gedanke zugrunde, dass das „Band“

685 Vgl. BAG, NJW 2006, 2284 (2286); BGH, NJW 2001, 1217 (1218); Bamberger/Roth/*Wendtland*, § 140 BGB, Rn. 2; Palandt/*Ellenberger*, § 140 BGB, Rn. 4; Soergel/*Hefermehl*, § 140 BGB, Rn. 1; MüKo-BGB/*Busche*, § 140, Rn. 3; Staudinger/*Roth*, § 140 BGB, Rn. 7; *Medicus*, BGB-AT, Rn. 517.

686 *Medicus*, BGB-AT, Rn. 517.

687 Bamberger/Roth/*Wendtland*, § 140 BGB, Rn. 2, 13.

688 Loewenheim/*Nordemann*, Handbuch UrhR, § 23, Rn. 3.

689 Loewenheim/*Nordemann*, Handbuch UrhR, § 23, Rn. 3; Schricker/Loewenheim/*Schricker/Loewenheim*, § 29 UrhG, Rn. 17; Wandtke/Bullinger/*Block*, § 29 UrhG, Rn. 8; a.A. Dreyer/Kotthoff/Meckel/*Kotthoff*, § 29 UrhG, Rn. 4, der eine Umdeutung gem. § 140 BGB bevorzugt.

690 Vgl. hierzu auch die Ausführungen in *Kap. 1 E. VI. 5. c) dd).*

691 Siehe Fn. 580.

des Urhebers zu seinem Werk hinsichtlich der einräumbaren vermögensrechtlichen Befugnisse nicht weiter gelockert werden soll als unbedingt notwendig.[692] Er soll dadurch in die Lage versetzt werden, möglichst optimal an den wirtschaftlichen Früchten seines Werks zu partizipieren.[693] Um dieser urheberrechtlichen Zielsetzung auch im Rahmen der Umdeutung Rechnung zu tragen, kann der für die Umdeutung maßgebliche hypothetische Parteiwille im Zweifel nur im Rahmen der durch den Übertragungszweckgrundsatz gezogenen Grenzen Geltung erlangen. Ist also zur Realisierung des von den Parteien angestrebten Geschäftszwecks neben der konstitutiven Nutzungsrechtseinräumung, der schuldvertraglichen Nutzungsgestattung auch eine einseitige Einwilligungserteilung ausreichend, spricht hier eine widerlegbare Vermutung für die Einwilligung als mutmaßlich gewolltes Konversionsgeschäft. Diese stellt nämlich wegen ihrer bloßen Erlaubniswirkung die die urheberrechtlichen Verwertungsbefugnisse insgesamt am wenigsten belastende Dispositionsform dar. Eine Widerlegung der Vermutung gelingt jedoch dann, wenn die Parteien des nichtigen Rechtsgeschäfts die Nutzungsgestattung erkennbar auf vertragliche Grundlage stellen wollten.

4. *Erweiterung des Gestattungsstufenleitermodells um den gegenständlichen Verzicht und deren Folgen für die Einwilligung*

Findet im Urheberrecht eine Auseinandersetzung mit dem Gestattungsstufenleitermodell Ohlys statt, dann bleibt der einseitig erteilbare gegenständliche Verzicht häufig unerwähnt.[694] Der Grund dafür dürfte in der aus dem monistischen Konzept des Urheberrechts sowie der gesetzesimmanenten Schranke des § 29 I UrhG einhellig abgeleiteten Unverzichtbarkeit des Urheberrechts in toto liegen. Überdies ist nach der hier befürworteten Auffassung der Verzicht des Urhebers auf die diesem einzeln zustehenden Verwertungsrechte ausgeschlossen.[695]

Ausnahmsweise zulässig ist gemäß § 8 IV S. 1 UrhG allein der einseitig erteilbare Verzicht eines Miturhebers auf seinen Anteil an den Verwertungsrechten. Zwar kann der Urheber auch auf die aus einer Urheberrechtsverletzung erwachsenden Ansprüche verzichten. Allerdings ist diese Form des Verzichts nach der

---

692 *Ulmer*, UrhR, S. 365; *Schack*, UrhR, Rn. 547; vgl. auch Schricker/*Schricker/Loewenheim*, § 31 UrhG, Rn. 24.

693 Fn. 581.

694 Dessen Pendant ist der dingliche (sachenrechtliche) Verzicht. Vgl. §§ 875, 928, 959, 1064, 1168, 1255 BGB.

695 *Kap. 1 D. III. 2. b) cc).*

gesetzlichen Vorgabe des § 397 I BGB nur im Wege eines beiderseitigen Erlassvertrages und nicht durch einseitige Erklärung möglich.[696] Hier sollte deshalb nicht von einem Verzicht, sondern im Sinne der gesetzlichen Terminologie von einem Erlass gesprochen werden. Der Terminus „Verzicht" sollte hingegen denjenigen durch einseitiges Rechtsgeschäft begründeten, gegenständlich wirkenden Verfügungen vorbehalten sein, die das subjektive Recht ganz oder teilweise zum Erlöschen bringen.[697]

Im Gegensatz zu den Urhebern ist es Inhabern von Nutzungsrechten aufgrund der fehlenden persönlichkeitsrechtlichen Bindung der ihnen zustehenden Nutzungsbefugnisse möglich, vollständig oder teilweise auf diese zu verzichten. Insofern ist auch der einseitige auf die Aufhebung von Nutzungsbefugnissen gerichtete Verzicht (vgl. § 33 S. 2 Alt. 2 UrhG) im Urheberrecht durchaus von Relevanz. Dieser taugt allerdings nicht zur Nutzungsgestattung, da der Verzicht auf das Nutzungsrecht einen automatischen Heimfall des Rechts an den Lizenzgeber zur Folge hat.[698] Dennoch ist dem gegenständlichen Rechtsverzicht auch im Urheberrecht eine nicht zu unterschätzende Bedeutung beizumessen: Zu beachten ist nämlich, dass Inhaber von Leistungsschutzrechten ohne persönlichkeitsrechtliche Elemente (z. B. §§ 85 II S. 1, 94 II S. 1 UrhG) über ihre Verwertungsrechte frei verfügen und damit auch einen Verzicht auf das gesamte Recht oder auf einzelne aus dem Recht fließende Befugnisse erklären können.[699] Sofern das Motiv des Verzichts des Schutzrechtsinhabers die Gestattung eines daran geknüpften Nutzungsvorgangs ist, hat dieser durch die Wiederherstellung der allgemeinen Handlungsfreiheit[700] zumindest die Rechtmäßigkeit der betreffenden Nutzung zur Folge. Da der Verzicht regelmäßig auf eine selbstbestimmte, privatautonome Entscheidung des Rechtsinhabers zurückgehen wird, kann er den auf dem Gedanken des „volenti non fit iniuria" beruhenden „Gestattungen" zugerechnet werden. Das Gestattungsstufenleitermodell *Ohlys* ist daher der dogmatischen Vollständigkeit und Folgerichtigkeit halber auch im hier

---

696 Einen einseitigen Forderungsverzicht für möglich haltend *Kleinschmidt*, Verzicht, S. 316ff.; *Zimmermann*, AcP 202 (2002), 243 (270); *Hattenhauer*, Einseitige Rechtsgestaltung, S. 326f.

697 Vgl. *Osenberg*, UrhPKR, S. 7; *Dieselhorst*, UrhPKR, S. 139.

698 Zum Heimfall des Nutzungsrechts vgl. Fromm/Nordemann/*Hertin*, Vor §§ 28ff. UrhG, Rn. 1; *Dreier/Schulze*, § 29 UrhG, Rn. 16; Möhring/Nicolini/*Spautz*, § 29 UrhG, Rn. 7; Wandtke/Bullinger/*Block*, § 29 UrhG, Rn. 23; *Ulmer*, UrhR, S. 353f.; *v. Gamm*, UrhR, § 29 UrhG, Rn. 7.

699 Vgl. auch Wandtke/Bullinger/*Block*, § 29 UrhG, Rn. 21.

700 *Ohly*, Einwilligung, S. 148.

interessierenden Urheberrecht um jene Dispositionsform zu ergänzen. Der die vollständige Aufhebung eines Verwertungsrechts bewirkende Verzicht ähnelt infolge der Beendigung der Rechtszuständigkeit und des damit einhergehenden restlosen Verbrauchs von Verfügungsmacht[701] der translativen Rechtsübertragung.[702] Der gegenständlich wirkende Verzicht ist deshalb in der Gestattungsstufenleiter zusammen mit der Rechtsübertragung auf oberster Stufe anzusiedeln.

Gerade weil einem Urheber ein Verzicht auf seine Urheberrechte nicht möglich ist, gilt es auch hier die angesprochene Umdeutungsmöglichkeit in eine schwächere Gestattungsform stets im Blick zu behalten.[703] Als solche kommt insbesondere die schlichte Einwilligung in Betracht. Da sich der Einwilligende mit der Einwilligungserteilung seines Rechts weder vollständig noch teilweise begibt[704], stellt die Einwilligung im Vergleich zur gegenständlichen Aufhebung von Verwertungsrechten ein Minus dar. Sie ist gleichzeitig auch das mildeste Mittel zur wenigstens beabsichtigten Legalisierung des betreffenden Nutzungsvorgangs. Letztere hat nämlich, gemessen an der Intensität der durch sie vermittelten Rechtsposition, die geringste Belastung für das Urheberrecht zur Folge. Um das Band des Urhebers hinsichtlich der einräumbaren vermögensrechtlichen Befugnisse nicht weiter als unbedingt notwendig zu lockern, spricht hier deshalb eine Vermutung für die schlichte Einwilligung als Konversionsgeschäft. Die Vermutungswirkung kann allerdings durch Indizien, welche auf einen anderweitigen hypothetischen Parteiwillen schließen lassen, entkräftet werden. Eine solche Widerlegung dürfte jedoch immer dann ausscheiden, wenn der Urheber unentgeltlich auf das ihm zustehende Verwertungsrecht „verzichtet" hat.

5. *Abgrenzung der Einwilligung von verwandten Rechtsfiguren*

Nunmehr soll versucht werden den Anwendungsbereich der schlichten Einwilligung dadurch zu präzisieren, dass sie von anderen, verwandten Rechtsfiguren abgegrenzt wird, die zwar nicht ausschließlich auf einem selbstbestimmten Entschluss des Geschädigten beruhen, aber dennoch zur Rechtsfolge des

---

701 Der Verzichtende hat hier nach der Verfügung keine Nutzungsberechtigung und auch keine Gestattungsmöglichkeiten mehr.

702 *Ohly*, Einwilligung, S. 147f. Von der translativen Rechtsübertragung lässt er sich insoweit abgrenzen, als es durch den Verzicht des Rechtsinhabers nicht zur Entstehung einer korrespondierenden Rechtsposition bei einem anderen Rechtssubjekt kommt (ebd.).

703 Auch hier kann aber je nach Lage des Falles bereits die vorrangig zu prüfende Auslegung zielführend sein.

704 *V. Ungern-Sternberg*, GRUR 2009, 369 (370) m.w.N.

Haftungsausschlusses oder zumindest zu einer Haftungsminderung führen. Im Rahmen der Vorschaubilder-Problematik wurde in Rechtsprechung und Literatur v.a. das Verhältnis der schlichten Einwilligung und dem Verbot widersprüchlichen Verhaltens i.S.d. § 242 BGB hinterfragt und diskutiert. Die Diskussion blieb jedoch bis dato ohne ersichtlichen Erkenntnisgewinn und bietet daher im Rahmen der vorliegenden Untersuchung Anlass zur tiefergehenden Auseinandersetzung. Desweiteren soll im Folgenden eine Abgrenzung der schlichten von der mutmaßlichen Einwilligung erfolgen. Obwohl nach allgemeinem Verständnis zwischen beiden Rechtsfiguren zu differenzieren ist, wurden und werden deren Voraussetzungen insbesondere im Zusammenhang mit der Konsentierung urheberechtlicher Nutzungen immer wieder miteinander vermengt und beide Rechtsfiguren dadurch faktisch sehr stark aneinander angenähert. Somit besteht auch hier aus Gründen der Rechtsklarheit Erörterungsbedarf. Letztlich stellen sich auch in den Fällen des „Handelns auf eigene Gefahr" Abgrenzungsproblematiken zur schlichten Einwilligung. Nicht umsonst wurden die Fälle des „Handelns auf eigene Gefahr" in der älteren Rechtsprechung[705] als Fallgruppe der Einwilligung behandelt.

a) Mutmaßliche Einwilligung

Zunächst soll das Verhältnis von schlichter und mutmaßlicher Einwilligung untersucht werden.

aa) Handeln im materiellen Interesse des Betroffenen

Die mutmaßliche Einwilligung kommt als ungeschriebener Rechtfertigungsgrund immer dann in Betracht, wenn der Rechtsinhaber nicht zur eigenverantwortlichen Willensbildung oder Willensäußerung in der Lage ist, gleichwohl aber anzunehmen ist, dass er seine Zustimmung zur Abwendung der drohenden Rechts- oder Rechtsgutsverletzung nicht verweigert hätte (*Handeln im materiellen bzw. überwiegenden Interesse* des Betroffenen).[706] Hiervon umfasst sind sowohl Fälle eines bewusstlosen oder abwesenden Rechtsinhabers sowie solche, in denen eine Einwilligung wegen Gefahr im Verzug nicht mehr rechtzeitig eingeholt werden kann. Der Anwendungsbereich einer mutmaßlichen Einwilligung ist somit immer nur dann eröffnet, wenn keine ausdrückliche oder konkludente

705 RGZ 141, 262 (265); BGH, NJW 1951, 916.

706 RGZ 163, 129 (136ff.); BGH, NJW 1987, 2291 (2292); BGH, NJW 1993, 2372 (2373); *Fischer*, FS Deutsch, S. 545 (550f.); MüKo-BGB/*Wagner*, § 823, Rn. 739; Bamberger/Roth/*Spindler*, § 823 BGB, Rn. 641; Staudinger/*Hager*, § 823 BGB, Rn. I 115; Deutsch/Spickhoff, MedR, Rn. 643.

Einwilligungserklärung vorliegt und eine solche aus tatsächlichen Gründen auch nicht mehr einholbar ist.[707] Insofern besteht auch zwischen schlichter und mutmaßlicher Einwilligung ein Stufenverhältnis. Dieses lässt jedoch – anders als bei den die Gestattungsstufenleiter konstituierenden Dispositionsformen – keinen Spielraum für Umdeutungsmöglichkeiten. Es ist vielmehr durch das angesprochene Subsidiaritätsverhältnis beider Rechtsfiguren geprägt. Aufgrund dessen war es nur folgerichtig und konsequent, dass der BGH in den Entscheidungsgründen des „Vorschaubilder I"-Urteils nach bejahter konkludenter Einwilligung mit keinem Wort auf die Rechtsfigur der mutmaßlichen Einwilligung einging. Abgesehen davon fehlt es sowohl in den „Vorschaubilder"-Fallgestaltungen als auch im Rahmen vergleichbarer Nutzungssachverhalte an der Nichteinholbarkeit der Einwilligung wegen der drohenden Verletzung von Rechten oder Rechtsgütern Dritter.[708] Eine Verletzung von Urheberrechten wird hier nämlich erst durch das Tätigwerden der Werknutzer begründet.

Besonderes Augenmerk bei der Prüfung der Voraussetzungen einer mutmaßlichen Einwilligung gilt der Ermittlung des hypothetischen Willens des Rechtinhabers. Eine Hypothese darüber, wie der Rechtsinhaber entschieden hätte, wenn er zu einer Entscheidung in der Lage gewesen wäre, ist aber nur und erst dann anzustellen, wenn der wirkliche – möglicherweise antizipiert geäußerte – Wille[709] nicht bekannt und auch nicht mehr einholbar ist.[710] Der Ermittlung des hypothetischen Willens des Betroffenen liegt in den Fällen des überwiegenden Interesses eine interne Güter- und Interessenkollision im Lebens- und damit Bestimmungsbereich des Verletzten zugrunde. Diese ist durch einen seinem Sinne entsprechenden Eingriff von außen zu lösen.[711] Dabei stellen objektive Kriterien, insbesondere die Beurteilung einer Maßnahme als gemeinhin „vernünftig" oder „normal" allenfalls Anhaltspunkte dar, um Rückschlüsse auf den individuellen hypothetischen Willen des mutmaßlich Einwilligenden zu ziehen.[712] Eine rein objektive

---

707 RGZ 68, 431 (434); BGH, NJW 1977, 337 (338); Laufs/Kern/*Ulsenheimer*, Handbuch ArztR, § 139, Rn. 69; Schönke/Schröder/*Lenckner/Sternberg-Lieben*, Vor §§ 32ff. StGB, Rn. 54.

708 Vgl. *Fahl*, Bildersuche, S. 93.

709 Ein Beispiel dafür ist die in einer Patientenverfügung i.S.d. § 1901a BGB niedergelegte Willensbekundung, dass im Akutfall bestimmte medizinische Maßnahmen (bspw. eine künstliche Beatmung) abgelehnt werden.

710 *Deutsch*, AHR, Rn. 283; *Fischer*, FS Deutsch, S. 545 (548); *Ohly*, Einwilligung, S. 217.

711 *Deutsch/Spickhoff*, MedR, Rn. 262; MüKo-BGB/*Wagner*, § 823, Rn. 739f.; *Ohly*, Einwilligung, S. 214f.; *Wessels/Beulke*, StrafR-AT, § 9, Rn. 381.

712 BGHSt 35, 246 (249f.); BGH, NJW 2000, 885 (886); *Otto*, StrafR-AT, § 8, Rn. 131.

Interessenabwägung, die beispielsweise dem rechtfertigenden Notstand i.S.d. § 34 StGB[713] sowie dem übergesetzlichen Notstand[714] immanent ist, wäre auch mit der grundrechtlichen Entscheidungsautonomie (Art. 2 I i.V.m. 1 I GG[715]) des Betroffenen, deren Ausfluss die mutmaßliche Einwilligung ist, nicht zu vereinbaren.[716] Für die Ermittlung des hypothetischen Willens von zentraler Bedeutung sind vielmehr individuelle Interessen, Bedürfnisse, Wünsche und Wertvorstellungen des Betroffenen.[717] Dessen mutmaßlicher Wille ist auch dann maßgeblich, wenn er sich aus objektiver Sicht als unvernünftig erweist.[718] Liegen jedoch keinerlei Anhaltspunkte für eine andere Entscheidung des Betroffenen vor, so ist davon auszugehen, dass der (hypothetische) „Wille des Betroffenen mit dem übereinstimmt, was gemeinhin als normal und vernünftig angesehen wird".[719]

Das ex ante gebildete Wahrscheinlichkeitsurteil über den wahren Willen des Verletzten kann sich ex post als falsch herausstellen, weil der Betroffene eine andere als die nach Lage der Dinge zu vermutende Entscheidung getroffen hätte, dies jedoch nicht erkennbar war.[720] Der vorgenommene Eingriff des Handelnden in die Rechte bzw. Rechtsgüter des Betroffenen bleibt aber im Falle pflichtgemäßer Prüfung und gewissenhaften Vorgehens dennoch gerechtfertigt.[721] Daran zeigt sich, dass die Rechtfertigung des Verhaltens vom Willen des Betroffenen getragen sein kann, aber nicht zwangsläufig auch sein muss. Jede mutmaßliche Einwilligung birgt somit die Gefahr, dass dem Rechtsträger ein Wille untergeschoben wird, den er in

713 Dessen Anwendbarkeit wird von der herrschenden Meinung im Strafrecht auch für das Zivilrecht bejaht. Vgl. *Krey*, StrafR-AT, Rn. 403 m.w.N.

714 Schricker/*Wild*, § 97 UrhG, Rn. 20.

715 *Canaris*, JZ 1987, 993 (994).

716 *Tachezy*, Mutmaßliche Einwilligung, S. 60.

717 BGH, NJW 1987, 2291 (2293); BGH, NJW 1993, 2372 (2374); Bamberger/Roth/*Spindler*, § 823 BGB, Rn. 644; *Wessels/Beulke*, StrafR-AT, § 9, Rn. 381.

718 Bamberger/Roth/*Spindler*, § 823 BGB, Rn. 644. Zur Gewichtung von objektiven Interesse und subjektiven Willen des Betroffenen stellt die privatrechtliche Literatur zumeist auf die Grundsätze der berechtigten Geschäftsführung ohne Auftrag ab (stellvertretend RGRK/*Steffens*, § 823 BGB, Rn. 383; *Deutsch/Spickhoff*, MedR, S. 262; *Ohly*, Einwilligung, S. 217).

719 BGHSt 35, 246 (249f.); BGH, NJW 2000, 885 (886); Laufs/Kern/*Ulsenheimer*, Handbuch ArztR, § 139, Rn. 65; Bamberger/Roth/*Spindler*, § 823 BGB, Rn. 644; *Otto*, Jura 1999, 438f.

720 Schönke/Schröder/*Lenckner/Sternberg-Lieben*, Vor §§ 32ff. StGB, Rn. 58; *Wessels/Beulke*, StrafR-AT, § 9, Rn. 382.

721 *Jeschek/Weigend*, StrafR-AT, § 34 VII 3; *Wessels/Beulke*, StrafR-AT, § 9, Rn. 382.

Wahrheit nicht hatte.[722] Dieser Umstand gilt jedoch nicht nur für die mutmaßliche, sondern auch für die schlichte Einwilligung. Wie bereits oben festgestellt muss sich der Rechtsinhaber auch bei letzerer an der seinem inneren Willen unter Umständen zuwiderlaufenden verkehrsüblichen Bedeutung seines Verhaltens festhalten lassen, sofern sich der wirkliche Wille nicht deutlich genug nach außen manifestiert.

Abschließend sei noch einmal betont, dass die Einwilligung i.e.S. aufgrund des oben aufgezeigten Subsidiaritätsverhältnisses Vorrang vor der mutmaßlichen Einwilligung hat. Die Notwendigkeit der Abgrenzung beider Rechtsfiguren ergibt sich ferner aus der unterschiedlichen Herangehensweise zur Ermittlung des tatsächlichen bzw. hypothetischen Parteiwillens. So ist im Rahmen der mutmaßlichen Einwilligung, sofern ermittelbar, primär auf subjektive bzw. individuelle Faktoren, wie z.B. Wünsche und Wertvorstellungen des Rechtsträgers abzustellen. Dafür spricht bereits die Anerkennung des auch im Zustand der Einwilligungsunfähigkeit fortwirkenden Selbstbestimmungsrechts des Betroffenen. Subjektive Willensmomente können im Rahmen der schlichten Einwilligung aufgrund ihrer Eigenschaft als erklärungs- und empfangsbedürftiger Kommunikationsakt[723] nur dann eine Rolle spielen, wenn sich der Rechtsinhaber ausdrücklich erklärt oder sie aus den Gesamtumständen eindeutig und für den Erklärungsempfänger erkennbar hervorgehen. Nur dann sind sie als Begleitumstand im Rahmen der Auslegung konkludenten Verhaltens zu berücksichtigen. Die Grenze zwischen schlichter und mutmaßlicher Einwilligung ist jedoch durchaus fließend: Wie oben gesehen kann objektiven Kriterien in Ermangelung anderer Anhaltspunkte zumindest eine gewisse indizielle Bedeutung zukommen.

bb) Fälle mangelnden Interesses des Betroffenen

Neben der Fallgruppe des überwiegenden Interesses findet die Rechtsfigur „mutmaßliche Einwilligung“ v.a. im Strafrecht unter dem Aspekt des „mangelnden Interesses“ des Rechtsinhabers Anwendung.[724] Hierbei geht es um Fälle, in denen der Täter eigenmächtig und im eigenen Interesse in das Rechtsgut einer anderen Person eingreift, dieser Eingriff jedoch mangels rechtsschutzwürdigen Erhaltungsinteresses[725] auf Seiten des Rechtsinhabers im Wege einer mutmaßlichen

722 *Baston-Vogt*, APR, S. 245.

723 Begriff nach *Kohte*, AcP 185 (1985), 105 (122).

724 OLG Hamburg, NJW 1960, 1482 (1483); *Jeschek/Weigend*, S. 385f.; MüKo-StGB/*Schlehofer*, Vor §§ 32, Rn. 136; *Zitelmann*, AcP 99 (1906), 1 (128); RGRK/*Steffen*, § 823 BGB, Rn. 383; *Deutsch*, AHR, Rn. 227.

725 Es geht hier z.B. um Fälle lediglich geringfügiger Eingriffe in Rechtspositionen Dritter sowie Eingriffe in Rechte einer Person, die mit dem Eingreifenden in einer besonderen persönlichen Beziehung steht (vgl. *Ohly*, Einwilligung, S. 215).

Einwilligung gerechtfertigt sein soll.[726] Anders als in den Fällen des überwiegenden Interesses ist hier die rechtzeitige Einholung der Einwilligung grundsätzlich möglich.

Die Fälle des mangelnden Interesses werden auch im Kontext der hier unter besonderer Berücksichtigung stehenden BGH-Entscheidung „Vorschaubilder I" diskutiert. Dort werden sie zumeist unter dem Deckmantel der schlichten Einwilligung erörtert, obwohl sie faktisch auf eine mutmaßliche Einwilligung des Urhebers hinauslaufen. Insbesondere das LG Erfurt, welches die „Vorschaubilder I"-Fallgestaltung erstinstanzlich zu entscheiden hatte, behauptet, gestützt auf das Prinzip des mangelnden Interesses, der Urheber habe, außer die Suche um ihrer selbst willen zu verhindern, kein nennenswertes Interesse, die Nutzung von Thumbnails zu untersagen.[727] Diese lägen vielmehr in seinem Interesse, weil Vorschaubilder die Suche nach Kunstwerken sehr viel aussagekräftiger präsentierten als rein textuelle Umschreibungen. Sofern er mit dem Zugriff durch Suchmaschinen nicht einverstanden sei, könne er dies durch eine entsprechende Programmierung im Quellcode der Webseite leicht verhindern.[728]

Richtig daran ist, dass die Thumbnails die Bekanntheit ins Internet eingestellter Bildwerke fördern und damit für deren Verwertung von Vorteil sind. Sie führen in wirtschaftlicher Hinsicht zu keiner Interessenbeeinträchtigung beim Urheber. Jedoch darf daraus nicht die Konsequenz gezogen werden, dem Urheber jedwedes legitime Eigeninteresse an der Untersagung immerhin in Urheberrechte eingreifenden Nutzungen durch Bildersuchmaschinen abzusprechen. Der Urheber bedarf nämlich gerade keines Grundes, um urheberrechtlich relevante Nutzungen verbieten zu können. Vielmehr schließen seine ebenfalls geschützten persönlichkeitsrechtlichen Interessen das Bestimmungsrecht darüber ein, von bestimmten Verwertungshandlungen keinen Gebrauch zu machen.[729] Die Anknüpfung an ein mangelndes Interesse des Rechtsinhabers ist damit zur Legitimation urheberrechtlicher Nutzungen ungeeignet. Sie kann damit nicht Beurteilungsmaßstab für die Auslegung eines Verhaltens als konkludente oder auch mutmaßliche Einwilligung sein.[730] Die vom LG Erfurt angestellte Überlegung, ob ein Rechtsinhaber an der Ausnutzung einer formal noch bestehenden Rechtsposition aufgrund eines fehlenden legitimen Eigeninteresses gehindert werden

---

726 *Wessels/Beulke*, StrafR-AT, § 9, Rn. 384; *Ohly*, a.a.O.

727 LG Erfurt, ZUM 2007, 566 (567); Sich diesem anschließend *Berberich*, MMR 2005, 145 (147). Vgl. auch *Braun*, jurisPR-ITR 6/2006 Anm. 4.

728 Ebd.

729 LG Hamburg, IPRspr 2008, Nr. 147, 489 (490).

730 So aber in Bezug auf konkludente Einwilligungen OLG Jena, ZUM 2008, 522 (527f.).

sollte, ist der Sache nach im Rahmen der Prüfung rechtsmissbräuchlichen Verhaltens i.S.d. § 242 BGB zu verorten.

Der Fallgruppe des mangelnden Interesses ist sowohl im Rahmen urheberrechtlicher Nutzungsvorgänge als auch im Privatrecht allgemein die Anerkennung zu versagen: Zur Rechtfertigung des Eingriffs in die Rechte bzw. Rechtsgüter einer anderen Person genügt es nämlich nicht, dass eine Einwilligung vernünftigerweise erklärt worden wäre, wenn der Eingreifende sie denn nachgefragt hätte. Wollte man dem folgen, könnte durch ein Abstellen auf den hypothetischen Willen stets der wirkliche Wille, der durchaus darauf gerichtet sein kann, sich anders, nämlich unvernünftig zu entscheiden, unterlaufen werden.[731] Um das Prinzip der privatautonomen Selbstbestimmung, welches sämtlichen zur Gestattungsstufenleiter gehörenden Dispositionsformen zugrunde liegt, nicht vollständig zu konterkarieren, ist dem Rechtsadressaten in den hier diskutierten Fällen aufzuerlegen, sich um eine ausdrückliche oder auch konkludent erklärte Einwilligung zu bemühen. Nur in den oben dargestellten absoluten Ausnahmefällen der Nichteinholbarkeit der Einwilligung darf er sich mit Mutmaßungen über die Willensrichtung des Betroffenen zufrieden geben.[732] Deshalb ist für das Vorliegen einer wirksamen Einwilligung ein tatsächlich gegebener und mittels aktiven Handelns vom Rechtsinhaber gesetzter Erklärungstatbestand notwendig, der einen zuverlässigen Anknüpfungspunkt für den wirklichen Willen des Rechtsinhabers liefert, notwendig.[733] Allein ein solcher (positiver) Akt privatautonomer Rechtsgestaltung, der dem Willen des Urhebers zur Konsentierung einen spezifischen Eingriffs Ausdruck verleiht, kann den in der Rechtsparömie „volenti non fit iniuria" prägnant definierten Unrechtsausschluss herbeiführen.

Insgesamt bleibt festzuhalten, dass es in den Fällen nur geringfügiger Eingriffe in die Rechte des Rechtsinhabers nicht sachgerecht ist durch die vorschnelle Annahme einer mutmaßlichen Einwilligung die Aktionslast auf den Rechtsinhaber zu verschieben. Das Prinzip der Selbstbestimmung gebietet es die Entscheidung des Rechtsinhabers abzuwarten. Dies gilt besonders, wenn – wie im Urheberrecht – persönlichkeitsrechtliche Schutzinteressen in Rede stehen.

b) „Handeln auf eigene Gefahr"

Weiterhin sollen die Unterschiede zwischen der schlichten Einwilligung und dem ebenfalls von Rechtsprechung und Literatur entwickelten Tatbestand des

---

731 Vgl. *Baston-Vogt*, APR, S. 245.

732 *Baston-Vogt*, APR, S. 245.

733 So auch *v. Ungern-Sternberg*, GRUR 2009, 369 (373).

„Handelns auf eigene Gefahr" ermittelt und beide anhand dessen voneinander abgegrenzt werden.

Charakteristisch für die dem „Handeln auf eigene Gefahr" zugrunde liegenden Konstellationen ist, dass der Geschädigte zwar nicht zielgerichtet in die Verletzung seiner Rechtsgüter einwilligt, sich jedoch ohne triftigen Grund in eine Situation drohender Eigengefährdung begibt, die sich durch zumeist fahrlässige Handlungen einer anderen Person verwirklicht und letztlich in einen Schaden umschlägt.[734] Dagegen ist die typische Einwilligungssituation durch ein von beiden Parteien zweckgerichtetes und finales Handeln gekennzeichnet.[735] Der Einwilligende gestattet durch ein zumindest konkludentes Verhalten die zielgerichtete Herbeiführung eines tatsächlichen Erfolges durch eine konkrete, zweckgebundene Handlung.[736] Letztere wird anschließend vom Gestattungsempfänger in Kenntnis und aufgrund der Einwilligung im Umfang der eingeräumten Befugnis vorgenommen.[737]

Die ältere Rechtsprechung ordnete das „Handeln auf eigene Gefahr" rechtlich zunächst als Unterfall der Einwilligung bzw. teilweise auch als stillschweigenden Haftungsausschluss[738] ein, wobei die Einwilligung als einseitige empfangsbedürftige Willenserklärung angesehen wurde.[739] Dieser rechtsgeschäftliche Erklärungsansatz stieß jedoch v.a. deshalb auf Kritik[740], weil dem Geschädigten ein rechtsgeschäftlicher Wille unterstellt wurde, der aber bei den typischen Fällen des Handelns auf eigene Gefahr keineswegs vorliege.[741] Hinzu kam, dass die Annahme einer Einwilligung bzw. eines stillschweigenden Haftungsausschlusses aus der Sicht des Geschädigten unbefriedigend waren: Sie führte nach dem schadensrechtlichen Grundsatz der Totalreparation entweder zum vollständigen

---

734 MüKo-BGB/*Oetker*, § 254, Rn. 64; Bamberger/Roth/*Unberath*, § 254 BGB, Rn. 26. Beispielhaft ist die Gefälligkeitsfahrt mit einem erkennbar betrunkenen oder aus sonstigen Gründen fahruntüchtigen Fahrer zu nennen (vgl. etwa BGH, NJW 1961, 655ff.).

735 *Ohly*, Einwilligung, S. 225.

736 Ebd.

737 Ebd.

738 RGZ 65, 313 (314f.); *Stoll*, Handeln auf eigene Gefahr, S. 32.

739 Vgl. auch die weiteren Rechtsprechungsnachweise bei *Stoll*, Handeln auf eigene Gefahr, S. 14ff.

740 Staudinger/*Schiemann*, § 254 BGB, Rn. 66 m.w.N.

741 BGH, NJW 1961, 655 (657); BGH, NJW 1975, 109 (110). Beide Entscheidungen betonen, dass eine rechtfertigende Einwilligung nur noch bei besonders gefährlichen Sportarten in Betracht zu ziehen sei (z. B. bei gefährlichen Autorennen, waghalsiger Felskletterei, Box- und Ringkämpfen etc.).

Schadensausgleich oder dessen Ausbleiben („Alles-oder-Nichts-Lösung").[742] Diese auf Rechtsfolgenseite bestehende Unbilligkeit wurde durch die „Mitfahrerentscheidung" des BGH, die sich gegen die Beurteilung des „Handelns auf eigene Gefahr" nach den Grundsätzen der Einwilligung aussprach, korrigiert.[743] Der BGH erklärte für jene Fälle § 254 I BGB für anwendbar.[744] Dieser ermöglichte eine elastische Verteilung der Haftung durch quotenmäßige Aufteilung des Schadens nach Abwägung der Verursachungsanteile.

Die Qualifizierung des Handelns auf eigene Gefahr als schlichte Einwilligung ist ferner bereits deshalb abzulehnen, weil sich beide im Hinblick auf die Sicherheit des Eintritts des Verletzungserfolges grundlegend unterscheiden. In den der Einwilligung typischerweise zugrunde liegenden Fällen wird der Eintritt eines Erfolges von den Beteiligten als sicher vorausgesetzt.[745] Es wird also in einen Erfolg, nicht lediglich in ein Risiko eingewilligt.[746] Im Gegensatz dazu führen die Fälle der bloß fahrlässigen Selbstgefährdung zum tatbestandlichen Vorliegen des „Handelns auf eigene Gefahr". Entscheidend ist hier nur die Kenntnis oder Erkennbarkeit der die Gefährdung begründenden Tatsachen.[747] Wer sich beispielsweise durch eine Autofahrt mit einem erkennbar Angetrunkenen bewusst in die Gefahr eines Autounfalls begibt und dennoch hofft und darauf vertraut, dass ein solcher Unfall ausbleiben werde, willigt gerade nicht in tatsächlich eintretende Verletzungen ein.[748] Stattdessen muss er sich seine fahrlässige Selbstgefährdung nach den Grundsätzen des „Handelns auf eigene Gefahr" als haftungsmindernden Faktor nach § 254 I BGB anrechnen lassen. Die Möglichkeit einer vollständigen Inanspruchnahme des Schädigers durch den Geschädigten würde unberücksichtigt lassen, dass dieser sich selbst in Kenntnis der gefährlichen Lage zur Autofahrt entschlossen hat, in deren Rahmen sich der vom Schädiger zu vertretende Beitrag zur Schadensentstehung auswirken konnte.[749] Insofern wäre der Versuch des Geschädigten seinen

---

742 Bamberger/Roth/*Unberath*, § 254 BGB, Rn. 26; *Ohly*, Einwilligung, S. 225.

743 BGH, NJW 1961, 655 (Ls. 1, 2).

744 BGH, NJW 1961, 655 (656). Im Gegensatz zu diesem Rechtsprechungswandel im Zivilrecht wird das „Handeln auf eigene Gefahr" im Strafrecht mangels einer § 254 BGB entsprechend „dehnbaren" Norm nach vorherrschender Ansicht weiterhin als Fallgruppe der rechtfertigenden Einwilligung eingeordnet (BGHSt 6, 232 (234); *Krey*, StrafR-AT, Rn. 633; *Frisch*, JuS 1990, 362ff.).

745 *Ohly*, Einwilligung, S. 230.

746 Ebd.

747 Bamberger/Roth/*Unberath*, § 254 BGB, Rn. 26.

748 BGH, NJW 1961, 655 (657).

749 Vgl. BGH, a.a.O.

Schaden in voller Höhe zu liquidieren rechtlich anstößig und als treuwidrig widersprüchliches Verhalten (venire contra factum proprium) einzuordnen.[750]

Diese scheinbar klare Abgrenzung zwischen schlichter Einwilligung und dem „Handeln auf eigene Gefahr" ist aber in solchen Fällen problematisch, in denen der Verletzte an die Realisierung der Gefahr bzw. das Risiko einer Verletzung gedacht, sie also im Sinne eines für-möglich-Haltens erkannt und ihr Eintreten zumindest billigend in Kauf genommen hat (dolus eventualis). Im Gegensatz zur typischen Einwilligungssituation des erstrebten oder als sicher erwarteten Erfolges übernimmt der Einwilligende hier nur ein Risiko.[751] Dieses ist jedoch im Vergleich zu den Fällen des Handelns auf eigene Gefahr Gegenstand einer bewussten Abwägung zwischen dem Wert der Handlung und der Einschätzung des Risikos der Gefahrverwirklichung.[752] Damit ist fraglich, welchem der beiden Rechtsfiguren die bewusste Risikoübernahme eher zuzuordnen ist. Für die schlichte Einwilligung spricht, dass sowohl die Entscheidung für die Inkaufnahme der aus einer Gefahr entstehenden Schäden (bewusste Risikoübernahme) als auch das Wissen und die Billigung des Eintritts eines spezifischen Verletzungserfolges auf einer vom Willen des Rechtsinhabers umfassten Entscheidung und damit auf der Aktualisierung von Autonomie basieren.[753] Dafür spricht ferner, dass neben der Erteilung einer Einwilligung in einen finalen Eingriff a maiore ad minus auch die Möglichkeit bestehen muss in die bloße Gefährdung von Rechten bzw. Rechtsgütern einzuwilligen.[754] Die bewusste Risikoübernahme ist daher als Risikoübernahme mittels Einwilligung zu deuten.

c) Verbot treuwidrig widersprüchlichen Verhaltens

Die Rechtsordnung missbilligt widersprüchliches Verhalten grundsätzlich nicht.[755] Doch kann ein dem ursprünglichen Handeln widerstrebendes Verhalten in Ausnahmefällen anstößig bzw. treuwidrig sein, wenn für den anderen Teil ein Vertrauenstatbestand entstanden ist oder wenn andere Umstände die Rechtsausübung als treuwidrig erscheinen lassen.[756] Den Kernbereich dieser § 242 BGB zuzuordnenden Fallgruppe[757] stellen die Fälle des venire contra

750 BGH, a.a.O.; BGH, NJW 1975, 109 (110).

751 *Ohly*, Einwilligung, S. 230.

752 Ebd.

753 *Ohly*, Einwilligung, S. 231.

754 Ebd.

755 Palandt/*Grüneberg*, § 242 BGB, Rn. 55.

756 BGH, BeckRS 2005, 02925; BGH, NJW 1992, 2557 (2259); Erman/*Hohloch*, § 242 BGB, Rn. 106; Jauernig/*Mansel*, § 242 BGB, Rn. 48.

757 Soergel/*Teichmann*, § 242 BGB, Rn. 312; *Brox/Walker*, BGB-AT, § 7, Rn. 16; *Wolf*, AcP 153 (1954), 97 (135); Staudinger/*Looschelders/Olzen*, § 242 BGB, Rn. 286.

factum proprium dar.[758] Die gegenteilige Auffassung *Wielings*[759], der die Fälle widersprüchlichen Verhaltens nicht im Rahmen von § 242 BGB verorten, sondern sie als konkludenten Verzicht einordnen will, kann jedenfalls im hier interessierenden Urheberrecht aufgrund der Unverzichtbarkeit sowohl des Urheberrechts in toto als auch der einzelnen Verwertungsrechte nicht überzeugen. Die Treuwidrigkeit ist stets aufgrund einer umfassenden Interessenabwägung der am konkreten Rechtsverhältnis Beteiligten unter Berücksichtigung der Umstände des Einzelfalls zu ermitteln.[760] Im Rahmen der Interessenabwägung sind v.a. die entstandenen wirtschaftlichen Nachteile bzw. die erbrachten Aufwendungen zu berücksichtigen.[761]

Die Geltendmachung von Rechten kann eine unzulässige Rechtsausübung begründen, wenn zunächst objektiv durch ein Verhalten des Rechtsinhabers ein Vertrauenstatbestand in Bezug auf eine bestimmte Sach- oder Rechtslage geschaffen wurde.[762] In subjektiver Hinsicht ist die Zurechenbarkeit des Verhaltens desjenigen, der sein Recht ausüben will, zu verlangen.[763] Dafür genügt es, wenn der Handelnde die vertrauensbegründenden Umstände beherrscht, weil er die Wirkung seines Verhaltens auf die Gegenpartei erkennt bzw. fahrlässig nicht erkennt und sie hätte vermeiden können.[764] Letztlich muss die Gegenpartei auch in schutzwürdiger Weise auf das Bestehen oder Nichtbestehen einer bestimmten Rechts- oder Tatsachenlage vertraut haben.[765]

aa) Venire contra factum proprium

Der Hauptgrund und die rechtstheoretische Legitimation für das Verbot des venire contra factum proprium liegt nach überwiegender Auffassung im Prinzip

---

758 Auf dem Verbot widersprüchlichen Verhaltens beruhen aber auch die Fälle der Verwirkung infolge Zeitablaufs sowie der protestatio facto contraria (BGH, NJW 1986, 177 (178); BGH, NJW 2000, 3429 (3431); Palandt/*Grüneberg*, § 242, Rn. 57).

759 *Wieling*, AcP 176 (1976), 334 (335).

760 OLG Köln, NJW-RR 1998, 343 (344); Bamberger/Roth/*Sutschet*, § 242 BGB, Rn. 108; MüKo-BGB/*Roth*, § 242, Rn. 46.

761 BGH, NJW 1967, 1364 (1365); *Canaris*, Vertrauenshaftung, S. 338; *Larenz/Wolf*, BGB-AT, § 16, Rn. 30; Soergel/*Teichmann*, § 242 BGB, Rn. 321; Palandt/*Heinrichs*, § 242 BGB, Rn. 56; a.A. Staudinger/*Looschelders/Olzen*, § 242 Rn. 295.

762 BGH, NJW 1991, 974; BGH, NJW-RR 1991, 1033, 134; Staudinger/*Looschelders/Olzen*, § 242 BGB, Rn. 292.

763 Staudinger/*Looschelders/Olzen*, § 242 BGB, Rn. 290; *Teichmann*, JA 1985, 497 (501).

764 Soergel/*Teichmann*, § 242 BGB, Rn. 319.

765 MüKo-BGB/*Roth/Schubert*, § 242, Rn. 290; Staudinger/*Looschelders/Olzen*, § 242 BGB, Rn. 294.

des Vertrauensschutzes begründet.[766] Darin besteht eine Parallele zu den ebenfalls maßgeblich aus den dem Rechtsgeschäftsrecht immanenten Prinzipien des Vertrauensschutzes sowie der Veranlassung (Zurechnung) abgeleiteten Einwilligungserklärungen kraft normativer Zurechnung. Da neben den für beide Rechtsfiguren relevanten objektiven, vertrauensbegründenden Umständen auch die subjektiven Zurechnungsvoraussetzungen[767] ähnlich sind (moderne Entwicklung des Erklärungsbewusstseins bei den Willenserklärungen bzw. Erkennbarkeit und Beherrschbarkeit beim Verbot widersprüchlichen Verhaltens), kann sich das mit der aktuellen Rechtsausübung in Widerspruch stehende frühere Verhalten des Rechtsinhabers zugleich als ein rechtsgeschäftliches bzw. rechtsgeschäftsähnliches und damit für die Annahme einer konkludenten Einwilligung hinreichendes Verhalten darstellen. Neben dem scheinbar teilweise kongruenten Anwendungsbereich beider Rechtsfiguren können auch deren Rechtsfolgen ähnlich sein bzw. sogar übereinstimmen. Die Rechtsfolge widersprüchlichen Verhaltens besteht darin, dass sich der Handelnde an dem von ihm verursachten Vertrauen festhalten lassen muss.[768] Erweckt ein Rechtsinhaber durch sein früheres Verhalten den Eindruck, mit einer bestimmten Handlung einverstanden zu sein, ist der Rechtsinhaber nach den Grundsätzen widersprüchlichen Verhaltens folglich so zu stellen, als habe er in die Handlung eingewilligt. Damit sind Parallelen zwischen beiden Rechtsfiguren unverkennbar, weshalb sich nunmehr die nachstehend zu behandelnde Frage nach dem Verhältnis der Einwilligung und dem venire contra factum proprium-Einwand stellt.

Sofern man mit der hier vertretenen Auffassung das Verbot widersprüchlichen Verhaltens konstruktiv der Fallgruppe des § 242 BGB zuordnet, hat dies für die tatbestandliche Einschlägigkeit der Fälle des venire contra factum proprium das Vorliegenmüssen einer rechtlichen Sonderverbindung zur Konsequenz.[769] Eine gesteigerte Pflichtenbindung durch Treu und Glauben besteht nicht gegenüber jedem Verkehrsteilnehmer, sondern nur in besonderen Situationen, bei speziell herausgehobener Interessenverknüpfung.[770] Gegenstand der zur Feststellung von Treuwidrigkeit notwendigen Interessenabwägung sind daher nur

---

766 BGH, NJW 1993, 659 (660); BAG, NJW 1997, 2617 (2618); *Canaris*, Vertrauenshaftung, S. 270f., 287ff.; *Singer*, NZA 1998, 1309 (1310).

767 Vgl. *Kap. 1 G. VII. 5. c).*

768 *Teichmann*, JA 1985, 497 (502); Staudinger/*Looschelders/Olzen*, § 242 BGB, Rn. 297.

769 RGZ 160, 348 (357); Palandt/*Grüneberg*, § 242 BGB, Rn. 3; *Krebs*, Sonderverbindung, S. 443ff.; MüKo-BGB/*Roth/Schubert*, § 242, Rn. 87.

770 MüKo-BGB/*Roth/Schubert*, § 242, Rn. 88; *Fastrich*, Richterliche Inhaltskontrolle, S. 67f.

solche Interessen, die sich aus einer bestehenden Sonderverbindung ergeben.[771] In den vorliegend interessierenden Fällen urheberrechtlich relevanter Werknutzung entsteht die notwendige Sonderverbindung zwischen Urheber und Werknutzer bereits durch den tatbestandsmäßigen Eingriff in das Urheberrecht. Letzterer führt nämlich zur Entstehung eines gesetzlichen Schuldverhältnisses aus unerlaubter Handlung.[772] Die Einwilligung ist somit nicht konstitutiv für die von § 242 BGB tatbestandlich vorausgesetzte Sonderrechtsbeziehung. Auf die in der Literatur von *Tinnefeld*[773] diskutierte Frage, ob sich eine derartige Sonderverbindung auch aus der Existenz einer schlichten Einwilligung ergeben kann, kommt es daher im Ergebnis nicht an.

Damit stellt sich nunmehr die Frage nach dem Verhältnis der sich jedenfalls potentiell überlappenden Anwendungsbereiche von schlichter Einwilligung und venire contra factum proprium-Einwand. Richtigerweise hat die Prüfung des Vorliegens einer Einwilligung des Rechtsinhabers gegenüber der Begründung des Einwands treuwidrig widersprüchlichen Verhaltens vorrangig zu erfolgen. Dafür spricht zunächst, dass es sich, wie oben aufgezeigt, auch bei normativ zugerechneten Einwilligungen um privatautonome Rechtsausübung (im weiteren Sinne) durch den betreffenden Rechtsinhaber handelt. Die Wahrnehmung der dem Rechtsinhaber in dessen Autonomiebereich zustehenden Normsetzungsbefugnisse kann und darf aber keinesfalls als rechtsmissbräuchliches Verhalten bewertet werden. Vielmehr besteht insoweit eine Pflicht zur Anerkennung seiner rechtsverbindlich geäußerten Entscheidung. Darüber hinaus würde ein auf dieselben vertrauensbegründenden Umstände gestütztes, paralleles Vorliegen von schlichter Einwilligung und venire contra factum proprium-Einwand die dem Einwilligenden zustehende Widerrufsmöglichkeit durch die Bindungswirkung des § 242 BGB praktisch leerlaufen lassen. Hierin läge ein Verstoß gegen die Privatautonomie des Rechtsinhabers begründet. Hat der Einwilligende mit seiner Erklärung lediglich den Rechtsfolgewillen zur Einräumung einer widerruflichen Eingriffserlaubnis zum Ausdruck gebracht, darf er von der Einwilligung bis zur Vornahme des gestatteten Eingriffs jederzeit und ohne Angabe von Gründen abrücken.

Ein Nebeneinander von Einwilligung und treuwidrig widersprüchlichem Verhalten ist einzig in solchen Konstellationen vorstellbar, in denen der Einwilligende beim Einwilligungsempfänger ein besonders schutzwürdiges Vertrauen in den

771 *Siebert*, Verwirkung, S. 129; MüKo-BGB/*Roth/Schubert*, § 242, Rn. 88.

772 Mestmäcker/Schulze/*Backhaus*, § 97a UrhG, Rn. 11; Fezer/*Büscher*, § 12 UWG, Rn. 31.

773 *Tinnefeld*, Einwilligung, S. 178f.

Fortbestand der Einwilligung hervorgerufen hat, welches nunmehr durch die Ausübung des Widerrufs (treuwidrig) enttäuscht wird.[774] Ein derartiger Fall ist im Rahmen des hier interessierenden Onlinestellens von Werkinhalten jedoch selbst dann nicht denkbar, wenn ein Rechtsinhaber aktiv fremde Werknutzer auf seine Webseite locken und sie zur Nutzung seiner Inhalte veranlassen möchte. Zwar ist in einer vom Einwilligenden getätigten Suchmaschinenoptimierung im Vergleich zur einfachen Einstellung von Inhalten ins Internet unzweifelhaft ein „Mehr" zu sehen, sodass die Intensität des dadurch ausgelösten Vertrauens graduell höher zu bewerten ist. Allerdings ist auch im Rahmen der Auslegung des Erklärungsakts „Suchmaschinenoptimierung" auf das Interesse der die Optimierungsmaßnahmen treffenden Person Rücksicht zu nehmen, die im Internet zur Verfügung gestellten Inhalte im Falle eines Motivwandels jederzeit löschen zu können. Dieses Interesse ist einem auf die Inhalte zugreifenden Durchschnittsnutzer ohne Weiteres erkennbar. Insofern besteht auch hier eine Akzeptanzpflicht[775] gegenüber einem in freier Selbstbestimmung vorgenommenen Revokationsakt. Dessen Ausübung darf nicht durch eine faktische Bindungswirkung des § 242 BGB konterkariert werden. Will letzterer dem Risiko der jederzeit möglichen Aufhebung der Erlaubniswirkung aus dem Wege gehen, steht es ihm frei, sich bindende Gestattungen einräumen zu lassen, die – anders als die Einwilligung – auch gegen oder ohne den Willen des Rechtsinhabers durchsetzbar sind. Somit fehlt es nicht nur an einem hinreichenden Vertrauenstatbestand, sondern auch an der Schutzwürdigkeit des Einwilligungsempfängers.[776]

Nur in dem eher theoretischen Fall, dass ein Rechteinhaber geschützte Inhalte im Internet explizit mit dem Hinweis veröffentlicht, dass diese auf Grundlage einer von ihm erteilten Einwilligung dauerhaft genutzt werden können, er mithin auf die ihm zustehende Widerrufsbefugnis verzichte, wird ein für die Begründung widersprüchlichen Verhaltens nach § 242 BGB hinreichender Vertrauenstatbestand konstituiert. In dieser Fallgestaltung kann auch die Schutzwürdigkeit des Vertrauens des Einwilligungsempfängers nicht unter Verweis auf die Möglichkeit zum Abschluss eines den Rechteinhaber bindenden Gestattungsvertrages verneint werden. Schließlich hat sich dieser ausdrücklich und unmissverständlich zur dauerhaften Erlaubtheit der Nutzungen geäußert. Letztlich kann sich der Einwilligungsempfänger aber nur dann erfolgreich auf den Einwand des venire contra factum proprium berufen, wenn unter Beachtung der Besonderheiten des Einzelfalls im Rahmen einer Abwägung der

774 Vgl. auch *Dette*, S. 61; *Singer*, S. 73f., 77f. und 179f.; *Götting*, PKR, S. 152.
775 Begriff nach *Tinnefeld*, Einwilligung, S. 62.
776 So auch *Tinnefeld*, Einwilligung, S. 186.

beiderseitigen Interessen ein rechtsmissbräuchliches Verhalten des Einwilligenden anzunehmen ist. Hierbei sind v.a. die entstandenen wirtschaftlichen Nachteile bzw. erbrachten Aufwendungen auf Seiten des Einwilligungsempfängers zu berücksichtigen.[777] Die Treuwidrigkeit des Widerrufs ist also umso eher begründet, wenn der Einwilligungsempfänger in der Erwartung des Fortbestandes der Konsentierung Dispositionen getroffen hat, die durch den Widerruf der Einwilligung vereitelt würden. Hat der Einwilligungsempfänger im Vertrauen auf die ihm als „unwiderruflich" erteilte Einwilligung z. B. ein Geschäftsmodell unter Einsatz erheblicher finanzieller Mittel für Design und Programmierung errichten lassen und hängt dessen Funktionsfähigkeit maßgeblich von der konsentierten Nutzung der Inhalte ab[778], wäre dem Einwilligenden die Berufung auf sein Widerrufsrecht nach § 242 BGB zu versagen.

Der Einwand des venire contra factum proprium ist auch in solchen Einwilligungsfällen begründet, in denen der Einwilligende zunächst (konkludent) eine vergütungsfreie Nutzung seines Werks in Aussicht stellt, dann aber dafür nachträglich ein Nutzungsentgelt verlangt. Ein solcher Fall liegt z. B. dann vor, wenn ein Urheber Inhalte im Internet mit entsprechendem Quellcode zum Einbinden in fremden Webpräsenzen mittels Inline-Link veröffentlicht. Stellt der Inhalteanbieter hier nicht klar, dass er die Nutzung nur gegen Bezahlung gestatten möchte, kann sich der Einwilligungsempfänger gegen Ansprüche auf Nutzungsvergütung für die Zeit vor einem etwaig erklärten Widerruf des Urhebers erfolgreich mit dem Einwand aus § 242 BGB zur Wehr setzen.

bb) Protestatio facto contraria

Zwar griff der BGH in den „Vorschaubilder"-Entscheidungen richtigerweise nicht auf den venire contra factum proprium-Einwand zurück, um eine faktische Bindungswirkung des Klägers an dessen konkludent erteilte Einwilligung zu erreichen. Er instrumentalisierte mit der protestatio facto contaria aber einen – zumindest nach herrschender Meinung – weiteren Anwendungsfall des Verbots widersprüchlichen Verhaltens[779] zur Begründung der Unbeachtlichkeit des von der Künstlerin erklärten Widerrufs.

---

777 Vgl. MüKo-BGB/*Roth/Schubert*, § 242, Rn. 291 m.w.N.

778 Vgl. zum genannten Beispiel *Tinnefeld*, Einwilligung, S. 186.

779 So die h.M. BGH, NJW 1986, 177 (178); BGH, NJW 2000, 3429 (3431); Staudinger/*Olzen*, § 241 BGB, Rn. 102f.; Staudinger/*Looschelders/Olzen*, § 242 BGB, Rn. 287; *Larenz/Wolf*, BGB-AT, § 30, Rn. 26. Die protestatio-Figur dagegen ablehnend *Teichmann*, FS Michaelis, S. 294 (315); *Köhler*, JZ 1981, 464ff.; Staudinger/*Singer*, § 133 BGB, Rn. 59f.; *Singer*, S. 51; *Medicus/Petersen*, BR, Rn. 191.

Die Parömie „protestatio facto contraria non valet“ basiert auf dem Gedanken, dass die verbale Verwahrung einer Person gegen ein tatsächliches Verhalten, welches nach Treu und Glauben mit Rücksicht auf die Verkehrssitte nur als Ausdruck eines bestimmten Rechtsfolgewillens aufgefasst werden kann, unbeachtlich bleiben muss.[780] Sie steht damit repräsentativ für den Vorrang des objektiven Verhaltens gegenüber einem dagegen gerichteten Verbalprotest. Die protestatio facto contraria ist in erster Linie unentbehrliche Kollisionsregel im Rahmen eines weiten, das Gesamtverhalten des Erklärenden in die Interpretation miteinbeziehenden Auslegungsgegenstandes.[781] Die Rechtsprechung[782] und h.M.[783] in der Literatur verorten die protestatio-Figur, wie bereits oben angedeutet, als Fallgruppe widersprüchlichen Verhaltens im Rahmen von § 242 BGB. Daran soll auch in der vorliegenden Untersuchung festgehalten werden. Dies hat zur Folge, dass ein Erklärender jedenfalls im Wege des Verbots widersprüchlichen Verhaltens nach Treu und Glauben daran gehindert wird, sich auf eine mit seinem tatsächlichen Erklärungsverhalten in unlösbarem Widerspruch stehende verbale Verwahrung zu berufen.[784] Dem objektiven Verhalten ist demnach gegenüber der Erklärung der Vorrang zuzuweisen oder anders ausgedrückt: „Worte werden durch Taten Lügen gestraft“.

In der „Vorschaubilder I“-Entscheidung entnahm der BGH der Veröffentlichung von Werkabbildungen durch die Klägerin eine von dieser erklärte Einwilligung in die Nutzungen von Bildersuchmaschinen. Mit dieser konkludent erklärten Einwilligung inter omnes, so der BGH, setze sie sich durch ihren lediglich in Form eines individuellen Widerrufs erklärten und nicht durch technische Schutzmaßnahmen flankierten Verbalprotest in unlösbaren Widerspruch.[785] Sofern der Urheber sein Verhalten nicht weiter als Einwilligungserklärung interpretiert wissen wolle, müsse er im Wege eines gegenläufigen Verhaltens vorgehen: Er sei gezwungen für jeden der zur Allgemeinheit gehörenden Werknutzer erkennbar das Moment zu beseitigen, an welches die schlichte Einwilligung

780 BGH, NJW 1965, 387 (388); BGH, NJW 1986, 177 (178); *Flume*, BGB-AT II, S. 75f.; Soergel/*Wolf*, § 157 BGB, Rn. 51; MüKo-BGB/*Busche*, § 133, Rn. 56; *Teichmann*, FS Miachelis, S. 294.

781 MüKo-BGB/*Busche*, § 133, Rn. 56. Zum Begriff des Auslegungsgegenstandes vgl. Staudinger/*Singer*, § 133 BGB, Rn. 8.

782 BGH, NJW 1965, 387 (388); BGH, NJW 2000, 3429 (3431).

783 Stellvertretend Staudinger/*Olzen*, § 241 BGB, Rn. 102f.; Jauernig/*Mansel*, § 242 BGB, Rn. 49.

784 Heidel/Hüßtege/Mansel/Noack/*Looschelders*, BGB-AT, § 133, Rn. 33.

785 BGH, GRUR 2010, 628 (632, Rn. 37) – *Vorschaubilder I*.

anknüpfe.[786] Diese Argumentation wirft grundlegende Bedenken auf, die sich nicht allein in der Bejahung der protestatio-Regel erschöpfen. Vorliegend soll aus kontextuellen Gründen zunächst die Relevanz der Rechtsfigur „protestatio facto contraria" in der „Vorschaubilder I"-Konstellation in den Fokus genommen und die weiteren Feststellungen des BGH als richtig unterstellt werden. Im Verlaufe der nachfolgenden Bearbeitung wird sich der Verfasser schließlich an geeigneter Stelle den verbleibenden Problempunkten zuwenden.[787]

Geht man mit dem BGH davon aus, dass kein wirksamer Widerruf vorliegt, bedarf es aufgrund des Dualismus von Widerruf als der Beseitigungshandlung und Einwilligung als Beseitigungsobjekt[788] keines Eingehens mehr auf die Rechtsfigur der protestatio facto contraria.[789] Die rechtslogische Konsequenz eines nicht als Widerruf zu deutenden Verhaltens bzw. eines unwirksamen Widerrufs ist das Bestehenbleiben der Einwilligung als dessen Pendant. Ein zusätzlicher Verweis auf die protestatio-Figur geht damit fehl und sollte, um Missverständnissen vorzubeugen, vermieden werden. Im Übrigen ist ein Rückgriff auf die protestatio-Figur auch deshalb abzulehnen, weil es in der „Vorschaubilder I"-Fallgestaltung an zwei *simultan* erfolgenden kontradiktorischen Verhaltensweisen, deren Konflikt durch die Rechtsregel „protestatio facto contraria" gelöst werden soll, fehlt. Denn Einwilligung und Widerrufserklärung erfolgten zeitlich voneinander getrennt.

Die protestatio-Regel kann entgegen teilweise in der Literatur vertretener Auffassung[790] auch nicht zur Begründung der Wirkungslosigkeit eines *gleichzeitig* mit dem ungesicherten Einstellen von Werkinhalten in den Nutzungsbedingungen der Webseite erklärten Widerspruchs gegen die Werknutzung durch automatisiert arbeitende Suchmaschinen angeführt werden.[791] Eine stillschweigende Einwilligungserklärung kann nämlich dann nicht angenommen werden, wenn zwar die Handlungsweise einer Person an sich den Schluss auf das Vorliegen einer Einwilligung zulassen würde, wenn aber diese Person ausdrücklich erklärt, dass ihr dieser rechtsgeschäftliche Wille fehle (sog. Protestation).[792] Die ausdrückliche Erklärung des Rechteinhabers, mit der Nutzung der veröffentlichten Inhalte durch Dritte nicht

786 BGH, a.a.O.
787 *Kap. 2 E. III. 4. a) + c).*
788 Differenzierung nach *Mankowski*, Beseitigungsrechte, S. 426.
789 Zum dualistischen Verhältnis von Einwilligung und Widerruf siehe die Ausführungen in *Kap. 2 D.*
790 *Tinnefeld*, Einwilligung, S. 187f.; *v. Ungern-Sternberg*, GRUR 2009, 369 (370).
791 Vgl. auch die Ausführungen in *Kap. 2 E. II. 4. a) cc) (5).*
792 Ohne Bezug zur Einwilligung BGH, NJW 1986, 1496 (1497).

einverstanden zu sein, gibt in diesem Fall eindeutig Auskunft über den fehlenden Willen zur Fremdnutzung der onlinegestellten Inhalte. Dass diese Erklärung von den Suchmaschinencrawlern informationstechnisch nicht verarbeitet werden kann, kann nicht zur Unbeachtlichkeit der Verbalverwahrung des Rechteinhabers führen. Die konträre Ansicht verstößt gegen den bereits oben erwähnten Grundsatz, dass die Grenzen der Leistungsfähigkeit der von Teilnehmern des Rechtsverkehrs (hier: der Werknutzer) eingesetzten Automaten allein keine Abweichung von den allgemeinen Auslegungsmaßstäben der §§ 133, 157 BGB rechtfertigt.

Die Unwirksamkeit des Widerspruchs gegen die Einwilligung zur Nutzung der online gestellten Inhalte ergibt sich im vorliegenden Fall vielmehr aus dem fehlenden Zugang des Widerspruchs gegen die Werknutzung beim Suchmaschinenbetreiber. Denn die Protestation ist aufgrund ihrer negatorischen Wirkung ein analog der Einwilligung erklärungs- und empfangsbedürftiger Kommunikationsakt. Die Wahrnehmung und Kenntnisnahme eines nicht durch technische Schutzmaßnahmen flankierten Widerspruchs ist für die Suchmaschinencrawler aber technisch unmöglich. Geht man mit der hier vertretenen Auffassung davon aus, dass einem sich im Internet aktiv betätigenden Werknutzer die automatische Arbeitsweise von Suchmaschinen bekannt ist, kann dieser folglich nicht davon ausgehen, dass softwaregesteuert mittels Crawlern arbeitenden Werknutzern ein schriftlich in den Nutzungsbedingungen geäußerter Widerspruch zur Kenntnis gelangt. In Ermangelung des Zugangs des Widerspruchs, nehmen letztere de facto nur die durch das Onlinestellen der Inhalte konkludent erklärte Einwilligung wahr. Ein nicht zugegangener (Verbal)Protest kann aber von vornherein keine negatorische Wirkung in Bezug auf den als Einwilligung zu deutenden Erklärungsgehalt entfalten. Ebenso verhält es sich in solchen Fällen, bei denen die nutzerseitige Auswertung der online gestellten Inhalte zwar manuell erfolgt, die Fremdnutzung indes vom Rechteinhaber durch einen nur schwer auffindbaren, an versteckter Stelle angebrachten Hinweis untersagt wird. Auch hier fehlt es am Zugang des Widerspruchs gegen die Werknutzung.

Auch in der „Vorschaubilder II"-Entscheidung griff der BGH auf die Rechtsfigur „protestatio facto contraria" – wenngleich in anderem Kontext – zurück. Diesmal sah der BGH einen unlösbaren Widerspruch darin, dass die Rechtsinhaberin einerseits in die Nutzung berechtigterweise angebotener Inhalte einwillige, sich aber zugleich in Kenntnis bzw. fahrlässiger Unkenntnis des Umstandes, dass automatisiert arbeitende Suchmaschinen nicht zwischen berechtigt und unberechtigt im Internet veröffentlichten Inhalten unterscheiden könnten, gegen die Nutzung illegal eingestellter Inhalte wende.[793] Allerdings entbehrt es jeder Logik, weshalb sich ein Inhaber urheberrechtlich geschützter Informationen nicht dagegen verwahren können darf, dass eine Suchmaschine contra legem in seine Urheberrechte eingreift. Aus dem Umstand, dass ihm die Automatisierung des Crawling- und Indexierungsprozesses sowie die fehlende Erkennbarkeit der Nutzungsberechtigung an den gefundenen Bildern bekannt ist, kann nichts anderes folgen: Wendet sich ein Rechteinhaber gegen die Förderung der Verbreitung unberechtigt ins Netz gestellter Bilder, ist dies absolut legitim und ohne Weiteres nachzuvollziehen. Auch der Einsatz automatisiert arbeitender Crawler, denen die Identifikation des Rechtsinhabers an den onlinegestellten Informationen nicht möglich ist, entbindet nicht von der Pflicht fremde Rechte zu wahren. Schließlich geht deren Programmierung auf den Willen des Suchmaschinenbetreibers zurück. Nicht das Rechtssystem hat sich an den Grenzen des technisch Möglichen zu orientieren. Vielmehr müssen sich – genau konträr – die technischen Abläufe an den durch das Rechtssystem vorgegebenen Grenzen messen lassen.[794]

VIII. Rechtsnatur

Nachdem die Einwilligung nunmehr systematisch von anderen Rechtsfiguren abgegrenzt wurde, soll im folgenden Abschnitt auf die bis heute fortwährende Kontroverse um die Rechtsnatur der schlichten Einwilligung eingegangen und hierzu Stellung bezogen werden. Wenn in der Literatur vereinzelt versucht wird, dem Streit um die Rechtsnatur der schlichten Einwilligung jede Relevanz abzusprechen[795], so ist dem vehement zu widersprechen. Die Relevanz exakter juristischer Erkenntnisse über die dogmatische Verankerung der schlichten Einwilligung im Gefüge des Zivilrechts wurde bereits oben erläutert.[796] Neben den vorgenannten Gründen entscheidet die dogmatische Einordnung der Einwilligung über die Methode zur Ermittlung und Ausgestaltung der Wirksamkeitsvoraussetzungen und Erlöschensgründe der schlichten Einwilligung.[797] Sie hat damit unmittelbare Auswirkungen auf die Argumentationslast des Rechtsanwenders. Schließlich ergibt sich die Notwendigkeit der Prüfung der Rechtsnatur auch aus der Ernstnahme der aus dem Stufenleiterprinzip abgeleiteten Kernaussage,

793 BGH, GRUR 2012, 602 (605, Rn. 28) – *Vorschaubilder II.*

794 Vgl. auch *Medicus*, BGB-AT, Rn. 332.

795 *Götting*, PKR, S. 166.

796 *Kap. 1 B.*

797 Vgl. hierzu die nachstehenden Ausführungen.

wonach die Rechtsnatur der jeweiligen Gestattungsform auf jeder Stufe getrennt zu prüfen ist.[798] Sie wird hier deshalb im Folgenden Gegenstand einer genaueren Untersuchung sein.

1. *Überblick über das Meinungsspektrum*

Über die Rechtsnatur der schlichten Einwilligung streiten Vertreter rechtsgeschäftlicher Erklärungsansätze[799] mit solchen, die die Einwilligung als geschäftsähnliche Handlung[800] bzw. als Realakt[801] einordnen wollen. Dabei erschöpft sich der Streit um die Rechtsnatur im Wesentlichen auf eine Diskussion zwischen den beiden erstgenannten Ansichten, während die zuletzt genannte „Lehre vom Realakt" nur noch ganz vereinzelt vertreten wird. Die durch die Einwilligung ausgelöste Rechtswirkung, die Erlaubtheit des Eingriffs, resultiert nämlich anders als für Realakte typisch, nicht allein aus einer tatsächlichen Handlung.[802] Sie tritt vielmehr deshalb ein, weil ihr ein auf die Vornahme der tatsächlichen Handlung final gerichteter Wille des Rechtsinhabers zugrundeliegt.[803] Vor diesem Hintergrund ist die Einordnung der schlichten Einwilligung als Realakt heute als überwunden anzusehen.[804]

---

798 Vgl. *Ohly*, Einwilligung, S. 145.

799 RGZ 141, 262 (265); BGH, NJW 1953, 700 (701); OLG Düsseldorf, AfP 1984, 229 (230); OLG München, AfP 1989, 570; OLG München, AfP 1983, 276; OLG Hamburg, AfP 1981, 356 (357); *Zitelmann*, AcP 99 (1906), 1 (48); *Helle*, AfP 1985, 93 (97); *Schenke*, Einwilligung, S. 107f.; *Ohly*, Einwilligung, S. 214; *Heidenreich*, AfP 1970, 960 (962); *Frömming/Peters*, NJW 1996, 958; *Kohte*, AcP 185 (1985), 105 (160); MüKo-BGB[4]/*Schwerdtner*, § 12, Rn. 134.

800 BGH, NJW 1959, 811; BGH, NJW 1988, 2946 (2947); MüKo-BGB/*Wagner*, § 823, Rn. 731; Wandtke/Bullinger/*Wandtke/Grunert*, § 31 UrhG, Rn. 37; Schricker/Loewenheim/*Schricker*, Vor §§ 28ff. UrhG, Rn. 57 m.w.N.; Erman/*Palm*, Vor §§ 104ff. BGB, Rn. 6; *Pawlowski*, FS Hagen, S. 5 (11, 15); Köhler/Bornkamm/*Köhler*, § 7 UWG, Rn. 143; *v. Ungern-Sternberg*, GRUR 2009, 369 (370); wohl auch *Hubmann*, PKR, S. 171.

801 *Linckelmann*, Schadensersatzpflicht, S. 80f.; RGRK/*Steffen*, § 823 BGB, Rn. 377; *Deutsch*, AHR, Rn. 282; *Deutsch/Ahrens*, DeliktsR, § 8, Rn. 106; *Boehmer*, MDR 1959, 705ff.; *Schenke*, Einwilligung, S. 24ff.

802 Klassische Fälle von Realakten sind z.B. die Verbindung (§ 948 BGB), der Fund bzw. Schatzfund (§§ 965, 984 BGB) sowie die Besitzerlangung (§ 854 BGB).

803 *Götting*, PKR, S. 147 (Fn. 32).

804 So auch *Frömming/Peters*, NJW 1996, 962.

2. Ursachen des Meinungsstreits

Um die Problematik bezüglich der Rechtsnatur der schlichten Einwilligung vor der Entscheidung für eine der beiden ernsthaft vertretenen Ansichten zu erhellen, sollen nunmehr zunächst die Ursachen der fortwährenden Kontroverse dargestellt werden.

Die Einwilligung vermittelt anders als die auf der Gestattungsstufenleiter über ihr stehenden Dispositionsformen kein subjektives Recht zur Vornahme der gestatteten Handlung. Wegen der jederzeitigen Widerrufbarkeit steht dem Einwilligungsempfänger kein Duldungsanspruch mit korrespondierenden Primärleistungspflichten des Gestattenden zu. Während die Schaffung eines durchsetzbaren relativen oder gegenständlichen Rechts obigen Ausführungen entsprechend zwingend den Abschluss eines Vertrages und damit eine rechtsgeschäftliche Begründung voraussetzt, lassen sich bei der schlichten Einwilligung derartige Rückschlüsse nicht ziehen.[805]

Die Ursache für die Kontroverse um die Rechtsnatur der schlichten Einwilligung dürfte neben der zu verneinenden Qualifikation als subjektives Recht v.a. in ihrer Eigenschaft, eine Schnittstelle zwischen Delikts- und vertraglichem Schuldrecht dazustellen, zu sehen sein.[806] Die schlichte Einwilligung statuiert nämlich eine vom Einwilligenden an den Einwilligungsempfänger gerichtete spezifische Erlaubnis zur Vornahme eines tatsächlichen Verhaltens, das der Einwilligende ohne die Erlaubnis verbieten könnte.[807] Sie basiert damit auf einem deliktsrechtlichen Denkansatz. Gleichzeitig ist die Festlegung dieser Befugnis durch den Einwilligenden aber Ausdruck und Aktualisierung seiner privatautonomen Selbstbestimmung, deren bedeutendstes Mittel die Vertragsfreiheit ist.[808] Letzere kann als das leitende Prinzip des vertraglichen Schuldrechts bezeichnet werden.[809] Hieran zeigt sich die Richtigkeit der von Engisch getroffenen Feststellung, dass ein Streit um die systematische Einordnung regelmäßig zugleich einen Streit um das „Wesen“ eines Rechtsphänomens, d.h. vorwiegend um seinen wertungsmäßigen Gehalt innerhalb des geltenden Rechts, zur Folge hat.[810]

---

805 *Lochmann*, Fernsehübertragungsrechte, S. 80.

806 *Ohly*, Einwilligung, S. 293.

807 BGH, NJW 1959, 811; *Larenz*, SchuldR II, § 71 I 1 (S. 594); *Kohte*, AcP 185 (1985), 105 (116).

808 Bamberger/Roth/*Sutschet*, § 241 BGB, Rn. 12.

809 Staudinger/*Busche*, Eckpfeiler des ZivilR F. II. 2., Rn. 4.

810 *Engisch*, Stud. Gen., S. 188f.; vgl. auch *Canaris*, Systemdenken, S. 89.

Ein wesentlicher Auslöser für die rechtsdogmatische Verunsicherung über die Einordnung der schlichten Einwilligung liegt zudem in der einhellig vertretenen Qualifikation der Einwilligung als statthaftes Instrument für persönlichkeitsrechtliche Dispositionen begründet. Die rechtsgeschäftlichen Vorschriften sind auf wirtschaftliche Austauschgeschäfte zugeschnitten[811] und daher auf höchstpersönliche Dispositionen nicht ohne Weiteres übertragbar. Im Kontext höchstpersönlicher Dispositionen besonders inadäquat ist die unter Zugrundelegung der Rechtsgeschäftslehre grundsätzlich fehlende Möglichkeit und Fähigkeit zur Einwilligung Minderjähriger. Hier besteht weitgehend Konsens[812] darüber, dass das Regelungsmodell der §§ 104ff. BGB deshalb der Modifikation bedarf, weil dem Selbstbestimmungsrecht des Minderjährigen im betreffenden Einzelfall stärkere Bedeutung beizumessen sein kann, als dem durch die starre Festlegung von Altersgrenzen für die Geschäftsfähigkeit geschützten Verkehrsinteresse.[813] Die Frage, wie dieses Problem rechtsdogmatisch zu lösen ist, hat damit auch unmittelbare Auswirkungen auf die Rechtsnatur der schlichten Einwilligung.

Umstritten ist nun, welche Schlussfolgerung aus diesem Befund für die Einwilligungslehre zu ziehen ist. Einig ist man sich jedenfalls insofern, als eine vollständige Absonderung der schlichten Einwilligung von der Rechtsgeschäftslehre teleologisch verfehlt wäre. Vielmehr ist zwecks Gewährleistung von Rechtssicherheit soweit als möglich am Leitbildcharakter des Rechtsgeschäfts im Privatrecht festzuhalten. Richtigerweise ist daher im jeweiligen Einzelfall zu prüfen, ob eine zumindest eingeschränkte Anwendbarkeit der rechtsgeschäftlichen Vorschriften in Betracht kommt. Konstruktiv lässt sich dies sowohl durch die analoge Anwendung der Vorschriften der allgemeinen Rechtsgeschäftslehre im Einzelnen als auch durch die Korrektur der umfassenden Anwendung der rechtsgeschäftlichen Vorschriften im Wege einer teleologischen Reduktion erreichen.[814] Welcher Herangehensweise man im Ergebnis folgen möchte, ist keine reine Konstruktionsjurisprudenz, sondern aufgrund unterschiedlicher Blickwinkel entscheidend für die Verteilung der Argumentationslast.[815]

---

811 *Wieacker*, Sozialmodell, S. 8, 10; *Flume*, BGB-AT II, S. 30f.; *Dasch*, Einwilligung, S. 54; *Götting*, PKR, S. 166.

812 Stellvertretend etwa *Ohly*, FS Jakobs, S. 451 (463).

813 *Rosener*, Einwilligung, S. 137; *Ohly*, Einwilligung, S. 212. Siehe hierzu auch *Kap. 2 E. III. 2. b)*.

814 *Leistner*, Richtiger Vertrag, S. 544.

815 Zutreffend hierzu *Ohly*, Einwilligung, S. 206, 366.

3. *Geschäftsähnliche Handlung oder (atypisches) Rechtsgeschäft*

Die heute überwiegend vertretene Auffassung begreift die schlichte Einwilligung als (rechts-)geschäftsähnliche Handlung. Auf diese sollen die rechtsgeschäftlichen Vorschriften nur entsprechend anzuwenden sein.[816] Die herrschende Auffassung steht auf dem Standpunkt, dass die Einwilligung nicht auf die Herbeiführung eines gewollten Rechtserfolges, sondern auf ein rein faktisches Handeln gerichtet ist.[817] Schließlich statuiere sie eine Ermächtigung zur Vornahme von in den Rechtskreis des Einwilligenden eingreifenden *tatsächlichen* Handlungen. Demgegenüber wollen andere Stimmen den rechtsgeschäftlichen Charakter der Einwilligung mit der Begründung bejahen, die durch die Einwilligung ausgelöste Erlaubniswirkung resultiere nicht allein aus einer tatsächlichen Handlung; sie trete primär deshalb ein, weil ihr ein auf diesen Rechtserfolg final gerichteter Wille und somit ein Akt privatautonomer Selbstbestimmung zugrunde liege.[818]

Letzterer Auffassung ist darin zuzustimmen, dass es zu kurz greift unter Rekurs auf die Art bzw. den Gegenstand der gestatteten Handlung einen Rückschluss auf den ebenfalls rein faktischen Rechtscharakter des Dispositionsmittels zu ziehen.[819] Eine solche Dichotomie von Tatsächlichem (dann rechtsgeschäftsähnliche Handlung) und Rechtserfolg (dann Rechtsgeschäft) wird nämlich im Zivilrecht nicht durchgängig eingehalten. Dies belegt nicht zuletzt die im Rahmen von § 956 BGB ernsthaft diskutierte Übertragungstheorie[820]. Danach ist die Übertragung des Eigentums als besonderer Anwendungsfall einer (antizipierten) rechtsgeschäftlichen Übereignung anzusehen. Auch die Grunddienstbarkeit oder der Mietvertrag stehen stellvertretend für Rechtsgeschäfte, die tatsächliche Handlungen erlauben.[821] Insofern bleibt zu konstatieren, dass die Gestattung zur Vornahme tatsächlicher Handlungen nicht zwingend auf einen faktischen Charakter der Erlaubnis schließen lässt.

---

816 BGH, NJW 1967, 1800 (1802); *Larenz/Wolf*, BGB-AT, § 22, Rn. 17; *Medicus*, BGB-AT, Rn. 198; *Boecken*, BGB-AT, Rn. 209.

817 BGH, NJW 1959, 811; *Linckelmann*, Schadensersatzpflicht, S. 80; *Teichmann*, JA 1979, 293 (294); *Köhler*, JZ 1984, 18.

818 *Rosener*, Einwilligung, S. 114ff., 119; *Helle*, AfP 1985, 93 (96f.); *Kohte*, AcP 185 (1985), 105 (117); *Frömming/Peters*, NJW 1996, 958; MüKo-BGB/*Schmitt*, § 105 BGB, Rn. 22.

819 *Rosener*, Einwilligung, S. 119.

820 RGZ 78, 35 (36); Palandt/*Bassenge*, § 956 BGB, Rn. 2; *Heck*, SachenR, § 63, Rn. 5; *Wieling*, SachenR, § 11 III 5 (S. 149).

821 *Ohly*, Einwilligung, S. 211.

a) Rechtsfolgewille als Unterscheidungskriterium – formale Betrachtung

Damit kommt es hier für die Einordnung der schlichten Einwilligung als einseitiges Rechtsgeschäft entscheidend auf die Anforderungen an, die an die Bejahung des Rechtsfolgewillens im Recht der Willenserklärungen zu stellen sind, wenn der Parteiwille auf ein tatsächliches Handeln abzielt.[822] Der Rechtsfolgewille gehört zum objektiven, den Willen nach außen sichtbar machenden Tatbestand einer Willenserklärung. Er umschreibt eine auf die Herbeiführung eines bestimmten rechtsgeschäftlichen Erfolges gerichtete Willensäußerung, wobei der Rechtserfolg nur deshalb eintritt, weil er gewollt ist.[823] Im Gegensatz dazu fehlt es bei bloß geschäftsähnlichen Handlungen an jenem Mindesttatbestand.[824] Diese haben zwar insoweit Ähnlichkeiten mit Willenserklärungen, als auch sie regelmäßig in dem Bewusstsein vorgenommen werden, dass damit Rechtsfolgen ausgelöst werden.[825] Zwingend ist dies jedoch nicht.

Die Erteilung der schlichten Einwilligung durch den Rechtsinhaber bewirkt eine inhaltliche Modifikation der zwischen diesem und dem Einwilligungsempfänger bestehenden Rechtsbeziehung. Das grundsätzlich bestehende Eingriffsverbot in die Rechte und Rechtsgüter ihres Inhabers wird in eine spezielle, zweckgebundene und bis zur Vornahme der gestatteten Handlung revozierbare Eingriffserlaubnis umgestaltet.[826] Demnach bedarf es für die Wirksamkeit einer Einwilligungserklärung auch der objektiven Manifestation eines auf diese konkrete Rechtsänderung gerichteten Rechtsfolgewillens. Dabei muss (subjektiv) vom Erklärenden nicht die Gesamtheit der mit einer schlichten Einwilligung verbundenen Rechtsfolgen bedacht sein.[827] Es reicht vielmehr aus, wenn nur irgendeine Geltung des tatsächlichen Effekts in der Rechtsordnung in den Willen aufgenommen wird.[828] Entscheidend ist also, dass der Wille des Betroffenen im Moment der Einwilligungserklärung die Tatsache umfasst, er erkläre sich mit einer grundsätzlich verbotenen, weil in seine Rechte eingreifenden Handlung einverstanden. Insbesondere im Falle ausdrücklich erteilter Einwilligungen ist kaum vorstellbar, dass der Wille des Betroffenen nicht die Tatsache umfasst, dass

---

822 *Kohte*, AcP 185 (1985), 105 (117f.).

823 *Larenz/Wolf*, BGB-AT, § 24, Rn. 9.

824 Staudinger/*Singer*, Vor §§ 116ff. BGB, Rn. 2; *Larenz/Wolf*, BGB-AT, § 24, Rn. 9.

825 BGH, NJW 1967, 1800 (1802); *Medicus*, BGB-AT, § 18, Rn. 197; *Boecken*, BGB-AT, Rn. 209.

826 Vgl. *Ohly*, Einwilligung, S. 207, 211.

827 Dazu gehört der Ausschluss von Beseitigungs-, Unterlassungs-, Schadensersatz-, bereicherungsrechtlichen sowie Ansprüchen aus Geschäftsführung ohne Auftrag.

828 Vgl. *Flume*, BGB-AT II, S. 51ff.

der tatsächlichen Handlung durch den Eingriff in ein ihm zustehendes Recht oder Rechtsgut rechtliche Wirkung zukommt.[829] Selbst Befürworter der Typisierung der Einwilligung als (rechts-)geschäftsähnliche Handlung konzedieren, die Einwilligung werde gewöhnlich im Bewusstsein der eintretenden Rechtsfolgen und oft sogar in der Absicht, sie hervorzurufen, vorgenommen.[830] Hierbei handelt es sich um ein notwendiges Zugeständnis: Im Gegensatz zu anderen rechtsgeschäftsähnlichen Instituten[831] mangelt es der schlichten Einwilligung nämlich an einer Kodifikation und der Festlegung konkreter Rechtsfolgen, die sich unabhängig vom Willen des Einwilligenden an dessen Einwilligungserteilung anschließen könnten. Sie ähnelt insoweit der nach überwiegender Auffassung[832] als einseitiges Rechtsgeschäft einzuordnenden Kündigung.

Die Einwilligung ist also bei formaler Betrachtungsweise rechtsgeschäftlichen Charakters. Dem steht es nicht entgegen, dass die Einwilligung dem Empfänger mangels Durchsetzbarkeit der durch sie vermittelten Erlaubnis gegen den Willen des Rechtsinhabers kein subjektives Recht vermittelt. Zwar lässt es die fehlende subjektive Rechtsqualität auf der einen Seite keineswegs zwingend erscheinen, die Einwilligung als (atypisches) Rechtsgeschäft einzuordnen. Auf der anderen Seite ist die Einräumung eines subjektiven Rechts aber auch keine notwendige Voraussetzung für die Qualifizierung eines Rechtsakts als Rechtsgeschäft. Ihr Fehlen steht einer Einordnung der Einwilligung als einseitiges Rechtsgeschäft somit zumindest nicht entgegen.[833]

Im Ergebnis bleibt festzuhalten, dass auch der bloß einseitigen Einwilligungserteilung ein Rechtsfolgewille des Rechtsinhabers zugrunde liegt, der es bei formaler Betrachtung gerechtfertigt erscheinen lässt, die schlichte Einwilligung als einseitiges Rechtsgeschäft einzuordnen.

b) Die Einwilligung als Instrument zur Wahrnehmung von Privatautonomie – funktionale Betrachtung

Das Ergebnis dieser formalen Betrachtung wird mit Blick auf die Funktionen der Einwilligung bestätigt: Die Erteilung spezifischer Eingriffsbefugnisse mittels

829 *Dasch*, Einwilligung, S. 52; *Rosener*, Einwilligung, S. 119; *Schemtisch*, Identitätsdaten, S. 81.

830 BGH, NJW 2001, 289 (290); Erman/*Palm*, Vor §§ 104ff. BGB, Rn. 6.

831 In Betracht kommen etwa die Mahnung nach § 286 I BGB sowie die Aufforderung zur Genehmigung nach den §§ 108 II, 177 II BGB.

832 Statt vieler BAG, NJW 2003, 236; Schulze/*Dörner*, § 111 BGB, Rn. 3; Jauernig/*Jauernig*, § 174 BGB, Rn. 1.

833 Vgl. *Larenz/Wolf*, BGB-AT, § 22, Rn. 3.

Einwilligung führt, wie festgestellt, zu einer inhaltlichen Modifikation des zwischen Einwilligendem und Einwilligungsempfänger bestehenden Rechtsverhältnisses. Sie steht damit stellvertretend für die Ausübung von Privatautonomie. Eine funktionale Kongruenz der Einwilligung mit den Rechtsgeschäften ist jedenfalls dann unverkennbar, wenn die Einwilligung ausschließlich Eingriffsbefugnisse in Vermögensrechte vermittelt. Die Einwilligung lässt sich hier bedenkenlos dem den rechtsgeschäftlichen Vorschriften immanenten Güteraustauschgedanken zuordnen.[834]

Das den rechtsgeschäftlichen Vorschriften zugrunde liegende Privatautonomieprinzip gilt im Grundsatz auch für höchstpersönliche Dispositionen. Anerkannt ist nämlich, dass geschützte Persönlichkeitsinteressen subjektive Rechte konstituieren, da sie dem einzelnen von staatlicher Reglementierung unbeeinflusst zur eigenständigen Wahrnehmung zugewiesen sind. Vor dem Hintergrund der Art. 2 I i.V.m. Art. 1 GG sind diese auch in gewissen Grenzen disponibel.[835] Somit ist das Rechtsgeschäft als das von der Privatrechtsordnung bereitgestellte Instrument auch hier zur autonomen Ausgestaltung der Rechtsbeziehungen zu anderen Rechtssubjekten statthaft.

Einer Erstreckung der rechtsgeschäftlichen Vorschriften auf persönlichkeitsrechtliche Interessen berührende Einwilligungen steht die wirtschaftsrechtliche Prägung des Rechtsgeschäftsbegriffs nicht entgegen.[836] Das BGB kennt neben vermögensrechtlichen auch personenrechtliche Rechtsgeschäfte, bei denen die Funktion des Güteraustauschs in den Hintergrund tritt. Deren positivrechtliche Anerkennung[837] schließt es aus, den Funktionsrahmen der Willenserklärung rein vermögensrechtlich, d. h. als lediglich vom Güteraustausch bestimmt anzusehen.[838] Der Gesetzgeber demonstriert damit, dass er im Grundsatz dort, wo es um die Ausübung von Privatautonomie geht, an der Rechtsgeschäftslehre des Allgemeinen Teils festhält. Die aus dem allgemeinen Rechtsverkehr herausgehobene Bedeutung der personenrechtlichen Rechtsgeschäfte macht jedoch Modifikationen des rechtsgeschäftlichen Instrumentariums erforderlich. Um den besonders schützenswerten Interessen der Rechtsinhaber im höchstpersönlichen Bereich Rechnung zu tragen, hat der Gesetzgeber diverse Sondervorschriften erlassen, so z. B. für die Geschäftsfähigkeit (§§ 1303, 1596 BGB), die

---

834 *Dasch*, Einwilligung, S. 55.

835 *Hubmann*, PKR, S. 138; *Kohte*, AcP 185 (1985), 105 (115) m.w.N.; *Dasch*, Einwilligung, S. 49.

836 A.A. *Geilen*, Einwilligung, S. 125f.

837 Vgl. z. B. §§ 1310, 1594, 1746, 1937 i.V.m. 2064 BGB.

838 *Dasch*, Einwilligung, S. 56.

Stellvertretung (§§ 1311 S. 1, 1596 IV BGB), die Möglichkeit, Bedingungen oder Befristungen zu vereinbaren (§§ 1311 S. 2, 1594 III BGB) sowie für die Form (§§ 1311 S. 1, 1597 I BGB).[839]

Mit dieser methodologischen Vorgehensweise des Gesetzgebers stünde es in Widerspruch, wenn aus der Unanwendbarkeit einzelner rechtsgeschäftlicher Vorschriften auf persönlichkeitsrechtliche Dispositionen die Konsequenz gezogen würde, die Rechtsgeschäftslehre habe insgesamt unangewendet zu bleiben. Dass den privatautonomen Befugnissen des Rechtsinhabers Grenzen gesetzt werden müssen, liegt in der Natur jeder freiheitlichen und zugleich auf Rücksichtnahme bedachten Werteordnung. Sollten die Besonderheiten des betreffenden Persönlichkeitsaspekts es geboten erscheinen lassen, einzelne auf den Güteraustausch zugeschnittene Vorschriften unangewendet zu lassen, so kann dies dogmatisch überzeugend im Wege einer teleologischen Reduktion erreicht werden. Somit kann die Indisponibilität bestimmter höchstpersönlicher Rechtsgüter nicht als Argument fruchtbar gemacht werden, um der schlichten Einwilligung die Rechtsgeschäftsnatur abzusprechen. Eine ihrem Inhalt nach zu missbilligende Erklärung führt gemäß § 134 BGB lediglich zur Unwirksamkeit, ohne jedoch Auswirkungen auf ihren Rechtsgeschäftscharakter zu zeitigen.[840]

Angesichts der aufgezeigten funktionalen Verknüpfung von Einwilligung und Privatautonomie besteht sowohl im Kontext vermögensrechtlicher Gestattungen als auch solcher mit persönlichkeitsrechtlichem Einschlag keinerlei Veranlassung von der vertrauten zivilrechtlichen Kategorie des Rechtsgeschäfts abzurücken. Zwar ist zu konzedieren, dass auch die Befürworter des rechtsgeschäftsähnlichen Charakters zu weitgehend identischen praktischen Ergebnissen gelangen.[841] Gleichwohl leistet dieser von der Rechtsgeschäftslehre abgekoppelte Erklärungsansatz kein Ergebnis, das nicht auch vom rechtssicheren und durch jahrelange Rechtsprechung konkretisierten Standpunkt der Rechtsgeschäftslehre aus erklärbar wäre. Im Gegenteil: Oftmals bedienen sich Vertreter der Rechtsgeschäftsähnlichkeit der Einwilligung des Argumentationsmusters der Rechtsgeschäftstheorie, indem sie ohne die gebotene einzelfallbezogene Prüfung der Analogievoraussetzungen, wesentliche Teile der allgemeinen Rechtsgeschäftslehre zur Begründung oder wenigstens zur Bekräftigung ihres

839 Vgl. *Bork*, BGB-AT, Rn. 443.

840 *Kohte*, AcP 185 (1985), 105 (116).

841 *Rosener*, Einwilligung, S. 150; *Kohte*, AcP 185 (1985), S. 105 (150); *Voll*, Einwilligung, S. 66ff.; *Resch*, Einwilligung, S. 128ff.; *Ohly*, Einwilligung, S. 206; *Leistner*, Richtiger Vertrag, S. 544, Fn 79.

eigenen Ansatzes heranziehen.[842] Letztlich handelt es hierbei um nichts anderes als die resignierende Feststellung, dass die dem System der rechtsgeschäftlichen Vorschriften zugrunde liegenden Wertungen dem Grunde nach auch auf die Einwilligung passen. Letzteres zeigt sich neben dem hier ausführlich erörterten Privatautonomieprinzip v.a. auch unter dem Gesichtspunkt des mit der Selbstverantwortung korrespondierenden Vertrauensschutzes im Rechtsverkehr: Das Recht der Willenserklärungen baut keineswegs allein auf dem Gedanken der Selbstbestimmung auf; vielmehr schützt es auch das Vertrauen des Erklärungsempfängers und die Verkehrssicherheit, indem es den Erklärenden vorbehaltlich der Anfechtung an die objektiv erklärten – jedoch nicht notwendig auch bewusst in Geltung gesetzten – Rechtsfolgen bindet.[843] Entgegen teilweise vertretener Ansicht fehlt es auch der schlichten Einwilligung, trotz ihrer grundsätzlich freien Widerruflichkeit, nicht an einem vertrauensbegründenden Element.[844] So statuiert die einmal erklärte Einwilligung für den Einwilligungsempfänger den Anschein eines vollgültigen Erklärungsakts. Auf dessen Bestand darf er vertrauen, solange der Einwilligende nicht wirksam von seiner Widerrufsmöglichkeit Gebrauch gemacht hat. Bei dem Vertrauen auf die Einwilligung handelt es sich dabei keineswegs um einen vom Rechtsgeschäftsrecht losgelösten, abstrakten Vertrauensschutz.[845] Dagegen überzeugt es, das Vertrauen auf die mit der Erteilung der Einwilligung ausgesprochene Erlaubnis als einen Unterfall des Vertrauens auf die Wirksamkeit rechtsgeschäftlicher Willenserklärungen einzuordnen.[846]

Hält man demnach nicht nur einen Großteil der rechtsgeschäftlichen Vorschriften, sondern auch die dem System des Rechtsgeschäftsrechts maßgeblich zugrundeliegenden Wertungen auf die Rechtsfigur „schlichte Einwilligung“ anwendbar, sollte man Farbe bekennen und die schlichte Einwilligung insgesamt als Rechtsgeschäft einordnen. Reine Negativabgrenzungen ohne alternativen konstruktiven Ansatz, wie sie von den Befürwortern einer rechtsgeschäftsähnlichen Qualifikation vollzogen werden, sind nicht zielführend und damit abzulehnen. Demgegenüber dürfte die grundsätzlich umfassende Anwendbarkeit des

842 So auch *Leistner*, Richtiger Vertrag, S. 544f. m.w.N. Dieser weist zu Recht darauf hin, dass dies konstruktiv dann eher der Vorgehensweise im Rahmen einer teleologischen Reduktion als einer analogen Anwendung der rechtsgeschäftlichen Vorschriften entsprechen dürfte (*Leistner*, Richtiger Vertrag, S. 544, Fn. 79).

843 BGH, NJW 1984, 2279 (2280); *Bydlinski*, System, S. 154f.; Palandt/*Ellenberger*, Vor §§ 116ff. BGB, Rn. 2; *Kling*, Sprachrisiken, S. 251.

844 So aber *Berger*, JZ 2000, 797 (801); *Deutsch/Spickhoff*, MedR, Rn. 255.

845 In diese Richtung aber *Wiebe*, GRUR 2011, 888 (890).

846 Vgl. *Ohly*, Einwilligung, S. 232.

rechtsgeschäftlichen Instrumentariums eine gewisse Orientierung, z. B. für die rechtliche Beurteilung neuartiger Nutzungsphänomene im Internet, bieten.[847] Damit trägt sie durch die Erleichterung des Rechtsfindungsprozesses zu mehr Rechtssicherheit und Rechtklarheit bei.

c) Fazit

Die schlichte Einwilligung ist sowohl bei formaler als auch bei funktionaler Betrachtung als (atypisches) Rechtsgeschäft einzuordnen. Damit gilt es in Konstellationen, in denen die schlichte Einwilligung virulent wird, einzelfallbezogen zu untersuchen, ob die relevanten rechtsgeschäftlichen Normen ihrem teleologischen Gehalt nach auf das von der Einwilligung betroffene – nicht lediglich vermögensrechtlich geprägte – subjektive Recht passen. Andernfalls ist eine im Wege teleologischer Reduktion zu vollziehende Modifikation einzelner Vorschriften angezeigt. Dabei trifft die Argumentationslast denjenigen, der sich auf die Unanwendbarkeit der in Rede stehenden Vorschrift beruft.

4. Die gefälligkeitshalber erteilte Einwilligung als Willensäußerung sui generis

Fraglich ist jedoch wie rechtlich mit den gefälligkeitshalber erteilten Einwilligungen umzugehen ist. Erlaubnisse aus Freundschaft, Kollegialität oder Nachbarschaft beziehen sich auf Handlungen im außerrechtlichen gesellschaftlichen Bereich und begründen im Gegensatz zum Gefälligkeitsvertrag (§§ 516, 598, 662, 688 i.V.m. 690 BGB) keine schuldrechtlichen Leistungs- oder Nebenleistungsansprüche.[848] Exemplarisch für eine derartige gefälligkeitshalber erteilte Einwilligung lässt sich beispielweise die von einem Nachbarn an einen anderen Nachbarn erteilte Erlaubnis, Teile des unmittelbar anliegenden Grundstücks für eine Hochzeitsfeier nutzen zu dürfen, nennen. Hier besteht von vornherein kein Bedürfnis und, da die rechtsgeschäftlichen Vorschriften auf den außerrechtlichen, rein gesellschaftlichen Bereich nicht anwendbar sind, auch keine Möglichkeit die schlichte Einwilligung den rechtsgeschäftlichen Vorschriften zu unterstellen. Damit entzieht sich die Einwilligung infolge vollständiger Unanwendbarkeit des rechtsgeschäftlichen Instrumentariums der Einordnung als Rechtsgeschäft, sofern sie bloß gefälligkeitshalber erteilt wird. Aufgrund des finalen Bezugs der getätigten Willensäußerung auf einen das bloße „gesellschaftliche Miteinander" betreffenden Erfolg ist sie auch nicht als rechtsgeschäftsähnliche Handlung einzuordnen. Sie ist hier vielmehr als Willensäußerung sui generis ohne rechtsgeschäftliche Qualität zu qualifizieren.

---

847 *Ohly*, GRUR 2012, 983 (985).

848 *Larenz/Wolf*, BGB-AT, § 22 Rn. 36; Staudinger/*Olzen*, § 241 BGB, Rn. 72.

IX. Rechtsfolgen

Neben dem Streit um die Rechtsnatur der Einwilligung gehört die im Privatrecht im Vergleich zum Strafrecht eher stiefmütterlich behandelte Frage, auf welcher Ebene des Gesamttatbestandes die schlichte Einwilligung ihre Rechtswirkung entfaltet, zu den seit jeher im Mittelpunkt der Diskussion stehenden Einwilligungskontroversen. Sie bietet daher auch im Rahmen der vorliegenden Untersuchung Anlass zur tiefergehenden Auseinandersetzung.

1. *Ablehnung „rechtsfolgenbezogener Lösungen“*

Klarheit herrscht zunächst über den Umstand, dass die schlichte Einwilligung der konsentierten Handlung den Unrechtsgehalt nimmt. Davon zu unterscheiden ist eine lediglich rechtsfolgenbezogene Einwirkung auf entstehende oder bestehende schuldrechtliche Ansprüche[849], welche sowohl die Tatbestandsmäßigkeit als auch die Rechtswidrigkeit der konkreten Eingriffshandlung unberührt lässt. Rechtstechnisch wäre ein solcher „Verzicht“ auf die Geltendmachung von Abwehransprüchen durch einen (antizipierten) Erlass i.S.v. § 397 I BGB oder ein Duldungsversprechen (pactum de non petendo) realisierbar. Ersterer ist ein Vertrag mit dem Inhalt sämtliche aus einer etwaigen Rechtverletzung entstehenden Ansprüche bereits im Voraus zu erlassen[850] und dadurch die Entstehung eines Schadensersatzanspruchs zu verhindern.[851] Dagegen beinhaltet das sog. Duldungsversprechen eine Art „negativen“ Anspruch des Schuldners gegen den Gläubiger die aus einer vermeintlichen Rechtsverletzung entstehenden Ansprüche nicht geltend zu machen. Im Unterschied zum antizipierten Erlass bleiben hier die aus einer Rechtsverletzung resultierenden Forderungen zwar bestehen. Dem Schuldner des Anspruchs steht allerdings eine Einrede gegen dessen Einklagbarkeit zu.[852]

Die Qualifikation der Einwilligung als ein sich lediglich auf der Ebene der Rechtsfolgen auswirkender Verzicht[853] wird den Interessen des Einwilligungsempfängers

---

849 OLG München, AfP 1983, 230 (232); MüKo-BGB³/*Schwerdtner*, § 12, Rn. 166.

850 Der Verzicht auf eine einzelne Forderung (Schuldverhältnis i.e.S.) ist gesetzlich als Erlassvertrag zwischen Gläubiger und Schuldner nach § 397 I BGB ausgeformt (Bamberger/Roth/*Dennhardt*, § 397 BGB, Rn. 4; Palandt/*Grüneberg*, § 397 BGB, Rn. 3; Schulze/*Schulze*, § 397 BGB, Rn. 2).

851 *Larenz*, SchuldR I, § 19 I 1a (S. 269).

852 *Larenz*, SchuldR I, § 19 I 1a (S. 270); MüKo-BGB/*Krüger*, § 271, Rn. 18; Bamberger/Roth/*Unberath*, § 271 BGB, Rn. 12; Jauernig/*Stürner*, § 397 BGB, Rn. 6.

853 In diesem Sinne aber *Deutsch*, AHR, Rn. 282; *Schenke*, Einwilligung, S. 45.

schon deshalb nicht gerecht, weil eine erteilte Einwilligung ihrem sozialen Sinn nach positiv die Erlaubnis zur Vornahme der konsentierten Handlung zum Ausdruck bringt.[854] Es wäre paradox, wenn die gestattete Eingriffs- bzw. Nutzungshandlung trotz erteilter Einwilligung rechtswidrig bliebe und Dritte im Wege der Nothilfe gegen den Einwilligungsempfänger vorzugehen berechtigt wären (sog. „Notwehrprobe“).[855] Probleme bei Annahme eines rein rechtsfolgenbezogenen Haftungsausschlusses bereitete zudem die Vorschrift des § 276 III BGB. Danach kann dem Schuldner die Haftung wegen Vorsatzes nicht im Voraus erlassen werden. Die auf Grundlage einer schlichten Einwilligung gestatteten Eingriffs- bzw. Nutzungshandlungen erfolgen aber regelmäßig vorsätzlich.[856] Ein antizipiert vorgenommener rechtsfolgenbezogener Haftungsausschluss wäre damit von vornherein hinfällig.[857]

Auch stellt die Einwilligung nicht lediglich einen Rechtsschutzverzicht dar.[858] Die Einwilligung ist mehr als nur die bloße Nichtgeltendmachung von Ansprüchen, die dem Rechtsinhaber aufgrund eines Eingriffs in ihm zugewiesene subjektive Rechte zustehen. Bei ihr handelt es sich um einen Kommunikationsakt, der die vom Willen des Rechtsinhabers getragene Erlaubtheit des Handelns positiv nach außen manifestiert. Nur ein solches Verständnis und nicht die bloße Nichtabwehr eines Eingriffs vermag es zu rechtfertigen, dem Rechtsinhaber die Einwilligung normativ zuzurechnen und ihn nach Vornahme der konsentierten Handlung in Selbstverantwortung an die einmal erteilte Entscheidung zu binden.[859] Nach allem kann in der Einwilligung kein Unterlassen der Geltendmachung von Abwehransprüchen gesehen werden.

2. *„Tatbestandslösung“*

Umstritten ist allerdings, ob die schlichte Einwilligung rechtfertigende Wirkung[860] („Rechtfertigungslösung“) hat oder sie mit einer in letzter Zeit im

---

854 *Ohly*, FS Jakobs, S. 451 (454).

855 *Zitelmann*, AcP 99 (1906), S. 1 (53); *Dasch*, Einwilligung, S. 30; *Helle*, AfP 1985, 93 (94); *Ohly*, Einwilligung, S. 185.

856 *Zitelmann*, AcP 99 (1906), S. 1 (54); *Dietz*, Anspruchskonkurrenz, S. 226.

857 A.A. *Ahrens*, Verwertung, S. 334f.

858 So aber *Bucher*, Subjektives Recht, S. 55ff.; *Deutsch*, AHR, Rn. 282.

859 *Ohly*, Einwilligung, S. 183; *ders.*, FS Jakobs, S. 451 (454).

860 BGH, GRUR 2010, 628 (631, Rn. 33, 34) – *Vorschaubilder I*; LG Köln, ZUM-RD 2011, 626 (627); *Zitelmann*, AcP 99 (1906), 1 (53f.); *Kohte*, AcP 185 (1985), 105 (110, 124); Palandt/*Sprau*, § 823 BGB, Rn. 37; *Larenz/Canaris*, SchuldR II/2, § 75 II 2c (S. 363), 76 II 1g (S. 384); *Deutsch*, FS Weber, S. 125 (132); *Deutsch/Ahrens*, DeliktsR, § 14, Rn. 236; *Dietz*, Anspruchskonkurrenz, S. 216; *Dasch*, Einwilligung, S. 30;

Vordringen befindlichen Ansicht ein (negatives) Tatbestandsmerkmal[861] verkörpert („Tatbestandslösung).[862] Die ursprünglich aus dem Strafrecht[863] stammende und auch im Zivilrecht[864] immer mehr Zuspruch findende „Tatbestandslösung" misst der Einwilligung tatbestandsausschließende Wirkung bei. Diese Auffassung rückt durch eine Subjektivierung des Rechtsgutsbegriffs die privatautonome Entscheidungsfreiheit des Rechtsgutsinhabers in den Mittelpunkt der Betrachtung. Dem liegt die Vorstellung zugrunde, dass sich die tatbestandlich geschützten Rechtgüter gerade durch ihren der freien Entfaltung des Einzelnen dienenden Zweck definieren.[865] Der Wille des Berechtigten sowie seine Verfügungs- bzw. Dispositionsbefugnis werden demnach als konstitutive Bestandteile des tatbestandlich geschützten Rechtsguts angesehen. Von einer Verletzung eines tatbestandlich geschützten Rechts- bzw. Rechtsguts lasse sich dann nicht

---

Helle, AfP 1985, 93 (94); Schricker/*Wild*, § 97 UrhG, Rn. 19; Schricker/Loewenheim/*Schricker/Loewenheim*, Vor §§ 28ff. UrhG, Rn. 57; Fromm/Nordemann/*Nordemann*, § 97 UrhG, Rn. 24f.; Wandtke/Bullinger/*Grunert*, § 31 UrhG, Rn. 37; *Dreier/Schulze*, § 97 UrhG, Rn. 15; *Hüsch*, CR 2010, 452 (455); *Spindler*, GRUR 2010, 785 (789); *v. Ungern-Sternberg*, GRUR 2009, 369 (371); *Omsels*, jurisPR-WettbR 7/2010 Anm. 1 C.

861 *Ohly*, Einwilligung, S. 140, 197; *ders.*, FS Jakobs, S. 451 (457ff.); *Lochmann*, Fernsehübertragungsrechte, S. 68.

862 Die Auffassung, dass die Einwilligung bereits tatbestandsausschließende Wirkung (negatives Tatbestandsmerkmal) hat, ist besonders zur Legitimation persönlichkeitsrechtlicher Eingriffe in das gemäß § 22 S. 1 KunstUrhG geschützte Recht am eigenen Bild anzutreffen. Dafür *Heidenreich*, AfP 1971, 68; *Helle*, AfP 1985, 93 (96); *Götting*, PKR, S. 146; a.A. (Rechtfertigungsgrund) OLG Hamburg, AfP 1981, 356 (357) – *Intime Sprechstunde*; *Dasch*, Einwilligung, S. 35; *Schenke*, Einwilligung, S. 203. Die Annahme einer die Tatbestandmäßigkeit ausschließenden Einwilligung im Hinblick auf die Wort- und Bilderstattung für möglich haltend *Wenzel*, Wort- und Bildberichterstattung, Rn. 735. Einen Ausschluss der Tatbestandsmäßigkeit für Persönlichkeitsrechte im Allgemeinen will *Hubmann*, PKR, S. 150 unter der Voraussetzung annehmen, dass der Rechtsinhaber von einem ihm zugewiesenen Recht Gebrauch macht (z. B. Zustimmung in die Veröffentlichung eines Interviews, Zustimmung in die Aufzeichnung bzw. das Mithören eines Telefongesprächs). Die Einwilligung in spezifische Beeinträchtigungen habe dagegen rechtfertigende Wirkung (z. B. medizinischer Heileingriff).

863 *Kientzy*, Einwilligung, S. 65ff.; *Roxin*, StrafR-AT I, § 13, Rn. 12ff.; *Schmidhäuser*, FS Geerds, S. 593 (598ff.); *Sax*, FS Laufke, S. 321 (338); *Rönnau*, Jura 2002, 595 (598).

864 *Ohly*, Einwilligung, S. 139f., 197ff.; *ders.*, FS Jakobs, S. 451 (457ff.); *Lochmann*, Fernsehübertragungsrechte, S. 64.

865 *Roxin*, StrafR-AT I, § 13 Rn. 12, 14; *Wessels/Beulke*, StrafR-AT, § 9, Rn. 363.

sprechen, wenn der Betroffene mit dem Eingriff einverstanden sei.[866] Die Erteilung der Einwilligung i.e.S. sei nämlich Betätigung und Ausdruck der tatbestandlich geschützten Entscheidungsfreiheit. Letztere ermögliche es kraft der durch das subjektive Recht vermittelten Freiheitssphäre, die rechtlichen Beziehungen zu anderen Personen in Bezug auf das betroffene Recht oder Rechtsgut zu gestalten. Auch in der Sozialgemeinschaft werde die Vornahme einer durch schlichte Einwilligung gestatteten Handlung als sozial unauffällig und angemessen bewertet. Sie stelle mithin formal keinen Übergriff in einen fremden Zuständigkeitsbereich dar.[867] Schließlich könne es in der Unrechtsbewertung keinen Unterschied machen, ob der Rechtsinhaber eine Handlung selbst vornehme, oder diese willentlich an einen Dritten delegiere.[868] Der Einwilligungsempfänger verletze also nicht die Befugnisse des Rechtsinhabers, sondern übe die dem Rechtsinhaber originär zugewiesenen Befugnisse im Auftrag und mit dessen Willen aus. Die Einwilligung begründe damit de facto eine sekundäre, abgeleitete Zuständigkeit.[869]

Für diese Auffassung spricht, dass sie die Wurzeln der privatrechtlichen Einwilligungslehre, namentlich den Zuweisungsgehalt subjektiver Rechte sowie die privatautonome Selbstbestimmung, ernst nimmt. Auf dieser Grundlage begreift sie das von der Einwilligung betroffene Recht bzw. Rechtsgut und die Dispositionsbefugnis folgerichtig als Einheit. Aus dem Freiheitsgehalt subjektiver Rechte und dem Prinzip der Privatautonomie lässt sich auch ohne weiteres der Regelcharakter der tatbestandlichen Entfaltungs- und Dispositionsfreiheit ableiten. Sofern letztere keine ausdrückliche Einschränkung durch den Gesetzgeber erfährt (§ 1059 S. 1 BGB, § 29 I UrhG), ist vom Regelfall der Dispositionsbefugnis des Rechtsinhabers auszugehen. Weiterhin überzeugt die „Tatbestandslösung" insoweit, als es gerade in den Fällen ausdrücklicher Einwilligungserklärungen[870], in denen sich der Einwilligungsempfänger lediglich dem Willen des Rechtsinhabers unterwirft, in der Tat oft schwerfällt, in Bezug auf die gestattete Handlung von einem Rechts(guts)eingriff bzw. einer Rechts(guts)verletzung zu sprechen.

---

866 *Ohly*, Einwilligung, S. 197.
867 *Ohly*, Einwilligung, S. 199.
868 *Ohly*, FS Jakobs, S. 451 (454).
869 *Ohly*, Einwilligung, S. 186.
870 In Betracht kommt z. B. die ausdrückliche Erklärung auf der Website eines Content-Anbieters, mit Links einverstanden zu sein (*Dittrich*, JurPC Web-Dok. 72/2002, Abs. 16, abrufbar unter http://www.jurpc.de/jurpc/show?id=20020072).

3. *„Rechtfertigungslösung“*

Nach der im Privatrecht bislang vorherrschenden Auffassung wird die Einwilligung konstruktiv als Rechtfertigungsgrund qualifiziert. Letzterer nimmt einer Pflichtverletzung bzw. einer unerlaubten Handlung das Merkmal der Widerrechtlichkeit. Grundlegend für die Einordnung der schlichten Einwilligung als Rechtfertigungsgrund waren die Ausführungen *Linckelmanns*[871] sowie *Zitelmanns*[872], deren Überlegungen auch heute noch als Diskussion- bzw. Argumentationsgrundlage der jüngeren privatrechtlichen Einwilligungslehre dienen. V.a. Zitelmann wies deutlich darauf hin, dass die rechtfertigende Wirkung der Einwilligung daraus folge, dass durch sie ein allgemeines Verbot für einen Sonderfall zurückgenommen werde.[873]

Die Einordnung der schlichten Einwilligung in die Kategorie der Rechtfertigungsgründe wird von den Befürwortern der Rechtfertigungslösung maßgeblich auf die herrschende Lehre vom Erfolgsunrecht gestützt. Letztere sieht im eingetretenen Verletzungserfolg den Ausgangspunkt und Grund für die Beurteilung der Rechtswidrigkeit eines bestimmten Verhaltens.[874] Sie steht auf dem Standpunkt, dass ein Eingriff in bestehende fremde Rechte ohne Weiteres den Schluss auf dessen Widerrechtlichkeit zulasse.[875] Jeder tatbestandliche Eingriff bzw. jede tatbestandliche Verletzung eines geschützten Rechts oder Rechtsguts indiziere die Rechtswidrigkeit der Verletzungshandlung. Diese Rechtswidrigkeitsindikation könne nur durch das ausnahmsweise Vorliegen eines Rechtfertigungsgrundes ausgeräumt werden. Ein solcher Rechtfertigungsgrund soll nach den Befürwortern der „Rechtfertigungslösung“ in der schlichten Einwilligung zu sehen sein. Desweiteren sei die Rechtswidrigkeitsindikation einer der entscheidenden Gründe dafür, weshalb der Verletzer im Falle der Berufung auf die Einwilligung des Verletzten die Beweislast für deren Vorliegen trage.[876]

Durch die Instrumentalisierung der Erfolgsrechtslehre zur Einordnung der Rechtswirkungen der schlichten Einwilligung ist unmittelbar einleuchtend, dass die systematische Einordnung der Einwilligung als Rechtfertigungsgrund dort zu Schwierigkeiten führen muss, wo die von der Erfolgsunrechtslehre postulierte

871 *Linckelmann*, Schadensersatzpflicht, S. 77ff.
872 *Zitelmann*, AcP 99 (1906), 1ff.
873 *Zitelmann*, AcP 99 (1906), 1 (11).
874 *Larenz/Canaris*, SchuldR II/2, § 75 II 2c (S. 363).
875 Vgl. auch BGH, NJW-RR 2005, 172 (173).
876 In diesem Sinne *Kohte*, AcP 185 (1985), 105 (124f.).

Rechtswidrigkeitsindikation versagt. Dies ist zunächst bei den Rahmenrechten[877] der Fall. Hier lassen sich die Tatbestandsmäßigkeit und die Rechtswidrigkeit erst aufgrund einer umfassenden Güter- und Interessenabwägung feststellen. Eine klare Aussage darüber, auf welcher Stufe dieses Vorgangs die schlichte Einwilligung Anwendung findet, ist nicht möglich.[878] Desweiteren manifestiert sich die Schwäche der Lehre vom Erfolgsunrecht in den Fällen bloß mittelbarer Rechts- oder Rechtsgutsbeeinträchtigungen. Auch hier muss die Rechtswidrigkeit des grundsätzlich erlaubten Verhaltens eigens festgestellt werden. Somit kann je nach Art des von der Einwilligung betroffenen Rechtsguts bzw. nach Art der Beeinträchtigung die Rechtswidrigkeitsindikation nicht zur Begründung der Rechtfertigungswirkung der schlichten Einwilligung angeführt werden.

Angreifbar erscheint zudem, dass von den Vertretern der „Rechtfertigungslösung" apodiktisch auf den Ausnahmecharakter der schlichten Einwilligung abgestellt wird. Zwar mag die Orientierung an der Lehre vom Erfolgsunrecht dazu veranlassen, den Blick ausschließlich auf den Eintritt des tatbestandlichen Erfolges zu richten und den hierauf bezogenen Willen des Rechts- bzw. Rechtsgutsinhabers auszublenden. Gleichwohl darf nicht unbeachtet bleiben, dass v.a. in Fällen ausdrücklicher Einwilligungserklärungen eine Beeinträchtigung rechtlich geschützter Güter oder Interessen nicht als ausnahmsweise tolerierbar erklärt wird, sondern mit Blick auf den Willen des Rechtsinhabers gar nicht erst entsteht.[879] Es erscheint nicht sachgerecht der Erfüllung des gesetzlichen Tatbestandes allein aufgrund des eingetretenen Verletzungserfolges einen abstrakten Unwert beizumessen. In concreto stellte dies soziale Bewertung des Geschehens auf den Kopf.[880]

Aus diesem Grund ist die schlichte Einwilligung von den klassischen, auf einer objektiven Abwägung beruhenden Rechtfertigungsgründen zu unterscheiden.[881] Zu letzteren gehören z.B. die Notwehr bzw. Nothilfe i.S.d. § 227 BGB, die jeweils erklärungsbedürftige Ausnahmen darstellen und nicht – wie bei der schlichten Einwilligung durchaus üblich – sozialtypische Normalfälle betreffen.[882] Diesen beiden Abwehr- und Verteidigungsrechten liegt wegen ihres systematischen Zusammenhangs zur deliktsrechtlichen Generalklausel des § 823

877 Gemeint sind das allgemeine Persönlichkeitsrecht sowie das Recht am eingerichteten und ausgeübten Gewerbebetrieb.

878 *Götting*, PKR, S. 147.

879 So auch *Jakobs*, StrafR-AT, Abschn. 7, Rn. 112.

880 *Ohly*, Einwilligung, S. 137.

881 *Ohly*, FS Jakobs, S. 451 (458).

882 Ebd.; *Tinnefeld*, Einwilligung, S. 197.

I BGB offenkundig der erfolgsbezogene Rechtswidrigkeitsbegriff zugrunde.[883] Eine solche Erfolgsbezogenheit muss aber bei der schlichten Einwilligung nicht gegeben sein. Gegenstand der Einwilligung kann auch lediglich eine Handlung als solche sein[884], während dem Rechtsinhaber der Eintritt eines Erfolges höchst unerwünscht bleibt.[885] Letztlich ist damit auch der teleologische Ertrag der systematischen Einordnung für die Beweislastverteilung im Rahmen von Einwilligungskonstellationen deutlich geringer als bei der Notwehr und dem Notstand.[886] Angesichts dessen erscheint es, selbst wenn man die Erfolgsunrechtslehre im Zivilrecht für maßgeblich erachtet, keineswegs zwingend die Einwilligung als Rechtfertigungsgrund zu qualifizieren. Infolge der grundsätzlich gegebenen Einwilligungsbefugnis des Rechtsinhabers überzeugt es dagegen, der Einwilligung bereits tatbestandsausschließende Wirkung beizumessen. Eine Änderung der Beweislast für das Vorliegen der Einwilligung geht damit nicht einher: Die Einwilligung ist als rechtsvernichtende Einwendung zu qualifizieren.[887] Eine solche hat nach dem Grundprinzip der prozessualen Beweislastverteilung, wonach jede Partei die ihr günstigen Umstände zu beweisen hat[888], eine Darlegungs- und Beweisbelastung des sich auf das Erlöschen des Anspruchs berufenden Einwilligungsempfängers zur Folge.

4. *Verortung der Einwilligung im Urheberrecht*

Fraglich ist aber, ob die Tatbestandslösung auch im hier interessierenden Kontext der Einwilligung in urheberrechtsrelevante Nutzungen zu sachgerechten Ergebnissen führt. Zu beachten ist nämlich, dass im Urheberrecht eine unerlaubte Verwertung nicht nur zivilrechtlich (§§ 96, 97ff., 69f UrhG), sondern zugleich auch strafrechtlich sanktioniert (§§ 106ff. UrhG) ist. Durch die Normierung strafbewehrten Verhaltens in § 106 UrhG sollen potentielle Nutzer zur Wahrung der dem Urheber zustehenden Verwertungsrechte aufgerufen und somit insgesamt zu normgetreuen Verhalten angehalten werden. Damit werden durch

883 *Winkelmann*, Produkthaftung, S. 40.

884 In diesem Fall bedarf es jeweils einer genauen Abgrenzung des Vorliegens einer schlichten Einwilligung vom Handeln auf eigene Gefahr. Hierzu *Kap. 1 G. VII. 5. b).*

885 *Ohly*, Einwilligung, S. 24.

886 *Ohly*, FS Jakobs, S. 451 (458).

887 *Larenz/Wolf*, BGB-AT, § 18, Rn. 53.

888 BGH, NJW 1999, 352 (353); BGH, NJW 1991, 1052 (1053); BGH, NJW 1986, 2426 (2427); *Leipold*, Beweislastregeln, S. 43; *Rosenberg*, Beweislast, S. 98, 100f.; Rosenberg/Schwab/Gottwald, ZPO, § 115, Rn. 7f.; MüKo-ZPO/*Prütting*, § 286 ZPO, Rn. 111; Musielak/*Foerste*, § 286 ZPO, Rn. 35.

die dem Urheber zustehenden Verwertungsrechte zugleich Verbotstatbestände aufgestellt, denen – anders als im bürgerlich-rechtlichen Deliktsrecht (Kompensationsgedanke, Prävention nur Begleiterscheinung) – eine Appellfunktion zukommt.[889] Folglich ist die Nutzung urheberrechtlich geschützter Werke ohne Zustimmung des Rechtsinhabers keine Selbstverständlichkeit.[890] Potentielle Nutzer sollen sich stets dazu veranlasst fühlen, die eigene Berechtigung, etwa im Hinblick auf das Eingreifen von Schrankenbestimmungen, zu überprüfen.[891] Damit kommt den verwertungsrechtlichen Vorschriften des UrhG eine Präventions- bzw. Verhaltenssteuerungsfunktion zu, die dem haftungs- und schadensersatzrechtlichen Ausgleichs- bzw. Kompensationsprinzip gleichberechtigt gegenübersteht. Im Urheberrecht ist damit im Falle der Verletzung eines Verwertungsrechts stets von der Rechtswidrigkeit des Handelns des Werknutzers auszugehen.[892]

Von Ungern-Sternberg sieht es unter Berücksichtigung dieser urheberrechtlichen Besonderheit als zwingend an, der Einwilligung jedenfalls hier Rechtfertigungswirkung beizumessen.[893] Dabei verkennt er indes, dass der tatbestandliche Appell dann verstummt, wenn ein Werknutzer aufgrund einer vom Rechtsinhaber erklärten Konsentierung davon ausgehen darf, dass letzterer eine bestimmte urheberrechtsrelevante Nutzung nicht als Beeinträchtigung seiner Interessen ansieht. Dies bestätigt auch ein Vergleich mit den Gestattungsformen der konstitutiven Nutzungsrechtseinräumung sowie der schuldvertraglichen Gestattung. Für diese ist nämlich nach ganz herrschender Auffassung im Urheberrecht anerkannt, dass sie nicht erst zu einer Rechtfertigung des Nutzerhandeln führen, sondern bereits das Vorliegen eines Eingriffs in Verwertungsrechte und damit das Vorliegen einer tatbestandsmäßigen Urheberrechtsverletzung ausschließen.[894] Rekapituliert man die Wurzeln der auf dem Prinzip „volenti non fit iniuria" beruhenden Gestattungsformen, so erscheint es wertungsmäßig inkonsistent, die Einwilligung als Rechtfertigungsgrund einzuordnen und sie damit systematisch von den beiden genannten intensiveren Gestattungsformen zu separieren: Wie

---

889 *V. Ungern-Sternberg*, GRUR 2009, 369 (371).

890 Ebd.

891 Schricker²/*Haß*, § 106 UrhG, Rn. 11; *v. Ungern-Sternberg*, GRUR 2009, 369 (371).

892 *Dreier/Schulze*, § 97 UrhG, Rn. 14; Ahlberg/Götting/*Reber*, § 97 UrhG, Rn. 84.

893 *V. Ungern-Sternberg*, GRUR 2009, 369 (371).

894 BGH, GRUR 2010, 628 (630, Rn. 28) – *Vorschaubilder I*; BGH, GRUR 2012, 602 (604, Rn. 17) – *Vorschaubilder II*; Mestmäcker/Schulze/*Backhaus*, § 97 UrhG, Rn. 14; Wandtke/Bullinger/*v. Wolff*, § 97 UrhG, Rn. 30; Möhring/Nicolini/*Lütje*, § 97 UrhG, Rn. 66; *Dreier/Schulze*, § 97 UrhG, Rn. 14; Schricker/*Wild*, § 97 UrhG, Rn. 28.

oben aufgezeigt, lässt sich die Befugnis zur Einwilligungserteilung ebenso wie diejenige zur Einräumung konstitutiver Nutzungsrechte aus dem Zuweisungsgehalt des betreffenden subjektiven Rechts ableiten. Unabhängig davon, ob der Urheber in Wahrnehmung seiner Befugnisse konstitutiv gegenständliche Nutzungsrechte einräumt oder bloß widerruflich schlichte Eingriffserlaubnisse erteilt, kann bei Vornahme der gestatteten Nutzung durch den Gestattungsempfänger nicht von einer Usurpierung fremder Verwertungsrechte die Rede sein. Nach allem ist also den die urheberrechtliche Gestattungsstufenleiter repräsentierenden Dispositionsformen der konstitutiven Nutzungsrechtseinräumung, der schuldvertraglichen Gestattung sowie der schlichten Einwilligung ihre den Tatbestand der Urheberrechtsverletzung ausschließende Wirkung gemein.

2. Kapitel: Die Voraussetzungen der schlichten Einwilligung in urheberrechtliche Onlinenutzungen am Beispiel der Bildersuche

Im Vergleich zur ausdrücklich erklärten Einwilligung kommt der normativen Zurechnung eines Verhaltens als Einwilligung im Kontext internettypischer Werknutzung eine deutlich gewichtigere Rolle zu. Die Rechtsprechung war in jüngster Zeit immer wieder mit der Frage befasst, ob das ungesicherte Onlinestellen urheberrechtlich geschützter Inhalte ins Internet als konkludente Einwilligung des Rechtsinhabers in die von Spezialsuchmaschinen[895] vorgenommenen Nutzungen zu qualifizieren ist. Nachstehend sollen im Interesse größerer Transparenz und Rechtsklarheit die Voraussetzungen und Grenzen einer schlüssig durch die freie Zugänglichmachung von Werkinhalten im Internet erklärten Einwilligung entwickelt werden. Um diese zu exemplifizieren sollen einmal mehr die beiden Fallgestaltungen der „Vorschaubilder"-Urteile in den Fokus der Betrachtung gerückt werden. Insofern bildet auch hier das Geschäftsmodell „Bildersuchmaschinen" erneut den Ausgangspunkt der vorliegenden Untersuchung. Nach Darstellung der Voraussetzungen schlichter Einwilligungen (2. *Kapitel*) wird schließlich noch näher auf vergleichbare Sachverhalte internettypischer Werknutzung einzugehen sein, in deren Zusammenhang die schlichte Einwilligung als Legitimationsmittel in Betracht kommt (3. *Kapitel*).

A. Legitimationsbedürftige Eingriffshandlung in urheberrechtliches Schutzrecht

Die schlichte Einwilligung wurde oben als eine Urheberrechtsverletzungen bereits tatbestandlich ausschließende Dispositionsform qualifiziert. Aus ihrer systematischen Stellung als Tatbestandsausschließungsgrund folgt, dass die Frage des Vorliegens einer Einwilligung des Rechtsinhabers erst dann aufzuwerfen ist, nachdem festgestellt wurde, dass mit der Werkverwertung ein tatbestandlicher Eingriff in die urheberrechtlichen Ausschließlichkeitsrechte einhergeht.

I. Tauglicher Schutzgegenstand

Grundvoraussetzung für die Legitimationsbedürftigkeit der Nutzungen von Bildersuchmaschinen ist zunächst, dass die vom Rechtsinhaber veröffentlichten

---

895 Dazu gehören Bilder-, Nachrichten-, Personensuchmaschinen etc.

Bildinformationen urheberrechtlichen Werk- oder Leistungsschutz genießen. Als Schutzgegenstand kommen sowohl einzelne Bilder bzw. Lichtbilder (§ 2 I Nr. 4, 5, § 72 UrhG) als auch Bildersammlungen (§ 4 II, § 87a ff. UrhG) in Betracht.[896] Bei Werken der reinen Kunst (Computerbilder[897], digitalisierte Abbildungen von Gemälden, Zeichnungen), also zweckfreien Werken, gelten nach dem Grundsatz der „kleinen Münze" für die Bejahung der für den Urheberrechtsschutz erforderlichen Schöpfungshöhe i.S.d. § 2 II UrhG ebenso wie bei Lichtbildwerken i.S.v. § 2 I Nr. 5 UrhG (Fotografien) eher geringe Anforderungen.[898] Ein besonderes Maß an schöpferischer oder kreativer Gestaltung ist nicht erforderlich. Selbst wenn Fotografien im Einzelfall nicht die für Lichtbildwerke erforderliche hinreichende Individualität erreichen, sind sie in der Regel als Lichtbilder nach § 72 UrhG geschützt.

II. Eingriff in Verwertungsrechte

Sofern ein tauglicher Schutzgegenstand festgestellt wurde, gilt es die betreffenden Nutzungshandlungen auf damit verbundene Verwertungsrechtseingriffe (§§ 15ff. UrhG) bzw. Eingriffe in Leistungsschutzrechte (§§ 70ff. UrhG) zu überprüfen und hierdurch den möglichen Bezugspunkt für eine schlichte Einwilligung festzulegen.

An dieser Stelle kann es jedoch nicht Ziel dieser Untersuchung sein, eine weitere Abhandlung des bereits hinreichend diskutierten Eingriffs in Verwertungsrechte durch Bildersuchmaschinen darzustellen.[899] Spätestens seit der „Vorschaubilder I"-Entscheidung herrscht nämlich Klarheit über den Umstand, dass das Eröffnen der Zugriffsmöglichkeit auf die in der Zugriffssphäre (Server) des Suchmaschinenbetreibers vorgehaltenen Thumbnails in das Recht aus § 19a UrhG eingreift. Insofern kann hier auf die vom BGH in der „Vorschaubilder I"-Entscheidung vorgenommenen Ausführungen Bezug genommen werden.

B. Nichteingreifen von Schrankenbestimmungen

Auch Nutzungen, die von einer gesetzlichen Schranke erfasst werden, haben schon tatbestandlich keinen Eingriff in ein Verwertungsrecht zur Folge. Der konkrete gesetzliche Schutzumfang des Urheberrechts ergibt sich nämlich erst aus dem Zusammenspiel der dem Urheber zugewiesenen Ausschließlichkeitsrechte (§§ 11ff.

---

896 *Fahl*, Bildersuche, S. 30.

897 Hierzu Wandtke/Bullinger/*Bullinger*, § 2 UrhG, Rn. 87, 93.

898 BGH, GRUR 2000, 317 (318) – *Werbefotos*; Wandtke/Bullinger/*Bullinger*, § 2 UrhG, Rn. 86, 89; *Platena*, Lichtbild im UrhR, S. 233ff.; *Talke*, ZUM 2010, 846 (847).

899 Statt vieler *Schrader/Rautenstrauch*, UFITA 2007/III, 761 (770ff.).

UrhG) und deren Schranken (§§ 44a ff. UrhG).[900] Selbst wenn hier eine Einwilligung des Rechtsinhabers vorläge, würde diese schlicht ins Leere gehen, da sie etwas erlaubte, was dem Ausschließlichkeitsrecht von vornherein nicht unterfällt.[901] Insoweit fehlt ihm hier die zur Disposition notwendige Rechtsmacht.[902] Für die fehlende Konsentierungsmöglichkeit spricht auch, dass einem Urheber dadurch die Möglichkeit eröffnet wäre, sich der vom Gesetzgeber in den §§ 44a ff. UrhG kodifizierten Gemeinfreiheit des Werks zu entziehen.[903] Dieser könnte sich nämlich nach erklärter Einwilligung durch einen Widerruf von der erteilten Erlaubnis lösen und damit den vom Gesetzgeber intendierten Schutz von Allgemeininteressen ad absurdum führen. Auch ist von der ganz überwiegenden Meinung anerkannt, dass eine schuldvertragliche Abbedingung urheberrechtlicher Schranken wegen deren zwingenden Charakters nicht möglich ist.[904] Für die einseitige Abbedingung mittels widerruflicher Einwilligung kann insoweit nichts anderes gelten. Desweiteren setzte sich die gegenläufige Ansicht im Anwendungsbereich vergütungspflichtiger Schrankenbestimmungen in diametralen Widerspruch mit der Vorschrift des § 63a UrhG. Die schlichte Einwilligung führte hier nämlich zu einem faktischen Vorausverzicht auf gesetzliche Vergütungsansprüche des Rechtsinhabers.[905]

C. Nichtvorliegen einer intensiveren Gestattungsform

Neben der schlichten Einwilligung stehen einem Schutzrechtsinhaber mit der gegenständlichen Nutzungsrechtseinräumung und der schuldvertraglichen Gestattung zwei weitere Dispositionsformen zur Nutzungsgestattung zur Verfügung. Ein

---

900 Mestmäcker/Schulze/*Backhaus*, § 97 UrhG, Rn. 14; Schricker/Loewenheim/*Melchiar*, Vor §§ 44a ff. UrhG, Rn. 1; Ahlberg/Götting/*Reber*, § 97 UrhG, Rn. 84; *Dreier/Schulze*, Vor §§ 44a ff., UrhG, Rn. 7; *Müller*, GRUR 2011, 26 (28); *Pahlow*, JuS 2007, 1117 (1119).

901 Müller, GRUR 2011, 26 (28). Vgl. auch BGH, GRUR 2011, 1007 (1012, Rn. 49) – *Drucker und Plotter II*; BGH, GRUR 2011, 1012 (1017, Rn. 53) – *PC II*.

902 Die vorrangige Prüfung des Eingreifens von Schranken vor der schlichten Einwilligung ließ der BGH in der „*Drucker und Plotter I*"-Entscheidung unberücksichtigt (GRUR 2008, 245 (247)). Dieser Fehler wurde jedoch durch BGH, GRUR 2011, 1007 (1012, Rn. 49) – *Drucker und Plotter II*; BGH, GRUR 2011, 1012 (1017, Rn. 53) – *PC II* korrigiert.

903 Vgl. *Tinnefeld*, Einwilligung, S. 199.

904 *Schack*, ZUM 2002, 497; *ders.*, UrhR, Rn. 539; *Schulz*, GRUR 2006, 470 (475); *Hänel*, Art. 6 Info-RL, S. 265; *Hohagen*, FS Schricker, S. 335 (361); Hilty/Peukert/*Geiger*, Interessenausgleich im UrhR, S. 154; Wandtke/Bullinger/*Wandtke/Ohst*, § 95b UrhG, Rn. 36; a.A. *Stieper*, Schranken, S. 178ff.; *Ohly*, GRUR 2012, 983 (989).

905 Vgl. *Kap. 1 G. VII. 5. c) aa)* a.E.

gegenständlich wirkender Verzicht des Schutzrechtsinhabers auf einzelne Verwertungsbefugnisse ist nach dem Ergebnis der obigen Bearbeitung hingegen ausgeschlossen. Gegenständliche Nutzungsrechtseinräumung und schuldvertragliche Gestattung sind dort die statthaften Dispositionsmittel, wo Rechtsinhaber und Werkverwerter die Nutzung urheberrechtlich geschützter Inhalte erkennbar auf vertragliche Grundlage stellen wollen. Als vertragliche Einräumung von Nutzungsrechten ist z. B. eine Vereinbarung zwischen Suchmaschinenbetreibern und kommerziellen Inhalteanbietern zu sehen, die es ersteren gestattet für Suchmaschinenroboter nicht erfassbare, zum sog. „Deep-Web" gehörende Webseiten zu indexieren.[906]

Die schlichte Einwilligung tritt auch dann als subsidiär zurück, wenn ein Urheber ein von ihm mit einer Creative Commons-Lizenz versehenes Werk im Internet unter Beachtung etwaiger Urheberkennzeichnungs- oder sonstiger Vorgaben zur unentgeltlichen Nutzung durch Dritte bereitstellt. Hierin ist nämlich die Einräumung eines unentgeltlichen einfachen Nutzungsrechts an jedermann zu sehen.[907] Anders verhält es sich dagegen beim schlichten Onlinestellen von Inhalten. Hier fehlt regelmäßig jeder Anhaltspunkt dafür, dass der Rechtsinhaber dem Werknutzer die Nutzung verbindlich gestatten möchte.[908] Mangels Einschlägigkeit intensiverer Gestattungsformen kommt es hier demnach auf das Vorliegen einer (konkludenten) Einwilligung an.

D. Dualismus ausdrücklicher und konkludenter Einwilligungserklärungen

Ein Rechtsinhaber kann sich entweder ausdrücklich oder konkludent mit der Nutzung seines Werks einverstanden erklären. Obwohl die Kommunikation im Internet infolge seiner dezentralen Struktur und der großen Masse an Informationen selten individualisiert stattfindet, spielen im Bereich der Online-Werknutzung neben den konkludenten auch ausdrücklich erklärte Einwilligungen eine wichtige Rolle. Zu den Adressaten von Einwilligungserklärungen gehören in besagtem Kontext nämlich neben Menschen auch die das Internet automatisiert durchsuchenden (Suchmaschinen-)Roboter.[909] Diese fungieren hier als Wissenszurechnungsorgan des Suchmaschinenbetreibers.[910]

---

906 Hoeren/Sieber/*Sieber*, MultimediaR, Kap. 1, Rn. 102; vgl. auch http://www.heise.de/newsticker/meldung/Yahoo-startet-Suche-fuer-das-Deep-Web-109644.html.

907 Vgl. Ahlberg/Götting/*Soppe*, § 32 UrhG, Rn. 96; *Mantz*, MMR 2011, 763.

908 *Ohly*, GRUR 2012, 983 (990).

909 *Ott*, Linking, S. 358f.

910 *Spindler*, GRUR 2010, 785 (790).

Rekapituliert man die Charakteristika ausdrücklicher und konkludenter Willenserklärungen, lässt sich auch im Bereich der Online-Werknutzung eine klare Differenzierung treffen: Ausdrückliche Willenserklärung bringen den Willen des Erklärenden, Rechtsfolgen in Geltung zu setzen, unmittelbar und damit in der Erklärung selbst zum Ausdruck.[911] Im Gegensatz dazu offenbart eine konkludente Willenserklärung diesen Rechtsfolgewillen zwar nicht aus sich heraus; ein Rückschluss auf denselben ist dennoch unter Würdigung der dem relevanten Erklärungsakt zugrunde liegenden Gesamtumstände möglich.[912] Damit ist bei solchen Nutzungen im Internet von einer ausdrücklichen Einwilligung auszugehen, bei denen ein Inhalteanbieter Dritte durch über das bloße Onlinestellen von Inhalten hinausgehende Maßnahmen aktiv veranlassen möchte, auf seine Website zuzugreifen. Er muss diesen also das Auffinden und die Nutzung der bereitgestellten Inhalte erkennbar erleichtern wollen.[913] In dem in der aktiven Maßnahme verkörperten Erklärungszeichen kommt unmittelbar der Wille des Erklärenden zum Ausdruck, bestimmte Nutzungen zu erlauben. Demgegenüber lässt sich der bloßen Veröffentlichung von Werkabbildungen eo ipso und unter Außerachtlassung der sie begleitenden Gesamtumstände noch nicht entnehmen, wie der Urheber zu urheberrechtlich relevanten Nutzungen Dritter steht. Hier kommt also nur eine konkludente Einwilligung in Betracht.

Nachstehend sollen einige Exempel für ausdrücklich erklärte Konsentierungen zur Legitimation von Nutzungen durch Bildersuchmaschinen dargestellt werden: Eine ausdrückliche Einwilligung stellt z. B. die individuelle Anmeldung der Webseite eines Rechtsinhabers mittels eines vom Suchmaschinenbetreiber bereitgestellten Formulars dar. Die Einwilligung erstreckt sich im Falle einer solchen Anmeldung regelmäßig auf alle Dienste und Zuatzfeatures der Suchmaschine und damit auch auf die Anzeige von Thumbnails.[914] Auch eine zur Verbesserung des Rankings in den Suchergebnislisten vorgenommene und speziell an den Algorithmen einer Bildersuchmaschine ausgerichtete Programmierung ist als

---

911 Staudinger/*Singer*, Vor §§ 116ff. BGB, Rn. 51; MüKo-BGB/*Armbrüster*, Vor §§ 116ff. Rn. 6.

912 Larenz/Wolf, BGB-AT, § 19 IV b (S. 358); Staudinger/*Singer*, Vor §§ 116ff. BGB, Rn. 53; MüKo-BGB/*Armbrüster*, Vor §§ 116ff., Rn. 6f.

913 Vgl. auch *Tinnefeld*, Einwilligung, S. 82f.

914 Im Gegensatz zu Google arbeiten einige Bildersuchdienste im Internet ausschließlich mit ausdrücklich erteilten Einwilligungen der Rechtsinhaber. Hier werden dementsprechend nur Bilder indexiert, die auf Wunsch eines registrierten Nutzers in der Datenbank des Betreibers gespeichert werden. Exemplarisch seien die Webseiten http://www.flickr.com/ sowie http://www.istockphoto.com/ genannt.

ausdrückliche Einwilligung einzuordnen. Sofern der Indexierungsvorgang einer Bildersuchmaschine ausnahmsweise nicht automatisiert, sondern von Menschenhand gesteuert abläuft, ist ein in den Nutzungsbedingungen einer Website enthaltener Hinweis auf die Nutzungsberechtigung der Bilder als ausdrückliche Einwilligung zu verstehen.[915] Das Gleiche gilt auch dann, wenn auf der Homepage eines Internetangebots urheberrechtlich geschützte Logos, Banner oder Stadtpläne nebst Hinweisen zur Einbindung derselben mittels Inline-Link in ein fremdes Webangebot zur Verfügung gestellt werden.[916] Auch die Abbildung von Drucker- und Diskettensymbolen zwecks Ausdrucks bzw. Speicherung der mittels Webbrowser aufgerufenen Webinhalte stehen stellvertretend für eine ausdrückliche Einwilligung des Urhebers.[917]

Eine aktive Begünstigung fremder Nutzungen und damit ein ausdrückliches Erklärungszeichen ist darüber hinaus in der Festlegung einer Zugriffs- und Indexierungsberechtigung zugunsten der das Internet automatisiert durchsuchenden Suchmaschinen in der robots.txt-Datei zu sehen. Hier kann vom Webmaster einer Website einerseits negativ festgelegt werden, welche Dateien bzw. Verzeichnisse vom Suchmaschinenzugriff ausgenommen werden sollen. Andererseits besteht aber auch die Möglichkeit Zugriffs- bzw. Indexierungsbefugnisse positiv zu vergeben. So enthält etwa die Eingabe des Befehls *„User-Agent: * Allow: /“* eine unmittelbar an die Suchmaschinencrawler gerichtete Erlaubnis zur vorschauartigen Darstellung von Werkabbildungen in den Suchergebnislisten. Ersetzt man im gewählten Beispiel den *„User-Agent“: **, mit welchem die Roboter aller Suchmaschinen angesprochen werden, durch den Befehl *„Googlebot-Images“*, welcher lediglich die Crawler der Google-Bildersuche anspricht, so besteht eine ihrem Inhalt nach auf die Google-Bildersuche begrenzte ausdrückliche Einwilligung.[918] Hier wird mithin auf Grundlage des Robots-Exclusion-Standard-Protokolls (REP) – der Dezentralität des Internets zum Trotz – eine direkte, individualisierte Kommunikationsmöglichkeit zwischen dem Erklärenden und einzelnen Suchmaschinenbetreibern als Erklärungsempfängern geschaffen.

Ferner bringt die Veröffentlichung eines Lichtbildwerks unter Verwendung einer CC-Lizenz vorbehaltlich der zu beachtenden inhaltlichen

915 Vgl. *Ott*, Linking, S. 359.
916 Vgl. *Dittrich*, JurPC Web-Dok. 72/2002, Abs. 16; *Ott*, Linking, S. 359.
917 *V. Ungern-Sternberg*, GRUR 2009, 365 (373).
918 Zur inhaltlichen Reichweite dieser ausdrücklichen Einwilligung vgl. auch *Kap. 2 E. II. 5.*

Einschränkungen[919] eine ausdrückliche Konsentierung zur Vervielfältigung, Verbreitung und öffentlichen Wiedergabe desselben zum Ausdruck. Allerdings ist die Einräumung von CC-Lizenzen obigen Ausführungen entsprechend nicht als Einwilligung, sondern als Einräumung eines an die Einhaltung der Bedingungen des Lizenzvertrages geknüpften einfachen Nutzungsrechts an jedermann einzuordnen.

Um Missverständnissen vorzubeugen, sei an dieser Stelle noch angemerkt, dass die vorliegend aus aufbautechnischen Gründen vollzogene Trennung zwischen ausdrücklichen und konkludenten Einwilligungserklärungen nicht dahingehend interpretiert werden darf, dass zwischen beiden, etwa aufgrund einer graduell unterschiedlichen Intensität des durch sie bewirkten Vertrauensschutzes oder einer unterschiedlich stark ausgeprägten Bindungswirkung zu unterscheiden wäre. Vielmehr ist heute allgemein anerkannt, dass ausdrückliche und konkludente Willenserklärungen vollkommen gleichwertig zu behandeln sind.[920] Diese Gleichstellung findet nicht zuletzt im BGB und dort explizit in der Bestimmung des § 164 I S. 2 BGB Ausdruck. Dass der Gesetzgeber im Grundsatz von der Gleichwertigkeit ausdrücklichen und konkludenten Handelns ausgeht, lässt sich aber auch der Existenz von ausnahmsweise die Ausdrücklichkeit bestimmter Willenserklärungen fordernden Formvorschriften entnehmen.[921]

E. Vorliegen einer wirksamen Einwilligung

Nachdem vorstehend geklärt wurde, wann schlichte Einwilligungen als Tatbestandsausschlussgründe überhaupt virulent werden können und im Rahmen von Internetnutzungen von einer ausdrücklich erklärten Einwilligung auszugehen ist, widmet sich die folgende Bearbeitung nunmehr spezifisch der konkludenten Einwilligung in Onlinenutzungen. Es stellt sich die Frage, ob und inwieweit sich ein Urheber durch die Zugänglichmachung geschützter Inhalte im Internet konkludent mit Anschlussnutzungen einverstanden erklärt.

---

919 Selbst bei der Basislizenz „*cc-by*" gilt es die Pflicht zur Urheberkennzeichnung zu beachten.

920 Vgl. BGH, NJW 1953, 58; BGH, NJW 1980, 2245 (2246); BGH, WM 1984, 243; Palandt/*Ellenberger*, Vor §§ 116ff. BGB, Rn. 6; MüKo-BGB/*Armbrüster*, Vor §§ 116ff., Rn. 7; Staudinger/*Singer*, Vor §§ 116ff. BGB, Rn. 58; Soergel/*Hefermehl*, Vor §§ 116ff. BGB, Rn. 31; *Medicus*, BGB-AT, Rn. 333ff.; a.A. *Flume*, BGB-AT II, S. 73.

921 MüKo-BGB/*Armbrüster*, Vor §§ 116ff., Rn. 7. Die Ausdrücklichkeit einer Willenserklärung fordern z. B. die §§ 244 I, 700 II, 1059a Nr. 1 BGB, § 48 I HGB.

I. Auslegungsfähige Erklärungshandlung

Nach den obigen Feststellungen bedarf es zur Abgrenzung der bloß passiven Hinnahme von der aktiven Legitimation mittels konkludenter Einwilligung zunächst der Ermittlung eines tauglichen Erklärungsakts, dessen Inhalt sodann mittels Auslegung festgestellt werden soll. Als ein solcher kommt nach der hier gewählten Ausgangsstellung lediglich die Veröffentlichung von Werkinhalten bzw. der dieser technisch zwingend vorausgehende Upload der Dateien auf dem Server des Webspace-Providers in Betracht. Wie bereits oben ausgeführt stellt das Onlinestellen von Werkinhalten eine aktive und auslegungsfähige Erklärungshandlung dar. Die Anknüpfung an die Nichtvornahme von Schutzmaßnahmen ist dagegen bei isolierter Betrachtung kein sich nach außen manifestierender Erklärungsakt. Er ist als bloßes Schweigen grundsätzlich rechtliches Nullum.[922]

II. Auslegung der Veröffentlichung von Werkinhalten als Einwilligung?

Der Veröffentlichung von Werkinhalten müsste aber auch ein objektiver Erklärungswert innewohnen, kraft dessen auf den Rechtsfolgewillen des Erklärenden zur Einwilligung in urheberrechtliche Nutzungen geschlossen werden kann. Damit gilt es nunmehr nach Maßgabe der im 1. Kapitel aufgestellten Auslegungsgrundsätze[923] die mit dem Onlinestellen von Werkinhalten verbundenen Interessen und Zwecke des Rechtsinhabers, so wie sie sich aus objektiver Empfängersicht darstellen, zu ermitteln. Sollte anhand der aufgedeckten Interessen und Zwecke der Schluss auf eine schlichte Einwilligung des Urhebers gezogen werden können, gilt es deren Inhalt zu spezifizieren. Hier geht es also um die Frage, welche konkreten Nutzungsformen von der Einwilligung des Urhebers umfasst sind.

1. Einwilligung in funktionsbedingte bzw. wesenstypische Nutzungen im Internet

Stellt ein Schutzrechtsinhaber urheberrechtlich geschützte Dateien ins Internet, gibt er, sofern diese für jedermann zugänglich sind, nach Treu und Glauben und mit Rücksicht auf die Verkehrssitte im Internet positiv zu erkennen, dass ein Abruf der Dateien erwünscht ist und er diesen damit zumindest nicht als Beeinträchtigung seiner Interessen ansieht.[924] Dass hier im Grundsatz von einer schlichten Einwilligung auszugehen ist, wird von niemandem ernsthaft in Zweifel gezogen. Es ist allgemein

---

922 *Kap. 1 G. VI. 5. c) aa).*

923 *Kap. 1 G. VI. 5. c) bb) – ee).*

924 *V. Ungern-Sternberg*, GRUR 2009, 369 (373).

anerkannt, dass ein das Internet nutzender Rechtsinhaber sich zumindest mit solchen in seine Urheberrechte eingreifenden Nutzungshandlungen einverstanden erklärt, ohne die das Internet technisch gesehen nicht funktionieren kann.[925] Dieses Auslegungsergebnis lässt sich einprägsam als Gedanke der Zusammengehörigkeit von Vorteil und korrespondierendem Nachteil zusammenfassen: Ein Schutzrechtsinhaber, der Inhalte im Internet für jedermann zum Abruf bereithält, nutzt die Vorteile jenes Massen- und Kommunikationsmediums, das die Werke der Allgemeinheit zugänglich macht. Im Gegenzug erklärt er sich – um der Präsentation seines Werkes willen – mit solchen Nutzungen einverstanden, die für die Funktionsfähigkeit des Internets notwendig bzw. hiermit wesensmäßig verbunden sind.

Die zumindest wesensmäßige Verbundenheit mit den Funktionsabläufen des Internets ist dabei kein unumstößliches Axiom, welches einen status quo definiert, den es dauerhaft zu wahren gilt. Im Gegenteil: Das Verständnis der Funktionsabläufe des Internets im Sinne eines statischen Begriffs würde grundlegend dessen Struktur und Prinzip als sich ständig weiterentwickelndes Medium mit extrem dynamischem Eigenleben verkennen.[926] Das Urheberrecht darf sich den sich ständig verändernden und fortschreitenden technischen Rahmenbedingungen jenes Mediums nicht verschließen, sofern dessen gesellschaftliche Akzeptanz auch in Zukunft gewährleistet sein soll.[927] Vielmehr muss es sich zweckorientiert und funktional bisher unbekannten Entwicklungen öffnen und den technischen Fortschritt durch eine Anpassung seiner Bewertungsmaßstäbe und Erweiterung seiner Standards ermöglichen. Die Funktionsabläufe des Internets sind damit stets in Relation zu den aktuellen technischen Gegebenheiten zu sehen.[928] Es besteht also durchaus Raum für innovative und im Allgemeinwohlinteresse liegende – weil die Funktionsfähigkeit des Internets erweiternde – Geschäftsmodelle.

2. *Einwilligung in zur Verbesserung der Auffind- und Sichtbarkeit des Werks geeignete Nutzungen*

Ein Werkinhalte im Internet veröffentlichender Urheber hat über die für die Funktionsfähigkeit des Internets relevanten Basisnutzungen hinausgehend

---

925 BGH, GRUR 2003, 958 (963) – *Paperboy*; *v. Ungern-Sternberg*, GRUR 2009, 369 (371); *Hüttner*, WRP 2010, 1008 (1013); *Meyer*, K&R 2008, 201 (207); *Omsels*, juris-PR-WettbR 7/2010 Anm. 1 C.

926 *Bahr*, JurPC Web-Dok. 29/2002, Abs. 9, abrufbar unter http://www.jurpc.de/jurpc/show?id=20020029.

927 Vgl. *Meyer*, K&R 2008, 201 (207).

928 Vgl. *Tränkle*, Suchmaschinen, S. 63.

typischerweise auch ein Interesse daran, dass er mithilfe des gewählten Kommunikationsmediums einen möglichst breiten Rezipientenkreis erreicht, der von seinen Inhalten Kenntnis nehmen kann. Mit anderen Worten: Ein Urheber stellt Werkinhalte zu dem Zweck ins Internet, dass sie von möglichst vielen Nutzern abgerufen und betrachtet werden können. Er hat damit aus der Perspektive eines durchschnittlichen Werknutzers grundsätzlich auch ein Interesse an solchen Nutzungen, die die Auffindbar- bzw. Sichtbarkeit seines Werks fördern.[929] Selbst wenn also die Funktionsnotwendigkeit einer Nutzung für das Internet nicht gegeben ist, liegt folglich dennoch eine Einwilligung des Urhebers vor, wenn die in Rede stehende Nutzung geeignet ist die Auffindbar- und Sichtbarkeit des Werks im Internet zu verbessern.[930]

Das alleinige Abstellen auf die Funktionsnotwendigkeit oder Wesenstypik einer Nutzung ist gleich in doppelter Hinsicht problematisch: Zum einen birgt sie erhebliche Abgrenzungsschwierigkeiten. Denn wer vermag schon mit letzter Sicherheit zu sagen, ob insbesondere neuartige Nutzungen zukünftig eine derart grundlegende Bedeutung erlangen, dass sie als für die Abläufe des Internets wesenstypisch zu charakterisieren sind? Zum anderen wäre der Anwendungsbereich der Einwilligung sehr stark eingeschränkt. Sie entfaltete nämlich lediglich Legitimationskraft für urheberrechtsrelevante Basisvoränge im Internet. Damit aber wäre eine Vielzahl von Fällen, in denen Nutzungen infolge der Förderung der vom Urheber verfolgten Zwecke positiv mit dessen Interessen übereinstimmen, diese gleichwohl die Schwelle zur wesensmäßigen Bedeutung nicht überschreiten, nicht von der schlichten Einwilligung erfasst. Ein solches Ergebnis wäre mit der oben dargestellten Maxime vernünftiger und interessengerechter Auslegung nicht vereinbar. Hieran wird deutlich, dass das häufig auf den Übertragungszweckgrundsatz gestützte Postulat einer restriktiven Auslegung eines Verhaltens als Einwilligung[931] nicht immer den Urheberinteressen entsprechen muss. Letztere dürfen aber bei der Ermittlung des Vorliegens einer Einwilligung als einseitigem Akt autonomer Rechtsgestaltung keinesfalls übergangenen werden; vielmehr sind sie im jeweiligen Einzelfall zusammen mit den der Veröffentlichung

---

929 LG Erfurt, ZUM 2007, 566 (567); *Leistner/Stang*, CR 2008, 499 (505f.); *Heymann/Nolte*, K&R 2009, 759 (761); *Ohly*, AfP 2011, 428 (432); *ders.*, GRUR 2012, 983 (987); *Tinnefeld*, Einwilligung, S. 95.

930 Vgl. *Leistner/Stang*, CR 2008, 499 (505); *Ohly*, GRUR 2012, 983 (988); *Tinnefeld*, Einwilligung, S. 95.

931 OLG Jena, ZUM 2008, 522 (526); Möhring/Nicolini/*Lütje*, § 97 UrhG, Rn. 68; *Heß*, Fernsehübertragung, S. 165.

zugrunde liegenden Begleitumständen gebührend zu berücksichtigen. Dies bedeutet jedoch nicht, dass der restriktive Maßstab der Funktionsnotwendigkeit damit zu verwerfen wäre. Im Gegenteil: Er weist eine evidente Logik auf und sollte angesichts der Konformität mit den Urheberinteressen als Direktive zur Legitimation von Basisnutzungen im Internet mittels konkludenter Einwilligung herangezogen werden. Der Maßstab der Förderung der Auffindbarkeit des Werks setzt schließlich dort an, wo Nutzungen den Status der für die Funktionsfähigkeit des Internets konstitutiven Basisvorgänge zwar nicht erreichen, dem vom Urheber verfolgten Zweck der optimierten Kenntnisnahme des Werks gleichwohl dienlich sind.

3. *Anwendung des Auslegungsergebnisses auf Basisfunktionen von Suchmaschinen*

Nunmehr sollen die vorstehend entwickelten Voraussetzungen anhand der beiden Basisfunktionen von Suchmaschinen, der herkömmlichen Textsuche im Internet sowie der textgestützten Bildersuche veranschaulicht werden. Im *3. Kapitel* soll schließlich deren Verallgemeinerbarkeit auf andere Fallgestaltungen internetbasierender Werknutzung überprüft werden.

a) „Einfache“ Textsuchmaschinen

Angesichts der Dezentralität sowie der großen Vielfalt und Masse an Daten im Internet sind die für den jeweiligen Nutzer relevanten Textinformationen erst durch die Aufnahme in den Datenbestand von Textsuchmaschinen gezielt auffindbar.[932] Für die von Suchmaschinen angebotene Websuche nach Textinformationen ist daher allgemein anerkannt, dass sie zusammen mit der Verweisungsstruktur des Deep-Links die zentrale Funktionsvoraussetzung für einen geordneten und direkten Zugriff auf im Internet bereitgehaltene Textinformationen darstellen.

b) Textgestützte Bildersuchmaschinen

Fraglich ist, ob dieses für die reine Textsuche unstreitige Ergebnis auch auf die von Suchmaschinen praktizierte Bildersuche übertragbar ist. Die Tätigkeit von Bildersuchmaschinen als solche sowie die damit verbundenen Nutzungen müssten also ebenfalls zu den fundamentalen und wesenstypischen Funktionsabläufen des Internets gehören:

Wie bereits oben erörtert, verfängt es angesichts der dynamischen Entwicklungsprozesse im Internet nicht, feste Funktionsstandards zu definieren.

---

932 Vgl. BGH, GRUR 2003, 958 (963) – *Paperboy.*

Angezeigt ist richtigerweise eine den aktuellen Entwicklungen Rechnung tragende Betrachtungsweise: Das Internet hat in jüngerer Zeit einen Wandel von einem rein textbasierten Angebot in Richtung eines multimedial geprägten Mediums erfahren. In diesem spielen neben Bildinformationen auch Video- und Musikdateien eine zentrale Rolle.[933] Neben der reinen Textsuche leistet daher auch die von Bildersuchmaschinen praktizierte Informationsvermittlung einen wesentlichen Beitrag zur Strukturierung der dezentralen Architektur des Internets im Allgemeinen bzw. der Lokalisierung und Zuordnung von Bildinformationen im Speziellen. Letztlich dienen also auch Bildersuchmaschinen der Gewährleistung der Funktionsfähigkeit des Internets.[934] Folglich sind Bildersuchmaschinen, obgleich es sich bei ihnen um einen neuartigen Dienst handelt, zu den Funktionselementen des Internets zu zählen.[935] Dafür spricht nicht zuletzt auch der Umstand, dass die textgestützte Bildersuche mittlerweile zur am meisten genutzten Alternative neben der allgemeinen Websuche gehört.[936]

Selbst wenn man der Bildersuche mit einem nicht unerheblichen Teil der Literatur[937] keine derart grundlegende Bedeutung für die Funktionalität des Internets beimessen will, ist im Ergebnis dennoch von einer Einwilligung des Inhalteanbieters auszugehen: Die von Bildersuchmaschinen beabsichtigte Auffindbarmachung und Katalogisierung der im Internet befindlichen Bildinformationen stimmt nämlich positiv mit den Interessen der Rechteinhaber überein. Sie bieten den Rechtsinhabern durch die Vermittlung des Zugangs zu den Inhalten eine erhöhte Wahrnehmungs- und Auffindungsmöglichkeit. Zwar wird in der Literatur[938] gegen die Annahme einer Interessenkonformität eingewandt, dass einzelne Nutzer ihre Webseite nicht auf die veröffentlichte Bildinformation reduziert sehen möchten. Dies sei v.a. dann der Fall, wenn die Bilder lediglich

---

933 So auch *Meyer*, K&R 2008, 201 (207). Beispielhaft sei das Videoportal „YouTube" genannt, bei welchem pro Tag schätzungsweise 4 Milliarden Videos abgerufen und laut Nachrichtenagentur Reuters jede Minute 60 Stunden Video-Material auf die Server YouTubes hochgeladen werden. Vgl. hierzu http://www.zdnet.de/41559600/youtube-meldet-vier-milliarden-video-abrufe-taeglich/ (zuletzt abgerufen am 03.06.2014).

934 Vgl. LG Hamburg, ZUM 2009, 315 (323).

935 So auch *Gey*, S.172; *Conrad*, ZUM 2010, 585 (587); *Heymann/Nolte*, K&R 2009, 759; *v. Ungern-Sternberg*, GRUR 2009, 369 (372); *Hoeren*, MMR 2009, 62.

936 *Ott*, ZUM 2009, 345 (347); vgl. auch *Hoeren*, MMR 2009, 62.

937 *Roggenkamp*, jurisPR-ITR 14/2010 Anm. 2; *Fahl*, K&R 2010, 437; *Gercke*, MMR 2005, 557 (558); *Omsels*, jurisPR-WettbR 7/2010 Anm. 1; *Schack*, MMR 2008, 414 (416); *Schaefer*, Bildersuchmaschinen, S. 132; *Höppner*, WRP 2012, 625 (626).

938 *Schaefer*, Bildersuchmaschinen, S. 125; *Wiebe*, GRUR 2011, 888 (894).

ein Beiwerk der Webseite oder bloße Dekorationselemente darstellten. Dem lässt sich allerdings entgegnen, dass es auf den in den geschilderten Einzelfällen abweichenden Willen des Rechtsinhabers nicht ankommen kann. Dies ist Konsequenz der zur Ermittlung des Vorliegens und Inhalts konkludenter Einwilligungen notwendigen Typisierung des Erklärungsverhaltens: Ein ohne Zwang am Internetverkehr durch die Veröffentlichung von Werken partizipierender Rechtsinhaber trägt stets das Risiko der objektiv-normativen Zurechnung subjektiv unerwünschter Verhaltensfolgen.[939]

4. *Weitere Parameter zur Ermittlung des Urheberwillens*

Wie bereits oben angedeutet werden durch das Abstellen auf die Förderung der Sichtbarkeit veröffentlichter Werke die mit der Feststellung der Internettypik bestimmter Nutzungen denklogisch verbundenen Abgrenzungsschwierigkeiten vermieden. Damit scheint eine valide Regel gefunden, die allgemein gültige Aussagen zum Vorliegen einer durch das Onlinestellen von Inhalten erklärten Einwilligung erlaubt. Doch ließe sie in dieser Form unberücksichtigt, dass nicht jede Nutzung, die zur Förderung der Auffindbarkeit und Sichtbarkeit der online gestellten Werkinhalte geeignet ist, auch tatsächlich den Interessen des Inhalteanbieters entsprechen muss. Um einer Uferlosigkeit der Einwilligung als Rechtsfigur vorzubeugen und den Urheberwillen sowie die hierauf Rückschluss gebenden Interessen nuancierter abzubilden, gilt es nunmehr weiterführende Voraussetzungen zu entwickeln. Diese müssen kumulativ vorliegen, damit – gestützt auf das Gebot interessenkonformer Auslegung – vom Urheberwillen zur Einwilligungserteilung ausgegangen werden kann.[940] Jene Kriterien sollen jeweils anhand des praxisrelevanten Beispiels der Bildersuche im Internet exemplifiziert werden. Ihnen sollen dadurch Konturen für ähnliche Fallgestaltungen urheberrechtlicher Werknutzung[941] verliehen werden. Auch dann, wenn Nutzungen als internet- bzw. wesenstypisch zu qualifizieren sind, erscheint es, um ausnahmsweise Interessenwidersprüche zu vermeiden, angebracht, diese an den nachstehend abgebildeten Urheberinteressen zu messen.

Bei der Determinierung der Kriterien bedarf es erneut einer konkludenten Willenserklärungen wesensimmanenten Typisierung. Selbst wenn die subjektiven

939 Vgl. *Heymann/Nolte*, K&R 2009, 759 (762); *Tinnefeld*, Einwilligung, S. 74f.

940 Vgl. die ähnliche Herangehensweise zur Ermittlung des Vorliegens konkludenter Einwilligungen bei *Ott*, ZUM 2007, 119 (126f.); *Leistner/Stang*, CR 2008, 499 (506); *Tinnefeld*, Einwilligung, S. 94ff.

941 Vgl. die Ausführungen in *Kapitel 3* der vorliegenden Untersuchung.

Interessen des Erklärenden im Einzelfall vom Regelfall der nachfolgend statuierten Kriterien abweichen, muss aus der maßgeblichen Perspektive eines objektiven Erklärungsempfängers dann weiterhin von der Regel ausgegangen, wenn die davon abweichende Motivation des Erklärenden sich nicht hinreichend nach außen manifestiert.

Die nachfolgenden Einschränkungen dienen der Konkretisierung und Ermittlung der wahren Interessenlage des Rechtsinhabers zwecks vermehrter Einzelfallgerechtigkeit im Rahmen der sonst notwendigerweise generalisierenden Einwilligungsvoraussetzungen. Hiermit ist nach Feststellung des für die objektiv-normative Zurechnung eines Verhaltens als Einwilligung erforderlichen Erklärungsakts kein Rückzug in Richtung eines „Opt out" verbunden. Zwischen den nachstehend unter *Gliederungspunkt a) und b)* aufgeführten Voraussetzungen besteht keine zwingende Prüfungsreihenfolge.

a) Keine Absicherung öffentlich zugänglich gemachter Inhalte durch technische Schutzmaßnahmen – Wirksamer Widerspruch gegen die Werknutzung

Die Nutzung urheberrechtlich geschützter Inhalte entspricht immer dann nicht dem Willen des Rechtsinhabers, wenn er dieser in rechtlich erheblicher Weise widersprochen hat. Nach den obigen Ausführungen ist ein solcher Widerspruch im Rahmen des Anbietens von Bildinhalten im Internet gegenüber softwaregesteuert arbeitenden Suchmaschinenrobotern nur durch die Ergreifung technischer Schutzmaßnahmen möglich. Trifft der Inhalteanbieter derartige Schutzmaßnahmen nicht, bleibt der auf die Einwilligung gerichtete Erklärungsgehalt seines konkludenten Verhaltens mangels Zugangs eines dieser Deutung entgegenstehenden Widerspruchs unverändert.[942]

Damit stellt sich nunmehr die Frage, welche Anforderungen an technische Schutzmaßnahmen zu stellen sind, damit ein Inhalteanbieter erkennbar zum Ausdruck bringt, dass die Nutzung der Webseiteninhalte nicht seinem tatsächlichen Willen entspricht. Der BGH selbst äußerst sich diesbezüglich zwar nicht in den „Vorschaubilder"-Entscheidungen. Indes lassen sich dem am selben Tag wie die „Vorschaubilder I"-Entscheidung ergangenen „Session-ID"-Urteil wichtige Anhaltspunkte entnehmen, welche Maßnahmen dem Schutzrechtsinhaber im Rahmen des Onlinestellens urheberrechtlich geschützter Inhalte zumutbar sind.

942 *Kap. 1 G. VII. 5. c) bb).*

aa) Anforderungen an technische Sicherungsmaßnahmen nach Maßgabe des „Session-ID"-Urteils

Die „Session-ID"-Entscheidung steht in engem Zusammenhang mit der „Paperboy"-Entscheidung. Sie führt im Hinblick auf die urheberrechtliche Zulässigkeit von Deep-Links zur Notwendigkeit einer Differenzierung. Nach den Grundsätzen der „Paperboy"-Entscheidung sind Hyperlinks jedenfalls in Form von Surface- und Deep-Links auf im Internet veröffentlichte Werke mangels Eingriffs in die urheberrechtlichen Verwertungsrechte zulässig.[943] Bedient sich ein Content-Anbieter aber technischer Schutzmaßnahmen, um den Zugang zu einem geschützten Werk nur bestimmten Nutzern (z. B. Inhabern einer sog. Session-ID) zu eröffnen, begründet es einen Eingriff in das Recht aus § 19a UrhG, wenn durch das Setzen eines Deep-Links unter Umgehung dieser Schutzmaßnahme ein unmittelbarer Zugriff auf das Werk hergestellt wird.[944] Dies gilt auch dann, wenn Nutzern der Zugang zum Werk nur auf einem bestimmten Weg (z. B. durch Erwerb einer zeitlich begrenzten Lizenz über die Startseite des Content-Anbieters) ermöglicht wird.[945]

Nach der Direktive des BGH im „Session-ID"-Urteil sind an technische Schutzmaßnahmen im Rahmen des Anbietens von Inhalten im Internet keine allzu hohen Anforderungen zu stellen. Insbesondere muss es sich trotz des gleichlautenden Wortlauts nicht um wirksame technische Schutzmaßnahmen i.S.v. § 95a UrhG handeln.[946] Entscheidend ist vielmehr, dass der Schutzrechtsinhaber überhaupt eine Schutzmaßnahme getroffen hat, die den Willen des Inhalteanbieters offenbart, das Werk nur mit den von ihm vorgesehenen Einschränkungen öffentlich zugänglich zu machen.[947] Dass diese wie in der „Session-ID"-Entscheidung mittels einer programmtechnischen Routine umgangen werden können, steht nach Ansicht des BGH der Qualifikation als technische Schutzmaßnahme nicht entgegen.

Zusammenfassend bleibt hinsichtlich der vom BGH an technische Schutzmaßnahmen zu stellenden Anforderungen folgendes festzuhalten: Notwendig ist *erstens*, dass eine technische Maßnahme vom Schutzrechtsinhaber tatsächlich ergriffen wurde. Diese muss *zweitens* wenigstens potentiell zur Verhinderung des Zugriffs auf ein veröffentlichtes Werk geeignet sein. Schließlich muss *drittens*

---

943 BGH, GRUR 2003, 958 (961) – *Paperboy.* Zum Eingriff in Urheberrechte durch Frames und Inline-Links siehe *Kap. 3 E. II. + IV.*

944 BGH, GRUR 2011, 56 (58) – *Session-ID.*

945 Ebd.

946 BGH, GRUR 2011, 56 (59) – *Session-ID.*

947 *Lorenz*, jurisPR-ITR 3/2011, Anm. 5; *Bettinger*, GRUR-Prax 2010, 534.

deren Ergreifung der nach außen erkennbare Wille des Berechtigten zugrunde liegen, dass entweder gar keine oder nur eine eingeschränkte Nutzung des Werks gewollt ist.[948]

bb) Verallgemeinerbarkeit der vom BGH für Schutzmaßnahmen aufgestellten Kriterien unter Berücksichtigung der Verkehrsüblichkeit der Maßnahme

Fraglich ist nunmehr, ob sich die genannten Kriterien auch auf andere Sachverhalte internettypischer Werknutzung, wie z. B. der mit Bildersuchmaschinen einhergehenden, verallgemeinern lassen. Dem könnte möglicherweise entgegenstehen, dass sich der BGH durch die „Session-ID“-Entscheidung mit der urheberrechtlichen Grundsystematik in Widerspruch setzt. Dieser liegt darin begründet, dass er die Existenz des urheberrechtlichen Ausschlussrechts nach § 19a UrhG von der Absicherung durch technische Schutzmaßnahmen abhängig macht. Das als „Opt-in-System“ ausgestaltete Urheberrecht kennt keine derartige Handlungspflicht zur Begründung des Werkschutzes des Urhebers.

Ein solcher Widerspruch tritt jedoch in solchen Fallgestaltungen, in denen konkludente Einwilligungen in Rede stehen, gerade nicht zutage. Das Erfordernis der Vornahme technischer Schutzmaßnahmen wird nämlich im Rahmen von Einwilligungskonstellationen immer nur dann virulent, wenn – wie in den „Vorschaubilder“-Entscheidungen – von vornherein und ohne dass sich der Rechteinhaber zusätzlich durch Schutzmaßnahmen absichern muss, ein Eingriff in die urheberrechtlichen Verwertungsrechte gegeben ist. Die Ergreifung technischer Schutzmaßnahmen durch den Rechtsinhaber ist hier lediglich für einen möglichen Ausschluss einer den Umständen nach anzunehmenden konkludenten Einwilligung von Bedeutung.[949] Ein Widerspruch mit der Grundsystematik des Urheberrechts ist hiermit nicht verbunden. Angesichts dessen ist, wenn die Vornahme technischer Schutzmaßnahmen als Ausschlusskriterium im Rahmen der Auslegung eines Verhaltens als konkludente Einwilligung diskutiert wird, von einer Verallgemeinerbarkeit der vom BGH aufgestellten Kriterien auszugehen.

In Konkretisierung des vom BGH in der „Session-ID“-Entscheidung aufgestellten, oben unter *drittens* aufgeführten Kriteriums[950] ist allerdings zusätzlich die Verkehrsüblichkeit der betreffenden Schutzmaßnahme zu verlangen. Für die Qualifikation einer Maßnahme als verkehrsüblich ist den aktuellen technischen Gegebenheiten und Lebenswirklichkeiten unter Berücksichtigung der

---

948 Vgl. auch *Lorenz*, jurisPR-ITR 3/2011, Anm. 5.
949 *Schaefer*, Bildersuchmaschinen, S. 117.
950 *Kap. 2 E. II. 4. a) aa).*

beiderseitigen Interessen von Schutzrechtsinhabern und Werknutzern ausreichend Rechnung zu tragen. Mit ganz ungewöhnlichen, atypischen Maßnahmen sowie solchen, denen im Internetrechtsverkehr aufgrund der technischen Rahmenbedingungen bekanntermaßen keinerlei Bedeutung beikommen kann, muss ein Werknutzer nicht rechnen. Bei derartigen Maßnahmen fehlt es rechtlich gesehen bereits am Zugang des vom Rechteinhaber intendierten, den Empfänger jedoch faktisch nicht erreichenden Widerspruchs gegen die Werknutzung.[951] Damit der Widerspruch gegen die Werknutzung als Begleitumstand im Rahmen der Auslegung des Gesamtverhaltens Berücksichtigung finden kann, setzt dies zwingend dessen Zugang beim Erklärungsempfänger voraus. Der tatsächlichen Ergreifung atypischer bzw. unüblicher Schutzmaßnahmen kann deshalb auch kein Erklärungsgehalt dahingehend zukommen, der Schutzrechtsinhaber sei mit der Fremdnutzung seiner Inhalte durch Dritte nicht einverstanden. Insofern zeigt sich hier erneut: Derjenige, der sich im Verkehrskreis „Internet" bewegt und dieses für seine persönlichen und wirtschaftlichen Zwecke nutzt, muss mit einer Standardisierung und der durch die dortige Verkehrssitte geprägten Normativierung seines Erklärungsverhaltens rechnen.

Umgekehrt dürfen die Anforderungen an die Geeignetheit der Maßnahme aber auch nicht zu Lasten des Rechtsinhabers überspannt und nur solche Maßnahmen als geeignet angesehen werden, die lediglich ein ausgebildeter Webprogrammierer technisch bewerkstelligen kann.[952] Andernfalls dürfte für Werknutzer wie Bildersuchmaschinen der nötige Anreiz fehlen, für jedermann praktikable technische Sicherungsmaßnahmen in ihr Geschäftsmodell zu implementieren. Letzteres ist aber nicht zuletzt zur Wahrung urheberpersönlichkeitsrechtlicher Interessen zwingend geboten. Diese verlangen es, dass ein Rechteinhaber sich im Einzelfall einer Nutzung seiner Werkabbildungen durch Bildersuchmaschinen erwehren und auf technischem Wege Zugriffsbeschränkungsmaßnahmen treffen kann.

cc) Schutzmaßnahmen gegen die Verwendung von Bildern in der Bildersuche

Nachdem vorstehend durch die Festlegung der Voraussetzungen der Rahmen der für die Veröffentlichung urheberrechtlich geschützter Inhalte im Internet in Frage kommenden technischen Schutzmaßnahmen abgesteckt wurde, gilt es nunmehr exemplarisch einige Schutzoptionen gegen Bildersuchmaschinen auf ihre Konformität mit den oben aufgestellten Kriterien zu überprüfen.

---

951 Vgl. hierzu ergänzend die Ausführungen in *Kap.1 G. VII. 5. c) bb).*

952 *Schaefer*, Bildersuchmaschinen, S. 172.

(1) Robot Exclusion Standard und Metatags

Zunächst soll auf die bereits erwähnten Programmierungsmöglichkeiten in der robots.txt-Datei sowie in den Metatags eingegangen werden.

Nach der Übereinkunft des Robots-Exclusion-Standard-Protokolls (REP) lesen Robots von Suchmaschinen nach der Lokalisierung einer Webseite zunächst die im Wurzelverzeichnis der betreffenden Domain befindliche robots.txt-Datei aus.[953] Bei letzter handelt es sich schlicht um eine Textdatei, in der durch Webseitenbetreiber Indexierungsrechte vergeben werden können.[954] Durch eine mit wenigen technischen Handgriffen mögliche Programmierung der Datei kann letzterer den Zugriff auf ein bestimmtes Bilddokument (Eingabe der Befehlszeile *„User-agent: Googlebot-Images Disallow: /images/flowers.jpg"*) oder ein Verzeichnis (*„User-agent: Googlebot-Images Disallow: /Temp/"*) oder sogar die gesamte Webpräsenz (*„User-agent: Googlebot Disallow: /"*) verbieten.[955] Die Beachtung der in der robots.txt festgelegten Zugriffsregeln kann jedoch nicht erzwungen werden. Das REP stellt eine rein informelle Absprache verschiedenster Suchmaschinenbetreiber dar. Diese wird jedoch von den renommiertesten und größten Suchmaschinenanbietern überaus ernst genommen und, soweit ersichtlich, durchgängig beachtet. Dafür sprechen nicht zuletzt die von den Suchmaschinenanbietern Google, Yahoo und Microsoft (Bing) im Jahr 2008 zwecks Verbesserung des Robot Exclusion Standards erarbeiteten Regeln in Bezug auf die Programmierung der robots.txt-Datei.[956]

Neben der robots.txt-Datei bieten auch die sog. „noindex"-Metatags Programmierungsmöglichkeiten zur Verhinderung des Zugriffs auf eine Webseite durch Suchmaschinen. Metatags sind für den Internetnutzer beim normalen Aufrufen einer Webseite nicht sichtbare Kopf- und Kommentarzeilen im Quelltext einer Webseite. Wie der Robot Exclusion Standard begründen auch die Angaben in den Metatags keine verbindlichen Zugriffsregeln für Suchmaschinen. Auch hier hängt es also von der individuellen Entscheidung des Suchmaschinenbetreibers ab, ob er den im Quelltext gemachten Angaben Folge leistet.[957] Analog zum Robots-Exclusion-Standard wird auch den seitens der Webmaster gemachten Angaben in den Metatags ausnahmslos Folge geleistet.

---

953 Vgl. http://www.w3.org/TR/html4/appendix/notes.html#h-B.4.1.

954 *Tränkle*, Suchmaschinen, S. 102.

955 Wird in den genannten Befehlen anstelle des User-Agents *„Googlebot"* das Zeichen „*" eingetragen, so werden nicht nur die Crawler der Suchmaschine Google, sondern aller Suchmaschinen angesprochen.

956 Vgl.http://googlewebmastercentral-de.blogspot.de/2008/06/verbesserungen-des-robots-exclusion.html.

957 Hoeren/Sieber/*Sieber*, MultimediaR, Kap. 1, Rn. 103.

Webmaster können durch Eingabe der Befehlszeile <*„meta name= „googlebot“ content=“noindex, nofollow“*> verhindern, dass die konkret gecrawlte HTML-Webseite in den Index der Suchmaschine aufgenommen wird und den Aufruf der mit der aufgerufenen Seite verlinkten Dokumente untersagen.[958] Sofern ein auf diese Weise vor dem unmittelbaren Suchmaschinenzugriff geschütztes Bild allerdings auf einer fremden Webseite verlinkt wird und der Suchmaschinencrawler diesem Link folgt, wird das Thumbnail gleichwohl in die Suchmaschinendatenbank übermittelt und in den Suchergebnissen angezeigt. Sollte die Programmierung der Metatags trotz dieser Umgehungsmöglichkeiten dennoch als „wirksame“ technische Schutzmaßnahme einzustufen sein, hätte der Suchmaschinenbetreiber das Risiko zu tragen, dass Bilder solcher Webseiten indexiert werden. In diesem Fall könnte er sich nämlich nicht auf das Vorliegen einer Einwilligung berufen und handelte mithin urheberrechtswidrig.

Fraglich ist damit, ob die Implementierung zugangsbeschränkender Befehlszeilen in den Metatags sowie der robots.txt-Datei unter Zugrundelegung der obigen Definition als taugliche technische Schutzmaßnahmen anzusehen sind. Die oben erwähnten Programmierungsoptionen zielen allesamt darauf ab, die Nutzung urheberrechtlich geschützter Bilder entweder unmittelbar (Versperren des Zugriffs auf einzelne Bilddokumente) oder wenigstens mittelbar (durch die Verhinderung des Zugriffs auf die gesamte oder Teile der Webpräsenz) zu erschweren. Die durch Metatags und robots.txt-Datei ermöglichten Zugriffsbeschränkungen sind nach der Verkehrsanschauung als generell zum Schutz vor dem Zugriff durch Bildersuchmaschinen zweckdienliche Maßnahmen einzuordnen.[959] Dafür spricht insbesondere, dass Google selbst in den von der Suchmaschine bereitgestellten „Webmaster-Tools“ – einer Art Bedienungsanleitung für diverse Suchmaschinenfeatures – präzise und einfach nachzuvollziehende technische Hinweise zur Ausschließung von Bildwerken von der Indexierung bereitstellt.[960] Damit ist es sogar technisch nicht

958 Vgl. http://de.selfhtml.org/html/kopfdaten/meta.htm; *Fahl*, Bildersuche, S. 23. Wird hier anstelle meta name *“googlebot“* schlicht *„robots“* eingegeben, richtet sich der Befehl wiederum an alle Suchmaschinen. Im Gegensatz zum zuvor genannten verhindert der Befehl <*„meta name= „googlebot“ content=“noimageindex“*> lediglich die Darstellung der das Bild enthaltenden und von Google im Rahmen der Ergebnisliste in einem Frame eingebundenen Website. Vgl. hierzu https://support.google.com/webmasters/answer/79892?hl=de.

959 Das gilt jedoch nicht für den in der vorstehenden Fn. genannten Metatag-Befehl.

960 Hinweise zur Verhinderung des Zugriffs durch die Programmierung der robots.txt-Datei sind abrufbar unter http://support.google.com/webmasters/

versierten Internetnutzern ohne großen zeitlichen Aufwand möglich, Suchmaschinen den Zugriff auf spezifische Bilder zu versperren. Die vorgestellten Zugriffsbeschränkungsoptionen in den Metatags und der robots.txt-Datei sind im Kommunikationsmedium Internet absolut verkehrsüblich. Im Übrigen sind sie, wie die Hilfestellungen zur Programmierung in den „Webmaster-Tools" verdeutlichen, das von Suchmaschinen bevorzugte Instrument der nutzerseitigen Zugangskontrolle. Sofern sie einzelnen mit der Homepagegestaltung befassten Rechtsinhabern im Ausnahmefall dennoch nicht hinlänglich bekannt sein sollten, können sie ohne Weiteres in Erfahrung gebracht werden.[961]

Durch die tatsächliche Eingabe der entsprechenden Befehlszeilen seitens der Inhalteanbieter manifestiert sich schließlich der für Bildersuchmaschinenbetreiber erkennbare Wille des Rechtsinhabers, mit einer Nutzung der Werkabbildungen im Rahmen der Bildersuche nicht einverstanden zu sein.

Somit bleibt festzuhalten, dass sowohl die Metatags als auch der Robot Exclusion Standard im Rahmen der Veröffentlichung von Werkabbildungen im Internet geeignete technische Schutzmaßnahmen gegen die Nutzung der Bilder durch Bildersuchmaschinen verkörpern. Zwar bieten sie keinen absoluten Schutz vor der Aufnahme in den Datenbankindex und begründen keine wirksamen technischen Schutzmaßnahmen im Sinne von § 95a UrhG.[962] Ihre tatsächliche Ergreifung ist gleichwohl ein zuverlässiger Indikator für das Fehlen einer schlichten Einwilligung in die Nutzungen von Bildersuchmaschinen. Will ein Rechtsinhaber also vermeiden, dass das Onlinestellen von Bildern auf der eigenen Website als Einwilligung zu Gunsten von Bildersuchmaschinen interpretiert wird, muss er diesen den Zugriff auf die Dateien durch die Eingabe der geeigneten Befehle in den Metatags oder in der robots.txt-Datei versperren.

Damit steht fest: Der Suchmaschinenanbieter trägt das Risiko, dass ein Bild, trotz eines vom Rechtsinhaber in den Metatags statuierten Indexierungsverbots, dennoch aufgrund der Verlinkung einer fremden Webseite in die Datenbank aufgenommen und als Thumbnail öffentlich zugänglich gemacht wird.

(2) Passwortgeschützte, registrierungspflichtige Bereiche

Fraglich ist, ob neben den genannten Möglichkeiten der Zugriffsbeschränkung in der robots.txt-Datei sowie den Metatags noch andere Schutzoptionen bestehen,

bin/answer.py?hl=de&answer=35308. Entsprechende Hinweise zu Metatags sind abrufbar unter http://support.google.com/webmasters/bin/answer.py?hl=de&answer=79892.

961 Z. B. durch die Lektüre der Webmaster-Tools von Google.

962 Vgl. auch *Schaefer*, Bildersuchmaschinen, S. 128.

deren tatsächliche Ergreifung eine fehlende oder ausnahmsweise unmögliche[963] Programmierung der robots.txt-Datei bzw. den Metatags kompensieren und das Vorliegen einer konkludenten Einwilligung ausschließen kann.

Unzweifelhaft zu derartigen Schutzmaßnahmen gehört die Einbindung urheberrechtlich geschützter Bilder in passwortgeschützte oder registrierungspflichtige Bereiche (sog. „Deep Web" bzw. „Hidden Web"). Hierbei handelt es sich um die bekannteste und sicherste Möglichkeit, Fremdnutzungen des Werks zu unterbinden. Denn Suchmaschinen können nur frei zugängliche Webseiten erfassen, da den Robots eine Registrierung für den Zugang zu speziell passwortgeschützten Seiten nicht möglich ist.[964] Ein Passwortschutz bzw. eine Registrierungspflicht auf Webseiten ist technisch beispielsweise durch die Einrichtung einer HTTP-Authentifizierung in der .htaccess-Datei[965] oder mittels der Programmiersprachen PHP[966], JavaScript[967] sowie Perl[968] realisierbar. Trifft ein Schutzrechtsinhaber derartige Zugangsbeschränkungsmaßnahmen, bringt er damit seinen Willen zum Ausschluss Dritter von der Kenntnisnahme der sich im passwortgeschützten Bereich befindlichen Inhalte zum Ausdruck. Im Falle der Implementierung einer dem Abruf eines Bildes zwingend vorgeschalteten Passworteingabe- oder Registrierungspflicht kann daher nicht von einer Einwilligung des Rechtsinhabers in die Nutzung seiner Bilder durch Bildersuchmaschinen ausgegangen werden. Die Generierung passwortgeschützter Bereiche ist nicht zwangsläufig mit einer Programmierung in den genannten Programmiersprachen verknüpft. Exemplarisch sei hier die von Google als Freeware angebotene Bildbearbeitungs- und Verwaltungssoftware „Picasa" erwähnt. Diese bietet die Möglichkeit Fotos verschiedener Ordner in einem Webalbum zu veröffentlichen und durch einfach vorzunehmende Einstellungen im Picasa-Menü gegen Zugriffe Dritter mit einem Passwort zu schützen.[969]

---

963 So etwa bei der Homepagegestaltung mittels Baukastensystems.

964 Hoeren/Sieber/*Sieber*, MultimediaR, Kap. 1, Rn. 102; *Tränkle*, Suchmaschinen, S. 66, 109. Laut Information des Heise Online-Magazins fanden jedoch bereits erste Verhandlungen der Suchmaschine Yahoo mit kommerziellen Informationsanbietern zwecks Erfassung und Indexierung von Inhalten aus dem „Deep Web" statt, vgl. http://www.heise.de/newsticker/meldung/Yahoo-startet-Suche-fuer-das-Deep-Web-109644.html.

965 Allgemeine Hinweise zur .htaccess-Datei abrufbar unter http://de.selfhtml.org/servercgi/server/htaccess.htm.

966 Ein Beispiel hierfür liefert Tränkle, Suchmaschinen, S. 108.

967 Vgl. http://de.selfhtml.org/navigation/anzeige/passwortschutz.htm.

968 Vgl. http://perl.about.com/od/perltutorials/a/genpassword.htm.

969 Vgl. http://support.google.com/picasa/bin/answer.py?hl=de&answer=19606.

Auch der Einsatz sog. Session-IDs ist funktional den registrierungspflichtigen Bereichen zuzuordnen. Anhand dieser kann Nutzern eine nur zeitlich begrenzte und z. B. ausschließlich über den Weg der Startseite (Homepage) eines Webangebotes erhältliche Zugangsberechtigung verliehen werden. Sie sind mithin taugliche Schutzmaßnahmen gegen Bildersuchmaschinen.

(3) PHP

Abgesehen von der Möglichkeit der Einrichtung eines Passwortschutzes kann der Zugang von Bildersuchmaschinen zu online gestellten Bildern auch unter Einsatz eines PHP-Skripts[970] in einer Webseite begrenzt werden. In concreto ist es durch eine entsprechende Programmierung möglich, Suchmaschinen mit leeren Seiten abzuspeisen, um auf diese Weise ein Indexieren der Webseite sowie der eingebundenen Inhalte zu verhindern.[971] Der die betreffende Webseite aufrufende User-Agent (Suchmaschinencrawler) kann als optionaler Teil der an den Webserver gesendeten HTTP-Anfrage im HTTP-Protokoll zur Kenntnis genommen werden.[972] Sodann kann durch die Programmierung des entsprechenden Befehls im PHP-Skript die serverseitige Übermittlung einer Webseite oder einzelner Bilder einer Webseite unterbunden werden.[973] Auch die Ergreifung dieser gängigen Option der Zugriffsbeschränkung spiegelt eindeutig den Willen des Rechtsinhabers wieder, nicht mit der Nutzung urheberrechtlich geschützter Bilder durch Suchmaschinen einverstanden zu sein. Somit darf ein Bildersuchmaschinenanbieter im Falle ihres Vorliegens nicht von einer schlichten Einwilligung des Rechtsinhabers ausgehen.

(4) Urheber- bzw. Copyright-Vermerk

Nunmehr soll überprüft werden, ob eine konkludente Einwilligung auch dann ausscheidet, wenn der Rechtsinhaber die von ihm onlinegestellten Bilder mit einem Urheber- bzw. Copyright-Vermerk versehen hat. Im „Vorschaubilder I"-Urteil wurde dies vom BGH abgelehnt. Dies verwundert v.a. deshalb, weil er eine konkludente Nutzungsrechtseinräumung der Klägerin nicht zuletzt aufgrund

---

970 Nähere Informationen zur Programmiersprache PHP sind abrufbar unter http://www.php.net/manual/de/index.php.

971 *Tränkle*, Suchmaschinen, S. 106.

972 Eine Liste der Suchroboter-Kennungen ist abrufbar unter http://www.robotstxt.org/db.html.

973 Veranschaulicht bei *Tränkle*, Suchmaschinen, S. 107 (PHP-Skripte Nr. 2 & 3).

des von der Klägerin angebrachten Urhebervermerks verneinte.[974] Dennoch ist dem BGH zumindest hinsichtlich des fehlenden Einflusses eines Urhebervermerks auf das Nichtvorliegen einer konkludenten Einwilligung zuzustimmen. Entsprechend seiner funktionalen Zweckbestimmung, die auch in § 10 I UrhG ihren Ausdruck findet, beschränkt sich die Bedeutung eines Urhebervermerks in einer Vermutung der Urheberschaft der im Vermerk näher bezeichneten Person.[975] Ein Urhebervermerk alleine schützt nicht vor dem Zugriff auf veröffentlichte Werkabbildungen.[976] Ihm fehlt somit bereits die potentielle Eignung zur Verhinderung des Zugriffs auf onlinegestellte Inhalte. Diesem kommt daher im Zusammenhang mit der Veröffentlichung urheberrechtlich geschützter Bilder kein Erklärungsgehalt dahingehend zu, ein Urheber wolle jegliche Nutzung des Werkes unterbinden und Dritten nur im Wege einer ausdrücklichen Nutzungserlaubnis Eingriffsrechte verleihen.[977] Folgerichtig ist mit dem BGH in der „Vorschaubilder I"-Entscheidung trotz des Urhebervermerks von einer schlichten Einwilligung des Schutzrechtsinhabers auszugehen.

An dieser Stelle wäre nur dann anders zu entscheiden, wenn ein digitaler Urheber- bzw. Copyright-Vermerk aufgrund eines universellen, maschinenlesbaren Formats von Suchmaschinen erkannt werden könnte und dem Rechtsinhaber die Möglichkeit eröffnet wäre, Angaben bezüglich der Zugriffs- und Indexierungsberechtigung des Bildes zu machen.

(5) Hinweis auf fehlende Nutzungsberechtigung in den Nutzungsbedingungen

Abschließend soll nunmehr geklärt werden, ob ein in den Nutzungsbedingungen einer Website enthaltener Hinweis auf die fehlende Indexierungsberechtigung der veröffentlichten Bildinhalte durch Bildersuchmaschinen zum Ausschluss konkludenter Einwilligungen führt. Voraussetzung dafür wäre, dass es sich bei einem derartigen Hinweis um eine taugliche technische Schutzmaßnahme handelt. Nach dem aktuellen Stand der Technik ist es Suchmaschinen im Rahmen der automatisiert ablaufenden Lokalisierung und Erfassung von Bildelementen nicht möglich, schriftlich auf der gecrawlten Webseite verfasste Widersprüche

---

974 BGH, GRUR 2010, 628 (631, Rn. 30) – *Vorschaubilder I.* Hierbei geht der BGH irrtümlich davon aus, mit der Auffassung des OLG Jena (Berufungsgericht) übereinzustimmen.

975 OLG Jena, ZUM 2008, 522 (526); *Dreier/Schulze*, § 10 UrhG, Rn. 13; Schricker/*Loewenheim,* § 10 UrhG, Rn. 8.

976 Vgl. *Hüttner*, WRP 2010, 1008 (1013).

977 Vgl. OLG Jena, ZUM 2008, 522 (526).

zu verarbeiten.[978] Ein so geäußerter Widerspruch geht dem Suchmaschinenbetreiber nicht zu. Damit aber sind in Textform verfasste Widersprüche unter Berücksichtigung der Verkehrsanschauung nicht einmal theoretisch geeignet den mit Bildersuchmaschinen verbundenen Nutzungen einen Riegel vorzuschieben. Somit scheidet ein in den Nutzungsbedingungen angebrachter Hinweis auf die fehlende Nutzungsberechtigung als technische Schutzmaßnahme gegen Bildersuchmaschinen aus.

b) Konformität der Nutzung mit den Verwertungsinteressen des Urhebers

Damit aus dem Einstellen von Bildern im Internet auf eine konkludente Einwilligung des Schutzrechtsinhabers geschlossen werden darf, ist weiterhin vorauszusetzen, dass die legitimationsbedürftigen Nutzungen den pekuniären Interessen des Rechtsinhabers nicht zuwiderlaufen, sondern diese gerade fördern.[979] Entsprechend dem Gebot interessengerechter Auslegung muss davon ausgegangen werden, dass sich ein Inhalteanbieter, selbst wenn es ihm im Einzelfall nicht um die Kommerzialisierung seiner Werke, sondern um rein ideelle Selbstdarstellung im Internet geht, ökonomisch rational verhält.[980] Es kann daher in Ermangelung anderer Anhaltspunkte angenommen werden, dass er potentielle Verwertungsmöglichkeiten wahrnehmen oder sich diese für den Fall eines Motivwandels wenigstens offenhalten möchte.

aa) Förderung der wirtschaftlichen Verwertung des Werks durch vermehrten Traffic auf den Webseiten des Veröffentlichenden

Zu fragen ist deshalb zunächst danach, ob die in Rede stehenden Nutzungen bei typisierender Betrachtung geeignet sind, die wirtschaftlichen Verwertungsinteressen des Urhebers zu fördern. Dies ist immer dann der Fall, wenn es durch die fraglichen Nutzungen zu einer Vermehrung des Traffics auf den Webseiten des Inhalteanbieters und dadurch zu einer Erweiterung des Nutzerkreises kommt. Beide Umstände begünstigen letztlich die Verwertung des Werks. Auch die mit dem vermehrten Traffic regelmäßig einhergehende Steigerung der sich üblicherweise nach der Anzahl der Webseitenaufrufe bemessenden[981] und damit mittelbar generierten Werbeeinnahmen, steht positiv mit den wirtschaftlichen Interessen des Urhebers

---

978 Vgl. auch *Conrad*, ZUM 2010, 585 (586).

979 *Leistner/Stang*, CR 2010, 499 (506); vgl. auch *Ott*, ZUM 2007, 119 (126). Vgl. auch LG Erfurt, ZUM 2007, 566 (567).

980 Vgl. *Tinnefeld*, Einwilligung, S. 96.

981 *Schöttle*, JurPC Web-Dok. 9/2007, Abs. 10 abrufbar unter http://www.jurpc.de/jurpc/show?id=20070009.

in Einklang. Die Förderung des Zugriffs auf die Webseite stellt damit einen für den Schluss auf eine konkludente Einwilligung berücksichtigungsfähigen Vorteil dar.

Der im Interesse des Rechtsinhabers stehende Effekt der Vermittlung von Aufmerksamkeit auf dessen Webseiten und die dadurch zumindest potentiell verbesserte Verwertbarkeit des Werks bleibt aber immer dann aus, wenn die relevante Nutzung den Abruf des Werks im Originalkontext substituiert. Die Wahrnehmbarkeit des Werks zwar fördernde, aber den Abruf des Werks im Originalkontext substituierende Nutzungen sind typischerweise nicht vom Urheberwillen getragen.[982] Dafür spricht v.a., dass dem Urheber nur durch den Abruf seiner Webseiten Werbeeinnahmen zufließen. Ferner verschafft er seinem Werk durch die Eingliederung in einen bestimmten Kontext eine weitergehende ideelle Bedeutung.[983] Insofern bedarf das oben zur Motivlage eines Urhebers im Rahmen des Onlinestellens von Inhalten Gesagte der Ergänzung: Vom Urheberwillen umfasst ist lediglich eine zur Verbesserung der Sichtbarkeit des Werks *im Originalzusammenhang* geeignete Nutzung.

Fraglich ist, ob die Nutzungen von Bildersuchmaschinen den entwickelten Maßstäben gerecht werden. Die Indexierung in einer Suchmaschinendatenbank hat eine Erweiterung des potentiellen Nutzerkreises zur Folge. Dies steht unmittelbar im Einklang mit dem Interesse des Anbieters von Inhalten im Internet, möglichst viel Traffic auf den eigenen Seiten zu generieren. Im Rahmen von Bildersuchmaschinen wird durch die in Form von Thumbnails ausgestaltete Ergebnisliste die Benutzerfreundlichkeit und Sucheffektivität der Bildersuche im Netz erhöht. Dies verschafft der verlinkten Webseite durch einen immer größer werdenden und die Suchmaschinenfunktion immer frequentierter wahrnehmenden Nutzerkreis zusätzlichen Traffic. Die Thumbnailswiedergabe in Bildersuchmaschinen ist somit geeignet die Sichtbarkeit des Originalbildes zu fördern.[984] Letzteres hat wiederum Einfluss auf die Höhe der zumeist an die Häufigkeit der Nutzerzugriffe gekoppelten Werbeeinnahmen des Schutzrechtsinhabers (Pay-per-Click-Werbung). Etwas anderes ergäbe sich im Rahmen der Bildersuche nur dann, wenn die größenmäßige Darstellung sowie der Detailgrad der als Vorschau angezeigten Thumbnails dem referenzierten Originalbild nahe käme. Diese Form der Thumbnailswiedergabe wäre gerade geeignet den vom Rechtsinhaber grundsätzlich erwünschten Effekt der Vermittlung von Aufmerksamkeit auf dessen Webseiten und die hiermit potentiell erhöhte

982 So auch LG Erfurt, ZUM 2007, 566 (567); *Berberich*, MMR 2005, 145 (148); *Tinnefeld*, Einwilligung, S. 89.

983 *Tinnefeld*, Einwilligung, S. 89f.

984 *Leistner/Stang*, CR 2010, 499 (506).

Wahrnehmungsmöglichkeit seines Werks im Originalzusammenhang zu konterkarieren. Selbst wenn man dies verneinte, ist eine übermäßig große Präsentation der Vorschaubilder jedenfalls nicht von der *Reichweite* der vom Urheber durch die Veröffentlichung erklärten Einwilligung umfasst.[985]

bb) Kein zu Eigen machen fremder Informationen

Ein Urheber ist ohne ausdrückliche Erklärung regelmäßig nicht damit einverstanden, dass Dritte ein fremdes Werk dergestalt in ihre eigene Webseite inkorporieren, dass es, unabhängig davon, ob es als fremd erkennbar bleibt, zum Bestandteil der eigenen Webseite gemacht wird.[986] Damit ändern sie nicht nur die Präsentation und Umgebung der Inhalte, sondern machen sich die fremden Dateien auch wirtschaftlich zu Eigen.[987] Ein Widerspruch mit den pekuniären Interessen eines Rechtsinhabers liegt deshalb auch dann vor, wenn Dritte sich fremde Werke wirtschaftlich zu Eigen machen, indem sie diese zur Ergänzung oder Vervollständigung ihrer eigenen Internetseiten einsetzen.

Ausgehend von der Google-Bildersuche, kann von einem zu Eigen machen fremder Bildinformationen keine Rede sein. Die Bildersuchmaschinen inhärente Funktion der Vermittlung dezentral gespeicherter *Fremd*informationen bleibt für einen durchschnittlich verständigen Internetnutzer eindeutig erkennbar. Dafür spricht auch, dass die im Zuge der Thumbnailsdarstellung eingeblendete URL offenbart, dass es sich um einen anderen Inhalteanbieter als den Suchmaschinenbetreiber handelt. Bei der Google-Bildersuche steht auch nicht im Vordergrund die Bildinhalte einer bestimmten Webseite auszunutzen, indem mit Werbung in umgebenden Frames Geld verdient werden soll.[988] Daher liegt auch eine Ergänzung oder Vervollständigung eigener mit fremden Inhalten nicht vor. Vielmehr bieten Bildersuchmaschinenbetreiber eine Dienstleistung an, die sich von der der indexierten Webseite in eindeutig erkennbarer Weise unterscheidet.

cc) Kein Unterlaufen von Lizenzierungs- oder eigener Verwertungsmöglichkeiten

Ein Widerspruch mit den urheberrechtlichen Verwertungsinteressen kann sich auch daraus ergeben, dass durch den Betrieb eines spezifischen Geschäftskonzepts individuelle Lizenzierungs- bzw. eigene potentielle Verwertungsmöglichkeiten

985 Hierzu auch *Kap. 2 E. II. 5.*
986 Vgl. auch Ernst/Vassilaki/Wiebe/*Ernst*, Hyperlinks, Rn. 177.
987 Ebd.
988 Vgl. hierzu *Ott*, ZUM 2004, 357 (364).

des Rechteinhabers konterkariert werden.[989] Auch in diesem Zusammenhang gilt es den obigen Auslegungsgrundsätzen entsprechend zu beachten, dass ein Urheber im Zweifel wirtschaftlich vernünftige Entscheidungen treffen wollen wird. Bestehen mithin eigene Lizenzierung- und Verwertungsmöglichkeiten des Urhebers, muss sich der Werknutzer um eine ausdrückliche Nutzungserlaubnis bemühen. Ist eine Lizenzierung hingegen aufgrund der für die Anbahnung, den Abschluss sowie die Durchführung von Lizenzverträgen anfallenden Transaktionskosten nicht sinnvoll realisierbar, muss ein Werknutzer vernünftigerweise nicht mit einer solchen rechnen. Der Werknutzer kann hier folglich von einer *vergütungsfreien* Nutzungsbefugnis ausgehen. Auch dieses Auslegungsergebnis ist Konsequenz der im Internet geltenden Verkehrssitten: Denn, wer Inhalte im Internet frei zugänglich macht, muss sich daran festhalten lassen und kann keine Vergütung verlangen, die der Markt nicht hergibt.[990] Da der Urheber in diesen Fällen keines Schutzes bedarf, kann die Annahme einer konkludenten Einwilligung hier auch nicht als Umgehung einer angemessenen Urhebervergütung i.S.d. § 32 III S. 2 UrhG qualifiziert werden.[991] Möchte der Rechteinhaber die Nutzung der Inhalte nur gegen eine Vergütung gestatten, muss er entsprechende Zugangssperren vorsehen, die diesen Vergütungsvorbehalt absichern.[992]

Fraglich ist damit, ob Rechtsinhaber aus Sicht eines objektiven Durchschnittsnutzers in Bezug auf die Vermarktung von Thumbnails mit einer individuellen, kostenpflichtigen Lizenzierung rechnen dürfen. Zwar lässt sich unter Heranziehung der in der Honorarempfehlung der Mittelstandsgemeinschaft Fotomarketing (MFM) vorfindbaren Vergleichswerte für die Nutzung von Miniaturbildern durchaus ein Marktwert für eine nach Zeit zu bemessende Thumbnailnutzung bestimmen. Jener Marktwert dürfte allerdings aufgrund der einzupreisenden Kosten für die Anbahnung und den Abschluss von Einzelverträgen mit Millionen von Rechteinhabern sowie der Durchsetzung daraus erwachsender Ansprüche gleich Null sein.[993] Ein dank Automatisierung die Kosten senkendes digitales Rechtemanagement ist bislang jedenfalls bei nicht kommerziellen Content-Anbietern, auf die ein Großteil der im Internet veröffentlichten

---

989 Vgl. LG Erfurt, ZUM 2007, 566 (567); *Berberich*, MMR 2005, 145 (146); *Ott*, ZUM 2007, 119 (127).

990 *Ohly*, GRUR 2012, 983 (989); vgl. auch *Pfeifer*, GRUR 2011, 1017 (1018).

991 Jedenfalls ist § 32 III S. 3 UrhG aber auf die Einwilligung inter omnes analog anwendbar.

992 *Ohly*, GRUR, a.a.O.

993 *Berberich*, CR 2007, 393; *Ott*, ZUM 2009, 345 (353); *Wimmers/Schulz*, CR 2006, 350 (351); *Braun*, jurisPR-ITR 6/2006 Anm. 4.

Bildinformationen zurückgeht, noch nicht weitläufig genug verbreitet.[994] Damit ist die Bildersuche aufgrund der anfallenden Transaktionskosten dann kein funktionsfähiges Geschäftsmodell, wenn sie auf die Erteilung von Einzellizenzen durch die Rechtsinhaber angewiesen ist. Schutzrechtsinhaber dürfen im Hinblick auf die Bildersuche im Internet vernünftigerweise nicht mit einer individuellen kostenpflichtigen Lizenzierung von Thumbnails rechnen.

Zudem wird durch die Tätigkeit von textgestützten Bildersuchmaschinen auch keine potentielle Verwertung durch ein eigenes Suchangebot des Rechteinhabers unterlaufen. Ein solches auf die eigenen Werke beschränktes Angebot wäre aufgrund fehlender Nachfrage wirtschaftlich unrentabel und daher nicht funktionsfähig.[995]

Ein Konflikt mit den Lizenzierungsinteressen eines Urhebers entsteht jedoch z. B. in solchen Fällen, in denen Urheber verkleinerte Werkabbildungen als Handylogos, Icons etc. vertreiben, deren Auflösung und Größe derjenigen von Thumbnails nahekommt. Es scheint hier keineswegs ausgeschlossen, dass die Suchmaschine ihren Nutzern durch die Darstellung der Bilder in vergleichbarer Größe und Auflösung den Anreiz nimmt, die Webseite des Inhalteanbieters aufzusuchen und von dessen Angebot Kenntnis zu nehmen. In einem solchen Fall wären Thumbnails folglich geeignet ein Substitut zu den Verwertungsmöglichkeiten des Rechtsinhabers zu bilden und damit nicht vom Urheberwillen umfasst.[996] Die Suchmaschinencrawler enthalten bis dato keine durch die Betreiber entwickelte Routine, wonach die Aufnahme der gecrawlten Bilder in den Suchmaschinenindex von einer bestimmten Mindestgröße abhängt. Die angesprochenen Logos und Icons werden daher, ungeachtet des Nichtvorliegens einer Einwilligung, durch die Bildersuchmaschinen indexiert, vervielfältigt und angezeigt. Hierdurch greifen sie tatbestandsmäßig in fremde Urheberrechte ein. Die mit einer derartigen Rechtsverletzung einhergehenden Haftungsrisiken muss der Bildersuchmaschinenbetreiber mangels Möglichkeit zur individuellen Lizenzierung (prohibitive Transaktionskosten) hinnehmen. Bis möglicherweise de lege ferenda eine (Bilder-)Suchmaschinen privilegierende Schrankenregelung im UrhG kodifiziert wird, gehört die Geltendmachung von Ersatzansprüchen wegen der dargelegten Urheberrechtsverletzung zu den Lasten des Geschäftsmodells.

---

994 *Berberich*, MMR 2005, 145 (146).

995 Ebd.

996 *Leistner/Stang*, CR 2008, 499 (506); a.A. *Ott*, ZUM 2009, 345 (354).

5. *Ermittlung der Reichweite der Einwilligung nach Maßgabe des Übertragungszweckgrundsatzes – Einhaltung des Minimums an Nutzungsintensität*

Liegen die oben ermittelten Voraussetzungen der Notwendigkeit der Nutzung für die Funktionsabläufe des Internets bzw. der Eignung zur Verbesserung der Sichtbarkeit des Werks im Originalkontext vor und führen die unter *4. a) & b)* aufgeführten Einschränkungen nicht zum Ausschluss der Einwilligung, gilt es deren Inhalt und Umfang zu präzisieren. Es ist also zu prüfen, ob die virulente Nutzung auch von Inhalt und Umfang der konkludenten Einwilligung gedeckt ist.

Gestützt auf den auch auf die Einwilligung anwendbaren Übertragungszweckgrundsatz ist davon auszugehen, dass die Einwilligung im Zweifel keine weitergehenden Nutzungsbefugnisse vermittelt, als es ihrem Zweck entspricht, wie er sich aus objektiver Empfängersicht darstellt.[997] Von einer durch das Onlinestellen von Inhalten im Internet erklärten Einwilligung umfasst sind somit nur solche Nutzungen, die zur Verwirklichung der verbesserten Auffindbar- und Sichtbarkeit des Werks unbedingt notwendig sind. Dieser Ansatz korrespondiert unmittelbar mit den Interessen des Urhebers: Letzterer wird im Zweifel nur solche Nutzungen konsentieren, die den erforderlichen Umfang an Nutzungsintensität nicht überschreiten.[998] Es gilt damit im einschlägigen Nutzungssachverhalt zu ermitteln, ob bei technischer Betrachtungsweise weniger eingriffsintensive bzw. überhaupt nicht in die Urheberrechte eingreifende Nutzungsmöglichkeiten existieren, die jedoch gleichermaßen geeignet sind die Auffindbarkeit des Werks zu fördern. Erforderlich ist folglich eine Auseinandersetzung mit den technischen Gegebenheiten und dem (Gesamt)Kontext der Nutzung sowie den mit letzterer vom Werk*nutzer* maßgeblich verfolgten Zwecken. Auf diesem Wege ist das für die jeweilige Anwendung erforderliche Minimum an Nutzungsintensität bei gleichbleibendem Nutzwert für die Internetseiten des Urhebers zu ermitteln. Die Grenze des Erforderlichen ist insbesondere dann überschritten, wenn eine spezifische Nutzungshandlung kein zur Erreichung des ihr zugrunde liegenden Nutzungskonzepts konstitutives Element, sondern ein schmückendes und der Befriedigung rein ästhetischer Interessen dienendes Beiwerk verkörpert.

An dieser Stelle sollen erneut die beiden Basisfunktionen der Informationsvermittlung im Internet, die „herkömmliche" Textsuche sowie die textgestützte Bildersuche zur Exemplifizierung der vorstehend genannten Voraussetzungen herangezogen werden. Im Folgenden geht es also um die Überprüfung, ob die

997 *V. Ungern-Sternberg*, GRUR 2009, 365 (371).

998 Vgl. auch *Ott*, ZUM 2007, 119 (127); *Tinnefeld*, Einwilligung, S. 89.

mit beiden Geschäftskonzepten üblicherweise verbundenen Nutzungen den Rahmen des an Nutzungsintensität Erforderlichen wahren und damit von einer erklärten Einwilligung auch inhaltlich umfasst sind.

Ein urheberrechtlich geschützte Textinformationen ohne technische Schutzmaßnahmen im Internet veröffentlichender Rechtsinhaber erklärt seine Einwilligung in diejenigen Nutzungen, ohne die eine Textsuchmaschine nicht wirksam arbeiten kann. Von der Einwilligung umfasst sind also solche Verwertungsrechtseingriffe, die betriebsnotwendig mit der Erfassung (Crawling), Indexierung und der Speicherung der aufgefundenen Informationen für Abfragezwecke in der Datenbank einhergehen (§§ 16 I, 87b I UrhG).[999] Demgegenüber unterliegen weder die vom Suchmaschinenbetreiber aufbereiteten Deep-Links noch die Generierung der Snippets in den Suchergebnislisten einem Einwilligungsvorbehalt des Urhebers: Erstere greifen grundsätzlich nicht in Verwertungsrechte (§§ 16, 19a bzw. 87b UrhG) ein;[1000] letztere weisen im Regelfall mangels ausreichender Schöpfungshöhe keine Werkqualität auf.[1001] Selbst wenn im Rahmen der Wiedergabe von Snippets ausnahmsweise die erforderliche Schutzschwelle des äußerst kleinen Werkteils überschritten sein sollte[1002] und dieser damit als Sprachwerk i.S.v. § 2 I Nr. 1 UrhG einzuordnen wäre, ergäbe sich im Ergebnis nichts anderes: Zum Zwecke der Relevanzbewertung der angezeigten Suchergebnisse durch einen Nutzer bedarf es nämlich eines auszugsweisen inhaltlichen Abrisses der referenzierten Webseite. Dieser ersetzt infolge seines bruchstückhaften Charakters gerade nicht den Abruf der Webseite. Er soll vielmehr nach erfolgter Relevanzbewertung zu deren Aufruf und der Wahrnehmung des Werks im Originalzusammenhang anregen. Damit ist die konkrete Form der vorschauartigen Darstellung der verlinkten Webseiten in den Suchergebnislisten auf das erforderliche Maß begrenzt. Die mit Textsuchmaschinen verbundenen Nutzungen sind folglich von der durch das Onlinestellen urheberrechtlich geschützter Texte erklärten Einwilligung umfasst.

Etwas anderes ergäbe sich jedoch dann, wenn der Suchmaschinenanbieter innerhalb der Suche auf die Verwendung von Thumbnails zurückgreifen würde, um die Suchergebnistrefferlisten multimedialer und deshalb ansprechender zu gestalten. Um im Rahmen der Textsuche feststellen zu

---

999 Vgl. *Rath*, Internetsuchmaschinen. S. 126; *v. Ungern-Sternberg*, GRUR 2009, 369 (372).

1000 BGH, GRUR 2003, 958 (961f.) – *Paperboy*; *Plaß*, WRP 2001, 195 (202); *Sosnitza*, CR 2001, 693 (698). Ein Eingriff in § 19a UrhG ist nur dann zu bejahen, wenn durch die Deep-Links technische Schutzmaßnahmen umgangen werden. Hierzu *Kap. 2 E. II. 4. a) aa)*.

1001 Hoeren/Sieber/*Ernst*, MultimediaR, Kap. 7.1, Rn. 62; *Berberich*, MMR 2005, 145.

1002 Vgl. hierzu BGH, GRUR 2011, 134 (139, Rn. 54) – *Perlentaucher*.

können, ob die gefundene Seite den Suchkriterien des Nutzers entspricht, bedarf es lediglich kurzer Textfragmente, die einen ersten Eindruck von der referenzierten Seite vermitteln.[1003] Eine in das Recht aus § 19a UrhG eingreifende Thumbnailswiedergabe zwecks Vorschau der auf den gefundenen Seiten befindlichen Bilder ist für die Relevanzbewertung der recherchierten Textinformation nicht notwendig. Sie wäre folglich im Rahmen der Textsuche nicht von einer Einwilligung des Rechtsinhabers gedeckt.

Nunmehr soll überprüft werden, ob auch die üblicherweise mit Bildersuchmaschinen verbundenen Nutzungen nach Inhalt und Umfang von der nach dem Ergebnis der obigen Untersuchung grundsätzlich vorliegenden Einwilligung des Urhebers umfasst sind. Zur Bewältigung der für die Auffindbarkeit von Bilddateien im Internet elementaren Navigations- und Vermittlerfunktion bedarf es auch hier zunächst einer Erfassung, Indexierung und Speicherung der veröffentlichten Bildinhalte durch die Suchmaschine. Die mit dem Crawling bzw. der Indexierung verbundenen Nutzungen sind Grundvoraussetzung für die Funktionsfähigkeit aller Suchmaschinen.[1004] Folglich gelten die vorstehend zur Textsuche bezüglich des Crawling- und Datenindexierungsprozesses gemachten für die Bildersuche entsprechend. Somit ist auch hier von einer konkludenten Einwilligung des Rechteinhabers in die Vervielfältigung (§§ 16 I, 87b UrhG) sowohl der Webseite[1005] als auch der auf der Webseite eingebundenen Bildinformation auszugehen.

Zu beachten ist allerdings, dass die von Bildersuchmaschinen ermöglichte Vorschau auf das als Suchtreffer ausgewiesene Miniaturbild im Unterschied zur Anzeige von Snippets stets in die Verwertungsrechte des Urhebers eingreift (§ 19a UrhG) und daher einer gesonderten Legitimation bedarf.[1006] Die Veröffentlichung von Werkabbildungen wäre dann von der konkludent erklärten Einwilligung des Schutzrechtsinhabers umfasst, wenn die Darstellung von Thumbnails zu den für die Erfüllung der Navigations- und Vermittlerfunktion von Bildersuchmaschinen betriebsnotwendigen Voraussetzungen gehört. Die Bildersuche im Internet dürfte also bei funktioneller Betrachtung nicht anders

1003 *Nolte*, ZUM 2003, 542.

1004 *Schaefer*, Bildersuchmaschinen, S. 117. Ausgenommen hiervon sind Metasuchmaschinen, die weder über eigene Crawler noch über einen eigenen Datenbestand verfügen, sondern sich lediglich der Suchergebnisse anderer Suchmaschinen bedienen.

1005 Die allermeisten Webseiten dürften einen hinreichenden Grad an schöpferischer Eigengestaltung aufweisen, sodass deren Werkqualität regelmäßig zu bejahen ist (vgl. *Bahr*, JurPC Web-Dok. 29/2002, Abs. 5 m.w.N.).

1006 LG Hamburg, GRUR-RR 2004, 313 (316f.); *Ott*, ZUM 2007, 119 (126); Hoeren/Sieber/*Ernst*, MultimediaR, Kap. 7.1, Rn. 62.

möglich sein, als unter Verwendung des Bildes der verlinkten Webseite. Würde dem Nutzer keine grafische Übersicht der gefundenen Bilder geboten, müsste dieser jeweils durch Abruf der Ursprungswebseite überprüfen, ob die darin enthaltene Bildinformation dem Motiv seiner Suchanfrage entspricht. Die Bildersuche wäre dadurch erheblich erschwert und für den Nutzer in höchstem Maße ineffizient.[1007] Zwar könnte man der besseren Orientierung halber erwägen, statt der Darstellung von Vorschaubildern auf den Bildinhalt beschreibende Texte zurückzugreifen. Allerdings ist es den Suchmaschinen technisch noch nicht möglich den Inhalt einer Bildinformation aus sich heraus zu erkennen und in einer exakten sprachlichen Beschreibung treffend wiederzugeben.[1008] Eine manuelle Indexierung und Beschreibung jedes einzelnen Bildes durch die Mitarbeiter der Suchmaschine ist aufgrund der Masse an Bildern im Internet nicht zu bewerkstelligen. Um automatisiert zur Beschreibung eines Bildes zu gelangen, müssten Suchmaschinen deshalb auf den Dateinamen des Bildes, den sog. „Alt-Tag" im Quellcode der Webseite oder auf den Text im Umfeld des Bildes zurückgreifen.[1009] Diese sind jedoch, da sie auf den individuellen Angaben des jeweiligen Webmasters beruhen, oftmals keine zuverlässigen Quellen für die Ermittlung des tatsächlichen Bildinhalts. Auch kann von Suchmaschinen bislang nicht differenziert werden, ob sich der im Umfeld des Bildes befindliche Text tatsächlich auf das dargestellte Bildnis bezieht und er sich damit zur Bildbeschreibung eignet.[1010] Ferner fehlen zumeist auch die Metadaten, die Aufschluss darüber geben könnten, was auf den Bildern zu sehen ist.[1011] Hinzukommt, dass die meisten Suchmaschinenanbieter, darunter auch Google, aufgrund latenter Missbrauchsgefahr auf die Berücksichtigung einzelner Metaelemente (z. B. den Keyword Metatag) vollends verzichten.[1012] Gerade weil eine thematisch korrekte Erfassung und Einordnung der im Internet enthaltenen Bildinformationen praktisch unmöglich ist, bedarf es, zur Bewältigung der Aufgabe, Unwesentliches von Wesentlichem zu trennen, der vorschauartigen Darstellung des Suchergebnisses in der Trefferliste.

1007 *Berberich*, MMR 2005, 145.

1008 *Schaefer*, Bildersuchmaschinen, S. 14; *Fahl*, Bildersuche, S. 26.

1009 *Ott*, ZUM 2009, 345 (348). Eine individuelle, von Mitarbeitern der Suchmaschine vorzunehmende Indexierung wäre hier aufgrund der extrem großen Anzahl der im Internet kursierenden Bilder keine praktikable Alternative.

1010 *Schaefer*, Bildersuchmaschinen, S. 154.

1011 *Schaefer*, Bildersuchmaschinen, S. 11, 14.

1012 *Roggenkamp*, jurisPR-ITR 14/2008 Anm. 2; *Ott*, MMR 2008, 222 (223); *Fahl*, Bildersuche, S. 95.

Somit bezwecken die Thumbnails nicht bloß eine optische Aufwertung des Suchdienstes. Im Gegenteil: Sie sind als Kompensation für die aufgrund fehlender Metadaten nicht immer vorhandene Möglichkeit einer thematisch korrekten Zuordnung der Bildinformation Funktionsbedingung für eine schnelle und effektive nutzerseitige Relevanzbewertung der Suchergebnisse. Die Anzeige der Thumbnails in den Suchergebnistrefferlisten gehört folglich zu den konstitutiven Elementen einer funktionalen Vermittlung von Bildinformationen im Internet.[1013]

Auch bei der Darstellung der Thumbnails ist das erforderliche Untermaß einzuhalten. Zur Ermöglichung einer Relevanzbewertung der Suchergebnisse ist zwar eine originalgetreue aber im Vergleich zum Originalbild stark komprimierte Wiedergabe des Bildes erforderlich. Dieser Rahmen des an Nutzungsintensität noch Zulässigen wird indes von allen prominenten Bildersuchmaschinen eingehalten. Somit sind auch die legitimationsbedürftigen Nutzungen von Bildersuchmaschinen von einer konkludenten Einwilligung des Urhebers umfasst.

6. *Extension der Einwilligung auf Eingriffe in Urheberpersönlichkeitsrechte i.e.S.?*

Im Folgenden soll nunmehr der Frage auf den Grund gegangen werden, ob die Auslegung der Veröffentlichung urheberrechtlich geschützter (Bild-)Inhalte im Internet als Einwilligung dort eine Grenze findet, wo die einschlägigen Nutzungen Urheberpersönlichkeitsrechte tangieren.

Das Urheberrecht weist nicht allein eine vermögensrechtlich-materielle Seite auf. Es gewährt dem Urheber daneben auch ein Urheberpersönlichkeitsrecht (§ 11 S. 1 UrhG), welches dem Schutz dessen ideeller Interessen dient. Deren Schutzbedürftigkeit wurzelt in der unauflösbaren geistigen Verbindung des Urhebers zu seinem Werk sowie der grundlegenden Bedeutung der sich in der Schöpfung widerspiegelnden Persönlichkeit des Urhebers.[1014] Nach der vorherrschenden monistischen Theorie sind vermögensrechtliche und urheberpersönlichkeitsrechtliche Interessen untrennbar miteinander verflochten.[1015] Beide sind nach der berühmten Metapher *Ulmers* zwei Wurzeln desselben Baumes, die in einem einheitlichen urheberrechtlichen Stamm münden.[1016] In Bezug auf das

1013 *Berberich*, MMR 2005, 145; *ders.*, CR 2007, 393; wohl auch *Conrad*, ZUM 2010, 585 (587).

1014 *Troller*, Immaterialgüterrecht, Bd. I, 87; *Schack*, UrhR, Rn. 353; Wandtke/Bullinger/*Bullinger*, Vor §§ 12ff. UrhG, Rn. 1ff.

1015 Schricker/Loewenheim/*Schricker*, Einl. UrhG, Rn. 21; Loewenheim/*Dietz/Peukert*, Handbuch UrhR, § 15, Rn. 4.

1016 *Ulmer*, UrhR, S. 116.

Urheberpersönlichkeitsrecht lässt sich – obiger Differenzierung entsprechend – zwischen einem Kernbereich urheberpersönlichkeitsrechtlicher Befugnisse (Urheberpersönlichkeitsrecht i.e.S.) und Normen mit urheberpersönlichkeitsrechtlichem Einschlag (Urheberpersönlichkeitsrecht i.w.S.) differenzieren.[1017] Der Kernbereich des Urheberpersönlichkeitsrechts findet einfachgesetzlich Ausdruck in den §§ 12–14 UrhG. Diese weisen dem Urheber das Bestimmungsrecht über das „Ob" und „Wie" der Werkveröffentlichung sowie das Recht auf Anerkennung seiner Urheberschaft am Werk zu und dienen der Aufrechterhaltung der Integrität des Werks selbst. Auch den vermögensrechtlichen Befugnissen ist im Urheberrecht auf Grundlage der monistischen Theorie eine urheberpersönlichkeitsrechtliche Komponente immanent.[1018]

Infolge der Kumulation des Schutzes primär vermögensrechtlicher Verwertungsrechte auf der einen und der dem ideellen Interessenschutz dienenden Urheberpersönlichkeitsrechte i.e.S. auf der anderen Seite müsste sich eine Einwilligung auch auf Eingriffe in letztere erstrecken, um relevante Nutzungen umfassend zu legitimieren. Im Gegensatz zu Eingriffen in Verwertungsrechte berechtigen die urheberrechtlichen Schranken nicht zum Eingriff in Urheberpersönlichkeitsrechte.[1019] Greift eine Nutzung also in Urheberpersönlichkeitsrechte i.e.S. ein, geht damit ohne Weiteres eine Verletzung derselben einher, sofern der Eingriff nicht durch das Vorliegen einer Einwilligung oder sonstigen Gestattung erlaubt ist. Insofern stellt sich für die vorliegend interessierenden Konstellationen die Frage, ob die mit den relevanten Nutzungen verbundenen Eingriffe in Urheberpersönlichkeitsrechte i.e.S. ihrerseits Gegenstand der konkludent durch das ungesicherte Onlinestellen von Werkinhalten erklärten Einwilligung sind. Dafür müsste *erstens* die grundsätzliche Möglichkeit konkludenter urheberpersönlichkeitsrechtlicher Einwilligungen bestehen und *zweitens* die Veröffentlichung von Werkinhalten als widerrufliche Konsentierung zu deuten sein. Ausgehend von diesen Prämissen, sollen nunmehr am Exempel der Bildersuche im Internet die hiermit jedenfalls potentiell verbundenen Eingriffe in Urheberpersönlichkeitsrechte i.e.S. kurz skizziert werden. Anschließend gilt es diese auf eine Legitimation mittels konkludenter Einwilligung des Inhalteanbieters zu untersuchen.

1017 Wandtke/Bullinger/*Bullinger*, Vor §§ 12ff. UrhG, Rn. 4. Eine urheberpersönlichkeitsrechtliche Prägung ist den §§ 25, 29, 34, 39, 42, 62f., 97, 113ff. UrhG immanent (*Gounalakis/Rhode*, Persönlichkeitsschutz, Rn. 75, Fn. 167; vgl. auch *Delp*, Geistiges Schaffen, Kap. IV, Rn. 118ff.).

1018 *Schack*, UrhR, Rn. 356.

1019 Dreyer/Kotthoff/Meckel/*Dreyer*, §§ 12ff. UrhG, Rn. 3.

a) Veröffentlichungsrecht, § 12 UrhG

Hat ein Urheber durch das Einstellen von (Bild-)Inhalten ins Internet sein Werk zur Veröffentlichung freigegeben, tritt eine Erschöpfung seines Bestimmungsrechts aus §§ 12 i.V.m. 6 I UrhG ein. Das Veröffentlichungsrecht des Urhebers nach § 12 UrhG spielt daher weder bei der Thumbnailsnutzung durch Bildersuchmaschinen noch in sonstigen die Veröffentlichung von Werkinhalten betreffenden Anschlussnutzungen eine Rolle.

b) Recht auf Anerkennung der Urheberschaft, § 13 UrhG

Das Recht auf Anerkennung der Urheberschaft nach § 13 S. 1 UrhG garantiert dem Urheber das Recht, gegen jeden vorzugehen, der ihm seine Urheberschaft streitig macht bzw. sich diese selbst anmaßt.[1020] Es gehört zum unverzichtbaren Kern des Urheberpersönlichkeitsrechts[1021] und ist damit nicht einwilligungsfähig. Ist somit mit Onlinenutzungen ein Eingriff in § 13 S. 1 UrhG verbunden, kann aus dem ungesicherten Onlinestellen von Inhalten nicht auf eine Einwilligung des Anbieters geschlossen werden.

Eine Verletzung des Rechts auf Anerkennung der Urheberschaft gemäß § 13 S. 1 UrhG durch Bildersuchmaschinen kommt indes nicht in Betracht. Zwar werden beispielsweise die im textlichen Umfeld von Originalbildern positionierten Urheberbezeichnungen im Rahmen der Thumbnailsdarstellung nicht wiedergegeben. Gleichwohl ist damit keine Anmaßung einer eigenen oder die Unterdrückung einer fremden Urheberschaft am Werk verbunden (§ 13 S. 1 UrhG). Die Suchmaschinen inhärente Funktion der Vermittlung dezentral gespeicherter *Fremd*informationen bleibt für einen durchschnittlich verständigen Nutzer auch im Falle einer originalgetreuen Bildvorschau eindeutig erkennbar. Dafür spricht auch, dass die im Zuge der Thumbnailsdarstellung eingeblendete URL erkennen lässt, dass es sich um einen anderen Inhalteanbieter als den Suchmaschinenbetreiber handelt. Ein durchschnittlicher Internetnutzer wird von einem anderen Inhalteanbieter aber regelmäßig auch auf einen anderen Urheber schließen.[1022]

Im Gegensatz zum Recht auf Anerkennung der Urheberschaft nach § 13 S. 1 UrhG ist das Recht auf Urheberbenennung nach § 13 S. 2 UrhG im Rahmen der Thumbnailsnutzung von besonderer Virulenz. Zugunsten des Urhebers

---

1020 BGH, GRUR 1972, 713 (714) – *Im Rhythmus der Jahrhunderte*; GRUR 2002, 799 (800) – *Stadtbahnfahrzeug*; *Dreier/Schulze*, § 13 UrhG, Rn. 1; Ahlberg/Götting/*Götting*, § 13 UrhG, Rn. 1.

1021 *Dreier/Schulze*, a.a.O.

1022 *Schack*, MMR 2001, 9 (14).

wird hieraus allgemein das Recht abgeleitet, darüber zu befinden, ob sein Werk mit einer Urheberbezeichnung zu versehen ist und wie diese im konkreten Fall auszugestalten ist (bürgerlicher Name, Pseudonym oder Künstlerzeichen).[1023] Das Recht des Urhebers auf Namensnennung erstreckt sich anerkanntermaßen auch auf die Vervielfältigungsstücke des Originalwerks.[1024]

In der Erstellung und Speicherung von Thumbnails liegen infolge der bloßen Verkleinerung des Originalbildes und des unveränderten Gesamteindrucks eigenständige Vervielfältigungshandlungen i.S.v. § 16 S. 1 UrhG.[1025] Die Anzeige von Thumbnails in den Trefferlisten der vorliegend als Maßstab dienenden Bildersuchmaschine „Google" ist deshalb dann mit einem legitimationsbedürftigen Eingriff in § 13 S. 2 UrhG (ggf. i.V.m. § 72 I UrhG) verbunden, wenn ein Urheber nicht unmittelbar auf dem Bild, sondern im Text der Webseite unter oder neben dem Bild genannt wird.[1026] Bei der Ausgestaltung der Trefferliste wird zwar von Google unterhalb des angezeigten Thumbnails die URL der Homepage des Anbieters der Bildinhalte benannt. Eine namentliche Nennung des Schutzrechtsinhabers unterbleibt indes.

aa) Keine tatbestandliche Einschränkung des Rechts auf Namensnennung durch bildersuchmaschinenspezifische Branchenübungen

Möglicherweise könnte es aber Auswirkungen auf das Bestimmungsrecht des Urhebers aus § 13 S. 2 UrhG haben, dass Bildersuchmaschinen nach dem derzeitigen Stand der Technik nicht imstande sind, die nicht direkt auf einem Bild enthaltenen, rein textuellen Urheberhinweise dem betreffenden Bildnis zuzuordnen.[1027] Auch auf Pflichtinformationen im Impressum kann nicht zuverlässig zurückgegriffen werden, da Bildurheber und Webseitenbetreiber nicht zwangsläufig identisch sein müssen.[1028] Zwar ließe sich hier überlegen, inwieweit das technisch zwingend mit dem Betrieb einer Bildersuchmaschine verletzte

---

1023 Wandtke/Bullinger/*Bullinger*, § 13 UrhG, Rn. 10; Ahlberg/Götting/*Götting*, § 13 UrhG, Rn. 10.

1024 BGH, GRUR 1995, 671 (672) – *Namensnennungsrecht des Architekten*; Möhring/Nicolini/*Kroitzsch*, § 13 UrhG, Rn. 23; Dreyer/Kotthoff/Meckel/*Dreyer*, § 13 UrhG, Rn. 16; *Dreier/Schulze*, § 13 UrhG, Rn. 8; Wandtke/Bullinger/*Bullinger*, § 13 UrhG, Rn. 7.

1025 BGH, GRUR 2010, 628 (629, Rn. 17) – *Vorschaubilder I*.

1026 Eine auf dem Bild angebrachte Urheberbezeichnung würde dagegen, wenn auch in verkleinerter Form und verminderter Pixelanzahl, originalgetreu wiedergegeben.

1027 *Schaefer*, Bildersuchmaschinen, S. 157. Anders mag dies zukünftig im Falle der Einführung eines maschinenlesbaren Standards zur Erkennung von Urhebervermerken bzw. Urheberbezeichnungen sein.

1028 Ebd.

Namensnennungsrecht[1029] aufgrund einer entsprechenden Branchenübung eingeschränkt werden kann.[1030] Insofern wäre über eine analoge Anwendung des § 63 II S. 1 UrhG, der die Pflicht zur Quellenangabe bei der öffentlichen Wiedergabe von Werken nur dann anordnet, wenn es die Verkehrssitte erfordert, nachzudenken. Doch fehlt es für einen solchen Analogieschluss bereits an einer planwidrigen Regelungslücke.[1031] Desweiteren steht einer solchen Erwägung das Wesen und die Natur des Rechts auf Anerkennung der Urheberschaft i.S.d. § 13 UrhG, dessen Ausfluss und besondere Erscheinungsform das Namensnennungsrecht ist, entgegen.[1032] Das Recht aus § 13 S. 2 UrhG hat nämlich aufgrund seiner engen persönlichen Verbundenheit zum Werk die Tendenz, soweit wie möglich beim Urheber und dessen Bestimmungsrecht zu verbleiben.[1033] Etwaige Verkehrsgepflogenheiten können daher lediglich in Nutzungsverträgen ausdrücklich oder stillschweigend zugrunde gelegt[1034] oder, wie sich nachstehend erweisen wird, zur Ermittlung des Vorliegens und des Umfangs einer schlichten Einwilligung relevant werden.

bb) Die konkludente Einwilligung als Legitimationsmittel für branchenübliche Eingriffe in § 13 S. 2 UrhG

In welchem Maße Urheberpersönlichkeitsrechte i.e.S. vertraglichen Einschränkungen überhaupt zugänglich sind oder sogar eine Verfügungsmöglichkeit mittels konstitutiver Rechtseinräumung anzuerkennen ist, ist bis dato noch nicht abschließend geklärt.[1035] Einig ist man sich aber insoweit, als eine translative Rechtsübertragung aufgrund der Unveräußerlichkeit von Urheberpersönlichkeitsrechten ebenso ausscheiden muss wie ein Totalverzicht.[1036] Auch ein zur

1029 Bildersuchmaschinen sind nicht nur nicht in der Lage die Anbringung einer Urheberbezeichnung im Falle eines im textlichen Umfeld der indexierten Bildinformation angebrachten Hinweises zu erkennen, sondern sind ihrerseits auch nur durch die den Eingriff in § 13 S. 2 UrhG bewirkende Nutzungshandlung (Wiedergabe der Thumbnails) praktikabel.

1030 In diesem Sinne *Fahl*, Bildersuche, S. 58; vgl. hierzu auch OLG Düsseldorf, ZUM-RD 2006, 507 (509).

1031 BGH, GRUR 1995, 671 (672) – *Namensnennungsrecht des Architekten.*

1032 Ebd.

1033 Ebd.

1034 BGH, GRUR 1995, 671 (673) – *Namensnennungsrecht des Architekten.*

1035 Dagegen herrscht zumindest über die prinzipielle Erteilbarkeit einer schlichten Einwilligung in die Beeinträchtigung von Urheberpersönlichkeitsrechten i.e.S. Konsens.

1036 BGH, GRUR 2000, 709 (712) – *Marlene Dietrich*; v. Gamm, § 29 UrhG, Rn. 5; Fromm/Nordemann/*Hertin,* Vor § 12ff. UrhG, Rn. 3; Wandtke/Bullinger/*Bullinger,*

Legitimation des Eingriffs in § 13 S. 2 UrhG führender gegenständlicher Verzicht kommt nach überzeugender Ansicht[1037] nicht in Betracht. Zur Begründung sei an dieser Stelle auf die obigen zur Unverzichtbarkeit einzelner Verwertungsrechte[1038] gemachten Ausführungen verwiesen.

Demgegenüber kann das Namensnennungsrecht außerhalb seines unverzichtbaren Kerns vertraglich zwischen Urheber und Werkverwerter eingeschränkt werden.[1039] In den hier interessierenden Fällen kommt eine schuldvertragliche Abrede jedoch regelmäßig nicht in Betracht: In Ermangelung ausdrücklicher Nutzungsvereinbarungen zwischen Bildersuchmaschinenbetreibern und Schutzrechtsinhabern, könnte eine solche hier allenfalls durch das Onlinestellen der Bildinhalte konkludent begründet werden. Es liefe aber auf eine Fiktion hinaus, allein aus der Veröffentlichung der Inhalte den Willen des Rechtsinhabers zum Abschluss von subjektive Forderungsrechte begründenden Nutzungsverträgen abzuleiten.[1040] Eine schlüssig erklärte Verpflichtung des Urhebers, bestimmte Nutzungen, die sein Recht auf Namensnennung beeinträchtigen, hinzunehmen (schuldvertragliche Gestattung), ist damit ebenso abzulehnen wie eine konstitutive Einräumung des Namensnennungsrechts. Gleiches gilt auch für einen durch den Abschluss eines Erlassvertrages begründbaren „Verzicht" auf die Geltendmachung der sich aus der Verletzung des Namensnennungsrecht ergebenden Befugnisse. Auf eine die branchenübliche Außerachtlassung der Bildquellenangabe legitimierende Nutzungsabrede können sich Bildersuchmaschinenbetreiber damit nicht berufen.

Das bedeutet allerdings nicht, dass eine Berücksichtigung der fehlenden technischen Möglichkeit zur Bildquellenangabe damit ausgeschlossen ist. Möglicherweise könnte hier nämlich anzunehmen sein, dass ein Urheber seine explizite Benennung

---

Vor §§ 12ff. UrhG, Rn. 5; Dreyer/Kotthoff/Meckel/*Dreyer*, Vor §§ 12 ff. UrhG, Rn. 6, 32; Loewenheim/*Dietz*, Handbuch UrhR, § 15, Rn. 17; *Schricker*, FS Hubmann, S. 409 (413); *Rehbinder*, UrhR, Rn. 546f.; *Heß*, Fernsehübertragung, S. 152.

1037 *Hubmann*, PKR, S. 240; *Schricker*, FS Hubmann, S. 409 (413); *Dieselhorst*, UrhPKR, S. 139; Schricker/*Dietz*, Vor §§12ff. UrhG, Rn. 28; Mestmäcker/Schulze/*Backhaus*, § 97 UrhG, Rn. 18; Kotthoff/Dreyer/Meckel/*Dreyer*, Vor §§ 12ff. UrhG, Rn. 33f.; *Hock*, Namensnennungsrecht, S. 101ff.; *Rehbinder*, UrhR, Rn. 547. Vgl. auch BT-Drs. IV/270, 41f., 55. A.A. zumindest hinsichtlich der geistigen Interessen des Urhebers ist *Seetzen*, Verzicht, S. 50f.

1038 *Kap. 1 D. III. 2. b) cc).*

1039 BGH, GRUR 1963, 40 (42) – *Straßen – gestern und morgen*; BGH, GRUR 1972, 713 (715) – *Im Rhythmus der Jahrhunderte*; BGH, GRUR 1995, 671 (673) – *Namensnennungsrecht des Architekten.*

1040 Siehe *Kap. 1 G. IV.* und *Kap. 2 C.*

im Rahmen der Thumbnailswiedergabe nicht verlangen will. Diese Annahme wäre dann zulässig, wenn sich ein Bildurheber im Rahmen der Thumbnailswiedergabe mit der branchenüblichen Reduzierung der Urheberbenennung auf die Wiedergabe der URL sowie der Verlinkung der Quellseite einverstanden erklärt.[1041] Eine solche Einwilligung könnte hier wiederum konkludent durch das Einstellen von Bilddaten ins Internet erklärt worden sein. Dafür müsste zum einen die allgemeine Möglichkeit *konkludenter* Einwilligungserklärungen zur Legitimation von Eingriffen in das Namensnennungsrecht bestehen. Zum anderen müsste die Zugänglichmachung von Werkinhalten im Internet auch als Einwilligung in branchenübliche Eingriffe in das Namensnennungsrecht nach § 13 S. 2 UrhG zu deuten sein. Dies setzt nicht zuletzt voraus, dass die Konsentierung des konkreten Eingriffs von den Dispositionsbefugnissen des Rechtsinhabers umfasst ist.

(1) Diskussion um die Erteilbarkeit konkludenter Einwilligungen zur Legitimation von Eingriffen in Urheberpersönlichkeitsrechte i.e.S.

Die Zulässigkeit konkludenter Einwilligungen in Eingriffe in urheberpersönlichkeitsrechtliche Befugnisse wird von einer in der Literatur vereinzelt vertretenen Auffassung bestritten.[1042] Die Bedeutung höchstpersönlicher Rechte gebiete es, dass der Urheber ausdrücklich zustimme.[1043] Demgegenüber halten andere Vertreter in der Literatur sowie die Rechtsprechung die Beachtlichkeit konkludenten Handelns für persönlichkeitsrechtliche Einwilligungen für selbstverständlich. Allein die Reichweite und der Umfang einer ausdrücklich oder schlüssig erklärten Einwilligung bedürfe der Kontrolle. Wie die Grenzen urheberpersönlichkeitsrechtlicher Dispositionen zu ziehen sind, ist wiederum umstritten.[1044]

Bei Lichte betrachtet finden sich keine sachlichten Gründe, die gegen die Zulassung auch konkludenter urheberpersönlichkeitsrechtlicher Einwilligungen

---

1041 Vgl. auch *Schaefer*, Bildersuchmaschinen, S. 135f.

1042 *Plaß*, WRP 2000, 599 (604); *Dittrich*, JurPC Web-Dok. 72/2002, Abs. 17, 21.

1043 Ebd.

1044 Es streiten die „Kerntheorie" (BGH, GRUR 1971, 269 (271) – *Das zweite Mal*; BGH, GRUR 1986, 458 (459) – *Oberammergauer Passionsspiele I*; BGH, GRUR 1999, 230 (232) – *Treppenhausgestaltung*; *Dreier/Schulze*, § 13 UrhG, Rn. 24) und die „Vorhersehbarkeitslehre" (vgl. *Schricker*, Informationsgesellschaft, S. 91; *ders.*, FS Hubmann, S. 409 (417), Schricker/*Schricker/Loewenheim*, Vor §§ 28ff. UrhG, Rn. 58). Erstere will Dispositionen nur außerhalb des unverzichtbaren Kerns der Urheberpersönlichkeitsrechte i.e.S. zulassen. Nach letzterer können Eingriffe in Urheberpersönlichkeitsrechte unabhängig davon, ob sie den Kernbereich des Persönlichkeitsrechts berühren, immer dann im Wege einer schlichten Einwilligung legitimiert werden, wenn es sich um einen konkret umschriebenen, im Voraus überblickbaren Einzelfall handelt.

sprechen: Der von der zuerst genannten Ansicht geäußerte Einwand, dass das Betroffensein urheberpersönlichkeitsrechtlicher Schutzinteressen die Annahme konkludent erklärter „Zustimmungen“ verbiete, verfängt in seiner Pauschalität zunächst nicht. In Rechtsprechung und Literatur besteht nämlich Einigkeit darüber, dass urheberpersönlichkeitsrechtliche Befugnisse, sofern sie zur wirksamen Ausübung eingeräumter gegenständlicher Nutzungsrechte i.S.v. § 31 I S. 1 UrhG notwendig sind, stillschweigend mit eingeräumt werden können.[1045]

Dafür, dass konkludente Erklärungen auch im Bereich höchstpersönlicher Rechte zur Begründung von Eingriffserlaubnissen statthaft sind, spricht der auch hier einschlägige Gedanke des Vertrauensschutzes: Sofern der Rechtsinhaber durch einen von ihm gesetzten Erklärungstatbestand Anlass zur Annahme gegeben hat, er sei mit einem spezifischen Eingriff in seine höchstpersönlichen Rechte einverstanden, muss sich der Empfänger mangels anderer Erkenntnismöglichkeiten auf die Gültigkeit des nach außen manifestierten Willens des Rechtsinhabers verlassen können.[1046] Der Einwilligungsadressat muss den der Erklärung tatsächlich zugrunde liegenden Beweggründen nicht weiter auf den Grund gehen. Vielmehr darf er auf die Richtigkeit der Willensentschließung, so, wie sie sich ihm nach gebotener objektiver Auslegung darstellt, vertrauen. Zwar steht der gewährten Eingriffsbefugnis keine korrespondierende Verpflichtung des Rechtsinhabers als Grundlage des Vertrauens in den *Bestand* der Einwilligung gegenüber. Gleichwohl darf der Erklärungsempfänger auf die *Gültigkeit* einer einmal erklärten und nicht ausdrücklich oder konkludent widerrufenen Einwilligung vertrauen. Er darf mithin davon ausgehen, dass er nach Vornahme der Eingriffshandlung nicht mehr vom Rechtsinhaber in Anspruch genommen wird. Daran zeigt sich, dass das Prinzip der Selbstverantwortung auch im höchstpersönlichen Bereich Korrelat der Selbstbestimmung ist. Die unmittelbare Verknüpfung von Selbstverantwortung und Verkehrsschutz wiederum gebietet auch im Rahmen persönlichkeitsbezogener Einwilligungen auf schutzwürdige Interessen Dritter Rücksicht zu nehmen.[1047]

Für die Legitimität konkludenter Einwilligungserklärungen im persönlichkeitsrechtlichen Bereich lässt sich ferner anführen, dass der Übertragungszweckgrundsatz nicht nur auf Verwertungsgestattungen mit rein vermögensrechtlichem Einschlag,

---

1045 BGH, GRUR 1955, 201 (204) – *Cosima Wagner*; OLG München, GRUR 1986, 460 (463) – *Die unendliche Geschichte*; Mestmäcker/Schulze/*Backhaus*, § 97 UrhG, Rn. 18; Wandtke/Bullinger/*Grunert*, Vor §§ 31ff. UrhG, Rn. 36ff.; *Schricker*, VerlagsR, § 8, Rn. 3; vgl. auch *Dreier/Schulze*, § 39 UrhG, Rn. 10.

1046 Vgl. *Dasch*, Einwilligung, S. 78.

1047 Ebd.; ähnlich *Kohte*, AcP 185 (1985), 105 (140).

sondern als allgemeiner Rechtsgrundsatz auch auf die Preisgabe urheberpersönlichkeitsrechtlicher Schutzinteressen Anwendung findet.[1048] Eine unkontrollierte Selbstentäußerung und dadurch bedingte Fremdbestimmung persönlichkeitsrechtlicher Befugnisse kann durch konsequente Befolgung des Gebots der zweckorientierten, restriktiven Auslegung eines Verhaltens als Einwilligung verhindert werden.

Nach allem bleibt festzuhalten: Eine konkludente urheberpersönlichkeitsrechtliche Einwilligung ist, abgesehen von Dispositionen über den unverzichtbaren Kern der Urheberpersönlichkeitsrechte i.e.S., nicht generell ausgeschlossen. Die vom Gesetzgeber intendierte Unveräußerlichkeit der Urheberpersönlichkeitsrechte i.e.S. führt in Verbindung mit dem Übertragungszweckgrundsatz aber zu besonders strengen Anforderungen an die Präzision und Konkretisierung bei der Bestimmung des Vorliegens und der Reichweite konkludenter Einwilligungserklärungen.[1049]

(2) Ungesichertes Onlinestellen von Werkinhalten als Einwilligung in branchenübliche Eingriffe in § 13 S. 2 UrhG

Nach Bejahung der grundsätzlichen Möglichkeit zur konkludenten Konsentierung in Eingriffe in das Namensnennungsrechts, gilt es nunmehr der Frage nachzugehen, ob das Onlinestellen von Bildwerken eine Einwilligung in die von Bildersuchmaschinen bewirkten Eingriffe in § 13 S. 2 UrhG zu begründen vermag.

Nach dem oben Gesagten erklärt sich ein Urheber durch die Veröffentlichung von Werkinhalten im Internet mit den zur Verbesserung der Sichtbarkeit seines Werks geeigneten Nutzungen durch Bildersuchmaschinen einverstanden. Konsentiert er somit in gewissen Grenzen die Nutzung seines Werks, ohne in nach außen erkennbarer Weise auf eine bestimmte Urheberbenennung zu bestehen, so muss daraus geschlossen werden, dass er in der üblichen Weise benannt sein will. Er erklärt sich folglich mit seiner Nichtnennung einverstanden, sofern diese der Verkehrssitte entspricht.[1050] Letzteres ist bei der Bildersuche im Internet der Fall: Die Nichtnennung des Urhebers im Rahmen der Thumbnailsdarstellung ist aus technischen Gründen zwangsläufig mit dem Betrieb einer Bildersuchmaschine verbunden. Sie ist insofern Bestandteil einer allgemeinen Suchmaschinenpraxis. Eine unangemessene Benachteiligung des betreffenden Urhebers geht damit nicht

---

1048 *Dietz*, Werkintegritätsschutz, S. 104 m.w.N.; *Homann*, Filmrecht, S. 301.
1049 *Schricker*, FS Hubmann, S. 409 (419).
1050 Vgl. auch Hoeren/Sieber/*Decker*, MultimediaR Kap. 7.2, Rn. 34.

einher. Der Eingriff in das Namensnennungsrecht beschränkt sich im Wesentlichen darauf, dass der Urheber nicht bei der ersten Kenntnisnahme des als Thumbnail dargestellten Vervielfältigungsstücks seines Bildwerks namentlich genannt wird. Die damit verbundene Intensität des Eingriffs ist als äußerst gering zu bewerten. Ein Suchmaschinennutzer kann nämlich nach Anklicken des Thumbnails einen im Umfeld des Bildes positionierten Urheberhinweis durch Darstellung des Originalbildes im Ursprungskontext, wenngleich verspätet, zur Kenntnis nehmen. Eine schwerwiegende Gefährdung oder Beeinträchtigung der geistigen oder persönlichen Beziehungen des Urhebers zu seinem Werk ist damit nicht verbunden. Der Kerngehalt des Namensnennungsrechts wird keinesfalls angetastet.

Nach Abwägung der mit der Urheberbenennung verbundenen technischen Schwierigkeiten und Nachteile, die auf Seiten von Bildersuchmaschinen zur Unmöglichkeit des Geschäftskonzepts führen könnten, und dem Interesse des Urhebers an seiner Benennung kann nicht von einer unangemessenen Praxis (Unsitte)[1051] ausgegangen werden. Sind also mit den vorliegend interessierenden, vom Urheber konsentierten Nutzungen branchenüblich Eingriffe in das Namensnennungsrecht verbunden, so umfasst die konkludent durch die Veröffentlichung erklärte Einwilligung grundsätzlich auch einen Eingriff in das Recht aus § 13 S. 2 UrhG. Bezogen auf die mit der Bildersuche verbundenen Nutzungen bedeutet dies: Ein Rechtsinhaber erklärt sich durch die freie Veröffentlichung von Werkabbildungen konkludent mit der im Rahmen der Anzeige von Thumbnails zwingend notwendigen Reduzierung der Urheberbenennung auf die Bezeichnung der URL sowie der Verlinkung der Quellseite des Originalbildes einverstanden.

c) Entstellung des Werks, § 14 UrhG

Neben dem regelmäßig gegebenen Eingriff in das Urheberbenennungsrecht aus § 13 S. 2 UrhG kann mit der Anzeige von Thumbnails in Ausnahmefällen auch eine Beeinträchtigung des Originalbildes i.S.v. § 14 UrhG (ggf. i.V.m. § 72 I UrhG) verbunden sein.[1052] Eine Entstellung oder sonstige Beeinträchtigung nach § 14 UrhG folgt allerdings nicht schon aus der funktionalen Verwendung

---

1051 Eine den gesetzlichen Bestimmungen zuwiderlaufende Verkehrssitte kann auch über den dogmatischen Weg der Einwilligung nicht zu Einschränkungen des Namensnennungsrechts führen. Vgl. LG München, ZUM 1995, 57 (58); Dreier/Schulze, § 13 UrhG, Rn. 26.

1052 *Ott*, ZUM 2009, 345 (346). Das Recht des Urhebers, Entstellungen oder Beeinträchtigungen zu verbieten, umfasst auch Vervielfältigungsstücke des Originals (Dreyer/Kotthoff/Meckel/*Dreyer*, § 14 UrhG, Rn. 36).

des Originals als Thumbnail.[1053] Das Thumbnail soll das Originalbild, wenn auch in verkleinerter Form sowie verminderter Pixelanzahl, möglichst originalgetreu darstellen. Dabei bleiben der geistig-ästhetische Gesamteindruck sowie der inhaltliche Gehalt durch die unverzerrte Darstellung unverändert.[1054] Solange die Aussage eines Werks also nicht gerade von dessen Größe abhängt, liegt in der bloßen Anfertigung eines Thumbnails noch keine Entstellung oder andere Beeinträchtigung i.S.v. § 14 UrhG.[1055] Dafür spricht auch der Rechtsgedanke aus § 62 III UrhG.[1056] Eine andere Beurteilung wäre nur dann angezeigt, wenn ein Thumbnail nicht das verkleinerte und in geringerer Auflösung dargestellte Gesamtbild, sondern lediglich einen Ausschnitt des Originalbildes enthielte.[1057] Eine solche Form der ausschnittsweisen vorschauartigen Darstellung der Originalbilder wird jedoch, soweit ersichtlich, von keiner Bildersuchmaschine praktiziert.

aa) Wiedergabe des Werks in diskreditierendem und interessengefährdendem Sachzusammenhang

In Anlehnung an die „Springtoifel"-Entscheidung des OLG Frankfurt, kann eine Beeinträchtigung i.S.d. § 14 UrhG aber auch in einem bloß indirekten Eingriff durch Darstellung des Werks in einem diskreditierenden und interessengefährdenden Sachzusammenhang liegen.[1058] Eine Beeinträchtigung kann deshalb im Rahmen der Bildersuche zum einen dann anzunehmen sein, wenn Werkabbildungen in der Ergebnisliste neben anrüchigen Bildern wiedergegeben werden. Zum anderen kann auch eine die Bilder völlig aus dem Ursprungskontext reißende Auflistung nach Eingabe zwielichtiger Suchbegriffe den Entstellungsschutz des § 14 UrhG auslösen.[1059]

bb) Eignung zur Gefährdung der geistigen und persönlichen Interessen

Sofern sich im konkreten Fall eine derartige Beeinträchtigung feststellen lässt, gilt es im nächsten Schritt zu prüfen, ob der entstellenden Auflistung in der Trefferliste auch eine Eignung zur Gefährdung der geistigen und persönlichen Interessen

---

1053 *Leistner/Stang*, CR 2008, 499 (506); vgl. auch Wandtke/Bullinger/*Bullinger*, § 14 UrhG, Rn. 65.

1054 *Schrader/Rautenstrauch*, UFITA 2007/III, 761 (765).

1055 Ebd.; *Fahl*, Bildersuche, S. 55.

1056 *Fahl*, Bildersuche, S. 55.

1057 Vgl. *Schack*, MMR 2001, 9 (14); *Ernst*, BB 1997, 1057 (1059).

1058 OLG Frankfurt a.M., GRUR 1995, 215 (216) – *Springtoifel*; Dreyer/Kotthoff/Meckel/*Dreyer*, § 14 UrhG, Rn. 9; *Plaß*, WRP 2000, 599 (603).

1059 *Ott*, ZUM 2009, 345 (346); *Fahl*, Bildersuche, S. 56.

des Urhebers an seinem Werk beizumessen ist. Jene Eignung zur Interessengefährdung wird von Teilen des Schrifttums im Rahmen der Paralleldiskussion zur Bereitstellung von Links in diskreditierender Umgebung unter Berufung auf die automatische Generierung der Trefferliste verneint.[1060] Tragendes Argument ist, dass Nutzern aufgrund der Automatisierung des Verfahrens bekannt sei, dass zwischen den einzelnen Suchergebnissen außer der Zugehörigkeit zu einem bestimmten Suchbegriff keinerlei Verbindung bestehe.[1061] Eine Schmälerung des Ansehens eines Schutzrechtsinhabers könne demzufolge nicht angenommen werden. Problematisch daran ist, dass die Eignung zur Interessengefährdung nach Feststellung einer tatbestandlichen Beeinträchtigung in Anerkennung des grundsätzlichen Urheberinteresses am Bestand und der Integrität seines Werks indiziert wird.[1062] Diese Indizwirkung entfällt nur dann, wenn hinreichende Anhaltspunkte gegen ein schützenswertes Interesse des Rechteinhabers sprechen.[1063] Solche Indizien finden sich jedoch weder im Kontext der Bildersuche noch der herkömmlichen Textsuche im Internet: Ein Rechtsinhaber hat nämlich ein überaus legitimes Interesse zu verhindern, dass ein der Internetöffentlichkeit zugänglich gemachtes Werk in ein kompromittierendes Umfeld eingebettet wird.

Ein fehlendes Schutzinteresse des Urhebers kann sich auch nicht durch eine aus der ungesicherten Veröffentlichung des Werks abgeleitete Einwilligung ergeben. Zwar handelt es sich auch bei den Eingriffen in § 14 UrhG um solche, die zwingend mit dem Betrieb von (Bilder-)Suchmaschinen einhergehen. Damit sind auch hier im Rahmen der Einwilligungsprüfung Verkehrsgewohnheiten sowie der Rahmen des technisch Möglichen (Sachzwänge) zu berücksichtigen. Zudem scheitert das Vorliegen einer Einwilligung nicht an der erforderlichen Dispositionsbefugnis des Urhebers. Denn, während nach wohl überwiegender Auffassung[1064] das Recht, Entstellungen zu verbieten, zum unverzichtbaren

1060 Stellvertretend *Fahl*, Bildersuche, S. 56.

1061 Ebd.

1062 BGH, GRUR 1982, 107 (110) – *Kirchen Innenraumgestaltung*; OLG München, GRUR 1993, 332 (333); Dreyer/Kotthoff/Meckel/*Dreyer*, § 14 UrhG, Rn. 48; Fromm/Nordemann/*Hertin*, § 14 UrhG, Rn. 15.

1063 Dreyer/Kotthoff/Meckel/*Dreyer*, § 14 UrhG, Rn. 48, 51; Möhring/Nicolini/*Kroitzsch*, § 14 UrhG, Rn. 5.

1064 BGH, GRUR 1986, 458 (459) – *Oberammergauer Passionsspiele I*; BGH, ZUM 1999, 146 (148) – *Treppenhausgestaltung*; OLG München, GRUR 1986, 460 (463) – *Die unendliche Geschichte*; LG Berlin, ZUM 2007, 424 (429); *Dreier/Schulze*, § 14 UrhG, Rn. 41; *Neuenfeld*, FS Locher, S. 403 (408).

Kernbereich des Urheberrechts gehört[1065], kann der Urheber in bloße Beeinträchtigungen seines Werks auch stillschweigend einwilligen.[1066] Allerdings begibt sich ein Schutzrechtsinhaber durch die ungesicherte Zugänglichmachung keineswegs der Entscheidung, in welches Umfeld sein (Bild)Werk zu seinem Angebot gesetzt wird.[1067] Dieser hat bei typisierender Betrachtung lediglich ein Interesse an der Wahrnehmung der veröffentlichten Inhalte im Rahmen seines eigenen Webangebots. Ist das (Bild)Werk aus dem Ursprungskontext vollständig herausgerissen und wird es in einem dem Schutzrechtsinhaber höchst unerwünschten Zusammenhang gezeigt[1068], darf ein Suchmaschinenbetreiber nicht von einer Einwilligung des Rechtsinhabers ausgehen. Damit ist eine diskreditierende Darstellung von Thumbnails in den Suchergebnislisten nicht von einer konkludenten Einwilligung des Schutzrechtsinhabers umfasst.

Ein Widerspruch zu dem in Bezug auf Eingriffe in § 13 S. 2 UrhG gefundenen Ergebnis ist hiermit nicht verbunden: Die Intensität der mit dem Eingriff in § 14 UrhG einhergehenden Beeinträchtigung ist für den Urheber deutlich spürbarer als bei der bloßen Nichtnennung. Die Einwilligung kann, wenn sie dem schlüssigen Verhalten des Urhebers entnommen wird, nur zur Legitimation einfachster und unerheblicher Beeinträchtigungen dienen. Die Anzeige urheberechtlich geschützter Bildinhalte in einem kompromittierenden Umfeld stellt indes bei Überschreiten der tatbestandlichen Schwelle des Entstellungsschutzes keine bloß unerhebliche, sondern eine Urheberinteressen empfindlich treffende Beeinträchtigung dar.

Ein fehlendes Schutzinteresse des Rechtsinhabers kann sich hier schließlich auch nicht aus dem Umstand ergeben, dass ein Rechtsinhaber keine ihm gegen die Suchmaschinenindexierung möglichen technischen Schutzmaßnahmen ergriffen hat. Eine derartige Zuweisung der Verantwortung für technische Schutzmaßnahmen stünde mit der einfachgesetzlichen Regelung des Urheberpersönlichkeitsrechts i.e.S. in Widerspruch. Die §§ 12–14 UrhG knüpfen die Zuweisung urheberpersönlichkeitsrechtlicher Befugnisse gerade nicht an das Treffen von Eigenschutzmaßnahmen, sondern gewährleisten diese per se. Eine Eignung zur Gefährdung der persönlichen und geistigen Interessen i.S.d. § 14 UrhG ist somit in den hier interessierenden Fällen zu bejahen.

1065 Zur a.A., der sog. „Vorhersehbarkeitslehre", siehe Fn. 1044.

1066 Dreyer/Kotthoff/Meckel/*Dreyer*, § 14 UrhG, Rn. 52; *Neuenfeld*, FS Locher, S. 403 (408).

1067 *Sosnitza*, CR 2001, 693 (701) m.w.N.; *Dittrich*, JurPC Web-Dok. 72/2002, Abs. 17.

1068 In Betracht kommt z. B. ein Umfeld, durch das der Eindruck der Zugehörigkeit zur rechtsradikalen Szene suggeriert wird.

cc) Interessenabwägung

Ob das Verbietungsrecht des Urhebers nach § 14 UrhG besteht, kann nur die Abwägung der geistigen oder persönlichen Interessen des Urhebers am Werk gegenüber den Belangen desjenigen ergeben, der die Beeinträchtigung vornimmt.[1069] Damit sind hier die Bestands- und Integritätsinteressen des Urhebers und die wirtschaftlichen Interessen des Suchmaschinenbetreibers gegeneinander abzuwägen. Das Ergebnis der Abwägung ist von den Gesamtumständen des jeweiligen Einzelfalls abhängig. Ausschlaggebende Faktoren sind v.a. Art und Umfang des konkreten Eingriffs sowie Intensität und Ausmaß der betroffenen urheberpersönlichkeitsrechtlichen Interessen.[1070] Letztere werden wiederum durch die individuelle Schöpfungshöhe, den Charakter sowie die Zweckbestimmung des Werks beeinflusst.[1071] Den Interessen des Urhebers ist daher bei digitalen Abbildungen seltener und künstlerisch wertvoller Werke regelmäßig ein höheres Gewicht beizumessen als den Interessen eines einfachen Lichtbildners.[1072] Zudem muss im Rahmen der Interessenabwägung berücksichtigt werden, dass mit der Internetöffentlichkeit ein riesiger potentieller Rezipientenkreis von der kompromittierenden Werkwiedergabe Kenntnis erlangen kann. Grenzen für die schützenswerten Belange des Urhebers können sich im Kontext internetspezifischer Werknutzung hingegen aus Praktikabilitätsgesichtspunkten ergeben:[1073] So kann es hier durchaus von Einfluss sein, dass ein Bilder online stellender Rechtsinhaber keine einfach möglichen und ohne weiteres zugänglichen technischen Vorkehrungen gegen den Zugriff durch Bildersuchmaschinen ergreift. Ferner darf nicht unbeachtet bleiben, dass es sich bei der kompromittierenden Werkwiedergabe in den Trefferlisten einer Suchmaschine um eine technisch bedingte Beeinträchtigung des Werks handelt. Fällt die Abwägung zugunsten des Urhebers aus und ist damit eine Verletzung von § 14 UrhG zu konstatieren, kommen Ansprüche desselben aus §§ 96ff. i.V.m. 14 UrhG in Betracht.

d) Fazit

Die oben aufgeworfene Fragestellung, ob sich aus einem Eingriff in Urheberpersönlichkeitsrechte i.e.S. ein der Annahme einer konkludenten Einwilligung

---

1069 Ahlberg/Götting/*Götting*, § 14 UrhG, Rn. 19.

1070 Vgl. Dreyer/Kotthoff/Meckel/*Dreyer*, § 14 UrhG, Rn. 26.

1071 Ebd.

1072 Vgl. Dreyer/Kotthoff/Meckel/*Dreyer*, § 14 UrhG, Rn. 66. Im Gegensatz zum Werkschutz i.S.d. § 2 UrhG bedarf es zur Begründung des Leistungsschutzes nach § 72 UrhG keiner besonderen eigenschöpferischen Leistung.

1073 Ebd.

entgegenstehendes Hindernis ergibt, lässt sich nicht pauschal beantworten. Die Interpretation eines Verhaltens als Einwilligung ist jedenfalls dann ausgeschlossen, wenn das Recht des Urhebers auf Namensnennung gemäß § 13 S. 1 UrhG verletzt wird. Wie sich erwiesen hat, ist die konkludente Einwilligung indes taugliches Legitimationsmittel branchenüblicher Eingriffe in § 13 S. 2 UrhG. Eine durch das Onlinestellen von Bildwerken erklärte Einwilligung kann sich daher auf den mit einer bestimmten Nutzung branchenüblich verbundenen Eingriff in das Namensnennungsrecht erstrecken. Voraussetzung ist aber, dass der Kerngehalt des Rechts aus § 13 S. 2 UrhG unangetastet bleibt. Das Fehlen eines den Kernbereich des Namensnennungsrechts berührenden Eingriffs kann somit in Ergänzung des obigen Katalogs zum konstitutiven Einwilligungskriterium determiniert werden. Grenzen für die Zurechnung einer aus der Veröffentlichung abgeleiteten Einwilligung ergeben sich weiterhin, wenn Nutzungen die Schwelle des Entstellungsschutzes aus § 14 UrhG überschreiten. Hiervon ist im Zusammenhang mit der Veröffentlichung von Werken im Internet dann auszugehen, wenn die Inhalte in einem diskreditierenden und interessengefährdenden Sachzusammenhang dargestellt werden. Auch letzeres begründet ein zwingendes Ausschlusskriterium für das Vorliegen einer schlichten Einwilligung und ist in den obigen Kriterienkatalog zu implementieren.

III. Wirksamkeit der Einwilligung

Liegen die Voraussetzungen des objektiven und subjektiven Einwilligungstatbestandes vor, gilt es nunmehr die Frage zu beantworten, unter welchen weiteren Voraussetzungen eine schlichte Einwilligung als empfangsbedürftige Willenserklärung wirksam wird.

1. Einwilligungsbefugnis

Eine solche konstitutive Voraussetzung ist zunächst in dem Handeln des zur Disposition über die von der Einwilligung betroffenen Rechte bzw. Rechtsgüter Befugten zu sehen. Nach dem Ergebnis der obigen Untersuchung folgt die Befugnis eines Schutzrechtsinhabers zur Einwilligungserteilung aus dem Zuweisungsgehalt des Urheberrechts.[1074] Demnach basiert die Einwilligung des Schutzrechtsinhabers im vorliegend interessierenden Kontext auf der Prämisse, dass er selbst eine Veröffentlichung seiner Werke im Internet bewirkt oder diese zumindest

1074 *Kap. 1 G. V. 2.*

autorisiert hat.[1075] Ist weder das eine noch das andere der Fall, erfolgt die Veröffentlichung also durch einen Nichtberechtigten, kann aus seinem Verhalten keine Einwilligung abgeleitet werden.

a) Delegation der Einwilligungserteilung mittels Ermächtigung und gewillkürter Stellvertretung sowie deren Grenzen

Ein Schutzrechtsinhaber kann zum einen Personen ermächtigen im eigenen Namen gegenüber Dritten widerrufbar Nutzungserlaubnisse auszusprechen. Zum anderen kann er Dritte durch Bevollmächtigung mit der Einwilligungserteilung im Namen des Rechtsinhabers betrauen. Zwar lässt sich eine „Einwilligungsermächtigung" mangels Verfügungsqualität der Einwilligung nicht direkt auf § 185 I BGB stützen.[1076] Die Vorschrift ist allerdings ihrer Selbstbestimmungsfunktion nach grundsätzlich auch auf die „verfügungsähnliche" schlichte Einwilligung i.S.e „Ermächtigung im weiteren Sinne" anwendbar.[1077] Die Ausübung privatautonomer Selbstbestimmung kann nämlich gerade darin bestehen, einen Anderen zu einer Umgestaltung des zwischen dem Autorisierenden und einem Dritten bestehenden Rechtsverhältnisses mittels Einwilligung zu befähigen.[1078] Für die Möglichkeit einer Einwilligungsermächtigung spricht auch, dass, wenn Dritte zu Verfügungen über Gegenstände bzw. Immaterialgüter und zur Geltendmachung fremder Rechte ermächtigt werden können, dasselbe auch für die Einwilligungserteilung gelten muss.[1079] Schließlich wird die Rechtsposition des Berechtigten durch die Einwilligung unter allen Gestattungsformen am Wenigsten beeinträchtigt. Sie ist daher analog § 185 I BGB jedenfalls in solchen Fällen anzuerkennen, in denen ausschließlich Vermögens- bzw. Verwertungsinteressen von der Einwilligung betroffen sind. Darüber hinaus lässt sich aber auch im höchstpersönlichen Bereich das Bedürfnis, Dritten die Möglichkeit einzuräumen, eine „Verfügung" über fremde Rechte im eigenen Namen zu treffen, nicht leugnen.

1075 *Ott*, Linking, S. 358; *Börsch*, Hyperlinks, S. 123.

1076 Gegen eine direkte Anwendung der Norm spricht weiterhin, dass der Einwilligungsadressat nicht nur bzw. nicht zwangsläufig eine Ermächtigung zum Handeln im *fremden* Interesse erhält (*Dasch*, Einwilligung, S. 85, Fn. 363).

1077 So auch OLG Hamm, NJW-RR 1987, 232f.; OLG Hamburg, GRUR-RR 2007, 181 (184); *Peukert*, Güterzuordnung, S. 555; *Dasch*, Einwilligung, S. 92ff.; *Helle*, AfP 1985, 93 (99); *Götting*, PKR, S. 162ff.; *Ohly*, Einwilligung, S. 461; MüKo-BGB/*Schramm*, § 185 Rn. 32; a.A. *Rosener*, Einwilligung, S. 120; *Ahrens*, Verwertung, S. 324ff. Zur Einwilligungsermächtigung im Medizinrecht, *Kern*, NJW 1994, 753 (757).

1078 *Dasch*, Einwilligung, S. 90.

1079 *Dasch*, Einwilligung, S. 92f.; *Peukert*, Güterzuordnung, S. 555f. Vgl. auch *Götting*, PKR, S. 164.

Häufig wird für einen Rechtsinhaber nur so eine optimale wirtschaftliche Verwertung der Persönlichkeitsmerkmale (z. B. der vermögenswerten Bestandteile des Rechts am eigenen Bild eine durch eine Foto-, Modelagentur etc.) realisierbar sein. Somit besteht auch hier die Möglichkeit die Einwilligungserteilung auf einen Vertreter zu delegieren. Ausgeschlossen ist die Einwilligungsermächtigung bzw. die Bevollmächtigung zur Einwilligungserteilung dagegen im Bereich rein ideeller Persönlichkeitsmerkmale ohne vermögenswerten Zuweisungsgehalt.

Die Möglichkeit zur gewillkürten Stellvertretung ergibt sich im Kontext vermögensrechtlicher Dispositionen aus den für die schlichte Einwilligung unmittelbar anwendbaren §§ 164ff. BGB. Damit einher geht die Möglichkeit der Einwilligungserteilung durch einen Erklärungsboten in analoger Anwendung der §§ 164ff. BGB. Beide Delegationsmöglichkeiten unterscheiden sich insoweit, als der Stellvertreter im Rahmen der ihm erteilten Vollmacht nach seinem Willen bestimmt, welchen Inhalt das Rechtsgeschäft für den Vertretenen haben soll.[1080] Er hat einen eigenen Entscheidungsspielraum. Der Bote hingegen übermittelt eine „fertige" fremde Willenserklärung an den Empfänger und führt ihre Wirksamkeit herbei, indem er ihren Zugang bewirkt.[1081] Entscheidend dafür, ob im Einzelfall eine Bevollmächtigung oder die Einräumung von Botenmacht zur Einwilligungserteilung gegeben ist, ist dabei der Umstand, wie die Hilfsperson nach außen gegenüber dem Erklärungsempfänger aufgetreten ist.[1082]

Hält man mit der hier vertretenen Ansicht die Einwilligungsermächtigung auch im höchstpersönlichen Bereich für zulässig, muss Gleiches auch für die Delegation der Einwilligungserteilung mittels Stellvertretung gelten. Im Gegensatz zum Ermächtigten erklärt der Bevollmächtigte die Einwilligung nämlich im Namen des Rechtsinhabers. Letzterer ist somit bei der Stellvertretung einem geringeren Grad an Fremdbestimmung ausgesetzt als bei der Ermächtigung, weshalb die obigen Ausführungen hier erst recht Geltung erlangen.

Sowohl für die Einwilligungsermächtigung als auch die Bevollmächtigung zur Einwilligungserteilung ist zur Bestimmung des zulässigen Umfangs der Delegationsmöglichkeiten des Rechtsinhabers auf den Rechtsgedanken aus § 31 V UrhG zu rekurrieren.[1083] Danach sind unbestimmte und unbeschränkte Generalermächtigungen bzw. -vollmachten, die einen Rechtsinhaber der

---

1080 MüKo-BGB/*Schramm*, Vor §§ 164ff., Rn. 42.

1081 Ebd.

1082 *Larenz/Wolf*, BGB-AT, § 46, Rn. 75; *Medicus*, BGB-AT, Rn. 886.

1083 *Dasch*, Einwilligung, S. 91 mit Bezug auf die gewillkürte Stellvertretung. Sich anschließend *Ohly*, Einwilligung, S. 460.

Gefahr übermäßiger Fremdbestimmung aussetzen, ausgeschlossen.[1084] Möglich bleibt jedoch die auf einen bestimmten Zweck bezogene Ermächtigung bzw. Vollmacht.[1085] Denkbar ist beispielsweise die von einem Angestellten gegenüber seinem Arbeitgeber erklärte Ermächtigung, Bildnisse seiner Person durch den Webmaster auf der firmeneigenen Webseite zu Werbezwecken veröffentlichen zu lassen. Die Ermächtigung zur Erteilung einer Einwilligung in die Bildnisveröffentlichung durch den Webmaster bezieht sich hier lediglich auf die Internetpräsenz des Arbeitgebers. Von der Einwilligungsermächtigung umfasst sind zusätzlich solche Anschlussnutzungen, mit denen der Abgebildete rechnen muss. Dazu gehört im gewählten Beispiel auch die Wiedergabe des Bildes in Trefferlisten von Bildersuchmaschinen. Die Einwilligungsermächtigung kann dagegen nicht ohne Weiteres stillschweigend und vom Ursprungszweck losgelöst auf andere Nutzungen ausgedehnt werden. Im genannten Exempel wäre etwa eine Einwilligung zur Veröffentlichung und Vermarktung der betreffenden Bilder auf den Webseiten einer Modelagentur unwirksam. Letztlich kann zur Bestimmung der Reichweite der konsentierten Anschlussnutzungen auch hier auf die zur Veröffentlichung von Werkinhalten erarbeiteten Grundsätze zurückgegriffen werden.[1086]

Damit bleibt festzuhalten, dass die Möglichkeit zur Einwilligungserteilung durch den Ermächtigten nach dem Rechtsgedanken des § 31 V UrhG nicht weiter gehen kann, als es der durch den Zweck der Ermächtigung/Bevollmächtigung abgesteckte Rahmen vorgibt. Hieran zeigt sich, dass der Zulassung einer Einwilligungsermächtigung bzw. Bevollmächtigung zur Einwilligungserteilung die zu weitgehende Fremdbestimmung des Rechtsinhabers nicht entgegengehalten werden kann.

Die Einwilligungsermächtigung bzw. Bevollmächtigung selbst sowie der dieser zugrunde liegende Zweck werden jedoch – entgegen dem vorstehend gewählten Beispiel – im Rahmen der meisten Fälle urheberrechtlicher Onlinenutzungen vom Rechtsinhaber nicht explizit erklärt. Vielmehr werden sie sich zumeist aus den Umständen ergeben. Letzteres war auch in der „Vorschaubilder II"-Entscheidung der Fall: Hier kam der BGH zu dem Ergebnis, dass ein Rechtsinhaber, der Dritten ohne Einschränkungen das Recht einräumt, Lichtbilder im Internet zu veröffentlichen, stillschweigend seine Zustimmung damit erklärt, dass diese in eine Nutzung der Abbildung durch eine Bildersuchmaschine

---

1084 *Dasch*, Einwilligung, S. 91.

1085 *Dasch*, Einwilligung, S. 91; *Götting*, PKR, S. 164; *Ohly*, Einwilligung, S. 461.

1086 Vgl. dazu die Ausführungen ab *Kap. 2 E. II. 1.*

einwilligen.[1087] Der Urheber müsse nämlich zwingend damit rechnen, dass die Dritten das Werk entsprechend der ihnen eingeräumten Befugnis auch tatsächlich öffentlich zugänglich machen werden.[1088] Der BGH scheint hier zu Recht vom Vorliegen einer konkludent durch die Nutzungsrechtseinräumung erteilten Einwilligungsermächtigung auszugehen. Der mit der Einräumung der Veröffentlichungsbefugnisse verfolgte „Übertragungszweck" umfasste nämlich die Konsentierung der üblichen Anschlussnutzungen, zu denen nach Auffassung des BGH auch die Bildersuche gehört. Demgegenüber lehnt der BGH eine „Stellvertretungslösung" erkennbar ab. Entnehmen lässt sich dies der Formulierung des BGH, dass die Lizenznehmer *ihre* Einwilligung und gerade nicht die des Rechtsinhabers wirksam erteilt haben.[1089]

Die Annahme einer konkludenten Einwilligungsermächtigung überzeugt auch im Ergebnis: Jenes Rechtkonstrukts bedurfte es nämlich, wenn man mit dem BGH davon ausgeht, dass die Nutzungsrechtsinhaber im eigenen Namen handelten, zum einen deshalb, weil nur so die Hürde des § 35 I UrhG analog genommen und eine Befugnis zur Einwilligungserteilung bejaht werden konnte. Besagte Norm findet nämlich ihrem Sinn und Zweck nach auch auf die Erteilung von Einwilligungen durch einen Nutzungsberechtigten Anwendung. Die ideellen Interessen des Urhebers sind bei der Weitereinräumung schuldrechtlich wirkender Nutzungserlaubnisse ebenso tangiert sind wie bei einer konstitutiven Einräumung gegenständlich wirkender Nutzungsrechte.[1090] Zum anderen konnte der Suchmaschinenbetreiber nur auf diese Weise seine Berechtigung vom Rechtsinhaber herleiten: Die durch die Veröffentlichung der Lichtbilder erklärte Einwilligung des Lizenznehmers wirkt lediglich inter partes und entfaltet gerade keine „Bindungswirkung" zulasten des Schutzrechtsinhabers.

Ein konträres Ergebnis ergibt sich jedoch dann, wenn ein Rechtsinhaber der Einräumung von Veröffentlichungsbefugnissen nur unter der Bedingung zugestimmt hat, dass vom Lizenznehmer technische Sicherungsmaßnahmen gegen den Zugriff durch Bildersuchmaschinen getroffen werden müssen.[1091] In letzterem Fall kann sich eine Suchmaschine, die urheberrechtlich geschützte Bilder der Webseite des zur Veröffentlichung aber nicht zur Einwilligungserteilung

1087 BGH, GRUR 2012, 602 (605, Rn. 27) – *Vorschaubilder II*; OLG Hamburg, BeckRS 2012, 00521.

1088 OLG Hamburg, BeckRS 2012, 00521.

1089 BGH, GRUR 2012, 602 (604, Rn. 20) – *Vorschaubilder II.*

1090 Vgl. auch Schricker/*Schricker*, § 35 UrhG, Rn. 2; *Dreier/Schulze*, § 35 UrhG, Rn. 9; Wandtke/Bullinger/*Wandtke/Grunert*, § 35 UrhG, Rn. 6.

1091 BGH, GRUR 2012, 602 (605, Rn. 27) – *Vorschaubilder II.*

Ermächtigten indexiert, mangels ununterbrochener Legitimationskette nicht auf eine konkludente Einwilligung berufen. Die damit einhergehende tatbestandsmäßige und rechtswidrige Urheberrechtsverletzung und die auf deren Grundlage geltend gemachten Ersatzansprüche müssen von den Betreibern des Geschäftsmodells „Bildersuchmaschinen“ in Kauf genommen werden.[1092]

b) Fehlende Einwilligungsbefugnis als Grenze der Zurechnung eines Verhaltens als Einwilligung

Wie bereits im Rahmen der Stellungnahme zur „Vorschaubilder II“-Entscheidung angedeutet[1093], darf die Auslegung eines Verhaltens als Einwilligung keinesfalls zur Umgehung der Einwilligungsbefugnis als unverzichtbarer Wirksamkeitsvoraussetzung einer jeden Einwilligung führen. Die Befugnis zur Einwilligungserteilung steht lediglich dem Inhaber des zur Disposition stehenden Rechts oder Rechtsguts zu. Sie kann von diesem, wie vorstehend gesehen, mittels einer entsprechenden Ermächtigung bzw. Bevollmächtigung auf einen Dritten delegiert werden.

Auch der BGH betont in der „Vorschaubilder II“-Entscheidung zunächst zutreffend, dass die Tatsache, dass ein Dritter Werkinhalte ungesichert online stellt, eine Einwilligung dann nicht zu begründen vermag, wenn ihm diesbezüglich die Berechtigung fehlt.[1094] Durch einen „Kunstgriff“ im Rahmen der Auslegung gelangte er aber dennoch zum umgekehrten Ergebnis: Der BGH konstatierte, dass es Suchmaschinencrawlern im Zuge des automatisiert ablaufenden Crawling-Verfahrens nach aktuellem Stand der Suchmaschinentechnik nicht möglich sei, zwischen legal bzw. illegal ins Netz gestellten Werkabbildungen zu unterscheiden. Dieser Umstand sei Inhalteanbietern im Internet allgemein bekannt. Hieraus schlussfolgerte er im Rahmen der Auslegung, dass sich der Suchmaschinenbetreiber (Google) aufgrund fehlender Feststellungsmöglichkeiten veranlasst fühlen durfte anzunehmen, der Nutzungsberechtigte wolle eine Art „Generaleinwilligung“ auch für unberechtigt ins Netz gestellte Bildnisse erteilen. Selbst wenn man sich dieser, wie oben gesehen, zu extensiven Auslegung anschließen wollte, kann dennoch nicht von einer wirksamen Einwilligungserteilung durch den Nutzungsberechtigten ausgegangen werden. Die vom Schutzrechtsinhaber durch die Einräumung von Nutzungsrechten zum Onlinestellen der Lichtbilder konkludent erklärte Einwilligungsermächtigung ist in ihrer Reichweite nämlich

1092 Vgl. auch die obigen Ausführungen in *Kap. 2 E. 4. b) cc)*.
1093 *Kap. 1 G. VI. 8.*
1094 Vgl. BGH, GRUR 2012, 602 (604, Rn. 20) – *Vorschaubilder II.*

keinesfalls unbeschränkt. Sie umfasst unter Berücksichtigung des den Veröffentlichungsrechten zugrunde liegenden Vertragszwecks nur die Befugnis zur Einwilligungserteilung in solche Anschlussnutzungen, die mit der Veröffentlichung auf der eigenen Webseite in Zusammenhang stehen. Die Einwilligung ist also inhaltlich beschränkt auf die Nutzung derjenigen Bilder, die durch den Berechtigten in Ausübung der ihm eingeräumten Veröffentlichungsbefugnisse online gestellt wurden. Eine „Generalermächtigung" zur Konsentierung auch illegal ins Internet gestellter Raubkopien ist abwegig und im Ergebnis abzulehnen.

Daran wird deutlich, dass die Einwilligung Werknutzern aufgrund des Erfordernisses der Einwilligungserteilung durch den Dispositionsbefugten nur einen unvollkommenen Schutz bieten kann. Später wird sich noch erweisen, dass die schlichte Einwilligung zur Legalisierung der Bildersuche selbst dann nicht geeignet ist, wenn Bildersuchmaschinen in Zukunft auf technischem Wege sicherstellen, dass nur Bildinformationen indexiert werden, die von einem Schutzrechtsinhaber bzw. dem von diesem Ermächtigten ins Netz eingestellt worden sind.[1095]

2. Einwilligungsfähigkeit Minderjähriger

Um wirksam Eingriffe konsentieren zu können, bedarf es nicht nur der Dispositionsbefugnis, sondern auch der Einwilligungsfähigkeit des Rechtsinhabers. Dieser muss also imstande sein, autonom in rechtsgutsbezogene Eingriffe einwilligen zu können. In Rechtsprechung und Literatur besteht seit jeher Streit über die Frage, ob es Minderjährigen möglich ist, ohne Konsultation und Zustimmung ihrer gesetzlichen Vertreter Einwilligungserklärungen abzugeben. Da es für die Begründung des Urheberrechtsschutzes von Werken gemäß § 2 II UrhG allein auf den tatsächlichen Schöpfungsakt (Realakt) ankommt und damit auch beschränkt Geschäftsfähige Urheber sein können[1096], ist die Problematik um die Einwilligungsfähigkeit Minderjähriger im Rahmen urheberrechtlicher Nutzungen von besonderer Virulenz. Nachstehend soll daher untersucht werden, ob es der Annahme einer schlichten Einwilligung entgegensteht, wenn Minderjährige ohne Einwilligung ihrer Eltern urheberrechtlich geschützte Bilder ungesichert ins Netz stellen.

a) Primär vermögenswerte Verwertungsrechte betreffende Dispositionen

Nachdem oben die rechtsgeschäftliche Natur der schlichten Einwilligung bejaht wurde, bilden hier die Rechtsgeschäfte betreffenden Vorschriften des BGB den

---

1095 *Kap. 2 E. III. 2. b) bb).*

1096 *Wandtke*, UrhR, Rn. 144 (S. 95); *Dreier/Schulze*, § 7 UrhG, Rn. 3.

Ausgangspunkt für die Beurteilung der Einwilligungsfähigkeit.[1097] Ist die Einwilligung Instrument zur Aktualisierung von Privatautonomie, so ist es eine Voraussetzung für deren Wirksamkeit, dass Einwilligende die Fähigkeit besitzt, sich durch rechtsgeschäftliche Erklärungen wirksam zu binden. Nach Maßgabe der §§ 104ff. BGB bedarf es also der Geschäftsfähigkeit des Konsentierenden.[1098] Das bürgerliche Recht unterscheidet dabei im Grundsatz nicht zwischen rechtsgeschäftlichen Dispositionen im vermögens- und im persönlichkeitsrechtlichen Bereich.[1099]

Sofern durch eine Nutzung keine urheberpersönlichkeitsrechtliche Befugnisse, sondern ausschließlich die Verwertungsrechte eines minderjährigen Schutzrechtsinhabers tangiert werden, besteht kein Anlass von den §§ 107, 111 BGB im Wege einer teleologischen Reduktion abzuweichen: Richtet man den Blick zunächst auf die Rechtsfolgen der Einwilligung, wird schnell deutlich, dass diese für den Minderjährigen aufgrund des Ausschlusses ihm zustehender Schadensersatz-, Beseitigungs- und Unterlassungsansprüche rechtlich nachteilhaft sind. Ein natürliches Schutzbedürfnis des Minderjährigen im Rahmen der Einwilligungserteilung ist damit auch hier anzunehmen.[1100] Zudem kommt der mit den §§ 104ff. BGB verfolgte Zweck der Schaffung von Rechtssicherheit[1101] in Einwilligungskonstellationen im vermögensrechtlichen Bereich voll zum Tragen: So dürfte es einem Einwilligungsempfänger wohl kaum immer möglich sein, sich einen zuverlässigen Eindruck über die geistige und sittliche Reife des Minderjährigen zu verschaffen. Dies gilt besonders im Bereich des hier interessierenden und nicht selten durch die Anonymität der einzelnen Rechtsinhaber geprägten Internets. Ferner wird das von den §§ 104ff. BGB i.V.m. §§ 1626 I i.V.m. 1629 I, 1631 I BGB geschützte Personensorgerecht der Eltern im Kontext vermögensbezogener Einwilligungen unmittelbar tangiert. Das Recht der Eltern zur Erteilung oder Verweigerung der Zustimmung in rechtsgeschäftlichen Angelegenheiten des Kindes muss dem Selbstbestimmungsrecht des Kindes erst mit Erreichen der Volljährigkeitsgrenze weichen. Im Ergebnis lassen demnach sämtliche den Vorschriften über die Geschäftsfähigkeit zugrunde liegenden Normzwecke die unmittelbare Anwendbarkeit der §§ 104ff. BGB auf Einwilligungen gerechtfertigt erscheinen.[1102] Somit ist zur Wirksamkeit einer durch einen Minderjährigen

---

1097 *Dasch*, Einwilligung, S. 99; *Ohly*, Einwilligung, S. 318.
1098 In diesem Sinne auch *Libertus*, ZUM 2007, 621 (624).
1099 *Dasch*, Einwilligung, S. 100.
1100 MüKo-BGB[3]/*Gitter*, Vor §§ 104ff., Rn. 89.
1101 *Medicus*, BGB-AT, Rn. 536; *Larenz/Wolf*, BGB-AT, § 25, Rn. 3.
1102 *Ohly*, Einwilligung, S. 318f.; *Hüsch*, CR 2010, 452 (456).

erteilten vermögensbezogenen Einwilligung in Gemäßheit der §§ 111, 107 BGB die vorherige Zustimmung der Eltern als gesetzliche Vertreter notwendig.

Gegen das uneingeschränkte Zustimmungserfordernis der Eltern ließe sich zwar einwenden, dass es dann zu nicht interessengerechten Ergebnissen führen kann, wenn es sich, wie bei den hier interessierenden Einwilligungen, um zustimmungsbedürftige Nutzungen handelt, die positiv mit den pekuniären Interessen des Rechtsinhabers übereinstimmen. Jedoch ist dieses Ergebnis der apodiktischen Regelung der §§ 104ff. BGB durch den Gesetzgeber geschuldet. Im Rahmen dieser Vorschriften findet – abgesehen von den Ausnahmen des lediglich *rechtlichen* Vorteils i.S.d. § 107 BGB und den rechtlich neutralen Geschäften – eine Differenzierung nach der Schwere des mit einem Rechtsgeschäft verbundenen Eingriffs, seiner Folgen und dem Interesse des Minderjährigen am Eingriff selbst nicht statt.[1103] Die Beschränkung der Einwilligungsfähigkeit Minderjähriger ist damit insgesamt systemgerecht.

Im Ergebnis ergibt sich mithin aus der fehlenden vorherigen Zustimmung der Eltern ein der Annahme einer Einwilligung entgegenstehendes Wirksamkeitshindernis. Somit steht und fällt die Legitimität der die Verwertungsrechte minderjähriger Rechtsinhaber tangierenden Nutzungen mit der Zustimmung des gesetzlichen Vertreters.

b) (urheber-)persönlichkeitsrechtliche Befugnisse betreffende Dispositionen

Nunmehr gilt es zu prüfen, ob das Einwilligungserfordernis der Eltern als gesetzliche Vertreter auch dann sachgerecht ist, wenn ein Minderjähriger mittels Einwilligung über (urheber)persönlichkeitsrechtliche Befugnisse disponiert. Ein solcher Fall wird im Rahmen der Bildersuche dann relevant, wenn mit den Nutzungen von Bildersuchmaschinen Eingriffe in das Recht eines Minderjährigen am eigenen Bild gemäß § 22 S. 1 KunstUrhG oder in deren urheberpersönlichkeitsrechtliche Befugnisse aus § 13 S. 2 (i.V.m. § 72 I UrhG)[1104] verbunden sind.

aa) Kumulative Zuständigkeit des Minderjährigen und seines gesetzlichen Vertreters als Mindestgebot

Wie bereits oben angesprochen sind nach Maßgabe der §§ 107, 1626 I i.V.m. 1629 BGB die Eltern im Grundsatz auch dann zur Vertretung berufen, soweit

---

1103 Vgl. auch MüKo-BGB/*J. Schmitt*, Vor §§ 104ff., Rn. 9; § 107, Rn. 3; Soergel/*Hefermehl*, Vor §§ 104ff. BGB, Rn. 10; *Ohly*, Einwilligung, S. 319.

1104 Eine Konsentierung ist freilich nur möglich, solange der Kerngehalt des Namensnennungsrechts unberührt bleibt, siehe *Kap. 2 E. II. 6. b) bb) (1)*.

es um höchstpersönliche Angelegenheiten des Minderjährigen geht. Ihr Personensorgerecht ist auch hier tangiert. Dies schließt jedoch nicht aus, dass bei bestimmten höchstpersönlichen Aktivitäten aufgrund der herausragenden Bedeutung des allgemeinen Persönlichkeitsrechts auch der Minderjährige eigenständig Erklärungen abgeben kann.[1105] So bringt selbst der Gesetzgeber durch die Kodifikation zahlreicher Sondervorschriften, welche die Teilmündigkeiten und Mitwirkungsrechte des Minderjährigen im höchstpersönlichen Bereich betreffen[1106], zum Ausdruck, dass es hier nicht sachgemäß wäre, starr am Regelungsmodell der §§ 104ff. BGB festzuhalten. Insbesondere bei ärztlichen Heileingriffen erscheint die Mitwirkung des Minderjährigen bei der Einwilligungserteilung zwingend. Ein solches Gebot folgt bereits unmittelbar aus den verfassungsrechtlich in Art. 2 II S. 1 GG (körperliche Unversehrtheit) und Art. 2 I i.V.m. 1 I GG (allgemeines Persönlichkeitsrecht) geschützten Interessen. Auch sonst besteht im Schrifttum Konsens darüber, dass es einen unerträglichen Widerspruch mit dem Selbstbestimmungsrecht des Minderjährigen als Ausfluss seines allgemeinen Persönlichkeitsrechts begründete, wenn ein Eingriff in höchstpersönliche Rechtsgüter ohne dessen Einwilligung erfolgen könnte.[1107]

Demnach ist für Einwilligungen im höchstpersönlichen Bereich zumindest eine der Aktualisierung des Selbstbestimmungsrechts dienende Mitentscheidungskompetenz des Minderjährigen zu verlangen.[1108] Der zu weit geratene Wortlaut der §§ 107, 111 BGB bedarf insoweit der teleologischen Reduktion. Diese in der Literatur wohl als herrschend zu bezeichnende Auffassung führt zu einer gegenseitigen Überlagerung der Zuständigkeit von Minderjährigem und gesetzlichem Vertreter („Doppelzuständigkeit"): Einerseits kann der Minderjährige die Einwilligung nicht gegen den Willen seiner Eltern erteilen; diese können aber andererseits die Einwilligung auch nicht gegen den Willen des einsichtsfähigen Minderjährigen durchsetzen. Einschränkend gilt es jedoch stets

---

1105 *Kohte*, AcP 185 (1985), 105 (145).

1106 Vgl. die §§ 1303 II, 1596, 1746 I, 2229 I, II BGB, § 5 RelKEG, § 36 SGB I; § 45 II JArbSchG. Vgl. auch die Übersicht bei Soergel/*Strätz*, § 1626 BGB, Rn. 43ff.

1107 *Belling*, FuR 1990, 68 (70); *Medicus*, BGB-AT, Rn. 201; *Flume*, BGB-AT II, S. 219f.; *Kohte*, AcP 185 (1985), 105, 144f.; *Hubmann*, PKR, S. 170, 171; *Dasch*, Einwilligung, S. 103ff.; *Götting*, PKR, S. 154f.; *Baston-Vogt*, APR, S. 232f. *Pawlowski*, FS Hagen, S. 5 (17ff.); Staudinger/*Hager*, § 823 BGB, Rn. I 99.

1108 BGH, GRUR 1975, 561 (563); *Götting*, PKR, S. 154ff.; *Kern*, NJW 1994, 753 (755f.); *Kohte*, AcP 185 (1985), 105 (145, 149f.); *Dasch*, Einwilligung, S. 103; *Flume*, BGB-AT II, S. 219f.; *Medicus*, BGB-AT, Rn. 201.

zu beachten, dass die postulierte Mitentscheidungsbefugnis des Minderjährigen nur dann anzuerkennen ist, wenn er die zur Konsentierung erforderliche Einsichtsfähigkeit aufweist.[1109]

bb) Ablehnung der Alleinzuständigkeit des Minderjährigen bei der Einwilligung in Bildveröffentlichungen im Internet

Fraglich ist, ob dem Minderjährigen im Falle vorhandener Einsichtsfähigkeit nicht auch eine Alleinentscheidungsbefugnis zugestanden werden sollte. Hierfür spricht neben der überragenden Bedeutung des Selbstbestimmungsrechts Minderjähriger im höchstpersönlichen Bereich[1110] v.a. der treuhänderische und fremdnützige Charakter des von Art. 6 II S. 1 GG geschützten Elternrechts[1111]. Letzteres umfasst auch das den Regelungen der §§ 104ff. BGB als Schutzzweck zugrunde liegende Personensorgerecht der Eltern (§§ 1626 I, 1629 I S. 1 BGB). Nach zutreffender Rechtsprechung des Bundesverfassungsgerichts wird das Elternrecht mit zunehmender Selbstbestimmungsfähigkeit des Kindes zurückgedrängt bzw. gegenstandslos. Dabei habe für den hier interessierenden Bereich höchstpersönlicher Rechte stets der Grundsatz zu gelten, dass der zwar noch Unmündige, aber schon Urteilsfähige die ihm um seiner Persönlichkeit willen zustehenden Rechte soll eigenständig ausüben können.[1112]

Diese aus den Grundrechten abgeleitete Direktive gilt zwar unmittelbar nur für das Verfassungsrecht. Gleichwohl sind die Wertungen der Grundrechte im Rahmen der gesetzlich nicht ausgeformten Rechtsfigur „schlichte Einwilligung" von besonderer Virulenz:[1113] Auch im Bereich der Rechtsfortbildung praeter legem bedarf es nämlich stets der Orientierung an den Wertungen der Verfassung.[1114] Die Einwilligung verkörpert folglich eine Generalklausel im weiteren Sinne.[1115] Insofern ist die Ausstrahlungswirkung der Grundrechte bei der Abwägung der für und gegen die privatrechtliche Mündigkeit von Minderjährigen sprechenden Wertungen gebührend zu würdigen. Unter diesem Blickwinkel gilt es nunmehr in den vorliegend interessierenden Fällen des Onlinestellens von Bildinhalten über eine alleinige Entscheidungszuständigkeit des Minderjährigen zu befinden. Da sich die Entscheidungsfähigkeit der Minderjährigen für die

---

1109 *Dasch*, Einwilligung, S. 103.
1110 Vgl. *Deutsch*, AcP 192 (1992), 161 (175); *Baston-Vogt*, APR, S. 232.
1111 BVerfG, NJW 1982, 1375 (1376ff.).
1112 BVerfG, NJW 1982, 1375 (1378).
1113 BVerfGE NJW 1979, 1925 (1930); *Ohly*, Einwilligung, S. 84, 320, Fn. 170.
1114 *Stern*, StaatsR, § 76 IV 7 c (S. 1585); *Ohly*, Einwilligung, S. 84.
1115 BVerfG, NJW 1979, 1925 (1930).

verschiedenen Lebens- und Handlungsbereiche unterschiedlich entwickelt, ist eine derartige einzelfallorientierte Betrachtung zwingend geboten.[1116]

Gegen die alleinige Kompetenz Minderjähriger im Wege der schlichten Einwilligung Eingriffsbefugnisse zu begründen, lassen sich zunächst die dem Internet immanenten Gefahrenpotentiale anführen. Durch die Veröffentlichung von Bildern im Internet wird zu Gunsten Dritter eine vielschichtige Nutzungs- und Manipulationsmöglichkeit eröffnet. Anders als im analogen Umfeld können urheberrechtlich geschützte Bilder im digitalen Format ohne Weiteres verändert, umgestaltet und in persönlichkeitsrechtsverletztender Art und Weise verbreitet werden. Hinzukommt, dass die Nutzung im Internet frei zugänglich gemachter Inhalte den Kontrollmöglichkeiten des Rechtsinhabers weitgehend entzogen ist. Somit geht mit der Veröffentlichung von Bildern im Internet die Gefahr negativer Folgen für die Persönlichkeitsenwicklung des Jugendlichen einher.

Gegen eine Alleinentscheidungskompetenz Minderjähriger spricht weiterhin, dass es aufgrund der Anonymität und Dezentralität des Internets praktisch unmöglich ist, mit einzelnen Rechtsinhabern in Kontakt zu treten. Werknutzern wie den automatisiert arbeitenden Suchmaschinen ist es damit in tatsächlicher Hinsicht verwehrt, sich in zuverlässiger Weise ein Bild über die geistige und sittliche Reife eines minderjährigen Schutzrechtsinhabers zu machen. Der Schutzzweck der Rechtssicherheit des Werknutzers ist somit in den Fällen urheberrechtsrelevanter Onlinenutzungen besonders gewichtig. Etwas anderes kann sich auch nicht deshalb ergeben, weil Werknutzern aufgrund der technischen Gegebenheiten des Internets die individuelle Kenntniserlangung von einer Zustimmung der Eltern nur schwerlich möglich sein dürfte: Entscheidend ist hier allein, dass ein Werknutzer sich aufgrund eines Einwilligungsvorbehalts der Eltern darauf einstellen kann, dass die Indexierung der Bilder Jugendlicher gegen deren Urheberrechte verstößt, sofern die notwendige Zustimmung nicht vorliegt.

Damit sprechen auch soweit (urheber)persönlichkeitsrechtliche Interessen betroffen sind, sämtliche den §§ 107 I, 111 BGB immanenten Schutzzwecke dagegen, dem Jugendlichen Konsentierungen ohne Hinzuziehung seines gesetzlichen Vertreters zu ermöglichen. Damit ist im Ergebnis eine kumulative (Doppel) Zuständigkeit des Minderjährigen und seines gesetzlichen Vertreters anzunehmen. Zwar muss nach den oben aufgezeigten vom BVerfG aufgestellten Grundsätzen im Rahmen höchstpersönlicher Entscheidungen in besonderem Maße auf das Selbstbestimmungsrecht Minderjähriger Rücksicht genommen werden. Doch ist dieses im vorliegenden Kontext nicht von so existentieller Bedeutung,

---

1116 So auch *Kohte*, AcP 185 (1985), 105 (147).

dass es gerechtfertigt erscheint, sich über die gesetzlichen Vorgaben des § 107 BGB gänzlich hinwegzusetzen.

Festzuhalten bleibt damit, dass es zur Wirksamkeit einer konkludent durch das Onlinestellen von Bildinformationen erklärten Einwilligung eines Minderjährigen der vorherigen Zustimmung seines gesetzlichen Vertreters bedarf. Auch dieses Ergebnis zeigt, dass die Rechtsfigur „schlichte Einwilligung“ zur umfassenden Legalisierung des Geschäftsmodells Bildersuchmaschinen nicht geeignet ist. Soll der Bestand dieses für die Funktionsfähigkeit des Internets notwendigen Geschäftsmodells auch in Zukunft gewährleistet sein, bedarf es somit der Einführung einer Bildersuchmaschinen privilegierenden Schrankenbestimmung.

3. *Zugang von Einwilligungen im Internet*

Obigen Ausführungen zufolge bewirkt die schlichte Einwilligung eine Umgestaltung des zwischen Einwilligendem und dem Einwilligungsempfänger bestehenden Rechtsverhältnisses. Das abstrakt-generelle Verbot des Eingriffs in Urheberrechte wird in eine konkret-individuelle bzw. konkret-generelle Erlaubnis umgemünzt. Als auf diese Rechtsfolge gerichteter Gestaltungsakt, der die Rechtssphäre des Adressaten unmittelbar berührt, bedarf die Einwilligung einer das Vertrauen auf den Eintritt ihrer Rechtsfolgen auslösenden Erklärung. Von dieser wiederum muss der Empfänger Kenntnis nehmen können. Die Einwilligung ist nicht nur erklärungs-, sondern auch empfangsbedürftig.[1117] Wie sich nachstehend erweisen wird, sind Einwilligungserklärungen selbst dann empfangsbedürftig, wenn sie nicht nur an einen oder einzelne (bestimmte) Adressaten gerichtet sind, sondern inter omnes gegenüber einer unbestimmten Vielzahl von Personen erklärt werden. Die Empfangsbedürftigkeit ist nämlich unverzichtbares Wesensmerkmal der Einwilligung.

Die Rechtsfolgen einer empfangsbedürftigen Willenserklärung treten erst im Zeitpunkt ihres Zugangs ein. Das BGB legt dies in § 130 BGB ausdrücklich für den Fall fest, dass die Willenserklärung in Abwesenheit des Erklärungsempfängers abgegeben wird. Welche Anforderungen an den die Wirksamkeit der Willenserklärung bewirkenden Zugang zu stellen sind, ist zwar gesetzlich nicht festgelegt. Dennoch besteht sowohl bei verkörperten als auch bei nicht verkörperten Willenserklärungen unter Abwesenden weitgehend Einigkeit über den Zugangsbegriff: Entscheidend ist jeweils, dass die Erklärungen derart in den Bereich des Empfängers gelangt sind, dass dieser unter normalen Umständen die

1117 So auch *Kohte*, AcP 185 (1985), 105 (125); *Ott*, ZUM 2004, 357 (366); vgl. auch Bamberger/Roth/*Wendtland*, § 130 BGB, Rn. 1.

Möglichkeit ihrer Kenntnisnahme hat.[1118] Entsprechendes gilt nach überwiegend vertretener Meinung auch für verkörperte Willenserklärungen unter Anwesenden.[1119] Demgegenüber werden nicht verkörperte Erklärungen unter Anwesenden nach der eingeschränkten Vernehmungstheorie dann wirksam, wenn der Erklärende keine ernsthaften Zweifel daran haben kann, dass der Empfänger die Erklärung richtig vernommen hat.[1120]

Die an den Zugang von Einwilligungen zu stellenenden Anforderungen sind also zunächst davon abhängig, in welcher Form die Einwilligungserklärung abgegeben wird und ob dies unter An- oder Abwesenden geschieht. In der hier interessierenden Fallgestaltung erfolgt die Abgabe der Einwilligung durch das Veröffentlichen von Inhalten im Internet. Die Veröffentlichung der Inhalte erfolgt durch den Upload von Datenpaketen auf den Webserver in Verbindung mit der Freischaltung der Webseite für den Internetverkehr. Es handelt sich mithin um eine elektronische Willenserklärung. Diese wird zwar mittels elektrischer Impulse übertragen. Sie ist jedoch im Falle einer entsprechenden Client-Anfrage mittels Hypertext-Transfer-Protocol im Internetbrowser des Clients (Internetsurfer, Suchmaschinencrawler) dauerhaft körperlich darstell- und perpetuierbar. Darüber hinaus findet auch eine nicht bloß flüchtige „körperliche" Festlegung im Arbeitsspeicher des die Webseite aufrufenden Nutzers statt. Damit ist das Einstellen und Übermitteln von Inhalten im Internet als verkörperte Willenserklärung einzuordnen.[1121]

Weiterhin stellt sich die Frage, ob es sich bei den hier interessierenden Einwilligungen im Bereich der Onlinenutzung um unter An- oder Abwesenden abgegebene Willenserklärungen handelt. Willenserklärungen unter Anwesenden sind solche, bei denen ein unmittelbarer zeitlicher Kontakt zwischen Absender und Empfänger hergestellt wird und ein echter Dialog mit der Möglichkeit zur Rückfrage besteht.[1122] Die von einem Anbieter veröffentlichten Inhalte werden zwar unverzüglich nach der clientseitigen Anfrage vom Internet-Provider als Erklärungsboten (§ 120 BGB) des Inhalteanbieters übermittelt. Doch fehlt es an

---

1118 BGH, NJW 1980, 990; BGH, NJW 1993, 1093; BGH, NJW 2004, 1320; a.A. MüKo-BGB/*Einsele*, § 130, Rn. 30.

1119 Soergel/*Hefermehl*, § 130 BGB, Rn. 2f.; Palandt/*Ellenberger*, § 130 BGB, Rn. 13.

1120 *Larenz/Wolf*, BGB-AT, § 26, Rn. 36; Palandt/*Ellenberger*, § 130 BGB, Rn. 14; MüKo-BGB/*Einsele*, § 130, Rn. 28; Soergel/*Hefermehl*, § 130 BGB, Rn. 21.

1121 Hoeren/Sieber/*Kitz*, Kap. 13.1, Rn. 35; Spindler/Schuster/*Spindler/Anton*, Recht der elektronischen Medien, § 130 BGB, Rn. 2.

1122 Spindler/Schuster/*Spindler/Anton*, Recht der elektronischen Medien, § 130 BGB, Rn. 3; *Redeker*, IT-Recht, Rn. 863; MüKo-BGB/*Einsele*, § 130, Rn. 2.

einer wechselseitigen Interaktionsmöglichkeit. Somit handelt es sich vorliegend um eine unter Abwesenden abgegebene (elektronische) Willenserklärung. Damit bleibt festzuhalten, dass die oben dargestellte Zugangsdefinition im Grundsatz auch auf konkludent durch die Veröffentlichung von Inhalten im Internet erklärte Einwilligungen Anwendung findet.

Dieses Ergebnis ist in der Literatur bei *Tinnefeld* auf Unbehagen gestoßen. Nach dessen Auffassung kann bei inter omnes erklärten Einwilligungen im Internet nicht am dargestellten Zugangsbegriff festgehalten werden. V.a. die nicht vorhandene Möglichkeit des Absteckens der von diesem vorausgesetzten Herrschaftsbereiche sei infolge fehlender Zuordnungsmöglichkeiten von Risikosphären nicht praktikabel.[1123] Ferner sei ungewiss, ob die veröffentlichten Informationen überhaupt jemals wahrgenommen würden. Aussagen darüber, zu welchem Zeitpunkt mit einer Kenntnisnahme des Empfängers gerechnet werden könne, seien damit unmöglich.[1124] Die auf bilaterale Austauschgeschäfte zugeschnittenen und stark objektivierten Definitionen des Zugangs empfangsbedürftiger Willenserklärungen seien daher bei Erklärungen erga omnes im Internet unpassend.[1125] Tinnefeld schlägt schließlich vor, auf den individualisierten Zugang inter omnes erklärter Einwilligungen im Internet zu verzichten. Vorzugswürdig sei es vielmehr die Wirksamkeit der Einwilligung analog § 657 BGB aus dem Onlinestellen der Inhalte als Akt öffentlicher Bekanntmachung abzuleiten. Gegen diesen dogmatischen Lösungsansatz bestehen jedoch in mehrfacher Hinsicht Bedenken:

Diese resultieren zunächst daraus, dass der Einwilligungsempfänger im jeweiligen Einzelfall in die Lage versetzt werden muss auf das Vorliegen und die Tragweite einer erteilten Einwilligung zu vertrauen. Hieraus folgt zum einen, dass nicht der innere Wille, sondern nur der erklärte Wille des Rechtsinhabers maßgeblich ist.[1126] Zum anderen muss der erklärte Wille den Erklärungsempfänger auch auf irgendeine Weise erreichen, d. h. sich für diesen *erkennbar* nach außen manifestieren. Hiermit verträgt es sich nicht, wenn sich ein beliebiger, der Allgemeinheit angehörender Werknutzer analog § 657 BGB (a.E.) prinzipiell unabhängig von der Kenntnis der Einwilligungserklärung allein aufgrund des Veröffentlichungsakts auf die Einwilligung des Inhalteanbieters soll berufen können. Andernfalls wäre der Einwilligende vorbehaltlich der Geltendmachung

1123 *Tinnefeld*, Einwilligung, S. 114.

1124 Ebd.

1125 *Tinnefeld*, Einwilligung, S. 115.

1126 BGH, NJW 1956, 1106; RGRK/*Steffen*, § 823 BGB, Rn. 391; *Kohte*, AcP 185 (1985), 105 (112, 121); *Ohly*, Einwilligung, S. 337; a.A. *Böhmer*, MDR 1959, 705; *Schenke*, Einwilligung, S. 43ff., 47ff.

eines Widerrufs auch gegenüber solchen Personen an die erteilte Einwilligung gebunden, die die Webseite samt Inhalten noch nie wahrgenommen haben. Dass die Auslobung nach § 657 BGB selbst dann einen Anspruch auf den versprochenen Vorteil gewährt, wenn der Handelnde von der Auslobung keine Kenntnis hatte und er damit kein Vertrauen in Bezug auf die Belohnung bilden konnte, ist vordergründig dem Gedanken der rechtsethischen Verbindlichkeit des Auslobungsversprechens geschuldet.[1127] Eine derartige ethische Pflicht zum Worthalten, die im Rahmen der Auslobung nach der Vornahme der versprochenen Handlung eine Bindungswirkung herzuleiten vermag, ist jedoch im Rahmen der schlichten Einwilligung irrelevant: Die Einwilligung begründet weder vor noch nach Vornahme der konsentierten Handlung ein verbindliches schuldrechtliches Leistungsversprechen, sondern eine schlichte Handlungserlaubnis. Zwar kommt auch einer Einwilligung nach Ausführung der erlaubten Handlung durch den Ausschluss der Beseitigungs- und Ersatzansprüche eine Bindungswirkung zu. Diese ist jedoch nicht Konsequenz der ethischen Pflicht zum Worthalten, sondern der mit der Selbstbestimmung des Rechtsinhabers korrelierenden Prinzipien der Selbstverantwortung und des Vertrauensschutzes im Rechtsverkehr. Auch im Strafrecht bedarf es nach allgemein anerkannter Auffassung zur Wirksamkeit einer rechtfertigenden Einwilligung auf subjektiver Rechtfertigungsebene zumindest eines Handelns in Kenntnis der Einwilligung.[1128]

Darüber hinaus erscheint die Auffassung Tinnefelds auch deshalb kritikwürdig, weil die Einwilligung im Falle der Zulassung eines Verzichts auf das Zugangserfordernis von einer anerkanntermaßen[1129] empfangsbedürftigen zur nicht empfangsbedürftigen Willenserklärung umgemünzt wird. Richtig ist zwar, dass sich § 130 BGB auf Erklärungen ad incertas personas nicht ohne Weiteres anwenden lässt. Dieser ist nämlich evident auf Erklärungen gegenüber einem bestimmten Empfänger zugeschnitten.[1130] Dennoch sollte auch im Rahmen inter omnes erklärter Einwilligungen zur Vermeidung von Fiktionen nicht auf den Zugang der Einwilligung beim Empfänger verzichtet werden. Wollte man dies anders sehen und einer inter omnes erklärte Einwilligung bereits im Zeitpunkt ihrer Abgabe bzw. öffentlichen Bekanntmachung Erlaubniswirkung gegenüber jedem einzelnen potentiellen Einwilligungsempfänger beimessen, wäre sie de

1127 *Heinrich*, Gerechtigkeit, S. 52; *Berjasevic*, S. 150, Fn. 164.

1128 *Kühl*, StrafR-AT, § 9, Rn. 41; *Krey*, StrafR-AT, Rn. 618; Schönke/Schröder/*Stree/Sternberg-Lieben*, Vor §§ 32ff. StGB, Rn. 13ff., 51. Ein Handeln in Kenntnis und aufgrund der Einwilligung fordernd *Wessels/Beulke*, StrafR-AT, Rn. 379.

1129 *Kohte*, AcP 185 (1985), 105 (122, 125); *Ott*, ZUM 2004, 357 (366).

1130 *Medicus*, BGB-AT, Rn. 260; *Fuchs*, AcP 196 (1996), 313 (379).

facto nur schwer von einem nicht empfangsbedürftigen und stets inter omnes wirkenden Verzicht zu unterscheiden. Auch dieser führt nämlich zur Erlaubtheit von Nutzungen bezüglich solcher Rechte, die Gegenstand der Verzichtserklärung waren. Anders als die Einwilligung des Rechtsinhabers hat er allerdings ein unwiderrufliches Erlöschen der Rechtszuständigkeit des Verzichtenden zur Folge. Eine mit der Dereliktion des Eigentums im Sachenrecht vergleichbare Rechtsentäußerung mittels gegenständlich wirkenden Verzichts ist im Urheberrecht – auch soweit lediglich einzelne Verwertungsrechte betroffen sind – nach dem oben Gesagten gerade nicht möglich. Wer mit inter omnes-Wirkung über die aus dem Urheberrecht fließenden Befugnisse verfügen will, muss sich der dafür statthaften Gestattungsform der konstitutiven Nutzungsrechtseinräumung bedienen. Im Urheberrecht ist somit schon zur Vermeidung von Wertungswidersprüchen und im Interesse vermehrter Rechtsklarheit auf die Anerkennung inter omnes wirkender Einwilligungen zu verzichten. Festzustellen ist also, dass die Einwilligung zwar an einen nicht näher bestimmten Personenkreis adressiert werden kann. Ihre Rechtswirksamkeit entfaltet sie jedoch erst im Falle des individuellen Zugangs der Erklärung beim betreffenden Einwilligungsempfänger.

Entgegen der Kritik Tinnefelds ergeben sich ferner im Rahmen der hier interessierenden Fallgestaltung inter omnes erklärter Einwilligungen im Internet keine Schwierigkeiten, die sich nicht mit dem tradierten Zugangsbegriff bewältigen ließen: So besteht etwa das von Tinnefeld angedeutete Problem der Feststellung und Abgrenzung von Machtbereichen im Internet nur scheinbar. Anhand des Kriteriums der Verkörperung der Willenserklärung, d. h. deren dauerhafter Darstellbar- und Reproduzierbarkeit als Datei, lässt sich sehr wohl eine Einteilung in Machtbereiche des Erklärenden bzw. des Erklärungsempfängers vornehmen.[1131] Infolge der dadurch möglichen Differenzierung zwischen den Risikosphären von Einwilligendem und Einwilligungsempfänger können, was nachstehend aufzuzeigen sein wird, bei genauer Subsumtion der hier relevanten Fallgestaltungen unter den Zugangsbegriff sach- und interessengerechte Ergebnisse erzielt werden. Zwar ist Tinnefeld darin beizupflichten, dass im Augenblick der Veröffentlichung der Inhalte vollkommen undurchsichtig ist, ob und wann ein der Allgemeinheit angehörender Einwilligungsadressat diese wahrnimmt. Folglich kann nicht gesagt werden, zu welchem Zeitpunkt mit der Kenntnisnahme zu rechnen ist.[1132]

1131 MüKo-BGB/*Einsele*, § 130, Rn. 2. Eine Surrogation des Kriteriums der „Verkörperung" durch die „Speicherung der Erklärung" befürwortend *John*, AcP 184 (1984), 385 (390ff.); *Medicus*, BGB-AT, Rn. 274.

1132 Darüber hinaus fehlt es hier auch schon am Zugangskriterium des Hineingelangens in den Machtbereich des Einwilligungsempfängers.

Doch resultiert hieraus kein Problem, dessen Lösung in einem Verzicht auf das Zugangserfordernis zu suchen ist: Tinnefeld lässt nämlich unberücksichtigt, dass als Anknüpfungspunkt für den Zugang der Einwilligung keineswegs allein das Einstellen der Werkinhalte im Internet in Betracht kommt. Für den Zugang der Einwilligungserklärung kann vielmehr auch auf die tatsächlich erfolgende Übermittlung der betreffenden Webseite nach clientseitiger Anfrage beim Internet-Provider des Inhalteanbieters abgestellt werden.[1133] Durch die Ermöglichung des Abrufs und der dauerhaften Darstellbarkeit der Daten im Browser des Nutzers gelangt die in den Daten verkörperte Einwilligung in dessen Machtbereich. Unter normalen Umständen ist dem die Webseite Aufrufenden die Kenntnisnahme unmittelbar nach Aufruf der Seite möglich. Unter Berücksichtigung der Verkehrsanschauung kann also mit einem sofortigen Zugang der Einwilligungserklärung gerechnet werden. Demnach führt der Internet-Provider als Erklärungsbote die Wirksamkeit der Einwilligungserklärung herbei, indem er ihren Zugang beim Aufrufenden durch Übermittlung der veröffentlichten Daten bewirkt.

Gleiches gilt auch dann, wenn die Übermittlung der Daten ausnahmsweise durch den Einwilligenden selbst erfolgt. In diesem Fall wird die ursprünglich durch den Upload der Daten in Verbindung mit deren Freischaltung für den Internetverkehr erklärte Einwilligung im Zeitpunkt der Übermittlung der Webseite aktualisiert. Auch die Übermittlung der Webseite verkörpert ein aktives Erklärungszeichen, welches nicht anders ausgelegt werden kann als die Veröffentlichung der Werkinhalte. Analog obiger Ausführungen geht diese Erklärung dem Werknutzer unmittelbar zu. Somit besteht auch bei Einwilligungen in urheberrechtliche Nutzungen im Internet kein Grund sich vom individuellen Zugangserfordernis des § 130 BGB abzuwenden. Dass die Wirksamkeit der Einwilligung trotz einheitlicher Einwilligungserteilung zu unterschiedlichen Zeitpunkten eintritt, liegt im Wesen der Einwilligung als zwingend empfangsbedürftigen Kommunikationsakts begründet und ist daher hinzunehmen.

Dass das so gefundene Ergebnis auch praxisgerecht ist, zeigt sich v.a. daran, dass die Einwilligung in urheberrechtliche Nutzungen im Internet bei Lichte betrachtet nur dann virulent wird, wenn der Werknutzer auf die veröffentlichten Inhalte zugreift. In diesem Zeitpunkt erfolgt nach dem oben Gesagten aber zugleich der Zugang der Einwilligung. Dem Urheber entsteht durch die Forderung eines individuellen Zugangs der Einwilligung auch kein unzumutbarer Nachteil: Es ist nämlich der die Webseite aufrufende Werknutzer,

---

1133 Vgl. auch *Ott*, ZUM 2004, 357 (366).

der die Darlegungs- und Beweislast für das Vorliegen der Einwilligungsvoraussetzungen und damit auch für den Zugang der Einwilligung trägt. Auch auf Seiten der Werknutzer führt das Zugangserfordernis grundsätzlich zu einer interessengerechten Lösung. Sollte die normative Prägung des Zugangsbegriffs im Einzelfall zu Unbilligkeiten führen, können diese notfalls durch § 242 BGB korrigiert werden. Dies wäre etwa dann der Fall, wenn ein Inhalteanbieter einer Bildersuchmaschine die Indexierung veröffentlichter Bildinhalte durch einen ausdrücklichen Hinweis in den Nutzungsbedingungen widerruflich gestattet, er den Betreiber der Suchmaschine gleichwohl nach Vornahme der konsentierten Nutzungen in Anspruch nimmt. Zwar wäre hier ein Zugang der Einwilligung infolge der fehlenden Wahrnehmbarkeit bzw. Kenntnisnahmemöglichkeit durch die bekanntermaßen automatisiert arbeitenden Suchmaschinencrawler zu verneinen. Allerdings ist der Rechtsinhaber hier aufgrund seines widersprüchlichen Verhaltens so zu stellen, als hätte er in die Nutzung eingewilligt.

Im Ergebnis bleibt festzuhalten, dass Einwilligungserklärungen in urheberrechtliche Nutzungen im Internet zugangsbedürftig sind. Das Zugangserfordernis gilt unabhängig davon, ob die Einwilligungserklärung eine konkret-individuelle oder konkret-generelle Erlaubnis enthält. Eine unter Berufung auf den Verzicht des Zugangs der Einwilligungserklärung gestützte inter omnes-Wirkung einer erklärten Einwilligung ist abzulehnen.

4. *Widerruf der Einwilligung*

Neben der einseitigen Erteilungsmöglichkeit gibt die jederzeitige Widerrufbarkeit der schlichten Einwilligung ihr typisches Gepräge. Der Widerruf der Einwilligung ist ebenso wie die Einwilligungserteilung Ausdruck und Konkretisierung von Selbstbestimmung. Er ist grundsätzlich bis zur Vornahme der konsentierten Handlung möglich.[1134] Der Widerruf der Einwilligung ist von dem bereits für das (Nicht)Vorliegen einer wirksamen konkludenten Einwilligung relevanten und im Rahmen der Bildersuche formbedürftigen *Widerspruch*[1135] gegen die Werknutzung zu unterscheiden. Ersterer stellt den Ursprungszustand des generell-abstrakten

1134 Ein auf zukünftige Eingriffshandlungen abzielender Widerruf wird jedoch durch den eigentlichen Eingriff vorbereitende Handlungen oder – im Falle fortdauernd gestatteter Eingriffe – den Beginn der Durchführung tatbestandlich relevanter Eingriffshandlungen nicht ausgeschlossen.

1135 Mit der Formbedürftigkeit des Widerspruchs ist die Verpflichtung zur Absicherung durch technische Schutzmaßnahmen gemeint. Siehe hierzu *Kap. 2 E. II. 4. a).*

Eingriffsverbots in die dem Rechtsinhaber zugewiesenen Rechte mit Wirkung ex nunc wieder her. Gleichzeitig bewirkt er die Neutralisierung des seitens des Einwilligungsempfängers erwachsenen Vertrauens in die Erlaubtheit einer konsentierten Handlung. Letzterer verhindert bereits die Entstehung des auf eine konkludente Einwilligung gerichteten objektiven Erklärungstatbestandes.

Maßgeblich für die Widerrufbarkeit der Einwilligung ist nicht die Rechtsnatur oder das Wesen der „Einwilligung" selbst.[1136] Entscheidend ist vielmehr die Auslegung des Willens des Rechtsinhabers zur Einräumung einer jederzeit widerrufbaren Eingriffserlaubnis.[1137] Der Widerruf der Einwilligung ist für den Rechtsinhaber mit keinen weiteren nachteiligen Folgen verknüpft: Eine Haftung aus culpa in contrahendo (§§ 311 II Nr. 3, 241 II, 280 I BGB) kommt mangels Pflichtverletzung und schuldhaften Verhaltens ebenso wenig in Betracht wie der Ersatz eines Vertrauensschadens analog § 122 BGB.[1138]

Mit der Widerruflichkeit der durch die Einwilligung erteilten Eingriffserlaubnis korrespondiert ein natürliches Schutzbedürfnis des Einwilligungsempfängers. Dieser nimmt nämlich nach erklärtem Widerruf eine Handlung vor, die rechtswidrig ist und möglicherweise zu Beseitigungs-, Unterlassungs- und oder Schadensersatzansprüchen führt. Damit muss der Einwilligungsempfänger analog zur Einwilligungserteilung auch hier durch eine nach außen gerichtete Erklärung von dem Motivwandel des Einwilligenden in Kenntnis gesetzt werden. Auch der Widerruf ist mithin erklärungs- und empfangsbedürftig. Dies folgt auch schon daraus, dass dem Einwilligungsempfänger nach erteilter Einwilligung grundsätzlich keinerlei Erkundigungspflicht obliegt, ob die Vornahme der konsentierten Handlung tatsächlich und immer noch von der eigenverantwortlich geäußerten Entscheidung des Rechtsinhabers getragen ist.[1139] Ist die Einwilligung einmal erklärt und dem Erklärungsempfänger zugegangen, so ist die Mentalreservation des Einwilligenden unbeachtlich (§ 116 BGB).[1140] Er darf sich nach der durch den Berechtigten ausdrücklich oder konkludent erklärten Einwilligung zur Vornahme des Eingriffs veranlasst fühlen und auf dessen Erlaubtheit vertrauen.[1141] Der Widerruf muss daher ausdrücklich oder konkludent, entweder durch den Rechtsinhaber selbst oder eine sonst zur Disposition befugte

---

1136 *Ohly*, GRUR 2012, 983 (990).

1137 *Ohly*, Einwilligung, S. 346ff.; *ders.*, GRUR 2012, 983 (990).

1138 A.A. *Dasch*, Einwilligung, S. 88.

1139 Zur Ausnahme bei inter omnes erklärten Einwilligungen im Internet siehe *Kap. 2 E. III. 4. f) aa)*.

1140 *Ohly*, Einwilligung, S. 337.

1141 Simitis/*Simitis*, § 4a BDSG, Rn. 101.

Partei, erklärt werden.[1142] Damit geht also nach erklärter Einwilligung die Aktionslast zur Verhinderung des Eingriffs auf den Rechtsinhaber über. Will der Einwilligende die Legitimationswirkung der schlichten Einwilligung außer Kraft setzen, muss er in nach außen erkennbarer Weise zum Ausdruck bringen, dass er sich an die Einwilligung nicht mehr gebunden fühlt. Sowohl für die Ermittlung des Vorliegens eines Widerrufs als auch der Reichweite desselben (Teil- oder Totalwiderruf) ist auch hier vom Grundsatz objektiv-normativer Auslegung auszugehen. Nur dadurch wird dem Vertrauensschutzbedürfnis des sich auf die Wirksamkeit der Einwilligung verlassenden Einwilligungsempfängers umfassend Rechnung getragen.

Vor dem Hintergrund der oben erwähnten Eigenschaft des Widerrufs als ein die Legitimationswirkung der Einwilligung neutralisierender actus contrarius, erscheint es nur konsequent diesen an der Rechtsnatur der Einwilligung teilhaben zu lassen.[1143] Damit einhergehend sind folgerichtig auch die an die Einwilligungserteilung gestellten Anforderungen auf den Widerruf zu übertragen. Hierfür spricht v.a. auch die übereinstimmende Herleitung von Einwilligung und Widerruf aus den privatautonomen Rechtssetzungsbefugnissen ihres Inhabers. Es überzeugt den Widerruf der Einwilligung als empfangsbedürftige Willenserklärung einzuordnen. Demnach finden auf den Widerruf die Vorschriften rechtsgeschäftlich relevanten Handelns, mithin insbesondere die den Konflikt zwischen dem Selbstbestimmungsrecht und dem Vertrauensschutz im Rechtsverkehr abbildenden §§ 133, 157 BGB Anwendung. Infolge der rechtsgeschäftlichen Atypik der schlichten Einwilligung, die nicht zuletzt auf ihre freie Widerrufbarkeit zurückzuführen ist, muss der Rechtsanwender aber im Rahmen der Prüfung der Widerrufsvoraussetzungen stets die Möglichkeit einer teleologischen Reduktion der rechtsgeschäftlichen Vorschriften im Auge behalten. Zudem wäre es viel zu schematisch und undifferenziert, nach der Devise eines allgemeinen „actus contrarius-Prinzips" sämtliche Einwilligungsvoraussetzungen auf den Widerruf zu übertragen und damit eine faktische Gleichheit von Ursprungserklärung und deren Gegenakt zu postulieren.[1144] Dass ein solches Prinzip dem BGB fremd ist, belegt ein Blick ins Auslobungsrecht. Hier ermöglicht § 658 I S. 2 Alt. 2 BGB trotz des Umstandes, dass die Auslobung als Ursprungsakt formgebunden mittels öffentlicher Bekanntmachung erklärt werden muss, einen als „Widerruf" bezeichneten actus contrarius durch „besondere Mitteilung".

1142 *V. Ungern-Sternberg*, GRUR 2009, 369 (371).

1143 In diesem Sinne auch *Dasch*, Einwilligung, S. 88.

1144 Vgl. *Tinnefeld*, Einwilligung, S. 153.

Ein gutes Exempel dafür, wie weit der actus contrarius-Gedanke im Rahmen der Ermittlung der Widerrufsvoraussetzungen nicht gehen darf, statuiert die „Vorschaubilder I"-Entscheidung: Hier konstatierte der BGH, dass die an die Auslegung des für die Einwilligung relevanten Erklärungsverhaltens gesetzten Maßstäbe auf die Auslegung der Widerrufserklärung übertragen werden müssten. Da bei inter omnes erklärten Einwilligungen im Wege einer *einheitlichen Auslegung* nur allgemein erkennbare Umstände berücksichtigt werden könnten, müsse dies auch für den Widerruf der Einwilligung gelten.[1145] Diese Annahme des BGH ist gleich in mehrfacher Hinsicht unzutreffend: Bereits oben wurde richtiggestellt, dass im Rahmen der Auslegung eines Verhaltens als Einwilligung auch lediglich individuellen Empfängern erkennbare Umstände miteinzubeziehen sind. Selbst wenn man über diesen Kritikpunkt hinwegsieht, ist ferner nicht nachvollziehbar, weshalb der BGH in Anlehnung an den actus contrarius-Gedanken von einer zwingenden Übertragung des Auslegungsmaßstabs ausgeht. Für die Auslegung des Widerrufs ist es tatsächlich völlig belanglos, welche Erklärungsumstände im Rahmen der Auslegung eines Verhaltens als Einwilligung ausschließlich berücksichtigungsfähig waren.[1146] Zwar ist zu konzedieren, dass der Spiegelbildlichkeit von Einwilligung und Widerruf eine gewisse Indizwirkung für die Voraussetzung zur wirksamen Ausübung des Widerrufs zukommt. Allerdings darf daraus nicht, wie vom BGH vorgenommen, der Schluss gezogen werden, dass die Spiegelbildlichkeit *als solche* ausschlaggebend für die an Verfahren und Form des Widerrufs zu stellenden Anforderungen ist. Die Berufung auf die actus contrarius-Eigenschaft entbindet gerade nicht von einer einzelfallbezogenen Würdigung der beiden Erklärungsakten zugrunde liegenden Interessenlagen. Vielmehr gebietet es die privatautonome Entscheidungsbefugnis und Handlungsfreiheit des Rechtsinhabers, einen actus contrarius, der in Form und Verfahren dem Erstakt entspricht, nur dort zu verlangen, wo eine Vergleichbarkeit der Interessenlage konstatiert werden kann.[1147] Wird hingegen eine Interessenkonformität allein aufgrund der actus contrarius-Eigenschaft unterstellt, handelt es sich dabei um einen Fehlschluss. Kurzum: Entgegen dem Vorgehen des BGH in der „Vorschaubilder I"-Entscheidung ist es folgerichtig und angezeigt, die der Ursprungserklärung und dem davon zu trennenden Beseitigungsakt zugrunde liegenden Interessenlagen problemorientiert zu beurteilen, auf ihre Kongruenz zu überprüfen und einem so ermittelten

1145 BGH, GRUR 2010, 628 (632, Rn. 37) – *Vorschaubilder I.*

1146 So zutreffend *Tinnefeld*, Einwilligung, S. 156.

1147 *Kleinschmidt*, Verzicht, S. 266f.; *Bleckmann*, JuS 1988, 174 (175); vgl. auch *Ohly*, AfP 2011, 428 (433).

Differenzierungsbedürfnis durch unterschiedliche Voraussetzungen beider Erklärungsakte Rechnung zu tragen.[1148] Hiermit ist zugleich der Rahmen für die später zu problematisierende Frage, ob ein individueller Widerruf einer inter omnes erklärten Einwilligung sowie ein in seiner Form von der Ursprungserklärung abweichender Widerruf möglich ist, abgesteckt.[1149]

a) Duales Verhältnis von Einwilligung und Widerruf

Zwischen Einwilligung und Widerruf besteht ein duales Verhältnis. Diese scheinbar klare und ohne Weiteres plausible Klassifizierung steht in Kontrast zur Einordnung des Verhältnisses von Einwilligung und deren Widerruf durch den BGH in der „Vorschaubilder I"-Entscheidung. Dieser ordnet beide Erklärungsakte als Teile eines als Einheit zu begreifenden Gesamttatbestandes „Einwilligung" ein.[1150] Durch dieses monistische Verständnis verkennt der BGH, dass die Einwilligung und deren Widerruf zwar unmittelbar korrespondierende, gleichwohl aber selbständig und damit losgelöst voneinander zu bewertende Rechtsakte statuieren. Dass eine solche dualistische Interpretation zwingend ist, soll durch die nachstehende Kontrollüberlegung verdeutlicht werden: Sofern man mit dem BGH von einem monistischen Verständnis von Einwilligung und Widerruf ausgeht, muss der Widerruf, um Wirksamkeit zu entfalten, zwingend Auswirkungen auf den ursprünglichen Erklärungsgehalt der schlichten Einwilligung haben.[1151] Die so hergeleitete Modifikation des Erklärungsinhalts der bereits ausgelegten Einwilligung durch ein nachträgliches Verhalten (Widerruf) stünde aber in diametralem Widerspruch mit anerkannten Auslegungsgrundsätzen: Zur Auslegung einer empfangsbedürftigen Willenserklärung können nämlich nur solche Umstände berücksichtigt werden, die dem Empfänger bei Wirksamwerden der Erklärung erkennbar waren.[1152] Keinesfalls darf die Auslegung des nachträglichen Parteiverhaltens zu Lasten desjenigen gehen, der als Erklärungsempfänger auf die objektive Bedeutung der Willenserklärung zum Zeitpunkt ihres Wirksamwerdens vertraut hat.[1153] Der Inhalt einer empfangsbedürftigen Willenserklärung kann somit nach ihrem Zugang beim Empfänger nicht mehr durch

---

1148 Im Ergebnis ähnlich, allerdings mit Bezug auf das Verfassungsrecht *Bleckmann*, JuS 1988, 174 (175).

1149 *Kap. E. III. 4. c) + e).*

1150 BGH, GRUR 2010, 628 (632, Rn. 37) – *Vorschaubilder I.*

1151 Von dieser Prämisse geht auch der BGH aus, vgl. GRUR 2010, 628 (632, Rn. 37) – *Vorschaubilder I.*

1152 BGH, NJW 1988, 2878 (2879); BGH, NJW-RR 2007, 529; *Flume*, BGB-AT II, S. 310.

1153 Staudinger/*Singer*, § 133 BGB, Rn. 50.

nachträgliche Ereignisse beeinflusst werden.[1154] Genau dies wäre jedoch unter Zugrundelegung eines lediglich einaktigen Verständnisses von Einwilligung und Widerruf infolge des durch letzteren bewirkten Fortfalls des ursprünglich auf die Einwilligung gerichteten Erklärungsgehalts der Fall. Die Kontrollüberlegung verdeutlicht mithin, dass das vom BGH zugrunde gelegte monistische Verständnis nicht nur falsch ist, sondern sogar zu einem Bruch mit anerkannten Auslegungsregeln führt.

Damit bleibt festzuhalten, dass der Widerruf zwar die Erklärungswirkung der Einwilligung beseitigt, jedoch keinerlei Auswirkungen auf deren ursprünglichen Erklärungsgehalt haben kann. Zwar ist die Einwilligung Bezugsobjekt des Widerrufs und die Widerrufsmöglichkeit von vornherein in der ursprünglichen Einwilligungserklärung mit enthalten. Beides zwingt jedoch keineswegs dazu, dem Widerruf lediglich Folgen im Rahmen der Auslegung der Einwilligung beizumessen.

b) Ausschluss des Widerrufs nach § 242 BGB

Der Widerruf stellt einen legitimen privatautonomen Gestaltungsakt dar. Die Gestaltungswirkung des Widerrufs findet ihre Grundlage allein im Willen des Rechtsgutsträgers. Damit bedarf der Widerrufende für die Geltendmachung und Wirksamkeit des Widerrufs keines Grundes; er muss seinen Motivwandel nicht rechtfertigen. Einschränkungen des Widerrufsrechts sind nur in engen Grenzen möglich: Das Gestaltungsrecht findet seine Schranken in den für die Ausübung sämtlicher subjektiver Rechte geltenden Generalklauseln der §§ 138, 226, 826 BGB. Darüber hinaus kann die Geltendmachung des Widerrufs dann unzulässig sein, wenn dieser im Einzelfall gegen die Grundsätze von Treu und Glauben i.S.d. § 242 BGB verstößt. Die für die Anwendbarkeit von § 242 BGB erforderliche Sonderverbindung liegt nach Feststellung eines tatbestandlichen Eingriffs in die Urheberrechte des Einwilligenden vor.

Denkbare Anwendungsfälle unzulässiger Rechtsausübung im Zusammenhang mit dem Widerruf der Einwilligung sind v.a. der wegen seiner Art und Weise zu missbilligende „Widerruf zur Unzeit“ bzw. der Fall eines zu kurzfristig erklärten Widerrufs.[1155] Ferner kommen solche Konstellationen in Betracht, in denen sich der Rechtsinhaber durch den Widerruf treuwidrig in Widerspruch zu seiner früher erklärten Einwilligung setzt (venire contra factum proprium).

1154 Ebd.

1155 *Kohte*, AcP 185 (1985), 105 (138).

Vergegenwärtigt man sich, dass widersprüchliches Verhalten nach der Rechtsordnung nicht per se verboten und die Widerruflichkeit wesenstypisches Merkmal der Einwilligung ist, muss der Ausschluss des Widerrufs aber auf Ausnahmefälle beschränkt bleiben. Einzig vorstellbar sind Fälle, in denen der Einwilligende beim Einwilligungsempfänger ein besonders schutzwürdiges Vertrauen in den Fortbestand der Einwilligung hervorgerufen hat, welches nunmehr durch die Ausübung des Widerrufs (treuwidrig) enttäuscht wird.[1156] Nach dem oben Gesagten ist ein solcher Fall im Rahmen des Onlinestellens von Werkinhalten allenfalls dann denkbar, wenn der Rechtsinhaber die Einwilligung gegenüber dem Einwilligungsempfänger als unwiderruflich hinstellt. Ein rechtsmissbräuchliches Verhalten kann hier ausnahmsweise dann vorliegen, wenn der Einwilligungsempfänger im Vertrauen auf den Fortbestand der Konsentierung Dispositionen getroffen hat, die durch einen Widerruf vereitelt würden.[1157] Versucht er dagegen lediglich aktiv fremde Werknutzer auf seine Webseite zu locken und sie zur Nutzung seiner Inhalte zu veranlassen, ohne dabei jedoch den Eindruck der Unwiderruflichkeit der Einwilligung zu vermitteln, kann hierin noch kein tauglicher Anknüpfungspunkt für ein rechtsmissbräuchliches Verhalten gesehen werden. Der Grund dafür liegt in dem anerkennenswerten Interesse des Anbieters online gestellte Inhalte im Bedarfsfall jederzeit und umgehend aus dem Netz entfernen und daran bestehende Nutzungserlaubnisse revidieren zu können. Dieses Interesse ist einem auf die Inhalte zugreifenden Durchschnittsnutzer auch ohne Weiteres erkennbar. Will letzterer dem Risiko der jederzeit möglichen Aufhebung der Erlaubniswirkung aus dem Wege gehen, steht es ihm frei, sich eine bindende (vertragliche) Gestattung einräumen zu lassen. Somit fehlt es für ein treuwidrig widersprüchliches Verhalten nach § 242 BGB nicht nur an einem hinreichenden Vertrauenstatbestand, sondern auch an der Schutzwürdigkeit des Einwilligungsempfängers.

c) Möglichkeit eines individuellen Widerrufs bei Einwilligung ad incertam personam

In Reaktion auf die „Vorschaubilder I“-Entscheidung hat besonders die Problematik, ob eine inter omnes erklärte Einwilligung auch lediglich gegenüber einem oder einzelnen Einwilligungsempfängern widerrufen werden kann, besondere Aufmerksamkeit erlangt. Der BGH entschied sich, gestützt auf den actus contrarius-Gedanken, gegen die Möglichkeit eines individualisierten Widerrufs. Er

1156 Vgl. auch *Dette*, S. 61; *Singer*, S. 73 f., 77 f., 179 f.

1157 An dieser Stelle sei auf die Ausführungen in *Kap. 1 G. VII. 5. c) aa)* verwiesen.

sah daher den von der Klägerin lediglich gegenüber Google und nicht gegenüber sämtlichen Bildersuchmaschinenbetreibern erklärten Widerruf als unbeachtlich an. Hieran wurde in der Literatur zu Recht Kritik geäußert und auf einen sich andeutenden Wertungswiderspruch hingewiesen.[1158] Bereits oben wurde erläutert, dass der actus contrarius-Gedanke entgegen dem auch hier Auswirkungen zeitigenden Fehlschluss des BGH kein Erfordernis absoluter Gleichartigkeit von Einwilligung und Widerruf aufzustellen vermag. Im Gegenteil: Um zur Synchronität der an beide Erklärungsakte zu stellenden Anforderungen zu gelangen, ist es vor dem Hintergrund der Entscheidungsautonomie des Einwilligenden zwingend, einen Vergleich der beiden Erklärungsakten zugrunde liegenden Interessenlagen anzustellen.

Nachstehend wird sich erweisen, dass die vom BGH auf einem zu strengen Verständnis des actus contrarius-Gedankens beruhenden Ausführungen nicht nur in der Begründung, sondern auch im Ergebnis abzulehnen sind: Sinn und Zweck der Ausübung des Widerrufs ist die Ermöglichung der Wiederherstellung des vor der Konsentierung bestehenden Ursprungszustandes. Er dient somit auf der einen Seite der Umsetzung der privatautonomen Gestaltungsinteressen des Widerrufenden. Dabei ist es dem Einwilligenden durchaus möglich, zwischen den von einer inter omnes erklärten Einwilligung Begünstigten zu differenzieren und einzelne Einwilligungsempfänger nachträglich von der Erlaubniswirkung der Einwilligung auszuschließen.[1159] Der Einwilligende muss daher in Aktualisierung seiner Entscheidungsautonomie auch bloß einzelnen Empfängern Handlungserlaubnisse entziehen können. Auf der anderen Seite dient der Widerruf der Inkenntnissetzung des auf das Bestehen der Einwilligung vertrauenden Einwilligungsempfängers von der Wiederherstellung des ursprünglich bestehenden Eingriffsverbots. Damit wird durch den den Gesinnungswandel des Einwilligenden bekundenden Konträrakt „Widerruf“ auch den Vertrauensschutzinteressen des Einwilligungsempfängers Rechnung getragen. Für die Aufhebung des Vertrauens in die Erlaubniswirkung der Einwilligung kann es im Falle eines individualisiert zugegangenen Widerrufs de facto keine Rolle spielen, ob der Ursprungsakt „Einwilligung“ gegenüber einer oder einer nicht näher überblickbaren Vielzahl von Personen erklärt wurde. Zwar besteht im Falle eines Widerrufs an nur einen Einwilligungsadressaten die vom Einwilligenden gegenüber den anderen Einwilligungsempfängern erklärte Einwilligung fort. Dass gegenüber anderen, am

1158 *Omsels*, jurisPR-WettbR 7/2010 Anm. 1 C.; *Hüsch*, CR 2010, 452 (456); *Conrad*, ZUM 2010, 585 (586f.); *Ott*, WRP 2011, 655 (668).

1159 *Ohly*, GRUR 2012, 983 (990).

konkreten Rechtsverhältnis unbeteiligten Dritten nicht ebenfalls ein Widerruf der inter omnes erklärten Einwilligung ausgesprochen wurde, ist aber für die Aufhebung des Vertrauens auf die Erlaubniswirkung der schlichten Einwilligung im Verhältnis zum Empfänger der Widerrufserklärung irrelevant. Diesem wird es in der Regel gleichgültig sein, ob anderen Werknutzern gleichermaßen ein Widerruf erklärt wurde.[1160] Umgekehrt stehen der Zulassung des Widerrufs gegenüber dem einzelnen Einwilligungsempfänger gerade keine schutzwürdigen Interessen Dritter oder der Allgemeinheit entgegen. Die ihnen erteilte Erlaubnis bleibt nämlich mangels Gestaltungswirkung des Widerrufs über das Zweipersonenverhältnis von Rechtsinhaber und Widerrufsempfänger hinaus in ihrem Bestand unberührt.[1161]

Zudem ist die den oben erwähnten Rechtsverhältnissen (Regelungen mit korporativem Charakter gegenüber Rechtsnachfolgern und Gläubigern) zugrunde liegende Interessenlage, die es dort zwingend geboten erscheinen lässt im Rahmen der Auslegung nur objektiv erkennbare Umstände zu berücksichtigen, nicht mit derjenigen des Widerrufs einer inter omnes erklärten Einwilligung gegenüber einzelnen Empfängern der Einwilligung vergleichbar. Hier bestehen in Ermangelung einer Verbindung der Erklärungsempfänger untereinander gerade keine schutzwürdigen Verkehrs- und Vertrauensschutzinteressen der zur Allgemeinheit gehörenden Einwilligungsempfänger, die es erforderten, mithilfe des Widerrufs eine einheitliche Unwirksamkeit der Einwilligung zu erzielen. Der vom BGH in diesem Zusammenhang angestrengte Vergleich mit solchen an die Öffentlichkeit gerichteten Willenserklärungen, die eine einheitliche Bewertung erfordern, geht somit fehl. Zwingende Gründe, die der Zulassung eines Individualwiderrufs entgegenstehen, sind nicht ersichtlich. Im Gegenteil: Hat jemand darauf hingewiesen, dass er unter einer elektronischen Adresse am Rechtsverkehr teilnimmt, so hat er auch mit dem Zugang von Erklärungen auf diesem Übermittlungsweg zu rechnen.[1162]

Desweiteren spricht für die Möglichkeit eines Individualwiderrufs einer inter omnes erklärten Einwilligung ein Vergleich mit der im Wege öffentlicher Bekanntmachung kundgegebenen Innenvollmacht.[1163] Für letztere ist nämlich allgemein anerkannt, dass sie sowohl durch öffentliche Bekanntmachung als auch durch eine einzelnen Dritten zugehende besondere Mitteilung mit Wirkung nur

1160 *Höppner*, WRP 2012, 625 (635).
1161 Vgl. auch *Ohly*, GRUR 2012, 983 (990).
1162 *Kröger/Gimmy*, Handbuch InternetR, S. 11.
1163 *Ohly*, AfP 2011, 428 (433).

gegenüber den Empfängern dieser Mitteilung widerrufen werden kann.[1164] Auch ein lediglich an den Vertreter gerichteter Widerruf ist möglich.[1165] Insbesondere die letztere Fallgestaltung des Widerrufs einer inter omnes kundgegebenen Vollmacht gegenüber dem Vertreter ist der hier interessierenden Konstellation sehr ähnlich: Eine Vergleichbarkeit der Interessenlage beider Rechtsfiguren ist insofern gegebenen, als die Vollmachts- ebenso wie die Einwilligungserteilung zu einer Zuständigkeitserweiterung und parallelen Befugnis auf Seiten des Erklärungsempfängers führen. Dabei verliert weder der Vertretene noch der Einwilligende die Zuständigkeit und Kompetenz zur rechtsgeschäftlichen Bindung.[1166] Die dem Bevollmächtigten bzw. dem Einwilligungsempfänger eingeräumte Befugnis wird nunmehr nachträglich durch einen einseitigen empfangsbedürftigen Erklärungsakt (actus contrarius) entzogen. Ein weiteres Argument für die Zulässigkeit eines Individualwiderrufs lässt sich schließlich dem Auslobungsrecht entnehmen. Hier hat die Möglichkeit eines Individualwiderrufs als Beseitigungsakts einer Ursprungserklärung inter omnes mit der Vorschrift des § 658 I S. 2 Alt. 2 BGB sogar gesetzlich Niederschlag gefunden.

Nach allem überzeugt es, den individuellen Widerruf einer schlichten Einwilligung in den durch die §§ 138, 226, 242, 826 BGB gesteckten Grenzen[1167] auch dann zuzulassen, wenn der Ursprungsakt „Einwilligung" an einen unbestimmten Personenkreis adressiert war. Freilich entfaltet dieser nur Wirkung im Verhältnis zum konkreten Widerrufsempfänger und hat keinerlei Gesamtwirkung gegenüber den ebenfalls zu den Einwilligungsadressaten gehörenden Dritten.[1168]

Die so gefundene Lösung überzeugt auch im Ergebnis: Zunächst wäre es mit dem Rechtsempfinden kaum zu vereinbaren, wenn sich ein Werknutzer, der von dem nicht mehr vorhandenen Einverständnis des Urhebers Kenntnis erlangt, trotz dieser individuellen Kenntnis vom wirklichen Willen des Rechtsinhabers weiter auf die Erlaubtheit seines Handelns berufen könnte.[1169] Desweiteren lässt sich nur auf dem Wege der hier gewählten Lösung ein Wertungswiderspruch vermeiden, der darin begründet liegt, dass der individuelle Entzug der gleichsam gegenüber anderen fortbestehenden Erlaubnis einer nachträglichen Beschränkung

1164 MüKo-BGB/*Schramm*, § 168, Rn. 19; Staudinger/*Schilken*, § 171 BGB, Rn. 10 m.w.N.

1165 MüKo-BGB/*Schramm*, a.a.O.

1166 *Ohly*, Einwilligung, S. 186.

1167 Zu denken ist ferner an die sich aus Art. 102 AEUV bzw. § 20 GWB ergebenden wettbewerbsrechtlichen Grenzen (*Ohly*, AfP 2011, 428 (433)).

1168 Vgl. zu den Wirkungen des individuellen Widerrufs einer öffentlich bekannt gemachten Vollmacht MüKo-BGB/*Schramm*, § 168, Rn. 19.

1169 So auch *Hüttner*, WRP 2010, 1008 (1013).

des persönlichen Anwendungsbereichs der schlichten Einwilligung gleichkommt: Für die schlichte Einwilligung ist allgemein anerkannt, dass es dem Rechtsträger in freier Selbstbestimmung möglich sein muss, den persönlichen Anwendungsbereich einer solchen festzulegen. Für den Einwilligungsempfänger kann es aber keinen Unterschied machen, ob diese Einschränkung von Anfang an in Form einer persönlich beschränkten Einwilligung bestand und er somit nie von der Einwilligung erfasst war oder sie erst nachträglich nach einem Gesinnungswandel mittels Widerruf der Einwilligung erfolgt. Beides ist für ihn rein zufällig.

Im Ergebnis bleibt festzuhalten, dass auch ein individuell an einen oder einzelne Suchmaschinenbetreiber gerichteter und diesen tatsächlich zugehender Widerruf zur Aufhebung der Erlaubniswirkung einer inter omnes erklärten Einwilligung genügt. Der vom BGH mit Verweis auf die Rechtsfigur der protestatio facto contraria begründeten Unbeachtlichkeit des nur an einzelne potentielle Einwilligungsadressaten gerichteten Widerrufs ist daher entschieden zu widersprechen. Richtigerweise wurde die an die Suchmaschine Google gerichtete Einwilligung in der „Vorschaubilder I"-Fallgestaltung spätestens durch die Geltendmachung des Unterlassungsanspruchs seitens der Klägerin (konkludent) widerrufen.

d) Obliegenheit zur Installation geeigneter Empfangseinrichtungen für individualisiert erklärte Widerrufe

Die vorstehend konstatierte Möglichkeit eines individualisiert erklärten Widerrufs kann ein Einwilligungsempfänger auch nicht konterkarieren, indem er keinerlei Vorrichtungen zum Empfang von Widerrufserklärungen (Briefkasten, eMail-Postfach, Faxgerät etc.) bereithält. Obigen Ausführungen entsprechend ist der individualisiert erklärte Widerruf eine empfangsbedürftige Willenserklärung, mit deren Zugang der Adressat vor der Vornahme der gestatteten Handlung stets zu rechnen hat. Der Einwilligungsempfänger hat damit im Sinne einer Obliegenheit sicherzustellen, dass ihn Widerrufserklärungen generell und rechtzeitig erreichen können.[1170] Zwar vermittelt die Einwilligung keinen vertraglichen Anspruch auf die Vornahme der gestatteten Handlung und ist damit kein rechtsgeschäftliches Schuldverhältnis i.S.v. § 311 I BGB. Gleichwohl kann sie als eine ebenfalls Obliegenheiten zur Bereithaltung von Empfangseinrichtungen

1170 Vgl. BGH, NJW 1998, 976 (977); Palandt/*Ellenberger*, § 130 BGB, Rn. 17; Bamberger/Roth/*Wendtland*, § 130 BGB, Rn. 22; *Ernst*, NJW-CoR 1997, 165 (166).

auslösende Sonder- bzw. Näheverbindung[1171] im Sinne eines geschäftsähnlichen Kontakts nach § 311 II Nr. 3 BGB qualifiziert werden:

Kennzeichend für die Entstehung eines derartigen Rücksichtnahmeschuldverhältnisses ist neben der Begründung eines vertragsähnlichen Vertrauensverhältnisses die Möglichkeit zur Einwirkung und Einflussnahme einer Partei auf die Rechte, Rechtsgüter und Interessen einer anderen.[1172] Ausreichend ist dabei, dass der Kontakt im Hinblick auf ein Rechtsgeschäft erfolgt, wobei dieses nicht zwingend ein Vertrag zu sein braucht.[1173] Auch die einseitig erteilte rechtsgeschäftliche Einwilligung konstituiert ein besonders geartetes Vertrauensverhältnis zwischen Einwilligendem und Einwilligungsempfänger. Auf dessen Grundlage darf sich der Einwilligungsempfänger veranlasst fühlen im Umfang der eingeräumten Handlungslegitimation auf die Rechte bzw. Rechtsgüter des Einwilligenden einzuwirken. Das Vertrauensverhältnis ist nach erteilter Einwilligung zudem dadurch geprägt, dass der Einwilligungsempfänger bei noch bevorstehenden oder fortdauernden Eingriffen stets der Rechtsmacht und der Selbstbestimmung des Einwilligenden unterworfen bleibt. Letzterer kann nämlich durch einen grundlos erteilbaren Widerruf die Rechtslage durch den Fortfall der erteilten Handlungslegitimation einseitig zuungunsten des Einwilligungsempfängers verändern. Für eine Subsumtion der Einwilligung unter § 311 II Nr. 3 BGB spricht auch die Nähe derselben zu den den Hauptanwendungsfall der Vorschrift bildenden Gefälligkeitsverhältnissen mit rechtsgeschäftlichem Charakter ohne Leistungspflicht.[1174] Ferner scheint zumindest in den hier interessierenden Fällen keineswegs ausgeschlossen, dass ein Rechtsinhaber Inhalte im Internet kostenlos zur Benutzung zugänglich macht, um zunächst auf sich aufmerksam zu machen und die Inhalte später bei entsprechender Frequentierung seines Angebots kostenpflichtig zu lizenzieren. Eröffnen sich ihm entsprechende Vermarktungsmöglichkeiten, wird er bestrebt sein, die bis dato einseitige Nutzungserlaubnis auf vertragliche Grundlage zu stellen (§ 311 I BGB). Es kann also durchaus von einer Vertragsnähe der schlichten Einwilligung gesprochen werden. Somit ist es insgesamt gerechtfertigt, die schlichte Einwilligung als gesetzliches Schuldverhältnis im Sinne von § 311 II Nr. 3 BGB einzuordnen.

1171 Vgl. MüKo-BGB/*Einsele*, § 130 BGB, Rn. 34.

1172 *Canaris*, JZ 2001, 499 (520); Staudinger/*Feldmann/Löwisch*, § 311 BGB, Rn. 105; MüKo-BGB/*Bachmann/Roth*, § 241, Rn. 125; Bamberger/Roth/*Gehrlein/Sutschet*, § 311 BGB, Rn. 49; Jauernig/*Stadler*, § 311 BGB, Rn. 45.

1173 *Krebber*, VersR 2004, 150 (155); Staudinger/*Feldmann/Löwisch*, § 311 BGB, Rn. 106.

1174 *Canaris*, JZ 2001, 499 (520).

e) Keine Formbedürftigkeit des individualisiert erklärten Widerrufs einer Einwilligung ad incertam personam

Der Widerruf der schlichten Einwilligung ist wie die Einwilligungserteilung auch grundsätzlich nicht formbedürftig. Dafür spricht die für bürgerlichrechtliche Rechtsgeschäfte in Ermangelung besonderer Formvorgaben geltende Formfreiheit.[1175] In Abweichung von diesem Grundsatz knüpft der BGH in der „Vorschaubilder I"-Entscheidung den Widerruf einer inter omnes im Internet erklärten Einwilligung durch die Forderung eines „gegenläufigen Verhaltens" faktisch an die Form der Ursprungserklärung. Dabei verlangt er allerdings keine absolute Gleichheit von Ursprungs- und Beseitigungsakt, sondern hält eine Gleichartigkeit beider Erklärungsakte für ausreichend. Dies lässt sich dem Umstand entnehmen, dass der BGH nicht allein auf die Entfernung der betreffenden Bilddateien vom Server des Website-Providers als genuin negatorische Maßnahme des Onlinestellens abstellt. Er verlangt lediglich die „Vornahme der entsprechenden Sicherungen gegen das Auffinden der eingestellten Bilder durch Bildersuchmaschinen".[1176] Weder dieses vom BGH gefundene Ergebnis noch dessen Begründung sind unmittelbar einleuchtend und bieten daher Anlass zu einer tiefergehenden Auseinandersetzung mit der Thematik. Insofern gilt es nunmehr vom Ausgangspunkt der privatautonomen Entscheidungsbefugnisse des Rechtsinhabers danach zu fragen, ob zwingende Gründe dagegen sprechen, den individuellen Widerruf einer inter omnes erklärten Einwilligung in urheberrechtliche Nutzungen im Internet formfrei zuzulassen.

Gegen die Zulassung eines schriftlich verfassten oder fernmündlich erklärten Individualwiderrufs lässt sich jedenfalls nicht anführen, dass es einem das Internet automatisiert durchsuchenden Werknutzer unzumutbar sei, jeweils gesondert zu prüfen, ob ein Berechtigter auf andere Art und Weise als durch Vornahme geeigneter Schutzmaßnahmen einen beachtlichen „Widerspruch" gegen die Werknutzung erhoben hat.[1177] Zum einen sind die vom BGH zur Begründung des gegenläufigen Verhaltens angestellten objektiven Zumutbarkeitserwägungen auf dem subjektiv orientierten Weg der schlichten Einwilligung bzw. deren Widerrufs verfehlt.[1178] Diese wären vielmehr im Rahmen der Implementierung einer Bildersuchmaschinen privilegierenden Schrankenregelung zu berücksichtigen.[1179] Zum anderen

---

1175 So auch *Tinnefeld*, Einwilligung, S. 159.

1176 Zu der darunter zu subsumierenden Einzelmaßnahmen siehe *Kap. 2 E. II. 4. a) cc)*.

1177 BGH, GRUR 2010, 628 (632) – *Vorschaubilder I*.

1178 Dies ebenfalls andeutend *Leistner/Stang*, CR 2008, 499 (507). Vgl. auch *Ohly*, GRUR 2012, 983 (991).

1179 Vgl. auch *Wiebe*, GRUR 2012, 888 (894).

ist, selbst wenn man sich über derartige systematischen Bedenken hinwegsetzen wollte, nicht nachvollziehbar, weshalb es nicht angemessen sein sollte, einen vom Rechtsinhaber schriftlich verfassten oder mündlich erklärten und dem Einwilligenden tatsächlich zugehenden Widerruf zuzulassen. Suchmaschinenbetreibern ist es de facto keineswegs technisch unmöglich oder wirtschaftlich unzumutbar nicht technisierte und explizit an die zuständige Stelle der Suchmaschine gerichtete Widersprüche gegen die Bildersuche zu verarbeiten. Solche Widersprüche dürften nicht derart frequentiert erklärt werden, dass dadurch zugleich das gesamte Geschäftsmodell in Frage gestellt würde. Als Beleg kann hier auf einen weiteren Zusatzdienst Googles, Google Streetview, verwiesen werden. Bei diesem wurde aus Datenschutzgründen für Betroffene ein Widerspruchsverfahren geschaffen, obwohl auch hier einer gewaltigen Vielzahl von Betroffenen Widerspruchsmöglichkeiten eröffnet wurden.[1180] Der mit der Ausübung des Widerrufs verbundene Aufwand für die Löschung indexierter Inhalte entspricht auch im Rahmen der Bildersuche den gewöhnlichen, im Rahmen der Kalkulation der Profitabilität eines Geschäftsmodells einzuplanenden Lasten für die Betreuung und Pflege eines Webangebots. Die Annahme der fehlenden Zumutbarkeit der Prüfung individuell zugehender Widerrufe ist damit nicht haltbar.

Auch ein Vergleich mit dem Auslobungsrecht verdeutlicht, dass der formfreien Zulassung eines von der Form der Ursprungserklärung losgelösten Individualwiderrufs keine zwingenden Gründe entgegenstehen, sondern diese aus systematischen Erwägungen sogar geboten ist. Dort legt § 658 I S. 2 Alt. 2 BGB fest, dass ein Widerruf des nach den gesetzlichen Vorgaben von § 657 BGB formbedürftigen, weil zwingend inter omnes durch öffentliche Bekanntmachung zu erklärenden Auslobungsversprechens nicht nur in Form der öffentlichen Bekanntmachung, sondern auch mittels „besonderer Mitteilung" i.S.d. § 658 I S. 2 BGB gegenüber einer oder einer Mehrzahl von Personen erfolgen kann.[1181] Bei letzterer handelt es sich um eine empfangsbedürftige Willenserklärung, die nur gegenüber denjenigen Mitteilungsempfängern Wirkung entfaltet, denen sie wirksam zugegangen ist.[1182] Eine Vergleichbarkeit der Interessenlage von Auslobungserklärungen und inter omnes erklärten Einwilligungen besteht insofern, als beide einseitigen Erklärungsakte zugunsten ihrer nicht näher bestimmbaren Empfänger einen Vorteil bzw. eine Expektanz vermögenswerter oder ideeller Art begründen. Diese Verbesserung der eigenen Rechtsposition kann einem oder einzelnen der zum Adressatenkreis der Ursprungserklärung gehörenden

---

1180 *Höppner*, WRP 2012, 625 (635).

1181 Vgl. auch BGH, NJW-RR 2007, 392.

1182 Staudinger/*Bergmann*, § 658 BGB, Rn. 14; MüKo-BGB/*Seiler*, § 658, Rn. 4.

Empfänger durch einen in anderer Form als die Ursprungserklärung erfolgenden und ihnen zugehenden Widerruf wieder genommen werden. In dieselbe Richtung deutet auch der bereits oben angestellte Vergleich inter omnes erklärter Einwilligungen mit einer im Wege öffentlicher Bekanntmachung kundgegebenen Vollmacht (§ 171 II BGB). Zwar ist hier nicht gesetzlich normiert, gleichwohl aber allgemein anerkannt, dass der Widerruf einer öffentlich kundgemachten Vollmacht ebenfalls durch eine in ihrer Form von der der Ursprungserklärung abweichende „besondere zugangsbedürftige Widerrufserklärung" erfolgen kann.[1183]

Im Ergebnis bleibt festzuhalten, dass der an einen bestimmten Einwilligungsempfänger adressierte Widerruf nicht an die Form der inter omnes erklärten Einwilligung gebunden ist. Vielmehr ist der Widerruf der Einwilligung formfrei erteilbar. Der Widerruf kann also z. B. in Form eines Telefonats mit dem Support oder einer eMail, eines Faxes bzw. Briefs an die im Impressum genannte zuständige Stelle eines Suchmaschinen- bzw. eines sonstigen Webseitenbetreibers erfolgen. Er wird in dem Moment wirksam, in welchem er der zuständigen Stelle zugeht. Dies ist dann der Fall, wenn nach dem gewöhnlichen Geschäftsgang mit der Kenntnisnahme zu rechnen ist. Sofern die Erklärung nicht zur Unzeit erfolgt, kann bei einem kaufmännisch organisierten Werknutzer von einem Zugang noch am selben Tag ausgegangen werden.

Abschließend sei konstatiert, dass die eingangs erwähnte Rechtsansicht des BGH, der Widerruf der Klägerin in der „Vorschaubilder I"-Fallgestaltung habe eines gegenläufigen Verhaltens bedurft, abzulehnen ist. Dieser war vielmehr formlos erteilbar und aufgrund des tatsächlichen Zugangs beim Suchmaschinenbetreiber insgesamt wirksam. Im Gegensatz zu einem mittels technischer Sicherungsmaßnahmen flankierten Widerruf, ist dem Suchmaschinenbetreiber die Anpassung seines Nutzungsverhaltens im Falle eines per Email, Fax etc. zugegangenen Widerrufs ohne Weiteres möglich und zumutbar. Die Suchmaschine hätte folglich unmittelbar nach Zugang der Widerrufserklärung das von der Klägerin beanstandete Bild aus dem Index löschen müssen.[1184]

f) Zugangsbedürftigkeit des inter omnes erklärten Widerrufs

Nunmehr gilt es zu überprüfen, zu welchem Zeitpunkt ein inter omnes erklärter Widerruf wirksam wird. Es stellt sich also die Frage, ob nicht nur im Rahmen der

1183 Soergel/*Leptien*, § 171 BGB, Rn. 5; MüKo-BGB/*Schramm*, § 171, Rn. 17; Bamberger/Roth/*Valenthin*, § 171 BGB, Rn. 12.

1184 Weiterhin ist der Bildersuchmaschinenbetreiber nach erfolgtem Widerruf gezwungen durch die Programmierung der von ihm eingesetzten Crawler Vorkehrungen zur Verhinderung einer Neuindexierung des Bildes zu treffen.

Ursprungserklärung „Einwilligung“, sondern auch im Rahmen eines seinerseits inter omnes erklärten Widerrufs am Zugangserfordernis festzuhalten ist. Alternativ könnte möglicherweise analog § 658 I S. 2 Alt. 1 i.V.m. § 657 BGB auf den Zugang der Widerrufserklärung zu verzichten und eine öffentliche Bekanntmachung für das Wirksamwerden des Widerrufs als ausreichend zu erachten sein.

Als Indiz für die Zugangsbedürftigkeit spricht zunächst die actus contrarius-Eigenschaft des Widerrufs. Wie oben gesehen[1185] vermag diese allein allerdings noch nicht die Empfangsbedürftigkeit des Widerrufs zu begründen. Erforderlich ist vielmehr die Feststellung, ob einer inter omnes erklärten Einwilligung in urheberrechtliche Nutzungen im Internet und deren ebenfalls inter omnes erklärten Widerruf eine strukturell vergleichbare Interessenlage zugrunde liegt, die es rechtfertigt auch bei letzterem am Zugangserfordernis festzuhalten. Eine solche Interessenkonformität zeigt sich hier jedoch besonders mit Blick auf die im Rahmen beider Erklärungsakte zu erfüllenden Informationserfordernisse: Soll eine Einwilligung Wirkung entfalten, muss der Einwilligungsempfänger einerseits in die Lage versetzt werden auf den Bestand und die Wirksamkeit der ihm eingeräumten Handlungslegitimation zu vertrauen. Sofern sich der Rechtsinhaber von seiner Einwilligung lösen möchte, bedarf es andererseits für eine wirksame Aufhebung des so geschaffenen Vertrauenstatbestandes der Inkenntnissetzung des Einwilligungsempfängers vom Sinneswandel. Dieser Spielgelbildlichkeit der Interessenlagen ist durch die Übertragung der an die Wirksamkeit der Einwilligung zu stellenden Anforderungen im Rahmen des Widerrufs Rechnung zu tragen. Somit ist unter Heranziehung des actus contrarius-Gedankens davon auszugehen, dass der Widerruf der Einwilligung auch dann des Zugangs beim Einwilligungsempfänger bedarf, wenn er gegenüber einer unbestimmten Vielzahl von Personen erklärt wird.

Fraglich ist, ob das so gefundene Ergebnis auch mit den Wertungen des Privatrechts in Einklang steht. Mangels Kodifikation der Einwilligung ist zum Zwecke der Ermöglichung einer wertungsmäßig konsistenten Rechtsfortbildung auf das bestehende System privatrechtlicher Regelungen Rücksicht zu nehmen. Nur so ist eine rationale und folgerichtige Schließung der in Bezug auf die Einwilligung und deren Voraussetzungen bestehenden Lücken gewährleistet: Zweifel an der Folgerichtigkeit des Ergebnisses resultieren zunächst aus den aufgezeigten Parallelen von inter omnes erklärter Einwilligung und der Auslobung. Aufgrund dieser Ähnlichkeit beider Rechtsfiguren sehen sich insbesondere *Tinnefeld* und *Ohly* veranlasst beim inter omnes erklärten Widerruf auf den individuellen Zugang zu verzichten. Stattdessen sei

1185 *Kap. 2 E. III. 4.*

für das Wirksamwerden auf die öffentliche Bekanntmachung, welche in einer der Ursprungserklärung gleichwertigen Form erfolgen müsse, abzustellen.[1186] Dieser Auffassung kann jedoch nicht gefolgt werden. Bei Lichte betrachtet hat der Widerruf für den auf Grundlage einer schlichten Einwilligung Handelnden viel einschneidendere Folgen als der Widerruf der Auslobung: Wird der Widerruf der Einwilligung wirksam, nimmt der dem Widerruf zuwider Handelnde infolge des Fortfalls der Erlaubniswirkung eine in die Rechte des Rechtsinhabers eingreifende Verletzungshandlung vor. Diese kann zugunsten des Rechtsinhabers Beseitigungs- und Ersatzansprüche auslösen und damit für den Einwilligungsempfänger erhebliche Rechtsnachteile zur Konsequenz haben. Demgegenüber bewirkt der Widerruf des Auslobungsversprechens lediglich den Wegfall einer vermögenswerten oder ideellen Expektanz, ohne dass hiermit weitergehende Rechtsnachteile für den Handelnden verbunden wären. Dieser Unterschied in den Widerrufsfolgen lässt es wertungsmäßig geboten erscheinen, an das Informationserfordernis beim inter omnes erklärten Widerruf der schlichten Einwilligung höhere Voraussetzungen zu stellen als an den inter omnes erklärten Widerruf des Auslobungsversprechens.

Umgekehrt wäre es aufgrund der dargestellten Konsequenzen des Widerrufs aus der Sicht der auf die Wirksamkeit der Einwilligung vertrauenden Werknutzer unbillig, wenn die ihnen einmal erteilte Einwilligung bereits im Zeitpunkt der öffentlichen Bekanntmachung als widerrufen gälte. In Anerkennung des schutzwürdigen Interesses der Werknutzer an einer zumutbaren Kenntnisnahmemöglichkeit des inter omnes erklärten Widerrufs ist es vielmehr angemessen eine temporär fortbestehende Bindungswirkung der Einwilligung anzunehmen. Deren Dauer ist einzelfallabhängig und insbesondere mit Blick auf die technischen Gegebenheiten der Werknutzung zu ermitteln. Andernfalls würde die der Erklärung des Widerrufs zugrunde liegende Interessenkollision zwischen dem Selbstbestimmungsrecht des Rechtsinhabers und den Vertrauensschutzinteressen des Einwilligungsempfängers einseitig zulasten von letzterem aufgelöst.

Ohly als Befürworter der Analogie zum Auslobungsrecht versucht diesen Unbilligkeiten unter Berufung auf das in §§ 242, 275 II BGB Ausprägung findende Gebot der Verhältnismäßigkeit zu begegnen.[1187] Wie sich nachstehend erweisen wird, lässt sich der ephemere Fortbestand der Einwilligung jedoch dogmatisch treffender durch eine für Widerrufserklärungen ad incertam personam modifizierte Anwendung der Zugangsregeln erklären.

1186 *Tinnefeld*, Einwilligung, S. 162. In den Bestimmungen der §§ 658 I S. 2 Alt. 1 i.V.m. 657 BGB sogar einen allgemeinen Rechtsgedanken für Erklärungen inter omnes erblickend *Ohly*, GRUR 2012, 983 (990f.).

1187 *Ohly*, GRUR 2012, 983 (991).

aa) Obliegenheit zu aktiven Empfangsvorkehrungen bei Widerruf inter omnes

Das Zugangserfordernis des Widerrufs stößt zunächst nicht deshalb auf unüberwindbare Schwierigkeiten tatsächlicher Art, weil es praktisch nicht möglich ist nachzuvollziehen, wer von einer inter omnes erteilten Einwilligung Kenntnis erlangt hat und wem diese damit im Einzelnen zugegangen ist. Der Grund dafür liegt in der den Einwilligungsempfänger bei Einwilligungserklärungen inter omnes treffenden Erkundigungs- und Überwachungsobliegenheit im Hinblick auf die Ausübung des Widerrufsrechts durch den Rechtsinhaber: Zwar lässt sich eine proaktive Überwachungsobliegenheit zur Kenntniserlangung öffentlich bekannt gemachter Widerrufe nicht auf die zum rein passiven Empfang von Individualwiderrufen aufgestellten Grundsätze[1188] stützen. Anders als beim individuell erklärten Widerruf, wird der Widerruf ad incertam personam nämlich naturgemäß nicht in Richtung auf einen speziellen Einwilligungsempfänger mit dem Ziel des Gelangens in dessen Machtbereich in Bewegung gesetzt. Dennoch lässt sich die Zumutbarkeit der Überwachung des Fortbestehens der eigenen Nutzungsberechtigung[1189], mithin die Obliegenheit zu aktiven Empfangsvorkehrungen, mit den Besonderheiten inter omnes erklärter Einwilligungen rechtfertigen: Die Widerrufbarkeit ist von vornherein in der Ursprungserklärung „Einwilligung" angelegt. Sie ist wesenstypisches und unverzichtbares[1190] Merkmal der Einwilligung. Allein der Umstand, dass die Einwilligung gegenüber einer unbestimmten Vielzahl von Personen erteilt wurde, darf nicht zu einer faktischen Bindung des Einwilligenden führen. Zudem muss berücksichtigt werden, dass die Erlaubniswirkung der Einwilligung vor der Vornahme des gestatteten Eingriffs – anders als bei der schuldvertraglichen Gestattung[1191] – nur vorbehaltlich eines jederzeit möglichen Widerrufs besteht und damit allein auf der selbstbestimmten Willensentscheidung des Rechtsinhabers beruht. Dem Einwilligungsempfänger obliegt es deshalb auf die beschränkten Gestaltungsmöglichkeiten des Einwilligenden im Rahmen inter omnes erklärter Einwilligungen Rücksicht zu nehmen. Er ist angehalten aktiv dazu beizutragen, dass ihn Widerrufserklärungen generell und auch rechtzeitig erreichen, d. h. zwecks Kenntnisnahme in seinen Machtbereich gelangen können.

Die mit der Widerrufserklärung ad incertam personam verbundene Erkundigungsobliegenheit ist geeignet das tradierte Zugangskriterium des „Gelangens in

---

1188 Hierzu *Kap. 2 E. III. 4. d).*

1189 Diese wird auch von den Vertretern der analogen Anwendung der §§ 658 I S. 2 Alt. 1 i.V.m. 657 BGB vorausgesetzt.

1190 Vgl. die obigen Ausführungen zur unwiderruflichen Einwilligung in *Kap. 1 F. III.*

1191 Zu den Grundlagen der Vertragsbindung im Privatrecht *Kling*, Sprachrisiken, S. 181ff.

den Machtbereich des Erklärungsempfängers" zu ersetzen. Entscheidend für den Zugang eines inter omnes erklärten Widerrufs ist allein, ob die Möglichkeit der Kenntnisnahme bestand und ob – bei Befolgung der Überwachungsobliegenheit – unter normalen Umständen eine Kenntnisnahme des Einwilligungsempfängers von der Widerrufserklärung zu erwarten ist. Letzteres ist regelmäßig dann der Fall, wenn der Einwilligende den Widerruf in einer der ursprünglichen Einwilligungserteilung äquivalenten, nicht zwingend gleichartigen Form widerruft. Dabei muss es nicht zur tatsächlichen Kenntnisnahme kommen. Die durch die Erfüllung der Überwachungsobliegenheiten gegebene Möglichkeit zur Kenntnisnahme genügt, solange mit dem Zugang unter normalen Umständen gerechnet werden kann.

Etwaige mit der Überwachung verbundene Kosten sind deshalb interessengerecht, weil dem Einwilligungsempfänger auch die mit der Einwilligung verbundenen wirtschaftlichen[1192] und bzw. oder ideellen Vorteile zukommen. Will ein Werknutzer diese für ihn mit einer Überwachungsobliegenheit verbundenen Lasten vermeiden, muss er sich einer intensiveren vertraglichen Gestattungsform, etwa der schuldvertraglichen Gestattung, bedienen. Macht eine Partei von der Möglichkeit Bindungswirkung herzustellen keinen Gebrauch, muss sie das Risiko eines Entzugs der Nutzungserlaubnis außerhalb der durch die §§ 138, 226, 242, 826 BGB gezogenen Grenzen hinnehmen.

bb) Implikationen für die einwilligungsbasierte Werknutzung im Internet

Übertragen auf die vorliegend interessierende Fallgestaltung bedeutet dies, dass ein im Internet veröffentlichte Inhalte auf Basis einer schlichten Einwilligung nutzender Werkverwerter mit einer jederzeitigen Entfernung der Inhalte oder einer nachträglichen Zugriffsbeschränkung auf diese rechnen muss. Beide Umstände begründen konkludent den Widerruf der aus dem Onlinestellen der Inhalte abgeleiteten Einwilligung gegenüber den einzelnen Einwilligungsempfängern. Ein sich das Internet zu Nutze machender Werkverwerter weiß um dessen technische Gegebenheiten. Um die Gestaltungsmöglichkeiten des Urhebers nicht unmöglich zu machen, muss er aktiv dazu beitragen, dass ihn ein inter omnes erklärter Protest gegen die Werknutzung erreichen kann. Er hat somit geeignete Vorkehrungen zu treffen, damit ihn derartige Erklärungen generell und zeitnah zugehen.[1193] Insofern sind automatisierte Empfangseinrichtungen

1192 Die Einwilligung bewirkt eine *unentgeltliche* Nutzungserlaubnis des Werknutzers.

1193 Vgl. BGH, NJW 1998, 976 (977); Palandt/*Ellenberger*, § 130 BGB, Rn. 17; Bamberger/Roth/*Wendtland*, § 130 BGB, Rn. 22.

(Crawler) einsetzende Werknutzer zur Vermeidung einer Haftung für die unberechtigte Nutzung der Inhalte des Urhebers dazu angehalten, das Internet aktiv und in regelmäßigen Abständen durch einen erneuten Crawling-Suchlauf auf einen etwaigen (Teil)Widerruf der Einwilligung zu überprüfen. Dieses Vorgehen entspricht heutzutage der allgemeinen Suchmaschinenpraxis. Auch lediglich manuell auf veröffentlichte Inhalte zugreifenden Werknutzern obliegt es, die betreffenden Webseiten auf nachträglich implementierte Zugriffsbeschränkungen bzw. eine Entfernung der Inhalte zu examinieren.

Pauschalisierende Aussagen darüber, wie frequentiert die eigene Nutzungsberechtigung überprüft werden muss, wann also mit einer Kenntnisnahme der Widerrufserklärung zu rechnen ist, sind freilich nur schwer möglich. Die Häufigkeit der dem Werknutzer obliegenden Überprüfung hängt vielmehr von den Umständen des Einzelfalls ab: Maßstabbildende Faktoren für eine regelmäßige Nachschau dürften letztlich darin zu sehen sein, ob die veröffentlichten Werkinhalte seitens des Nutzers kommerziell vermarktet werden, in welchem Umfang auf die Inhalte zugegriffen wird, wie stark die mit der Werknutzung einhergehende Intensität der Verwertungsrechtseingriffe ist etc. Bei den großen Suchmaschinen kann zudem eine gewisse Orientierung an der im Interesse der Aktualität der Datenbestände turnusmäßig praktizierten Neuindexierung erfolgen.

Selbst wenn Werknutzer ihren Überwachungsobliegenheiten vorsätzlich nicht nachkommen, um die Inhalte des Anbieters dauerhaft für ihre kommerziellen Zwecke zu nutzen, kann der Zugang nach den Grundsätzen der Zugangsvereitelung für den Zeitpunkt fingiert werden (§ 242 BGB), zu dem der Adressat ohne die Obliegenheitsverletzung unter normalen Umständen vom Widerruf hätte Kenntnis erlangen können.[1194] Der Zugang ist damit nach Ablauf einer angemessenen Überwachungsfrist zu bejahen. Auch wenn dem Einwilligungsempfänger nur eine fahrlässige Obliegenheitsverletzung vorwerfbar ist, ist dem Widerrufenden dennoch kein erneuter Zustellungsversuch zumutbar: Letzterer hat nämlich regelmäßig keine Möglichkeit, vom gescheiterten Zugang seiner elektronischen Widerrufserklärung Kenntnis zu erlangen. Insofern tritt auch hier die erörterte Zugangsfiktion ein.

cc) Das Erfordernis „gegenläufigen Verhaltens“ beim inter omnes erklärten Widerruf

Soll ein Widerruf einer inter omnes erklärten Einwilligung in Onlinenutzungen sämtlichen Werknutzern zugehen, muss der Rechtsinhaber solche (technischen)

1194 Vgl. MüKo-BGB/*Einsele*, § 130, Rn. 36.

Schutzmaßnahmen treffen, die sowohl von natürlichen Personen als auch von Suchmaschinenrobotern beachtet werden können. Aus dem mit der Ursprungserklärung „Einwilligung“ angesprochenen Adressaten- und Verkehrskreis resultiert für die wirksame Ausübung des Widerrufs im Internet ein de facto-Formerfordernis: Analog der Ausführungen zum Widerspruch gegen die Werknutzung[1195] ist auch bei der Frage des Zugangs eines erst nach der Veröffentlichung der Werkinhalte geäußerten Widerrufs maßgeblich auf die Verkehrsgepflogenheiten des Internets Rücksicht zu nehmen. Somit müssen auch dessen technische Gegebenheiten, d. h. insbesondere die eingeschränkten Kenntnisnahmemöglichkeiten der Inhalte im Netz bekanntermaßen automatisiert auswertenden Suchmaschinencrawler Beachtung finden. Entscheidend ist letztlich, ob ein vernünftiger Teilnehmer des betreffenden Verkehrskreises den Zugang der Erklärung beim Inhalteanbieter erwarten konnte. Damit der Widerruf bei typisierender Betrachtung von jedermann – also auch von Suchmaschinencrawlern – zur Kenntnis genommen werden kann, muss ein Rechtsinhaber einen nur für manuell vorgehende Einwilligungsempfänger wahrnehmbaren Verbalprotest gegen die Werknutzung zusätzlich durch geeignete technische Absicherungsmaßnahmen flankieren. Hierbei gelten die oben für einen rechtlich beachtlichen Widerspruch gegen die Werknutzung erarbeiteten Grundsätze entsprechend.[1196] Eine wertungsmäßige Gleichbehandlung beider Fälle ist schon deshalb sachgerecht, weil der Zeitpunkt des Zugriffs und Abrufs der onlinegestellten Inhalte durch den einzelnen Nutzer völlig offen ist. Damit aber ist rein zufällig, ob der Werknutzer den Verbalprotest als Widerspruch oder Widerruf wahrnimmt.

Die gebräuchlichste technische Schutzmaßnahme im Zusammenhang mit der Bildersuche ist die speziell auf die Verhinderung der Aufnahme von Bildern in den Suchmaschinenindex gerichtete Programmierung der robots.txt-Datei einer Website. Hier kann z. B. der Suchmaschine Google durch Eingabe des Zweizeilers „*User-agent: Googlebot-Images Disallow: /*“ entweder von Anfang an der Zugriff auf bestimmte Bildinhalte versperrt (dann bereits keine Einwilligung) oder dieser, wenn die Programmierung erst nach der Indexierung vorgenommen wurde, auch nachträglich wieder entzogen werden (Widerruf). Ebenso beläuft es sich mit der (nachträglichen) Implementierung von Metatags im Headbereich des Quellcodes der betreffenden Webseite. Hier steht mit der Eingabe der Befehlszeile <„*meta name= „googlebot“ content=“noimageindex*“> ebenfalls eine speziell den Suchmaschinenzugriff auf die in Webseiten eingebundenen

1195 *Kap. 2 E. II. 4. a).*
1196 Siehe Fn. 1195.

Bildinformationen verhindernde (Widerspruch) bzw. nachträglich entziehende (Widerruf) Programmierungsmöglichkeit zur Verfügung. Ein durch die genannten Programmierungsmaßnahmen erklärter Widerruf spiegelt sich jedoch erst nach dem nächsten Crawlen der betreffenden Webseite durch die Suchmaschinenrobots in den Suchergebnissen wieder. Insofern darf der Widerrufende nicht vor dem Ablauf des dafür üblichen Zeitraums mit einem Zugang respektive dem Wirksamwerden der Widerrufserklärung rechnen.[1197] Allerdings kann der Löschungsvorgang des aus der Datenbank zu entfernenden Bildes durch die Inanspruchnahme des von der betreffenden Suchmaschine bereitgestellten Tools zur Entfernung von URLs noch zusätzlich beschleunigt werden.[1198] Auch die isolierte Nutzung des Tools (ohne die nutzerseitige Entfernung der Bilddateien aus dem Netz) lässt eindeutig erkennen, dass der Rechtsinhaber keine erneute Indizierung der unter der betreffenden URL abrufbaren Bildinhalte wünscht. Auch hierin ist also ein „formwirksamer" Widerruf inter omnes zu sehen. Unterlässt der Rechteinhaber die Vornahme der vorgenannten technischen Schutzmaßnahmen, muss er hinnehmen, dass die Veröffentlichung der Werkinhalte mangels Zugangs des Widerrufs bei den automatisiert vorgehenden Werknutzern weiterhin als Einwilligung auszulegen ist.

Ein an natürliche Personen gerichteter Widerruf kann, um wirksam zu werden, durch einen an geeigneter Stelle auf der Webseite positionierten Hinweis[1199] auf die fehlende Erlaubnis zur Nutzung der onlinegestellten Inhalte erfolgen. Wirksam ist auch die Einrichtung eines dem Zugriff auf die bis dato frei zugänglichen Dateien vorgeschalteten Passwortschutzes. Nicht ausreichend ist dagegen ein nur schwer zugänglicher, an versteckter Stelle angebrachter Hinweis, dessen Auffinden eine umfassende Recherche des gesamten, unter Umständen sehr weit verzweigten Webangebots des Inhalteanbieters voraussetzte.[1200] Wollte man dies

---

1197 Da bereits ab der Vornahme geeigneter Schutzmaßnahmen eine zumindest potentielle Wahrnehmungsmöglichkeit vom Widerruf besteht, erscheint es zumindest vertretbar, den Zugang der Einwilligung bereits ab diesem Zeitpunkt zu bejahen. Aus Gründen des Vertrauensschutzes des Einwilligungsempfängers wäre es dem Widerrufenden dann aber gemäß § 242 BGB verwehrt, sich vor Ablauf des nächsten turnusmäßigen Indexierungsdurchlaufs bzw. einer angemessenen Überwachungsfrist auf den Widerruf der Einwilligung zu berufen.

1198 Nähere Informationen zur Löschungsmöglichkeit im Rahmen der Suchmaschine „Google" sind abrufbar unter http://support.google.com/webmasters/bin/answer.py?hl=de&answer=164734&topic=1724262&ctx=topic.

1199 In Betracht kommt z. B. ein solcher in den Nutzungsbedingungen oder im Impressum.

1200 So auch *Sosnitza*, CR 2001, 693 (700, Fn. 68), wobei dieser einen im Impressum angebrachten Hinweis als nicht ausreichend erachtet.

anders sehen, wäre dem in praxi äußerst „lukrativem" Abmahnungsgeschäft und damit einhergehenden Missbrauchsmöglichkeiten Tür und Tor geöffnet.

Damit bleibt zu konstatieren, dass das vom BGH in „Vorschaubilder I" zu Unrecht als Wirksamkeitsvoraussetzung eines individualisiert erklärten Widerrufs postulierte „gegenläufige Verhalten" in einem anderem Kontext relevant wird: Eines gegenläufigen Verhaltens, d.h. der Vornahme der entsprechenden Sicherungen gegen die Onlinenutzung der Werkinhalte durch den Rechtsinhaber, bedarf es immer dann, wenn dieser eine ad incertam personam durch das Onlinestellen erklärte Einwilligung seinerseits nicht nur individuell, sondern inter omnes gegenüber sämtlichen Einwilligungsempfängern widerrufen möchte.

5. *Anfechtung wegen Willensmängeln*

Wurde festgestellt, dass die konkrete urheberrechtsrelevante Nutzung nach Inhalt und Umfang von einer durch das Onlinestellen erteilten und nicht widerrufenen Erlaubnis umfasst ist, war aber die Einwilligungserklärung des Urhebers mit Willensmängeln behaftet, so stellt sich nach der Vornahme der konsentierten Handlung die Frage nach einer Anfechtungsmöglichkeit der Einwilligung. Der Einfluss von Willensmängeln auf die Wirksamkeit der Einwilligung wird bis heute äußerst kontrovers diskutiert. Nach der in der älteren Rechtsprechung vertretenen Auffassung des BGH soll eine Einwilligung dann unwirksam sein, wenn sie nicht mehr als Ausfluss einer wahren inneren Willensbildung des Betroffenen gelten kann.[1201] Demgegenüber bleibe eine Einwilligung, die im Gegensatz zu einer durch Gewalt, Zwang, rechtswidrigen Drohung oder arglistigen Täuschung etc. beeinflussten Willensbildung auf einem nur einfachen Irrtum beruhe, in ihrem Bestand unberührt. Auch eine Anfechtung der Einwilligung scheide aus. Andererseits wird besonders im persönlichkeitsrechtlichen Schrifttum zu § 22 KunstUrhG auf die für die Anfechtung rechtsgeschäftlich relevanten Verhaltens in den §§ 119ff. BGB kodifizierten Regeln zurückgegriffen.[1202] Auch hier herrscht jedoch Streit darüber, wie die Rechtsfolgen der Einwilligung auszugestalten sind, ob es einer Anfechtungserklärung und – im Falle höchstpersönlicher Dispositionen – der Einhaltung einer Anfechtungsfrist bedarf.

Die von der Rechtsprechung in Anlehnung an die strafrechtliche Praxis vertretene Loslösung vom Regelungsmodell der §§ 119ff. BGB vermag nicht zu überzeugen: Auch bei einer irrtumsbehafteten Einwilligung geht es um den im

---

1201 BGH, NJW 1964, 1177 (1178).

1202 *Frömming/Peters*, NJW 1996, 958 (959); *Helle*, AfP 1985, 93 (99); *Dasch*, Einwilligung, S. 78f.

Verlauf der vorliegenden Bearbeitung schon häufiger angeklungenen Konflikt zwischen dem Interesse des Einwilligenden, nur eine seinem wirklichen Willen entsprechende Konsentierung gelten lassen zu wollen und den Vertrauens- und Verkehrsschutzinteressen des sich auf den objektiven Erklärungsgehalt verlassenden Einwilligungsempfängers. Der Ausgleich zwischen Willensautonomie und Vertrauensschutz im Rechtsgeschäftsverkehr entspricht aber gerade dem Grundproblem der Irrtumslehre, welchem der BGB-Gesetzgeber durch die Implementierung der Anfechtungsregeln der §§ 119ff. BGB begegnet ist.[1203] Der vom Gesetzgeber intendierte Interessenausgleich manifestiert sich nicht zuletzt in der dem Regelungsmodell der §§ 119ff. BGB inhärenten Unterscheidung zwischen beachtlichen und unbeachtlichen Irrtümern.[1204] Vor der vorschnellen Einführung einer vollständig neuen und in hohem Maße unbestimmten Kategorie freiwillig oder unfreiwillig erteilter bzw. auf einfachen oder schwerwiegenden Irrtümern beruhender Einwilligungen liegt es nahe zu prüfen, ob sich die Einwilligung wertungsmäßig konsistent in das bestehende System der §§ 119ff. BGB einpassen lässt. Sollte dies der Fall sein, sind die vom Gesetzgeber getroffenen Wertentscheidungen in richterlicher Rechtsfortbildung auch auf die schlichte Einwilligung zu übertragen.

Einmal mehr zeigt sich an dieser Stelle, dass es im Rahmen der privatrechtlichen Einwilligung sachgerecht ist, die rechtsgeschäftlichen Vorschriften jeweils zum Ausgangspunkt der Betrachtung zu machen und vor dem Hintergrund der rechtsgeschäftlichen Atypik der Einwilligung sowie der monistischen Prägung des Urheberrechts danach zu fragen, ob die auf vermögensrechtliche Austauschgeschäfte zugeschnittenen Regelungen der §§ 104ff. BGB einer teleologischen Reduktion bedürfen.

a) Notwendigkeit einer teleologischen Reduktion des Regelungsmodells der §§ 119ff. BGB?

Damit gilt es nunmehr die grundsätzliche Anwendbarkeit der bürgerlich-rechtlichen Anfechtungsvorschriften auf die schlichte Einwilligung auf die Notwendigkeit einer teleologischen Reduktion zu überprüfen.

aa) Anfechtungserklärung

Eine solche wird in der Literatur von *Ohly* vertreten. Dieser erachtet die dem Irrenden durch die Anfechtungsregeln eröffnete Wahlmöglichkeit bezüglich

---

1203 *Dasch*, Einwilligung, S. 77f.; *Kohte*, AcP 185 (1985), 105 (140); *Ohly*, Einwilligung, S. 365.

1204 *Kohte*, AcP 185 (1985), 105 (140).

des Schicksals der anfechtbaren Willenserklärung in Anbetracht der im Zivilprozess geltenden Dispositionsmaxime für obsolet.[1205] Dem Einwilligenden sei es unbenommen, die Rechtswidrigkeit des Eingriffs durch ein schlichtes Unterlassen der Klageerhebung in Kauf zu nehmen.[1206] Daher spreche im Ergebnis nichts dagegen eine irrtumsbehaftete Einwilligung als ipso iure unwirksam zu klassifizieren. Auch der anzustrebende Gleichlauf mit dem Strafrecht, welches nach einhelliger Ansicht eine per se Nichtigkeit der Einwilligung im Falle von Willensmängeln annehme, stütze diese zivilrechtliche Qualifikation.[1207] Richtig an dieser Auffassung ist, dass es im Falle der Einwilligungserteilung – anders als bei einer vertraglichen Gestattung – keines der Entscheidungsautonomie des Irrenden dienenden Schwebezustandes bedarf. Denn mit der Einwilligung ist kein Anspruch auf eine Gegenleistung verbunden ist, dessen automatischer Fortfall (§ 326 I BGB) aus der Sicht des Gestattenden zu nicht interessengerechten Ergebnissen führen könnte. Doch darf nicht verkannt werden, dass sich die Entscheidungsautonomie des Erklärenden, selbst darüber zu befinden, ob er seine Erklärung gelten lassen will oder nicht, gleichwohl als Argument für einen von seinem Willen abhängenden Eintritt der Nichtigkeit der Einwilligung anführen lässt.[1208] Dieses Interesse besteht selbst dann, wenn die Einwilligung erlistet oder erzwungen wurde (§ 123 BGB).[1209]

Darüber hinaus ist das von Ohly weiterhin zur Begründung der ipso iure-Nichtigkeit vorgebrachte Argument vermehrter Rechtssicherheit in der Literatur bei *Tinnefeld* zu Recht auf Kritik gestoßen.[1210] Auch im Falle von Willensmängeln des Rechtsinhabers darf – abgesehen von den durch rechtswidrige Drohungen, arglistige Täuschungen oder der Ausübung von Gewalt beeinflussten – nicht einfach über legitime Interessen des Einwilligungsempfängers, nicht mehr aus einer bereits vollzogenen Werknutzung in Anspruch genommen zu werden, hinweggegangen werden. Erst die Anfechtungserklärung als ein das Vertrauen des Einwilligungsempfängers in den Bestand der Erlaubniswirkung neutralisierender Kommunikationsakt verschafft dem Einwilligungsempfänger Klarheit. Zudem erscheint es unbillig, dass ein auf die Wirksamkeit der Einwilligung vertrauender Einwilligungsempfänger, ohne jemals die zumutbare Möglichkeit zur Kenntnisnahme einer den tatsächlichen Willen des Einwilligenden bekundenden

1205 *Ohly*, FS Jakobs, S. 451 (464).
1206 *Ohly*, Einwilligung, S. 371.
1207 Ebd.
1208 Vgl. *Dasch*, Einwilligung, S. 79.
1209 Vgl. auch *Dasch*, Einwilligung, S. 79f.; *Zitelmann*, AcP 99 (1906), 1 (62).
1210 *Tinnefeld*, Einwilligung, S. 129f.

Erklärung gehabt zu haben, mit einer Klage des Rechtsinhabers überzogen werden können soll.[1211] Daher ergibt sich die Nichtanwendung der Anfechtungsvorschriften jedenfalls nicht allein aus der pragmatischen Erwägung einer optionalen Klagemöglichkeit des Rechtsinhabers bei Auseinanderfallen von wirklichem Willen und objektiv erklärter Einwilligung.[1212] Auch das Postulat einer im Interesse der Rechtssicherheit immerhin anzustrebenden Gleichbehandlung der Folgen von Willensmängeln auf die schlichte Einwilligung in Straf- und Zivilrecht lässt sich mit Blick auf die divergierenden Verfahrensmaximen von Straf- und Zivilprozess entkräften.[1213] Während die Staatsanwaltschaft verpflichtet ist im Strafprozess ex officio alle be- und entlastenden Umstände zu ermitteln, ist die Berücksichtigung der Unwirksamkeit der Einwilligung infolge von Willensmängeln vom Vorbringen des Rechtsinhabers abhängig.[1214] Nach allem ist auch bei der Anfechtung der Einwilligung am Erfordernis der Anfechtungserklärung festzuhalten. Diese ist nach der gesetzlichen Vorgabe von § 143 I, III BGB an den Einwilligungsempfänger als Anfechtungsgegner zu richten ist.

bb) Anfechtungsfrist

Fraglich ist, ob auch die in § 121 BGB normierte Fristenregelung auf die schlichte Einwilligung anwendbar ist. § 121 BGB will nach Sinn und Zweck der Regelung eine rasche Klärung der Rechtslage ermöglichen und generiert damit Verkehrs- und Vertrauensschutz.[1215] Zwar lässt sich das Interesse des Einwilligungsempfängers an einer baldigen Klärung des Bestands der Einwilligung im Gegensatz zu vertraglichen vermögensrechtlichen Austauschgeschäften nicht aus einer Verpflichtung zu künftigen Dispositionen ableiten.[1216] Zu solchen ist er kraft der einseitig erteilten und bloß zur Erlaubtheit des Handelns führenden Einwilligung gerade nicht verpflichtet. Allerdings hat der Einwilligungsempfänger sehr wohl ein legitimes Eigeninteresse zu erfahren, ob er aus vergangenen Eingriffen in die Rechte und Rechtsgüter des Inhabers noch mit Beseitigungs- und Ersatzansprüchen belangt werden kann. Auch der Einwilligungsempfänger darf daher nicht länger als unvermeidlich im Ungewissen über den Bestand der anfechtbaren Einwilligung verbleiben. Damit führt § 121 I BGB aber auch bei der irrtümlich erteilten Einwilligung zu einem insgesamt angemessenen

---

1211 Ähnlich *Tinnefeld*, Einwilligung, S. 130.
1212 So auch *Tinnefeld*, Einwilligung, S. 129f.
1213 Vgl. auch *Kohte*, AcP 185 (1985), 105 (141).
1214 Ebd.
1215 Staudinger/*Singer*, § 121 BGB, Rn. 1; Bamberger/Roth/*Wendtland*, § 121 BGB, Rn. 1.
1216 Vgl. *Ohly*, Einwilligung, S. 371.

Interessenausgleich. Zudem erlaubt es die infolge der Unbestimmtheit gegebene Flexibilität des in § 121 I BGB geregelten Unverzüglichkeitserfordernisses dem irrenden Rechtsinhaber in den durch den Wortlaut gesetzten Grenzen eine angemessene Bedenkzeit für seine Anfechtungsentscheidung zuzubilligen.[1217] Die Länge der Anfechtungsfrist bemisst sich dabei v.a. nach der Komplexität des betreffenden Einwilligungssachverhalts, der Bedeutung des von der Einwilligung betroffenen Rechts oder Rechtsguts und der Tragweite des damit verbundenen Eingriffs.[1218] Sollte angesichts der besonderen wertsetzenden Bedeutung höchstpersönlicher Rechtsgüter eine sich nicht mehr in den Grenzen des möglichen Wortsinns von § 121 I BGB bewegende Überlegungsfrist erforderlich sein, so muss die Vorschrift im Wege einer verfassungskonformen teleologischen Reduktion korrigiert werden.[1219] Einer teleologischen Reduktion des § 121 I BGB bedarf es ferner in solchen Situationen, in denen die Einwilligung ad incertam personam erklärt wird. Der Anfechtende kann hier nicht wissen, wer im Einzelnen von seiner Einwilligung Kenntnis erlangt hat. In Abweichung von § 121 I BGB beginnt die Anfechtungsfrist hier erst im Zeitpunkt der Wahrnehmung bzw. fahrlässigen Nichtwahrnehmung der konsentierten Handlung durch den Einwilligenden. Dem dann identifizierbaren Anfechtungsgegner muss die Anfechtung ohne schuldhaftes Zögern erklärt werden.

cc) Anfechtungsgründe im Rahmen der Einwilligung in urheberrechtliche Onlinenutzungen

Neben der formfrei möglichen Anfechtungserklärung des Einwilligenden gegenüber dem Einwilligungsempfänger als Anfechtungsgegner und der grundsätzlich einzuhaltenden Anfechtungsfrist erfordert eine wirksame Anfechtung aber auch einen Anfechtungsgrund. Damit soll nunmehr, ausgehend von den vom BGB-Gesetzgeber für erheblich erachteten Willensmängeln, am Beispiel der Konsentierung urheberrechtsrelevanter Onlinenutzungen die Anwendbarkeit der normierten Anfechtungsgründe auf die Einwilligung überprüft werden.

Zunächst kann kein Zweifel daran bestehen, dass eine unter Beeinträchtigung der rechtsgeschäftlichen Entschließungsfreiheit durch Täuschung erlistete oder durch widerrechtliche Drohung erzwungene Einwilligungserklärung gemäß § 123 I BGB angefochten werden können muss. Solche Fallgestaltungen dürften jedoch in der vorliegend unter besonderer Berücksichtigung stehenden Situation

---

1217 *Kohte*, AcP 185 (1985), 105 (141).

1218 Vgl. *Kohte*, a.a.O.

1219 Eine teleologische Reduktion der §§ 121, 124 BGB für die Einwilligung generell befürwortend, *Rosener*, Einwilligung, S. 153f.

des ungesicherten Onlinestellens von Werkinhalten aufgrund des dort zumeist fehlenden Individualkontakts der Beteiligten die absolute Ausnahme bilden. Sie sollen daher an dieser Stelle nicht weiter vertieft werden.

Im Kontext urheberrechtlicher Einwilligungen im Internet deutlich virulenter sein dürften die Anfechtungsrechte nach § 119 I Alt. 1, 2 BGB begründenden Inhalts- bzw. Erklärungsirrtümer. Bereits oben wurde erwähnt, dass ein das Internet aktiv für seine Zwecke nutzender Rechtsinhabers mit einer Standardisierung seiner Verhaltensweisen rechnen muss: Die rechtsgeschäftliche Relevanz sowie der Aussagegehalt seines Verhaltens bemisst sich nach der durch die Verkehrsgepflogenheiten im Internet geprägten objektiv-typisierten Sichtweise eines mit seinem Handeln konfrontierten Durchschnittsnutzers. Freilich werden Inhalteanbieter im Internet entgegen der hier getroffenen Typisierung keineswegs immer davon ausgehen, dass sie bereits durch die Veröffentlichung von Dateien in rechtserheblicher Weise in Erscheinung treten.[1220] In letzterem Falle liegt aber auch dann eine wirksame Einwilligungserklärung vor, wenn die Erklärung dem rechtserheblich in Erscheinung tretenden zurechenbar ist, weil er „erklärungsfahrlässig" gehandelt hat. Dies ist etwa dann der Fall, wenn ein Rechtsinhaber sich keinerlei Gedanken darüber macht, dass dem Einstellen einer Datei ein rechtserheblicher Erklärungswert beizumessen ist. Letzteres bringt nach dem oben Gesagten zumindest eine Konsentierung in die erforderlichen technischen Basisnutzungen des Internets sowie die zur Verbesserung der Sichtbarkeit des Werks geeigneten Nutzungen zum Ausdruck. Dass der somit vom Rechtsinhaber erklärten Einwilligung ein selbstverschuldeter Irrtum zugrunde liegt, hindert die Anfechtung selbst dann nicht, wenn der Erklärende grob fahrlässig handelt.[1221] In Rechtsprechung und Literatur ist heute weitgehend anerkannt, dass eine ohne Erklärungsbewusstsein abgegebene Willenserklärung rechtlich als Erklärungsirrtum analog § 119 I Alt. 2 BGB einzuordnen ist.[1222] Einem ohne Erklärungsbewusstsein handelnden Rechtsinhaber steht damit auch im Rahmen der Einwilligung die Möglichkeit zur Anfechtung seiner Einwilligungserklärung zu.

Geht ein Rechtsinhaber dagegen, weil er mit den Verkehrssitten im Internet hinreichend vertraut ist, von einer durch das Onlinestellen der Dateien erklärten Konsentierung aus, unterliegt indes einer Fehlvorstellung über Inhalt und

---

1220 So zu Recht auch *Tinnefeld*, Einwilligung, S. 131.

1221 Ohne Bezug zur Einwilligung *Flume*, BGB-AT II, S. 420; *Medicus*, BGB-AT, Rn. 737f.; *v. Tuhr*, BGB-AT II/1, § 67 (S. 587).

1222 BGH, NJW 1984, 2279 (2280); MüKo-BGB/*Armbrüster*, § 119, Rn. 101; Bamberger/Roth/*Wendtland*, § 119 BGB, Rn. 23; Staudinger/*Singer*, § 122 BGB, Rn. 9; a.A. *Canaris*, NJW 1984, 2281.

Umfang der von ihm eingeräumten Nutzungserlaubnis, irrt er über die objektive, normativ zu ermittelnde Bedeutung seiner Willenserklärung. Im diesem Fall des Irrtums über den konkreten Erklärungsgehalt liegt ein Inhaltsirrtum vor, der den Rechtsinhaber nach § 119 I Alt. 1 BGB zur Anfechtung berechtigt.

Sofern ein Rechtsinhaber seine Webseiten nicht selber hostet, muss er oder der von ihm betraute Webmaster sich zwangsläufig eines Internetproviders bedienen, der ihm Webspace für den Upload der Inhalte bereitstellt. Damit einher geht die Möglichkeit einer unrichtigen Weitergabe bzw. Übermittlung der Einwilligungserklärung durch den Provider als Erklärungsboten. Vorstellbar ist beispielsweise, dass vom Rechtsinhaber vorgenommene Modifizierungen in der robots.txt-Datei, die bestimmte Suchmaschinen vom Zugriff auf die veröffentlichten Inhalte ausschließen sollen, vom Provider infolge eines technischen Übermittlungsfehlers nicht umgesetzt werden. In diesem Fall können Suchmaschinen ohne Einschränkung auf die freigegebenen Webseiteninhalte zugreifen und sich kraft der objektiv erklärten Einwilligung auf die Rechtmäßigkeit ihres Tuns berufen. Der Einwilligende kann hier nach § 120 BGB anfechten.

Demgegenüber besteht auch im Rahmen der Einwilligung kein Grund, im Stadium der Willensbildung unterlaufene Irrtümer im Beweggrund (Motivirrtümer) als zur Anfechtung berechtigende Willensmängel anzuerkennen. Die nicht außen manifestierte subjektive Motivlage des Rechtsinhabers geht den Einwilligungsempfänger grundsätzlich nichts an.[1223] Sie ist damit nicht nur bei der Auslegung eines Verhaltens als Einwilligung unbeachtlich (Mentalreservation gemäß § 116 S. 1 BGB), sondern kann auch nach Feststellung des Vorliegens einer Einwilligung nicht deren Anfechtbarkeit begründen.[1224] Den unbeachtlichen Motivirrtümern gleichzustellen sind Irrtümer, die auf Fehlvorstellungen über Rechtsfolgen beruhen, welche sich nicht aus dem Inhalt der Erklärung ergeben, sondern kraft Gesetzes eintreten (Rechtsfolgenirrtümer).[1225] Danach berechtigten also Fallgestaltungen, in denen sich ein Rechtsinhaber über den Ausschluss von Beseitigungs-, Schadensersatz-, bereicherungsrechtlichen Ansprüchen sowie solchen aus Geschäftsführung ohne Auftrag irrt, nicht zur Anfechtung der Einwilligungserklärung.

Die obigen Ausführungen haben gezeigt, dass das im bürgerlichen Recht entwickelte System erheblicher und unerheblicher Willensmängel auch bei der

---

1223 *Dasch*, Einwilligung, S. 78; vgl. auch *Flume*, BGB-AT II, S. 433f., allerdings mit generellem Bezug auf Willenserklärungen.

1224 So auch *Kohte*, AcP 185 (1985), 105 (140).

1225 Ohne Bezug zur Einwilligung *Flume*, BGB-AT II, S. 465ff.; *Medicus/Petersen*, BR, Rn. 133; Staudinger/*Singer*, § 119 BGB, Rn. 67.

schlichten Einwilligung in urheberrechtliche Onlinenutzungen zu stimmigen Ergebnissen führt. Demgegenüber liefert die oben dargestellte, von der Rechtsprechung als *Unwirksamkeitsgründe* vorgeschlagene Kategorie unfreiwillig erteilter bzw. mit schwerwiegenden Willensmängeln behafteter Einwilligungen keine wenigstens gleichwertige Alternative. Somit kann hier auf die vertrauten und durch eine umfangreiche Judikatur präzisierten Anfechtungsgründe der §§ 119ff. BGB zurückgegriffen werden.

dd) Rechtsfolgen der Anfechtung

Fraglich ist, ob auch die mit der Anfechtung als Gestaltungserklärung ipso iure verbundenen Folgen auf die schlichte Einwilligung anwendbar sind. Nach der zunächst maßgeblichen gesetzlichen Vorgabe von § 142 I BGB wirkte die wirksame Anfechtung ex tunc auf den Zeitpunkt der Abgabe der Einwilligungserklärung zurück. Sie wäre folglich als von Anfang an nichtig anzusehen. Der damit verbundene Wegfall der Handlungslegitimation führte im Rahmen erteilter Einwilligungen zum Wiederaufleben des generell-abstrakten Eingriffsverbots, sodass zurückliegende Eingriffe nachträglich rechtswidrig würden. Unmittelbar einsichtig ist zunächst, dass die nachträglich eintretende Rechtswidrigkeit eines mit Einwilligung des Patienten vorgenommenen ärztlichen Heileingriffs zu untragbaren Ergebnissen führte und daher zu Recht allgemein abgelehnt wird.[1226]

Auch außerhalb ärztlicher Heileingriffe wird die Rückwirkungsfiktion der Anfechtung in der Literatur als für die schlichte Einwilligung unpassend empfunden. Eingewandt wird hier v.a., dass die Anfechtung – so sie ex tunc wirkte – mit einer deliktsrechtlichen Haftung des Einwilligungsempfängers verbunden sei.[1227] Dieser Einwand verfängt allerdings nicht: De facto haftet der Einwilligungsempfänger gemäß § 142 II BGB nach erfolgter Anfechtung nur dann auf Schadensersatz, wenn er zumindest fahrlässig die die Anfechtbarkeit der Einwilligung begründenden Tatsachen nicht gekannt hat.[1228] Aus § 142 II BGB dürfte sich im Rahmen konkludenter Einwilligungen wohl kaum jemals eine Schadensersatzverpflichtung des Einwilligungsempfängers ergeben. Zu beachten ist nämlich, dass dessen individuelle Kenntnis bzw. fahrlässige Unkenntnis eines vom objektiven Erklärungsgehalt abweichenden Willens des Erklärenden bereits im

---

1226 Staudinger/*Hager*, § 823 BGB, Rn. I 111; MüKo-BGB/*Wagner*, § 823, Rn. 730; *Deutsch/Spickhoff*, MedR, Rn. 255.

1227 *Kroll*, Datenschutz, S. 169f.

1228 So auch *Kohte*, AcP 185 (1985), 105 (141); *Dasch*, Einwilligung, S. 79; *Zitelmann*, AcP 99 (1906), 1 (62). Vgl. auch BGH, NJW-RR 1987, 1457; *Flume*, BGB-AT II, S. 558, allerdings ohne Bezug zur Einwilligung.

Rahmen der Interpretation des relevanten Erklärungsverhaltens zu berücksichtigen ist. Hier gilt getreu der Maxime „falsa demonstratio non nocet" das vom Erklärenden Gewollte und zwar ohne Rücksicht darauf, ob dieses in der Erklärung irgendwie zum Ausdruck gekommen ist.[1229] Damit fehlt es aber bereits an der Grundvoraussetzung der Anfechtbarkeit einer Willenserklärung – des Auseinanderfallens von subjektiv Gewolltem und objektiv Erklärtem.

Für die Beschränkung der Rechtsfolgen der Einwilligungsanfechtung auf die Nichtigkeit ex nunc sprechen jedoch die im Rahmen von Einwilligungskonstellationen möglichen Schwierigkeiten der Rückabwicklung nach Bereicherungsgrundsätzen. Besonders im vorliegend interessierenden Kontext der Einwilligung in urheberrechtliche Onlinenutzungen ist die (nachträgliche) Ermittlung des tatsächlich durch die Werknutzung Erlangten mit erheblichen Unwägbarkeiten verbunden: So dürfte z. B. die zuverlässige und den Umständen des Einzelfalls gerecht werdende Bemessung des Nutzwerts eines konkreten Thumbnails für Suchmaschinen wohl kaum möglich sein. Sie ist nämlich nicht zuletzt von der Anzahl der Zugriffe der Suchmaschinennutzer auf das Miniaturbild abhängig. Die Aufrufe der Thumbnails werden aber, soweit ersichtlich, von den Bildersuchmaschinen nicht registriert. Daran wird deutlich, dass die Problematik zur Bestimmung des durch die Werknutzung Erlangten keineswegs auf die Nutzungen von Bildersuchmaschinen begrenzt ist. Sie wird vielmehr immer dann virulent, wenn sich im Kontext massenhafter Werknutzung im Internet die Anzahl der Einzelnutzungen im Nachhinein nicht mehr zuverlässig bestimmen lässt.

Entgegen der Ansicht *Tinnefelds* lassen sich die Rückabwicklungsschwierigkeiten auch nicht unter Verweis auf die dem Einwilligungsempfänger zustehende Möglichkeit, die vermögensrechtlichen Folgen der Einwilligungsanfechtung nach § 122 I BGB auf den Anfechtenden abzuwälzen, ausblenden.[1230] Denn der Einwilligungsempfänger trägt im Falle einer ex tunc wirkenden Anfechtung das Risiko der Insolvenz des Anfechtenden: Nimmt der Einwilligende den Einwilligungsempfänger nach Anfechtung wegen nunmehr rechtswidriger Nutzungen auf Zahlung von Schadensersatz in Anspruch, steht dem ein Freistellungsanspruch des Einwilligungsempfängers analog § 257 S. 1 BGB i.V.m. § 122 I BGB gegenüber.[1231] Dieser Schuldbefreiungsanspruch wird in der Insolvenz des Einwilligenden vom Insolvenzbeschlag erfasst und ist nach Maßgabe von § 45 InsO

1229 Staudinger/*Singer*, § 119 BGB, Rn. 7.

1230 *Tinnefeld*, Einwilligung, S. 133.

1231 Vgl. *Tinnefeld*, a.a.O.

zur Tabelle anzumelden.[1232] Eine Aufrechnung des Einwilligungsempfängers mit seinem Befreiungsanspruch gegen einen Schadensersatzanspruch des Anfechtenden ist nicht möglich.[1233] Der Befreiungsgläubiger könnte sonst damit die Zahlung erzwingen, die ihm im Verhältnis zu den anderen Insolvenzgläubigern nicht zusteht. Hinzukommt, dass ein Anspruch auf Befreiung und eine Geldforderung nicht gleichartig sind. Auch kann in der Insolvenz des Anfechtenden kein aus dem Freistellungsanspruch begründetes Zurückbehaltungsrecht aus § 273 BGB geltend gemacht werden. Die Einrede des § 273 BGB ist nicht insolvenzfest ausgestaltet.[1234]

Somit bleibt zu konstatieren, dass die im Rahmen von Onlinenutzungen möglichen Rückabwicklungsschwierigkeiten es rechtfertigen, die Grundsätze über die beschränkte Anfechtungswirkung von Dauerschuldverhältnissen auf die Einwilligung anzuwenden. Damit führt die Anfechtung der Einwilligung lediglich zu ihrer ex nunc-Nichtigkeit. Sie hat somit die gleichen Wirkungen wie der bis zur Vornahme der gestatteten Handlung mögliche Widerruf der Einwilligung. Infolge dieser Kongruenz in den Rechtsfolgen dürfte der Anfechtung in Anbetracht des grundlos möglichen Widerrufs praktisch keinerlei Relevanz zukommen.

b) Ergebnis

Insgesamt hat sich das rechtsgeschäftliche Regelungsmodell der §§ 119ff. BGB im Wesentlichen als für die schlichte Einwilligung passend erwiesen. Bedarf zur Modifikation besteht bezüglich der Regelung des § 121 BGB. Hier kann die wertsetzende Bedeutung der von einer Einwilligung betroffenen höchstpersönlicher Güter es im Einzelfall erforderlich machen, die Fristenregelung des § 121 BGB unangewendet zu lassen. Einer teleologischen Reduktion des § 121 I BGB bedarf es ferner in solchen Situationen, in denen die Einwilligung ad incertam personam erklärt wird. Der Anfechtende kann hier nicht wissen, wer im Einzelnen von seiner Einwilligung Kenntnis erlangt hat. In Abweichung vom Unverzüglichkeitserfordernis des § 121 I BGB beginnt die Anfechtungsfrist erst im Zeitpunkt der Wahrnehmung bzw. fahrlässigen Nichtwahrnehmung der konsentierten Handlung durch den Einwilligenden. Dem dann identifizierbaren Anfechtungsgegner muss die Anfechtung ohne schuldhaftes Zögern erklärt werden. Schließlich sind auch die Anfechtungsfolgen im Rahmen der Einwilligung zum Schutze des Einwilligungsempfängers auf ex nunc-Wirkung zu reduzieren.

1232 Bamberger/Roth/*Unberath*, § 257 BGB, Rn. 10; MüKo-BGB/*Krüger*, § 257, Rn. 11; Staudinger/*Bittner*, § 257 BGB, Rn. 17.

1233 Vgl. Staudinger/*Bittner*, § 257 BGB, Rn. 17.

1234 BGH, WM 1965, 408 (410); BGH, NJW 1995, 1484 (1485); *Hess*, § 95 InsO, Rn. 20.

3. Kapitel: Anwendung der Voraussetzungen auf ähnliche Fallgestaltungen internettypischer Werknutzung

Nunmehr soll anhand der Veröffentlichung von Personenbildnissen i.S.d. § 22 KunstUrhG im Rahmen von Bildersuchmaschinentrefferlisten eine weitere mit der urheberrechtlichen Nutzung verwandte Fallgestaltung auf die Validität der vorstehend ermittelten Voraussetzungen überprüft werden. Sofern sich die aufgestellten Grundsätze als praktikabel erweisen, gilt es auch diese Konstellation auf das Vorliegen einer durch das ungesicherte Onlinestellen der Bilder erklärten Einwilligung zu überprüfen. Desweiteren sollen nachstehend weitere internettypische Fälle urheberrechtsrelevanter Werknutzung unter Zugrundelegung der im 2. Kapitel ermittelten Maßstäbe auf eine Legitimation mittels schlichter Einwilligung untersucht werden.

A. Thumbnailsdarstellung von Personenbildnissen i.S.v. § 22 KunstUrhG in Bildersuchmaschinen

Soweit auf den in der Suchergebnisliste ausgewiesenen Thumbnails Bildnisse von Personen erkennbar sind, ist stets auch die Verletzung des Rechts am eigenen Bild nach § 22 S. 1 KunstUrhG in Betracht zu ziehen. Die praktische Bedeutung dieser Fallgestaltung kann angesichts der heute allgegenwärtigen Indexierung von in öffentliche Profile in sozialen Netzwerken wie Facebook, XING, Twitter etc. eingestellten Bildern durch Suchmaschinen nicht genug betont werden.

Die durch Bildersuchmaschinen im Internet öffentlich zugänglich gemachten Abbildungen des Fotos einer Person greifen dann in das Recht am eigenen Bild ein, wenn der Abgebildete, trotz geringerer Größe des Thumbnails im Vergleich zum Originalbild, ohne Weiteres identifiziert werden kann.[1235] Das bloße Linksetzen auf die von der Suchmaschine gefundenen und die Bilddateien enthaltenden Webseiten unterfällt dagegen nicht dem Anwendungsbereich des § 22 S. 1 KunstUrhG.[1236] Auch das Herstellen und Speichern der Thumbnails von Bildnissen einer Person ist vom Tatbestand des § 22 S. 1 KunstUrhG nicht umfasst.[1237]

1235 Vgl. *Dreier/Schulze*, § 22 KunstUrhG, Rn. 3f.

1236 Wandtke/Bullinger/*Fricke*, § 22 KunstUrhG, Rn. 9; a.A. OLG München, MMR 2007, 659.

1237 *Fahl*, Bildersuchmaschinen, S. 108, Fn. 598.

Sofern ein die tatbestandlichen Voraussetzungen des § 22 S. 1 KunstUrhG erfüllendes Bildnis in der Trefferliste einer Bildersuchmaschine angezeigt wird, hängt die Zulässigkeit dieser der Veröffentlichung von der „Einwilligung" des Urhebers ab. Der Einwilligung bedarf es nur dann nicht, sofern einer der gesetzlichen Ausnahmetatbestände des § 23 I Nr. 1–4 KunstUrhG eingreift. Konstruktiv können Eingriffe in das Recht am eigenen Bild jedenfalls durch eine schlichte tatbestandsausschließende[1238] Einwilligung[1239] oder auch bindend im Wege einer schuldvertraglichen Gestattung[1240] legitimiert werden. Ob darüber hinausgehend zur Befriedigung des zunehmenden Bedürfnisses nach Kommerzialisierung vermarktungsfähiger, vermögenswerter Bestandteile des Rechts am eigenen Bild auch konstitutive Nutzungsrechtseinräumungen zuzulassen sind[1241], ist umstritten. Einer Entscheidung bedarf es hier indes nicht, da das Einstellen von Bildnissen auf den eigenen Webseiten kein zur Begründung vertraglicher Gestattungen hinreichendes Erklärungsverhalten verkörpert.[1242]

Ausdrücklich an Bildersuchmaschinen erteilte Einwilligungen zur Verbreitung und Veröffentlichung von Bildnissen einer Person dürften den absoluten Ausnahmefall bilden. Eine solche ist beispielsweise in einer vom Rechtsinhaber nach dem Upload eines Bildnisses in ein Webalbum explizit an Bildersuchmaschinen erklärten Indexierungserlaubnis zu sehen. Eine deutlich gewichtigere Rolle im Kontext internettypischer Nutzungen wie der Bildersuche spielen aber erneut konkludent erklärte Einwilligungen. Dies belegt die in jüngster Zeit häufig gerichtsnotorisch gewordene Fragestellung[1243], ob das konkludente Verhalten eines Bildnisse seiner Person ungesichert veröffentlichenden Content-Anbieters als Einwilligung in die Widergabe von Thumbnails zu deuten ist.

Da Suchmaschinenbetreiber regelmäßig keinerlei Kenntnis von den der Veröffentlichung der Bildnisse zugrundeliegenden Motiven eines Abgebildeten haben können, muss auch hier wieder durch Auslegung des Veröffentlichungsakts

---

1238 Da die „Einwilligung" im Rahmen des § 22 S. 1 KunstUrhG ein negatives Tatbestandsmerkmal statuiert, kommt eine Qualifikation der Einwilligung als Rechtfertigungsgrund hier nicht in Betracht.

1239 *Dasch*, Einwilligung, S. 29; *Helle*, Besondere PKR, S. 102; *ders.*, AfP 1985, 93 (94).

1240 BGH, GRUR 2005, 74 (75) – *Charlotte Casiraghi II*; OLG München, ZUM 1997, 388 (390).

1241 In diesem Sinne *Forkel*, Gebundene Rechtsübertragungen, S. 192ff.; *Götting*, PKR, S. 167; *Ohly*, Einwilligung, S. 161ff., 165, 260; *Rehbinder*, UrhR, Rn. 866; a.A. BGH, GRUR 1993, 151 (152) – *Universitätsemblem;* OLG München, ZUM 1997, 388 (390).

1242 Siehe hierzu auch die Ausführungen in *Kap. 2 C.*

1243 LG Köln, ZUM-RD 2011, 626 (628); LG Köln, CR 2010, 271 (272).

sowie aller relevanten Begleitumstände Vorliegen und Inhalt der schlichten Einwilligung ermittelt werden. Dabei gilt es im Rahmen der Auslegung zu beachten, dass auch bei den Dispositionen über persönlichkeitsrechtliche Schutzgüter wie dem Recht am eigenen Bild der Übertragungszweckgrundsatz als Auslegungsmaxime entsprechend heranzuziehen ist.[1244] Von maßgeblichem Einfluss auf die Auslegung des Erklärungsverhaltens sind nach dem oben Gesagten somit die Motive und die Zweckrichtung des Handelns des Rechtsinhabers. Dabei ist auch hier davon auszugehen, dass sich ein Rechtsinhaber, sofern den die Veröffentlichung der Bilder flankierenden Umständen nichts Gegenteiliges zu entnehmen ist, objektiv interessengerecht verhält. Von dieser typisierenden Betrachtungsweise ausgehend, gilt es zu ermitteln, wie sich das Verhalten des Veröffentlichenden für einen objektiven Erklärungsempfänger nach Treu und Glauben und unter Berücksichtigung der Verkehrssitte im Internet darstellt.[1245]

Stellt ein i.S.d. § 22 S. 1 KunstUrhG Abgebildeter Bildnisse von sich für jedermann frei zugänglich ins Internet oder ermächtigt er einen Dritten (z.B. Webmaster) zur Veröffentlichung, bringt er damit regelmäßig gezielt einen Teil seiner Persönlichkeit in die Öffentlichkeit.[1246] Er will sich der Öffentlichkeit im Rahmen seines Internetauftritts präsentieren und damit von einem möglichst großen Besucherkreis wahrgenommen werden. Der Abgebildete erklärt sich daher aus der Sicht der Suchmaschinenbetreiber zunächst mit solchen Nutzungen einverstanden, die dem erwünschten Abruf des in die betreffende Webseite inkorporierten Bildnisses technisch zwingend vorausgehen. Aufgrund der Dezentralität des Internets ist es eine funktionsnotwendige Bedingung für den Zugriff auf die dort bereitgestellten Inhalte, dass andere Nutzer und damit auch Suchmaschinen mithilfe der Verweisungsstruktur des Deep-Linkings auf fremde Webseiten verweisen. Sieht man also – entgegen der hier vertretenen

---

1244 Vgl. OLG Köln, ZUM-RD 1999, 444 (445); OLG Hamburg, ZUM 1996, 789 (790); KG Berlin, ZUM-RD 1998, 554; OLG München, ZUM 2006, 936; Schricker/*Götting*, § 60 / § 22 KunstUrhG, Rn. 44; Loewenheim/*Schertz*, Handbuch UrhR, § 18, Rn. 13; *Dreier/Schulze*, § 22 KunstUrhG, Rn. 21; Dreyer/Kotthoff/Meckel/*Dreyer*, § 22 KunstUrhG, Rn. 18; *Homann*, Filmrecht, S. 301; *Petershagen*, NJW 2011, 705 (708).

1245 BGH, GRUR 1956, 428 (427); BGH, NJW 2005, 56 (57) – *Charlotte Casiraghi II*; OLG München, AfP 1995, 658 (659); LG Düsseldorf, AfP 2007, 621 (622); LG Bielefeld, NJW-RR 2008, 715 – *Die Super Nanny*; Wandtke/Bullinger/*Fricke*, § 22 KunstUrhG, Rn. 15. Restriktiver *Dreier/Schulze*, § 22 KunstUrhG, Rn. 18, die annehmen, dass aus den äußeren Umständen eindeutig auf eine Einwilligung geschlossen werden können muss.

1246 *Frömming/Peters*, NJW 1996, 958.

Ansicht – die von Suchmaschinen als „Gatekeepern" praktizierte und den Zugang zum Bildnis eröffnende Deep-Verlinkung als taugliche Eingriffshandlung in das Recht am eigenen Bild an[1247], ist nach dem Gesagten eine hierauf bezogene konkludente Einwilligung anzunehmen.[1248]

Darüber hinaus hat ein Bildnisse seiner Person veröffentlichender Rechtsinhaber aus der Perspektive eines durchschnittlichen Werknutzers in Person des Suchmaschinenbetreibers regelmäßig auch ein Interesse an Nutzungen, die die Auffindbarkeit und Sichtbarkeit seines Bildnisses im Internet verbessern. Die Interessenlage unterscheidet sich hier nicht von derjenigen der Veröffentlichung urheberrechtlich geschützter Werkinhalte. Nach dem Ergebnis der obigen Untersuchung ist die Thumbnailsnutzung in den Trefferlisten von Bildersuchmaschinen geeignet zur Verbesserung der Sichtbarkeit und Bekanntheit der onlinegestellten Bildinformation beizutragen. Neben dieser Mindestvoraussetzung für die Annahme einer konkludenten Einwilligung muss jedoch analog der Einwilligung in urheberrechtliche Nutzungen auch im Rahmen der Auslegung eines Verhaltens als konkludente Einwilligung i.S.d. § 22 S. 1 KunstUrhG auf die pekuniären Interessen des Abgebildeten Rücksicht genommen werden. Das Recht am eigenen Bild hat nämlich trotz seines primär persönlichkeitsrechtlichen Charakters einen potentiellen Vermögenswert (§ 22 S. 2 KunstUrhG). Insofern scheint es auch hier geboten den zur Konkretisierung der Vermögensinteressen des Rechtsinhabers aufgestellten Kriterienkatalog[1249] heranzuziehen. An dieser Stelle ergeben sich im Hinblick auf die Konformität der Thumbnailsnutzung mit den Vermögensinteressen des Rechtsinhabers keine Unterschiede zu obigen urheberrechtlichen Prüfung:

Die Thumbnailsnutzung durch Bildersuchmaschinen führt zu einem potentiell erhöhten Traffic auf den Webseiten des Abgebildeten und damit zur Förderung einer vom Rechtsinhaber bereits praktizierten oder jedenfalls theoretisch in Aussicht stehenden Vermarktung des Bildnisses seiner Person. Wie bereits oben gesehen kann von einem substituierenden Charakter der nur ausschnittsweisen Darstellung des Bildnisses als Thumbnail ebenso wenig ausgegangen werden, wie von einem zu Eigen machen der Bildinformation. Auch darf der Abgebildete aus der Sicht des Suchmaschinenbetreibers angesichts prohibitiver Transaktionskosten für die Anbahnung, den Abschluss und die Durchführung von Lizenzverträgen nicht mit einer individuellen, kostenpflichtigen Kommerzialisierung

---

1247 So das OLG München, MMR 2007, 659; vgl. auch *Petershagen*, NJW 2011, 705 (707).

1248 Vgl. BGH, GRUR 2003, 958 (961) – *Paperboy*; Schricker/*Wild*, § 97 UrhG, Rn. 19; *Libertus*, ZUM 2007, 621 (623); Wandtke/Bullinger/*Fricke*, § 22 KunstUrhG, Rn. 17.

1249 *Kap. 2 E. II. 4. b) aa) – cc).*

seines Rechts am eigenen Bild gegenüber Suchmaschinenbetreibern rechnen. Eine Übereinstimmung mit den pekuniären Interessen des Rechtsinhabers ist damit zu bejahen.

Auch eine Beeinträchtigung anderer, außerhalb des Bildnisschutzes liegender Persönlichkeitsmerkmale, etwa des durch das allgemeine Persönlichkeitsrecht gewährleisteten Entstellungsschutzes, steht der Zurechnung des Verhaltens als Einwilligung vorliegend nicht entgegen. Die lediglich verkleinerte und in ihrer Auflösung reduzierte, ansonsten originalgetreue Darstellung des referenzierten Bildes als Thumbnail hat keinerlei Veränderung geschweige denn Verzerrungen des Originalbildes zur Folge. Der Gesamteindruck des Originalbildes stimmt vielmehr mit der verkleinerten Wiedergabe des Werks überein. Entstellenden Charakter kann die Wiedergabe von Thumbnails in Ausnahmefällen nur dann aufweisen, wenn das verkleinerte Bildnis im Rahmen des Ergebniskatalogs in einem besonders anrüchigen bzw. völlig aus dem ursprünglichen Zusammenhang gerissenen Kontext wiedergegeben wird. Damit sind neben den vermögensrechtlichen grundsätzlich auch die persönlichkeitsrechtlichen Interessen des Abgebildeten gewahrt. Der Schluss auf das Vorliegen einer konkludenten Einwilligung in die Thumbnailsnutzung wäre deshalb zulässig, wenn der Abgebildete nicht durch die Vornahme geeigneter technischer Schutzmaßnahmen[1250] den Zugriff auf das betreffende Bild untersagt hat.

Auch überschreitet die stark verkleinerte und qualitätsgeminderte Thumbnailsdarstellung der hier als Maßstab dienenden prominenten Suchmaschinen Google, Yahoo, Bing nicht den Rahmen des an Nutzungsintensität unbedingt Notwendigen. Der von einer Bildersuchmaschine im Rahmen der Trefferliste ausgewiesene Deep-Link hat für einen Suchmaschinennutzer bei Lichte betrachtet nur dann einen Wert, wenn ihm durch eine miniaturisierte Vorschau die Möglichkeit einer optischen Relevanzbewertung bezüglich des referenzierten Bildes eingeräumt wird. Ebensowenig wie die herkömmliche Textsuche im Internet ohne die diese ergänzende Darstellung von Snippets denkbar ist, kann eine Bildersuchmaschine ohne die „originalgetreue" Ausgestaltung des Linkankers funktionieren. Die Thumbnailsdarstellung ist damit auch vom Umfang der Legitimationswirkung der konkludent erklärten Einwilligung umfasst.

Insgesamt kann somit anhand des ungesicherten Einstellens eines Personenbildnisses durch einen Abgebildeten auf eine konkludente Einwilligung in die öffentliche Zurschaustellung desselben mittels Thumbnails geschlossen werden.

1250 *Kap. 2. E. II. 4. a).*

Der Abgebildete kann die einem Suchmaschinenbetreiber konkludent erteilte Befugnis aber jederzeit widerrufen. Nach Maßgabe des BGH bedarf es zur Wirksamkeit des Widerrufs jedoch ein gegenläufiges Verhalten. Ein Rechtsinhaber ist also gezwungen, sich durch technische Schutzmaßnahmen gegen den Suchmaschinenzugriff abzusichern. Die vorstehende Untersuchung hat erwiesen, dass einen Rechtsinhaber die Last derartiger Schutzmaßnahmen aber nur dann trifft, wenn der Widerruf inter omnes gegenüber allen Bildersuchmaschinenbetreibern wirksam erklärt werden soll. Ein individualisiert erklärter und tatsächlich zugehender Widerruf ist dagegen formlos möglich.

B. Thumbnailsdarstellung in Nachrichtensuchmaschinen

Zunächst soll ermittelt werden, ob die für die Thumbnailswiedergabe im Rahmen der Bildersuche angenommene Einwilligung auch auf eine Wiedergabe von Thumbnails in Nachrichtensuchmaschinen übertragbar ist.

Bei einigen Nachrichtensuchmaschinen, wie z. B. Google-News, werden neben einem Großteil der Nachrichtenmeldungen Thumbnails von in den Zeitungsartikeln eingebetteten Fotos eingeblendet. Diese können entweder als Lichtbildwerke (§ 2 I Nr. 5 UrhG) oder als Lichtbilder (§ 72 UrhG) urheberrechtlichen Schutz genießen. Im Rahmen der Nachrichtensuche verläuft das Crawlen, Erstellen, Speichern sowie die Wiedergabe der Thumbnails nach demselben Verfahren, welches im Rahmen der Bildersuche eingesetzt wird.[1251] Die Wiedergabe von Thumbnails in der Nachrichtensuche hat somit in Übereinstimmung mit der Bildersuche einen Eingriff in die Verwertungsrechte des Schutzrechtsinhabers bzw. die urheberrechtlichen Nutzungsrechte der Verlage oder Agenturen an den Lichtbildern/Lichtbildwerken gemäß §§ 16 I, 19a UrhG (i.V.m. § 31 I, III UrhG) zur Folge. Auch dieser Eingriff ist nicht von einer Schrankenregelung gedeckt. Die Nutzung der Bilder durch digitale Nachrichtensuchdienste unterfällt insbesondere nicht den §§ 49, 50 UrhG.[1252] Sofern ein Inhaber der Bilderrechte Nachrichtensuchmaschinen weder vertragliche Nutzungsrechte eingeräumt noch ausdrückliche Einwilligungen[1253] erteilt haben, kommt es somit für die urheberrechtliche

---

1251 *Fahl*, Bildersuche, S. 132 (Fn. 705, m.w.N.).

1252 Vgl. hierzu *Fahl*, Bildersuche, S. 149f.

1253 Eine ausdrückliche Einwilligung ist etwa in der speziell an die Crawler der Nachrichtensuchmaschine „Google News" gerichteten Eingabe der Befehle *User-agent: Googlebot-News Allow:* / in der robots.txt-Datei bzw. <*meta name="googlebot-news" content="index"* /> in den Metatags zu sehen.

Rechtmäßigkeit der Nutzungen erneut auf das Vorliegen einer konkludenten Einwilligung an. Eine solche könnte wiederum durch die ungesicherte Veröffentlichung der in die Nachrichtenmeldung eingefügten Bilder erklärt worden sein.

Nachrichtensuchmaschinen erfüllen im Internet eine elementare Navigationsfunktion in Bezug auf die zeitnahe Übermittlung digitaler Nachrichtenmeldungen. Da reine Textsuchmaschinen letztere nicht zu leisten imstande sind, ist die wesenstypische Verbundenheit von Nachrichtensuchmaschinen mit der Funktionsfähigkeit des Internets zu bejahen.[1254] Gleichwohl fehlt es an der Betriebsnotwendigkeit der Thumbnailnutzung für das Geschäftsmodell Nachrichtensuchdienste. Die Thumbnails bezwecken nicht die Ermöglichung der Überprüfung, ob die angezeigten Zeitungsartikel den Suchkriterien des Nutzers entsprechen. Sie dienen lediglich der Auflockerung und dem Schmuck des angezeigten Suchergebnisses, kurzum eines verbesserten optischen Gesamteindrucks.[1255] Ein Beleg dafür lässt sich v.a. in der immer wieder vorzufindenden Anzeige von mit der eigentlichen Nachrichtenmeldung keinerlei Bezug aufweisenden Thumbnails entnehmen. Die Thumbnailsdarstellung überschreitet damit die Grenze des an Nutzungsintensität unbedingt Erforderlichen. Hinzukommt, dass die Anzahl der Nachrichtenagenturen und -verlage begrenzt ist, sodass im Gegensatz zur „reinen" Bildersuche die Nutzung von Thumbnails betreffende Rahmenlizenzvereinbarungen mit den Rechteinhabern tatsächlich möglich sind.[1256] Damit steht dem Vorliegen einer konkludenten Einwilligung in die Nutzung urheberrechtlich geschützter Bilder durch Nachrichtensuchmaschinen auch die eigenständige Lizenzierbarkeit der Thumbnailsnutzung entgegen. Die urheberrechtliche Zulässigkeit der Nutzung von Bildern im Rahmen der Nachrichtensuche verlangt daher die Einholung einer ausdrücklichen Autorisation des Urhebers.

C. Archivierung von Bildern im Content-Cache

Desweiteren soll exemplarisch auf das zur Archivierung bestehender Webseiten dienende und als „Content-Caching" bezeichnete Feature von Suchmaschinenanbietern eingegangen werden. Dieses bietet Nutzern neben der reinen

---

1254 Teilweise wird in den Nachrichtensuchmaschinen sogar eine direkte Reaktion auf die gravierenden Aktualitätsmängel der allgemeinen Suchmaschinen gesehen (vgl. *Lewandowski*, Internet-Suchmaschinen, S. 59).

1255 *Ott*, ZUM 2007, 119 (127); *Gey*, S. 171.

1256 Ebd.

Textsuchfunktion die Zugriffsmöglichkeit auf eine „Schnappschuss"-Version der von den Crawlern aufgespürten und anschließend auf den Suchmaschinen-Servern abgespeicherten Webseiten. Die Suchmaschine generiert also im sog. Content-Cache ein Abbild der gecrawlten Internetseite zum Zeitpunkt von deren Indexierung.[1257] Um diese „Archivierungs-Funktion" nutzen zu können, muss der Suchmaschinennutzer im Falle des hier als Exempel dienenden „Google Caches" in den in der reinen Textsuche erscheinenden Suchergebnistrefferlisten auf einen als „im Cache" bezeichneten Hyperlink klicken. Ähnlich wie bei der Darstellung der Thumbnails urheberrechtlich geschützter Bilder, werden auch hier in den meisten Fällen dem Urheberrechtsschutz unterliegende Werke (z.B. solche i.S.d. §§ 2 I Nr. 5, II bzw. 72 I UrhG) auf den gecachten Webseiten enthalten sein. Sofern dies der Fall ist, greift das Anfertigen und Abspeichern des „Schnappschusses", d.h. der Kopie der von den Googlebots aufgefundenen Website, in das dem Urheber zustehende Vervielfältigungsrecht aus § 16 UrhG ein. Durch die dem jeweiligen Nutzer zur Verfügung gestellte Möglichkeit zum Aufruf der „gecachten" Webseite liegt darüber hinaus ein Eingriff in das Recht auf öffentliche Zugänglichmachung i.S.v. § 19a UrhG vor.[1258] Die Zulässigkeit des Betriebs eines derartigen Suchmaschinenarchivs kann sich auch nicht aus der Schrankenregelung des § 44a UrhG ergeben. Die Norm erfasst lediglich ephemere, rein technisch bedingte und ohne wirtschaftlichen Nutzen erzeugte Vervielfältigungsstücke des Werks. Von einer lediglich vorübergehenden Vervielfältigung kann bei einer mehrwöchigen Archivierung von Webseiten nicht ausgegangen werden.[1259] Das hier ebenfalls betroffene *unkörperliche* Recht auf öffentliche Zugänglichmachung unterfällt dem Anwendungsbereich des § 44a UrhG von vornherein nicht. Das Nichteingreifen von Schrankenbestimmungen lässt erneut die Frage aufkommen, ob ein Rechtsinhaber durch das Onlinestellen geschützter Inhalte in die mit dem Content Caching verbundenen Nutzungen einwilligt.

Der Google Cache eröffnet einem Nutzer der Suchmaschine die Möglichkeit, Seiten, die zum Zeitpunkt der Aktivierung des von der Suchmaschine als Suchergebnis ausgewiesenen Links aufgrund eines Serverproblems nicht erreichbar sind, dennoch zu betrachten. Die Gewährleistung der Abrufbarkeit von Webseiten im Falle technischer Störungen stellt eine Erweiterung der die Funktionalität

1257 Näheres dazu unter http://www.google.com/intl/de/help/features_list.html#cached.

1258 Daneben kommt bei Bestehen eines urheberrechtlichen Leistungsschutzrechts i.S.d. §§ 87a ff. UrhG auch ein Eingriff in das dem Datenbankhersteller nach § 87b I S. 1 UrhG zugewiesene Recht auf öffentliche Wiedergabe in Betracht.

1259 *Dreier/Schulze*, § 44a UrhG, Rn. 4.

des Internets garantierenden, und von den Seiteninhabern erwünschten Textsuchfunktion dar. Das Content Caching steht mithin mit den Funktionsabläufen des Internets wesensmäßig in Verbindung. Die Erreichbarkeit einer Webseite trotz technischer Störungen liegt im Falle unverfälschter und originalgetreuer Darstellung regelmäßig auch im Interesse des Rechtsinhabers, den Besuch seiner Webseite dauerhaft und jederzeit zu ermöglichen.

Im Gegensatz zu klassischen Webarchiven, wie z. B. „The Wayback Machine“[1260], stellt der Google Cache keine Archivierungsdatenbank dar, die darauf abzielt Suchmaschinennutzern im Internet befindliche Inhalte zum Zwecke der Archivierung dauerhaft verfügbar zu machen. De facto ist Google nicht nur im Rahmen der Bildersuche, sondern auch im Rahmen des Content-Cachings darauf bedacht, die indexierten Inhalte möglichst aktuell zu halten. Dies belegt die regelmäßige Aktualisierung der im Cache gespeicherten Webseiten durch einen im ungefähr dreiwöchigen Turnus stattfindenden Crawling-Suchlauf.[1261] Die Aktualität der im Cache gespeicherten Inhalte ist zugleich Grundvoraussetzung für die Annahme einer Einwilligung: Ein Rechtsinhaber hat nämlich regelmäßig kein Interesse daran, dass von ihm modifizierte oder gar aus dem Internet gelöschte Inhalte in einer überholten Webseitenversion für jedermann verfügbar gemacht werden. Erwünscht ist vielmehr die Kenntniserlangung der aktuell bereitgehaltenen Inhalte.

Der Google Cache hat keine Substitution des Abrufs des Originalwerks zur Folge. Suchmaschinennutzer haben nämlich regelmäßig kein Interesse an der Nutzung der Cache-Version, wenn die auf dem Server des Content-Anbieters gespeicherte Webseite selbst erreichbar ist.[1262] Das Bereitstellen einer Cache-Version der Originalwebseite hat eine potentielle Verbesserung der wirtschaftlichen Verwertung des Werks zur Konsequenz. Zwar bewirkt der Abruf der Webseite im Suchmaschinen-Cache keine Maximierung der an die Nutzerzugriffe unter der Original-URL gekoppelten Werbeeinnahmen. Im Falle der Nichterreichbarkeit der Webseite aufgrund einer technischen Störung beim Internet-Provider des Inhalteanbieters führt das Content Caching jedoch zur Gewährleistung der Sichtbarkeit des Werks. Dies wiederum kommt der Werkverwertung durch den Urheber zugute.

Eine individuelle Einholung der Einwilligung ist angesichts der Masse an Rechtsinhabern im Internet im Rahmen der Aufnahme von Webseiten in

---

1260 *Bahr*, JurPC Web-Dok. 29/2002, Abs. 1.

1261 *Bahr*, JurPC Web-Dok. 29/2002, Abs. 2.

1262 *Tränkle*, Suchmaschinen, S. 76.

den Suchmaschinencache praktisch nicht zu bewerkstelligen.[1263] Eine kostenpflichtige Lizenzierung der gecachten Inhalte ist analog der Ausführungen zur Bildersuche nicht rentabel. Diese kann mithin von einem Rechtsinhaber aus der Sicht der Suchmaschinenbetreiber nicht erwartet werden. Damit begründen die mit dem Google-Caching einhergehenden Nutzungen keinen Widerspruch mit den pekuniären Verwertungsinteressen des Urhebers. Infolge unveränderter Darstellung der Webseiteninhalte im Rahmen des Content Caching spielt die Beeinträchtigung urheberpersönlichkeitsrechtlicher Positionen hier keine Rolle. Da nur eine vollständige Darstellung der Webseiteninhalte (Text, Bilder etc.) eine authentische Wiedergabe gewährleistet, erstreckt sich das die Webseite originalgetreu darstellende Google-Caching nur auf die betriebsnotwendigen Nutzungen. Eine konkludente Einwilligung eines Schutzrechtsinhabers zur Aufnahme seiner Seite in den Google Cache ist deshalb dann zu bejahen, sofern er keine technischen Vorkehrungen gegen den Zugriff durch Suchmaschinen getroffen hat. Im Rahmen des Content Cachings kann z. B. der Suchmaschine „Google" durch die Aufnahme des Befehls *<meta name="googlebot" content="noarchive">* in den Metatags speziell die Archivierung der Webseite im Google Cache verboten werden.[1264]

D. Mittels Deep-Link ausgestaltete isolierte Anzeige veröffentlichter Bilder in Originalgröße durch Bildersuchmaschinen

Neben der Anzeige von Thumbnails in einer Bildergalerie bieten Bildersuchmaschinen häufig zur Steigerung der Attraktivität des eigenen Angebots zusätzliche Optionen und Features an. So gewährt Google dem Nutzer bei Anklicken eines in der Suchergebnisliste ausgewiesenen Thumbnails die Möglichkeit die Webseite, auf der die Bildinformation eingebunden ist, durch einen Frame-Link im linken Teil des Browserbereichs darstellen zu lassen. Auf die urheberrechtliche Zulässigkeit der von Google aufbereiteten Frame-Links wird später unter *Gliederungspunkt E. III. dieses Kapitels* zurückzukommen sein. Im rechten Teil des Bildschirms wird das angeklickte Thumbnail zusammen mit den technischen Daten des betreffenden Originalbildes sowie einem Hinweis, dass das Bild möglicherweise urheberrechtlich geschützt ist, angezeigt. Die Anzeige des Thumbnails urheberrechtlich geschützter Werkabbildungen begründet auch im vorliegenden Kontext einen Eingriff in das Veröffentlichungsrecht aus

1263 *Tränkle*, Suchmaschinen, S. 73.

1264 Den Zugriff auf einzelne Webseiten verhindernde Programmierungsmöglichkeiten in der robots.txt-Datei stehen im Rahmen des Cachings nicht zur Verfügung.

§ 19a UrhG (ggf. auch § 87b UrhG). Dieser ist jedoch aufgrund unmittelbaren Zusammenhangs mit der Darstellung der Thumbnails in der Suchergebnisliste und identischer Eingriffsqualität von der diesbezüglich bejahten Einwilligung des Urhebers mit umfasst. Ferner findet sich am rechten Bildschirmrand ein als Deep-Link ausgestalteter Hinweis „Bild in Vollgröße zeigen". Ein Mausklick auf den Link lädt das auf dem Server der Ursprungswebseite gespeicherte Bild außerhalb des ihm beigegebenen Kontextes der Webseite auf den Rechner des Nutzers. Diese mittels Deep-Link ausgestaltete isolierte Anzeigemöglichkeit der betreffenden Bildinformation in Originalgröße soll nunmehr im Fokus der Betrachtung stehen.

I. Kein Eingriff in Verwertungsrechte

Das Setzen des Deep-Links durch den Suchmaschinenbetreiber hat noch keine Vervielfältigung des Werks i.S.d. § 16 I UrhG zur Folge.[1265] Eine solche erfolgt erst nach Aktivierung des Links durch den Nutzer aufgrund kurzzeitiger Zwischenspeicherung der aufgerufenen Webseite in dessen Arbeitsspeicher.[1266] Auch wird das Werk durch das Setzen des Links nicht i.S.d. § 19a UrhG öffentlich zugänglich gemacht. Der Link-Provider hält die geschützte Bilddatei mangels Einflusses auf den Übermittlungsvorgang weder selbst öffentlich zum Abruf bereit noch übermittelt er sie auf Abruf an Dritte.[1267] Die im Rahmen der Bildersuche bereitgestellte Option zur isolierten Anzeige des Originalbildes stellt daher zunächst keine unmittelbar urheberrechtlich relevante Verwertungshandlung des Suchmaschinenbetreibers dar.

Der Rechtsinhaber hat allerdings die Möglichkeit seinen der isolierten Anzeige von Originalbildern mittels Deep-Links entgegenstehenden Willen durch die verzeichnisspezifische Blockierung von Bildern mittels robots.txt-Datei, durch die Eingabe des Metatag-Befehls <*„meta name= „googlebot“ content=“noimageindex”*> oder durch die Implementierung eines dem Informationszugriff vorgeschalteten Passwortschutzes Ausdruck zu verleihen. Das Setzen eines Hyperlinks, der unter Umgehung dieser Schutzmaßnahmen einen unmittelbaren Zugriff auf das geschützte Werk ermöglicht, greift in das Recht

---

1265 Vgl. BGH, GRUR 2003, 958 (961) – *Paperboy*; Gounalakis/*Backhaus*, Rechtshandbuch Electronic Business, § 23, Rn. 27; Ernst/Vassilaki/Wiebe/*Wiebe*, Hyperlinks, Rn. 29; *Sosnitza*, CR 2001, 693 (698); *Plaß*, WRP 2001, 195 (202).

1266 BGH, GRUR 2003, 958 (961) – *Paperboy*.

1267 BGH, GRUR 2003, 958 (963) – *Paperboy*.

der öffentlichen Zugänglichmachung aus § 19a UrhG ein.[1268] Im Falle einer dem Zugriff auf das Bild vorgeschalteten Passworteingabeverpflichtung eröffnet sich dem Urheber zusätzlich ein dessen Urheberrecht flankierender Rechtsschutz gegen Umgehung der getroffenen Schutzmaßnahmen nach § 95a I UrhG.[1269]

II. Eingriff in Urheberpersönlichkeitsreche

In der hier mittels Deep-Link ermöglichten isolierten Anzeige des Originalbildes liegt ferner keine entstellende, aus dem Ursprungskontext herausgerissene Werkwiedergabe i.S.v. § 14 UrhG. Eine vom übrigen html-Umfeld losgelöste Darstellung des Bildes ist aufgrund einer der Bilddatei speziell zugewiesenen URL auch dem einzelnen Internetsurfer möglich. Letzterer kann sich das Bild durch die Eingabe der URL in der Navigationsleiste des Internetbrowsers oder durch die Aktivierung des von allen Browsern unterstützten Befehls zur separaten Anzeige des Bildes in einem neuen Browserfenster anzeigen lassen. Dem wird von *Berberich* entgegengehalten, dass ein die Webseite des betreffenden Urhebers besuchender Nutzer das Bild zunächst im Originalzusammenhang wahrnehmen muss, um es sich sodann isoliert darstellen lassen zu können.[1270] Dieser Schritt werde durch die von einer Bildersuchmaschine bereitgestellte Zusatzfunktion übersprungen und sei daher als Entstellung des Werks zu bewerten.[1271] Jene Ansicht verkennt indes, dass es für das Vorliegen einer Entstellung nicht darauf ankommen kann, auf welche Art und Weise ein Nutzer Kenntnis von einem urheberrechtlich geschützten Werk erhält. Durch die Berücksichtigung des Zugangs zum Werk würde das Entstellungsverbot nämlich zum urheberrechtlichen Schutz der Bewegungsrichtung des Nutzers instrumentalisiert. Die Kontrolle des Zugangs zu urheberrechtlich geschützten Werken gehört jedoch weder im Rahmen von Offline- noch von Online-Nutzungen zu den Aufgaben des Urheberrechts.[1272] Selbst wenn man die Bestimmung des Nutzungswegs als vom Kontrollrecht des Urhebers umfasst ansehen möchte[1273], geht dessen Berücksichtigung über die Hintertür des Entstellungsschutzes fehl. Das Bedürfnis zur Bestimmung des Nutzungsweges wurzelt nämlich primär in den wirtschaftlichen

1268 BGH, GRUR 2011, 56 (58, Rn. 27) – *Session-ID*.

1269 Nur serverbasierende und nicht von den nutzerseitigen Einstellungen des Browsers abhängige Schutzmaßnahmen sind „wirksam" i.S.v. § 95 a I, II S. 2 UrhG (*Ott*, ZUM 2004, 357 (366, Rn. 84)).

1270 *Berberich*, CR 2007, 393 (394).

1271 Ebd.

1272 *Ott*, ZUM 2004, 357 (365f.).

1273 *Sosnitza*, CR 2001, 693 (700, Fn. 67).

Interessen eines Urhebers. Somit bleibt festzuhalten, dass mit der isolierten Anzeige der Originalbilder keine Entstellung oder Beeinträchtigung i.S.d. § 14 UrhG einhergeht.

Zudem maßt sich Google durch das Setzen eines Deep-Links nicht die Urheberschaft an der verlinkten Bildinformation an (§ 13 S. 1 UrhG). Jeder Nutzer einer Bildersuchmaschine weiß angesichts der mit dem Betrieb einer Suchmaschine verfolgten Zielsetzung der Vermittlung von *Fremd*informationen, dass es sich bei den verlinkten Bildern um solche eines vom Suchmaschinenbetreiber zu unterscheidenden Inhalteanbieters handelt. Abgesehen davon wird dem Nutzer der Suchmaschine das Bestehen fremder Urheberrechte aber durch den von Google unter dem Deep-Link angebrachten Hinweises auf potentiell am verlinkten Bild bestehende Urheberrechte auch noch einmal ausdrücklich vor Augen gehalten.[1274]

Allerdings kann durch den direkten Verweis und die isolierte Darstellung des Originalbildes mittels Deep-Link ein Hinweis auf den Urheber, der sich nicht direkt auf dem Bild, sondern im textlichen Umfeld des Bildes oder auch auf einer vorgeschalteten Seite befindet, umgangen werden. Damit kann im Rahmen der hier interessierenden Fälle eine Verletzung von § 13 S. 2 UrhG anzunehmen sein. Diese könnte jedoch infolge des zwangsläufig mit den Deep-Links verbundenen Eingriffs in § 13 S. 2 UrhG von einer konkludent durch die Veröffentlichung der Bildinformation erklärten Einwilligung des Urhebers legitimiert sein. Es wurde bereits mehrfach betont, dass die Verweisungsmöglichkeit mittels Deep-Links neben Surface-Links eine für den freien Informationsfluss im Internet elementare Voraussetzung bildet. Mit einer solchen muss ein Inhalte zum Abruf bereitstellender Rechtsinhaber rechnen. Die vom Kontext der Webseite losgelöste Anzeige von Bildinformationen mittels Deep-Link ist jedoch für die im Internet stattfindenden Kommunikationsprozesse nicht gleichermaßen von essentieller Bedeutung. Zwar ist sie durchaus zur Verbesserung der Sichtbarkeit und Auffindbarkeit des Werks im Internet geeignet. Ein Rechtsinhaber erklärt sich jedoch bei typisierender Betrachtung nur mit einer die Verbesserung der Sichtbarkeit des Werks *im Originalkontext* fördernden Nutzung einverstanden.[1275] Zudem wird durch die Präsentation des Bildes in Originalgröße der Abruf des Werks auf der Webseite des Rechtsinhabers substituiert. Letztlich

---

1274 Eine Verletzung von § 13 S. 1 UrhG durch Deep-Links bei hinreichender Erkennbarkeit der Fremdheit der verlinkten Informationen verneinend *Schack*, MMR 2001, 9 (14); *Worm*, Hyperlinks, S. 55; *Sosnitza*, CR 2001, 693 (700f.); *Börsch*, Hyperlinks, S. 168; *Ott*, Linking, S. 278; *Dittrich*, JurPC WebDok. 72/2002, Abs. 12.

1275 *Kap. 2 E. II. 4. b) aa).*

kann im Rahmen des Betriebs einer Bildersuchmaschine auch ohne Funktionseinschränkungen auf die vom Ursprungskontext losgelöste Anzeige eines indexierten Bildes in Originalgröße verzichtet werden. Nach allem ist nicht von einer konkludenten Einwilligung des Urhebers in die Bereitstellung besagter Deep-Links auszugehen. Eine Verletzung des Namensnennungsrechts i.S.v. § 13 S. 2 UrhG ist damit gegeben.

III. Keine mittelbare Verantwortlichkeit für vom Nutzer begangene Verletzung von Verwertungsrechten

Sofern im konkreten Fall kein Eingriff in das Namensnennungsrecht des Urhebers vorliegt, gilt es weiter zu prüfen, ob der Suchmaschinenbetreiber als Teilnehmer oder Störer[1276] haftet. Schließlich ist es die Suchmaschine, die durch das Setzen von Deep-Links die sich beim Nutzer des Links unmittelbar anschließende Vervielfältigung des referenzierten Werks ermöglicht. Aufgrund der Akzessorietät sowohl der Teilnehmer- als auch der Störerhaftung[1277], bildet es für die mittelbare Verantwortlichkeit des Suchmaschinenbetreibers zunächst eine Voraussetzung, dass der Nutzer durch das Anklicken des Links eine Urheberrechtsverletzung begeht.[1278] Letzteres wäre dann nicht der Fall, wenn zugunsten des Nutzers eine Schrankenbestimmung eingreift oder er sich auf eine Gestattung des Schutzrechtsinhabers berufen könnte.[1279] Systematisch vorrangig ist nach dem Ergebnis der obigen Bearbeitung auf das Eingreifen einer Schrankenbestimmung einzugehen. Die durch das Browsen der Webseite angefertigte Kopie im Arbeitsspeicher bzw. im Cache des Nutzerrechners ist dabei als vorübergehende Vervielfältigung in den Grenzen des § 44a Nr. 2 UrhG erlaubt. Im

---

1276 Die Konstruktion einer mittelbaren Täterschaft des Suchmaschinenbetreibers durch den Nutzer als Werkzeug mutet im vorliegenden Zusammenhang sehr konstruiert an. Der Nutzer handelt bei der Entscheidung, ob er den Link aktiviert und die Bilder damit in seinen Arbeitsspeicher geladen werden, vollkommen eigenverantwortlich und ohne Zutun der Suchmaschine. Von einem steuernden beherrschenden Einfluss des Suchmaschinenbetreibers auf den Nutzer, insbesondere einem solchem kraft überlegenen Sachwissens, kann nicht ausgegangen werden (So auch *Tränkle*, Suchmaschinen, S. 17). Eine mittelbare Täterschaft scheidet damit als „Zurechnungsgrundlage“ aus.

1277 OLG Köln, ZUM 2001, 414 (417); Mestmäcker/Schulze/*Backhaus*, § 97 UrhG, Rn. 37; Ernst/Vassilaki/Wiebe/*Wiebe*, Hyperlinks, Rn. 46; *Rath*, Internetsuchmaschinen, S. 122; *Sosnitza*, CR 2001, 693 (699f.).

1278 *Dittrich*, JurPC WebDok. 72/2002, Abs. 10; *Ott*, ZUM 2004, 357 (366).

1279 *Ott*, WRP 2004, 52 (54).

Falle längerfristiger Speicherung ist sie von der Schrankenregelung des § 53 I S. 1 UrhG umfasst, sofern die Vorlage nicht offensichtlich rechtswidrig hergestellt worden war.[1280] Mangels Dispositionsbefugnis des Rechtsinhabers zur Einwilligungserteilung ist daher an dieser Stelle auf weitere Ausführungen zum Vorliegen einer schlichten Einwilligung zu verzichten.[1281]

Nach dem vorstehend Gesagten kommt eine Störerhaftung des Suchmaschinenbetreibers nur für das Setzen solcher Deep-Links in Betracht, die auf urheberrechtswidrig online gestellte Bilder verweisen. Zur Begründung der Passivlegitimation des Suchmaschinenbetreibers im Wege der Störerhaftung bedarf es jedoch der Verletzung zumutbarer Prüfungspflichten.[1282] Für den Umfang der Prüfungspflichten kommt es entscheidend auf den Zweck des Links, auf den Kontext, in welchem er verwendet wird, sowie auf die Möglichkeiten zur Antizipation der Rechtswidrigkeit der verlinkten Seiten an. Ferner sind in diesem Zusammenhang Art. 5 I GG (insbesondere die Presse- und Informationsfreiheit) sowie die funktionale Bedeutung der Hyperlinks für die Nutzung des Internets zu berücksichtigen.[1283] Unter Zugrundelegung dieser Kriterien kommt eine Verantwortlichkeit des Linksetzers „Google" wohl kaum jemals in Betracht: Die individuelle Überprüfung der verlinkten Inhalte auf ihre Urheberrechtswidrigkeit ist angesichts der breiten und täglich größer werdenden Masse an onlinegestellten Bildinformationen mit wirtschaftlich erträglichen Mitteln nicht zu bewerkstelligen. Für die Unzumutbarkeit weitreichender Prüfungspflichten spricht weiterhin die „Gatekeeperfunktion" Googles. Aufgrund der Dezentralität des Internets ist der direkte Zugang der Internetnutzer zu onlinegestellten Bildinformationen allein durch Verweisungen mittels Deep-Links gewährleistet. Die von Google bereitgestellten Links dienen dem durch Art. 5 I S. 1 Alt. 2 GG geschützten Interes-

---

1280 So auch Mestmäcker/Schulze/*Backhaus*, § 97 UrhG, Rn. 36; *Fahl*, Bildersuche, S. 49; *Dittrich*, JurPC WebDok. 72/2002, Abs. 10. Im Rahmen der Anwendung von § 53 I S. 1 UrhG gilt es jedoch die in besagter Norm genannte Einschränkung für elektronisch zugängliche Datenbankwerke zu beachten. Bezüglich Datenbanken ist eine Vervielfältigung also nur dann zulässig, sofern die Schrankenregelung des § 44a UrhG eingreift oder eine Einwilligung des Urhebers gegeben ist (vgl. hierzu OLG Hamburg, GRUR 2001, 831 – *Roche Lexikon Medizin*).

1281 Vgl. auch *Kap. 2 B.*; a.A. LG München I, ZUM 2003, 583 (584: „Einwilligungsprüfung kann dahinstehen").

1282 Vgl. BGH, GRUR 2001, 1038 (1041) – *ambiente.de*; BGH, GRUR 2003, 969 (970f.) – *Ausschreibung von Vermessungsleistungen*; BGH, GRUR 2004, 693 (695) – *Schöner Wetten*.

1283 BGH, GRUR 2004, 693 (695) – *Schöner Wetten*; Mestmäcker/Schulze/*Backhaus*, § 97 UrhG, Rn. 36.

se der Allgemeinheit am ungehinderten Zugriff auf im Internet frei zugängliche Bildinformationen. Damit liegt eine Verletzung von Prüfungspflichten im Falle der Verweisung auf urheberrechtswidrig onlinegestellte Werke nicht vor. Eine Störerhaftung Googles für das Setzen von Deep-Links scheidet somit insgesamt aus.

E. Einbindung im Internet veröffentlichter Werkabbildungen mittels Framing und Inline-Linking

Während seit der „Paperboy"-Entscheidung feststeht, dass ein Schutzrechtsinhaber, der urheberrechtlich geschützte Webseiten bzw. darauf befindliche schutzfähige Einzelelemente (z. B. Lichtbildwerke) frei zugänglich ins Internet stellt, mit Verweisen mittels Surface- oder Deep-Link rechnen muss, wird die urheberrechtliche Zulässigkeit von Frames und Inline-Links nach wie vor kontrovers diskutiert. Damit ist auch im Rahmen der vorliegenden Untersuchung eine tiefergehende Auseinandersetzung mit der Thematik geboten.

I. Differenzierung zwischen Frames, Frame-Links und Inline-Links

Zwecks besseren Verständnisses empfiehlt es sich hier zunächst kurz auf die technische Funktionsweise von Frames, Frame- und Inline-Links einzugehen. Bei den Frames handelt es sich um eine Spielart des Hyperlinks. Dessen automatische ohne zwischengeschalteten Willensakt ablaufende Aktivierung lädt das auf dem Server der Originalwebseite gespeicherte html-Dokument samt inkorporiertem Inhalt auf den Rechner des Nutzers.[1284] Die Darstellung der „geframten" Seite erfolgt anders als bei den Deep-Links nicht im gesamten Browserfenster. Vielmehr bleibt regelmäßig ein Frame der referenzierenden Seite in Form eines Balkens am linken respektive am oberen Bildrand oder, wie bei der Google Bildersuche, am rechten Bildrand zurück. Dieser Frame ist federführend für die in der Navigationsleiste des Internetbrowsers angezeigte Webadresse.[1285] Wird die fremde Webseite nicht ohne die aktivierende Tätigkeit eines Nutzers in das bestehende Angebot implementiert, handelt es sich dagegen um sog. Frame-Links.[1286]

Inline-Links sind Hyperlinks, bei denen im Gegensatz zu den Frames bzw. Frame-Links nicht einzelne Internetseiten, sondern einzelne Dateien und Elemente (z. B. ein Bild) einer fremden Webseite unmittelbar in das Erscheinungsbild

1284 LG Hamburg, ZUM 2009, 315 (319).
1285 LG Berlin, ZUM 2003, 583 (584); *Metzger*, CR 2000, 778 (779).
1286 So auch *Dittrich*, JurPC WebDok. 72/2002, Abs. 4.

der eigenen Webseite eingebettet werden. Hierbei bleibt dem die Webseite aufrufenden Nutzer verborgen, dass die betreffende Datei von einem fremden Webserver geladen wird.[1287] Auch bei Inline-Links wird nach ihrer Aktivierung lediglich die URL der verlinkenden Webseite im Browser angezeigt. Frames und Inline-Links ist also die automatische Integration von Fremdinhalten in die Webseiten des Linkproviders sowie die fehlende Anbieterkennung nach Aufruf der verlinkten Datei(en) gemeinsam. Aufgrund ihrer ähnlichen Funktionsweise wird vorliegend eine gemeinsame Untersuchung der genannten Linkarten vorgenommen und an den relevanten Stellen auf die Notwendigkeit einer Differenzierung hingewiesen.

II. Bejahung eines Eingriffs in Verwertungsrechte unter Wertungsgesichtspunkten

Die Einrichtung von Frames, Frame-Links sowie Inline-Links bewirkt technisch gesehen noch keine Vervielfältigung der Webseite bzw. der Datei.[1288] Eine urheberrechtlich relevante Vervielfältigungshandlung i.S.d. § 16 I UrhG erfolgt, wie bei den Deep-Links, erst nach Aktivierung des Links im Arbeitsspeicher des Nutzerrechners.[1289] Auch kann bei rein technischer Betrachtungsweise mangels Einflusses des Frame/Link-Providers auf die tatsächliche Übermittlung des Werks keine öffentliche Zugänglichmachung der Werkinhalte nach § 19a UrhG angenommen werden. Da die Integration von Werken verschiedener Quellen im Offline-Bereich eine Verletzung der urheberrechtlichen Verwertungsrechte bewirkt[1290], erscheint dieses Ergebnis wertungsmäßig inkonsistent. Es wird daher auch von den meisten Vertretern in der Literatur zu Recht abgelehnt. Nach überwiegender Auffassung ist eine wertungsmäßige Korrektur jedenfalls dann angezeigt, wenn ein Linkprovider fremde Werke zur Vervollständigung oder Ergänzung seines eigenen Webangebots instrumentalisiert. Gleiches hat auch in denjenigen Fällen zu gelten, in denen der Linkprovider urheberrechtlich geschützte (Bild)

1287 Zwar besteht die Möglichkeit die Herkunft der verlinkten Datei bzw. Webseite und damit deren Fremdheit im Quelltext der verlinkenden Seite nachzuvollziehen. Dieser wird jedoch von den Internetsurfern in den allermeisten Fällen überhaupt nicht beachtet, weshalb es hierauf nicht ankommen kann.

1288 BGH, GRUR 2003, 958 (961) – *Paperboy*.

1289 Ebd.

1290 Hier besteht aufgrund der fehlenden technischen Kombinationsmöglichkeit zur Anzeige eigener nebst fremder Werke nur die Möglichkeit letztere zu kopieren und sie dann neben eigenen Werken einzufügen (§ 16 UrhG), um sie dann der Öffentlichkeit zu präsentieren (§ 17 UrhG).

Inhalte, etwa durch Schaltung von Werbung in den die inkorporierte Seite bzw. Datei umgebenden Frames, wirtschaftlich zum Bestandteil seiner eigenen Seite macht.[1291]

In welcher Weise die Wertungskorrektur zu erfolgen hat, ist umstritten. Während einige Autoren in Bezug auf das Framing und Inline-Linking eine unmittelbare Verletzung des Link-Providers bejahen wollen[1292], befürworten andere dem Linkprovider die Vervielfältigungshandlung des Nutzers zuzurechnen. Letztere postulieren darüber hinaus, die aus den Schrankenregelungen folgende Privilegierung des Nutzers nicht auch dem Linkprovider zum Vorteil gereichen zu lassen, um auf diese Weise eine Legitimationsbedürftigkeit der betreffenden Handlung zu erreichen.[1293] Die dogmatische Klassifikation soll an dieser Stelle nicht weiter vertieft, sondern mit der ganz überwiegenden Auffassung in den oben bezeichneten Fällen davon ausgegangen werden, dass mit der Implementierung von Frames oder dem Setzen eines Frame-Links bzw. Inline-Links zumindest unter Wertungsgesichtspunkten ein Eingriff in Verwertungsrechte verbunden ist.

III. Kein Eingriff in Verwertungsrechte durch die von Google im Rahmen der Bildersuche bereitgestellten Frame-Links

Die beschriebene wertungsmäßige Korrektur ist jedoch bei den im Rahmen der Google-Bildersuche bereitgestellten Frame-Links nicht angezeigt. Zwar trifft die deren Ansatzpunkt bildende Präsentation urheberrechtlich geschützter Inhalte in einem fremden und ohne die Tätigkeit des Link-Providers so nicht wahrnehmbaren Kontext auch auf die von Google geframten Links zu. Allerdings kann die mit Frame-Links infolge der Schaffung einer neuen Zuordnung des Werks im Vergleich zu Surface- und Deep-Links regelmäßig gesteigerte Eingriffsintensität vorliegend nicht konstatiert werden. Einem User der Suchmaschine wird nämlich durch die mittels Frame-Link eingebundenen Inhalte keineswegs sugge-

---

1291 Vgl. Ernst/Vassilaki/Wiebe/*Wiebe*, Hyperlinks, Rn. 57; *Ott*, Linking, S. 332ff., 336.

1292 Für das Vorliegen einer eigenen Vervielfältigungshandlung des Linkproviders OLG Hamburg, GRUR 2001, 831; *Bechthold*, ZUM 1997, 427 (428); *Schardt/Lehment/Peukert*, UFITA 2001/III, 841 (876). Die Verletzung eines unbenannten Verwertungsrechts befürwortend *Ott*, Linking, S. 334. Einen Eingriff in das Recht aus § 19a UrhG lediglich durch das Setzen von Inline-Links bejahend *Börsch*, Hyperlinks, S. 148ff. Sowohl das Vervielfältigungsrecht als auch das Recht der Online-Übermittlung durch Frame-/Inline-Links tangiert sehend Ernst/Wiebe/Vassilaki/*Wiebe*, Hyperlinks, Rn. 57; wohl auch *Rath*, Internetsuchmaschinen, S. 128f.

1293 *Ernst/Wiebe*, MMR Beilage, 8/2001, S. 20f. (Linkprovider als Störer); *Schack*, MMR 2001, 9 (13, Linkprovider als mittelbarer Täter).

riert, es handle sich um solche des Linkproviders Google. Vielmehr tritt die Fremdheit der Inhalte aufgrund eines von Google am rechten Bildschirmrand aufbereiteten Hinweises auf möglicherweise bestehende Urheberrechte an den Bildern hinreichend deutlich in Erscheinung. Darüber hinaus ist Suchmaschinen die Vermittlung von Fremdinhalten auch wesensimmanent. Die jedermann erkennbare Fremdheit der inkorporierten Inhalte schließt es aus, diese als vom Suchmaschinenbetreiber zur Ergänzung oder Vervollständigung seines eigenen Angebots integriert anzusehen. Vorliegend ist also ein im Zusammenhang mit dem Framing von Webseiten vereinzelt diskutierter Eingriff in ein unbenanntes Verwertungsrecht i.S.v. § 15 II UrhG[1294] und damit eine eigene unmittelbare Rechtsverletzung durch den Frame-Link-Provider „Google" abzulehnen.

Die Frame-Links von Google sind rechtlich richtigerweise wie ein lediglich in einem verkleinerten Sichtfenster dargestellter Deep-Link zu behandeln. Auch eine mittelbare Verantwortlichkeit (Teilnehmer-, Störerhaftung) für eine vom Nutzer durch das Betätigen des Links initiierte Vervielfältigung des Originalbildes scheidet analog der zu den Deep-Links auf die Originalbilder gemachten Ausführungen aus.[1295]

Es sei jedoch darauf hingewiesen, dass in Abhängigkeit vom jeweiligen Einzelfall eine andere Bewertung des unmittelbaren Eingriffs in Verwertungsrechte durch das Setzen von Frame-Links angezeigt sein kann. Das vorliegend in Bezug auf die Google-Frame-Links gefundene Ergebnis ist also nur unter Berücksichtigung der Besonderheiten des vorliegend untersuchten Falles verallgemeinerbar. Von den vorliegend von Google im Rahmen der Bildersuche verwendeten Frame-Links sind also solche Konstellationen zu unterscheiden, in welchen ein Linkprovider durch die Einrichtung und Bereitstellung des Frame-Links selbst Urheberrechte (Verwertungsrechte oder Urheberpersönlichkeitsrechte i.e.S.) verletzt. Diese sind mangels Eingreifens einer ihm im Falle der bloß mittelbaren Verantwortlichkeit grundsätzlich zugute kommenden Schrankenbestimmung legitimationsbedürftig und bedürfen einer schlichten Einwilligung des Rechtsinhabers.

IV. Eingriff in Urheberpersönlichkeitsrechte i.e.S.

Frame- und Inline-Links ist ein hohes Potential zur Beeinträchtigung urheberpersönlichkeitsrechtlicher Schutzinteressen immanent. So ist mit Inline-Links bereits dann ein Eingriff in § 13 S. 1 UrhG verbunden, wenn das in die eigene

---

1294 *Ott*, Linking, S. 332, 337 (digitales Integrationsrecht).

1295 *Kap. 3 D. III.*

Webseite eingegliederte Werk keinen Hinweis auf die Rechtsinhaberschaft des Dritten enthält und sich diese auch nicht aus der konkreten Gestaltung der Webseite ergibt.[1296] Dies gilt im Ergebnis jedenfalls auch für solche Frames und Frame-Links, bei denen im Falle ihrer Aktivierung keine Adressänderung in der Eingabemaske des Browsers erfolgt. Je mehr sich eine externe Datei in den eigenen Webauftritt einfügt bzw. je geringer die Möglichkeit des Nutzers ist, zu registrieren, dass es sich bei der integrierten Datei um sog. embedded content handelt, desto eher wird sich eine Anmaßung oder ein Bestreiten der Urheberschaft bejahen lassen.

Dass ein Nutzer das von einer fremden Webseite mittels Frame oder Frame-Link in die eigene Webseite inkorporierte Werk dem Frameprovider zurechnet, dürfte indes deutlich seltener der Fall sein als beim Inlinelinking. Oftmals finden sich ausreichende Indizien bezüglich der Person des wahren Content-Anbieters, wie z. B. Firmenlogos, Impressumsangaben und sonstigen Indikatoren auf den verlinkten Seiten bzw. Elementen.[1297] Eine Verletzung des Rechts aus § 13 S. 1 UrhG kann beim Framing aber insbesondere dann anzunehmen sein, wenn nicht die vollständige Webseite geframt wird, sondern nur Teile derselben. Dieser Fall wird dann virulent, wenn die verlinkte Webseite ihrerseits aus Frames aufgebaut ist.[1298]

Vor dem Hintergrund der mittels Frame, Frame-Link sowie Inline-Link gewährten Möglichkeit zur Verknüpfung fremder mit eigenen Werkinhalten sind neben Eingriffen in § 13 S. 1 UrhG stets auch solche in das Entstellungsverbot nach § 14 UrhG in Erwägung zu ziehen.[1299] Wenn eigene und externe Werke nicht hinreichend klar voneinander abgegrenzt werden können, kann die Tendenz eines Werks verfälscht oder dieses sogar in einen diskreditierenden Zusammenhang gebracht werden. Zu einer Beeinträchtigung i.S.d. § 14 UrhG kann es ferner kommen, wenn das verlinkte Werk auf der referenzierenden Seite nur ausschnittsweise wiedergegeben wird.[1300] Dies ist z. B. dann der Fall, wenn die geframte/verlinkte Webseite ihrerseits aus Frames besteht und sich der Werkcharakter erst aus dem Zusammenspiel der in den einzelnen Frames dargestellten Inhalte ergibt. Soweit sich im konkreten Einzelfall durch das Framing oder Inline-Linking eine Beeinträchtigung oder Entstellung i.S.d. § 14 UrhG bejahen

1296 *Bechtold*, ZUM 1997, 427 (435); *Schack*, MMR 2001, 9 (14); *Börsch*, Hyperlinks, S. 166f.

1297 *Ott*, ZUM 2004, 357 (359f.).

1298 *Ott*, ZUM 2004, 357 (360).

1299 *Ott*, Linking, S. 295; Mestmäcker/Schulze/*Backhaus*, § 97 UrhG, Rn. 39.

1300 *Schack*, MMR 2001, 9 (14).

lässt, wird durch die nunmehr indizierte Eignung zur Interessengefährdung und mangels Schutzwürdigkeit der Interessen des Linkproviders regelmäßig eine Verletzung von § 14 UrhG zu bejahen sein.

V. Einwilligung in das Setzen von Frames, Frame-Links und Inline-Links

Nachdem oben mit Ausnahme der Google Frames hinsichtlich Frames sowie Frame-Links und Inline-Links ein Eingriff in ein unbenanntes Verwertungsrecht unter Wertungsgesichtspunkten bejaht und darüber hinaus ein nicht unerhebliches Eingriffspotential in Urheberpersönlichkeitsrechte i.e.S. konstatiert wurde, gilt es die genannten Nutzungsformen nunmehr auf eine konkludent durch das Onlinestellen der Inhalte erklärte Einwilligung des Rechtsinhabers zu überprüfen.

Um von einer solchen gedeckt zu sein, müsste sich ein Frame- bzw. Inline-Link-Provider durch das Setzen des betreffenden Links zunächst in den Grenzen der für das Internet wesenstypischen Funktionsabläufe bewegen. Zwar gehören Frames und Inline-Links zu geläufigen und attraktiven Gestaltungsmitteln von Webseiten.[1301] Sie entsprechen aber weder der typischen Struktur des Internets noch bedarf es einer solchen Technik zwingend zum Zwecke eines funktionalen und ungehinderten Informationsflusses.[1302] Diese Aufgabe erfüllen vielmehr bereits die Surface- und Deep-Links. Im Gegensatz hierzu handelt es sich beim Framing und Inline-Linking um optionale Arten der Verlinkung. Sie gehen durch die Möglichkeit zur Inkorporation von Fremdinhalten in ihrer Funktion über eine bloße elektronische Verweisung weit hinaus.[1303] Aus technischer Sicht sind sie zur Erschließung dezentral gespeicherter Informationen und damit für die Funktionsfähigkeit des Internets nicht zwingend erforderlich. Zwar sind auch Frames, Frame-Links sowie Inline-Links zur verbesserten Werkwahrnehmung geeignet. Allerdings wird einem Nutzer durch besagte Linkformen, anders als dies bei Surface- und Deep-Links der Fall ist, eine Werkzusammenstellung präsentiert, wie

---

1301 *Schack*, MMR 2001, 9 (16). Die Bedeutung von Framesets zur Auslagerung wiederkehrender Teile von Webseiten hat jedoch in den letzten Jahren aufgrund hierfür besser geeigneter serverseitiger Technologien (z. B. Server Side Includes (SSI)) und der nur bedingt vorhandenen Suchmaschinen-Kompatibilität stark abgenommen. Vgl. hierzu auch die unter http://wiki.selfhtml.org/wiki/HTML/Frames abrufbare an Webprogrammierer gerichtete Empfehlung, bei der Webseitengestaltung auf die Verwendung von Framesets zu verzichten.

1302 *Dittrich*, JurPC Web-Dok. 72/2002, Abs. 20.

1303 Ebd.

er sie ohne die Tätigkeit des Linkproviders nicht hätte wahrnehmen können.[1304] In concreto schafft letzterer durch die Eingliederung der fremden Webseite bzw. deren Einzelelemente in die eigene Webseite eine neue Zuordnung. Durch diese wird der Eindruck vermittelt, das geframte html-Dokument bzw. das per Inline-Link eingebundene Element bilde zusammen mit der verlinkenden Webseite ein einheitliches Angebot des Verlinkenden. Dieser Eindruck wird bei Frames und Inline-Links noch dadurch intensiviert, dass der Aufruf der fremden Webseite bzw. eines fremden Elements automatisch ohne die Betätigung eines Links und damit ohne vorhergehende Willensentscheidung des Nutzers erfolgt.[1305] Ein Rechtsinhaber ist aber regelmäßig nicht damit einverstanden, dass sein Werk in einem anderen als dem Originalkontext wiedergegeben wird. Dies gilt umso mehr, wenn das Werk wie bei den hier interessierenden Nutzungen in einen Kontext eingebettet wird, der geeignet ist beim Nutzer Fehlvorstellungen über die Herkunft des Werks hervorzurufen.[1306] Selbst wenn bei einzelnen per Frame, Frame-Link oder Inline-Link eingebundenen Webseiten bzw. Dateien die Fremdheit der inkorporierten Information weiterhin erkennbar bleibt, wird das Werk dennoch wirtschaftlich in die Seite des Verlinkenden eingebunden und damit zum Bestandteil derselben gemacht.[1307] Ein zu Eigen machen fremder Informationen ist jedoch nach den obigen Feststellungen ein die Annahme einer konkludenten Einwilligung ausschließendes Kriterium. Wird im Einzelfall, etwa weil das Werk nur ausschnittsweise oder in einem kompromittierenden Zusammenhang dargestellt wird, die Schwelle des Entstellungsschutzes überschritten, lässt sich das Nichtvorliegen einer Einwilligung auch bereits hiermit begründen.[1308]

Somit bedarf es für die Zulässigkeit eines in die Verwertungs- bzw. Urheberpersönlichkeitsrechte i.e.S. eingreifenden Frames, Frame- oder Inline-Links einer ausdrücklichen Autorisation des Linkproviders durch den Urheber.[1309]

Der Vollständigkeit halber sei noch erwähnt, dass Rechtsinhaber ihren dem Setzen von Frames, Frame-Links bzw. Inline-Links entgegenstehenden Willen

---

1304 *Ott*, Linking, S. 332.

1305 Letzteres trifft freilich nicht auf die Frame-Links zu, die erst nach nutzerseitiger Aktivierung den Aufruf der geframten Webseite bewirken. Gleichwohl kann hier beim Nutzer der Eindruck entstehen, dass es sich um Inhalte des Verlinkenden handelt.

1306 So auch *Völker/Lührig*, K&R 2000, 20 (26); *Ott*, ZUM 2004, 357 (367); *Schaefer*, Bildersuchmaschinen, S. 83.

1307 Ernst/Vassilaki/Wiebe/*Ernst*, Hyperlinks, Rn. 177.

1308 Siehe hierzu auch Ausführungen in *Kap. 2 E. II. 6. c) bb)*.

1309 So auch OLG Hamburg, GRUR 2001, 831; *Schack*, MMR 2001, 9 (14); a.A. OLG Düsseldorf, ZUM-RD 199, 492 (496); OLG München, ZUM 2003, 583 (584).

durch geeignete (technische) Schutzmaßnahmen explizit Ausdruck verleihen können: Zu den statthaften Absicherungsmaßnahmen gehören z. B. die dynamische Ausgestaltung der Adresse der Datenquelle mittels CGI-Skripts, ein dem Informationszugriff vorgeschalteter Passwortschutz, die Implementierung von Framekillern/-bustern in Javascript (nur für Frames) oder – im Falle eines manuell vorgehenden Werknutzers – ein expliziter Hinweis auf die fehlende Berechtigung zum Setzen von Frames, Frame-Links und bzw. oder Inline-Links. Für den Fall der Implementierung serverseitiger Schutzmaßnahmen (vgl. die beiden Erstgenannten) kommt dem Urheber nach § 95a I UrhG zudem ein dessen Urheberrecht flankierender Rechtsschutz gegen die Umgehung der getroffenen Schutzmaßnahmen zugute.

F. Veröffentlichung von „Retweets" bei Twitter und das Teilen von Inhalten bei Facebook, Google+ etc.

Im Web 2.0 gehören soziale Netzwerke wie z. B. Facebook, Xing oder Twitter zu nicht mehr wegzudenkenden Internetanwendungen. Zielrichtung dieser Netzwerke ist es, Nutzern eine Plattform zum schnellen und unkomplizierten Austausch von Text-, Bild-, Video- und Musikinhalten zur Verfügung zu stellen. Durch die hier vorhandene Möglichkeit zur Verbreitung nicht nur eigener, sondern auch fremder Inhalte, bestehen im Falle einer urheberrechtsrelevanten Nutzung nicht unerhebliche Haftungsrisiken. Oftmals hängt auch in diesen Fallgestaltungen die Zulässigkeit der Veröffentlichung der Fremdinhalte in Ermangelung eingreifender Schrankenregelungen sowie vorhandender vertraglicher Absprachen zwischen den Usern von der Konsentierung des Rechtsinhabers ab. Im Rahmen der nachfolgenden Darstellung soll exemplarisch auf die urheberrechtliche Bewertung des Einstellens und Verbreitens sog. „Retweets" in der Kommunikationsplattform „Twitter" eingegangen werden. Anhand dieses Exempels soll die grundlegende Bedeutung schlichter Einwilligungen im Bereich „Social Media" aufgezeigt werden.

Twitter bietet sowohl Privatpersonen als auch Unternehmen die Möglichkeit unentgeltlich telegrammartige Kurznachrichten (sog. Tweets) mit einer maximal möglichen Anzahl von 140 Zeichen zu verbreiten. Den Twitter-Usern steht durch das referenzierte Wiederholen eines Tweets (sog. Retweet) die Möglichkeit zur Verfügung den Tweet an die eigenen Follower, also die Personen, die die Status-Updates des „Retweetenden" verfolgen, weiterzuleiten. Hierfür muss der entsprechende User entweder den von Twitter zur Kennzeichnung einer Nachricht als Retweet vorgesehenen Button anklicken oder den Retweet selber mit der gängigen Formel „RT@Mustermann" einleiten. Unabhängig von der konkreten Vorgehensweise hat der den Followern zum Abruf bereitgestellte Retweet einen Eingriff in § 19a UrhG zur Folge[1310], sofern der Tweet die für die Qualifikation als Sprachwerk i.S.d. § 2 I Nr. 1, II UrhG erforderliche Schöpfungshöhe erreicht. Letzteres dürfte zwar aufgrund der beschränkten Zeichenanzahl eher der Ausnahme als der Regel entsprechen. Dennoch kann in Abhängigkeit vom jeweiligen Einzelfall insbesondere dann eine Qualifikation als Sprachwerk anzunehmen sein, wenn sich ein Tweet aufgrund kreativer Formulierungen und Redewendungen in seiner sprachlichen Gestaltung von dem bloß Alltäglichen abhebt.[1311] Ist die erforderliche Schutzgrenze erreicht und wird der Tweet, ohne ihn als Retweet kenntlich zu machen, weitergeleitet, liegt zudem ein Eingriff in das Recht auf Namensnennung nach § 13 S. 2 UrhG vor.[1312]

Zwar liegt es zunächst nahe für die Zulässigkeit der Retweets die Schrankenbestimmung des § 51 UrhG heranzuziehen. Wird jedoch der Tweet im Rahmen des Retweets schlicht übernommen ohne sich durch eine diesbezüglich mögliche Kommentierung geistig mit dem Inhalt des Tweets auseinanderzusetzen, scheidet § 51 UrhG in Ermangelung des erforderlichen Zitatzwecks aus. Sofern der Tweet im Retweet als Belegstelle oder Erörterungsgrundlage für selbstständige Ausführungen genutzt wird, müssten diese, um von § 51 I UrhG umfasst zu sein, ihrerseits urheberrechtsschutzfähig sein. Dies dürfte ebenfalls eher dem Ausnahmefall entsprechen. Erreicht also ein Tweet die erforderliche Gestaltungshöhe, ist die öffentliche Zugänglichmachung des Retweets in aller Regel legitimationsbedürftig und bedarf daher der Konsentierung des Urhebers.

Damit stellt sich die Frage, ob Urheber mit dem Veröffentlichen von Retweets einverstanden sind, wenn diese den eigentlichen Tweet unverändert wiedergeben. Dies ist dann unproblematisch der Fall, wenn Rechtsinhaber den Tweet mit dem an die Allgemeinheit gerichteten Aufruf „please retweet" veröffentlicht hat. Hierin ist eine ausdrückliche Einwilligung in die Weiterverbreitung des Werks zu sehen.[1313] Auch dann, wenn es an einer derartigen Aufforderung fehlt, bringt der Urheber durch das Posten eines jedermann zugänglichen Tweets (Public Tweets) im Rahmen der auf die virale Verbreitung von Tweets ausgelegten Kommunikationsplattform „Twitter" konkludent seinen Willen zu verstehen, an einer möglichst weiten Verbreitung seiner Inhalte interessiert zu

---

1310 *Reinemann/Remmertz*, ZUM 2012, 216 (224); Hoeren/Sieber/*Solmecke*, MultimediaR, Kap. 21.1, Rn. 26.

1311 *Krieg*, K&R 2010, 73 (75).

1312 *Reinemann/Remmertz*, ZUM 2012, 216 (221).

1313 So auch *Reinemann/Remmertz*, ZUM 2012, 216 (224); Hoeren/Sieber/*Solmecke*, MultimediaR, Kap. 21.1, Rn. 26.

sein.[1314] Die zur Förderung der Popularität des Tweets durch andere Twitter-User geeigneten Retweets stehen damit positiv mit den Interessen des Urhebers im Einklang. Die erhöhte Popularität eines Tweets zeugt jedenfalls im Regelfall von einer Anerkennung des Verfassten und steht damit mit den ideellen Urheberinteressen im Einklang. Für die Nutzung von Tweets ist bei Twitter gerade keine kostenpflichtige Lizenzierung vorgesehen. Eine Konformität mit verwertungs- sowie mit urheberpersönlichkeitsrechtlichen Interessen ist damit gegeben. Das Retweeten ist somit von der Einwilligung von Tweets verfassenden Urhebern umfasst. Der Urheber hat aber zum einen die Möglichkeit den Kreis der Einwilligungsadressaten dadurch zu beschränken, dass er nur einigen Usern das Retweeten gestattet. Zum anderen kann er die Auslegung seines Verhaltens als Einwilligung verhindern, indem er das Retweeten durch die Auswahl der von Twitter zur Verfügung gestellten Option vollständig untersagt (sog. Protected Tweets). Auch ohne die Vornahme der genannten Schutzmaßnahmen kann auf eine Einwilligung des Urhebers dann nicht geschlossen werden, wenn der Retweetende es unterlässt, die Verbreitung des Tweets mittels Retweet in der üblichen Form kenntlich zu machen und sich damit den Tweet rein tatsächlich zu Eigen macht.

Die schlichte Einwilligung ist allerdings nicht nur für die Kommunikationsprozesse bei „Twitter" sondern auch für das „Teilen" bzw. „Sharing" von Inhalten im Rahmen der sozialen Netzwerke „Facebook" und „Google+" von erhöhter Virulenz: Durch die „Teilen"-Funktion erhalten Nutzer die Möglichkeit interessante Inhalte anderer Webseiten oder auch Blogs dem eigenen virtuellen Freundeskreis verfügbar zu machen. Zu diesem Zweck werden ein Textauszug und ein Vorschaubild aus der Linkquelle extrahiert und in das Profil bzw. die Pinnwand des Postenden übernommen. Einer Einwilligung bedarf es hier jedenfalls in Bezug auf das neben dem geposteten Link eingeblendete Vorschaubild. Das diesem als Vorlage dienende, auf der betreffenden Webseite veröffentlichte Lichtbild ist urheberrechtlich nämlich zumindest nach § 72 I UrhG geschützt. Auch ein Eingriff in das Recht der öffentlichen Zugänglichmachung nach § 19a UrhG liegt vor: Die Vorschaubilder werden von Facebook bzw. Google auf Veranlassung des postenden Nutzers in dessen Profilseite bzw. „Pinnwand" eingebunden. Sie werden also in einer vom Nutzer kontrollierten Zugriffssphäre zum interaktiven Abruf durch Dritte bereitgehalten (§ 19a UrhG). Die Tatsache, dass die Miniaturbilder im Wege eines automatisierten Verfahrens durch die Internetplattformen generiert werden, ändert nichts an der unmittelbaren Verletzereigenschaft

1314 *Krieg*, K&R 2010, 73 (76).

des die geschützten Inhalte teilenden respektive empfehlenden Plattformnutzers. Der betreffende Plattformbetreiber ist hier bloßes Werkzeug des Postenden. Dafür spricht nicht zuletzt, dass beim Teilen von Inhalten durch Anklicken der Option „kein Miniaturbild" auch ohne weiteres auf die Generierung eines Vorschaubildes verzichtet werden kann.[1315] Entscheidend zur Vermeidung einer urheberrechtlichen Haftung ist damit auch hier, ob sich die geschützten Inhalte teilenden User auf eine schlichte Einwilligung des Rechtsinhabers berufen können. Dies ist zunächst immer dann der Fall, wenn ein Rechtsinhaber auf den eigenen Webseiten „Gefällt mir"-, „+1"- oder „Teilen"-Schaltflächen der genannten Internet-Plattformen einrichtet. Hier wird ein Besucher der Webseite gerade zum Teilen der betreffenden Inhalte angehalten. Entsprechende Nutzungen sind aus seiner maßgeblichen Sicht positiv erwünscht. Der Rechtsinhaber erklärt sich daher ausdrücklich damit einverstanden, dass Vorschaubilder bzw. Textauszüge aus der Webseite ins Plattformprofil des Nutzers extrahiert und übernommen werden.[1316]

Fraglich ist aber, ob eine schlichte Einwilligung auch dann in Betracht kommt, wenn ein Schutzrechtsinhaber Inhalte ohne explizite Aufforderung zum Teilen oder Empfehlen ins Internet stellt. Dies ist zunächst dann unproblematisch der Fall, wenn die ins Internet gestellten Inhalte sich ihrerseits in einem öffentlichen, für jedermann zugänglichen Profil eines sozialen Netzwerks befinden. Wie bereits oben angesprochen sind soziale Netzwerke ihrem Wesen nach auf die virale Verbreitung dort veröffentlichter Inhalte ausgerichtet.[1317] Bei objektiv-typisierender Betrachtung ist deshalb davon auszugehen, dass ein Schutzrechtsinhaber an einer möglichst weitgehenden Verbreitung seiner Inhalte interessiert ist, sofern er keine von Facebook oder Google+ zur Eingrenzung des zum Teilen der Inhalte berechtigten Personenkreises bereitgestellten technischen Schutzmaßnahmen trifft.[1318] Doch auch dann, wenn Inhalte schlicht in Blogs oder auf der eigenen Webseite ungesichert veröffentlicht werden, liegt eine konkludente Einwilligung vor: Die zu den Kernfunktionen von Facebook und Google gehörende Möglichkeit des bebilderten Teilens und Empfehlens von Drittinhalten ist nämlich unzweifelhaft zur Förderung der Wahrnehmung der veröffentlichten

---

1315 Dies gilt allerdings nur für die „Teilen"-Buttons, nicht aber für die „Like"-Buttons.

1316 Vgl. Hoeren/Sieber/*Solmecke*, MultimediaR, Kap. 21.1, Rn. 27.

1317 Ebd.

1318 Neben den bereits oben genannten Schutzmaßnahmen kann ein Rechtsinhaber sich durch die Verwendung des Metatag-Befehls <meta property="og:image" content="*URL des Bildes*"> vor dem bebilderten Teilen und Empfehlen seiner Webseite schützen, indem er schlicht eine nicht existente URL angibt.

Inhalte geeignet. Die größenmäßige Darstellung des Bildes beschränkt sich dabei auf das erforderliche Minimum und kann nicht als ein zu Eigen machen des Originalbildes angesehen werden. Anderweitige Verwertungsmöglichkeiten des Urhebers bestehen nicht. Der Abruf des Werks im Originalkontext wird durch die Anzeige der Thumbnails nicht substituiert. Das Teilen von Inhalten in sozialen Netzwerken stimmt auch positiv mit den ideellen Interessen des Urhebers überein: Die gesteigerte Aufmerksamkeit und Popularität veröffentlichter Bildwerke wird nämlich in aller Regel eine Genugtuung für den das Internet zur Präsentation seiner Werke nutzenden Schöpfer bedeuten. Damit ist auch beim Teilen online gestellter Inhalte bei typisierender Betrachtung eine Konformität mit den verwertungsrechtlichen und urheberpersönlichkeitsrechtlichen Interessen zu verzeichnen.

Eine Einwilligung liegt nur dann nicht vor, wenn durch das Teilen oder Empfehlen der Inhalte in das Schutzrecht des Inhabers in einer den Entstellungsschutz des § 14 UrhG begründenden Art und Weise eingegriffen wird. Der Schutz vor Entstellung des Werks gilt für Lichtbilder nach § 72 I UrhG sinngemäß. Die Schwelle des Entstellungsschutzes ist beispielsweise dann überschritten, wenn durch das Teilen oder Empfehlen Inhalte in einen kompromittierenden Zusammenhang gesetzt werden. Dies ist z. B. dann der Fall, wenn, der Wahrheit zuwider, der Eindruck vermittelt wird, der Rechtsinhaber solidarisiere sich mit der rechten Szene. Gleiches gilt auch für im Zusammenhang mit dem Teilen und „Liken" der Inhalte geäußerte Beleidigungen des Schutzrechtsinhabers. Die Berufung auf eine Einwilligung des Rechtsinhabers scheidet auch immer dann aus, wenn Bilder durch einen hierzu nicht Berechtigten onlinegestellt wurden. Dieser Umstand ist für die Links postenden User nicht vorhersehbar und birgt daher erhebliche urheberrechtliche Haftungsrisiken.

Zusammenfassung der wesentlichen Ergebnisse

1. Kapitel: Systematische und dogmatische Einordnung der schlichten Einwilligung im Gefüge urheberrechtlicher Gestattungen

Der Terminus „Einwilligung“ wird im Zivilrecht häufig dogmatisch unpräzise als Pauschalbegriff für eine Vielzahl von Gestattungsformen gebraucht und droht mit fortschreitender Abstraktion an Konturen zu verlieren. Dieser Entwicklung entgegnend ist v.a. im Urheberrecht ein Trend in Richtung eines zu einer einheitlichen Rechtsdogmatik führenden Stufenleiterprinzips der Gestattungen erkennbar. Im Rahmen dieses auf dem Gedanken „volenti non fit iniuria“ basierenden Prinzips ist nur eine einseitig und widerrufbar erteilte Gestattung als „Einwilligung“, „schlichte Einwilligung“ oder auch „Einwilligung i.e.S.“ zu bezeichnen. Von der Einwilligung zu unterscheiden sind die schuldvertragliche Gestattung, die konstitutive Rechtseinräumung sowie die translative Rechtsübertragung. Sie sind in dieser Reihenfolge – aufsteigend nach der Intensität des durch sie bewirkten Rechtsschutzes – in der Gestattungsstufenleiter über der schlichten Einwilligung angeordnet. Stehen sämtliche zum Gestattungsstufenleitermodell gehörenden, auf dem Gedanken des „volenti non fit iniuria“ beruhenden Gestattungsformen in Rede, sollte im Anschluss an Ohly im Interesse einer einheitlichen Rechtsdogmatik von der „Einwilligung i.w.S.“ bzw. von „Gestattungen“ gesprochen werden. Die das Stufenleitermodell repräsentierenden Dispositionsformen finden sich neben dem Urheberrecht auch im Recht des gewerblichen Rechtsschutzes sowie im Sachenrecht. Auch hier ist es möglich stufenweise zwischen den genannten Gestattungsformen zu differenzieren.

Die translative Rechtsübertragung als intensivste Gestattungsform steht auf oberster Stufe und führt zur vollständigen Übertragung eines Rechts auf ein anderes Privatrechtssubjekt. Auf derselben Sprosse der Gestattungsstufenleiter wie die translative Rechtsübertragung steht der ebenfalls gegenständlich wirkende Verzicht. Dieser führt je nach Umfang des Verzichts zum vollständigen oder teilweisen Verlust eines Rechts des Verzichtenden. Eine translative Übertragung des Urheberrechts an Werken sowie der einzelnen dem Urheber zugewiesenen Verwertungsrechte ist ebenso wenig möglich wie ein Verzicht auf das Urheberrecht bzw. auf einzelne Verwertungsrechte. Gleiches gilt grundsätzlich auch für

Leistungsschutzrechte mit persönlichkeitsrechtlichem Einschlag. Hier wie dort steht durch den Monismus verwertungsrechtlicher und urheberpersönlichkeitsrechtlicher Interessen nicht die gesamte Leiter der Dispositionsmöglichkeiten zur Verfügung. Die sonstigen Leistungsschutzrechte ohne persönlichkeitsrechtliche Komponente sind jedoch als reine Vermögensrechte ganz oder teilweise übertrag- sowie verzichtbar.

Auf zweiter Stufe der Gestattungsstufenleiter steht die konstitutive Rechtseinräumung. Diese unterscheidet sich von einer Rechtsübertragung dadurch, dass es zur originären Entstehung eines vom Mutterrecht abgeleiteten und einen spezifischen Ausschnitt desselben bildenden dinglichen bzw. gegenständlichen Tochterrechts kommt. Dingliche wie gegenständliche Rechte werden stets im Wege einer Verfügung eingeräumt. Diese bewirkt einen zumindest teilweisen Verbrauch von Verfügungsmacht auf Seiten des Rechtsinhabers.

In Anlehnung an *Canaris* sind dingliche (Teil)Rechte durch eine Ausschluss- und Abwehrbefugnis, Verfügungs- und Sukzessionsschutz sowie Insolvenz- und Zwangsvollstreckungsfestigkeit gekennzeichnet. Durch diese absoluten Wirkungen unterscheiden sie sich von bloß relativ wirkenden Rechtspositionen. Für die Qualifikation eines Rechts als dinglich müssen die erwähnten Drittwirkungen dem Recht per se anhaften. Es begründet einen Zirkelschluss, vom Vorliegen lediglich einzelner Drittwirkungen auf die umfassende Verdinglichung eines Rechts zu schließen.

Der Begriff der Gegenständlichkeit eines Rechts an einem Immaterialgut ist weiter zu fassen als der Dinglichkeitsbegriff des Sachenrechts. Das dem Lizenznehmer eingeräumte Nutzungsrecht ist bereits dann als gegenständlich zu qualifizieren, wenn es lediglich eine der die Absolutheit eines Rechts kennzeichnenden Schutzwirkungen aufweist: Mangels numerus clausus der Nutzungsrechte und des fehlenden Typenzwangs im Urheberrecht obliegt es der privatautonomen Entscheidung des Lizenzgebers dem Lizenznehmer eine Rechtsposition zu verleihen, die nur mit einzelnen die Gegenständlichkeit eines Rechts kennzeichnenden Schutzkomponenten ausgestattet ist.

Charakteristisch für die konstitutive Rechtseinräumung sind weiterhin die Bindung an das auch nach Rechtseinräumung beim Inhaber verbleibende Mutterrecht sowie – bei Mutterrechten mit persönlichkeitsrechtlichem Einschlag – die Verpflichtung des Erwerbers des abgeleiteten Rechts, auf die ideellen Interessen des Verfügenden Rücksicht zu nehmen.

Die Bestellung beschränkter dinglicher (Nutzungs)Rechte an Sachen als Ausschnitt des Sacheigentums erfolgt im Wege konstitutiver Rechtseinräumung. Gleiches trifft auch auf die Einräumung ausschließlicher urheberrechtlicher

Nutzungsrechte i.S.d. §§ 29 II Alt. 1, 31 I UrhG zu: Deren formlos mögliche Einräumung führt zur originären Entstehung gegenständlicher Nutzungsrechte, welche sich aus den Befugnissen des Lizenzgebers früherer Stufe (§ 35 UrhG) ableiten. Dem ausschließlich Nutzungsberechtigten kommt neben einem umfassenden, eigentumsähnlichen Klage- bzw. Drittschutz (§ 31 III S. 1 UrhG), in Gemäßheit des § 33 UrhG auch ein Schutz vor beeinträchtigenden rechtsgeschäftlichen Verfügungen (Rechtsnachfolge, Verzicht, Einräumung weiterer Nutzungsrechte des Lizenzgebers) zugute. Darüber hinaus vermitteln ausschließliche Nutzungsrechte zugunsten ihres Inhabers auch eine insolvenzfeste Rechtsposition. Der Nutzungsrechtsinhaber kann in der Insolvenz des Lizenzgebers die fehlende haftungsrechtliche Zugehörigkeit seines massebefangenen Nutzungsrechts geltend machen. Das ihm eingeräumte Nutzungsrecht ist aussonderungsfähig nach § 47 S. 1 InsO. An der Aussonderungsfähigkeit der durch das Nutzungsrecht vermittelten Nutzungsbefugnisse ändert auch das im Rahmen eines noch nicht vollständig erfüllten Lizenzvertrages bestehende Wahlrecht des Insolvenzverwalters des Lizenzgebers nach § 103 I InsO nichts. Denn die Erfüllungsablehnung führt nicht zur Beendigung des der Nutzungsrechtseinräumung zugrunde liegenden Lizenzvertrages. Sie bewirkt lediglich die Undurchsetzbarkeit bzw. Hemmung der aus diesem folgenden Erfüllungsansprüche für die Dauer des Insolvenzverfahrens. Ein allein auf Grundlage der Erfüllungsablehnung eintretender automatischer Rückfall des Nutzungsrechts analog § 9 I VerlG lässt sich dogmatisch nicht nachvollziehbar begründen. Ausschließliche Nutzungsrechte gewähren ferner ein Interventionsrecht i.S.d. § 771 ZPO bei unbefugter Beeinträchtigung des Nutzungsrechts in der Einzelzwangsvollstreckung. Sie haben folglich sämtliche die Absolutheit eines Rechts verkörpernden Schutzwirkungen.

Einfache Nutzungsrechte vermitteln ihrem Inhaber keine Klage- und Abwehrbefugnis gegen Eingriffe Dritter in das betreffende Schutzrecht. Ihnen kommt allerdings der in § 33 UrhG kodifizierte Sukzessionsschutz zugute. Dieser bewirkt nach Einräumung des einfachen Nutzungsrechts einen zumindest teilweisen Verbrauch von Verfügungsmacht auf Lizenzgeberseite. Letzterer kann zwar nach Vergabe eines einfachen Nutzungsrechts weitere inhaltsgleiche einfache wie ausschließliche Nutzungsrechte einräumen. Es ist ihm jedoch nicht möglich, dem Inhaber ausschließlicher Nutzungsrechte im Umfang des dem einfach Nutzungsberechtigten eingeräumten Nutzungsrechts Abwehr- und Ausschließungsbefugnisse zu vermitteln.

Die Frage nach der Insolvenzfestigkeit einfacher Nutzungsrechte kann nicht pauschal beantwortet werden. Einfache Nutzungsrechte begründen im Gegensatz zu ausschließlichen Nutzungsrechten keine i.S.d. § 47 S. 1 InsO aussonderungsfähige Rechtsposition. Auch eine Absonderungsberechtigung analog §§ 50ff. InsO kann nicht angenommen werden. Der die Insolvenzfestigkeit von Pachtverträgen über unbewegliche Gegenstände und Räume anordnende § 108 InsO ist auf urheberrechtliche Lizenzverträge weder direkt noch analog anwendbar. Die Insolvenzfestigkeit einfacher Nutzungsrechte ist somit gemäß § 103 I InsO von der vollständigen Erfüllung der beiderseitigen lizenzvertraglichen Pflichten abhängig. Stellt sich ein urheberrechtlicher Lizenzvertrag nicht als dauerhafter Leistungsaustausch, sondern als einmaliger Rechtskauf dar, liegt grundsätzlich mit der endgültigen und unwiderruflichen Einräumung des Nutzungsrechts gegen Zahlung der Lizenzgebühr (sog. „flat fee") vollständige Erfüllung vor. Ist ein Lizenzvertrag dagegen als (rechts-)pachtähnliches Dauerschuldverhältnis einzuordnen (periodische Lizenzzahlungen für Nutzung des Immaterialguts innerhalb vertraglich festgelegten Zeitraums), enthält dieser während der Vertragslaufzeit stets noch nicht erfüllte Forderungen i.S.d. § 103 I InsO. Er untersteht damit dem Erfüllungswahlrecht des Insolvenzverwalters. Entscheidet sich der Verwalter für die Nichterfüllung des Vertrages, fallen die auf dessen Grundlage gewährten einfachen Nutzungsrechte der dauerhaften Undurchsetzbarkeit der lizenzvertraglichen Forderungen anheim. Die Insolvenzfestigkeit der einfachen Nutzungsrechte ist hier deshalb zu verneinen. Darüber hinaus ist der einfache Nutzungsberechtigte auch nicht zur Geltendmachung eines Interventionsrechts i.S.d. § 771 ZPO in der Zwangsvollstreckung in das Vermögen des Lizenzgebers berechtigt. Die Zwangsvollstreckungsfestigkeit einfacher Nutzungsrechte ist zu verneinen.

Einfache Nutzungsrechte sind als Rechte mit gegenständlichem Rechtscharakter zu qualifizieren, obwohl ihnen mit dem durch § 33 UrhG gewährten Sukzessionsschutz nur eine der Schutzwirkungen absoluter Rechte zukommt. Durch die gebotene weite Auslegung des Gegenständlichkeitsbegriffs im Urheberrecht stehen der Annahme von Gegenständlichkeit gerade keine zwingenden dogmatischen Gründe entgegen. Mangels numerus clausus der Nutzungsrechte obliegt es der privatautonomen Entscheidung des Lizenzgebers, ob er dem Lizenznehmer eine mit allen oder nur mit einzelnen Drittwirkungen absoluter Rechte ausgestattete Rechtsposition einräumt. Will er eine bloß obligatorisch wirkende Rechtsstellung gewähren, kann er sich der hierfür statthaften schuldvertraglichen Gestattung bedienen.

Die Beantwortung der Frage nach der (gegenständlichen) Rechtsnatur einfacher Nutzungsrechte ist keineswegs rein theoretischer Natur. Aus der Einordnung einfacher Nutzungsrechte als gegenständliche Rechte folgt zugleich deren Begründung mittels konstitutiver Rechtseinräumung durch einen entsprechenden

Verfügungsakt des Lizenzgebers. Dieser wiederum ist Voraussetzung für die Rechtsbeständigkeit einfacher Sublizenzen bei Fortfall der Verfügungsbefugnis des Unterlizenzgebers durch den ipso iure Heimfall des Tochterrechts an den Hauptlizenzgeber. Der Sukzessionsschutz gilt unabhängig davon, auf welchen Rechtsgrund (Kündigung, Rückruf nach §§ 41f. UrhG etc.) der Heimfall des Tochterrechts zurückgeht. Die Verfügungswirkung der Einräumung einfacher Nutzungsrechte führt insofern im Rahmen von Lizenzketten zur Insolvenzfestigkeit einfacher Unter-Nutzungsrechte (Enkelrechte) sowie aller auf das erste Enkelrecht folgenden Rechte. Für die Ermittlung der Insolvenzfestigkeit einfacher Nutzungsrechte innerhalb von Kettenlizenzen ist also stets zwischen den einzelnen Lizenzstufen zu differenzieren.

Die Nutzungsrechtseinräumung findet ihre Grenzen in der limitierten Aufspaltbarkeit urheberrechtlicher Nutzungsrechte. Die Zulässigkeit der Nutzungsrechtsverfügung hängt von der wirtschaftlich-technischen Einheitlichkeit und Selbstständigkeit sowie der hinreichend klaren Abgrenzbarkeit der verliehenen Befugnisse ab.

Auf dritter Stufe der Stufenleiter der Gestattungen steht der schuldrechtliche Gestattungsvertrag. Dieser enthält ein in eine vertragliche Vereinbarung gekleidetes und untrennbar mit dieser verbundenes Einwilligungselement. Er unterscheidet sich von der schlichten Einwilligung nur durch seine vertragliche Begründung. Die schuldrechtliche Gestattung vermittelt dem Gestattungsempfänger eine lediglich inter partes gegenüber dem Gestattenden wirkende Eingriffserlaubnis. Durch die Bindungswirkung vertraglicher Versprechen ist diese notfalls gegen den Willen des Gestattenden durchsetzbar. Sie begründet ein subjektives Recht auf Duldung der konsentierten Nutzung. Der Gestattungsempfänger kann die aus der Gestattung folgenden Nutzungsbefugnisse nach §§ 413, 398 BGB formlos an einen Dritten abtreten. Diese Abtretung steht allerdings im Rahmen immaterialgüterrechtlicher Gestattungen nach §§ 581 II, 540 I BGB bzw. analog § 34 I S. 1 UrhG unter dem Vorbehalt der Zustimmung des gestattenden Urhebers. Sofern durch den Gestattungsvertrag Rechte für zum Zeitpunkt des Vertragsschlusses noch unbekannte urheberrechtliche Nutzungsarten eingeräumt werden, bedarf dieser analog § 31a UrhG der Schriftform. Dies gilt allerdings dann nicht, wenn die schuldvertragliche Gestattung unentgeltlich (§ 31 a I S. 2 UrhG analog), und jederzeit kündbar gewährt wird.

Die aus der schuldvertraglichen Gestattung resultierende Nutzungsbefugnis wird nicht durch ein umfassendes Klage- und Ausschlussrecht gegenüber Dritten flankiert. Auch besteht kein Sukzessionsschutz zugunsten des Gestattungsempfängers gegen rechtsgeschäftliche Beeinträchtigungen der eingeräumten

Rechtsposition. Ein solcher lässt sich insbesondere nicht analog §§ 33 UrhG, 566 I, 986 BGB begründen. Desweiteren gewährt die schuldvertragliche Gestattung weder in der Einzelzwangsvollstreckung noch in der Gesamtvollstreckung eine bestandskräftige Rechtsposition.

Die Grenzen der Anwendungsbereiche zwischen konstitutiver Nutzungsrechtseinräumung und schuldvertraglicher Gestattung verlaufen fließend. Vom Vorliegen einer schuldvertraglichen Gestattung ist v.a. bei Geschäften mit ephemerem Charakter, geringer wirtschaftlicher Tragweite sowie überschaubaren Aufwendungen und Risiken auszugehen. Jedoch besteht auch außerhalb von Dispositionen mit lediglich geringfügigem Charakter keine generelle Priorität der konstitutiven Nutzungsrechtseinräumung vor der schuldvertraglichen Gestattung. Vielmehr gilt es auch hier zur Ermittlung von Art und Umfang der konkret eingeräumten Nutzungsbefugnis die Wertungen des urheberrechtlichen Übertragungszweckgrundsatzes zu beachten. Dieser besagt, dass ein Urheber Rechte im Zweifel nur in den Umfang überträgt, wie sie für die Erreichung des Vertragszwecks erforderlich sind. Sind weder einem Nutzungsvertrag noch den Begleitumständen Indizien dafür zu entnehmen, ob eine konstitutive Nutzungsrechtseinräumung oder eine schuldvertragliche Gestattung vereinbart wurde, ist von einer schuldvertraglichen Gestattung dann auszugehen, wenn der dem Nutzungsvertrag zugrunde liegende Zweck auch durch diese weniger intensive Gestattungsform realisierbar bleibt. Im Gegensatz zur gegenständlichen Nutzungsrechtseinräumung müssen rein obligatorisch wirkende Gestattungen mangels Verkehrsschutzbedürfnisses nicht den Konturen gegenständlich abspaltbarer Nutzungsrechte entsprechen. Sie können einen viel spezifischeren Zuschnitt aufweisen.

Der Rechtsfigur „einseitige unwiderrufliche Einwilligung", die im Gestattungsstufenleitermodell theoretisch auf einer Stufe mit der schuldvertraglichen Gestattung stünde, ist die Anerkennung zu versagen. Eine bindende Eingriffserlaubnis in fremde Rechtsgüter ist nicht allein im Wege einer einseitigen Einwilligung erteilbar. Richtigerweise bedarf es dafür stets einer schuldvertraglichen Grundlage. Dafür spricht zum einen ein rechtsdogmatischer Vergleich der unwiderruflichen Einwilligung mit der unwiderruflichen Vollmacht. Zum anderen lässt sich dieses Ergebnis auf das in den Vorschriften der §§ 311 I i.V.m. 241 I, 397 I, 516 I BGB zum Ausdruck kommende Prinzip stützen, wonach die Begründung subjektiver Rechte vertraglich zu erfolgen. Auch im Bereich inter omnes erklärter Gestattungen gilt nichts anderes. Die Auslobung als einseitiges Rechtsgeschäft ist eine Ausnahme vom erwähnten Vertragsprinzip. Ohne ein der Gestattung zugrunde liegendes Vertragsverhältnis gibt es keinen rechtfertigenden

Grund, den Einwilligenden an den einseitig erklärten Ausschluss des Widerrufsrechts zu binden. Liegt der Einwilligungserteilung die für die bindende Erteilung erforderliche Gestattungsabrede zugrunde, handelt es sich de facto um einen schuldrechtlichen Gestattungsvertrag.

Auf vierter und letzter Stufe des Gestattungsstufenleitermodells steht die schlichte Einwilligung. Diese im Wege richterlicher Rechtsfortbildung entwickelte Rechtsfigur steht nur dann in Rede, wenn Eingriffserlaubnisse einseitig und in widerruflicher Form erteilt werden sollen. Durch den bis zur Vornahme der gestatteten Handlung grundsätzlich jederzeit möglichen Widerruf unterscheidet sich die Einwilligung von den der konstitutiven Nutzungsrechtseinräumung sowie der schuldvertraglichen Gestattung. Im Gegensatz zu letzteren beiden Dispositionsformen vermittelt die Einwilligung dem Einwilligungsempfänger kein subjektives Recht. Die schlichte Einwilligung ermöglicht es dem Rechtsinhaber seine rechtlichen Beziehungen zu Dritten in Bezug auf das von der Einwilligung betroffene Recht oder Rechtsgut umzugestalten. Er kann dem Einwilligungsempfänger im Wege eines einseitigen Erklärungsakts ein per se verbotenes, weil in seine Rechte bzw. Rechtsgüter eingreifendes Verhalten, widerruflich erlauben. Dabei führt die Einwilligung wie die anderen Gestattungsformen des Stufenleitermodells zum Ausschluss des jeweils zu prüfenden Verletzungstatbestandes und nicht erst zur Rechtfertigung der betreffenden Rechtsverletzung.

Die zur Umsetzung der privatautonomen Entscheidung des Rechtsinhabers notwendige Dispositionsbefugnis folgt aus dem Zuweisungsgehalt des von der Einwilligung betroffenen subjektiven Rechts oder Rechtsguts. Kann ein Rechtsinhaber über ein ihm zustehendes absolutes subjektives Recht Verfügungen treffen, kann er a maiore ad minus auch eine schlichte Einwilligung erteilen. Mit der Qualifikation der Einwilligung als Ausfluss des Privatautonomieprinzips korreliert stets eine Verantwortung des Rechtsinhabers für die einmal erteilte Erlaubnis. Diese kann nach Vornahme des Eingriffs nicht einfach revidiert werden. Vielmehr ist ab diesem Zeitpunkt den berechtigten Vertrauensschutzinteressen des Einwilligungsempfängers durch eine vom geänderten Willen des Einwilligenden unabhängige Legitimationswirkung Geltung zu verschaffen. Letztere manifestiert sich im Ausschluss sämtlicher Beseitigungs-, Unterlassungs-, Schadensersatz-, bereicherungsrechtlichen Ansprüchen sowie Ansprüchen aus Geschäftsführung ohne Auftrag.

Die schlichte Einwilligung ist als rechtsgeschäftliche Willenserklärung zu qualifizieren. Um der Atypik der Einwilligung als Rechtsgeschäft ausreichend Rechnung zu tragen, muss im jeweiligen Einzelfall geprüft werden, ob Anlass besteht von den rechtsgeschäftlichen Vorschriften im Wege einer teleologischen

Reduktion abzuweichen. Die Aktionslast hierfür liegt bei demjenigen, der sich auf die Unanwendbarkeit der betreffenden Vorschrift beruft. Unanwendbar sind die rechtsgeschäftlichen Vorschriften im Falle einer gefälligkeitshalber erteilten „Einwilligung". Hierbei handelt es sich mangels Rechtsfolgewillens seitens des „Einwilligenden" nicht um ein einseitiges Rechtsgeschäft, sondern um eine Willensäußerung sui generis ohne rechtsgeschäftliche Qualität.

Der Anwendungsbereich der Einwilligung ist äußerst vielfältig. Besonderes Augenmerk gilt der schlichten Einwilligung als Dispositionsmittel im Bereich der Legitimation von Eingriffen in höchstpersönliche Rechtsgüter, wie z. B. dem medizinischen Heileingriff oder dem Recht am eigenen Bild. Sie bietet ferner eine geeignete Grundlage für Eingriffe, die lediglich gefälligkeitshalber und damit rechtlich nicht bindend vorgenommen werden sollen. Darüber hinaus kommt der schlichten Einwilligung auch im Rahmen der Umdeutung nichtiger vertraglicher urheberrechtlicher Gestattungen nach § 140 BGB ein Anwendungsbereich als Konversionsgeschäft zu. In jüngster Zeit erlangt die schlichte Einwilligung insbesondere im Kontext der ungesicherten Veröffentlichung von Werkinhalten im Internet und damit zusammenhängender vergütungsfreier Anschlussnutzungen Bedeutung.

Der Daseinsberechtigung der Einwilligung als eigenständige Rechtsfigur steht es nicht entgegen, dass auch schuldvertragliche Gestattungen mit einer jederzeitigen Kündigungsmöglichkeit oder Nutzungsrechte als frei widerruflich vereinbart werden können. Die beiden vertraglichen Gestattungen begründen bis zum Widerruf bzw. bis zur Kündigung einen Duldungsanspruch zugunsten des Gestattungsempfängers. Letzteres ist im Rahmen schlichter Einwilligungen aufgrund einseitiger Erteilung nicht der Fall. Ferner liefe die Annahme eines zu Duldungspflichten des Gestattenden führenden Vertragsschlusses im Bereich sozialtypischer Nutzungen selbst unter Berücksichtigung des § 151 S. 1 BGB sehr häufig auf eine bloße Fiktion hinaus. Die Anerkennung der Einwilligung als Rechtsfigur führt insbesondere im Urheberrecht zu einem ausgewogenen Nebeneinander gegenständlicher ausschließlicher wie auch einfacher Nutzungsrechte und obligatorisch wirkender Rechtspositionen (schuldvertragliche Gestattung, schlichte Einwilligung). Im Gegensatz zu den intensiveren vertraglichen Gestattungen begründet die Einwilligung zugunsten des Werknutzers eine grundsätzlich vergütungsfreie Erlaubnis zur Werknutzung. Macht der einwilligende Urheber seinen Willen zur ausschließlich entgeltlichen Nutzungsgestattung nicht hinreichend deutlich, kann er nicht nachträglich ein Entgelt für die Nutzung seines Werks verlangen.

Die Existenzberechtigung der schlichten Einwilligung folgt auch aus der Möglichkeit des kumulativen Vorliegens von schuldvertraglicher Gestattung bzw. gegenständlicher Nutzungsrechte und der schlichten Einwilligung. Dieser Fall wird dann virulent, wenn nach Abschluss eines Nutzungsvertrages Nutzungsbefugnisse widerruflich gestattet werden sollen, die vom Vertragszweck nicht mehr gedeckt sind.

Die schlichte Einwilligung umfasst nicht nur finale, der Willkür des Rechtsinhabers obliegende, sondern auch normative, vom objektiven Empfängerhorizont her zuzurechnende Einwilligungen, die dem inneren Willen des Rechtsinhabers unter Umständen zuwider laufen können. Dieses weite Verständnis der Einwilligung ist Konsequenz der dem Recht der Willenserklärungen neben der Privatautonomie des Rechtsinhabers maßgeblich zugrunde liegenden Prinzipien der Veranlassung (Zurechnung) und des Vertrauensschutzes. Denn die Einwilligung ist ein erklärungs- und empfangsbedürftiger Akt sozialer Kommunikation, der im Interesse der Rechtssicherheit eine Verantwortung für berechtigtes Vertrauen des Erklärungsempfängers bewirkt. Es besteht kein Grund von den für die Auslegung rechtsgeschäftlicher Willenserklärungen anerkannten Grundsätzen abzuweichen.

Das Vorliegen einer Einwilligung richtet sich somit nach den allgemeinen Grundsätzen rechtsgeschäftlich relevanten Verhaltens. Eine Interpretation der Einwilligung als Ausprägung einer von rechtsgeschäftlichen Willenserklärungen losgelösten allgemeinen Vertrauenshaftung ist abzulehnen. Ausdrückliche sowie konkludent erklärte Einwilligungen lassen sich somit in einen objektiven (äußeren) und einen subjektiven (inneren) Tatbestand untergliedern. Für die Erfüllung des objektiven Einwilligungstatbestandes bedarf es erstens der tatsächlichen Feststellung einer aktiven Erklärungshandlung, die zweitens kraft ihres Erklärungsgehalts Rückschlüsse auf den Willen des Erklärenden zur widerruflichen Nutzungsgestattung zulässt. Ein bloßes Unterlassen, etwa die fehlende Absicherung eines Urhebers mittels technischer Schutzmaßnahmen gegen die Nutzung seiner Werke durch Dritte, vermag die Annahme einer schlichten Einwilligung nicht zu begründen. Im Gegensatz dazu stellt die Veröffentlichung von Werkinhalten im Internet eine aktive Handlung dar. Die ungesicherte Veröffentlichung von Werkinhalten begründet ein insgesamt aktives Gesamtverhalten und stellt damit einen rechtserheblichen Erklärungsakt.

Im Rahmen der Auslegung eines Verhaltens als Einwilligung gilt es angesichts der äußerst geringen Intensität der durch sie vermittelten Rechtsposition die nur sehr niedrigen Anforderungen zur Bejahung des erforderlichen Rechtsfolgewillens zu beachten. Der Erklärende muss lediglich nach außen zum Ausdruck bringen, er erkläre sich mit einer grundsätzlich verbotenen, weil in seine Rechte eingreifenden Handlung einverstanden. Subjektiv bildet jedenfalls der

Handlungswille eine konstitutive Voraussetzung des Mindesttatbestandes der Einwilligung. Demgegenüber ist das Erklärungsbewusstsein immer dann entbehrlich, wenn sich der Einwilligende erklärungsfahrlässig verhalten und der Einwilligungsempfänger in schutzwürdiger Weise auf den objektiven Erklärungsinhalt vertraut hat. Eines Geschäftswillens bedarf es zur Zurechnung eines Verhaltens als Einwilligung nicht.

Das Vorhandensein des Rechtsfolgewillens seitens des Erklärenden ist nach den Grundsätzen objektiv-normativer Auslegung der §§ 133, 157 BGB aus Sicht eines objektiven Empfängers der Erklärung zu ermitteln. Im Rahmen konkludenter Erklärungen ist mangels Möglichkeit zur wörtlichen Auslegung auf das Gesamtverhalten des Erklärenden sowie auf dessen Interessen und die mit dessen Handeln verfolgten Zwecke Rücksicht zu nehmen. Dabei ist auf den Erfahrungssatz zu rekurrieren, dass der Handelnde im Zweifel eine vernünftige und interessenkonforme Regelung anstrebt. Der Erklärende trägt dabei das Risiko der Zurechnung von Verhaltensfolgen, die in ihrer objektiven Erklärungsbedeutung von seinem tatsächlichen Willen abweichen. Etwas anderes gilt nur dann, wenn der Erklärungsempfänger den wahren Willen des Erklärenden gekannt hat. Die Grundsätze der einheitlichen, objektiven Auslegung, wonach nur einzelnen Beteiligten erkennbare Umstände unbeachtlich sind, sind auf die schlichte Einwilligung nicht anwendbar. Durch die Einwilligung werden keinerlei Drittinteressen tangiert, sodass es hier eines besonderen Schutzes durch die Würdigung nur allgemein erkennbarer Umstände nicht bedarf.

Im Urheberrecht erfährt die „Zweckrichtung" des auslegungsrelevanten Erklärungsverhaltens eine besondere Akzentuierung. Ursächlich dafür ist der nach dessen Telos auch auf die Einwilligung anwendbare Übertragungszweckgrundsatz. Mangels eines der Einwilligung zugrunde liegenden Kausalgeschäfts, das den Zweck der Nutzung in sich trägt, bildet die Motivation des Urhebers den entscheidenden Anknüpfungspunkt zur Ermittlung des Urheberwillens. Auch diese ist allerdings aus objektiver Empfängersicht zu ermitteln.

Im Bereich der Online-Werknutzung ist am Grundsatz objektiv-normativer Auslegung festzuhalten. Dafür spricht neben dem auch hier einschlägigen Gedanken des Vertrauensschutzes im Rechtsverkehr das Prinzip der Veranlassung (Zurechnung): Ein am Internetrechtsverkehr durch die Veröffentlichung von Inhalten partizipierender Rechtsinhaber zeigt, dass er sich nach den dort herrschenden Gewohnheiten behandelt wissen will. Er muss sein Verhalten damit an den geltenden Verkehrssitten des Internets messen lassen. Regelmäßig fehlen tatsächliche Erkenntnisse über die wirklichen Motive und Interessen des einseitig veranlassten Veröffentlichens von Inhalten. Damit muss auch hier auf die

Maxime vernünftiger und interessengerechter Auslegung zurückgegriffen werden. Insofern ist aus objektiver Empfängersicht zu ermitteln, welche Nutzungen ein rational denkender und interessengerechte Regelungen anstrebender Urheber als Inhalteanbieter im Internet erlauben würde. Die den Willen des Urhebers weitgehend außer Acht lassende „Üblichkeit" im Sinne von „Bekanntheit" urheberrechtlicher Nutzungen ist kein taugliches Kriterium zur Ermittlung von Vorliegen und Inhalt einer konkludenten Einwilligung. Insoweit ist die konträre Auffassung des BGH in der „Vorschaubilder I"-Entscheidung abzulehnen.

Dennoch ist die „Vorschaubilder I"-Entscheidung für die urheberrechtliche Einwilligungslehre von großer Bedeutung. Sie lässt eine Systematisierung der im Urheberrecht einschlägigen Gestattungsformen im Sinne des sinnvoll differenzierenden Gestattungsstufenleiterprinzips erkennen. Geht man mit dem BGH davon aus, dass das ungesicherte Veröffentlichen von Bildinformationen im Internet als Einwilligung auszulegen ist, führt die Entscheidung nicht zu einem Bruch mit der urheberrechtlichen Grundsystematik des „Opt in". Die vom BGH angenommene Einwilligung ist von der das „Opt out"-System kennzeichnenden Erlaubnis mit Widerspruchsvorbehalt zu unterscheiden. Erstere führt nur dann zur Aufhebung des grundsätzlich bestehenden Eingriffsverbots in Urheberrechte, wenn durch den Urheber ein auslegungsfähiger Erklärungsakt im Sinne eines positiven Tuns eigenverantwortlich vorgenommen wurde. Besonders bemerkenswert ist, dass der BGH in der Vorschaubilder I"-Entscheidung an den für die Einwilligung notwendigen Rechtsfolgewillen geringere Anforderungen stellt als an den für das Vorliegen einer Nutzungsrechtseinräumung bzw. schuldvertraglichen Gestattung erforderlichen. Nur so konnte er trotz Verneinung des Willens zur Einräumung gegenständlicher oder schuldvertraglicher Nutzungsrechte dennoch eine schlichte Einwilligung annehmen. Auch diese Differenzierung überzeugt angesichts der geringeren Rechtsschutzintensität der Einwilligung im Vergleich zu vertraglichen Gestattungsformen.

Die Einwilligung ist kein Korrekturinstrument für fehlende gesetzliche Schrankenregelungen bzw. das Nichtvorhandensein einer dem US-amerikanischen Copyright Law vergleichbaren generalklauselartigen Schranke des „fair use". Ihr Vorliegen lässt sich nicht auf Vernünftigkeits- bzw. Effizienzerwägungen oder den Gedanken eines angemessenen Interessenausgleichs zwischen Urhebern und Werknutzern stützen. De facto hat sie einen grundsätzlich nur auf die Willkür des Rechtsinhabers zurückgehenden Anwendungsbereich. Dem Trend die Einwilligung als Allzweckwaffe für die extrem dynamischen Entwicklungen und Nutzungsprozesse des Internets zu degenerieren, ist durch eine exakte Prüfung des Vorliegens der Einwilligungsvoraussetzungen entgegenzuwirken.

Der Annahme einer Einwilligung durch den BGH in der „Vorschaubilder II"-Entscheidung ist entschieden entgegenzutreten: Ein Inhalteanbieter erteilt keine „Generaleinwilligung" zur Nutzung auch unberechtigt onlinegestellter Bilder durch Bildersuchmaschinen. Aus der fehlenden Erkennbarkeit der Veröffentlichungsrechte am konkreten Bild für die Suchmaschine ergibt sich nichts anderes. Die gegenteilige Ansicht führt zu einer Umgehung des zwingenden Einwilligungserfordernisses der Erteilung durch den Dispositionsbefugten.

Die schlichte Einwilligung ist von der ebenfalls gewohnheitsrechtlich anerkannten mutmaßlichen Einwilligung zu unterscheiden. Die mutmaßliche Einwilligung ist gegenüber der schlichten Einwilligung subsidiär: Der Anwendungsbereich der mutmaßlichen Einwilligung ist nur dann eröffnet, wenn keine ausdrückliche oder konkludente Einwilligung gegeben ist. Letztere darf aufgrund einer notstandsähnlichen Situation, die ein unmittelbares Eingreifen Dritter erfordert, nicht mehr einholbar sein. Ist die rechtzeitige Einholung der Einwilligung möglich, kann auch dann nicht von einer mutmaßlichen Einwilligung des Rechtsinhabers ausgegangen werden, wenn dieser infolge von Geringfügigkeit der Beeinträchtigung vermeintlich kein nennenswertes Eigeninteresse daran hat, einen Eingriff in seine Rechte zu verbieten. Dieser v.a. aus dem Strafrecht bekannten Fallgruppe des mangelnden Interesses des Betroffenen ist im Zivilrecht die Geltung zu versagen. Sie führt dort zu einer Umgehung des Grundsatzes, dass allein ein positiver Akt privatautonomer Rechtsgestaltung zum Unrechtsausschluss führen kann.

Die Einwilligung ist als Rechtsfigur nur dann statthaft, wenn der Rechtsinhaber die Realisierung des mit einer Handlung verbundenen Verletzungsrisikos wenigstens billigend in Kauf nimmt. Davon zu unterscheiden ist die bloß fahrlässige Selbstgefährdung, welche zum tatbestandlichen Vorliegen des „Handelns auf eigene Gefahr" führt. Sie bewirkt anders als die Einwilligung keinen vollständigen Unrechtsausschluss. Vielmehr ist sie als haftungsmindernder Faktor bei der quotenmäßigen Aufteilung des dem Rechtsinhaber entstandenen Schadens zu berücksichtigen. Auswirkungen zeitigt sie damit erst auf Rechtsfolgenebene.

Sofern sich ein früheres, mit der aktuellen Rechtsausübung (z. B. Unterlassungsklage) in Widerspruch stehendes Verhalten als schlichte Einwilligung darstellt, kann das kontradiktorische und als Widerruf der ursprünglichen Einwilligung zu deutende Verhalten nicht zugleich als widersprüchliches Verhalten (venire contra factum proprium) i.S.d. § 242 BGB qualifiziert werden. Nur in Ausnahmefällen kann dem Einwilligenden die Berufung sein Widerrufsrecht nach § 242 BGB versagt werden. Dies kann neben einem zu kurzfristig bzw. zur Unzeit erklärten Widerruf dann der Fall sein, wenn der Einwilligende seine Konsentierung gegenüber dem Einwilligungsempfänger als unwiderruflich hingestellt hat. In den hier interessierenden Fällen urheberrechtlicher Onlinenutzungen ist der o.g. Einwand aus § 242 BGB auch dann zu bejahen, wenn ein Rechteinhaber durch sein Verhalten die vergütungsfreie Nutzung urheberrechtlich geschützter Inhalte mittels Einwilligung in Aussicht stellt und dafür nachträglich (für die Zeit vor einem erklärten Widerruf) ein Nutzungsentgelt beansprucht.

Der BGH griff in beiden „Vorschaubilder"-Entscheidungen zur Begründung der Zulässigkeit der Thumbnailsnutzung auf die Grundsätze der im Kontext widersprüchlichen Verhaltens nach § 242 BGB zu verortenden Rechtsfigur „protestatio facto contraria" zurück. In beiden Fallgestaltungen ist die Heranziehung der Grundsätze der Rechtsfigur abzulehnen. Auf die protestatio facto contraria kann nicht zur Begründung des Fortbestandes der Einwilligung im Falle eines den Umständen nach nicht als Widerruf auszulegenden Verhaltens rekurriert werden (*Vorschaubilder I*). Insoweit ist vielmehr zwischen der Einwilligung als Erklärungs- und dem Widerruf als Beseitigungsakt zu differenzieren. Ferner muss sich ein Rechtsinhaber auch gegen die Suchmaschinennutzung von illegal durch Dritte online gestellten Bildern zur Wehr setzen können, ohne dass ihm die Geltendmachung von Ersatzansprüchen mit Verweis auf die protestatio-Regel abgeschnitten wird (*Vorschaubilder II*). Ein Protest eines geschützte Inhalte online stellenden Rechtsinhabers gegen die Fremdnutzung seiner Inhalte durch Bildersuchmaschinen ist auch nicht schon deshalb unbeachtlich, weil die vom Suchmaschinenanbieter eingesetzten Automaten nicht in der Lage sind, einen ausdrücklich schriftlich auf der Webseite geäußerten Widerspruch gegen die Werknutzung informationstechnisch zu verarbeiten. Die begrenzte Leistungsfähigkeit der Automaten führt nicht zur Abweichung von den allgemeinen Auslegungsgrundsätzen der §§ 133, 157 BGB. Vielmehr fehlt es im erwähnten Fall an einem Zugang des Widerspruchs gegen die Werknutzung beim Suchmaschinenbetreiber. Letzterer kann sich hier auf die ihm allein zugehende, konkludent aus dem ungesicherten Onlinestellen abzuleitende Einwilligung berufen.

2. Kapitel: Die Voraussetzungen der schlichten Einwilligung in urheberrechtliche Onlinenutzungen am Beispiel der Bildersuche

Die Statthaftigkeit der schlichten Einwilligung als Dispositionsform setzt voraus, dass durch einen Werknutzer in die Verwertungs- oder Leistungsschutzrechte eines Schutzrechtsinhabers eingegriffen wurde. Die für den Werkschutz erforderliche Gestaltungshöhe wird im Bereich des Onlinestellens von Bildern wegen der Schutzfähigkeit der „kleinen Münze" regelmäßig erreicht. Der Werkschutz des Schöpfers eines nach § 2 I Nr. 4, 5, § 4 II UrhG (Bilderdatenbanken) geschützten Bildes wird ergänzt durch die Leistungsschutzrechte nach §§ 72 I, 87a UrhG. Liegt ein Eingriff in urheber- bzw. leistungsschutzrechtliche Verwertungsrechte oder in ein unbenanntes Verwertungsrecht vor, besteht für die schlichte Einwilligung dann kein Raum, wenn der Eingriff von einer urheberrechtlichen Schrankenbestimmung der §§ 44a ff. UrhG gedeckt ist. Diese konkretisieren bzw. beschränken den Inhalt des Urheberrechts. Die vom Gesetzgeber auf Grundlage der Schrankenbestimmungen geduldeten Nutzungen sind der Disposition des Urhebers entzogen.

Damit es auf die schlichte Einwilligung als Legitimationsmittel urheberrechtlicher Nutzungen ankommt, darf im Einzelfall keine intensivere vertragliche Gestattungsform einschlägig sein. Dies ist bei der bloßen Veröffentlichung urheberrechtlich geschützter Bilder regelmäßig nicht der Fall. Dem Onlinestellen von Werkinhalten kann kein Rechtsfolgewille des Inhalteanbieters dahingehend entnommen werden, er wolle dem Werknutzer einen Duldungsanspruch zur Nutzung der Inhalte vermitteln. Richtigerweise hat er ein aus der Sicht der Werknutzer erkennbares Interesse daran, veröffentlichte Inhalte jederzeit aus dem Internet entfernen und internetspezifische Nutzungen umgehend untersagen zu können. Dementsprechend ist die stets widerrufliche Einwilligung hier die statthafte Gestattungsform.

Auch im Bereich der Onlinenutzungen sollte zwischen ausdrücklichen und konkludenten Einwilligungserklärungen unterschieden werden. Eine ausdrückliche Einwilligung liegt dann vor, wenn ein Inhalteanbieter Internetnutzer durch ergänzende über das Onlinestellen von Inhalten hinausgehende Maßnahmen aktiv veranlassen möchte, auf seine Website zuzugreifen. Er muss Dritten das Auffinden und die Nutzung der bereitgestellten Inhalte erkennbar erleichtern wollen. Zu den potentiellen Einwilligungsadressaten gehören auch die das Internet automatisiert durchsuchenden Suchmaschinencrawler. Ausdrücklich werden den Suchmaschinencrawlern Zugriffs- und Indexierungserlaubnisse durch die Implementierung des Befehls *„User-Agent: * Allow: /"* in der der robots.txt-Datei eines Webangebots erteilt.

Sofern es um die Bewertung der einfachen Veröffentlichung urheberrechtlich geschützter Inhalte geht, steht lediglich eine konkludente Einwilligung in Rede. Ein Werkinhalte veröffentlichender Urheber gibt positiv zu erkennen an solchen Nutzungen interessiert zu sein, die für die Funktionsfähigkeit des Internets notwendig bzw. hiermit wesensmäßig verbunden sind (Gedanke der Zusammengehörigkeit von Vorteil und korrespondierendem Nachteil). Hierzu zählen die elementaren und technisch notwendigen Basisnutzungen des Internets. Dazu gehören nach hier vertretener Ansicht neben den herkömmlichen Textsuchmaschinen auch textgestützte Bildersuchmaschinen. Ein Inhalteanbieter im Internet hat darüber hinaus typischerweise ein Interesse an solchen Nutzungen, die dazu beitragen, dass sein Werk von einem möglichst großen Rezipientenkreis wahrgenommen wird. Eine Einwilligung in urheberrechtliche Onlinenutzungen liegt deshalb auch dann vor, wenn letztere geeignet sind, die Auffindbar- und Sichtbarkeit der Inhalte im Internet zu verbessern.

Da sich jedoch nicht jede Nutzung, die zur Verbesserung der Sichtbarkeit des Werks beiträgt, tatsächlich mit den Urheberinteressen deckt, bedarf es zusätzlicher, die Urheberinteressen nuancierter abbildender Kriterien. Nur wenn die nachstehend aufgezählten Voraussetzungen kumulativ vorliegen, darf aus dem Onlinestellen von Werkinhalten auf eine schlichte Einwilligung geschlossen werden:

Erstens darf der Urheber keine verkehrsüblichen technischen Schutzmaßnahmen tatsächlich ergriffen haben, die wenigstens potentiell zur Verhinderung des Zugriffs auf ein veröffentlichtes Werk geeignet sind.[1319] Deren Ergreifung muss der erkennbare Wille des Urhebers zugrunde liegen, entweder gar keine oder nur eine eingeschränkte Nutzung des Werks zuzulassen. Sowohl die Implementierung zugangsbeschränkender Befehlszeilen in den Metatags als auch in der robots.txt-Datei stellen per definitionem taugliche technische Schutzmaßnahmen gegen Nutzungen durch Suchmaschinen dar. Taugliche Schutzmaßnahmen verkörpern zudem die Einbindung urheberrechtlich geschützter Dateien in passwortgeschützte bzw. registrierungspflichtige Bereiche (sog. „Deep Web") sowie die Unterbindung des Übermittelns bestimmter Webseiten mittels PHP-Skript. Dagegen fehlt einem bloßen Urheber- bzw. Copyrightvermerk sowie einem Hinweis auf die fehlende Nutzungsberechtigung in den Nutzungsbedingungen der Webseite bereits die potentielle Eignung zur Verhinderung des Zugriffs auf geschützte Inhalte. Ihrem Vorliegen kann mithin kein der schlichten Einwilligung entgegenstehender Umstand entnommen werden.

1319 Der „Wirksamkeit" der Maßnahme i.S.d. § 95a I, II S. 2 UrhG bedarf es nicht.

Zweitens muss die konkrete Nutzung mit den pekuniären Verwertungsinteressen des Urhebers übereinstimmen. Dies ist zunächst dann der Fall, wenn die wirtschaftliche Verwertung des Werks durch vermehrten Traffic auf den Webseiten des Inhalteanbieters gefördert wird. Die Wahrnehmbarkeit des Werks zwar fördernde, aber den Abruf des Werks im Originalkontext substituierende Nutzungen liegen bei standardisierender Betrachtung nicht im Interesse des Urhebers. Einzig der erhöhte Aufruf des Werks im Originalkontext der eigenen Webseite verschafft dem Urheber höhere Werbeeinnahmen und entspricht dessen ideellen Interessen. Eine Konformität mit den Verwertungsinteressen des Urhebers kann ferner dann nicht angenommen werden, wenn onlinegestellte Werke von Werknutzern wirtschaftlich zu Eigen gemacht werden, indem sie diese zur Ergänzung oder Vervollständigung ihres eigenen Webangebots verwenden. Ferner dürfen durch die Werknutzung keine Lizenzierungs- oder eigenen Verwertungsmöglichkeiten des Urhebers unterlaufen werden.

Drittens dürfen auch keine urheberpersönlichkeitsrechtlichen Interessen verletzt werden. Wird durch eine Nutzung die Schwelle des Entstellungsschutzes i.S.d. § 14 UrhG überschritten, ist eine derartige Verletzung stets anzunehmen. Ein solcher Fall wird dann virulent, wenn onlinegestellte Inhalte von Nutzern in einem diskreditierenden und interessengefährdenden Sachzusammenhang dargestellt werden. Auch ein Eingriff in das Recht auf Anerkennung der Urheberschaft aus § 13 S. 1 UrhG oder den Kernbereich des Namensnennungsrechts aus § 13 S. 2 UrhG führt bei typisierender Betrachtung zur Ablehnung einer Einwilligung des Urhebers. Branchenübliche und den Kerngehalt des Namensnennungsrechts nicht tangierende Eingriffe können hingegen ebenfalls von einer konkludenten Einwilligung umfasst sein. Dies ist nur dann der Fall, wenn ein Urheber die Nutzung seines Werks in gewissen Grenzen konsentiert, ohne in nach außen erkennbarer Weise auf eine bestimmte Urheberbenennung zu bestehen. Hier ist davon auszugehen, dass er in verkehrsüblicher Weise benannt sein will. Er erklärt sich somit mit seiner Nichtnennung einverstanden, sofern diese der Verkehrssitte entspricht. Bezogen auf die mit der Bildersuche verbundenen Nutzungen bedeutet dies: Ein Bilder ungesichert veröffentlichender Rechtsinhaber erklärt sich konkludent mit der im Rahmen der Anzeige von Thumbnails technisch notwendigen Reduzierung der Urheberbenennung auf die Bezeichnung der URL sowie der Verlinkung der Quellseite des Originalbildes einverstanden.

Liegen die obigen Einwilligungsvoraussetzungen vor, ist zu ermitteln, ob die konkrete Nutzung von Inhalt und Reichweite der konkludenten Einwilligung umfasst ist. Gestützt auf den Übertragungszweckgrundsatz gilt auch hier: Die Einwilligung vermittelt im Zweifel keine weitergehende Nutzungserlaubnis, als es ihrem Zweck entspricht, wie er sich aus objektiver Empfängersicht darstellt. Die konkludente Einwilligung bezieht sich nur auf solche Nutzungen, die zur Erreichung der mit der Veröffentlichung bezweckten Verbesserung der Auffind- und Sichtbarkeit des Werks im Internet unbedingt notwendig sind. Im jeweiligen Einzelfall ist das erforderliche Minimum an Nutzungsintensität bei gleichbleibendem Nutzwert für die Internetseiten des Urhebers zu ermitteln. Eine der Befriedigung rein ästhetischer Interessen des Werknutzers dienende Werknutzung ist von der Einwilligung des Urhebers nicht umfasst.

Die Erfüllung des subjektiven Einwilligungstatbestandes setzt zwingend das Vorliegen des Handlungswillens des sich Äußernden voraus. Demgegenüber gehört das Erklärungsbewusstsein (Rechtsbindungswille, Geschäftswille) nicht zu den konstitutiven Bestandteilen des subjektiven Einwilligungstatbestandes. Entbehrlich ist ein unbewusstes Erklärungsverhalten aber nur dann, wenn der Einwilligende den objektiven Einwilligungstatbestand in zurechenbarer Weise gesetzt hat. Zurechenbarkeit liegt vor, wenn der Erklärende hätte erkennen und vermeiden können, dass sein Verhalten nach Treu und Glauben und der Verkehrssitte als Einwilligung aufgefasst werden durfte und der Empfänger dies auch tatsächlich so verstanden hat. Jener Grundsatz gilt sowohl für ausdrückliche als auch konkludente Einwilligungserklärungen. Abzulehnen ist die Auffassung des OLG Jena, das an die Wirksamkeit konkludenter Einwilligungen subjektive Mindestanforderungen in Form des Vorhandenseins eines Erklärungsbewusstseins stellt. Der subjektive Einwilligungstatbestand ist bei Feststellung einer den äußeren Umständen nach zu entnehmenden Einwilligung regelmäßig miterfüllt.

Eine wirksame Einwilligungserteilung setzt jeweils voraus, dass der Inhaber des Rechts oder Rechtsguts, über das mittels Einwilligung disponiert werden soll, die Einwilligung erteilt hat. Die Einwilligungserteilung kann allerdings mit Zustimmung des Rechtsinhabers auf Dritte delegiert werden. Konstruktiv lässt sich dies analog § 185 I BGB im Wege der Ermächtigung oder gemäß § 164 I S. 1 BGB im Wege der gewillkürten Stellvertretung bzw. Botenschaft verwirklichen. Vorliegen und Umfang der Einwilligungsermächtigung sowie der Bevollmächtigung sind im Zweifel unter Rückgriff auf den Rechtsgedanken aus § 31 V UrhG zu ermitteln. Werden einem Lizenznehmer mittels konstitutiver Nutzungsrechtseinräumung Befugnisse zur Veröffentlichung von Inhalten im Internet eingeräumt, umfasst der Übertragungszweck auch die Konsentierung der üblichen Anschlussnutzungen (z. B. Bildersuche). Eine „Generalermächtigung" zur Konsentierung auch illegal ins Internet gestellter Raubkopien kommt entgegen der Auffassung des BGH in der „Vorschaubilder II"-Entscheidung nicht in Betracht. Eine Ermächtigung zur Einwilligungserteilung scheidet auch dann aus, wenn der Urheber die Veröffentlichungsbefugnis des Werknutzers an die Implementierung technischer Schutzmaßnahmen gegen den Werkzugriff von Drittnutzern geknüpft hat.

Neben der Einwilligungsbefugnis ist die Einwilligungsfähigkeit Wirksamkeitsvoraussetzung der schlichten Einwilligung. Im Ausgangspunkt sind hier die §§ 104ff. BGB, die die Einwilligungsfähigkeit an die Geschäftsfähigkeit des Rechtsinhabers knüpfen, anwendbar. Anlass zu Modifikationen besteht dann nicht, sofern beschränkt geschäftsfähige Minderjährige mittels Einwilligung ausschließlich über die primär vermögensrechtlichen Verwertungsbefugnisse disponieren. Der Minderjährige bedarf hier zur wirksamen Einwilligung in die fraglichen Nutzungen der vorherigen Zustimmung seines gesetzlichen Vertreters. Dies gilt auch dann, sofern Einwilligungen für den Minderjährigen lediglich geringfügige Nachteile begründen. Ein gänzliches Abweichen vom Einwilligungsvorbehalt des §§ 107 I, 111 BGB ist in den hier interessierenden Fällen der Online-Werknutzung selbst dann nicht gerechtfertigt, soweit (urheber) persönlichkeitsrechtliche Interessen den Gegenstand der Einwilligung bilden. Jedoch gebührt der besonderen Tragweite und Bedeutung des Selbstbestimmungsrechts Minderjähriger im höchstpersönlichen Bereich besondere Berücksichtigung. Die gesetzlichen Vorgaben bedürfen hier insoweit der Korrektur, als dem Minderjährigen bei vorhandener Einsichtsfähigkeit jedenfalls eine Mitentscheidungskompetenz im Sinne eines kumulativen Zustimmungserfordernisses einzuräumen ist. Die Erteilung einer Einwilligung bzw. deren Unterlassen ist somit nicht gegen den Willen des einsichtsfähigen Minderjährigen möglich.

Die Einwilligung bedarf als empfangsbedürftige Willenserklärung des Zugangs beim Einwilligungsempfänger. Dies gilt unabhängig davon, ob die Einwilligung inter partes oder inter omnes erklärt wird. Eine analog § 657 BGB unter Verzicht auf das Zugangserfordernis gestützte inter omnes-Wirkung der schlichten Einwilligung ist abzulehnen. Die von der Rechtsprechung entwickelten Zugangsregeln führen auch im Rahmen elektronischer Willenserklärungen zu sachgerechten Ergebnissen. Die durch den Upload von Werkinhalten und deren Freischaltung für den Internetverkehr abgegebene Einwilligung ist eine verkörperte (elektronische) Willenserklärung, die unter Abwesenden erklärt wird. Deren Zugang wird durch die tatsächlich erfolgende Übermittlung der online gestellten Inhalte nach einer entsprechenden Nutzeranfrage durch den Internet-Provider als Erklärungsbote des Inhalteanbieters an den Einwilligungsempfänger/Werknutzer bewirkt.

Damit sich der Einwilligungsempfänger auf die Erlaubniswirkung der schlichten Einwilligung berufen kann, darf diese bis zur Vornahme des relevanten Eingriffs nicht durch den Einwilligenden oder dem Berechtigten widerrufen worden sein. Die Widerrufsmöglichkeit der Einwilligung ist Ausfluss des privatautonom geäußerten Willens des Rechtsinhabers zur Erteilung einer bloß widerruflichen Eingriffserlaubnis. Der Widerruf ist eine erklärungs- und empfangsbedürftige Willenserklärung und nimmt als actus contrarius der Einwilligung an deren Rechtsnatur teil. Er ist wesenstypisches Merkmal der Einwilligung und zieht grundsätzlich weder eine Haftung aus culpa in contrahendo (§§ 311 II Nr. 3, 241 II, 280 I BGB) nach sich noch kommt ein Ersatzanspruch analog § 122 BGB in Betracht. In den Grenzen von Treu und Glauben i.S.d. § 242 BGB sowie der §§ 138, 226, 826 BGB ist er jederzeit und grundlos möglich. Ein besonderes Vertrauen auf die Dauerhaftigkeit der Erlaubniswirkung der Einwilligung, welches durch einen späteren Widerruf treuwidrig enttäuscht werden könnte (§ 242 BGB), kommt in den Fällen der Online-Werknutzung selbst dann nicht in Betracht, wenn ein Rechteinhaber Dritte aktiv dazu veranlassen will auf die onlinegestellten Inhalte zuzugreifen. Denn Inhalteanbieter haben ein legitimes Interesse im Internet veröffentlichte Inhalte im Bedarfsfall jederzeit und umgehend aus dem Netz entfernen und erteilte Nutzungserlaubnisse widerrufen zu können. Der Einwand rechtsmissbräuchlichen Verhaltens nach § 242 BGB ist nur in dem eher theoretischen Fall denkbar, dass ein Rechteinhaber die Einwilligung gegenüber einem Werknutzer durch einen expliziten Hinweis in den Nutzungsbedingungen der Webseite als unwiderruflich hinstellt.

Der Widerruf ist zu unterscheiden von dem bereits für das (Nicht)Vorliegen einer wirksamen konkludenten Einwilligung relevanten Widerspruch (Protestation). Der Widerruf der Einwilligung kann ausdrücklich oder konkludent erteilt werden. Sowohl für die Ermittlung des Vorliegens eines Widerrufs als auch für dessen Reichweite ist analog zur Einwilligung vom Grundsatz objektiv-normativer Auslegung (§§ 133, 157 BGB) des relevanten Erklärungsverhaltens auszugehen. Dies gebietet die Schutzbedürftigkeit des auf die Wirksamkeit und den Bestand der Einwilligung vertrauenden Einwilligungsempfängers. Zwischen Einwilligung und Widerruf besteht entgegen der Auffassung des BGH in der „Vorschaubilder I"-Entscheidung kein monistisches, sondern ein duales Verhältnis. Beide sind trotz der actus contrarius-Eigenschaft des Widerrufs selbstständig und getrennt voneinander zu bewertende Rechtsakte. Eine schematische Übertragung der Einwilligungsvoraussetzungen auf den Widerruf ist abzulehnen. Im Lichte der privatautonomen Entscheidungsbefugnis kann ein Widerruf, der in Form und Verfahren dem Ursprungsakt „Einwilligung" entspricht, nur dort verlangt werden, wo eine Vergleichbarkeit der Interessenlage beider Erklärungsakte konstatiert wurde. Unter dieser Prämisse bestehen keine Bedenken einen individuellen Widerruf einer ad incertam personam erklärten Einwilligung ohne Einhaltung einer besonderen Form für wirksam zu erachten, sofern er dem Einwilligungsempfänger tatsächlich zugeht. Die wertungsmäßige Konformität des Ergebnisses zeigt insbesondere ein Vergleich mit dem Widerruf der Auslobung nach § 658 BGB bzw. einer inter omnes kundgemachten Innenvollmacht. Der BGH hätte daher in der „Vorschaubilder I"-Entscheidung den zwar nicht durch technische Schutzmaßnahmen flankierten, der Werknutzerin allerdings individualisiert zugegangenen Widerruf der Klägerin nicht für unbeachtlich erklären dürfen. Den Einwilligungsempfänger trifft kraft der durch die Einwilligung statuierten Sonderverbindung nach § 311 II Nr. 3 eine Obliegenheit zur Installation geeigneter technischer Empfangseinrichtungen zwecks Zugangs des jederzeit möglichen Widerrufs.

Der inter omnes Widerruf einer durch das Onlinestellen von Inhalten ebenfalls inter omnes erklärten Einwilligung ist ebenso zugangsbedürftig wie ein individualisiert an einzelne Werknutzer erklärter Widerruf. Die teilweise in der Literatur unter Verzicht auf das Zugangserfordernis postulierte Analogie zu den auslobungsrechtlichen Vorschriften der §§ 658 I S. 2 Alt. 1 i.V.m. § 657 BGB ist mangels Vergleichbarkeit der Interessenlage abzulehnen. Die allgemeinen Zugangsregeln bedürfen im Rahmen von Widerrufserklärungen inter omnes lediglich der Modifikation: Den Einwilligungsempfänger trifft im Rahmen einer inter omnes erteilten Einwilligung eine Erkundigungs- und Überwachungsobliegenheit hinsichtlich der Ausübung des Widerrufsrechts durch den Einwilligenden. Er muss aktiv dazu beizutragen, dass ihn Widerrufserklärungen generell und auch rechtzeitig erreichen können. Jene Erkundigungsobliegenheit ersetzt das tradierte Zugangskriterium des „Gelangens in den Machtbereich" des Erklärungsempfängers. Entscheidend für den Zugang eines inter omnes erklärten Widerrufs ist allein, ob die Möglichkeit der Kenntnisnahme bestand. Ferner muss bei Befolgung der Überwachungsobliegenheit unter normalen Umständen eine Kenntnisnahme des Einwilligungsempfängers von der Widerrufserklärung zu erwarten sein. Letzteres ist regelmäßig dann der Fall, wenn der Einwilligende den Widerruf in einer der ursprünglichen Einwilligungserteilung äquivalenten, nicht zwingend gleichartigen Form widerruft. Dabei muss es nicht zur tatsächlichen Kenntnisnahme kommen. Die durch die Erfüllung der Überwachungsobliegenheiten gegebene Möglichkeit zur Kenntnisnahme genügt, solange mit dem Zugang unter normalen Umständen gerechnet werden kann. Maßgebliche Anhaltspunkte für den Zugangszeitpunkt im Rahmen der Onlinenutzung sind u. a. die Vermarktung der genutzten Inhalte, der Umfang der Nutzung sowie die Intensität der Verwertungsrechtseingriffe. Die unberechtigte grundlose als auch die bloß fahrlässige Nichtbefolgung der Überwachungsobliegenheiten bewirkt eine Zugangsfiktion zulasten des Einwilligungsempfängers. Der inter omnes erklärte Widerruf gilt als nach Ablauf einer angemessenen Überwachungsfrist eingetreten.

Soll ein Widerruf einer inter omnes erklärten Einwilligung in Onlinenutzungen sämtlichen Werknutzern zugehen, muss der Rechtsinhaber solche (technischen) Schutzmaßnahmen treffen, die sowohl von natürlichen Personen als auch von Suchmaschinenrobotern beachtet werden können. Es bedarf eines „gegenläufigen Verhaltens". Als genuin negatorische Handlung kommt entweder das Entfernen der Dateien aus dem Internet durch Löschung derselben vom Server des Internet-Providers in Betracht. Ausreichend ist jedoch auch die Implementierung von (technischen) Schutzmaßnahmen gegen den Zugriff Dritter auf die betreffenden Dateien im Internet. Die an die Qualifikation als (technische) Schutzmaßnahme zu stellenden Anforderungen entsprechen denjenigen, die für die Beachtlichkeit eines Widerspruchs gegen die Werknutzung notwendig sind. Teilt der Urheber seinen der Nutzung der online gestellten Inhalte entgegenstehenden Willen lediglich im Rahmen eines nachträglichen Hinweises in den Nutzungsbedingungen der eigenen Webseite mit, ist der Widerruf nicht „formwirksam" erklärt. Die Erlaubniswirkung der Einwilligung wird in diesem Fall mangels Zugangs des Widerrufs bei automatisiert mittels Crawlern arbeitenden Suchmaschinen nur gegenüber den manuell vorgehenden Werknutzern wirksam.

Die Einwilligung lässt sich weitgehend wertungsmäßig konsistent in das System der §§ 119ff. BGB normierten Anfechtungsregeln implementieren: Im Rahmen der Anfechtung der Einwilligung bestehen keine zwingenden Gründe vom Erklärungserfordernis der Anfechtung gegenüber dem Einwilligungsempfänger gemäß § 143 I, III BGB abzurücken und die Einwilligung als per se unwirksam zu behandeln. Die in den §§ 119ff. BGB vom Gesetzgeber für erheblich erklärten Anfechtungsgründe lassen sich auf die schlichte Einwilligung unmittelbar anwenden. Im Bereich der Onlinenutzung von besonderer Relevanz ist § 119 I Alt. 1 und 2 BGB. Ein das Internet aktiv für seine Zwecke nutzender Rechtsinhaber muss zum Zwecke der Funktionsfähigkeit jenes Kommunikationsmediums mit einer Standardisierung und Objektivierung seiner Verhaltensweisen rechnen. Keineswegs werden Inhalteanbieter stets in dem Bewusstsein handeln, durch die Erklärung einer konkludenten Einwilligung in rechtserheblicher Weise in Erscheinung zu treten. Eine ohne Erklärungsbewusstsein abgegebene Einwilligung berechtigt analog § 119 I Alt. 2 BGB zur Anfechtung. Unterliegt der Urheber dagegen einer Fehlvorstellung über den Inhalt und Umfang der von ihm erteilten Einwilligung, kann er nach § 119 I Alt. 1 BGB anfechten. Im Falle eines Übermittlungsfehlers des die Webseiten hostenden Providers als Erklärungsboten des Inhalteanbieters besteht zudem ein Anfechtungsrecht nach § 120 BGB. Wird mittels Einwilligung über höchstpersönliche Rechtsgüter disponiert, kann deren wertsetzende Bedeutung gebieten, die in § 121 I BGB normierte Überlegungsfrist unangewendet zu lassen. Einer teleologischen Reduktion des § 121 I BGB bedarf es ferner im Falle beachtlicher Willensmängel im Rahmen der Einwilligungserteilung ad incertam personam. Hier beginnt die Anfechtungsfrist erst im Zeitpunkt der Wahrnehmung bzw. fahrlässigen Nichtwahrnehmung der konsentierten Handlung durch den Einwilligenden.

Die Wirkungen der Anfechtung einer Einwilligung in urheberrechtliche Onlinenutzungen sind auf ex nunc zu reduzieren. Auf die Einwilligung finden die Grundsätze über die Wirkung der Anfechtung von in Vollzug gesetzten Dauerschuldverhältnissen Anwendung. Nur so lassen sich die mit inter omnes erklärten Einwilligungen in Onlinenutzungen verbundenen Rückabwicklungsschwierigkeiten vermeiden. Die Anfechtung ist damit zur Aufhebung der Erlaubniswirkungen einer erklärten Einwilligung ohne praktische Relevanz. Sie wird durch den in seinen Rechtswirkungen identischen und ohne Beachtung von Widerrufsgründen möglichen Widerruf verdrängt.

3. Kapitel: Anwendung der Voraussetzungen auf ähnliche Fallgestaltungen internettypischer Werknutzung

Bildersuchmaschinen können sich auch dann auf eine schlichte Einwilligung berufen, wenn durch die Thumbnailswiedergabe tatbestandlich in das Recht am eigenen Bild gemäß § 22 S. 1 KunstUrhG eingegriffen wird. Analog zu den Inhalte online stellenden Urhebern hat ein Bildnisse seiner Person ungesichert veröffentlichender Rechtsinhaber bei typisierender Betrachtung ein Interesse an solchen Nutzungen, die die Sichtbarkeit seiner Bilder im Internet verbessern. Die ergänzend zur Ermittlung des tatsächlichen Willens des Rechtsinhabers im Kontext urheberrechtlicher Nutzungen entwickelten Einwilligungsvoraussetzungen sind auf die persönlichkeitsrechtliche Einwilligung i.S.d. § 22 S. 1 KunstUrhG übertragbar. Auch hier gilt es zum einen die pekuniären Interessen des Abgebildeten zu wahren: Da die Thumbnails von Bildersuchmaschinen durch einen erhöhten Traffic die Vermarktung des Bildnisses fördern, keinen substituierenden Charakter aufweisen und auch eine Kommerzialisierung des Rechts am eigenen Bild für die Nutzung durch Suchmaschinen ausscheidet, ist eine Interessenkonformität zu bejahen. Zum anderen ist für die Einwilligung nach § 22 S. 1 KunstUrhG zu fordern, dass eine Beeinträchtigung anderer, außerhalb des Persönlichkeitsschutzes liegender Persönlichkeitsmerkmale ausgeschlossen ist. Auch diese Anforderung wird im Regelfall durch die Thumbnailswiedergabe im Rahmen der Bildersuche erfüllt. Vorstellbar sind allenfalls Eingriffe in den durch das allgemeine Persönlichkeitsrecht gewährleisteten Schutz vor Bildnisentstellungen. Werden Bildnisse in einem kompromittierenden Kontext dargestellt kann sich der Bildersuchmaschinenbetreiber nicht auf eine schlichte Einwilligung berufen.

Sofern Thumbnails von Werkabbildungen in Nachrichtensuchmaschinen eingeblendet werden, wird hierdurch tatbestandlich in das Recht des Urhebers aus § 19a UrhG eingegriffen. In Ermangelung einer zugunsten von Nachrichtensuchmaschinen eingreifenden Schrankenbestimmung steht und fällt die Legitimität der Anzeige von Thumbnails mit dem Vorliegen einer Einwilligung des Urhebers. Konträr zur Bildersuche kann eine solche Einwilligung jedoch nicht allein aus der ungesicherten Veröffentlichung der Bilder durch den Rechtsinhaber abgeleitet werden. Anders als bei der Bildersuche kann die Nutzung von Thumbnails in der Nachrichtensuche auf lizenzvertragliche Grundlage gestellt werden. Ferner ist die Anzeige von Thumbnails für die Funktionalität einer Nachrichtensuchmaschine keineswegs notwendig. Sie dienen lediglich der Verbesserung des optischen Gesamteindrucks.

Das zur Archivierung von Webseiten dienende Content-Caching greift im Falle der Indexierung urheberrechtlich geschützter Inhalte in die Verwertungsrechte aus § 16 und § 19 UrhG ein. Urheberrechtliche Schrankenbestimmungen sind nicht einschlägig. Die Nutzungen der Suchmaschinenbetreiber sind allerdings durch die im Wege der ungesicherten Veröffentlichung der Webseiten samt Inhalten erklärte Einwilligung eines Rechtsinhabers als rechtmäßig einzustufen. Die durch das Geschäftsmodell ermöglichte Abrufbarkeit von Webseiten im Falle technischer Störungen gewährleistet die Funktionalität des Internets. Das Content Caching steht sowohl mit den pekuniären als auch mit den urheberpersönlichkeitsrechtlichen Interessen im Einklang. Die vollständige Darstellung der Webseiteninhalte im Cache ist notwendig, um ihre Authentizität zu gewährleisten. Auf eine Einwilligung des Rechtsinhabers kann aus der Veröffentlichung der Inhalte aber nur dann geschlossen werden, wenn die Aktualität der im Cache archivierten Daten durch regelmäßige Crawler-Suchläufe gewährleistet ist. Als Orientierung mag hier die von Google praktizierte dreiwöchige Neuindexierung gelten.

Die von Google im Rahmen der Bildersuche bereitgestellte Option zur isolierten Anzeige online gestellter Bilder in Originalgröße mittel Deep-Links führt nur dann zu einem Eingriff in Verwertungsrechte (§ 19a UrhG), wenn ein Urheber den Zugriff auf sein Bild durch technische Schutzmaßnahmen absichert. Eingriffe in das urheberrechtliche Namensnennungsrecht i.S.d. § 13 S. 2 UrhG sind möglich, sofern Urheberhinweise im Umfeld des Bildes von Google im Zuge der isolierten Präsentation nicht wiedergegeben werden. Auf eine aus dem Onlinestellen abgeleitete Einwilligung kann sich der Suchmaschinenbetreiber nicht berufen. Die vom Kontext der Webseite losgelöste Anzeige von Bildern mittels Deep-Link gehört nicht zu den das Internet prägenden Funktionsmerkmalen. Ferner erklärt sich ein Rechtsinhaber bei typisierender Betrachtung nur mit einer Präsentation seines Werks im Originalkontext einverstanden. Zudem wird durch die Präsentation des Bildes in Originalgröße der Abruf des Werks auf der Webseite des Rechtsinhabers substituiert. Letztlich ist der Bildersuchmaschinenbetrieb auch ohne diese Nutzungsform praktikabel. Wird durch den Suchmaschinenbetreiber infolge der Bereitstellung des Deep-Links nicht unmittelbar in Urheberrechte eingegriffen, kommt auch eine mittelbare Verantwortlichkeit für eine beim Nutzer des Links stattfindende Vervielfältigung des Werks i.S.v. § 16 I UrhG nicht in Betracht. Der Suchmaschinenbetreiber kann sich nämlich regelmäßig auf die zugunsten des Linknutzers eingreifenden Schrankenbestimmungen der §§ 44a Nr. 2, 53 I S. 1 UrhG berufen. Auf das Vorliegen einer Einwilligung kann in diesem Zusammenhang nicht mehr abgestellt werden. Eine Störerhaftung des Suchmaschinenbetreibers liegt auch dann nicht vor, wenn die Links auf urheberrechtswidrig online gestellte Bilder verweisen.

Insoweit fehlt es nämlich an einer Verletzung von Prüfpflichten durch den Linkprovider Google.

Frames, Frame-Links und Inline-Links ermöglichen die Einbindung fremder Webseiten bzw. Dateien in die Webseiten von Drittanbietern. Ihre urheberrechtliche Zulässigkeit wird äußerst kontrovers diskutiert. Alle drei Linkformen sind bei rein technischer Betrachtung nicht mit unmittelbaren Eingriffen in urheberrechtliche Verwertungsrechte durch den Linkprovider verbunden. Dieses Ergebnis bedarf jedenfalls dann einer Wertungskorrektur, wenn Linkprovider fremde Werkinhalte zur Vervollständigung oder Ergänzung ihres eigenen Webangebots instrumentalisieren. Hiervon zu unterscheiden sind Frame-Links, denen im Vergleich zu Deep-Links keine gesteigerte Eingriffsintensität immanent ist. Regelmäßig tritt hier nämlich die Fremdheit der eingegliederten Werke hinreichend deutlich in Erscheinung tritt. Beispielshaft zu nennen sind etwa die vom Suchmaschinenanbieter Google im Rahmen der Bildersuche aufbereiteten Frame-Links. Diese sind rechtlich wie Deep-Links zu behandeln. Mit der Einrichtung von Frames, Frame-Links und Inline-Links geht dann ein Eingriff in § 13 S. 1 UrhG einher, wenn ein Linknutzer nicht zu registrieren vermag, dass es sich bei den integrierten Inhalten um solche eines Drittanbieters handelt. Auch Eingriffe in das Entstellungsverbot eines Werks nach § 14 UrhG sind möglich. Liegen Verstöße gegen die genannten urheberpersönlichkeitsrechtlichen Bestimmungen vor, ist damit zwingend eine Urheberrechtsverletzung verbunden. Eine Legitimation mittels schlichter Einwilligung ist nach den hier erarbeiteten Maßstäben ausgeschlossen. Selbst dann, wenn mit der Aufbereitung von Frames, Frame-Link und Inline-Links ausschließlich Eingriffe in ein (unbenanntes) Verwertungsrecht verbunden sind, kann aus der ungesicherten Veröffentlichung von Inhalten im Internet keine Einwilligung abgeleitet werden. Beim Framing und Inline-Linking handelt es sich lediglich um optionale, für die Funktionsfähigkeit des Internets nicht zwingend erforderliche Arten der Verlinkung. Zwar sind sie zur verbesserten Werkwahrnehmung geeignet. Ein Rechtsinhaber erklärt sich jedoch nicht zur Einbettung seiner Inhalte in fremden Kontext einverstanden, welcher geeignet ist beim Nutzer Fehlvorstellungen über die Herkunft seines Werks hervorzurufen. Ferner macht sich der Linkprovider den sog. embedded content wirtschaftlich zu Eigen, was der Annahme einer Einwilligung des Rechtsinhabers entgegensteht. Die genannten Linkformen bedürfen zu ihrer urheberrechtlichen Legitimität einer ausdrücklichen Autorisation des Rechtsinhabers.

Die im Rahmen der Kommunikationsplattform „Twitter" eröffnete Möglichkeit zum Posten sog. Retweets greift dann in das Verwertungsrecht eines

Schutzrechtsinhabers aus § 19a UrhG ein, wenn ein Tweet die für Sprachwerke erforderliche Schöpfungshöhe i.S.d. § 2 I Nr. 1, II UrhG erreicht. Wird der Werkschutz aufweisende Retweet nicht als solcher kenntlich gemacht, ist zudem ein Eingriff in § 13 S. 2 UrhG zu bejahen. Eine Legitimation des Eingriffs in § 19a UrhG durch die Schrankenregelung des § 51 UrhG setzt voraus, dass der Tweet im Retweet als Erörterungsgrundlage für selbstständige Ausführungen genutzt wird, die ihrerseits urheberrechtsschutzfähig sind. Ist § 51 UrhG tatbestandlich nicht einschlägig, kann sich der Retweetende auf eine schlichte Einwilligung des Urhebers berufen. Dabei kann die Einwilligung zum einen durch den Aufruf des Urhebers „please retweet" ausdrücklich erklärt sein. Zum anderen lässt sich die Einwilligung zum Abfassen eines Retweets konkludent aus dem Posten eines jedermann zugänglichen Tweets entnehmen. Twitter ist als Kommunikationsplattform auf die virale Verbreitung von Textnachrichten angelegt. Durch das „Retweeten" erfährt das Werk einen deutlich erhöhten Verbreitungsgrad. Für die Nutzung von Tweets ist bei Twitter gerade keine kostenpflichtige Lizenzierung vorgesehen. Die erhöhte Popularität eines Tweets ist eine Genugtuung für dessen Verfasser und steht daher mit den ideellen Urheberinteressen im Einklang. Der Urheber kann die Auslegung seines Verhaltens als Einwilligung nur durch das Verfassen eines sog. Protected Tweet verhindern.

Neben dem Retweeten ist auch das „Teilen" bzw. „Sharing" von Inhalten in den sozialen Netzwerken „Facebook" und „Google+" von hoher urheberrechtlicher Brisanz. Werden von Facebook und Co. Vorschaubilder aus der Linkquelle extrahiert und auf der Pinnwand des Postenden allgemein zugänglich gemacht, ist damit ein Eingriff in das Verwertungsrecht aus § 19a UrhG (i.V.m. 72 I UrhG) verbunden. Dies gilt unbeschadet der automatischen Generierung der Bilder durch die betreffende Internetplattform. Sofern die Schrankenregelung des § 51 UrhG tatbestandlich nicht einschlägig ist, bedarf es zur Legitimität der Nutzungen einer schlichten Einwilligung des Rechtsinhabers. Diese liegt dann in ausdrücklicher Form vor, wenn der Rechtsinhaber auf den eigenen Webseiten „Gefällt mir"-, „+1"- oder „Teilen"-Schaltflächen implementiert. Aber auch ohne explizite Aufforderung zum Teilen online gestellter Inhalte kann aus der ungesicherten Veröffentlichung der Bilder auf eine Einwilligung des Rechtsinhabers geschlossen werden. Auch das „Teilen" im Rahmen von sozialen Netzwerken ist unzweifelhaft zur Förderung der Popularität im Internet veröffentlichter Bilder geeignet. Die größenmäßige Darstellung des Thumbnails beschränkt sich dabei auf das erforderliche Minimum und kann nicht als ein zu Eigen machen des Originalbildes angesehen werden. Ferner wird der Abruf des Werks im Originalkontext nicht durch die Anzeige der Thumbnails substituiert. Der durch das

„Teilen" erhöhte Verbreitungsgrad eines Bildwerks bewirkt beim Urheber bei typisierender Betrachtung eine Genugtuung. Eine positive Übereinstimmung sowohl mit den verwertungsrechtlichen als auch mit den urheberpersönlichkeitsrechtlichen Interessen ist gegeben. Eine schlichte Einwilligung in das „Teilen" kann indes dann nicht angenommen werden, wenn gepostete Bilder vom Teilenden mit beleidigenden Kommentaren versehen werden.

Literaturverzeichnis

Abel, Paul: Filmlizenzen in der Insolvenz des Lizenzgebers und Lizenznehmers, NZI 2003, 121–129.

Adolphsen, Jens/Tabrizi, Mahdi Daneshzadeh: Zur Fortwirkung zurückgerufener Nutzungsrechte, GRUR 2011, 384–390.

Ahlberg, Hartwig/Götting, Horst-Peter (Hrsg.): Beck'scher Online-Kommentar: Urheberrecht, Edition 2 (zit: Ahlberg/Götting/*Bearbeiter*).

Ahrens, Claus: Die Verwertung persönlichkeitsrechtlicher Positionen – Ansatz einer Systembildung, Würzburg 2002 (zit: Ahrens, Verwertung).

Alexy, Robert: Theorie der Grundrechte, Baden-Baden 1985 (zit: Alexy, Grundrechte).

Amelung, Knut: Die Einwilligung in die Beeinträchtigung eines Grundrechtsguts, Berlin 1981 (zit: Amelung, Einwilligung).

Andres, Dirk/Leithaus, Rolf/Dahl, Michael: Insolvenzordnung, Kommentar, 2. Auflage, München 2011 (zit: Andres/Leithaus/*Bearbeiter*).

Bahr, Martin: The Wayback Machine und Google Cache – eine Verletzung deutschen Urheberrechts?, JurPC Web-Dok. 29/2002, Abs. 1–18.

Bamberger, Heinz-Georg/Roth, Herbert: Beck'scher Online-Kommentar: Bürgerliches Gesetzbuch, Edition 26 (zit: Barmberger/Roth/*Bearbeiter*).

Bärenz, Christian: Von der Erlöschenstheorie zur Theorie der insolvenzrechtlichen Modifizierung – zur Dogmatik der neuen BGH-Rechtsprechung zu § 103 InsO, NZI 2006, 72–77.

Baston-Vogt, Marion: Der sachliche Schutzbereich des zivilrechtlichen allgemeinen Persönlichkeitsrechts, Tübingen 1997 (zit: Baston-Vogt, APR).

Baur, Fritz/Stürner, Rolf: Sachenrecht, 18. Auflage, München 2009 (zit: Baur/Stürner).

Bausch, Rainer: Patentlizenz und Insolvenz des Lizenzgebers, NZI 2005, 289–295.

Bechthold, Stefan: Der Schutz des Anbieters von Information – Urheberrecht und Gewerblicher Rechtsschutz im Internet, ZUM 1997, 427–450.

Berjasevic, Nefail: Wucherähnliche Rechtsgeschäfte – Der Versuch einer Dogmatik, Berlin 2012 (zit: Berjasevic).

Belling, Delev-W.: Die Entscheidungskompetenz für ärztliche Eingriffe bei Minderjährigen, FuR 1990, 68–77 (zit: Belling).

Berberich, Matthias: Die urheberrechtliche Zulässigkeit von Thumbnails bei der Suche nach Bildern im Internet, MMR 2005, 145–148.

Ders.: Anmerkung zu LG Erfurt, Urteil vom 15.03.2007 - 3 O 1108/05, CR 2007, 393–394.

Bettinger, Torsten: Anmerkung zu BGH, Urteil vom 29.04.2010 - I ZR 39/08 - Session-ID, GRUR-Prax 2010, 534.

Bleckmann, Albert: Die actus-contrarius-Doktrin, JuS 1988, 174–176.

Boecken, Winfried: BGB – Allgemeiner Teil, Stuttgart 2007 (zit: Boecken).

Boehmer, Gustav: Zum Problem der „Teilmündigkeit" Minderjähriger - Bemerkungen zu dem Urteil des IV. ZS des BGH vom 5.12.1958, MDR 1959, 705–707.

Bohne, Michael/Elmers, Christine: Die Digitalisierung von Wissen in der Informationsgesellschaft und ihre rechtliche Regulierung, WRP 2009, 586–599.

Bork, Reinhard: Allgemeiner Teil des Bürgerlichen Gesetzbuchs, 3. Auflage, Tübingen 2011 (zit: Bork, BGB-AT).

Börsch, Boris: Sind Hyperlinks rechtmäßig?, Das Setzen von Hyperlinks aus urheber- und wettbewerbsrechtlicher Sicht, Münster 2003 (zit: Börsch, Hyperlinks).

Brandl, Norbert: Anmerkung zu OLG München, Urteil vom 20.12.1979 - 6 U 3430/79, AfP 1981, S. 349–351.

Braun, Eberhard (Hrsg.): Insolvenzordnung, Kommentar, 5. Auflage, München 2012 (zit: Braun/*Bearbeiter*).

Braun, Frank: Anmerkung zu LG Bielefeld, Urteil vom 08.11.2005 - 20 S 49/05, Juris Praxis-Report IT-Recht 6/2006, Anmerkung 4.

Brehm, Wolfgang/Berger, Christian: Sachenrecht, 2. Auflage, Tübingen 2006 (zit: Brehm/Berger).

Brox, Hans/Walker, Wolf-Dietrich: Allgemeiner Teil des BGB, 36. Auflage, München 2012 (zit: Brox, BGB-AT).

Brunner, Michel: Die Zulässigkeit von Hyperlinks nach schweizerischem Recht, Eine Bestandsaufnahme nach Urheber-, Marken-, Lauterkeits-, Persönlichkeits- und Firmenrecht, Bern 2001 (zit: Brunner, Hyperlinks).

Bucher, Eugen: Das subjektive Recht als Normsetzungsbefugnis, Tübingen 1965 (zit: Bucher, Subjektives Recht).

Bullinger, Winfried/Garbers-von Boehm, Katharina: Google-Bildersuche – Schlichte Einwilligung des Urhebers als Lösung?, GRUR-Prax 2010, 257–260.

Bydlinski, Franz: Erklärungsbewusstsein und Rechtsgeschäft, JZ 1975, 1–6.

Ders.: Fundamentale Rechtsgrundsätze, Wien 1988 (zit: Bydlinski, Rechtsgrundsätze).

Ders.: System und Prinzipien des Privatrechts, Wien und New York, 1996 (zit: Bydlinski, System).

Ders.: Privatautonomie und objektive Grundlagen des verpflichtende Rechtsgeschäfts, Wien 1967 (zit: Bydlinski, Privatautonomie).

Ders.: Die praktische Bedeutung der Rechtsethik und die Möglichkeit ihrer Vermittlung, in: Bydlinski.

Ders.: Unentbehrlichkeit und Grenzen methodischen Rechtsdenkens, AcP 188 (1988), 447–488.

Ders./Mayer-Maly, Theo (Hrsg.), Rechtsethik und Rechtspraxis, Innsbruck und Wien 1990, S. 11–96 (zit: Bydlinski, Bedeutung der Rechtsethik).

Bydlinski, Peter: Bürgerliches Recht I, Allgemeiner Teil, 3. Auflage, Wien 2007 (zit: Bydlinski, BGB-AT).

Ders.: Zum Vertragsschluss durch „stille Annahme" (§ 864 ABGB), JBl. 1983, 169.

Canaris, Claus-Wilhelm: Die Feststellung von Lücken im Gesetz, Eine methodologische Studie über Voraussetzungen und Grenzen der richterlichen Rechtsfortbildung praeter legem, Berlin 1983 (zit: Canaris, Feststellung von Lücken im Gesetz).

Ders.: Die Vertrauenshaftung im deutschen Privatrecht, München 1971 (zit: Canaris, Vertrauenshaftung).

Ders.: Systemdenken und Systembegriff in der Jurisprudenz – Entwickelt am Beispiel des deutschen Privatrechts, Berlin 1983 (zit: Canaris, Systemdenken).

Ders.: Verstöße gegen das verfassungsrechtliche Übermaßverbot im Recht der Geschäftsfähigkeit und im Schadensersatzrecht, JZ 1987, 993–1004.

Ders.: Funktion, Struktur und Falsifikation juristischer Theorien, JZ 1993, 377–391.

Ders.: Wandlungen des Schuldvertragsrechts – Tendenzen zu seiner „Materialisierung", AcP 200 (2000), 273–364.

Ders.: Grundrechte und Privatrecht, AcP 184 (1984), 201–246.

Ders.: Verstöße gegen das verfassungsrechtliche Übermaßverbot im Recht der Geschäftsfähigkeit und im Schadensersatzrecht, JZ 1987, 993–1004.

Ders.: Anm. zu BGH, Urteil v. 7.6.1984 – IX ZR 66/83, NJW 1984, 2281–2282.

Ders.: Die Verdinglichung obligatorischer Rechte, in: Jakobs, Horst u. a. (Hrsg.), Festschrift für Werner Flume, Köln 1978, S. 371–427 (zit: Canaris, FS Flume).

Ders.: Äquivalenzvermutung und Äquivalenzwahrung im Leistungsstörungsrecht des BGB, in: Wank, Rolf u. a. (Hrsg.), Festschrift für Herbert Wiedemann, München 2002, S. 3–33 (zit: Canaris, FS Wiedemann).

Cebulla, Mario: Die Pacht nichtsächlicher Gegenstände, Berlin 1999 (zit: Cebulla, Die Pacht nichtsächlicher Gegenstände).

Conrad, Albrecht: Anmerkung zu BGH, Urteil vom 09.04.2010 – ZR 69/08 – Vorschaubilder I, ZUM 2010, 585–587.

Ders.: Anmerkung zu BGH, Urteil vom 19.10. 2011 – I ZR 140/10 – Vorschaubilder II, ZUM 2012, 480–482.

Dahl, Michael/Schmitz, Jan: Der Lizenzvertrag in der Insolvenz des Lizenzgebers und die geplante Einführung des § 108a InsO, NZI 2007, 626–631 (zit: Dahl/Schmitz).

Dasch, Norbert: Die Einwilligung zum Eingriff in das Recht am eigenen Bild, München 1990 (zit: Dasch, Einwilligung).

Delp, Ludwig: Das Recht des geistigen Schaffens in der Informationsgesellschaft, Medienrecht, Urheberrecht, Urhebervertragsrecht, 2. Auflage, München 2003 (zit: Delp, Geistiges Schaffen).

Dernburg, Heinrich: Pandekten, Band 1, Berlin 1903 (zit: Dernburg, Pandekten I).

Dette, Hans-Walter: Venire contra factum proprium nulli conceditur, Zur Konkretisierung eines Rechtssprichworts, Berlin 1985 (zit: Dette).

Deutsch, Erwin: Allgemeines Haftungsrecht, 2. Auflage, Köln 1996 (zit: Deutsch, AHR).

Ders.: System und Aufbau der Schadenshaftung im Deliktsrecht, Bökelmann, Erhard (Hrsg.) Festschrift für Friedrich Weber, Berlin-New York 1975, S. 125–134 (Deutsch, FS Weber).

Ders.: Das Persönlichkeitsrecht des Patienten, AcP 192 (1992), 161–180 (zit: Deutsch).

Ders./Ahrens, Hans-Jürgen: Deliktsrecht, unerlaubte Handlungen, Schadensersatz, Schmerzensgeld, 5. Auflage, Köln 2009 (zit: Deutsch/Ahrens, DeliktsR).

Ders./Spickhoff, Andreas: Medizinrecht, Arztrecht, Arzneimittelrecht, Medizinprodukterecht, Transfusionsrecht, 6. Auflage, Berlin 2008 (zit: Deutsch/Spickhoff, MedR).

Ders./Ahrens, Deliktsrecht: Unerlaubte Handlungen, Schadensersatz, Schmerzensgeld, 5. Auflage, Köln 2005 (zit: Deutsch/Ahrens, Deliktsrecht).

Diederichsen, Uwe: Auf dem Weg zur Rechtsdogmatik, in: Zimmermann, Reinhard u.a. (Hrsg.), Privatrechtsgeschichte und Privatrechtsdogmatik, Festschrift für Hans-Herrmann Seiler, Heidelberg 1999, S. 65–77 (zit: Diederichsen, FS Seiler).

Dieselhorst, Jochen: Was bringt das Urheberpersönlichkeitsrecht?, Urheberpersönlichkeitsschutz im Vergleich, Deutschland-USA, Frankfurt a.M. u.a. 1994 (zit: Dieselhorst, UrheberPKR).

Ders.: Zur Dinglichkeit und Insolvenzfestigkeit einfacher Lizenzen – Kritische Betrachtungen auf Grundlage des BGH-Urteils „Reifen Progressiv", CR 2010, 69–75.

Dietz, Claire: Der Werkintegritätsschutz im deutschen und US-amerikanischen Recht, Berlin 2009 (zit: Dietz, Werkintegritätsschutz).

Dietz, Rolf: Anspruchskonkurrenz bei Vertragsverletzung und Delikts, Bonn und Köln 1934 (zit: Dietz, Anspruchskonkurrenz).

Dittrich, Jörg: Zur Frage der urheber- und wettbewerbsrechtlichen Zulässigkeit von Hyperlinks, JurPC Web-Dok. 72/2002, Abs. 1–28.

Dreier, Thomas/Schulze, Gernot: Kommentar zum Urheberrechtsgesetz, Urheberrechtswahrnehmungsgesetz, Kunsturhebergesetz, 3. Auflage, München 2008 (zit: Dreier/Schulze).

Dreyer, Gunda/Kotthoff, Jost/Meckel, Astrid: Urheberrecht, Kommentar, Urheberrechtsgesetz – Urheberrechtswahrnehmungsgesetz – Kunsturhebergesetz (Hrsg.), 2. Auflage, Heidelberg u.a. 2009 (zit: Dreyer/Kotthoff/Meckel/*Bearbeiter*).

Dünnwald, Rolf: Anmerkung zu BGH, Urteil vom 26.04.1974 – I ZR 137/72 – Kassettenfilm, GRUR 1974, 788–789.

Engels, Stephan: Die Rechtsnatur der Markenlizenz unter Geltung des Markengesetzes 1995, Köln, 1999 (zit: Engels, Markenlizenz).

Engisch, Karl: Einführung in das juristische Denken, 8. Auflage, Stuttgart u.a. 1983 (zit: Engisch, Einführung).

Ders.: Sinn und Tragweite juristischer Systematik. Studium Generale 10 (1957), 3, 173–190 (zit: Engisch, Stud. Gen.).

Enneccerus, Ludwig/Nipperdey, Hans-Carl: Allgemeiner Teil des Bürgerlichen Rechts, 2. Halbband, 15. Auflage, Tübingen 1960 (zit: Enneccerus/Nipperdey).

Epping, Volker/Hillgruber, Christian (Hrsg.): Beck'scher Online-Kommentar: Grundgesetz, Edition 17, Stand 01.01.2013 (zit: Epping/Hillgruber/*Bearbeiter*).

Erman Walter (Hrsg.): Handkommentar zum Bürgerlichen Gesetzbuch, 1. Band (§§ 1–853), 13. Auflage, Köln 2011 (zit: Erman/*Bearbeiter*).

Ernst, Stefan: Der Mausklick als Rechtsproblem – Willenserklärungen im Internet, NJW-CoR 1997, 165–167.

Ders.: Wirtschaftsrecht im Internet, BB 1997, 1057–1062.

Ders./Vassilaki, Irini/Wiebe, Andreas: Hyperlinks, Rechtschutz, Haftung, Gestaltung, Köln 2002 (zit: Ernst/Vassilaki/Wiebe/*Bearbeiter*, Hyperlinks).

Ders./Wiebe, Andreas: Immaterialgüterrechtliche Haftung für das Setzen von Links und vertragliche Gestaltungsmöglichkeiten, MMR 2001 (Beilage 8), S. 20–25.

Fahl, Constantin: Bilder und Nachrichtensuche im Internet, Urheber-, persönlichkeits- und wettbewerbsrechtliche Aspekte, Göttingen 2010 (zit: Fahl, Bildersuche).

Ders.: Kommentar zum Urteil des BGH vom 19.10.2011 – I ZR 140/10, K&R 2012, 419–420.

Ders.: Die Nutzung von Thumbnails in der Bildersuche – Zugleich Kommentar zum Urteil des BGH vom 19.10.2011 – I ZR 140/10, K&R 2010, 437–441.

Fastrich, Lorenz: Richterliche Inhaltskontrolle im Privatrecht, München 1992 (zit: Lorenz, Inhaltskontrolle).

Fechner, Frank: Medienrecht, Lehrbuch des gesamten Medienrechts unter besonderer Berücksichtigung von Presse, Rundfunk und Multimedia, 13. Auflage, Tübingen 2012 (zit: Fechner, MedienR).

Fezer, Karl-Heinz: Lizenzrechte in der Insolvenz des Lizenzgebers – Zur Insolvenzfestigkeit der Markenlizenz -, WRP 2004, 793–804.

Ders.: Markenrecht, Kommentar zum Markengesetz, zur Pariser Verbandsübereinkunft und zum Madrider Markenabkommen, Dokumentation des nationalen, europäischen und internationalen Kennzeichenrechts, 4. Auflage, München 2009 (zit: Fezer).

Ders.: Lauterkeitsrecht: UWG, Kommentar zum Gesetz gegen den unlauteren Wettbewerb (UWG), Zweiter Band (§§ 5–22 UWG), 2. Auflage, München 2010 (Fezer/*Bearbeiter*).

Fischer, Gerfried: Die mutmaßliche Einwilligung bei ärztlichen Eingriffen, in: Ahrens, Hans-Jürgen u. a. (Hrsg.), Festschrift für Erwin Deutsch, Köln 1999, S. 545–560 (Fischer, FS Deutsch).

Fischer, Hans-Albrecht: Die Rechtswidrigkeit unter besonderer Berücksichtigung des Privatrechts, München 1911 (zit: Fischer, Rechtswidrigkeit).

Flume, Werner: Allgemeiner Teil des Bürgerlichen Rechts, Zweiter Band, Das Rechtsgeschäft, 4. Auflage, Berlin u. a. 1992 (zit: Flume, BGB-AT II).

Ders.: Das Rechtsgeschäft und das rechtsgeschäftliche relevante Verhalten, AcP 161 (1962), 52–76.

Frentz, Wolfgang Freiherr Raitz von/Marrder, Larissa: Filmrechtehandel mit Unternehmen in der Krise, Risiken und Lösungen, ZUM 2003, 94–108 (zit: Frentz/Marrder).

Frisch, Wolfgang: Riskanter Geschlechtsverkehr eines HIV-Infizierten als Straftat? - BGHSt 36, 1, JuS 1990, 362–370.

Fromm, Friedrich-Karl/Nordemann, Wilhelm/Nordemann, Axel/Nordemann, Jan-Bernd (Hrsg.): Urheberrecht, Kommentar zum Urheberrechtsgesetz, Verlagsgesetz und zum Urheberrechtswahrnehmungsgesetz, 10. Auflage, Stuttgart 2008 (zit: Fromm/Nordemann).

Forkel, Hans: Gebundene Rechtsübertragungen, Erster Band: Patent, Musterrechte, Urheberrecht, Köln u. a. 1977 (zit: Forkel, Rechtsübertragungen).

Ders.: Verfügungen über Teile des menschlichen Körpers, Ein Beitrag zur zivilrechtlichen Erfassung der Transplantationen, JZ 1974, 593–599.

Ders.: Lizenzen an Persönlichkeitsrechten durch gebundene Rechtsübertragung, GRUR 1988, 491–501.

Ders.: Zur dinglichen Wirkung einfacher Lizenzen, NJW 1983, 1764–1768.

Frömming, Jens/Peters, Butz: Die Einwilligung im Medienrecht, NJW 1996, 958–962.

Frotz, Gerhard: Verkehrsschutz im Vertretungsrecht, Zugleich ein Betrag zur sozialen Verantwortung als Korrelat privatautonomer Gestaltungsfreiheit, Frankfurt a.M. 1972 (zit: Frotz, Verkehrsschutz).

Fuchs, Andreas: Zur Disponibilität gesetzlicher Widerrufsrechte im Privatrecht, unter besonderer Berücksichtigung der Widerrufsrechte nach §§ 7 VerbrKrG, 168 S. 2 und 130 I S. 2 BGB, AcP 196 (1996), 313–394.

Füller, Jens-Thomas: Eigenständiges Sachenrecht?, Tübingen 2006 (zit: Füller, SachenR).

Gamm, Otto-Friedrich Freiherr von: Urheberrechtsgesetz Kommentar, München 1986 (zit: v. Gamm).

Ganter, Hans Gerhard: Patentlizenzen in der Insolvenz des Lizenzgebers, NZI 2011, 833–843.

Geiger, Christophe: Der urheberrechtliche Interessenausgleich in der Informationsgesellschaft – Zur Rechtsnatur der Beschränkungen des Urheberrechts, GRUR Int 2004, 815–821.

Ders.: Die Schranken des Urheberrechts im Lichte der Grundrechte – Zur Rechtsnatur der Beschränkungen des Urheberrechts, in: Hilty, Reto-M./Peukert, Alexander (Hrsg.), Interessenausgleich im Urheberrecht, Baden-Baden 2004, S. 143ff. (zit: Hilty/Peukert/Geiger, Interessenausgleich im UrhR).

Geilen, Gerd: Einwilligung und ärztliche Aufklärungspflicht, Bielefeld 163 (zit: Geilen).

Gercke, Marco: Haftung eines Bildsuchmaschinenbetreibers, MMR 2005, 557–558.

Gey, Michael: Das Recht der öffentlichen Zugänglichmachung i.S.d. § 19a UrhG, Entwicklung, Regelungsumfang und ausgewählte Probleme aus der Praxis, Stuttgart 2009 (zit: Gey).

Göbel, Alfred-A.: Einwilligung im Strafrecht als Ausprägung des Selbstbestimmungsrechts, Frankfurt a.M. u.a. 1992 (zit: Göbel, Einwilligung).

Götting, Horst-Peter: Persönlichkeitsrechte als Vermögensrechte, Tübingen 1995 (Götting, PKR).

Ders.: Urheberrechtliche und vertragsrechtliche Grundlagen, in: Beier/Götting/Lehmann/Moufang (Hrsg.), Festschrift für Gerhard Schricker, München 1995, S. 53–75 (zit: Götting, FS Schricker).

Ders.: Anmerkung zu BGH, Urteil vom 29.04.2010 – I ZR 69/08 – Vorschaubilder I, LMK 2010, 309481.

Ders./Schwipps, Karsten: Grundlagen des Patentrechts, Eine Einführung für Ingenieure, Natur- und Wirtschaftswissenschaftlicher, Stuttgart 2004 (zit: Götting/Schwipps, PatentR).

Gottwald, Peter (Hrsg.): Insolvenzrechts-Handbuch, München 2010 (zit: Gottwald/*Bearbeiter*, InsR Hb.).

Gottzmann, Sandra: Sukzessionsschutz im Gewerblichen Rechtsschutz und Urheberrecht, Köln 2008 (zit: Gottzmann, Sukzessionsschutz).

Gounalakis, Georgios (Hrsg.): Rechtshandbuch Electronic Business, München 2003 (zit: Gounalakis/*Bearbeiter*, Rechtshandbuch Electronic Business).

Ders./Rhode, Lars: Persönlichkeitsschutz im Internet, Grundlagen und Online-Spezifika, München 2002 (zit: Gounalakis/Rhode, Persönlichkeitsschutz).

Haberstumpf, Helmut: Handbuch des Urheberrechts, 2. Auflage, Neuwied 2000 (zit: Haberstumpf, Hb. UrhR).

Ders.: Verfügungen über urheberrechtliche Nutzungsrechte im Verlagsrecht, in: Forkel u. a. (Hrsg.), Beiträge zum Schutz der Persönlichkeit und ihrer schöpferischen Leistungen, Festschrift für Heinrich Hubmann, Frankfurt 1985, S. 127–144 (zit: Haberstumpf, FS Hubmann).

Haedicke, Maximilian-Wilhelm: Rechtskauf und Rechtsmängelhaftung, Forderungen, Immaterialgüterrechte und sonstige Gegenstände als Kaufobjekte und das reformierte Schuldrecht (zit: Haedicke, Rechtskauf).

Ders.: Dingliche Wirkungen und Insolvenzfestigkeit von Patentlizenzen in der Insolvenzkette, ZGE/IPJ 3 (2011), 377–402.

Ders.: Anmerkung zu LG München I, Urteil vom 09.02.2012 - 7 O 1906/11, GRUR-RR 2012, 145–146 (zit: Haedicke).

Häsemeyer, Ludwig: Insolvenzrecht, 4. Auflage, Köln 2007 (zit: Häsemeyer, InsR).

Hattenhauer, Christian: Einseitige private Rechtsgestaltung, Tübingen 2011 (zit: Hattenhauer).

Hauck, Ronny: Die Verdinglichung obligatorischer Rechte am Beispiel einfacher immaterialgüterrechtlicher Lizenzen, AcP 211 (2011), 626–664.

Heck, Philipp: Grundriss des Sachenrechts, Neudruck der Ausgabe Tübingen 1930, Aalen 1960 (zit: Heck, SachenR).

Heeschen, Verena: Urheberpersönlichkeitsrecht und Multimedia, Berlin 2003 (zit: Heeschen).

Heidel, Thomas/Hüßtege, Rainer/Mansel, Heinz-Peter/Noack, Ulrich (Hrsg.): Band 1, BGB Allgemeiner Teil mit EGBGB, 2. Auflage, Bonn 2011 (zit: Heidel/Hüßtege/Mansel/Noack/*Bearbeiter*).

Heidenreich, Peter: Die Einwilligung Minderjähriger bei Eingriffen in das Recht am eigenen Bild und in sonstige Persönlichkeitsrechte, AfP 1970, 960–963.

Heinrich, Christian: Formale Freiheit und materiale Gerechtigkeit, Tübingen 2000 (zit: Heinrich).

Heiss, Helmut: Formmängel und ihre Sanktionen, Tübingen 1999 (zit: Heiss).

Helle, Jürgen: Die Einwilligung beim Recht am eigenen Bild, AfP 1985, 93–101.

Herbst, Reimer: Die rechtliche Ausgestaltung der Lizenz und ihre Einordnung in das System des bürgerlichen Rechts, Göttingen 1968 (zit: Herbst, Lizenz).

Heß, Fabian: Die Fernsehübertragung von Veranstaltungen auf öffentlichen Straßen und Plätzen unter besonderer Berücksichtigung urheberrechtlicher Aspekte, Münster u. a. 2003 (zit: Heß, Fernsehübertragung).

Hess, Harald: Insolvenzrecht – Großkommentar in drei Bänden, Band 1 (§§ 1–112 InsO), Heidelberg u. a. 2007 (zit: Hess).

Heymann, Britta/Nolte, Georg: Blockiert das Urheberrecht sinnvolle Informationsdienste?, K&R 2009, 759–765.

Hillgruber, Christian: Der Schutz des Menschen vor sich selbst, München 2012 (zit: Hillgruber).

Hilty, Reto-M.: Lizenzvertragsrecht, Systematisierung und Typisierung aus schutz- und schuldrechtlicher Sicht, Bern 2002 (zit: Hilty, LizenzvertragsR).

Ders.: Der Softwarevertrag – ein Blick in die Zukunft, Konsequenzen der trägerlosen Nutzung und des patentrechtlichen Schutzes von Software, MMR 2003, 3–15.

Hock, Martin: Das Namensnennungsrecht des Urhebers – insbesondere im Arbeitsverhältnis, Baden-Baden 1993 (zit: Hock, Namensnennungsrecht).

Hoeren, Thomas: Anmerkung zu LG Hamburg, Urteil vom 26.09.2008 – 308 O 42/06, MMR 2009, 62.

Ders.: Anmerkung zu LG Hamburg, Urteil vom 26.9.2008 – 308 O 42/06, MMR 2009, 62.

Ders./Sieber, Ulrich/Holznagel, Bernd (Hrsg.): Handbuch Multimedia-Recht, Rechtsfragen des elektronischen Geschäftsverkehrs, 33. Ergänzungslieferung, Dezember 2012 (zit: Hoeren/Sieber/*Bearbeiter*, MultimediaR).

Hoffmann, Thomas: Immaterialgüterrechte in der Insolvenz, ZinsO 2003, 732–742 (zit: Hoffmann).

Hohagen, Gisbert: Überlegungen zur Rechtsnatur der Kopierfreiheit, in: Ansgar Ohly u. a. (Hrsg.), Perspektiven des Geistigen Eigentums und Wettbewerbsrecht, Festschrift für Gerhard Schricker, München 2005, S. 353–368 (zit: Hohagen, FS Schricker).

Holtkotte, Carolin: Marken- und wettbewerbsrechtliche Probleme bei Suchmaschinen, Berlin 2003 (zit; Holtkotte, Suchmaschinen).

Homann, Hans-Jürgen: Praxishandbuch Filmrecht: Ein Leitfaden für Film-, Fernseh- und Medienschaffende, 3. Auflage, Berlin, Heidelberg 2009 (zit: Homann, Filmrecht).

Hönn, Günter: Zur Problematik der Privatautonomie, Jura 1984, 57–74.

Höppner, Thomas: Das Verhältnis von Suchmaschinen zu Inhalteanbietern an der Schnittstelle zwischen Urheber- und Kartellrecht, WRP 2012, 625–637.

Hub, Benjamin: Filmlizenzen in der Insolvenz des Lizenzgebers, Frankfurt a.M. 2006 (Hub, Filmlizenzen in der Insolvenz).

Hubmann, Heinrich: Die Zwangsvollstreckung in Persönlichkeits- und Immaterialgüterrechte, in: Nipperdey, Hans-Carl (Hrsg.), Das deutsche Privatrecht in der Mitte des 20. Jahrhunderts, Festschrift für Heinrich Lehmann zum 80. Geburtstag, 1. Band, Köln 1965, S. 812–836 (zit: Hubmann, FS Lehmann).

Ders.: Das Persönlichkeitsrecht, 2. Auflage, Köln u. a. 1967 (zit: Hubmann, PKR).

Ders.: Urheber- und Verlagsrecht, 5. Auflage, München 1984 (zit: Hubmann, Urheber- und VerlagsR[5]).

Ders./Rehbinder, Manfred: Urheber- und Verlagsrecht, 8. Auflage, München 1995 (zit: Hubmann/Rehbinder, Urheber- und VerlagsR).

Ders.: Grundlage der Interessenabwägung, AcP 155 (1956), 85–134.

Hüsch, Moritz: Thumbnails in Bildersuchmaschinen – Zur rechtfertigenden Einwilligung in die Nutzung von Thumbnails – zugleich eine Besprechung von BGH, Urteil vom. 29.4.2010 – I ZR 69/08, CR 2010, 452–457.

Hüttner, Sabine: Die „Google Buchsuche" im deutsch/amerikanischen Vergleich, WRP 2009, 422–431 (zit: Hüttner).

Dies.: 1, 2, 3, 4 Eckstein, keiner muss versteckt sein? – Wer sich im Internet präsentiert, muss mit Google rechnen!, Zugleich eine Besprechung des Grundsatzurteils des Bundesgerichtshofes zum Thema Thumbnails, WRP 2010, 1008–1016.

Jaeger, Ernst/Henckel, Wolfram/Walter, Gerhardt (Hrsg.): Jaeger, Insolvenzordnung, Band 1 (§§ 1–55), Berlin 2004 (zit: Jaeger/*Bearbeiter*).

Jakobs, Günther: Strafrecht, Allgemeiner Teil – Die Grundlagen und Zurechnungslehre, Berlin u. a. 1991 (zit: Jakobs, StrafR-AT).

Jänich, Volker: Geistiges Eigentum – eine Komplementärerscheinung zum Sacheigentum, Tübingen 2002 (zit: Jänich, Geistiges Eigentum).

Jauernig, Othmar: Kommentar zum Bürgerlichen Gesetzbuch mit AGG (Auszug), 14. Auflage, München 2011 (zit: Jauernig/*Bearbeiter*).

Jeschek, Hans-Heinrich/Weigend, Thomas: Lehrbuch des Strafrechts, Allgemeiner Teil, 5. Auflage Berlin 1996 (zit: Jeschek/Weigend, StrafR-AT).

Joerden, Jan-C.: Drei Ebenen des Denkens über Gerechtigkeit, ARSP 74 (1988), 307–330.

John, Uwe: Grundsätzliches zum Wirksamwerden empfangsbedürftiger Willenserklärungen, AcP 184 (1984), 385–412.

Katzenberger, Paul: Beteiligung des Urhebers an Ertrag und Ausmaß der Werkverwertung, Altverträge, Drittwirkung und Reform des § 36 UrhG, GRUR Int 1983, 410–421).

Ders.: Zwangsdigitalisierung urheberrechtlich geschützter Werke in den USA und in Deutschland: das Projekt Google Book Search und § 137l UrhG, GRUR Int 2010, 563–573.

Kaue, Peter: Zum Dogma von der restriktiven Auslegung der Schrankenbestimmungen des Urheberrechtsgesetzes, in: Loewenheim, Ulrich (Hrsg.), Urheberrecht im Informationszeitalter, Festschrift für Wilhelm Nordemann, München 2004, S. 327–342 (zit: Kaue, FS Nordemann).

Keßler, Richard: Die Einwilligung des Verletzten in ihrer strafrechtlichen Bedeutung, Berlin/Leipzig 1884 (zit: Keßler, Einwilligung).

Kern, Bernd-Rüdiger: Fremdbestimmung bei der Einwilligung in ärztliche Eingriffe, NJW 1994, 753–759.

Kientzy, Dieter: Der Mangel am Straftatbestand infolge Einwilligung des Rechtsgutsträgers, Tübingen 1970 (zit: Kientzy, Einwilligung).

Kilian, Wolfgang/Heussen, Benno (Hrsg.): Computerrechts-Handbuch, Informationstechnologie in der Rechts- und Wirtschaftspraxis, Loseblatt, 31. Ergänzungslieferung (Stand Mai 2012), München 2012 (zit: Kilian/Heußen/*Bearbeiter*).

Kirchhof, Hans-Peter: Lizenznehmer als Widerspruchsberechtigte nach § 771 ZPO, in: Gerhardt, Walter/Henckel, Wolfram/Kilger, Joachim u. a. (Hrsg.), Festschrift für Franz Merz, Köln 1992, S. 283–302 (zit: Kirchhof, FS Merz).

Klass, Nadine: Neue Internettechnologien und das Urheberrecht: Die schlichte Einwilligung als Rettungsanker? Zugleich Besprechung der Vorschaubilder I und II-Entscheidungen des BGH, ZUM 2013, 1–10.

Kleinschmidt, Jens: Der Verzicht im Schuldrecht, Tübingen 2004 (zit: Kleinschmidt, Verzicht).

Kling, Michael: Sprachrisiken im Privatrechtsverkehr, Tübingen 2008 (zit: Kling, Sprachrisiken).

Klöhn, Lars: Das System der aktien- und umwandlungsrechtlichen Abfindungsansprüche, Tübingen 2008 (zit: Klöhn, Abfindungsansprüche).

Köhler, Helmut: BGB Allgemeiner Teil, 36. Auflage, München 2012 (zit: Köhler, BGB-AT).

Ders.: Kritik der Regel „protestatio facto contraria non valet", JZ 1981, 464–469.

Ders./Bornkamm, Joachim: Gesetz gegen den unlauteren Wettbewerb, Preisangabenverordnung, Unterlassungsklagengesetz, Dienstleistungs-Informationspflichten-Verordnung, 31. Auflage, München 2010 (zit: Köhler/Bornkamm).

Koehler, Philipp/Ludwig, Daniel: Die Behandlung von Lizenzen in der Insolvenz, NZI 2007, 79–84.

Kohte, Wolfhardt: Die rechtfertigende Einwilligung, AcP 185 (1985), 105–161.

Koos, Stefan: Der Name als Immaterialgut, GRUR 2004, 808–815.

Kramer, Ernst-A.: Grundfragen der vertraglichen Einigung: Konsens, Dissens und Erklärungsirrtum als dogmatische Probleme des österreichischen, schweizerischen und deutschen Vertragsrechts, München und Salzburg 1972 (zit: Kramer, Grundfragen).

Kraßer, Rudolf: Der Schutz vertraglicher Rechte gegen Eingriffe Dritter, Untersuchungen zum Delikts- und Wettbewerbsrecht Deutschlands, Frankreichs und Belgiens, Köln u. a. 1971 (zit: Kraßer, Schutz vertraglicher Rechte).

Ders.: Verpflichtung und Verfügung im Immaterialgüterrecht, GRUR Int 1973, 230–237.

Ders.: Die Wirkung der einfachen Patentlizenz, GRUR Int 1983, 537–547.

Krebber, Sebastian: Der nicht zufällige Kontakt ohne Vertragsnähe auf der Grenze zwischen vertraglicher und deliktischer Haftung, Eine Untersuchung zu § 311 I und II BGB, VersR 2004, 150–157.

Krebs, Peter: Sonderverbindung und außerdeliktische Schutzpflichten, München 2000 (zit: Krebs, Sonderverbindung).

Krebs, Peter/Becker, Maximilian: Die Teilverdinglichung und ihre Anwendung auf Internetdomains, JZ 2009, 932–943 (zit: Krebs/Becker).

Kreile, Reinhold/Becker, Jürgen/Riesenhuber, Karl (Hrsg.): Recht und Praxis der GEMA, Berlin 2008 (zit: Kreile/Becker/Riesenhuber/*Bearbeiter*).

Krey, Volker: Deutsches Strafrecht Allgemeiner Teil, Band 1, Grundlage, Tatbestandsmäßigkeit, Rechtswidrigkeit, Schuld, 3. Auflage, Stuttgart 2008 (zit: Krey, StrafR-AT).

Krieg, Henning: Twitter und Recht, Kurze Tweets, große Wirkung – die rechtlichen Stolperfallen beim Twittern, K&R 2010, 73–77.

Kroll, Joachim: Datenschutz im Arbeitsverhältnis, Königstein-Taunus 1981 (zit: Kroll, Datenschutz).

Kröger, Detlef/Gimmy, Marc A. (Hrsg.): Handbuch zum Internetrecht, Electronic Commerce, Informations-, Kommunikations- und Mediendienste, 2. Auflage (zit: Kröger/Gimmy, Handbuch InternetR).

Kühl, Kristian: Strafrecht, Allgemeiner Teil, 7. Auflage, München 2012 (zit: Kühl, StrafR-AT).

Lambrecht, Peter: Die Lehre vom faktischen Vertragsverhältnis, Tübingen 1994 (zit: Lambrecht, Faktischer Vertrag).

Larenz, Karl: Methodenlehre und Rechtswissenschaft, 3. Auflage, Berlin u. a. 1975 (zit: Larenz, Methodenlehre).

Ders.: Bemerkungen zur Haftung für „culpa in contrahendo", in: Werner Flume u. a. (Hrsg.), Festschrift für Kurt Ballerstedt, Berlin 1975, S. 397–419 (zit: Larenz, FS Ballerstedt).

Ders.: Lehrbuch des Schuldrechts:
- Band 1, Allgemeiner Teil, 14. Auflage, München 1987 (zit: Larenz, SchuldR I).
- Band 2, Besonderer Teil, 12. Auflage, München 1981 (zit: Larenz, SchuldR II).

Ders./Canaris, Claus-Wilhelm: Lehrbuch des Schuldrechts, 2. Band, Besonderer Teil 2, 2. Halbband, 13. Auflage, München 1994 (zit: Larenz, SchuldR II/2).

Ders./Wolf: Allgemeiner Teil des Bürgerlichen Rechts, 9. Auflage, München 2004 (zit: Larenz/Wolf, BGB-AT).

Laufs, Adolf/Kern, Bernd-Rüdiger (Hrsg.), Handbuch des Arztrechts, München 2010 (zit: Laufs/Kern/*Bearbeiter*, Handbuch ArztR).

Leipold, Andreas: Beweislastregeln und gesetzliche Vermutungen, insbesondere bei Verweisungen zwischen verschiedenen Rechtsgebieten, Berlin 1966 (zit: Leipold, Beweislastregeln).

Leistner, Matthias: Richtiger Vertrag und lauterer Wettbewerb – Eine grundlagenorientierte Studie unter besonderer Berücksichtigung der europäischen Perspektive, Tübingen 2007 (zit: Leistner, Richtiger Vertrag).

Ders./Stang, Felix: Die Bildersuche im Internet aus urheberrechtlicher Sicht, Einige grundlegende Überlegungen aus Anlass des Urteils des OLG Jena vom 27.2.2008, CR 2008, 499–507.

Lewandowski, Dirk: Handbuch Internet-Suchmaschinen, Nutzerorientierung in Wissenschaft und Praxis, Band 1, Heidelberg: Aka 2009 (zit: Lewandowski, Internet-Suchmaschinen).

Libertus, Michael: Die Einwilligung als Voraussetzung für die Zulässigkeit von Bildnisaufnahmen und deren Verbreitung, ZUM 2007, 621–628.

Linckelmann, Karl: Die Schadensersatzpflicht aus unerlaubten Handlungen nach dem Bürgerlichen Gesetzbuche für das Deutsche Reich, Berlin 1898 (zit: Linckelmann, Schadensersatzpflicht).

Lochmann, René: Die Einräumung von Fernsehübertragungsrechten an Sportveranstaltungen, Zugleich ein Beitrag zur Einräumung von Nutzungs- und Verwertungsrechten im System des Privatrechts, Tübingen 2005 (zit: Lochmann, Fernsehübertragungsrechte).

Loewenheim, Ulrich: Handbuch des Urheberrechts, 2. Auflage, München 2010 (zit: Loewenheim, Handbuch UrhR).

Lorenz, Sylvia: Urheberrechtsverletzungen im Internet durch Umgehung technischer Schutzmaßnahmen mittels Deep-Link („Session-ID"), Juris Praxis-Report IT-Recht 03/2011, Anmerkung 5.

Lüdecke, Wolfgang/Fischer, Ernst: Lizenzverträge, Weinheim 1957 (zit: Lüdecke/Fischer, Lizenzverträge).

Lüke, Wolfgang: Sachenrecht, 2. Auflage, München 2010 (zit: Lüke, SachenR).

Malitz, Michael/Coumont, Nina: Lizenzketten in der Insolvenz des Urhebers unter Berücksichtigung von BGH „Reifen Progressiv", InsVZ 201, 83–87.

Mankowski, Peter: Beseitigungsrechte: Anfechtung, Widerruf und verwandte Institute, Tübingen 2003 (zit: Mankowski, Beseitigungsrechte).

Mantz, Reto: Anmerkung zu LG Berlin, Beschluss vom 08.10.2010 – 16 O 458/10, MMR 2011, 763–764.

Marotzke, Wolfgang: Sukzessionsschutz für Lizenzen im Immaterialgüterrecht – dargestellt am Beispiel der Patenzlizenz, ZGE/IPJ 2 (2010), 233–276.

Maunz, Theodor/Dürig, Günther (Hrsg.): Grundgesetz, Kommentar, Loseblatt, 67. Ergänzungslieferung, München 2013 (zit: Maunz/Dürig/*Bearbeiter*).

McGuire, Mary-Rose: Die Lizenz – eine Einordnung in die Systemzusammenhänge des BGB und des Zivilprozessrechts, Tübingen 2012 (zit: McGuire, Die Lizenz).

Dies.: Nutzungsrechte an Computerprogrammen in der Insolvenz, Zugleich eine Stellungnahme zum Gesetzentwurf zur Regelung der Insolvenzfestigkeit von Lizenzen, GRUR 2009, 13–22.

Medicus, Dieter: Allgemeiner Teil des BGB, Heidelberg 2010 (zit: Medicus, BGB-AT).

Ders./Petersen, Jens: Bürgerliches Recht, Eine nach Anspruchsgrundlagen geordnete Darstellung zur Examensvorbereitung, 23. Auflage, München 2011 (Medicus/Petersen, BR).

Mes, Peter: Patentgesetz, Gebrauchsmustergesetz, Kommentar, 3. Auflage, München 2011 (zit: Mes).

Mestmäcker, Ernst-Joachim/Schulze, Erich (Hrsg.): Kommentar zum deutschen Urheberrecht unter Berücksichtigung des internationalen Rechts und des Gemeinschaftsrechts in den Mitgliedstaaten der EU, Loseblattwerke, 55. Ergänzungslieferung, Stand September 2011, Neuwied u.a. (zit: Mestmäcker/Schulze/*Bearbeiter*).

Metzger, Axel: Urheberrechtsverletzung bei Framing, CR 2000, 778–779.

Ders./Jaeger, Till: Open Source Software und deutsches Urheberrecht, GRUR Int 1999, 839–848.

Meyer, Sebastian: Aktuelle Rechtsentwicklungen bei Suchmaschinen im Jahre 2007, K&R 2008, 201–208.

Meyer-van Raay, Oliver: Der Fortbestand von Unterlizenzen bei Erlöschen der Hauptlizenz – Auswirkungen der BGH-Entscheidungen Take Five und M2Trade auf die Gestaltung von Lizenzverträgen, NJW 2012, 3691–3694.

Mock, Sebastian: Grundfälle zum Stellvertretungsrecht, JuS 2008, 391–395.

Möhring, Philipp/Nicolini, Käte: Kommentar zum Urheberrechtsgesetz, 2. Auflage, München 2000 (zit: Möhring/Nicolini/*Bearbeiter*).

Mugdan, Benno (Hrsg.): Die gesamten Materialien zum Bürgerlichen Gesetzbuch für das Deutsche Reich, Band 2, Recht der Schuldverhältnisse, Berlin 1899 (zit: Mugdan, Bd. II).

Müller, Stefan: Der Verzicht auf technische Schutzmaßnahmen: kein Verzicht auf die gesetzliche Vergütung für private Vervielfältigung, GRUR 2011, 26–31.

Müller-Freienfels, Wolfram: Die Vertretung beim Rechtsgeschäft, Tübingen 1955 (zit: Müller-Freienfels, Vertretung).

Münchener Kommentar: Münchener Kommentar zum Bürgerlichen Gesetzbuch, Franz Jürgen Säcker/Rixecker, Roland (Hrsg.),

- Band 1, §§ 1–240, 3. Auflage, München 1993 (zit: MüKo-BGB[3]/*Bearbeiter)*
- Band 1, §§ 1–240; Band 3, §§ 433–610 BGB, jeweils 4. Auflage, München 2000 (zit: MüKo-BGB[4]/*Bearbeiter).*
- Band 1, §§ 1–240, 5. Auflage, München 2006 (zit: MüKo-BGB[5]/*Bearbeiter).*
- Band 5, §§ 705–853 BGB, PartGG, ProdHaftG; Band 6, §§ 854–1296 BGB, WEG, ErbbauRG, jeweils 5. Auflage, München 2009 (zit: MüKo-BGB/*Bearbeiter).*

- Band 1 §§ 1–240 BGB, ProstG, AGG; Band 2, §§ 241–432 BGB; Band 4, §§ 611–704 BGB, EFZ, EzBfG, KschG, jeweils 6. Auflage, München 2012 (zit: MüKo-BGB/*Bearbeiter)*.

Münchener Kommentar: Münchener Kommentar zur Zivilprozessordnung mit Gerichtsverfassungsgesetz und Nebengesetzen, Rauscher, Thomas/Wax, Peter/Wenzel, Joachim (Hrsg.), Band 1, §§ 1–354 ZPO und Band 2, §§ 355–1024 ZPO, jeweils 4. Auflage, München 2013 (jeweils zit als: MüKo-ZPO/*Bearbeiter*).

Münchener Kommentar: Münchener Kommentar zur Insolvenzordnung, Kirchhof, Hans-Peter/Lwowski, Hans-Jürgen/Stürner, Rolf (Hrsg.), Band 1, §§ 1–102 InsO, 2. Auflage, München 2008; Band 2, §§ 103–269 InsO, 2. Auflage, München 2009 (jeweils zit als: MüKo-InsO/*Bearbeiter*).

Münchener Kommentar: Münchener Kommentar zum Strafgesetzbuch, Joecks, Wolfgang/Miebach, Klaus (Hrsg.), Band 1, §§ 1–37 StGB, 2. Auflage, München 2011 (zit: MüKo-StGB/*Bearbeiter*).

Münzberg, Wolfgang: Verhalten und Erfolg als Grundlagen der Rechtswidrigkeit und Haftung, Frankfurt a.M. 1966 (zit: Münzberg).

Musielak, Hans-Joachim (Hrsg.): Kommentar zur Zivilprozessordnung mit Gerichtsverfassungsgesetz, 9. Auflage, München 2012 (zit: Musielak/*Bearbeiter*).

Musiol, Christian: Anmerkung zu BGH, Urteil vom 26.03.2009 - I ZR 153/06 - Reifen Progressiv, FD-GewRS 2009, 290122.

Nerlinger, Jörg/Römermann, Volker (Hrsg.): Insolvenzordnung, Kommentar, Loseblatt, 24. Ergänzungslieferung, München August 2012 (zit: Nerlich/Römermann/*Bearbeiter)*.

Neuenfeld, Klaus: Die Zulässigkeit von Eingriffen in das Urheberrecht des Architekten, in: Löffelmann, Peter (Hrsg.), Festschrift für Horst Locher, Düsseldorf 1990, S. 403–412 (zit: Neuenfeld, FS Locher).

Neuner, Jörg: Was ist eine Willenserklärung?, JuS 2007, 881–888.

Nolden, Christoph: Das Abstraktionsprinzip im urheberrechtlichen Lizenzverkehr, Göttingen 2005 (zit: Nolden, Abstraktionsprinzip).

Nolte, Georg: Paperboy oder die Kunst den Informationsfluss zu regulieren – von Datenbanken, Links und Suchmaschinen, ZUM 2003, 542–549.

Nordemann, Wilhelm: Heimfallrecht und Rechtsverzicht im Urheberrecht, GRUR 1969, 127–130 (zit: Nordemann).

Nordemann, Axel/Goddar, Heinz/Tönhardt, Marion/Czychowski, Christian: Gewerblicher Rechtsschutz und Urheberrecht im Internet, CR 1996, 645–657 (zit: Nordemann/Goddar/Tönhardt/Czychowki).

Oether, Stefan-R./Ruttig, Markus: Filmrechteverwertung in der Insolvenz, ZUM 2003, 611–630 (zit: Oether/Ruttig).

Ohly, Ansgar: „Volenti non fit iniuria", Die Einwilligung im Privatrecht, Tübingen 2002 (zit: Ohly, Einwilligung).

Ders.: Einwilligung und „Einheit der Rechtsordnung", in: Pawlik, Michael/ Zaczyk, Rainer (Hrsg.), Festschrift für Günther Jakos, Köln/Berlin/München 2007, S. 451–468 (zit: Ohly, FS Jakobs).

Ders.: Verändert das Internet unsere Vorstellung von Persönlichkeit und Persönlichkeitsrecht, AfP 2011, 428–438 (zit: Ohly).

Ders.: Zwölf Thesen zur Einwilligung im Internet – Zugleich Besprechung zu BGH, Urt. v. 19.10.2011 – I ZR 140/10 – Vorschaubilder II, GRUR 2012, 983–992.

Omsels-Hermann-Josef: Die Einwilligung im Internet als Rechtfertigungsgrund („Vorschaubilder"), Juris Praxis-Report WettbR 7/2010, Anmerkung 1.

Osenberg, Ralph: Die Unverzichtbarkeit des Urheberpersönlichkeitsrechts, Berlin 1979 (zit: Osenberg, UrhPKR).

Ott, Stephan: Urheber- und wettbewerbsrechtliche Probleme von Linking und Framing, Stuttgart 2004 (zit: Ott, Linking).

Ders.: Die urheberrechtliche Zulässigkeit des Framing nach der BGH-Entscheidung im Fall Paperboy, ZUM 2004, 357–367.

Ders.: Zulässigkeit der Erstellung von Thumbnails durch Bilder- und Nachrichtensuchmaschinen?, Eine Analyse der US-amerikanischen und der deutschen Rechtsprechung, ZUM 2007, 119–128 (zit: Ott).

Ders.: Bildersuchmaschinen und Urheberrecht – Sind Thumbnails unerlässlich, sozial nützlich, aber rechtswidrig?, ZUM 2009, 345–354.

Ders.: Suchmaschinenmanipulation im Zusammenhang mit fremden Marken – Technische Grundlagen und rechtliche Konsequenzen, MMR 2008, 222–226.

Ders.: To link or not to link – This was (or still is?) the question – Anmerkung zum Urteil des BGH vom 17.07.2003 – I ZR 259/00 (Paperboy), WRP 2004, 52–58.

Ders.: Die Entwicklung des Suchmaschinen- und Hyperlink-Rechts im Jahr 2009, WRP 2010, 435–462.

Ders.: Die Entwicklung des Suchmaschinen- und Hyperlink-Rechts im Jahr 2010, WRP 2011, 655–688.

Pahlow, Louis: Lizenz und Lizenzvertrag im Recht des Geistigen Eigentums, Tübingen 2006 (zit: Pahlow, Lizenz).

Ders.: Das einfache Nutzungsrecht als schuldrechtliche Lizenz – Zur Auslegung des § 31 Abs. 2 UrhG, ZUM 2005, 865–874.

Ders.: Lizenz und Lizenzvertrag in der Insolvenz – Von einer unbefriedigenden Rechtslage und einer verbesserungsbedürftigen Reform, WM 2008, 204.2049.

Ders.: Schwerpunktbereichsklausur – Urheberrecht: Die Kunst der anwaltlichen Homepagegestaltung, JuS 2007, 1117–1121.

Puchta, Georg-Friedrich: Pandekten, 12. Auflage, Leipzig 1877 (zit: Puchta, Pandekten).

Otto, Harro: Grundkurs Strafrecht, Allgemeine Strafrechtslehre, 7. Auflage, Berlin 2004 (zit: Otto, StrafR-AT.

Ders.: Die strafrechtliche Problematik der Sterbehilfe, Jura 1999, 434–441.

Palandt, Otto: Bürgerliches Gesetzbuch, Kommentar, 71. Auflage, München 2012 (zit: Palandt/*Bearbeiter*).

Pawlowski, Hans-Martin: Probleme der Einwilligung zu Eingriffen in personenbezogene Rechte, in: Brambring, Günther/Medicus, Dieter/Vogt, Max (Hrsg.), Festschrift für Horst Hagen, Köln 1999, S. 5–26 (zit: Pawlowski, FS Hagen).

Ders.: Substanz- oder Funktionseigentums? Zum Eigentumsbegriff des geltenden Rechts, AcP 165 (1965), 395–420.

Petershagen, Jörg: Der Schutz des Rechts am eigenen Bild vor Hyperlinks, NJW 2011, 705–708.

Peukert, Alexander: Güterzuordnung als Rechtsprinzip, Tübingen 2008 (zit: Peukert, Güterzuordnung).

Pfaff, Dieter/Osterrieth, Christian (Hrsg.): Lizenzverträge – Formularkommentar -, 3. Auflage, München 2010 (zit: Pfaff/Osterrieth/*Bearbeiter*).

Pfeifer, Karl-Nikolaus: Individualität im Zivilrecht. Der Schutz persönlicher, gegenständlicher und wettbewerbsrechtlicher Individualität im Persönlichkeitsrecht, Immaterialgüterrecht und Recht der Unternehmen, Tübingen 2001 (zit: Pfeifer, Individualität).

Ders.: Anmerkung zu BGH, Beschluss vom 21.07.2011 - I ZR 30/11 - PC II, GRUR 2011, 1017–1018.

Picker, Eduard: Der negatorische Beseitigungsanspruch, Bonn 1972 (zit: Picker, Beseitigungsanspruch).

Ders.: Positive Forderungsverletzung und culpa in contrahendo - Zur Problematik der Haftungen „zwischen" Vertrag und Delikt, AcP 183 (1983), 369–520.

Plaß, Gunda: Der Aufbau und die Nutzung eines Online-Volltextsystems durch öffentliche Bibliotheken aus urheberrechtlicher Sicht, WRP 2001, 195–206.

Platena, Thomas: Das Lichtbild im Urheberrecht, gesetzliche Regelung und technische Weiterentwicklung, Frankfurt a.M. u.a. 1998 (zit: Platena, Lichtbild im UrhR).

Poeppel, Jan: Die Neuordnung der urheberrechtlichen Schranken im digitalen Umfeld, Göttingen 2005 (zit: Poeppel, Schranken).

Raiser, Ludwig: Funktionsteilung des Eigentums, Baur, Fritz u.a. (Hrsg.), Beiträge zur europäischen Rechtsgeschichte zum zu geltenden Zivilrecht, Festschrift für Johannes Sontis, München 1977, S. 167–179 (zit: Raiser, FS Sontis).

Rath, Michael: Das Recht der Internet-Suchmaschinen, Stuttgart u.a. 2005 (zit: Internetsuchmaschinen).

Reber, Ulrich: Anmerkung zu BGH, Urteil vom 26.03.2009 - I ZR 153/06 - Reifen Progressiv, ZUM 2009, 855–857.

Recht, Pierre: Das Urheberrecht, eine neue Form von Eigentums, UFITA 57 (1970), 1–34.

Redeker, Helmut: IT-Recht, 5. Auflage, München 2012 (zit: Redeker, IT-Recht).

Rehbinder, Manfred: Urheberrecht, 16. Auflage, München 2010 (zit: Rehbinder, UrhR).

Ders.: Das Namensnennungsrecht des Urhebers, ZUM 1991, 220–228.

Reichsgerichtsrätekommentar: Das Bürgerliche Gesetzbuch unter besonderer Berücksichtigung der Rechtsprechung des Reichsgerichts und des Bundesgerichtshofs, hrsg. von Mitgliedern des BGH, Band II 5 (§§ 812–831), 12. Auflage, Berlin u.a. 1989 (zit: RGRK/*Bearbeiter*).

Reimer, Dietrich: Schranken der Rechtsübertragung im Urheberrecht, GRUR 1962, 619–635.

Reinemann, Susanne/Remmertz, Frank: Urheberrechte an User-generated Content, ZUM 2012, 216–227.

Resch, Reinhard: Die Einwilligung des Geschädigten, Wien 1997 (zit: Resch, Einwilligung).

Reschke-Kessler, Hilmar/Christopeit, Joachim: Sukzessionsschutz für Lizenzketten (UrhG), ZIP 2013, 345–350.

Richter, Wolfgang: Tatsächliche Einwirkung auf das Kaufgrundstück und Vormerkungsschutz, Zur Rechtsstellung des geschützten Käufers und des Erwerbers bei vormerkungswidrigem Zweitverkauf, Berlin 1999 (zit: Richter, Vormerkungsschutz).

Riesenhuber, Karl: System und Prinzipien des europäischen Vertragsrechts, Berlin 2003 (zit: Riesenhuber, System und Prinzipien).

Ders.: Die Auslegung des Wahrnehmungsvertrags, GRUR 2005, 712–720.

Rittstieg, Helmut: Grundgesetz und Eigentum, NJW 1982, 721–724.

Roggenkamp, Jan-Dirk: Juris Praxis-Report IT-Recht 14/2010, Anmerkung 2.

Rönnau, Tomas: Die Einwilligung als Instrument der Freiheitsbetätigung – Zum Grundgedanken und Wirkgrund der Einwilligung im Strafrecht, Jura 2002, 595–598.

Rosenberg, Leo: Die Beweislast auf der Grundlage des BGB und der ZPO, 5. Auflage, München 1965 (zit: Rosenberg, Beweislast).

Ders./Schwab, Karl-Heinz/Gottwald, Peter: Zivilprozessrecht, 17. Auflage, München 2010 (zit: Rosenberg/Schwab/Gottwald, ZPO).

Rosener, Wolfgang: Die Einwilligung in Heileingriffe, Ein Beitrag zur Rechtsgeschäftslehre, Berlin 1965 (zit: Rosener, Einwilligung).

Rössel, Markus: Vorschaubilder bei der Bildersuche mit Google stellen keine Urheberrechtsverletzung dar, MMR 2010, 480–482 (zit: Rössel).

Roxin, Claus: Strafrecht, Allgemeiner Teil, Band 1, 4. Auflage, München 2006 (zit: Roxin, StrafR-AT I).

Sax, Walter: Bemerkungen zum Eigentum als strafrechtlichem Schutzgut, in: Ius et commercium, Studien zum Handels- und Wirtschaftsrecht, Würzburg, 1971, S. 321–343 (zit: Sax, FS Laufke).

Schack, Haimo: Urheber- und Urhebervertragsrecht, 5. Auflage, Tübingen 2010 (zit: Schack, UrhR).

Ders.: Neuregelung des Urhebervertragsrechts, ZUM 2004, 453–466 (zit: Schack).

Ders.: Urheberrechtliche Gestaltung von Webseiten unter Einsatz von Links und Frames, MMR 2001, 9–17.

Ders.: Urheberrechtliche Unzulässigkeit von Thumbnails – Anmerkung zu OLG Jena, Urteil vom 27.02.2008 – 2 U 319/07, MMR 2008, 414–416.

Ders.: Urheberrechtliche Schranken, übergesetzlicher Notstand und verfassungskonforme Auslegung, in: Ansgar Ohly u. a. (Hrsg.), Perspektiven des Geistigen Eigentums und Wettbewerbsrecht, Festschrift für Gerhard Schricker, München 2005, S. 511–521 (zit: Schack, FS Schricker).

Schaefer, Matthias: Urheberrechtliche Rahmenbedingungen für Bildersuchmaschinen de lege lata und de lege ferenda, Marburg 2009 (zit: Schaefer, Bildersuchmaschinen).

Schanda, Reinhard: Die Wirkung der Markenlizenz gegenüber Dritten – Eine Untersuchung zum österreichischen und deutschen Recht, GRUR Int 1994, 275–288.

Schardt, Andreas/Lehment, Cornelius/Peukert, Alexander: Haftung für Hyperlinks im Internet, UFITA/III 2001, 841–889 (zit: Schardt/Lehment/Peukert).

Schemtisch, Markward: Identitätsdaten als Persönlichkeitsgüter, Dissertation 2005, Online Edition der TU Darmstadt, abrufbar unter http://tuprints.ulb.tu-darmstadt.de/515/1/Dissertation-Schemitsch-FB01.pdf, zuletzt abgerufen am 28.04.2013 (zit: Schemtisch, Identitätsdaten).

Schenke, Wolfgang: Die Einwilligung des Verletzten im Zivilrecht – unter besonderer Berücksichtigung ihrer Bedeutung bei Persönlichkeitsrechtsverletzungen, Erlangen 1965 (zit: Schenke, Einwilligung).

Scherenberg, Oliver: Lizenzverträge in der Insolvenz des Lizenzgebers – unter besonderer Berücksichtigung des Wahlrechts des Insolvenzverwalters nach § 103 Abs. 1 InsO, Berlin 2005 (zit: Scherenberg, Lizenzverträge).

Schindler, Gösta: Grenzen der „dinglichen Aufspaltbarkeit“ urheberrechtlicher Nutzungsrechte, Ein Betrag zur Neuorientierung des Urhebervertragsrechts, Berlin 2009 (zit: Schindler, Aufspaltbarkeit).

Schmidhäuser, Eberhard: Strafrecht Allgemeiner Teil, 2. Auflage, Tübingen 1984 (zit: Schmidhäuser, StrafR-AT).

Ders.: Handeln mit Einwilligung des Betroffenen – strafrechtlich: eine scheinbare Rechtsgutsverletzung, in: Schlüchter, Ellen (Hrsg.), Festschrift für Friedrich Geerds, Lübeck, 1995, S. 593–602 (zit: Schmidhäuser, FS Geerds).

Schmidt-Salzer, Joachim: Subjektiver Wille und Willenserklärung, JR 1969, 288–289.

Schmöll, Andrea/Holder, Niels: Patentlizenz- und Know-how-Verträge in der Insolvenz – Teil I: Insolvenz des Lizenznehmers, GRUR 2004, 743–748.

Scholz, Jochen: Zum Fortbestand abgeleiteter Nutzungsrechte nach Wegfall der Hauptlizenz – Zugleich Anmerkung zu BGH „Reifen Progressiv", GRUR 2009, 1107–1112.

Schönke, Adolf/Schröder, Horst: Strafgesetzbuch, Kommentar, 28. Auflage, München 2010 (zit: Schönke/Schröder/*Bearbeiter*).

Schöttle, Hendrik: Website- und E-Mail-Marketing – ein Überblick, JurPC Web-Dok. 9/2007, Abs. 1–28.

Schrader, Paul/Rautenstrauch, Birthe: Urheberrechtliche Verwertung von Bildern durch Anzeige von Vorschaugrafiken (sog. Thumbnails) bei Internetsuchmaschinen, UFITA 2007, 761–781.

Schricker, Gerhard: Urheberrecht auf dem Weg zur Informationsgesellschaft, Baden-Baden 1997 (zit: Schricker, Informationsgesellschaft).

Ders. (Hrsg.): Urheberrecht, Kommentar, 2. Auflage, München 1999 (zit: Schricker^2/*Bearbeiter*).

Ders. (Hrsg.): Urheberrecht, Kommentar, 3. Auflage, München 2006 (zit: Schricker/*Bearbeiter*).

Ders./Loewenheim, Ulrich (Hrsg.): Urheberrecht, Kommentar, 4. Auflage, München 2010 (zit: Schricker/Loewenheim/*Bearbeiter*).

Ders.: Verlagsrecht, Kommentar zum Gesetz über das Verlagsrecht von 19.6.1901, 3. Auflage, München 2001 (zit: Schricker, VerlagsR).

Ders.: Die Einwilligung des Urhebers in entstellende Änderungen des Werks, in: Forkel u. a. (Hrsg.), Beiträge zum Schutz der Persönlichkeit und ihrer schöpferischen Leistungen, Festschrift für Heinrich Hubmann, Frankfurt 1985, S. 409–419 (zit: Schricker, FS Hubmann).

Ders. (Hrsg.): Verlagsrecht, Kommentar, 3. Auflage, München 2001 (Schricker, VerlagsR).

Schulze, Marcel: Materialien zum Urheberrechtsgesetz, Texte – Begriffe – Begründungen, 2. Auflage, Weinheim u. a. 1997, (zit: Schulze, Materialien zum UrhG).

Schulze, Reiner (Hrsg.): Bürgerliches Gesetzbuch, Handkommentar, 7. Auflage, Baden-Baden 2012 (zit: Schulze/*Bearbeiter*).

Schwabe, Christian: Filmlizenzen in der Insolvenz, Eine vergleichende Untersuchung des deutschen und amerikanischen Rechts, 1. Auflage, Göttingen 2007 (zit: Schwabe, Filmlizenzen).

Schwarzer, Mathias/Klingner, Norbert: Rechtsfolgen der Beendigung von Filmlizenzverträgen – zugleich eine Erwiderung auf Wente/Härle, GRUR 1997, 96ff, GRUR 1998, 103–113.

Seetzen, Uwe: Der Verzicht im Immaterialgüterrecht, Göttingen 1969 (zit: Seetzen, Verzicht).

Seitz, Stephan: „Gebrauchte" Softwarelizenzen, Der Zweiterwerb von Nutzungsrechten an Computerprogrammen, Berlin 2010 (zit: Seitz, Softwarelizenzen).

Sieber, Ulrich/Liesching, Marc: Die Verantwortlichkeit der Suchmaschinenbetreiber nach dem Telemediengesetz, MMR-Beilage 7, 1–30.

Simitis, Sprios (Hrsg.): Kommentar zum Bundesdatenschutzgesetz, Baden-Baden 2006 (zit: Simitis/*Bearbeiter*).

Singer, Reinhard: Das Verbot widersprüchlichen Verhaltens, München 1993 (zit: Singer).

Ders.: Selbstbestimmung Verkehrsschutz im Recht der Willenserklärungen, München 1995 (zit: Singer, Selbstbestimmung).

Ders.: Wann ist widersprüchliches Verhalten verboten? Zu den Rechtsfolgen der form- und grundlosen Eigenkündigung eines Arbeitnehmers, NZA 1998, 1309–1315.

Ders.: Geltungsgrund und Rechtsfolgen der fehlerhaften Willenserklärung, JZ 1989, 1030–1035.

Simitis, Spiros: Die Bedeutung von System und Dogmatik, dargestellt an rechtsgeschäftlichen Problemen des Massenverkehrs, *AcP 172* (1972), 131–154.

Soergel, Theodor (Hrsg.): Kommentar zum Bürgerlichen Gesetzbuch,
- Band 2, Allgemeiner Teil, §§ 103–240, 13. Auflage, Stuttgart u. a. 1999 (zit: Soergel/*Bearbeiter*).
- Band 2, Schuldrecht I, §§ 241–432, 12. Auflage, Stuttgart u. a. 1990.
- Band 15/1, Sachenrecht 2/1, §§ 985–1017 BGB, 13. Auflage, Stuttgart 2007 (zit: Soergel/*Bearbeiter*).
- Band 19/1, Familienrecht 3, §§ 1589–1717 BGB, 13. Auflage (zit: Soergel/*Bearbeiter*) Stuttgart u. a. 1991 (zit: Soergel/*Bearbeiter*).

Sontis, Johannes-M.: Strukturelle Betrachtungen zum Eigentumsbegriff, in: Paulus, Gotthard/Diederichsen, Uwe/Canaris, Claus-Wilhelm (Hrsg.), Festschrift für Karl Larenz zum 70. Geburtstag, München 1973, S. 981–1002 (zit: Sontis, FS Larenz).

Sosnitza, Olaf: Das Internet im Gravitationsfeld des Rechts – Zur rechtlichen Beurteilung so genannter Deep Links, CR 2001, 693–704.

Ders.: Gedanken zur Rechtsnatur der ausschließlichen Lizenz, in: Ansgar Ohly u. a. (Hrsg.), Perspektiven des Geistigen Eigentums und Wettbewerbsrecht,

Festschrift für Gerhard Schricker zum, München 2005, S. 183–196 (zit: Sosnitza, FS Schricker).

Spindler, Gerald: Bildersuchmaschinen, Schranken und konkludente Einwilligung im Urheberrecht, Besprechung der BGH-Entscheidung „Vorschaubilder", GRUR 2010, 785–792.

Ders.: Anmerkung zu BGH, Urteil vom 19.10.2011 - I ZR 140/10 - Vorschaubilder II, MMR 2012, 386–387.

Ders./Schuster, Fabian (Hrsg.): Recht der elektronischen Medien, 2. Auflage, München 2011 (zit: Spindler/Schuster/*Bearbeiter*, Recht der elektronischen Medien).

Staudinger, Julius (Hrsg.): Kommentar zum Bürgerlichen Gesetzbuch mit Einführungsgesetzen und Nebengesetzen,
- Allgemeiner Teil 3 und Beurkundungsverfahren, §§ 90–133; §§ 1–54, 63 BeurkG, Berlin, Neubearbeitung 2004.
- Allgemeiner Teil 4b, §§ 139–163, Berlin, Neubearbeitung 2010.
- Allgemeiner Teil 5, §§ 164–240, Berlin, Neubearbeitung 2009.
- Einleitung zum Schuldrecht, §§ 241–243, Berlin, Neubearbeitung 2004.
- §§ 249–254, Schadensersatzrecht, 14. Auflage, Berlin 2005.
- §§ 311, 311a, 312, 312a-i, 16. Auflage, Berlin 2012.
- Recht der Schuldverhältnisse, Geschäftsbesorgung, §§ 657–704, Berlin, Neubearbeitung 2006.
- Recht der Schuldverhältnisse, Unerlaubte Handlungen, 1, Teilband 2, §§ 823 E-I, 824, 825, Berlin Neubearbeitung 2009.
- Sachenrecht (Eigentum 2), §§ 925–984; Anhang zu §§ 929 ff: Sonderformen der Übereignung, Berlin, Neubearbeitung 2004.
- Sachenrecht (Eigentum 3), §§ 985–1011, Berlin, Neubearbeitung 2006.
- Sachenrecht, ErbbauRG, §§ 1018–1112 (Erbbaurecht, Dienstbarkeiten, Vorkaufsrecht, Reallasten), 15. Auflage, Berlin 2009 (jeweils zit als: Staudinger/*Bearbeiter*).
- Ergänzungsband, Eckpfeiler des Zivilrechts, 4. Auflage, Berlin 2012 (zit: Staudinger/*Bearbeiter*, Eckpfeiler des ZivilR).
- Band 1, Allgemeiner Teil, §§ 1–240 bearbeitet von Helmut Coing, 11. Auflage, Berlin 1957 (zit: Staudinger^{11}/*Bearbeiter*).

Stern, Klaus: Das Staatsrecht der Bundesrepublik Deutschland, Band 3, Halbband 1: Allgemeine Lehren der Grundrechte, München 1988 (zit: Stern, StaatsR).

Sternberg-Lieben, Detlev: Die objektiven Schranken der Einwilligung im Strafrecht, Tübingen 1997 (zit: Sternberg-Lieben, Einwilligung).

Stickelbrook, Barbara: Urheberrechtliche Nutzungsrechte in der Insolvenz – von der Vollstreckung nach §§ 112ff. UrhG bis zum Kündigungsverbot des § 112 InsO, WM 2004, 549–563.

Stieper, Malte: Rechtfertigung, Rechtsnatur und Disponibilität der Schranken des Urheberrechts, Tübingen, 2009 (zit: Stieper, Schranken).

Stoll, Hans: Das Handeln auf eigene Gefahr, Berlin, Tübingen 1961 (zit: Stoll, Handeln auf eigene Gefahr).

Stoll, Heinrich: Haftung aus Bescheinigung, AcP 135 (1932), 89–116.

Szalai, Stephan: Anmerkung zu BGH, Urteil vom 19.07.2012 – I ZR 24/11 – Take Five, ZUM 2012, 790–793.

Tabrizi, Mahdi Daneshzadeh: Lizenzen in der Insolvenz nach dem Scheitern des Gesetzes zur Einführung eines § 108a InsO, Tübingen 2011 (zit: Tabrizi, Lizenzen).

Tachezy, Dorothea-Maria: Mutmaßliche Einwilligung und Notkompetenz in der präklinischen Notfallmedizin, Rechtfertigungsfragen und Haftungsfolgen im Notarzt- und Rettungsdienst, Göttingen 2007 (zit: Tachezy, Mutmaßliche Einwilligung).

Talke, Armin: Lichtbildschutz für digitale Bilder von zweidimensionalen Vorlagen, ZUM 2010, 846–852.

Teichmann, Arndt: § 823 BGB und Verletzung eines anderen im Sport (1. Teil), JA 1979, 293–297.

Ders.: Venire contra factum proprium – Ein Teilaspekt rechtsmissbräuchlichen Handelns, JA 1985, 497–502.

Ders.: Die protestatio facto contraria, in: Pawlowski, Hans-Martin/Wieacker, Franz (Hrsg.) Festschrift für Karl Michaelis, Göttingen 1972, S. 294–315 (zit: Teichmann, FS Miachelis).

Thon, August: Rechtsnorm und subjektives Recht, Untersuchungen zur allgemeine Rechtslehre, Weimar 1878, Neudruck 1964 (zit: Thon, Subjektives Recht).

Tinnefeld, Robert: Die Einwilligung in urheberrechtliche Nutzungen im Internet, Tübingen 2012 (zit: Tinnefeld, Einwilligung).

Thomas, Heinz/Putzo, Hans: Zivilprozessordnung: mit FamFG, Verfahren in Familiensachen, GVG, Einführungsgesetze, EU-Zivilverfahrensrecht, 34. Auflage, München 2013 (zit: Thomas/Putzo/*Bearbeiter*).

Tränkle, Johannes: Urheberrechtliche Fragen des Einsatzes von (Meta-)Suchmaschinen unter Berücksichtigung der Paperboy-Entscheidung des BGH, abrufbar unter http://www.traenkle.org/texte/MetaSuchmaschinenUrhG.pdf (zit: Tränkle, Suchmaschinen).

Troller, Alois: Immaterialgüterrecht, Patentrecht, Markenrecht, Muster- und Modellrecht, Urheberrecht, Wettbewerbsrecht, Band 1, 3. Auflage, Basel u. a. 1983 (zit: Troller, Immaterialgüterrecht, Bd. I).

Tuhr, Andreas von: Der Allgemeine Teil des Deutsche Bürgerlichen Rechts, 2. Band, 1. Hälfte: Die rechtserheblichen Tatsachen, insbesondere das Rechtsgeschäft, München 1914 (zit: v. Tuhr, BGB-AT II/1).

Uhlenbruck, Wilhelm (Hrsg.): Insolvenzordnung, Kommentar, 13. Auflage, München 2010 (zit: Uhlenbruck/*Bearbeiter*).

Ulmer, Eugen: Urheber- und Verlagsrecht, 3. Auflage 1980, Berlin u. a. 1980 (zit: Ulmer, UrhR).

Ungern-Sternberg, Joachim von: Schlichte einseitige Einwilligung und treuwidrig widersprüchliches Verhalten des Urheberberechtigten bei Internetnutzungen, GRUR 2009, 369–375.

Völker, Stefan/Lührig, Nicolas: Abwehr unerwünschter Inline-Links, K&R 2000, 20–29.

Voll, Doris: Die Einwilligung im Arztrecht, Eine Untersuchung zu den straf-, zivil- und verfassungsrechtlichen Grundlagen, insbesondere bei Sterilisation und Transplantation unter Berücksichtigung des Betreuungsgesetzes, Frankfurt a.M. u. a. 1996 (zit: Voll, Einwilligung).

Vorwerk, Volkert/Wolf, Christian: Beck'scher Online-Kommentar: Zivilprozessordnung, Edition 8 (zit: Vorwerk/Wolf/*Bearbeiter*).

Wallner, Jürgen: Die Insolvenz des Urhebers unter besonderer Berücksichtigung der Verträge zur Überlassung von Software, Berlin 2002 (zit: Wallner, Insolvenz).

Ders.: Insolvenzfeste Nutzungsrechte und Lizenzen an Software, NZI 2002, 70–79.

Walz, Reiner-W.: Sachenrecht für Nicht-Sachen? Kritik einer Systemanalogie, KritV 1986, 131–164.

Wandtke, Artur-Axel (Hrsg.): Urheberrecht, 2. Auflage, Berlin 2010 (zit: Wandtke, UrhR).

Ders./Bullinger, Winfried (Hrsg.): Praxiskommentar zum Urheberrecht, 3. Auflage, München 2009 (zit: Wandtke/Bullinger/*Bearbeiter*).

Weber, Christian/Hötzel, Gerrit: Das Schicksal der Softwarelizenz in der Lizenzkette bei Insolvenz des Lizenznehmers, NZI 2011, 432–437.

Weinmann, Conrad: Die Rechtsnatur der Lizenz, Zürich 1996 (zit: Weinmann, Lizenz).

Wente, Jürgen-K./Härle, Philipp: Rechtsfolgen einer außerordentlichen Vertragsbeendigung auf die Verfügungen in einer „Rechtekette“ im Filmlizenzgeschäft und ihre Konsequenzen für die Vertragsgestaltung – Zum Abstraktionsprinzip im Urheberrecht -, GRUR 1997, 96–102.

Wenzel, Karl-Egbert: Das Recht der Wort- und Bildberichterstattung, Handbuch des Äußerungsrechts,
- 3. Auflage, Köln 1986 (zit: Wenzel, Wort- und Bildberichterstattung[3]).
- 5. Auflage, Köln, 2003 (zit: Wenzel, Wort- und Bildberichterstattung).

Wessels, Johannes/Beulke, Werner: Strafecht Allgemeiner Teil, 41. Auflage, Heidelberg 2011 (zit: Wessels/Beulke, StrafR-AT).

Westermann, Harm-Peter/Gursky, Karl-Heinz/Eickmann, Dieter: Sachenrecht, 8. Auflage, Heidelberg u. a. 2011 (zit: Westermann, SachenR).

Wieacker, Franz: Das Sozialmodell der klassischen Privatrechtsgesetzbücher und die Entwicklung der modernen Gesellschaft – Vortrag gehalten vor der Juristischen Studiengesellschaft in Karls-ruhe am 12. Dezember 1952, Karlsruhe 1953 (zit: Wieacker, Sozialmodell).

Ders.: Wandlungen der Eigentumsverfassung, Hamburg 1935 (zit: Wieacker, Eigentumsverfassung).

Ders.: Die Methode der Auslegung des Rechtsgeschäfts, JZ 1967, 385–391.

Wiebe, Andreas: Vertrauensschutz und geistiges Eigentum am Beispiel der Suchmaschinen, GRUR 2011, 888–895.

Wiedemann, Markus: Lizenzen und Lizenzverträge in der Insolvenz, Köln 2006 (zit: Wiedemann Lizenzen).

Wieling, Hans-Josef: Sachenrecht, 5. Auflage, Berlin u. a. 2007 (zit: Wieling, SachenR).

Ders.: Venire contra factum proprium und Verschulden gegen sich selbst, AcP 176 (1976), 334–355.

Wimmer, Klaus: Neue Reformüberlegungen zur Insolvenzfestigkeit von Lizenzverträgen, ZIP 2012, 545–557.

Wimmers, Jörg/Schulz, Carsten: Anmerkung zu LG Bielefeld, Urteil vom 08.11.2005 – Az. 20 S 49/05, CR 2006, 350–352.

Windscheid, Bernhard: Lehrbuch des Pandektenrechts, 1. Band, 9. Auflage, bearb. v. Theodor Kipp, Frankfurt 1906 (zit: Windscheid/Kipp, Pandektenrecht I).

Winkelmann, Thomas: Produkthaftung bei internationaler Unternehmenskooperation, Berlin 1989 (zit: Winkelmann, Produkthaftung).

Wolf, Ernst: Rücktritt, Vertretenmüssen und Verschulden, AcP 153 (1954), 97–144.

Wolf, Manfred/Wellenhofer, Marina: Sachenrecht, 27. Auflage, München 2012 (zit: Wolf/Wellenhofer, SachenR).

Wolff, Patrick: Urheberrechtliche Lizenzen in der Insolvenz von Film- und Fernsehunternehmen, Göttingen 2007 (zit: Wolff, Lizenzen in der Insolvenz).

Worm, Ulrich: Die Verletzung von Urheberrechten und gewerblichen Schutzrechten durch das Setzen von Hyperlinks, Inline-Frames und Meta-Tags, Frankfurt a.M. 2001 (zit: Worm, Hyperlinks).

Würthwein, Susanne: Schadensersatz für Verlust der Nutzungsmöglichkeit einer Sache oder für entgangene Gebrauchsvorteile, Tübingen 2001 (zit: Würthwein, Schadensersatz).

Zahrt, Michael: Cyberbusiness, Urheber- und Wettbewerbsrecht, Frankfurt a.M. 1999 (zit: Zahrt, Cyberbusiness).

Zimmermann, Reinhard: Europa und das römische Recht, AcP 202 (2002), 243–316.

Zitelmann, Ernst: Ausschluss der Widerrechtlichkeit, AcP 99 (1906), 1–130.

Schriften zum Handels- und Wirtschaftsrecht

Herausgegeben von Michael Kling, Herbert Leßmann und Ralph Backhaus

Band 1 Thomas Häuser: Die Eigenmittel der Kreditinstitute und mögliche Erweiterungen. 2000.

Band 2 Susanne Koch: Schutz vor kommerzieller Markenverunglimpfung durch das Markengesetz. 2001.

Band 3 Andreas Lachmann: Haftungs- und Vermögensfolgen bei Sitzverlegung ausländischer Kapitalgesellschaften ins Inland. 2000.

Band 4 Markus Fischer: Die freie Benutzung beim Schreiben künstlerischer Literatur. 2001.

Band 5 Frank Zingel: Ausbietungsgarantien. Rechtliche Probleme eines Kreditsicherungsmittels. 2001.

Band 6 Stephan Marienfeld: Konzernproblematiken bei der Publikumspersonengesellschaft. Dargestellt an den Beispielen der Mehrheitsentscheidungen, des Beirates und der Treuhandkonstruktion. 2001.

Band 7 Tobias Menzel: Werbebeschränkungen im Sport. Eine wettbewerbsrechtliche Untersuchung verbandsrechtlicher Werbebeschränkungen am Beispiel des DFB. 2002.

Band 8 Thomas Ullrich: Unternehmensmitbestimmung in der kapitalistischen Kommanditgesellschaft auf Aktien. 2002.

Band 9 Sebastian Jungermann: Der Beweiswert elektronischer Signaturen. Eine Studie zur Verläßlichkeit elektronischer Signaturen und zu den Voraussetzungen und Rechtsfolgen des § 292a ZPO. 2002.

Band 10 Axel Schilder: Schadensersatz bei Durchbrechung der Bindung an obligatorische Vertragsofferten. Eine vergleichende Untersuchung zum BGB und zum UN-Kaufrecht (CISG). 2003.

Band 11 Götz Wied: Gewinnversprechen von Versandfirmen. Rechtfertigung, Auslegung und Anwendungsprobleme des § 661a BGB. 2003.

Band 12 Timo Elsner: Die laufende Kontrolle der Tochtergesellschaften durch die Verwaltung der Muttergesellschaft. Eine Konkretisierung der aktiengesetzlichen Grundlagen. 2004.

Band 13 Elmar Mand: Das Recht der Kabelweitersendung. Kabelweiterleitung von Rundfunkprogrammen im Lichte des § 20 b UrhG. 2004.

Band 14 Thorsten Schaefer: Normenkonkurrenz beim Schutz von Marken und geschäftlichen Bezeichnungen. 2005.

Band 15 Frank Fricke: Zivilrechtliche Folgen von Verstößen gegen das SchwarzArbG. 2005.

Band 16 Christine Bunzel: Der Ersatz vergeblicher Aufwendungen im modernisierten Schuldrecht. 2007.

Band 17 Christian Severin: Auflassungsvormerkung und Eingriffsschutz. Zur Frage, ob dem Inhaber eines vormerkungsgesicherten Eigentumsverschaffungsanspruchs Sanktionsschutz gegen faktische Einwirkungen auf das vormerkungsbelastete Grundstück zukommt. 2008.

Band 18 Young-Jong Yi: Zur Strukturreform der koreanischen börsennotierten AG vor dem Hintergrund des deutschen und des US-amerikanischen Aktienrechts. 2008.

Band 19 Sandra Löwer: Inhaltskontrolle von Nutzungs- und Leistungsbeziehungen zwischen dem Idealverein und seinen Mitgliedern. 2008.

Band 20 Sandra Mießner: Providerhaftung, Störerhaftung und Internetauktion. 2008.

Band 21 Alexander W. Schilling: Passivlegitimation im gewerblichen Rechtsschutz und Urheberrecht. Die Bestimmung des Anspruchsgegners des urheber-, marken- und wettbewerbsrechtlichen Unterlassungsanspruchs anhand von Verkehrspflichten. 2010.

Band 22 Florian Mizdalski: Zur restriktiven Auslegung der Urheberschranken vor dem Hintergrund von Art. 5 GG. 2011.

Band 23 Isabel Reingardt: Das Schriftformerfordernis nach § 550 BGB. 2013.

Band 24 Manuel Diller: Der Interessenausgleich zwischen Eigentümern und Urhebern. Unter besonderer Berücksichtigung von Religionsgemeinschaften als Eigentümer urheberrechtlich geschützter Werke. 2013.

Band 25 Christian Matthias Moers: Dezentrale Arzneimittelrabattvereinbarungen. Der Selektivvertrag zwischen markt- und staatsförmigen Allokationsmechanismen. 2013.

Band 26 Nadine Hartung: Die Gewährung konzernweiter Leistungen und ihr Schicksal beim Betriebsübergang auf einen konzernfremden Dritten. 2013.

Band 27 Patrick Fromlowitz: Das Urheberpersönlichkeitsrecht und das allgemeine Persönlichkeitsrecht. Eine vergleichende Untersuchung unter besonderer Berücksichtigung der geschichtlichen Entwicklung, des Inhalts, des postmortalen Schutzes und der Übertragbarkeit. 2014.

Band 28 Marc Osken: Die schlichte Einwilligung im Urheberrecht. Eine Untersuchung unter Berücksichtigung der Vorschaubilder-Rechtsprechung des BGH. 2014.

www.peterlang.com

www.ingramcontent.com/pod-product-compliance
Ingram Content Group UK Ltd.
Pitfield, Milton Keynes, MK11 3LW, UK
UKHW022105051026
15623UKWH00003B/691

9 783631 656273